KB190586

초기 유대교

존 J. 콜린스, 대니얼 C. 할로우 엮음
김규섭, 김선용, 김승주, 박정수, 이영욱 옮김

초기 유대교

엮음 존 J. 콜린스, 대니얼 C. 할로우
옮김 김규섭, 김선용, 김승주, 박정수, 이영욱
편집 김덕원, 김요셉, 박이삭, 이찬혁, 이판열

발행처 감은사
발행인 이영욱
전화 070-8614-2206
팩스 050-7091-2206
주소 서울특별시 강동구 암사동 아리수로 66, 401호
이메일 editor@gameun.co.kr

종이책
초판발행 2022.12.31.
ISBN 9791190389822
정가 49,800원

전자책
초판발행 2022.12.31.
ISBN 9791190389846
정가 37,000원

EARLY JUDAISM:
A COMPREHENSIVE OVERVIEW

Edited by

John J. Collins and Daniel C. Harlow

| 일러두기 |

- 각 페이지 하단에 있는 작은 숫자는 원서 페이지입니다. 색인 참조시 원서 페이지를 찾으시면 됩니다.
- 이 책에 나오는 인명, 지명, 서명은 영문을 병기하지 않았습니다. 한글만 가지고도 대부분 온라인에서 충분히 검색이 되고 또 중요한 경우에는 주제 색인 및 고대 인명 색인에 나오기 때문입니다.
- 인명은 해당 인물이 사용한 언어에서 한국어로 음역했고, 지명은 현대에 흔히 사용하는 음역으로 했습니다(그리고 성경에 나오는 지명은 새한글성경의 것을 따랐습니다). 예, "… 유대인을 저 멀리 **히르카니아**(Hyrcania)로 추방했다는 사실을 증거하며, 그 후에 유대인 이름인 '**휘르카노스**'(Hyrcanus)가 등장한 것은 …."
- 본서에 나타나는 용어, revolt는 '반란'(유대인들의 행동을 부정적으로 평가하는 용어), '[유대] 전쟁'(비교적 중립적으로 평가하는 용어[그렇지만 로마의 입장에 서 있음]), '봉기'(비교적 중립적으로 평가하는 용어), '항전/항쟁'(유대인의 행동을 비교적 긍정적으로 평가하는 용어), '혁명'(유대인의 행동을 매우 긍정적으로 평가하는 용어)로 (적절히) **다양하게** 옮깁니다. 이는 실제로 문맥에 따라, 저자들에 의해, 동일한 사건도 rebellion, insurrection, uprising, war, resistance, revolution 등의 단어와 상호교환적으로 사용된다는 사실에 입각한 것입니다. 예컨대, 주어가 '황제'일 경우 '반란'으로, 기록자(예, 요세푸스)일 경우 '전쟁'으로, '유대 저항군'일 경우는 '항쟁'으로 묘사될 수 있습니다. 이는 본서에 나오는 역사 서술이 단일한 관점을 가지고 하나의 내러티브로 서술되기보다, 다양한 시각을 가진 여러 가지 사료들을 중심으로 서술됐다는 것을 보여줍니다. 부디 여러 용어의 사용으로 독자들의 혼란이 없기를 바랍니다.

| 목차 |

서문

지난 50년 전쯤부터 제2성전기 유대교 연구 영역에 대한 관심이 싹트기 시작했습니다. 이는 주로 사해문서가 출판되면서 촉발된 것이지만, 외경과 위경 및 디아스포라의 그리스-유대 문학 역시 새롭게 조명되어 왔습니다. 2010년에 출판된 『어드만스 초기 유대교 사전』(*Eerdmans Dictionary of Early Judaism*)은 이 영역을 확장시키기 위한 포괄적인 참조 작업(reference work)의 첫 번째 시도였습니다.

이 분야의 이름을 정하고 경계를 짓기 위해서는 문제를 제기하고, 또다시 문제를 제기하는 과정을 반복해야 합니다. 폄하의 의미를 담고 있었던 예전의 독일어 용어 '슈패트유덴툼'(*Spätjudentum*, "말기 유대교")은 주로 후대의 랍비 문학에 기초하고 있었습니다. 대부분의 히브리어 성서는 엄격하게 정의된 제2성전 시대(제2성전이 존재할 때—역주)에 포함되며, 몇몇 주요한 비-성경 작품들이나 비-랍비 작품들(요세푸스의 글, 몇몇 묵시록들)은 기원후 70년 성전이 파괴된 후에 저작됐습니다. 북미성서학회(Society of Biblical Literature)에서는 헬레니즘 시기와 초기 로마 시대의 유대교를 지칭하는 것으로 '초기 유대교'라는 용어가 수용됐는데, 이것이 바로 저희가 본서에서 채택한 용어입니다. 저 기간의 경계는 널리 인정되고 있는 바와 같이 모호합니다. 초점은 주로 기원전 4세기의 알렉산드로스 대왕 및 2세기 초의 하드리아누스 황제와 바르 코흐바 항쟁에 놓여있는데, 한편으로는 페르시아 시대와 바빌로니아 포로 이후의 성서들을, 다른 한편으로는 그 시대 이후의 랍비 유대교의 발전 상황을 고려하지 않고서, 이 시기를 연구하는 것은 불가능합니다.

본서는 저 사전의 첫 부분을 구성하고 있는 열세 편의 중요한 글을 단행본으로 엮은 것입니다. 이 작업에 있어서 우리는 교정과 편집 과정을 거치면서 최근에 출판된 몇몇 참고 문헌들을 추가했지만, 본문 자체는 사전에 있는 그대로 실었습니다. 또한 저희는 필론과 요세푸스에 관한 항목을 사전에서 뽑아내어 본서에 추가했습니다. 저희는 이 모든 에세이들이 협력하여 헬레니즘과 초기 로마 시대의 유대교에 대한 포괄적이고도 권위 있는 개관을 제공해줄 것이라고 믿고 있습니다.

몇몇 에세이는 공동으로 저작됐기 때문에 누가 어느 부분을 썼는지에 대해 언급하는 것이 필요할 것 같습니다. '유대교의 역사: 알렉산드로스부터 하드리아누스까지'(Jewish History from Alexander to Hadrian) 부분에서, 크리스 시먼(Chris Seeman)은 '알렉산드로스부터 폼페이우스까지'(From Alexander to Pompey)를 썼고 애덤 마샥(Adam Marshak)은 '폼페이우스부터 하드리아누스까지'(From Pompey to Hadrian)를 썼습니다. 필론에 관한 에세이에서, 그레그 스털링(Greg Sterling)은 개관부와 '성과'(Achievement) 부분을, 데이비드 루니아(David Runia)는 『창세기와 출애굽기 질의응답』(*Questions and Answers on Genesis and Exodus*) 부분을, 마렌 니호프(Maren Niehoff)는 『알레고리 주석』(*Allegorical Commentary*)과 『율법 강해』

(*Exposition of the Law*) 부분을, 안네위스 반 덴 후크(Annewies van den Hoek)는 『변증 논문』(Apologetic Treatises) 부분을 썼습니다. 요세푸스에 대한 에세이에서 스티브 메이슨(Steve Mason)은 서론과 『생애』(*Vita*), 『유대 고대사』(*Jewish Antiquities*), '새로운 접근들'(New Approaches)을, 제임스 맥라렌(James McLaren)은 『유대 전쟁사』(*Jewish War*)를, 존 바클레이(John Barclay)는 『아피온 반박』(*Against Apion*)을 썼습니다. 본서가 아무쪼록 신학도들과 학자들 모두에게 도움이 되기를 바랍니다.

존 J. 콜린스

대니얼 C. 할로우

| 약어표 |

Abr.	*De Abrahamo*
Aet.	*De aeternitate mundi*
Ag. Ap.	*Against Apion*
Agr.	*De agricultura*
Alleg. Interp.	*Allegorical Interpretation*
Anim.	*De animalibus*
Ant.	*Jewish Antiquities*
b.	Babylonian Talmud tractate
2 Bar.	*2 Baruch (Syriac Apocalypse)*
B.C.E.	Before the Common Era
Bib. Ant.	*Biblical Antiquities*
C.E.	Common Era
CAP	*Aramaic Papyri of the Fifth Century B.C.*, ed. A. C. Cowley. Oxford, 1923.
CD	Cairo Genizah copy of the *Damascus Document*
Chron.	Chronicles
CIJ	*Corpus Inscriptionum Judaicarum*, ed. J.-B. Frey. Vatican City, 1936–1952.
CIL	*Corpus Inscriptionum Latinarum*, 18 vols. Berlin, 1862–1989.
CJZC	*Corpus jüdischer Zeugnisse aus der Cyrenaika*, ed. G. Lüderitz. Wiesbaden, 1983.
Col.	Colossians
Congr.	*De congressu eruditionis gratia*
Contempl.	*De vita contemplativa*
Cor.	Corinthians
CPJ	*Corpus Papyrorum Judaicarum*, ed. V. Tcherikover and A. Fuks, 3 vols. Cambridge, Mass., 1957–1964.
Dem.	*Demai*

Det.	*Quod deterius potiori insidiari soleat*
Deut.	Deuteronomy
DJD	Discoveries in the Judaean Desert
DSD	*Dead Sea Discoveries*
Ebr.	*De ebrietate*
Ezek.	Ezekiel
Flacc.	*In Flaccum*
frag(s).	fragment(s)
Gen. Rab.	*Genesis Rabbah*
Gr.	Greek
Ḥev	Naḥal Ḥever
Hist. Eccl.	*Ecclesiastical History*
HTR	*Harvard Theological Review*
IJO	*Inscriptiones Judaicae Orientis*, ed. D. Noy et al., 3 vols. Tübingen, 2004.
ILS	*Inscriptiones Latinae Selectae*, ed. H. Dessau, 3 vols. In 5 parts. Berlin, 1892–1916.
J. W.	*Jewish War*
JIGRE	*Jewish Inscriptions of Graeco-Roman Egypt*, ed. W. Horbury and D. Noy. Cambridge, Mass., 1992.
JJS	*Journal of Jewish Studies*
JQR	*Jewish Quarterly Review*
JRRW	*Jewish Rights in the Roman World: the Greek and Roman Documents Quoted by Josephus Flavius*, ed. M. Pucci ben Zeev. Tübingen, 1998.
JSHRZ	Judische Schriften aus Hellenistische-Römischer Zeit
JSJ	*Journal for the Study of Judaism*
JSJSup	Journal for the Study of Judaism Supplement
JSS	*Journal of Semitic Studies*
Jub.	*Jubilees*
KhQ	Khirbet Qumran

L.A.B.	*Liber Antiquitatum Biblicarum*
LCL	Loeb Classical Library
Leg.	*Legum allegoriae*
Legat.	*Legatio ad Gaium*
Lev.	Leviticus
LXX	Septuagint
m.	Mishnah tractate
Macc.	Maccabees
Magn.	*To the Magnesians*
Mart. Pol.	*Martyrdom of Polycarp*
Matt.	Matthew
Meg.	*Megilla*
Migr.	*De migratione Abrahami*
Mos.	*De vita Mosis*
MT	Masoretic Text
Mur	Murabbaʿat
Mut.	*De mutatione nominum*
Neh.	Nehemiah
no(s).	number(s)
Num.	Numbers
O.	Ostracon
OG	Old Greek
Opif.	*De opificio mundi*
P.	papyrus
P. Ḥev	*Aramaic, Hebrew and Greek Documentary Texts from Naḥal Ḥever and Other Sites, with an Appendix Containing Alleged Qumran Texts (The Seiyâl Collection II)*, ed. H. M. Cotton and A. Yardeni. Oxford, 1997.
P.Polit.Jud.	*Urkunden des Politeuma der Juden von Herakleopolis (144/3–133/2 v. Chr.)*, ed. K. Maresch and J. M. S. Cowey. Wiesbaden, 2001.
P.Yadin	*The Documents from the Bar Kokhba Period in the Cave of Let-*

	ters, vol. 1, *Greek Papyri*, ed. N. Lewis. Jerusalem, 1989.
PAM	Palestine Archaeological Museum
par(s).	parallel(s)
Phil.	Philippians
Phld.	*To the Philadelphians*
Praem.	*De praemiis et poenis*
Praep. Evang.	*Praeparatio Evangelica*
Prob.	*Quod omnis probus liber sit*
Prov.	Proverbs
Prov.	*De providentia*
Ps(s).	Psalm(s)
Ps. Philo	Pseudo-Philo
Q	Qumran
1Q, 2Q, etc.	Numbered Caves of Qumran
1QH	*Hodayot* or *Thanksgiving Hymns* from Qumran Cave 1
1QIsa[a,b]	First or second copy of Isaiah from Qumran
1QM	*Milḥamah* or *War Scroll* from Qumran
1QpHab	*Habakkuk Pesher* from Qumran
1QS	*Serek Hayaḥad or Rule of the Community* from Qumran Cave 1
1QS[a]	*Rule of the Congregation* from Qumran Cave 1
1QS[b]	*Rule of Blessings* from Qumran Cave 1
4QDan[a]	First copy of Daniel from Qumran Cave 4
4QGen[b]	Second copy of Genesis Scroll from Qumran Cave 4
4QJer[a,c,d]	First, second, and fourth copies of Jeremiah from Qumran Cave 4
4QJosh[a]	First copy of Joshua from Qumran Cave 4
4QJudg[b]	Second Copy of Judges from Qumran Cave 4
4QMMT	*Miqṣat Maʿasê ha-Torâ* or *Some of the Works of the Law* from Qumran Cave 4
4QNum[b]	Second copy of Numbers from Qumran Cave 4
4QpaleoExod[m]	Paleo-Hebrew Exodus scroll from Qumran Cave 4

4QSam[a,b]	First or second copy of Samuel from Qumran Cave 4
4QtgJob	Job Targum from Qumran Cave 4
4QtgLev	Leviticus Targum from Qumran Cave 4
11QPs[a, b]	First or second copy of Psalms from Qumran Cave 11
11QT	*Temple Scroll* from Qumran Cave 11
11QtgJob	Job Targum from Qumran Cave 11
QE	*Questions on Exodus*
QG	*Questions on Genesis*
Rev.	Revelation
RevQ	*Revue de Qumran*
Rom.	Romans
Šabb.	*Šabbat*
Se	(Naḥal) Se'elim
Se nab.	(Naḥal) Se'elim Nabataean
SEG	*Supplementum Epigraphicum Graecum*, ed. A. Chaniotis et al.
Šeqal.	*Šeqalim*
Sib. Or.	*Sibylline Oracle(s)*
Sir.	Sirach
Somn.	*De somniis*
SP	Samaritan Pentateuch
Spec.	*De specialibus legibus*
t.	Tosefta tractate
T. Jos.	*Testament of Joseph*
T. Sim.	*Testament of Simeon*
TAD	*Textbook of Aramaic Documents from Ancient Egypt*, ed. B. Porten and A. Yardeni. Jerusalem, 1986–1999.
tg	Targum
Thess.	Thessalonians
Virt.	*De virtutibus*
vol.	volume
Wis.	Wisdom of Solomon

y. Yerushalmi (Palestinian or Jerusalem Talmud tractate)

| 연대기표 |

기원전 538-332년	페르시아의 팔레스타인 통치
525년 이전	이집트 엘레판티네에 유대 성전 건축
516/515년	예루살렘 성전 재건(전통적인 연도)
458-445년	에스라와 느헤미야의 예루살렘 활동
334-324년	알렉산드로스 대왕의 정복 활동
322-301년	디아도코이 전쟁
301-198년	프톨레마이오스의 팔레스타인 통치
259-258년	프톨레마이오스 2세의 재무장관 제논이 팔레스타인 방문
약 250년	토라를 그리스어로 번역
223-187년	안티오코스 3세의 셀레우코스 제국 통치
198-142년	셀레우코스 왕조의 팔레스타인 통치
190년	마그네시아 전투: 안티오코스 3세가 로마에 패배함
약 180년	토비아스가의 휘르카노스 벤 요셉이 트랜스요르단의 아라크 엘-아미르에 궁을 지음
175-164년	안티오코스 4세 에피파네스의 셀레우코스 제국 통치
175년	대제사장 오니아스 3세가 안티오코스 4세에 의해 축출되고, 예루살렘에 경기장을 세운 야손이 그 자리를 대체함
172년	메넬라오스가 야손을 제압하고 대제사장으로 임명됨
170년	오니아스 3세가 메넬라오스에게 살해됨
169년	안티오코스 4세의 첫 번째 이집트 원정; 예루살렘 성전의 약탈
168년	안티오코스 4세의 두 번째 이집트 원정(중단됨); 예루살렘에 성채(아크라) 건설
167년	예루살렘 성전 모독과 유대아 주민 박해: 마카비 항쟁의 시작
164년	성전 재봉헌; 안티오코스 4세의 죽음

162년	메넬라오스의 처형; 알키모스가 대제사장으로 임명됨
161년	유다가 니카노르를 무찌르고 로마와 협정을 맺음
160년	엘라사 전투; 유다의 죽음; 요나단이 주도권을 잡음
약 160년	오니아스 4세는 이집트의 레온토폴리스에 성전을 건축함
159년	알키모스의 죽음
159-152년	유대 대제사장이 없는 기간
157년	요나단과 바키데스 사이의 협정; 시리아인들은 팔레스타인에서 철수함
152년	요나단이 알렉산드로스 발라스에 의해 대제사장으로 임명됨
142년	요나단의 죽음과 시몬의 즉위
141년	예루살렘 성채 정복
140년	시몬이 대제사장, 사령관, 군주로 세워짐
139년	로마에서 유대인 추방
134년	시몬의 죽음과 요한네스 휘르카노스의 즉위; 안티오코스 7세는 유대아를 공격하고 예루살렘을 포위함; 휘르카노스는 안티오코스와 화해함; 유대아는 일시적으로 셀레우코스 왕조의 지배하에 있게 됨
129/128년	안티오코스 7세 사망; 유대 지방은 사실상 독립됨; 휘르카노스가 트랜스요르단으로 출정
126-104년	하스몬은 사마리아, 이두매, 갈릴래아로 확장함
112/111년	요한네스 휘르카노스에 의해 그리심산의 사마리아 성전이 파괴됨
104-103년	대제사장이자 왕이 된 아리스토불로스 1세의 통치
103-76년	대제사장이자 왕이 된 알렉산드로스 얀나이오스의 통치
76-67년	살로메 알렉산드라가 여왕으로서 유대아를 통치함
67-66년	하스몬 내전 발발; 휘르카노스 2세가 아리스토불로스 2세에게 양위

65년	휘르카노스와 나바테아인 아레타스가 아리스토불로스를 포위함; 로마군은 포위를 멈춤
64년	폼페이우스가 시리아를 합병함: 셀레우코스의 통치는 끝남
63년	폼페이우스가 예루살렘을 함락시킴: 하스몬의 독립이 끝남
58-49년	제1차 로마 삼두정치(폼페이우스, 크라수스, 율리우스 카이사르)
49-45년	율리우스 카이사르와 폼페이우스가 주도한 '옵티마테스'(보수적 공화당) 사이의 로마 내전
48-47년	안티파트로스가 알렉산드리아에서 율리우스 카이사르를 위한 유대인 지원 요청
47년	파사엘과 헤롯은 각각 갈릴래아와 유대아에서 '스트라테고이'를 임명함
44년	율리우스 카이사르가 암살됨
44-31년	제2차 로마 삼두정치(안토니우스, 레피두스, 옥타비아누스)
42년	파사엘과 헤롯이 안토니우스에 의해 분봉왕으로 임명됨
40년	파르티아인과 맛타티아스 안티고노스가 유대아를 침공하고 예루살렘을 포위; 헤롯이 로마 원로원에 의해 유대의 왕으로 선포됨
37년	헤롯이 하스몬의 마지막 통치자 맛타티아스 안티고노스를 패배시키고 예루살렘을 함락시킴
31년	악티움 전투: 옥타비아누스가 안토니우스를 제압함
30년	로마의 이집트 정복과 합병
27년	옥타비아누스가 '아우구스투스'와 '프린켑스'라는 칭호를 받음; 기원후 14년 죽을 때까지 사실상 황제로 통치.
4년	헤롯 대왕 사망
기원전 4년-기원후 6년	아르켈라오스가 유대아, 이두매, 사마리아를 통치;

	안티파스가 갈릴래아와 페레아를 다스림; 헤롯 필립포스 2세는 기원후 34년까지 갈릴래아 북서쪽 지역을 통치함
6년	갈릴래아 사람 유다와 바리새인 사독이 "네 번째 철학"을 발견하고 유대아 인구 조사에 대해 반란을 일으킴
6-41년	유대아가 사령관 의해 통치되는 로마 속주가 됨
14-37년	황제 티베리우스의 통치
26-36년	본디오 빌라도가 유대아 사령관으로 임명됨
27-30년	나사렛 예수의 공생애
34-64년	다소 사울(바울)의 선교 활동
37-41년	황제 가이우스 칼리굴라의 통치
38년	이집트 알렉산드리아에서 반유대 학살
40년	칼리굴라가 예루살렘 성전에 자신의 동상을 설치하라고 명령함
41년	클라우디우스 칙령은 알렉산드리아에서 유대인의 권리를 보장해주지만 그들이 가진 것보다 더 많은 것을 위해 노력하지 말라고 경고함
41-44년	아그립파 1세 왕이 팔레스타인 대부분을 통치함
41-54년	클라우디우스 황제; 유대인을 로마에서 추방
44-66년	로마 총독이 팔레스타인 대부분을 통치함
54-68년	황제 네로의 통치
60-66년	로마의 지방행정관 페스투스, 알비누스, 플로루스가 유대아의 도적과 민중 봉기를 처리함
62년	로마 총독 플라쿠스가 소아시아의 아파메아, 아드라밋티움, 라오디게아, 페르가몬에서 유대인 성전세를 징수
64년	로마의 화재; 야고보(예수의 형제), 바울, 베드로의 죽음
66년	알렉산드리아에서 반유대인 폭동; 티베리우스 율리우스 알렉산드로스가 보복을 행함
66-70년	로마에 대한 최초의 유대 봉기

68-69년	네 황제 시대(갈바누스, 오토, 비텔리우스, 베스파시아누스)
69-79년	황제 베스파시아누스
70년	예루살렘 성전이 로마에 의해 파괴됨; 유대인에게 성전세 대신 '피스쿠스 유다이쿠스'라는 세금이 부과됨
73/74년	엘아자르 벤 야이르 휘하 유대인 반군들의 마지막 피난처인 마사다가 로마인에게 함락됨; 이집트 레온토폴리스의 오니아스 신전은 로마군에 의해 파괴됨
79-81년	황제 티투스의 통치
80-90년	야브네(얌니아)에서 랍비 학교가 시작됨; 힐렐 가문이 샴마이 가문보다 우위를 점하게 됨; 팔레스타인의 대표적인 랍비 요하난 벤 작카이
81-96년	황제 도미티아누스의 통치
90-115년	대표적인 랍비 가말리엘 2세
96-98년	황제 네르바의 통치
98-117년	황제 트라야누스의 통치
100-135년	대표적인 랍비 이슈마엘 벤 엘리샤와 아키바 벤 요셉
116-117년	이집트, 키프로스, 키레네에서 일어난 디아스포라 유대인 봉기
117-138년	황제 하드리아누스의 통치
132-135년	바르 코흐바 항쟁
200년	족장인 랍비 유다가 미쉬나를 편집함

현대의 초기 유대교 연구

존 J. 콜린스(John J. Collins)

기원전 4세기 알렉산드로스 대왕의 정복 활동에서부터 기원후 2세기 초 마지막 유대 봉기 사이에 있었던 유대교는 다양한 특징들을 가지고 있다. 에밀 쉬러(Emil Schürer)나 빌헬름 부세트(Wilhelm Bousset)와 같이 19세기 후반에서 20세기 초중반에 활동한 독일 학자들은 이 시기를 '슈패트유덴툼'(*Spätjudentum*), 곧 '말기 유대교'(Late Judaism)라고 불렀다. 여기에 내포된 '말기' 개념은 예언자들의 가르침과 관련이 있었는데, 이 용어에는 연대기적 시기뿐 아니라 쇠퇴의 의미도 담겨 있었다. 이 쇠퇴는 율법의 종교로 간주됐던 랍비 유대교 시기에 최저점에 이르렀다.

홀로코스트(Holocaust) 이후, 고대 유대교를 이러한 방식으로 특징짓는 것은 (보편적으로 그러했던 것은 아니었지만) 흔히 거리끼는 일이자 위험한 것으로 간주됐다. 또한 이 표현은 부정확하기도 했다. 어떻게 계산하든 로마 시대 이후의 유대교 역사가 그 이전의 역사보다 더욱 길기 때문에 '말기'라는 표현은 적합하지 않았다. 더욱이 바빌로니아 정복 이전의 고대 이스라엘과 유다의 종교는 포로기 이후에 나타난 '유대교'와는 전혀 달랐다는 것이 확연히 드러났다. 흔히 유대교의 시작을 기원전 5세기 에스라의 개혁 때로 간주하곤 하는데, 사실 우리는 이 개혁이나 에스라라는 인물에 관한 역사적인 정보를 거의 가지고 있지 않다. 샤이 코헨(Shaye Cohen)은 그리스어 '유다이오스'(*Ioudaios*)가 본래 '유대아에 사는 주민'(Judean)을 가리키는 말이지만, "기원전 2세기 후반부에 '종교적' 또는 '문화적' 의미가 부가되면서 유대인(Jew)이라는 의미를 갖게 됐다"고 설득력 있게 주장한 바 있다(Cohen 1999: 3; Mason[2007]은 이렇게 부가된 의미에 대해 반박했다). '유대교'(Judaism)라는 단어는 마카비2서(2:21; 8:1; 14:38)에 처음 등장하는 그리스어 '유다이스모스'(*Ioudaismos*)—이때 '헬레니스모스'(*Hellenismos*, "헬레니즘", 4:13)에 대응되는 개념으로 나타난다—에서 파생했다. 이 이전에, 유대인들 혹은 유대아 주민들의 생활 방식은 분명히 독특한 것으로 간주됐다. 초기 헬레니즘 시대(기원전 약 300년)에 압데라의 헤카타이오스는 유대아 주민들뿐 아니라 유대아 밖에 살고 있었던 공동체까지도 조상들의 율법을 따라 살고자 하는 그들의 권리를 헬레니즘 통치자들—이전 제국인 페르시아의 정책을 유지하고 있었음—로부터 널리 인정받았음을 기록하고 있다. 하지만 '유대교/유다이즘'을 제2성전 시대의 현상으로 여길 만한 타당한 근거들이 있다. 따라서 본서에서 다루고 있는 기간은 유대교 역사의 초기—최초 시발점은 다소 더 이르다 하더라도—에 해당한다고 볼 수 있다.

몇몇 성서 문헌들(다니엘과 아마도 전도서)이 헬레니즘 시대에 쓰였지만, 이 시대 유대교에 관한 주요한 증거들은 '성경과 미쉬나 사이에'(Nickelsburg 2005) 쓰인 문학 작품 및 다른 형태의 글들 안에서 발견된다. 이에 따라 이 시기의 유대교는 때로 '신구약 중간기'(intertestamental)로 불리기도 한다. 이 용어에는 '말기 유대교'라는 용어의 부정적인 특성이 나타나지 않으면서 기독교의 시각이 반영되어 있다. 더 나아가 '중간기 유대교'라는 용어는 신약성경 자체 내에 이 시기의 유대교에 관한 증거가 나타난다는 사실과 몇 가지 중요한 유대 저작들(예, 요세푸스의 글, 『에스라4서』, 『바룩2서』)이 기독교의 경전들과 동시대 작품이거나 그보다 후대의 작품이라는 사실을 모호하게 만든다. 최근의 관행은 이 시기를 '제2성전기 유대교'라고 부르는 것이다(Stone 1984). 더욱이 이와 관련된 유대 저자들(가장 두드러진 인물은 요세푸스다)은 두 번째 성전이 파괴된 이후에도 작품 활동을 했지만, 그 후에 기록된 다수의 작품들이 여전히 성전 및 그 성전의 파괴에 집중하고 있고 또한 우리가 랍비 문학에서 발견할 수 있는 이 종교의 재개념화(reconceptualizing)는 예루살렘이 몰락하자마자 발생한 것이 아니기에, 그 용어의 부정확성은 어느 정도 용인될 수 있다. 하지만 제2성전기는 분명 (두 번째 성전을 짓기 시작한) 페르시아 제국 시대부터 시작되며, 이때 많은 히브리 성서들이 저작된 것은 아니라 하더라도 이에 대한 편집 작업이 (활발하게) 이루어졌다.

본서에서 우리는 주로 성경과 미쉬나 사이에 있었던 유대교와 관련한 증거들에 관심을 두고자 한다. 후기 성서 문헌들 역시도 여기에 포함되며, 수 세기 이후에 집성된 랍비들의 전집에도 초기의 자료들이 포함되어 있다. 이 시기를 특징화하거나 정확한 경계를 설정하는 데 있어서 문제가 전혀 없을 수는 없겠지만, '초기 유대교'라는 용어는 그나마 가장 적절한 용어인 것 같다(Gabriele Boccaccini 1991가 제안한 '중기 유대교'는 중세의 유대교에 더 적절하며, 랍비 이전의 유대교[prerabbinic Judaism]를 가리키는 용어로 보기에는 무리가 있다). 알렉산드로스의 정복 활동으로 많은 문화적인 변화가 일어났기에 이 시기를 '시작점'으로 볼 수 있다. 현존하는 후기 성경 시대의 몇몇 유대 저작들은 마카비 항쟁—으레 새 시대의 표지로 간주되는(예, Schürer, *History*)—보다 앞서는 기원전 3세기나 2세기 초에 저작됐다. 하드리아누스의 통치(기원후 117-138년)와 바르 코흐바 항쟁(기원후 132-135년)이 한 시대의 끝을 가리키고 있지만 이것이 유대교의 끝을 의미하는 것은 아니다. 후대 전통에서 규범으로 받아들여진 랍비 문헌들은 그 이후 세기들에 형성됐지만, 이는 위대한 항쟁들 이전에 우세했던 작품들과는 매우 다른 상황에서 형성됐다.

위경의 회복

유구한 서구 역사에 있어서 성경과 미쉬나 사이에 있는 유대교 저작들의 수는 상대적으로 적다. 외경 또는 제2경전이라고 불리는 작품들은 전통적으로 (그리고 지금도 여전히) 가톨릭교회가 가진 성경에 일부 포함되어 있다. 이것은 기원전 200년부터 기원후 100년 사이에 기록된 유대 문헌들 중 아주 작은 부분에 해당한다. 외경에는 마카비서와 주요한 지혜서들(벤 시라, 솔로몬의 지혜), 경건한 이야기들(토비트, 유디트)이 포함되어 있지만 묵시론적인 작품들은 거의 없다. (『에스라4서』의 묵시록을 포함하고 있는 에스드라2서는 외경에 속하지만, 제2경전을 포함하고 있는 가톨릭성경에는 빠져 있다.) 이 시기의 역사는 마카비서와 요세푸스의 작품들 덕분에 매우 잘 알려져 있다. 최근 고고학이 이 정보들을 입증하고 있지만(Meyers and Chancey 2012) 그 역사를 조명해주는 몇몇 추가적인 작품들이 수면 위에 떠올랐다. 알렉산드리아의 필론의 방대한 작품들 역시 교부들의 저작과 유사하다는 이유로 기독교인들에 의하여 전승됐다. 헬레니즘계 유대교 문학은 19세기의 정통 유대 학자들의 관심을 거의 받지 못했지만,

야콥 프로이덴탈(Jacob Freudenthal)의 작품(1874-1875; Niehoff in Oppenheimer, ed. 1999: 9-28을 보라)에서는 매우 중요하게 다루어진 연구 주제였다.

그런데 외경에는 포함되지 않지만 구약성경에서 기인한 방대한 저작들이 있으니, 이를 '위경'(pseudepigrapha: 허위로 이름이 붙은 저작)이라고 부른다. 여기에는 고대의 이교도들에게서 비롯한 위경적인 작품이 소수 포함되어 있는데, 시빌라의 작품이 가장 유명하다. 『열두 족장의 유언』과 같이 구약성경과 관련이 있는 대부분의 그리스어 및 라틴어 저작들은 1713년, J. A. 파브리키우스(Fabricius)의 『구약위경사본』(*Codex Pseudepigraphus Veteris Testamenti*)에 집대성됐다. 하지만 중요한 많은 작품들은 에티오피아어나 시리아어, 고대교회슬라브어와 같은 비교적 덜 알려진 언어로만 기록되어 있다. 리처드 로렌스(Richard Laurence)가 에티오피아어로 된 『이사야의 승천』(1819)과 『에녹1서』(1821)를 번역했고, 이로써 고대 유대교 연구의 새로운 시대가 열리게 됐다. 19세기 후반에는 더욱 중요한 몇몇 위경 작품들—『희년서』, 『바룩2서』, 『바룩3서』, 『아브라함의 묵시』, 『아브라함의 유언』—이 빛을 보게 됐다. 이러한 작품들이 발견됨으로써 시대의 전환 어간에 묵시문학들이 대거 확장됐고 잠재적으로는 고대 유대교에 대한 새로운 관점을 제시하게 됐다. 20세기 초, 획기적인 위경 모음집이 독일어(Kautzsch 1900; Riessler 1928)와 영어(Charles 1913)로 출간됐지만, 여기에 수록된 책들의 역본들은 개별적으로는 19세기 말부터 접근 가능한 것이었다.

랍비 문헌과의 관련성

이렇게 새롭게 이용 가능하게 된 자료들은 고대 유대교 연구에 즉각 사용되지는 않았다. 에밀 쉬러의 『예수 그리스도 시대의 유대 민족의 역사』(*Geschichte des jüdischen Volkes im Zeitalter Jesu Christi*, 1886-1890)에는 ('팔레스타인'과 '헬레니즘' 유대 문헌으로 구분된) 유대 문헌 연구가 포함됐다. 하지만 유대 종교에 관한 그의 묘사는 상당수 랍비 문헌들에서 비롯했다. 이러한 현상은 주로 미쉬나에서 이끌어낸 '율법 아래서의 삶'에 관한 쉬러의 묘사에 특히 두드러졌지만, 랍비의 신앙이 서술된 위경으로부터 자료를 통합하여 랍비의 메시아사상을 다룰 때에도 마찬가지였다. 조지 푸트 무어(George Foot Moore)의 비평에 따르면, 율법에 관한 그 장(chapter)은 "유대교의 역사에 관한 것이 아니라 기독교를 변증하기 위한 것이었다. 말하자면, 유대 최고 권위자들을 빌려서 복음서와 바울서신에 나타난 유대교에 대한 비난이 완전히 정당하다는 것을 증명하기 위하여 기록된 것이다"(Moore 1921: 240). 쉬러의 작품은 세밀한 역사적 정보의 보고였다. 이 책의 변함없는 가치는 게자 베르메쉬(Geza Vermes)가 자신의 공동 작업자들과 함께 개정한 영문판에 원문의 구조와 내용이 얼마나 보존되어 있는지 확인할 때 드러난다. 개정 역자들은 "그 지독한 제28장, '율법 아래에서의 삶'(*Das Leben unter dem Gesetz*)—영역판에서는 '삶과 율법'(Life and the Law)으로 수정됐다—과 19세기 신학의 독단적 편견으로 흐려진 … 바리새주의에 관한 부분을 분명하게 밝히려고 노력했다"(Vermes et al. 1973-1987: 2:v; 참조, 464 n. 1). 그럼에도 쉬러의 작품 서론에 있는 주장은 반복되어 나타났다. "이 시기의 주요한 특징은 바리새주의의 중요성이 커져간다는 데 있다. … 성서의 일반적인 율법들이 막대한 수의 세세한 가르침으로 분화됐다. … 종교의 세목들을 형식적으로 준수하려는 것에 대한 관심은 주류(mainstream) 유대교의 특징이 됐다"(Vermes et al. 1973-1983: 1:1). 마찬가지로 메시아사상에 관한 부분이 체계적으로 설명됐는데, 이는 랍비 자료들과 위경으로부터 얻은 정보를 합성시킨 것이었다.

주로 위경에 근거하여 유대 종교를 재구성했던 첫 학자는, 1903년에 『신약시대의 유대 종교』(*Religion des Judentums im neutestamentlichen Zeitalter*)를 출간한 빌헬름 부세트(Wilhelm Bousset)였다. 이 작품은 유대 학자들로부터 세찬 비난을 받았다(Wiese 2005: 159-215). 유대교에 대한 부세트의 견해는 쉬러의 것보다 세분화됐다. 바리새파의 율법주의적인 측면 외에, 부세트는 예수 가르침의 토대가 되는 보편적인 맥락(universal strand) 역시 발견했다. 몇몇 유대 비평가들은 부세트가 "유대교를 교리적 관점에서 '복음에 대한 예비'(*praeparatio evangelica*: 에우세비오스의 책 이름이기도 함—역주)로 축소한 것"에 대해 반박했다(Wiese 2005: 180). 하지만 부세트가 사용한 자료 출처의 적합성에 대한 기본적인 논쟁도 있었다. 펠릭스 페를레스(Felix Perles)는 부세트의 묵시론적이고 헬레니즘적인 유대교 신앙 연구에 대해서는 찬사를 보냈지만 그가 사용한 자료의 중요도 및 랍비 문헌들에 나타나는 바 '규범적 유대교'에 대한 체계적인 설명 부족에 대해서는 비판했다. 부세트가 '중심적인 유대 종교'(Perles 1903: 22-23; Wiese 2005: 181)를 놓쳤다는 것이다. 부세트는 기원후 70년 이후 규범적인 기능을 하게 된 '율법 학파'와 더 이른 시기에 더욱 다양한 모습으로 나타났던 '대중의 신앙'을 구분해야 한다고 대답하면서, 페를레스가 "미쉬나/탈무드와 더욱 후대의 율법 학자들의 역사에만 집중했기 때문에, 유대 민족이 멸망하기 전, 유대 대중 종교의 더욱 다양하고 풍성했던 삶을 이해하지 못했다"라고 비판했다(Bousset 1903b; Wiese 2005: 186). 지금 위경에 '대중 종교'의 특징이 담겨 있다는 부세트의 논지를 무비판적으로 받아들이는 학자들은 거의 없지만, 제2성전 시기와 랍비 문학과의 관련성에 대한 문제는 현재까지 논의되고 있다.

위경 연구에 가장 큰 공헌을 했던 R. H. 찰스(Charles)는 고대 유대교에 대한 포괄적인 연구를 시도하지는 않았다. 찰스의 작품이 대개 묵시서에 초점이 있었지만, "기독교 이전 시대에 묵시론적 유대교와 율법적 유대교는 본질적으로 반립하지 않았다. 근본적으로 이들의 기원은 동일했다. 양자 모두 율법의 최고 우위성을 무조건적으로 인정하는 데서 시작한다"라는 입장을 견지했다(Charles 1913: vii). 찰스는 묵시 자료들을 예언자들과 초기 기독교 사이의 가교로서 긍정적으로 바라보았다. 이 시기의 유대교를 두 개의 주요한 가닥(strands)으로 구성했던 찰스의 견해는 후대 학자들에 의해 다양한 뉘앙스로 개편되어 왔던 주요 패러다임들 중 하나를 차지하게 됐다(VanderKam in Boccaccini and Collins 2007을 보라).

부세트에 대한 페를레스의 비평은 거의 20년 후에 미국의 기독교학자 조지 푸트 무어에 의해 다시 언급됐다.

> [부세트의] 『신약시대의 유대 종교』에 대해 유대 학자들이 만장일치로 가했던 비판은 부세트가 묵시록에 대한 특별한 애정을 가지고 거의 대부분 외경과 위경으로 불리는 문헌들만을 일차자료로 사용했다는 데 있다. 인정을 받았고 권위가 있었던 학파의 작품들과 회당의 더욱 대중적인 가르침들은 단지 부차적인 것으로 치부됐다. 이는 외경적인 복음서와 행전들, 요한과 베드로의 묵시서, 클레멘스의 작품들을 자신의 주

5-6

> 요 출처로서 무차별적으로 사용하여 초기 기독교를 묘사하는 것과 같다. (Moore 1921: 243)

무어는 랍비 자료들의 시기 문제를 인지하고서 다음과 같이 주장했다. "그 저자[부세트]가 자신의 묘사를 길어낸 출처는, 우리가 아는 한, 유대교에서 결코 어떠한 권위도 인정받을 수 없는 것들이기에 자신의 저서를 『유대 종교』라고 불러서는 안 된다. 그는 언제나 규범적인 것으로 간주되어 왔던 것들을 의심하면서 대개는 무시했다."

하지만 F. C. 포터(Porter)는 무어의 걸작(Moore 1927-1930)을 서평하면서 다음과 같이 지적했다. '무어는 유대교 내에서 언제나 권위적인 것으로 간주됐던 자료들에 대하여 이야기하면서 '항상' 3세기 이후의 것을 가리킨다. … 그렇다면 그리스도가 살았던 시대에 '규범적', '일반적', '정통적'이라고 부를 만한 유대교는 없었을까?'(Porter 1928; 참조, Neusner 1981: 9). 더욱 근본적으로는, 규범성 개념이 종교의 역사 논의에 적절하기는 한지 의문을 품을 수 있다. 제이콥 뉴스너(Jacob Neusner)는 무어의 선의(goodwill)에 감사의 말을 전하면서 다음과 같이 지적했다. "무어의 주장은 그 종교들의 역사 속에 놓여 있는 작품에서 시작되는 것이 아니다. … 그의 연구는 신학에 관심이 놓여 있다. 그것은 신학이라는 범주에 포함되는 것이기에 역사적인 시기에 의해 차이가 발생하는 것은 아니다"(Neusner 1981: 7). 뉴스너는 20세기 초 유대교 학자들에 대해 꽤 비판적이었다. 랍비들에 의해 정의된 '규범적' 유대교와 히브리 성경 사이에 직접적인 선을 그으려는 뉴스너의 시도는 변증가들에 의해 촉발된 시대착오에 관한 것이었다(Neusner 1984: 101; Wiese 2005: 213).

무어의 권위는, 어떤 조건하에, 반세기 이후 E. P. 샌더스(Sanders)에 의해 무너졌다. 샌더스는 탄나임 문헌들(즉, 전통적으로 기원후 70년부터 200년 사이의 것으로 간주되는 문헌들)이 '예수와 바울 시대의 유대교나 심지어는 바리새주의의 모습조차도 정확하게 제시한다고 생각하지는 않지만, 이들이 아무런 관계가 없다고 한다면 놀라운 일일 것'이라는 사실을 인정했고, 더불어 탄나임 문헌들을 포함하여 이 시기의 유대 문헌들이 매우 다양했다는 사실도 인정했다. 하지만 샌더스는 "탄나임 문헌을 구성하는 여러 상이한 부분들의 저변에 놓여있는 어떤 공통 패턴을 발견할 수 있다"라고 주장했다. 샌더스는 이를 '언약적 율법주의'(covenantal nomism)라고 불렀다. 율법을 하나님의 선택과 언약 맥락에서 살펴보아야 한다는 것이다. 이는 속죄의 수단을 제공함으로써 언약 관계가 다시 확립되거나 유지될 수 있게 한다. 언약을 유지하고 있는 모든 사람들은 구원을 받게 된다. 그렇기에 구원은 개인의 순전한 율법 준수에 달려있는 것이 아니다. 샌더스는 이 패턴을 탄나임 문헌뿐 아니라 사해문서, 외경, 위경—단일한 예외로 『에스라4서』에서는 발견하지 못했다(Sanders 1977: 422-23)—에서도 발견했다. 샌더스는 자신의 연구가, "묵시 사상과 율법주의가 그 시대 유대교 안에서 상당히 다른 종교 유형이나 흐름을 구성한다고 주장했던 사람들에게는 도움이 되지 않는다"(Sanders 1977: 423)라고 결론짓고, 종교의 유형이 묵시 사상으로 구별된다는 데 반대했다(Sanders 1922: 8). '율법'과 '묵시론적 신앙'의 양립가능성은 사해문서의 강력한 지지를 받는다.

샌더스의 견해에 따르면, "언약적 율법주의는, 유대교 전체는 말할 것도 없고, 유대교 신학 전체를 포괄하는 것은 [더더욱] 아니다"(Sanders 1922: 262). 그럼에도 언약적 율법주의는 유대교의 '보편적인'(common) 내지 '일반적인'(normal) 한 양상을 보여준다. 무어를 향한 비판을 염두에 두고서 샌더스는 '규범적'(normative)이라는 단어가 적합하게 사용되는 데 주의를 기울였다. "우리가 이전에 일반적(normal)이라고 생각해왔던 것은 모두 내적인 일치에 기초하고 있으며, 보편적 의견(common opinion)—이는 상당한 정도의 통제력을 가지고 있지만 심하게 반대하는 사람들로부터 벗어날 수 있도록 해준다—에 의해 지지되는 정도에 따라 '규범적'(normative)이 된다"(Sanders 1992: 47). 보편 유대교(common Judaism)의 기둥은 유일신 하나님과 성경, 특히 율법 및 성전에 대한 신앙이었다. 하나의 공통된 틀 안에서 다양한 변칙들이 가능했다. 샌더스의 접근방식은 믿음보다는 실천에 중심을 두고 있었다. 요세푸스나 다른 제2성전기 자료들에서 정보를 가져올 때에도 그가 집중하고 있는 문제는 보통 미쉬나에서 중심적이었던 문제와 유사하다. 천상 세계나 역사 종말에 관한 묵시론적 사상들은 우리에게 일상의 법 준수에 대해 거의 알려주는 바가 없다.

샌더스가 묘사한 보편적(common) 유대교는 무어의 규범적(normative) 유대교보다도 비판을 받을 만한 요소가 적었기에 널리 받아들여져 왔다(예, Goodman 2002: 38을 보라). 보편적 유대교 개념은 다양성이 존재한다는 것을 부정하는 것이 아니라 모든 (혹은 적어도 대부분의) 유대인이 가지고 있던 보편적인 부분이 있다는 데 중점을 둔다. 또한 동등하게 타당한 다양성을 더욱 강조할 수도 있다. 샌더스의 스펙트럼 반대편에는 '유대교'(Judaism)보다도 '유대교들'(Judaisms)에 대하여 말하는 뉴스너가 있다(예, Neusner, Green, and Frerichs 1987: ix). 일부 학자들(예, Boccaccini)이 이 복수 형태를 사용했지만 그 방식은 서툴렀다. '어떤 유대교'에 대해 말하려면 (일단) 단수로 '유대교' 개념을 말할 필요가 있었기 때문이다. 유대 문헌의 한 집단(예, 사해문서)이 그 자체로 분석되어야 하고, 다른 집단(예, 미쉬나)을 통해 읽어서는 안 된다는 뉴스너의 강조는 유익하지만, 각 집단이 서로 다른 종교 체계를 대변한다고 볼 수는 없다. 다양성에 대한 급진적인 강조는 표면적으로 규범에 맞지 않는 유대교 자료를 배제시키는 본질주의자들의 접근 방식만큼이나 자료들을 왜곡시킨다(Sanders의 『바울과 팔레스타인 유대교』에 대한 Green 1994: 298의 언급을 보라. "바울의 저작은 유대교의 일부분이라기보다는 유대교와 병치[juxtaposition]되는 것으로 분석된다").

세트 슈워츠(Seth Schwartz)는 초기 유대교를 전반적으로 특징지으려 하면서 뉴스너를 매우 강하게 비판했다. "나는 유대교를 다양한 것으로 특징짓는 것에 대해 반대할 뿐 아니라 그것을 정당화하기 위해 자료들을 원자론적으로 읽는 것에 대해서도 반대한다"(Schwartz 2001: 9). 이어서 "각각의 증거 조각들이 개별적 사회 조직들을 반영하고 있다는 생각은 분명히 틀렸다"라고 지적했다. 하지만 뉴스너가, 자신이 언급했던 '유대교들'을 '개별적 사회 조직들'과 연관시키고 있는지는 분명하지 않다. 슈워츠는 대략적으로 '묵시론적 신화론'(apocalyptic mythology)과 '언약적 이데올로기'(covenantal ideology)를 구분하고, 이것들을 '부조화스러운 체계'로 간주했다(Schwartz 2001: 78-82). 즉, "언약은 한 분이신 하나님에 의해 바르게 통치되는 질서정연한 세상을 마음에 그리고 있지만, 묵시론적 신화론은 혼란스럽고 악으로 가득 찬 세상, 사람들이 가치 있는 것을 얻지 못하는 세상을 염두에 두고 있다. 여기서 하나님은 세상을 어떤 명백한 방식으로 통제하시지 않는다. 그래서 실제로 신화 속 우주론은 이원론적이거나 다신론적이다." 특히 하나님의 통치 영역과 관련하여 이러한 '묵시론적 신화'의 윤곽에 대한 정합성이 의문시될 수 있겠지만, 여기에 실제적인 차이가 있다는 것은 의심의 여지가 없다. 슈워츠는 '고대 유대교 저작들에 나타난 언약과 신화 사이의 반복되는 병치(juxtaposition)'에 주목하면서, "체계들이 논리적으로 조화되지 않더라도 대부분의 경우에 있어서 사회의 분화가 발생하지는 않았다"고 추측했다. 이와 같이 그는 '묵시론적 유대교'가 별개의 독립체가 아니었다는 샌더스의 주장에 동의했다. 슈워츠는 또한 '언약적 유대교'에 대해서는 의심하면서, 오히려 '묵시론적 신화론'은 '유대교 이데올로기에 다소간에 길들여진 부분'이라고 생각했다. 분명 뉴스너는 훨씬 더 다양한 체계를 주장했지만, 슈워츠는 자신이 뉴스너와 크게 다르지 않다고 생각했다. 동시에 슈워츠는 다양한 유대교에 대한 뉴스너의 주장이 전달하는 단편화된 인상을 피할 수 있었다.

위경이 초기 유대교에서 차지하는 위치

무어는 부세트를 비판하면서 랍비의 저작들을 비판적으로 사용하는 것이 어렵다는 것을 인정하면서도 위경에 의해 제시된 비판적인 문제들은 그렇게 어려운 것이 아니라고 주장했다. '예를 들어, 이 문헌들이 얼마나 널리 통용됐는가? 이 문헌들이 일반적인 유형의 '민족의 신앙'(*Volksfrömmigkeit*)을 대변할 수 있는가? 아니면, 독특한 개념과 경향을 가진 그룹 내에서만 사용됐는가? 민족 다수에 의해 이단으로 간주된 분파들과는 얼마나 멀리 떨어져 있었는가?'(Moore 1921: 244). 아마도 고대 유대교를 재구성할 때 위경의 사용과 관련된 가장 근본적인 질문은 이것들이 유대적인 것인가 하는 것이다. 이 문헌들 중 대부분은 유대인이 아니라 그리스도인들에 의해 보존됐다. 로버트 크래프트(Robert Kraft)는 이 문헌들이 먼저 기독교적 배경 안에서 이해되어야 한다고 반복적으로 주장했다(Kraft 1994; 2001). 동시에 그리스도인들에 의해 보존된 일부 위경 문헌들이 시대가 몇 세기 바뀌는 동안 유대인들에 의해 저작됐다는 것은 논란의 여지가 없다. 『에녹1서』와 『희년서』의 대부분의 단편들이 각각 아람어와 히브리어로 사해문서 중에서 발견됐다. 구약성경 인물들로부터 기인한 모든 위경들이 반드시 유대적 기원을 가지고 있는 것은 아니었다. 대부분의 기독교 문헌들에는 명시적으로 그리스도가 언급되어 있기에, 또한 그리스도인들은 종종 유대 저작들에 그리스도에 관한 언급을 첨가하기도 했기에, 어떤 구약위경이라도 기독교적인 것에 대한 명백한 언급이 없다면 사실상 유대적인 것이라고 상정해야 한다는 경향이 있어 왔다.

이러한 경향은 최근에 제임스 데이빌라(James Davila 2005)에 의해 도전을 받았다. 문헌들의 언어나 발견된 배경(특히 사해문서)을 고려할 때 논쟁의 여지없이 분명한 유대적인 저작 모음집들이 있다. 이 문헌들에 근거하여 데이빌라는 어떤 작품의 유대적 기원 여부를 판별할 수 있는 '고유한 특징들'(signature features)을 밝혀냈다(Davila 2005: 65).

- 실제적으로 유대적인 내용과 기독교 이전 시대의 증거들
- 한 작품이 히브리어로부터 번역됐다는 강력한 증거
- 유대 예배 의식에 대한 긍정적인 관심
- 유대법/토라와 할라카에 대한 긍정적인 관심
- 유대 민족과 국가의 이익에 대한 관심

이와 같은 '고유한 특징들'이 확실한 장치는 아니지만 개연성의 균형을 잡는 데 도움이 될 수 있다. 데이빌라는 이 기준들을 가지고, 토라

를 준수하는 유대인에 의해 쓰인 것이 명백한 『바룩2서』와 같은 작품에 나타나는 몇몇 묵시 모티프가, 유대교의 것이라기보다는 기독교의 것이라고 주장했던 리브카 니르(Rivka Nir 2003)에 반대하여, 유대교적이라는 것을 발견했다(Davila 2005: 131). 데이빌라는 니르가 『에녹1서』나 『희년서』와 같은 작품들조차 유대교의 자료에 포함시키지 않았기에, 니르가 가진 고대 유대교 개념이 "억지로 짜 맞춘 것이라고 할 정도로 좁다"고 주장했다. 더불어 데이빌라는 J. T. 밀릭(Milik 1976: 89-98)에 의해 후기 기독교 작품으로 간주됐지만 율법 준수에 관한 내용이 나타나지 않는 「에녹의 비유」(『에녹1서』 37-71장)의 유대교 기원을 변호하기도 했다. 이때 결정적인 영향을 미친 고려 사항은 『에녹1서』 71:14에 나타나는 '사람의 아들'과 동일시되는 것이 예수가 아닌 분명 에녹이었다는 점이다(Davila 2005: 134). '사람의 아들'의 정체는 데이빌라의 주장만큼 모호하지는 않았지만(Collins 1998: 187-91), 그리스도인 저자가 '사람의 아들'의 정체를 모호하게 두었다는 것은 믿기 어려웠다. 또 다른 경우들은 결정하기가 더욱 어렵다. 『요셉과 아스낫』의 유대교 기원은 로스 크래머(Ross Kraemer 1988)와 리브카 니르(2012)에 의해 강력한 도전을 받았다. 데이빌라는 이 문제를 결정할 만한, 유대적이거나 기독교적인 특징을 감지하지 못했다(Davila 2005: 193). 『욥의 유언』 역시도 가장 오래된 증거들이 제공하는 상황이 기원후 5세기 초 이집트의 기독교 그룹과 적절하게 맞아 떨어지지만 결정적인 증거는 존재하지 않는다. 데이빌라는 또한 『아브라함의 유언』에서 고대의 후기 기독교 배경과 어울릴 만한 증거를 발견했다. 그럴듯하지는 않지만, 그는 솔로몬의 지혜가 "1세기 후반 이방 그리스도인에 의해 기록됐다는 것에 반하는 증거들이나 심지어는 그럴 수 없었을 것이라는 증거들을 아무것도 발견하지 못했다"(Davila

2005: 225). 그러나 그렇게 이른 시기에 구약 인물의 이름을 빌려 쓴 위경 작품들과 병행되는 기독교 저작은 없으며, 솔로몬의 지혜 11-19장에 나타나는 출애굽 이야기는 분명 유대인의 민족적·국가적 이익에 관한 표준적인 관심을 충족시킨다. 데이빌라의 추론이 모든 경우에 있어서 설득력이 없었던 것은 아니며, 그는 유대적 기원에 관한 증거들이 몇몇 경우에 있어서 다른 경우를 지지하는 증거들보다 더욱 분명하다는 것을 보여줌으로써 자신의 논지를 발전시켜 왔다.

그리스도인들이 이따금 구약의 인물들의 이름(예, 이사야, 에스라, 엘리야, 다니엘)을 빌려 글을 썼다는 증거들은 매우 풍부하다. 또한 그리스도인들이 자신들의 신앙에 적합하도록 기독교적인 단락들을 분명하게 유대교 작품들 안에 삽입했을 수도 있다(예, 『바룩3서』에 대한 Harlow 1996; 『시뷜라의 신탁』 1, 2권에 대한 Collins in Charlesworth 1983: 330-53을 보라). 기독교적 개작이 광범위할수록, 유대교 작품의 기본적인 재구성이 더욱 어려워진다. 이와 관련한 가장 유명한 문제로는 『열두 족장의 유언』이 있다. 이 모음집은 현재 주어진 형태로는 분명 기독교적이다. 그 독특한 특징들 중 하나는 레위와 유다가 기대하는 메시아로, 그는 그리스도와 동일시되는 것이 분명하다. 이 메시아는 제사장이자 왕이 될 것이며, 하나님이자 인간이 될 것이다(『시므온의 유언』 7:2). 또 그는 '하나님의 양'이라 불린다(『요셉의 유언』 19:6). 『유다의 유언』 24장은 유다 지파로부터 오는 사람에 관하여 말하는데, 하늘은 이 사람을 위하여 열리며 그 사람 안에는 죄가 없다. 학자들은 이러한 각각의 언급들이 유대적 배경에서 정당화될 수 있다고 주장하거나 이것들이 본래 유대교적인 본문 안에 삽입된 기독교적 어구들이라고 주장해왔다(Charles 1913: 291). 하지만 누적된 증거들에 따르면 그리스도인이 저작했다는 가정이 훨씬 더 쉽게 설명된다(de Jonge 1953).

그럼에도 불구하고 이 **유언서들**이 유대교 전통에 크게 의존하고 있다고 생각할 만한 충분한 이유들이 있다. 유다와 레위의 유언서에 나타나는 메시아는 필연적으로 사해문서에 등장하는 두 명의 메시아를 상기시킨다. 아람어로 된 『레위의 유언』과 히브리어로 된 『납달리의 유언』의 부분적인 병행점들이 사해문서 가운데 발견된다는 것이다. 하지만 이것들은 유언들을 기록한 기독교 저자들에 의해 사용됐던 원본 문헌일 수 있다(de Jonge 2000). 우리는 (레위와 같은 개인들과 관련된 묵시 저작들은 별개로) 『열두 족장의 유언』이 유대교적이라는 것에 대한 결정적인 증거를 가지고 있지 않다. **유언들** 안에 나타난 윤리적인 가르침들은 헬레니즘 유대교나 초기 기독교의 배경에서 만족스럽게 설명될 수 있다.

기독교적 요소가 광범위하지 않고 다소 부조화스러울 경우에는 유대교 저자가 기록했을 가능성이 더욱 크다. 다섯 번째 『시뷜라의 신탁』에는 531개의 구절 중 단 하나(어쩌면 두 절)의 명백한 기독교적 구절이 포함되어 있다. 257절에서 '하늘에서 온 탁월한 사람'이 '열매가 풍성한 나무에 손을 뻗었다.' 다음 구절에서는 그가 언젠가 태양을 멈추게 할 것이라고 말한다. 대부분의 주석가들은 이 한 구절 혹은 두 구절이 삽입된 것으로 본다(Collins in Charlesworth 1983: 399). 태양을 멈추는 것에 관한 언급은 예수/여호수아의 역할 때문에 삽입된 것으로 간주할 수 있다. 데이빌라는 이것이 가능은 하지만 꼭 그렇다고 할 수는 없다고 보았다. 곧, "『시뷜라의 신탁』 제5권은 로마의 예루살렘 파괴에 격분한 유대-기독교인들이 로마인들과 다른 다신교적 민족들을 비난하기 위해, 그리고 종말론적 구원자인 예수의 오심을 예언하기 위해 시뷜라의 입에 사후(after-the-fact) 예언을 담은 것으로 볼 때 전체적으로 자연스럽게 읽힌다”(Davila 2005: 189). 하지만 이 작품에 예루살렘 멸망에 대한 분노는 큰 목소리로 분명하게 나타나지만, 종말론적 구원자로서의 예수의 정체성은 단 한 부분에서만 인지할 수 있으며, 거기에서조차도 그렇게 명료하지 않다. 또한 데이빌라는 『시뷜라의 신탁』 제5권이 할례나 음식법, 안식일에 관심이 없으며, 율법을 사실상 우상숭배나 성적인 죄에 대한 것으로 축소시키고 있음에 주목했다. 하지만 이것은 헬레니즘 디아스포라의 유대 저작들에 매우 전형적으로 나타나는 특징이다(Collins 200: 155-85). 이 예가 보여주듯, 어떤 일정 본문을 유대적인 것으로 식별하는 일은 흔히 받아들여지고 있는 상(profile)에 의존한다. 어떤 경우에 유대적 기원에 반대하는 주장들은 유대교에 대한 좁으면서도 규범적인 입장을 보여준다(『솔로몬의 시편』에 대한 Efron 1987: 219-86; 『바룩2서』에 대한 Nir의 언급). 하지만 이는 데이빌라에게는 해당하지 않고, 경우에 따라 이 질문들은 합리화될 수 있다. 유대교의 경계는 토라나 언약적 율법주의에 대한 관심으로 제한될 수 없다. 반대로, 출처가 불확실한 위경 문헌에 기반한 유대적 다양성에 대한 주장들은 명백히 유대교적 문서들 안에 나타나는 공통점들에 지지를 받지 않는 한, 충분한 증거들의 무게를 견딜 수 없다.

묵시 사상이 초기 유대교에서 차지하는 위치

초기 유대교를 재구성함에 있어서 위경 사용에 대한 논란은 대부분 묵시문학의 중요성으로부터 기인한다. 『시뷜라의 신탁』이나 『솔로몬의 시편』, 『열두 족장의 유언』의 경우와 같이 형식적으로 묵시록이 아닌 위경적인 책들도 묵시문학과 많은 공통점—특히 역사와 종말에 대한 관점에 있어서—을 가지고 있다. 히브리 성경에는 단 하나의 묵시서, 곧 다니엘서만 있고, 랍비 유대교는 묵시전승을 거부했다. 정경 외 묵시록들은 그리스도인들에 의해 전달됐고, 사해문서 안의 『에녹1서』에 아람어 단편과 『희년서』에 히브리어 단편들이 발견되긴 했지만, 히브리어나 아람어로 보존되지는 않았다. 묵시 사상은 기독교 신학의 어머니로 불려왔다. R. H. 찰스는 묵시 사상을 (구약)성경의 예언과 초기 기독교 사이의 가교로 보았고, 묵시 사상이 '예언서의 자녀'라는 입장은 영미권 학자들에게 늘 인기가 있어 왔다(Rowley 1944). 반면 부세트는 조로아스터교의 영향으로 인해 묵시 사상이 출현했다고 보았다. 다른 출처로서 성경적 문헌들(지혜 문학; 예, von Rad 1965: 2:315-30)과 그 밖의 문헌들(바빌로니아 전승들; 예, Kvanvig 1988)이 이따금 제안되어 왔다. 오직 20세기 마지막 분기에, 묵시 사상은 다른 어떤 것의 변이(내지 퇴화)가 아닌 그 자체의 본질적 현상으로 인식됐다(Collins 1998: 26-42).

19세기 말과 20세기 초 사이, 위경과 관련한 창조적인 연구가 방대하게 쏟아진 이후, 반세기 이상 그것은 학자들의 관심을 거의 받지 못했다. (위경 연구가 무시된 이유는 이 시기에 일반적인 연구 배경이 종교사로부터 성경신학으로 옮겨간 데에서 살펴보아야 한다.) 로울리(Rowley)와 폰 라트(von Rad)와 같이 묵시 사상을 다루었던 영향력 있는 학자들 중 다수는 정경 밖의 이상한 자료들을 성경의 범주 안에 자연스럽게 동화시키려고 매우 노력했던 성서학자들이었다. '묵시문학'을 다룬다는 학자들은 대부분 실제로 포로 시대 이후의 예언이나 바울서신을 다루었다. 그렇지만 사해문서가 발견되면서 성경과 미쉬나 사이에 있는 유대교에 대한 관심이 새롭게 부상했다. 1970년대부터 미국과 유럽에서, 위경에 대한 광범위한 작업이 있었고 찰스워스(Charlesworth 1983-1985)가 편집한 두 권짜리 구약 위경 번역판에서 결실을 맺었다. 여기에는 과거 R. H. 찰스의 번역판과 독일의 '헬레니즘-로마 시대의 유대 문헌들'(*Jüdische Schriften aus hellenistisch-römischer Zeit*) 시리즈보다도 더욱 많은 자료들이 포함되어 있었다. 이제 묵시문학은 당대의 위경 문학들과 사해문서의 맥락에서 연구됐다. 이로써 그 초점은 통상 신약성서와 관련하여 연구되는 일종의 신학으로서의 '묵시론/묵시사상'(apocalyptic)에서부터 문학 장르인 묵시문학(apocalypse)으로 옮겨가게 됐다(Koch 1972; Collins ed. 1979).

묵시문학이라는 장르 연구는 세 가지 주목할 만한 결과를 낳았다. 첫째, 묵시문학은 다니엘서나 요한계시록에서 볼 수 있는 역사적 종말론(현존하는 세상의 마지막)에만 관심을 쏟지 않았다. 묵시문헌의 주요 내용은 천상의 비밀을 드러내는 데(계시) 있다(Rowland 1983). 묵시문학 장르의 하위 유형 중 하나는 전적으로 피안의 세계를 여행하는 내용을 담고 있으며, 이 자료는 유대 신비주의의 초기 역사 이해에 중요하다(Himmelfarb 1993). 둘째, 히브리 성경(구약)에서 다니엘서만 묵시문학 장르에 속한다고 할 수 있기 때문에, 예언서 속의 '묵시 사상'(apocalyptic) 또는 '묵시의 원형'(protoapocalytpic) 연구에 대한 의구심이 점차 커졌다. 셋째, 묵시 장르는 유대교와 기독교에만 있는 특별한 것이 아니라, 페르시아 전승은 물론 그리스-로마 시대 문헌에도 중요한 유사 장르—특히 천상 여행(heavenly journey)이라는 주제의 경우에—가 존재했다(Hellholm 1983).

묵시 장르와 위경에 주목하면서 『에녹1서』라는 이름으로 알려진 문서 모음집에 대한 관심이 늘어났다. 찰스는 『에녹1서』의 일부분이 다니엘서보다 오래된 문서임을 이미 알고 있었다. 사해문서에 포함된 아람어 단편들이 출판되면서 학자들의 관심은 더욱 커졌다(Milik 1976). 이탈리아 학자 파올로 사키(Paolo Sacchi)는 『에녹1서』의 내용 중 가장 초기 전승에 해당하는 1-36장의 「감찰자의 책」이 묵시론적 세계관의 뿌리라고 주장했다(Sacchi 1997). 이 문헌은 악의 기원에 대한 질문을 다루면서 타락한 천사들 때문에 땅에 악이 발생했다고 말한다. 사키는 묵시론적 관점이 에녹 전승에서 온 것으로 간주하며 심지어 묵시를 다니엘서와 대조되는 것으로 보려고 했다. 그의 제자인 가브리엘 보카치니(Gabriele Boccaccini)는 제이콥 뉴스너를 연상시키는 방식으로 『에녹1서』를 '에녹 계열 유대교'(Enochian Judaism)가 존재하는 증거라고 주장했고, 에녹계 유대교를 엣세네파와 동일한 것으로 보았다. 그는 엣세네파를 쿰란 분파의 모체로 여겼다(Boccaccini 1998).

「감찰자의 책」을 최초의 유대 묵시문헌이라고 설사 인정한다고 하더라도, 묵시운동이라는 현상 자체를 가장 초기의 문서만을 근거로 정의할 수는 없다. 다니엘서와 에녹 문서 사이의 차이점은 묵시론적 관점 자체에도 다양한 결이 있었음을 보여주며, 묵시주의(apocalypticism)를 일원화된 사회적 운동으로 국한시킬 수 없다는 점을 보여준다. 다시 말하지만, (「에녹의 비유」를 제외한) 에녹계 문헌을 쿰란 공동체가 보존했다고 해서, 이 문헌들이 쿰란 분파의 이데올로기를 형성한 유일하거나 우선적인 자료는 아니다. 에녹 계열 문헌을 엣세네파와 동일시할 만한 충분한 근거도 없다. 그럼에도 초기 에녹 계열 책들은 '보편 유대교'(common Judaism)의 언약적 율법주의(covenantal nomism)와는 상당히 다른 유대교가 존재했음을 보여준다. 조지 니켈스버그(George Nickelsburg)가 주장한 것처럼, "일반적 범주로서의 언약은 이 문헌들을 저술한 저자들에게 중요한 것이 아니었다"(Nickelsburg 1998: 125). 이 문서에서는 모세가 아니라 에녹이 계시의 중개자다. 에녹과 몇몇 측면에서 긴밀한 관련이 있는 『희년서』와는 달리, 모세의 율법 선포를 태고시대(primeval period)에 일어난 사건으로 이해하려는 노력이 보이지 않는다. 출애굽 사건과 모세가 시내산에 올라간 일을 이스라엘 역사의 '예언' 과정으로 언급한 「동물 묵시록」조차 언약 수립이나 율법 수여를 언급하지 않고 있다. 모세의 율법(토라)을 비판하는 내용은 어디에도 없으나, 토라가 명시적인 준거틀(frame of reference)로도 기능하지 않는다. 더욱이 에녹 문헌은 예루살렘 성전(최소한 후대)에서 사용한 음력 달력과는 달리 양력과 음력을 혼합한 달력을 언급하고 있다. 이 달력은 『희년서』와 사해문서에서 발견되는 것과 유사하다.

모세 율법을 중심으로 하지 않는 유대교 운동이 존재했다는 견해는 헬레니즘 시대의 맥락에서 특이한 것처럼 보일 수 있겠지만, 그러한 전례가 없는 것은 아니다. 성서적 지혜 문헌은 모세 율법이나 이스라엘 역사에 대한 분명한 언급이 없다는 바로 그 사실을 특징으로 갖는다. 이러한 특징은 초기 에녹계 문서와 거의 동시대의 산물인 후대의 문서 코헬레트(전도서)에서도 그대로 나타난다. 따라서 묵시론적 유대교가 '율법의 최고 권위를 무조건 인정하는 것에서 시작했다'는 찰스(Charles)의 주장은 틀렸다. 최소한 초기 에녹계 문헌의 경우 이러한 주장은 사실이 아니다.

그러나 에녹 문헌의 특징이 모든 위경에 꼭 나타나는 것은 아니며, 심지어 모든 묵시문헌에 나타나는 것도 아니다. 『희년서』는 『에녹1서』의 타락한 천사에 관한 신화를 각색했고(Segal 2007: 103-43), 태양력(364일)을 받아들였다. 이것을 소위 '다시 쓴 성경'(rewritten Bible) 또는 '바꾸어 표현한 성경'(biblical paraphrase)의 예로 볼 수 있다. 하지만 저 책들은 천사가 매개한 계시라는 의미에서 묵시문헌이기도 하다. 계시를 받은 이

14-15

는 다름 아닌 모세이고 계시의 내용은 창세기 본문을 다르게 표현한 것이다. 더욱이 이렇게 성경을 다른 식으로 표현한 문서는 할라카(halakic) 문제에 대한 비상한 관심에 바탕을 두고 있다. 분파적 성격을 지닌 사해 문서는 묵시론적이면서도 모세 율법을 정확하게 해석하는 것에 초점을 맞추고 있다. 또한 토라는 기원후 1세기 말 성전 파괴 이후에 쓰인 『에스라4서』와 『바룩2서』 같은 묵시문헌에서도 핵심적 역할을 한다. 묵시문헌과 토라 사이의 관계는 『에스라4서』에서 가장 생생하게 그려진다. 이 책의 마지막 부분에서 에스라는 불에 타버린 율법책을 대체하라는 임무를 부여받는다. 그는 불처럼 타는 액체를 마시라는 명령을 받은 후 책을 쓰라는 영감을 받는다. 최종적으로 94권의 책이 저술된다. 이 중 24권의 책은 합당한 사람과 합당하지 않은 사람 모두 읽을 수 있도록 공개된다. 그러나 나머지 70권의 책은 지혜로운 사람들에게만 주어지기 위해 비밀로 간직된다. 이 숨겨진 책들은 '이해의 샘, 지혜의 샘, 지식의 강'을 담고 있다. 『에스라4서』는 토라에 비판적이지 않고, 또한 반대하는 입장을 취하지도 않는다. 이 책은 고등한 계시를 담고 있다고 주장하며, 이 계시의 맥락 안에서만 토라가 이해되어야 한다고 말한다. 이렇게 더 높은 수준의 계시를 담고 있다는 주장은 묵시문헌을 정의하는 특징 중 하나다. 세트 슈워츠는 이것이 '언약 체계의 미흡한 점을 보완하기 위한 방법'이라고 말한다(Schwartz 2001: 83). 언약은 충실히 언약을 지키는 이들에게는 생명과 번영을 약속하고, 지키지 않는 이들에게는 재앙을 내릴 것이라고 위협한다. 하지만 생명은 분명 그런 식으로 주어지지 않았다. 사후 심판과 그 이후에 이어지는 의로운 자/사악한 자의 운명의 비교가 묵시론적 계시의 주요 주제 중 하나다. 죽음 이후에도 생명이 있다는 믿음은 묵시문헌에만 국한된 것이 아니다. 영혼 불멸 사상

15

은 그리스어를 말하는 유대인들에게 널리 받아들여졌다. 바리새인은 묵시론적 개념을 다양하게 받아들였던 것으로 보이며, 부활을 믿었다. 그러나 유대교에서 죽은 자의 심판에 대한 믿음과 사람들마다 서로 다른 사후의 삶을 살 것이라는 믿음은 『에녹서』와 다니엘서에 처음 등장한다. 이러한 믿음이 예언자들의 믿음과 묵시론적 종말론을 구분 짓는 주요 요소였다(Collins 1997b: 75-97).

사해문서

의심의 여지없이 사해문서(또는 사해두루마리)의 발견과 출판은 20세기의 초기 유대교 연구에서 가장 중요한 발전을 가져왔다. 사해문서로 불리는 두루마리들은 사해 근처 여리고 남쪽 키르벳 쿰란의 황폐화된 정착지 부근에서 발견됐다. 이 문서의 주요 부분을 이루는 두루마리가 발견된 4번 동굴(Cave 4)은 말 그대로 이 장소에서 돌을 던지면 닿을 거리에 있다. 대부분의 학자들은 이 두루마리들이 쿰란에 정착한 유대교 분파가 보존한 장서였을 것으로 추정한다(VanderKam 1994: 12-27). 로마의 저술가 플리니우스에 의하면 이 지역에 엣세네파의 정착지가 있었다고 하는데(『자연사』 5.73), 쿰란에서 발견된 규율 문서들, 특히 『공동체 규율』은 필론과 요세푸스가 기술한 엣세네파에 대한 내용과 상당히 유사한 점들이 있다(Beall 1988). 이 장소를 엣세네파와 직접 연결시키는 연구는 비판을 받아왔는데, 특히 최근에는 비판의 소리가 더 커졌다(Galor, Humbert, and Zangenberg 2006). 노먼 골브(Norman Golb)는 쿰란의 엄청난 양의 두루마리가 오로지 예루살렘 성전에서 유래했을 수밖에 없다고 주장했다. 사해두루마리는 여러 명의 저자들이 저술한 흔적이 보이는데, 이 사실 역시 단 하나의 공동체에서 이 문헌이 작성됐을 것이라는 추정을 어렵게 한다고 그는 주장했다(Golb 1995). 독신(celibacy)이라는 문제는 엣세네파와 이 두루마리를 만든 공동체를 동일시하는 주장과 관련된 주요 쟁점이다. 엣세네파를 언급한 고대의 저술가들 모두 엣세네파의 독신 생활을 언급하는데, 정작 이 두루마리는 이에 대해 명시적으로 말하지 않는다. 또한 엣세네파에 대한 기록들은 쿰란의 『전쟁 두루마리』를 비롯한 다른 텍스트에서 발견되는 메시아 대망(messianic expectation)이나 묵시론적 대망을 언급하지 않는다.

쿰란 공동체를 단일한 수도원 같은 기관으로 생각하는 학자들의 경향이 논의의 진전에 장애물이 됐다. 사실, 규율을 다룬 책들은 적게는 열 명 정도로 이루어진, 다양한 곳에 위치한 공동체들 사이의 네트워크가 존재했음을 분명히 보여준다. (플리니우스를 제외한) 다른 기록들은 엣세네파가 정착지를 여럿 가지고 있었다는 사실을 강조한다. 요세푸스는 엣세네파 내에 두 개의 종단이 있고, 그중 하나는 결혼을 받아들였다고 말한다. 쿰란에서 발견된 규율 책 중 하나인 소위 『다마스쿠스 문서』는 '공동체에서 살며 자녀를 낳는 사람들'과 그렇지 않은 사람들 사이를 구분하는 것 같다. 모든 두루마리가 쿰란 지역에서 필사됐다고 보기는 어렵다. 다른 지역에 정착해 살던 엣세네파 일원들이 기원후 68년 로마인들의 진격을 피해 쿰란으로 도망갈 때 이 두루마리들을 가지고 갔을 것이라고 추정하는 대안적 가설도 있다. 이러한 추정은 쿰란 두루마리에 분파주의적 문서들(sectarian texts)이 상당히 많은 이유를 설명할 수 있으며, 규율서들의 서로 다른 판본들이 여러 동굴에서 발견됐다는 사실을 설명할 수 있다.

어떤 경우든 쿰란에서 발견된 문헌 모음이 분파주의적 특징을 가지고 있지 않은 문서를 포함하고 있다는 것은 분명하다(물론 이런 문서들이 분파적 상황에서 사용될 수도 있다). 나중에 (구약)성경 안에 포함되게 된 책들과, 기원전 2세기 중후반 이 분파가 형성되기 전 작성되어 널리 읽힌 것이 분명한 에녹계 문헌 및 『희년서』 같은 문서도 쿰란 두루마리에 포함되어 있다. 하지만 쿰란 두루마리가 발견되기 전에는 알려지지 않았던 많은 텍스트들 또한 당시의 유대인들이 광범위하게 사용했을 수도 있다. 그러나 쿰란 두루마리를 제2성전기 유대교의 무작위적인 견본 문서(sample)로 간주하면 안 된다. 분파주의적 규율 책들을 비롯해 분파주의적 성격이 분명한 문서의 비율이 너무 높다. 또한 이 시기의 몇몇 중요 문헌은 쿰란 두루마리에 들어 있지 않다. 예를 들어, 하스몬 왕조를 홍보하는 성격을 띤 역사책인 마카비1서나 바리새적인 이데올로기를 담고 있는 것으로 종종 간주되는 『솔로몬의 시편』은 쿰란문서에 포함되지 않았다. 사해문서에서 바리새적 성격을 분명히 갖고 있는 텍스트는 없다. 하스몬 왕조에 우호적인 문서로 분류될 수 있는 것은 딱 하나 있다(4Q448, 『요나단 왕을 위한 기도』). 사해문서를 오로지 분파주의적 특징을 지닌 문헌이라는 협소한 의미에서 '분파주의적'이라고 부를 수는 없다. 그렇지만 사해문서는 이데올로기적 이유로 일부 문헌을 제외시킨, 신중하게 골라낸 문서들의 모음이다.

첫 번째 두루마리는 제1차 중동전쟁 발발 전날에 발견됐다. 팔레스타인이 분리될 때 쿰란은 요르단 접경 지역에 있었다. 1번 동굴에서 발견된 7개의 두루마리(『공동체 규율』, 『전쟁 두루마리』, 『호다요트』, 『하박국 페쉐르』, 『창세기 비록』, 2개의 이사야서 사본)는 엘리에제르 수케닉과 그의 아들 이가엘 야딘이 소유하게 된 바람에 유대인 학자들은 1967년에 있었던 6

일 전쟁(the Six-Day War) 이후에야 이 두루마리들을 볼 수 있었다. 단편 조각들을 복원하기 위해 지명된 다국적 학자로 구성된 팀에 유대인 학자는 아무도 없었다. 결과적으로 사해두루마리의 초창기 연구는 기독교인 학자들이 주도했고, 기독교인들의 관심사가 우선순위를 차지했다. 두루마리 배후에 있는 공동체와 초기 기독교를 비교하는 작업이 많았으며 종말론과 메시아사상 같은 주제가 큰 관심을 받았다(예, Cross 1995을 보라). 그러나 1967년에 두루마리를 소장한 쿰란과 라키펠러 박물관(Rockefeller Museum) 두 곳 모두가 이스라엘의 지배를 받게 됐다. 이 상황은 편집을 맡은 학자 모임에 처음에는 별다른 변화를 끼치지 않았으나 다른 측면에서 두루마리 연구에 커다란 영향을 미쳤다. 이스라엘 군대 장군이었던 야딘은 『성전 두루마리』로 알려진 긴 문서를 골동품 중개상 칸도로부터 구매했고 십여 년 뒤 이를 출판했다(Yadin 1977, 1983). 이 두루마리는 성서의 율법을 재서술한 내용을 담고 있고, 할라카적 요소에 깊은 관심을 보였다. 이 두루마리의 출판은 기독교적 관심보다는 이 문서와 랍비들의 관심사가 맞닿아 있는 측면에 대한 새로운 관심을 불러일으켰다. 4QMMT로 알려진 할라카 문서가 공개된 것은 훨씬 더 충격적인 사건이었다(Qimron and Strugnell 1994). 이 문서는 이스라엘의 지도자를 명시적 대상으로 삼아 작성됐고, 이 종파가 대다수의 유대인과 분리되어야만 했던 이유를 나열한다. 분파로 갈라져 나간 이유는 달력과 정결에 관한 문제 때문이라고 하며 할라카적 이유들(즉, 종교 행습 규례에 대한 문제들)이 이 분파의 존재 기반에 결정적이라는 점을 보여준다. 이 문서가 옹호하는 입장은 랍비 문서에 나타난 바리새인들의 견해와 각을 세우는 반면, 몇 가지 점에서 사두개파의 주장과 일치한다. 이 문서는 미쉬나와 탈무드에서 논의된 문제들이 제2성전기 후반에 이미 중요한 관심사로 자리매김했음을 보여주며(Schiffman in Oppenheimer 1999: 205-19), 따라서 외경과 위경에 근거해 묘사된 유대교의 모습은 불완전하다는 것을 보여준다.

사해문서 연구의 세 번째 시기는 이 문서 전체를 쉽게 접할 수 있게 된 1990년대 초반에 시작됐다. 에마누엘 토브(Emanuel Tov)가 이끄는 편집진은 규모가 크게 확장됐다. 그제야 사해문서 전체를 균형 잡힌 시각으로 바라보는 것이 가능해졌다.

소위 '에녹 계열 유대교'와 사해문서가 어떤 관계에 있는지와는 상관없이, 이 두루마리들은 모세 율법의 권위와 영향력을 인정하고 있다. 이 두루마리들은 성경 본문이 어떻게 발전했는가에 대한 중요한 증거를 보여준다. 사해두루마리에서 발견된 성경 본문의 대다수는 마소라 본문(Masoretic Text)에 가깝다. 하지만 마소라 본문과 다른 형태의 텍스트들도 쿰란에서 사용됐다. 몇몇 경우에는 성경 본문에서 살짝 변형된 문서인지, 아니면 『희년서』처럼 의도적으로 변경한 '다시 쓴 성경'(rewritten bible)인지 판단하기 어렵다. 『성전 두루마리』는 모세에게 주어진 계시를 '다시 쓴 형태'(rewritten form)로 표현하며 레위기와 신명기의 율법 전통을 재해석한다. 이런 방식을 통해 성서 율법에 대한 저자의 해석이 시내산 계시로서의 권위를 얻게 된다. 일부 학자들은 『성전 두루마리』가 세상의 끝이 임박한 시기에 살고 있다고 믿었던 사람들이 토라를 전적으로 대체하기 위해 쓴 것이라고 주장한다(Wacholder 1983; Wise 1990: 184). 다른 학자들은 『성전 두루마리』가 성경 본문의 권위를 이미 인정하고 있는 것으로 보아 이 두루마리는 성경 본문의 이해를 위한 해설서이자 가이드 역할을 하기 위해 작성된 것이라고 주장한다(Najman 1999). 하지만 『성전 두루마리』는 본문 자체에서 하나님의 직접적인 계시라고 적시됐고, 잘 알려진 토라를 인정하지 않는 모습을 보인다. 일부 주제에 관해서는 토라의 유효성을 인정함에도 불구하고, 실제적으로 다루어지는 문제들에 대해서는 이 두루마리가 토라의 권위를 넘어서는 것 같다. 또한 이 두루마리들에는 구체적인 주석들이 많이 포함되어 있다. 대부분은 '페샤림'(*pescharim*: 쿰란의 성서 본문 주석—편주)의 형태인데 기원전 1세기 무렵 작성됐으며, 현존하는 가장 오래된 성서 주석이다. 이 주석들은 주로 예언서 본문을 다루고, 시편 주석도 포함하고 있으며, 이러한 성경 본문들을 쿰란 분파의 역사와 '시대의 종말'과 연결시킨다. 특히 흥미로운 것은 소위 『창세기 페쉐르』(4Q252)인데, 이 문서는 홍수 이야기의 재해석을 창세기 49장에 나오는 야곱의 축복에 대한 페쉐르 형식의 해석과 융합시킨다.

두루마리들은 위경처럼 성서의 인물들과 연결시킨 많은 문서들을 포함하고 있다(Dimant 1994; Flint in Flint and VanderKam 1998-1999: 2:24-66). 이런 문서들의 대부분이 단편의 형태로만 남아 있기 때문에 각 문서의 문학적 장르를 판단하기는 매우 어렵다. 에녹 계열 문헌과 관련된 것으로는 「거인의 책」 단편이 있다. 쿰란에서 발견된 문헌 중에 묵시문헌으로 간주될 만한 것으로는 천사와 악마의 세력을 이원론적으로 묘사하는 『아므람의 환상』, 소위 『아람어 묵시』 또는 『하나님의 아들』 문서라고 불리는 것(4Q246), 『새 예루살렘』(겔 40-48장 전승 속 환상), 그리고 네 왕국이 네 개의 나무로 상징화된 『네 왕국』(4Q552-553)이 있다. 다니엘 이후의 예언들(4Q243-244, 245)과 『위-모세』 혹은 『예레미야 비록』으로 다양하게 명명된 유사한 문서인 4Q390도 있다. 레위 및 그핫과 관련된 아람어 문헌들과 아람어로 쓰인 『창세기 비록』도 있다. 쿰란에서 발견된 아람어 문헌에는 두드러지게 분파적이라고 할 만한 요소가 없다.

두루마리들의 많은 내용이 성서 본문에 의존하고 있으므로 성서라는 원형(prototypes)에서 파생된 글이라고 간주하는 학계의 흐름이 있다. 몇몇 경우에는 이러한 추정이 맞다. 레위기와 욥기에 대한 타르굼들이 있고, 『창세기 비록』과 『아람어 레위 문서』는 성서 본문과 연관이 있는 것이 분명하다. 그러나 이 문헌 모두가 성서 내용을 끌어다 쓴 것은 아니다. 『나보니두스의 기도』는 다니엘서의 내용을 바탕으로 작성된 것이 아니라 오히려 다니엘서 저자가 사용했던 자료일 가능성이 있다. 『위-다니엘』의 일부는 성서 본문에 의존하지 않은 것으로 보인다. 종종 『원-에스더』(4Q550)라고 불리는 문서는 페르시아 법정을 배경으로 한 이야기라는 측면에서만 에스더서와 관련이 있다. 외경에 속한 토비트서는 쿰란에서 히브리어와 아람어 텍스트로 발견됐는데, 성서의 다양한 모티프를 담고 있으나 성서의 이야기 자체에서 유래한 것은 아니다. 사해문서가 성경과는 별도의 지혜 문서를 많이 보존한 덕분에 현존하는 지혜 문서의 양이 크게 늘어나게 됐다. 이 중에는 4QInstruction이라는 중요한 문서도 있다(Goff 2007). 집회서(벤 시라)의 조각 단편들도 발견됐다. 쿰란 두루마리에서 발견된 전례(liturgy)와 관련된 문서 역시 이에 대한 우리의 지식을 넓혀 주었다(Nitzan 1994; Falk 1998). 쿰란의 지혜 문헌과 전례 문헌은 히브리어로 작성됐는데 그렇다고 많은 경우 꼭 분파적인 성격을 띠고 있다고 보긴 어렵다. 따라서 사해문서는 제2성전기 후반부에 저술된 유대 문헌이 상당히 다양했다는 학자들의 견해를 지지해 준다. 사해문서의 일부는 분명 후대 랍비들의 할라카에 대한 관심을 공유하고 있지만 대다수의 두루마리는 외경과 위경에 나타난 관심사와 유사한 내용을 담고 있다.

쿰란 두루마리에서 가장 눈에 띄는 문헌은 이 분파의 규율을 담은 책들이다(Metso 1998). 『공동체 규율』과 『다마스쿠스 문서』는 여러 형태의 공동체 생활을 반영한 복잡한 분파 운동을 기술한다. 이 문서들은 그리스의 자발적 조합(voluntary association)과 몇몇 주요한 공통적 요소를 보여주지만(Weinfeld 1986; Gillihan 2011), 새로운 언약의 일원이라는 측면에서 공동체를 바라본다는 차이점이 있다. 여기에 적혀있는 규율들은 공동체에 소속되기 위한 과정, 재물의 공동 소유, 공동체 내에서의 삶이라는 측면에서 필론과 요세푸스가 언급한 엣세네파와 매우 유사하다. 엣세네파가 기원전 몇 세기 동안 유대교에서 일어난 유일한 분파 운동은 아니다. 분파 운동은 그 시대의 하나의 현상이었고 사해문서는 이러한 현상을 보여주는 중요한 증거 중 하나다(Baumgarten 1997).

쿰란 두루마리에 기술된 공동체는 종종 '묵시론적 공동체'라고 불렸는데 이는 적절한 명칭이다(Collins 1997c). 『전쟁 두루마리』와 『공동체 규율』 안의 「두 영에 관한 논고」는 세트 슈워츠가 '묵시론적 신화론'이라고 부른 글의 가장 좋은 예다(Schwartz 2001: 74-82). 하지만 쿰란 공동체는 묵시문학이라는 형태를 중요하게 사용하지 않은 것 같다. 이 경우 모세의 토라가 예외 없이 계시의 가장 중요한 원천으로 간주된다. 더욱이 의의 교사(the Teacher of Righteousness)라고 불렸던 인물은 권위 있는 해석자로 존경받았고 『에녹서』나 다니엘서 같이 위명(pseudonymous)을 사용한 중개자들을 불필요한 존재로 여기게 만들었다. 이런 측면에서 볼 때 이 분파는 매우 독특하다. 하지만 토라에 대한 경외와 묵시론적 계시에 대한 관심이 반드시 충돌을 일으킬 이유는 없다는 점을 보여준다.

유대교와 헬레니즘

이 책에서 다루고 있는 시대의 유대인들은 헬레니즘 문화가 널리 퍼진 세계에서 살았다. 사해두루마리(이 문서에는 그리스 문화와 명시적인 교류를 했다는 증거가 거의 나타나지 않는다)에서도 헬레니즘의 광범위한 영향을 볼 수 있다. 분파주의적 공동체와 자발적 조합 간의 유사성이 그 예다.

현대 학자들 중 일부는 헬레니즘과 유대교가 상호 적대 관계에 있었다고 생각해왔다. 이러한 흐름은 상당 부분 마카비 항쟁, 특히 마카비 2서가 이야기하는 내용에 근거를 두었다. 이 항쟁은 예루살렘을 헬레니즘적인 폴리스(*polis*)로 만들려는 시도 때문에 일어났다. 엘리아스 빅커만(Elias Bickerman 1937)은 심지어 헬레니즘을 적극적으로 전파하려 한 제사장 알키모스로 인해 핍박이 발생했다고 주장했고, 그의 주장을 마르틴 헹엘이 계승했다(1974). 하지만 항쟁은 사실 시리아 왕 안티오코스 에피파네스 4세가 예루살렘의 종교 행사를 흔들어 놓고 성전을 시리아의 주둔지로 만든 후에야 발생했다. 이 항쟁은 헬레니즘 문화에 반기를 든 것이 아니라 왕의 정책, 특히 제의에 관한 정책에 반대해 일어났다. 유다 마카비는 로마에 사절을 보냈고, 유대 역사를 저술할 정도로 그리스어에 능통한 에우폴레모스라는 이에게 도움을 주었다. 마카비 가문의 후계자인 하스몬 왕조는 그리스 관습을 거리낌 없이 받아들였고, 심지어 그리스식 이름도 사용했다. 모미글리아노(Arnaldo Momigliano)는 다음과 같이 말했다. "하스몬 왕조의 치세 아래 유대 지방에서는 그리스어 단어, 관습, 그리고 지적인 풍토가 끝을 모를 정도로 깊게 스며들었다" (Momigliano 1994: 22; 또한 Hengel 1989; Levine 1998을 보라). 헤롯은 카이사르를 기념하기 위한 운동 경기를 개최했고 큰 규모의 원형 극장을 건립했

20-21

으며, 심지어 로마식 검투사 경연 대회를 열었다. 그는 이방인 제의를 위한 성전들을 유대인의 영토 밖에 건축했고, 저항에 굴복하여 무기로 둘러싸인 이미지를 담고 있는 트로피들을 예루살렘 성전에서 없앴다. 이와 같이 유대아에서 일어난 헬레니즘에 대한 저항은 모두 제의와 예배에 관련된 것이었다(Collins 2005: 21-43). 언어를 포함하여 그리스 문화의 많은 측면이 유대인들에게 거슬리는 것은 아니었다. 로마에 대한 항쟁은 문화적 갈등이 아니라 로마의 잘못된 행정 처신과 사회적 긴장으로 촉발된 것이었다.

유대아가 전면적으로 헬레니즘화되면서 '팔레스타인' 유대교와 '헬레니즘적' 유대교(디아스포라 유대교라고도 한다)를 구분하는 오랜 관습이 현대 학계에서 거의 폐기됐다. 하지만 그리스어를 사용하는 이방 세계에서 소수자로 살아가며 그리스어와 그리스적 문화가 자연스러운 표현 수단이었던 디아스포라 유대인의 상황은 팔레스타인 지역에 사는 유대인과는 상당히 달랐다(Gruen 1998, 2002). 우리에게 잘 알려진 알렉산드리아의 유대인 공동체는 자신들을 이집트인이나 다른 야만인들(*Barbaroi*, 또는 "비그리스인")보다는 그리스인과 유사하다고 여겼다. 토라는 이미 기원전 3세기에 그리스어로 번역됐다(칠십인역—편주). 그 이후 유대인 저술가들은 서사시, 비극, 시뷜라의 신탁서들, 철학 논집 등의 그리스 문학 장르로 글을 쓰기도 했다(Goodman in Vermes et al. 1973-1987: 3:1.470-704; Collins 2000). 이러한 유대인들이 남긴 작품의 양은 점차 늘어나면서 기원후 1세기 초반에 많은 글을 남긴 철학자 필론에 이르러 최고점을 찍었다. 이러한 그리스-유대 문헌은 종종 이방인들을 대상으로 작성됐다는 추정 아래 '변증'(apologetic)이라는 범주로 간주됐다. 하지만 빅토르 체리코버(Victor Tcherikover 1956)의 연구 이후로 이러한 작품들이 주로 유대인 공동체를 대상으로 작성된 것이라는 점이 널리 인정됐다. 그럼에도 불구하고 변증적 측면이 있는 것도 사실이다(Collins 2005: 1-20). 이러한 유대 문헌은 이방인들의 유대교 인정에 커다란 관심을 쏟았다. 『아리스테아스의 편지』에는 프톨레마이오스 2세와 그의 책사들이 유대 현자들의 지혜에 깊은 인상을 받은 것으로 나온다. 아리스테아스는 유대인들이 그리스인들에게 제우스로 알려진 신과 동일한 신을 예배한다고 주장하며, 그와 거의 동시대에 살았던 유대인 철학자 아리스토불로스는 그리스 시인들이 참된 하나님을 제우스로 불렀다고 주장했다. 시빌라는 세상의 모든 민족 중에 유대인만을 찬양한다. 필론과 요세푸스는 유대인들이 그리스의 덕인 '필안트로피아'(*philanthrōpia*, "자비", "친절", "박애")를 실천했다는 점을 보여주기 위해 애썼다.

디아스포라 유대인 저술가들은 헬레니즘 시대의 세계에서 널리 퍼진 유대인에 대한 편견을 바로잡기 위해 글을 쓰기도 했다(Berthelot 2003). 헬레니즘 시대가 시작될 때 이미 압데라의 헤카타이오스는 모세가 '사회적 관계에 적극적이지 않고 타인 환대에 소극적인 삶의 양식'을 도입했다고 썼다. 그는 유대인의 기원에 대한 허황된 이야기(유대인과 힉소스인을 뭉뚱그려 놓음)를 말했다. 힉소스인은 기원전 2000년경 이집트를 공격한 시리아계 침입자들이다. 이집트인 역사가 마네토가 이 이야기를 더 자세하게 만들었다. 마네토나 헤카타이오스가 성경에 나와 있는 형태의 출애굽 이야기를 알았을 가능성은 낮으며, 유대인에 대해서는 진지한 관심을 가지고 있지 않았던 것 같다. 이러한 전승에서 유대인들은 매우 부정적으로 그려진다. 기원후 1세기에 알렉산드리아에서 살던 문법가 아피온은 유대인에 대한 수많은 부정적 인상과 험담을 모아 기록했다. 아이러니하게도 요세푸스가 『아피온 반박』을 저술한 덕분에 아피온이 모은 정보가 보전됐다.

현대 학계에서는 이러한 자료에서 반유대주의(반셈족주의)의 뿌리를 찾으려는 경향이 계속 있었다(Gager 1983; Schäfer 1997). 그러나 유대인에 대한 묘사가 늘 부정적이지는 않았다(Feldman 1993: 177-287). 모세를 법을 제정한 사람으로 종종 칭송하는 이들이 있었다(심지어 헤카타이오스도 이런 식으로 말했다). 또한 우리는 헬레니즘 시대에 유대인들만 비웃음의 대상이 됐던 종족은 아니었다는 사실을 기억해야 한다(Issac 2004). 그렇지만 기원후 1세기에 이르러 적개심이 단순한 조롱에 그치지 않고 폭력으로 이어졌는데 기원후 38년에는 거의 학살과 다름없는 사건이 일어나기도 했다. 폭력적 충돌은 결국 트라야누스 황제 시대에 이집트 지역 유대인들이 일으킨 봉기에서 유대인 공동체를 삼켜버렸다(Pucci Ben Zeev 2005). 알렉산드리아에서의 소위 반유대주의(반셈족주의)는 반드시 이러한 충돌의 구체적인 역사적·사회적 상황의 맥락에서 이해해야 한다.

프톨레마이오스 왕조 시대에 유대인들은 종종 있었던 긴장 상황 속에도 불구하고 이집트에서 번성해갔다. 일부 유대인은 프톨레마이오스 왕가의 군대 지휘관으로 복무했다. 필론의 가족은 부유한 은행가 집안이 됐다. 하지만 로마 시대에 이르러 유대인들이 누렸던 좋은 상황이 나빠지기 시작했으며 칼리굴라의 치하에 알렉산드리아에서 학살이 일어났고, 66년에도 같은 일이 일어났다. 이러한 충돌이 일어난 이유에 대한 고전적 설명은 체리코버가 제시했는데, 그는 파피루스에 나타난 증거를 잘 사용해 자신의 주장을 펼쳤다(1959: 296-332; Tcherikover and Fuks 1957-1964; 참조, Modzejewski 1995). 곧, 세금 징수를 위해 로마인들은 프톨레마이오스 시대보다 시민권자와 시민권이 없는 사람들을 날카롭게 구별했다. 이러한 정책 때문에 유대인들은 시민권을 얻기 위한 방편으로

22-23

김나지움(교육 기관—편주)에 들어가려고 노력했다. 알렉산드리아 사람들은 유대인들의 이러한 노력을 받아들이지 않으며 반발했고 결국 충돌이 발생했다는 것이다. 에리히 그륀(Erich Gruen)이 지적했듯이 사건을 이런 식으로 재구성할 수 있는 근거는 꽤 빈약하다(Gruen 2002: 54-83). 유대인들이 그리스 신들을 인정하는 행위를 수반하는 시민권을 얻기 위해 실제로 노력했는지는 의문이다(Kasher 1985). 그보다는 유대인들이 시민권과 동등한 신분을 원했다고 보는 것이 좋다. 분명한 점은 로마가 이집트를 정복하면서 알렉산드리아의 인종 갈등이 심해졌다는 것이다. 알렉산드리아의 시민들은 자신들의 낮아진 신분에 불만스러워 했다. 유대인들은 자신들을 이집트인으로 분류하는 것에 분개했다. 로마 관료가 자기 자신의 목적을 위해 충돌 상황을 인위적으로 만들어냈다는 견해는 확실하지 않다. 이 사안의 자세한 내용은 여전히 논쟁의 대상이다(Collins 2005: 181-201; Gambetti 2009).

디아스포라 유대교는 이스라엘 땅의 유대교와 마찬가지로 토라를 준거틀로 삼았다. 그들의 토라는 그리스어로 번역되어 그리스-유대 문헌의 커다란 원천이 됐다. 조각 단편들로 남아 있는 것들은 그리스 양식을 띠고 있지만 유대 위경에 해당한다고 할 수 있다. 에스겔이란 이름을 가진 인물이 그리스 비극의 형태로 출애굽 이야기를 재구성해 저술한 것이 좋은 예다. 최근 학자들은 고대 유대교의 스펙트럼 전체를 통합하는 요소로 토라 주해의 역할에 크게 주목하고 있다(Kugel 1998).

그러나 이집트 지역의 유대교는 중요한 면면에서 독특하게 구별된다. 알렉산드리아 지역 유대교의 위대한 주해가 필론은 토라를 그리스 철학의 렌즈를 통해 보았는데 우리가 히브리어나 아람어 문헌에서 볼 수 있는 것과는 매우 다른 토라 이해를 가지고 있었다. 필론처럼 해박한 철학 지식을 가진 알렉산드리아 지역 유대인은 거의 없었을 것이다. 하지만 이 지역 유대 공동체가 남긴 거의 대부분의 문서는 성경의 전통을 제대로 이해하게 하는 데 그리스 문학의 형식과 범주를 사용했다. 사해두루마리와는 달리 디아스포라 유대인이 쓴 문서들은 정결법이나 할라카 주제를 매우 간략하게만 다루었다. 그렇지만 디아스포라 유대 문헌은 유대인의 유일신 신앙을 강조했고 이방인들의 우상숭배를 비웃었다. 또한 이 문헌은 유대인의 성 윤리의 우월함을 강조했고 유대인들이 영아 살해를 반대한다는 사실도 강조했다. 이런 측면들은 지성 있는 그리스인이라면 원론적으로 존중하고 받아들일 만한 것이었으며, 디아스포라 유대인이 가진 자아상(self-image)을 보여준다. 이방인의 생활 방식에 전적으로 동화한 경우들도 있었다(필론의 조카인 티베리우스 율리우스 알렉산드로스가 가장 유명한 예라고 할 수 있다. 그는 이집트의 사령관이 됐고 로마에 대한 유대인의 봉기를 진압하는 데 도움을 제공했다). 하지만 총체적 의미에서 유대 공동체는 우상숭배를 제외하고는 헬레니즘 문화의 대부분을 고스란히 받아들이면서도 고유한 유대적 정체성을 유지했다. (유대인들의 동화[assimilation]와 문화에 대한 적응[acculturation]에 대해서는 Barclay 1996을 보라.)

결론

현대 학계의 초기 유대교 연구에 대한 이야기는 대부분 (재)발견의 이야기다. 랍비들은 이 시대에 작성된 어떤 문헌도 보존하지 않았다. 랍비들은 디아스포라의 그리스 문헌을 접하지 못했던 것 같다. 묵시문헌과 사해문서의 대부분은 이데올로기적 이유로 거부됐다. 현대에 이르러 복원된 이러한 문헌들은 19세기 학계의 견해와는 매우 다른 초기 유대교 이해를 가능하게 해주었다. 심지어 랍비 유대교를 '규범적'인 것으로 여기고 그 틀에서 초기 유대교를 바라보는 근래의 연구보다 더욱 새로운 이해에 도달하게 해주었다.

의심의 여지없이 초기 유대교에 대한 현재의 이해는 여전히 불완전하다. 바르 코흐바 시기의 것으로 추정되는 유대 지방 사막에서 발견된 중요한 파피루스들(Cotton in Oppenheimer 1999: 221-36)이 있음에도 불구하고, 유대인의 **실제 삶의 모습**(*realia*)을 기술하기 위해서는 여전히 랍비 문헌에 크게 의존할 수밖에 없다. 이러한 작업은 시대착오적 해석이 될 가능성이 있다. 여전히 미진한, 이 시기의 여성에 대한 연구가 그러한 예일 수 있다(Ilan 1995). 사해두루마리는 실제 발견하기 전까지 그 누구도 말할 수 없었던 유대교의 측면들을 보여주었다. 하지만 이 문서는 단지 한 개의 분파가 보존한 문서 모음집일 뿐이다. 초기 유대교를 제대로 이해하기 위해서는 바리새파, 사두개파, 다른 그룹들이 직접 남긴 문서들, 그리고 이집트 지역의 유대교와 바르 코흐바 시기의 유대아 이해에 조금이나마 도움을 주는 문서 같은 것들의 추가 발견이 필요할 것이다.

참고 문헌

Barclay, John M. G. 1996. *Jews in the Mediterranean Diaspora*. Edinburgh: Clark.

Baumgarten, Albert I. 1997. *The Flourishing of Jewish Sects in the Maccabean Era: An Interpretation*. Leiden: Brill.

Beall, Todd S. 1988. *Josephus' Description of the Essenes Illustrated by the Dead Sea Scrolls*. Cambridge: Cambridge University.

Berthelot, Katell. 2003. *Philanthropia Judaica: Le débat autour de la 'misanthropie' des lois juives dans l'antiquité*. Leiden: Brill.

———, and Daniel Stökl Ben Ezra. 2010. *Aramaica Qumranica: Proceedings of the Conference on the Aramaic Texts from Qumran in aix-en-Provence, 30 June–2 July 2008*. Leiden: Brill.

Bickerman, Elias J. 1937. *Der Gott der Makkabäer*. Berlin: Schocken.

Boccaccini, Gabriele. 1991. *Middle Judaism: Jewish Thought, 300 B.C.E.–200 C.E.* Minneapolis: Fortress.

———. 1998. *Beyond the Essene Hypothesis: The Parting of the Ways between Qumran and Enochic Judaism*. Grand Rapids: Eerdmans.

———, ed. 2005. *Enoch and Qumran Origins: New Light on a Forgotten Connection*. Grand Rapids: Eerdmans.

Boccaccini, Gabriele, and John J. Collins, eds. 2007. *The Early Enoch Literature*. Leiden: Brill.

Bousset, Wilhelm. 1903a. *Die Religion des Judentums in neutestamentlichen Zeitalter*. Berlin: Reuther und Reichard.

———. 1903b. *Volksfrömmigkeit und Schriftgelehrtentum: Antwort auf Herrn Perles' Kritik meiner 'Religion des Judentums im N.T. Zeitalter.'* Berlin: Reuther und Reichard.

Charles, R. H., ed. 1913. *The Apocrypha and Pseudepigrapha of the Old Testament*. 2 vols. Oxford: Clarendon.

Charlesworth, James H., ed. 1983-1985. *The Old Testament*

Pseudepigrapha. 2 vols. New York: Doubleday.

Cohen, Shaye J. D. 1999. *The Beginnings of Jewishness: Boundaries, Varieties, Uncertainties*. Berkeley: University of California Press.

Collins, John J., ed. 1979. *Apocalypse: The Morphology of a Genre*. Semeia 14. Missoula, Mont.: Scholars Press.

———. 1997a. *Jewish Wisdom in the Hellenistic Age*. Louisville: Westminster John Knox.

———. 1997b. *Seers, Sibyls and Sages in Hellenistic-Roman Judaism*. Leiden: Brill.

———. 1997c. *Apocalypticism in the Dead Sea Scrolls*. London: Routledge.

———. 1998. *The Apocalyptic Imagination: An Introduction to Jewish Apocalyptic Literature*. 2nd ed. Grand Rapids: Eerdmans.

———. 2000. *Between Athens and Jerusalem: Jewish Identity in the Hellenistic Diaspora*. 2nd ed. Grand Rapids: Eerdmans.

———. 2005. *Jewish Cult and Hellenistic Culture: Essays on the Jewish Encounter with Hellenism and Roman Rule*. Leiden: Brill.

Cross, Frank Moore. 1995. *The Ancient Library of Qumran*. 3d ed. Sheffield: Sheffield Academic Press.

Davila, James R. 2005. *The Provenance of the Pseudepigrapha: Jewish, Christian, or Other?* Leiden: Brill.

Dimant, Devorah. 1994. "Apocalyptic Texts at Qumran." In *The Community of the Renewed Covenant: The Notre Dame Symposium on the Dead Sea Scrolls*. Ed. Eugene Ulrich and James VanderKam.

Notre Dame: University of Notre Dame Press, 175–91.

Efron, Joshua. 1987. *Studies on the Hasmonean Period*. Leiden: Brill.

Fabricius, J. A. 1713. *Codex Pseudepigraphus Veteris Testamenti*. Leipzig: Liebezeit.

Falk, Daniel K. 1998. *Daily, Sabbath, and Festival Prayers in the Dead Sea Scrolls*. Leiden: Brill.

Feldman, Louis H. 1993. *Jew and Gentile in the Ancient World: Attitudes and Interactions from Alexander to Justinian*. Princeton: Princeton University Press.

Flint, Peter W., and James C. VanderKam, eds. 1998–1999. *The Dead Sea Scrolls after Fifty Years: A Comprehensive Assessment*. 2 vols. Leiden: Brill.

Gager, John G. 1985. *The Origins of Anti-Semitism: Attitudes toward Judaism in Pagan and Christian Antiquity*. Oxford: Oxford University Press.

Galor, Katharina, Jean-Baptiste Humbert, and Jürgen Zangenberg, eds. 2006. *Qumran: The Site of the Dead Sea Scrolls: Archaeological Interpretations and Debates*. Leiden: Brill.

Gambetti, Sandra. 2009. *The Alexandrian Riots of 38 C.E. and the Persecution of the Jews: A Historical Reconstruction*. Leiden: Brill.

Gillihan, Yonder Moynihan. 2011. *Civic Ideology, Organization, and Law in the Rule Scrolls: A Comparative Study of the Covenanters' Sect and Contemporary Voluntary Associations in Political Context*. Leiden: Brill.

Goff, Matthew J. 2007. *Discerning Wisdom: The Sapiential Literature of the Dead Sea Scrolls*. Leiden: Brill.

Golb, Norman. 1995. *Who Wrote the Dead Sea Scrolls? The Search for the Secret of Qumran*. New York: Scribner.

Goodman, Martin. 2002. "Jews and Judaism in the Second Temple Period." In *The Oxford Handbook of Jewish Studies*. Ed. M. Goodman. Oxford: Oxford University Press, 36–52.

Green, William S. 1994. "Ancient Judaism: Contours and Complexity." In *Language, Theology and the Bible: Essays in Honour of James Barr*. Ed. S. E. Balentine and J. Barton. Oxford: Oxford University Press, 293–310.

Gruen, Erich S. 1998. *Heritage and Hellenism: The Reinvention of Jewish Tradition*. Berkeley: University of California Press.

———. 2002. *Diaspora: Jews amidst Greeks and Romans*. Cambridge: Harvard University Press.

Harlow, Daniel C. 1996. *The Greek Apocalypse of Baruch (3 Baruch) in Hellenistic Judaism and Early Christianity*. Leiden: Brill.

Hellholm, David. 1983. *Apocalypticism in the Mediterranean World and the Near East*. Tübingen: Mohr Siebeck.

Hengel, Martin. 1974. *Judaism and Hellenism: Studies in Their Encounter in Palestine in the Early Hellenistic Period*. 2 vols. Philadelphia: Fortress.

———. 1989. *The Hellenization of Judaea in the First Century after Christ*. Philadelphia: Trinity Press International.

———. 1990. "Der alte und der neue Schürer." *JSS* 35: 19-64.

Himmelfarb, Martha. 1993. *Ascent to Heaven in Jewish and Christian Apocalypses*. New York: Oxford.

Ilan, Tal. 1995. *Jewish Women in Greco-Roman Palestine: An Inquiry into Image and Status*. Tübingen: Mohr Siebeck.

Isaac, Benjamin. 2004. *The Invention of Racism in Classical Antiquity*. Princeton: Princeton University Press.

Jonge, Marinus de. 1953. *The Testaments of the Twelve Patriarchs: A Study of Their Text, Composition and Origin*. Assen: van Gorcum.

———. 2000. "The Testaments of the Twelve Patriarchs and Related Qumran Fragments." In *For a Later Generation: The Transformation of Tradition in Israel, Early Judaism and Early Christianity*. Ed. Randall A. Argall, Beverly A. Bow, and Rodney A. Werline. Harrisburg, Penn.: Trinity Press International, 63-77.

Kasher, Aryeh. 1985. *The Jews in Hellenistic and Roman Egypt*. Tübingen: Mohr Siebeck.

Kautzsch, Emil. 1900. *Die Apokryphen und Pseudepigraphen des Alten Testaments*. Tübingen: Mohr.

Koch, Klaus. 1972. *The Rediscovery of Apocalyptic*. Naperville, Ill.: Allenson.

Kraemer, Ross S. 1998. *When Aseneth Met Joseph: A Late Antique Tale of the Biblical Patriarch and His Egyptian Wife, Reconsidered*. Oxford: Oxford University Press.

Kraft, Robert A. 1994. "The Pseudepigrapha in Christianity." In

Tracing the Threads: Studies in the Vitality of Jewish Pseudepigrapha. Ed. John C. Reeves. Atlanta: Scholars Press, 55-86.

———. 2001. "The Pseudepigrapha and Christianity Revisited: Setting the Stage and Framing Some Central Questions." *JSJ* 32: 371-95.

Kugel, James L. 1998. *Traditions of the Bible: A Guide to the Bible As It Was at the Start of the Common Era*. Cambridge: Harvard University Press.

Kvanvig, Helge S. 1988. *Roots of Apocalyptic: The Mesopotamian Background of the Enoch Figure and of the Son of Man*. Neukirchen-Vluyn: Neukirchener Verlag.

Laurence, Richard. 1821. *The Book of Enoch the Prophet*. Oxford: Oxford University Press.

Levine, Lee. I. 1998. *Judaism and Hellenism in Antiquity: Conflict or Confluence?* Seattle: University of Washington Press.

Lim, Timothy, and John J. Collins, eds. 2010. *The Oxford Handbook of the Dead Sea Scrolls*. Oxford: Oxford University Press.

Mason, Steve. 2007. "Jews, Judaeans, Judaizing, Judaism: Problems of Categorization in Ancient History." *JSJ* 38: 457-512.

Metso, Sarianna. 1997. *The Textual Development of the Qumran Community Rule*. Leiden/New York: Brill.

Meyers, Eric M., and Mark A. Chancey. 2012. *Archaeology of the Land of the Bible: From Cyrus to Constantine*. New Haven: Yale University Press.

Milik, J. T. 1976. *The Books of Enoch*. Oxford: Clarendon.

Modrzejewski, Joseph Mélèze. 1995. *The Jews of Egypt: From Rameses II to Emperor Hadrian*. Princeton: Princeton University Press.

Momigliano, Arnaldo. 1994. *Essays on Ancient and Modern Judaism*. Chicago: University of Chicago Press.

Moore, George Foote. 1921. "Christian Writers on Judaism." *HTR* 14: 197–254.

———. 1927–1930. *Judaism in the First Centuries of the Christian Era: The Age of the Tannaim*. 3 vols. Cambridge: Harvard University Press.

Najman, Hindy. 1999. *Seconding Sinai: The Development of Mosaic Discourse in Second Temple Judaism*. Leiden: Brill.

Neusner, Jacob. 1981. *Judaism: The Evidence of the Mishnah*. Chicago: University of Chicago Press.

———. 1984. *Das pharisäische und talmudische Judentum*. Ed. Hermann Lichtenberger. Tübingen: Mohr Siebeck.

Neusner, Jacob, William S. Green, and Ernst Frerichs, eds. 1987. *Judaisms and Their Messiahs at the Turn of the Christian Era*. Cambridge: Cambridge University Press.

Nickelsburg, George W. E. 1998. "Enochic Wisdom: An Alternative to the Mosaic Torah?" In *Hesed ve-emet: Studies in Honor of Ernest S. Frerichs*. Ed. Jodi Magness and Seymour Gitin. Atlanta: Scholars Press, 123–32.

———. 2005. *Jewish Literature between the Bible and the Mishnah*. 2d ed. Minneapolis: Fortress.

Nir, Rivka. 2003. *The Destruction of Jerusalem and the Idea of Redemption in the Syriac Apocalypse of Baruch*. Atlanta: Society of Biblical Literature.

———. 2012. *Joseph and Aseneth: A Christian Book*. Sheffield: Sheffield Phoenix.

Nitzan, Bilhah. 1994. *Qumran Prayer and Religious Poetry*. Leiden: Brill.

Oppenheimer, Aharon, ed. 1999. *Jüdische Geschichte in hellenistisch-römischer Zeit: Wege der Forschung, Vom alten zum neuen Schürer*. Munich: Oldenbourg.

Perles, Felix. 1903. *Bousset's* Religion des Judentums im neutestamentlichen Zeitalter *kritisch untersucht*. Berlin: Peiser.

Porter, F. C. 1928. Review of *Judaism in the First Centuries of the Christian Era: The Age of the Tannaim* by G. F. Moore in *Journal of Religion* 8: 30–62.

Pucci ben Zeev, Miriam. 2005. *Diaspora Judaism in Turmoil, 116/117 CE: Ancient Sources and Modern Insights*. Leuven: Peeters.

Qimron, Elisha, and John Strugnell. 1994. *Qumran Cave 4, V. Miqṣat Maʿaśê Ha-Torah*. DJD 10. Oxford: Clarendon.

Rad, Gerhard von. 1965. *Theologie des Alten Testament*. 4th ed. Munich: Kaiser.

Riessler, Paul. 1928. *Altjüdisches Schrifttum ausserhalb der Bibel*. Augsburg: Filer.

Rowland, Christopher. 1983. *The Open Heaven: A Study of Apocalyptic in Judaism and Early Christianity*. New York: Crossroad.

Rowley, H. H. 1944. *The Relevance of Apocalyptic*. London: Athlone.

Sacchi, Paolo. 1997. *Jewish Apocalyptic and Its History*. Sheffield: Sheffield Academic Press.

Sanders, E. P. 1977. *Paul and Palestinian Judaism*. Philadelphia: Fortress.

———. 1985. *Jesus and Judaism*. Philadelphia: Fortress.

———. 1990. *Jewish Law from Jesus to the Mishnah*. London: SCM.

———. 1992. *Judaism: Practice and Belief, 63 BCE–66 CE*. Philadelphia: Trinity Press International.

Schäfer, Peter. 1997. *Judeophobia: Attitudes toward the Jews in the Ancient World*. Cambridge: Harvard University Press.

Schiffman, L. H. 1999. "Halakhah and History: The Contribution of the Dead Sea Scrolls to Recent Scholarship." In *Jüdische Geschichte in hellenistisch-römischer Zeit*. Ed. A. Oppenheimer. Munich: Oldenbourg, 205–19.

Schürer, Emil. 1886–1911. *Geschichte des jüdischen Volkes im Zeitalter Jesu Christi*. 2 vols. Leipzig: Hinrichs (1886–1890; 3d ed., 3 vols., 1898–1901; 4th ed., 1901–1909, with index volume, 1911; English translation of 3d ed.: *A History of the Jewish People in the Time of Jesus Christ*, 3 vols., Edinburgh: Clark, 1890–1893).

Schwartz, Seth. 2001. *Imperialism and Jewish Society, 200 B.C.E. to 640 C.E.* Princeton: Princeton University Press.

Segal, Michael. 2007. *The Book of Jubilees: Rewritten Bible, Redaction, Ideology and Theology*. Leiden: Brill.

Stone, Michael E., ed. 1984. *Jewish Literature of the Second Temple Period*. Assen: Van Gorcum; Philadelphia: Fortress.

Tcherikover, Victor. 1956. "Jewish Apologetic Literature Reconsidered." *Eos* 48: 169–93.

———. 1959. *Hellenistic Civilization and the Jews*. Philadelphia: Jewish Publication Society.

Tcherikover, Victor, and Alexander Fuks. 1957–64. *Corpus Papyrorum Judaicarum*. 3 vols. Cambridge: Harvard University Press.

VanderKam, James C. 2010. *The Dead Sea Scrolls Today*. Rev. ed. Grand Rapids: Eerdmans.

Vermes, Geza et al., eds. 1973–1987. *The History of the Jewish People in the Age of Jesus Christ (175 B.C.–A.D. 135) by Emil Schürer: A New English Edition Revised and Edited*. 3 vols., vol. 3 in 2 parts. Edinburgh: Clark.

Wacholder, Ben Zion. 1983. *The Dawn of Qumran: The Sectarian Torah and the Teacher of Righteousness*. Cincinnati: Hebrew Union College.

Weinfeld, Moshe. 1986. *The Organizational Pattern and the Penal Code of the Qumran Sect*. Göttingen: Vandenhoeck & Ruprecht.

Wiese, Christian. 2005. *Challenging Colonial Discourse: Jewish Studies and Protestant Theology in Wilhelmine Germany*. Trans. B. Harshav and C. Wiese. Leiden: Brill.

Wise, Michael O. 1990. *A Critical Study of the Temple Scroll from Qumran Cave 11*. Chicago: Oriental Institute.

Yadin, Yigael. 1977. *Megillat ha-Miqdash*. 3 vols. Jerusalem: Israel Exploration Society.

———. 1983. *The Temple Scroll*. 3 vols. Jerusalem: Israel Exploration Society.

유대교의 역사:
알렉산드로스부터 하드리아누스까지

크리스 시먼(Chris Seeman),

애덤 콜만 마샥(Adam Kolman Marshak)

알렉산드로스부터 폼페이우스까지

알렉산드로스 대왕의 정복은 유대인들에게 지대한 영향을 미쳤다. 대략 기원전 334년부터 324년에 이르기까지 10년 동안 유대인 공동체는 마케도니아 지배하에 그리스 문화와 관련된 새로운 세계 어디서나 자신들을 그 제국의 신민(臣民)으로 여겼다. 마케도니아 왕들(monarchs)은 그 후 3세기 동안 계속해서 고대 근동을 지배하려 했고, 이에 따라 헬레니즘은 이 지역과 사람들에게 매우 오랜 기간 영향을 미쳤다.

이렇게 마주하게 된 새로운 현실은 소아시아, 레반트, 이집트, 메소포타미아, 이란에 있는 유대인들에게 위기이면서도 동시에 미래에 대한 (새로운) 전망이 됐다. 알렉산드로스가 남긴 광대한 영토에 대해 후계자들이 단결하지 못하자 왕국 간의 전쟁은 빈번해졌고 왕조들은 끊임없는 불안에 빠져들었다. 물리적 이동과 경제적 어려움, 정치적 파벌주의, 노예화, 그리고 그 밖의 다른 재난들은 이 시대에 두드러진 문제들이었다. 그러나 유대인들은 그렇게 불안한 환경이 만들어 놓은 기회로부터 이익 또한 얻을 수 있었다. 일부 유대인들은 헬레니즘 왕국의 군부와 관료 영역에 등용되기를 기꺼이 원했고, 또한 등용될 수도 있었다. 또 다른 유대인들은 지역 간 무역 분야에 종사했고 그리스 도시들에서 펼쳐지는 범세계화된 삶에 참여했다. 기원전 1세기 후반에 이르기까지 하스몬 가문은 팔레스타인에서—거의 500년 만에 처음으로—왕국을 형성하여 유대인 국가를 건설할 수 있었다. 헬레니즘 시대에 유대인들은 더 넓은 세계와 접촉하게 됐고 그 세계의 주목을 받게 됐다. 기원전 63년, 로마 장군 폼페이우스가 팔레스타인에 발을 들여놓았을 때, 유대인들은 무시할 수 없는 민족이 되어 있었다.

알렉산드로스 정복 이전

우리에게 알려진 바와 같이 알렉산드로스의 정복이 시작되기 전에 모든 유대인들은 페르시아 제국 경계 내에 거주했다. 서쪽의 아나톨리아에서 동쪽의 아프가니스탄으로, 북쪽의 카스피아 초원에서 남쪽의 상부 이집트까지 뻗어나간 아케메네스 왕조가 소유한 다민족으로 이루어진 영토에 수많은 유대인 공동체가 존재했다. 이들에 관한 자료 대부분은 간접적이거나 회고적인 증언을 통해서만 우리에게 알려져 있다. 따라서 알렉산드로스 정복 직전 유대인의 삶에 대한 현재 우리의 이해는 불완전하며 특히 팔레스타인 밖에서는 더욱 그러하다.

성서에 나타나는 모호한 암시와 흩어져 있는 아람어 비문들이 알렉산드로스 정복 이전 소아시아 유대인의 존재를 증명할 **수는 있겠지만** 그에 대한 해석과 연대 추정은 논쟁의 여지가 있다. 더 유력한 증거가 없는 상태에서는 서부 아나톨리아의 유대인 정착촌이 헬레니즘 발전의 영향을 받은 것으로 간주하는 것이 더욱 변호하기 쉽다.

바빌로니아 디아스포라는 히브리 성서 예언집의 중요한 초점이다. 바빌로니아에서 좀 더 후기에 꽃핀 탈무드 문화로 인해 메소포타미아 유대인에 관한 풍부한 전통이 탄생했다. 그러나 성서 예언은 주로 신바빌로니아 시대를 다루고 있으며 탈무드의 역사성은 종종 의심받는다. 이렇게 믿을 만한 증거들에 나타나는 결함은 경제 관련 문서에 의해 부분적으로 보완되는데, 이는 바빌론-보르시파 및 니푸르 지역에 개개의 유대인들(물론 적어도 유대인 마을이 있었다는 견해가 지배적이다)이 살았음을 보여준다. 하지만 아케메네스 왕조 시대 바빌론 도시 자체에 유대인이 존재했다는 명백한 증거는 아직까지 없다.

자그로스 산맥이 품고 있는 땅—아르메니아와 아디아베네, 메디아, 엘람—이나 그 너머에 있는 광대한 이란 고원에서 헬레니즘 시대 이전에 유대인의 활동이 어느 정도였는지는 아직 확실하지 않다. 최근의 고고학 자료는 기원전 340년경 아케메네스 왕조가 유대인을 저 멀리 히르카니아(Hyrcania)로 추방했다는 사실을 증거하며, 그 후에 유대인 이름인 '휘르카노스'(Hyrcanus)가 등장한 것은 그 추방을 확증하는 사실로서 인용되어 왔다. 그러나 이 추방에 대한 추정이 연대기를 오독한 것이며 이는 실제로 6세기 후에 일어났다는 주장도 가능성이 있다.

팔레스타인은 지정학적인 상황으로 인해 전통적으로 이집트와 연계될 수밖에 없었다. 성서에는 나일강에서 동맹국들과 협력하고 있는 이스라엘의 친 이집트 파벌에 대한 언급이 가득하다. 이 두 왕국 사이의 협력으로 상부 이집트의 엘레판티네에 유대인 수비대 주둔지가 출현할 수 있는 계기를 갖게 된 것으로 보인다. 이집트에는 분명 다른 유대인 정착지가 있었지만 아케메네스 왕국 시대까지 지속된 것으로서 유일하게 파피루스 자료에 의해 입증된 것은 엘레판티네 수비대뿐이다. 불행히도 이 문서는 기원전 5세기 말까지만 존속하다가 소멸됐다. 대부분 허구적인 이야기를 담고 있는 『아리스테아스의 편지』라는 헬레니즘 문서는 페르시아가 지배하기 시작할 때 이집트에 있었던 또 다른 (유대) 식민지 주민들(colonists)에 대해 보도하고 있지만 정확한 연대는 제시되어 있지 않다. 하지만 기원전 332년 알렉산드로스가 이 왕국을 점령했을 당시 이집트에 유대인이 살고 있었다는 것은 여전히 합리적인 추론이라 할 수 있다. 이렇게 군사적인 이유로 정착하던 형태는 분명 마케도니아인의 통치하에서 계속됐다.

불완전해서 아쉽기는 하지만, 팔레스타인 유대인들에 대해서는 다른 어느 지역의 유대인들보다 더 잘 알려져 있다. 고고학적 조사를 통해 아케메네스 시대 말기에 점진적으로 인구가 팽창했고 이와 더불어 그리스 세계와 상당한 상업 교류가 페니키아 해안을 통해 이루어졌음이 드러났다. 그리심산에 대한 최근의 발굴로 그곳에 사마리아 성전을 건설한 연대가 5세기 중반으로까지 거슬러 올라간다고 확신하기도 하지만, 이 사건이 헬레니즘 시대에 발전된 유대인과 사마리아인의 경쟁 관계를 반영하는 것인지, 그렇다면 어느 정도인지는 아직 확실치 않다.

알렉산드로스의 정복 전쟁과 후계자들 사이의 전쟁은 의심할 여지 없이 4세기 후반 유대인의 삶에 혼란을 주었지만 유대인 정착지 가운데 핵심 지역들은 존속됐고 시간이 지나면서 확장됐다. 폼페이우스 시대에는 구페르시아 제국의 영토 내에서뿐만 아니라 에게해와 그리스 본토, 북아프리카, 심지어 로마의 수도에서도 유대인의 흔적이 발견됐다. 기원전 2세기 후반에서 1세기 초에 하스몬 왕국이 주변국을 병합하면서 유대인들의 정착지(또는 적어도 유대인들에 대한 통치)는 팔레스타인 너며 많은 지역으로 뻗쳐 확장됐다. 그들은 육지로 둘러싸인 극히 작은 신전 공동체였던 유대아를 지역 패권의 중심 지대로 변화시켰다. 아케메네스 시대에는 많은—아마도 대다수의—유대인이 근동 지역 내륙에 있는 중심 대도시에 거주했다. 이러한 상황은 알렉산드로스 시대에 변화됐다. 헬레니즘 시대로 진입하면서 많은 유대인들은 그리스 도시에 자발적으로 들어가 그 문화를 (선별적으로) 흡수하고 자신들의 문화로 삼았다. 이러한 발전은 무엇보다도 초기 유대교에 창의적인 영향을 주는 방향으로 나아갔다.

알렉산드로스와 그의 계승자들

알렉산드로스의 정복을 연대기로 기록한 그리스와 로마의 주요 역사가들은 그의 원정이 결정적인 단계로 진입했던 10년간 일어난 거대한 충돌 사건에서 유대인들을 언급하지 않는다. 유대인들의 적극적인 역할은 거의 또는 전혀 없었던 것으로 보인다. 하지만 기원후 1세기 유대인 역사가 플라비우스 요세푸스의 서술은 그것과는 아주 다른 그림을 떠올리게 한다. 요세푸스의 설명에 의하면 알렉산드로스는 기원전 332년에 가자 지구를 점령한 후 예루살렘을 방문했고 자신의 승리 원인을 유대 신의 가호로 돌렸다. 또한 모든 유대인들에게 그들의 조상법에 따라 살 권리를 보장했으며, 마케도니아인들과 함께 페르시아에 대항한 전쟁에 참여하기 원하는 유대인들을 모집했다(『유대 고대사』 11.325-39). 압데라의 헤카타이오스(혹은 헤카타이오스라는 위명으로 글을 썼던 유대인)는 알렉산드로스의 군대에서 유대인 병사들과 관련된 이야기를 전하고 있다(『아피온 반박』 1.192, 200-204). 비록 대부분의 학자들이 허구라고 판단했지만 이런 이야기와 또 다른 허구적 이야기들을 재구성해보면 유대

32-33

인들이 헬레니즘 왕국들의 군대에 복무했다는 사실이 드러난다.

기원전 323년 알렉산드로스는 자신의 뒤를 이을 수 있는 후계자가 없이 사망했다. 물론 후계자를 선택하라는 어떤 명확한 지시도 없었다. 그 휘하 장수들은 알렉산드로스 왕국의 분열을 막기 위해서 여러 가지 시도를 했으나 결국은 허사로 끝나고 말았다. 후대 역사가들이 디아도코이(*Diadochoi*, '계승자들')라고 총칭했던 이 장수들의 계획으로 인해 근동에는 전쟁이 그치지 않았다. 알렉산드로스의 본래 친족들이 제거되면서 모두가 충성해야 했을 마케도니아 왕가는 사라졌고 계승자들은 각각 차례로 자신을 왕으로 선포하기에 이르렀다. 이들 중 가장 강한 자가 기원전 301년 입소스 전투에서 경쟁자들에 대한 지배력을 확보하는 데 실패하자, 결국 비교적 안정된 세 왕국으로 굳어지는 영토 분열이 촉진됐다. 안티고노스가 지배하는 그리스, 셀레우코스의 소아시아, 프톨레마이오스의 이집트가 그 결과였다.

디아도코이 사이의 초기 전쟁 기간 동안 유대인의 존재에 대한 언급은 드물다. 알렉산드리아의 역사가였던 크니도스의 아가타르키데스는 프톨레마이오스 1세가 기원전 312년 예루살렘을 점령했을 것이라고 언급한다(『아피온 반박』 1.209-11에서 재인용; 참조, 『유대 고대사』 12.6). 『아리스테아스의 편지』에는 프톨레마이오스가 예루살렘 주민들 중 일부를 노예로 삼고 나머지 사람들은 이집트로 이주시키면서 후자 중 약 1/3을 자신의 방어군으로 투입했다고 적혀 있다. 아리스테아스가 기록하고 있는 10만 명의 추방자라는 수는 분명히 과장이다. 하지만 이 이야기가 더욱 복잡했던 여러 차례의 유대인 이주를 지나치게 단순화시킨 것이라 하더라도, 이는 분명히 헬레니즘 시대 초기에 이집트에 거주했던 유대인이 어디서 유래했는지를 반영하고 있는 적어도 하나의 자료가 된다. 또한 요세푸스는 유대인들이 셀레우코스 1세(기원전 305-281년 재위)의 군대에 복무했으며, 그 보상으로 왕이 세운 도시에서 시민권을 받았다고 주장한다(『유대 고대사』 12.119). 프톨레마이오스 설화와 마찬가지로 이 전통에는 그 도시들—특히 안티오키아에 있는 셀레우코스 왕국 수도—에 거주했던 후대 유대인들이 과거를 회고하며 기록했던 흔적이 나타난다. 하지만 프톨레마이오스와 셀레우코스의 초기 통치 지역 내의 유대인 정착지에 대한 정확한 연대기를 복원할 수는 없다.

기원전 3세기

프톨레마이오스 제국은 기원전 3세기에 살았던 유대인의 역사 기록에서 대부분을 차지한다. 입소스 전투부터 기원전 198년 셀레우코스 제국의 팔레스타인 점령 때까지, 대략 지중해 전역의 유대인 절반 가량이 프톨레마이오스 가문의 신민이었다(우리는 사실상 이 기간 중 나머지 절반의 유대인에 대해 아무런 증거도 가지고 있지 않다). 프톨레마이오스 왕가는 알렉산드리아라는 해양 거대도시(metropolis)를 중심으로 한 이집트 핵심 지대로부터 지중해 동부를 가로질러 세력을 확장하려 했다. 프톨레마이오스의 지배력은 시리아와 팔레스타인 내륙의 많은 지역에서처럼 키레나이카, 키프로스, 크레타, 에게해의 섬들, 아나톨리아, 레반트의 해안에 미쳤다.

이집트 지역 자체는 프톨레마이오스 지배하에 있었던 유대인들에 대한 가장 풍부한 기록물을 제공한다. 기원전 3세기 파피루스에는 파이윰 지역에 유대인 군사 정착지가 있었다는 내용이 기록되어 있고, 알렉산드리아 부근의 무덤에서 출토된 비문은 그곳에 유대인이 초기부터 집중적으로 거주했음을 보여준다. 이 비문이 암시하는 모습은 프톨레마이오스 3세(기원전 246-221년 재위)에게 '기도의 집'을 봉헌하는 스케디아의 비문과 아르시노에-크로코딜로폴리스의 비문으로 더 분명하게 됐다. 나일강의 스케디아에 그런 건물이 하나 있다는 것은 유대인들이 나일강의 출입을 감독하는 공식적 업무에 관여했다는 요세푸스의 주장에 어느 정도 신빙성을 더해 줄 수 있을 것이다(『아피온 반박』 2.64).

『아리스테아스의 편지』의 저작 연대를 정하는 문제는 궁극적으로는 해결할 수 없기에 우리는 이 골치 아픈 문제로 논의를 지체할 필요가 없다. 대부분의 학자들은 기원전 2세기 후반 또는 1세기 초의 상황으로 설정됐다고 추측하지만, 그 형성 연대가 언제든 간에 아리스테아스는 오경을 그리스어로 번역하는 실제 사건을 후대(아마도 몇 세대 뒤)에 기록했을 것이다. 번역 장소로는 알렉산드리아가 아니라고 의심할 만한 이유가 없기 때문에, 우리는 기원전 3세기 말까지 프톨레마이오스의 수도였던 그곳이 그러한 광범위한 사업을 감당할 수 있을 만큼 많은 그리스어를 구사하는 유대인들을 지원했다고 추론할 수 있다. 어떤 한 가지 사건이나 원인을 통하여 유대인 공동체의 존재를 설명할 필요는 없다. 프톨레마이오스의 한 세기 통치 가운데 알렉산드리아가 가졌던 경제적 중요성은 이 도시가 헬레니즘 시대의 가장 큰 유대인 도시 정착지라고 판단할 충분한 근거가 된다.

리비아의 펜타폴리스 키레나이카는 기원전 4세기 후반에 이미 프톨레마이오스의 영토에 편입됐다. 우리가 예상할 수 있듯 요세푸스는 그곳에 유대인이 존재했던 원인을 프톨레마이오스 1세의 행동으로 돌렸다. 당시 프톨레마이오스는 이 미약한 개척지에 대한 자신의 지배력을 공고히 하는 데 혈안이었다(『아피온 반박』 2.44). 북아프리카에 유대인이 거주했다는 더욱 실질적인 증거는 기원전 1세기가 되어서야 나타나기에, 그보다 약 200년 전에 키레나이카에 유대인이 거주하기 시작했다는 가설에 대해서는 말할 것이 거의 없다(『유대 고대사』 14.115).

팔레스타인을 제외한 프톨레마이오스 제국 다른 곳의 유대인 정착지에 대한 기원전 3세기의 직접적인 증거는 없다. 기원전 2세기 후반에 저작된 것으로 보이는 마카비1서에는 프톨레마이오스의 패권 지역에 속하는 키레네 및 다른 많은 공동체를 포함하는 도시/지역 목록이 들어 있다(마카비1서 15:22-23). 이 장소 목록은 마카비1서 수신자들로 하여금 망명을 원하는 유대인들을 인계해 달라는 로마의 요청과 더불어 나타나는데 이는 저 장소들에 유대인들이 거주했다는 증거로 해석되곤 했다. 그러나 유대인의 거주 여부가 저 단락 자체에 언급되거나 암시되지 않기에 그 사실의 역사성은 의심받는다. 프톨레마이오스가 지중해 섬과 해안을 지배하던 때나 그 이전에 유대인들이 그곳을 통과했을 가능성은 있지만 이러한 추론을 더욱 확실하게 하기 위해서는 새로운 자료가 발굴되어야 한다.

프톨레마이오스 지배하의 팔레스타인 역사 자체에 대한 두 가지 주요 자료는 요세푸스와 이른바 제논 파피루스다. 화폐와 고고학적 정보가 이 기록된 증거 자료를 평가하는 데 도움이 되기도 하지만 해석을 복잡하게 만들기도 한다. 요세푸스가 보도하는 이야기는 프톨레마이오스 통치의 협력자이자 중재자로서 두각을 나타낸 걸출한 유대 민족 정치가들 중 토비아스 가문의 명운에 초점을 맞추고 있다. 이 다채로운 이야기들에서는 유대아를 팔레스타인 내의 구별된 민족 단위로서 묘사하며, 이때 유대아와 알렉산드리아의 조공 관계는 예루살렘의 대사제장에 의해 중재—대제사장의 역할이 토비아스 가문에게 이전될 때까지—된다. (아마도 셀레우코스 가문이 팔레스타인을 정복하던 시대에) 이 가문과 유대

34-35

인 동족들과의 긴장으로 인해 결국 그 가문의 자손인 휘르카노스는 트랜스요르단으로 물러나 그곳에서 독립적인 실력자로 자리를 잡게 된다(『유대 고대사』 12.154-222).

요세푸스의 설명은 부정확한 역사성으로 인해 진위 논란에 시달리고 있으며 토비아스에 관한 반복적인 이야기들은 흔한 민간전승에 속한다. 제논 파피루스는 프톨레마이오스 2세의 재상(宰相)이 고용한 한 대리인의 경제 활동을 상세히 기록한 문서인데, 요세푸스가 마음으로 구상하고 있는 것보다 훨씬 더 중앙집권적으로 통제된 재정 체제를 보여준다. 제논의 서신들은 어떤 특정 시기의 상황만을 보여주는 특성 때문에 포괄적인 파노라마가 아닌 프톨레마이오스 지배하의 팔레스타인에 관한 짧은 삽화만을 제공할 수 있다. 예를 들어, 제논의 서신 안에는 프톨레마이오스의 행정 관계에 있어서 복잡하게 얽혀 있었던 대제사장(또는 토비아스 가문)이 언급되지 않는다. 하지만 놀랍게도 그중 한 파피루스는 휘르카노스가 트랜스요르단에 정착하기 반세기 전에 이미 토비아스 가문의 군대가 주둔하고 있었던 사실을 입증해준다. (고고학적) 발굴의 결과 아라크의 엘 아미르와 그 주변 지역에 요새화된 대규모 사유지를 확인할 수 있게 됐다. 요세푸스는 이것이 휘르카노스의 땅이라고 부르는데, 이는 아마도 제논이 '암마니티스의 비르타'(Birta in Ammanitis)와 관련된, 휘르카노스의 조상 토비아스의 군사 식민지일 가능성이 있다. 그러나 잔존 구조물이 어느 때 지어졌는지에 관한 학문적 합의는 아직 이루어지지 않았다. 확실하게 밝혀진 것은 군사 정착지의 행정 기관이 마케도니아인의 지배를 위한 정신적 지주로서 이 지역에서 계속 유지됐고, 유대인들이 그런 초기의 통로를 통해 여러 생활 영역에서 권력과 명성을 획득할 수 있었으며 실제로 그렇게 했다는 사실이다.

35-36

3세기 팔레스타인의 역사에 대한 또 다른 조사 방법으로는 주화 연구가 있다. 화폐 연구가들이 '예후드 동전'(Yehud coins)이라고 부르는 일종의 소액의 은화는 페르시아와 헬레니즘 시대의 경계를 가로질러 프톨레마이오스 통치 시기에까지 남아 사용됐다. 이 동전들의 두 가지 특징은 역사가들의 주목을 끌었다. 첫째는 3세기의 주요 쟁점인 (페르시아 제국 통치하에 분명히 화폐 주조권을 가지고 있었을) 지방행정관의 이름이 (더 이상) 나타나지 않는다는 사실이다. 지방행정관의 부재는 문학 작품에서 고위 성직자들이 중심이 되는 이야기들과 결합되어, 유대인 고위 성직자가 프톨레마이오스 통치하에서 확대된 세속적 역할을 맡았다는 결론으로 많은 연구자들을 이끌었다. 『아리스테아스의 편지』와 『토비아스의 전기 소설』 외에 이 시기의 다른 문헌(마카비1서 12:20-23; 집회서 50장; 『마카비3서』 2장; 디오도로스 40.3.5-6에서 인용한 헤카타이오스의 글)은 대제사장을 유대인의 대표자이자 지도자로 제시하는 데 이견이 없다. 여기서 대제사장은 충분히 이상적으로 묘사될 수도 있었지만, 이러한 초상이 어느 정도 현실을 반영한다는 가정은 납득할 만한 가설로 남아 있다. 후대에 출토된 동전 군(群)에서 동전의 명각(銘刻)을 **예후드**(*Yehud*)에서 **예후다**(*Yehudah*)로 변경한 것(유대아의 아람어 명칭 *Yehud*에서 히브리어 명칭 *Yehudah*로—역주)은 (아마도 프톨레마이오스 2세의 통치 기간 중) 행정 개편이 단행됐음을 암시하는 것일 수 있다. 대제사장이 정치 지도자라는 주장을 지지하는 학자들은 그 관직이 문화와 외교, 지방 행정부의 역할을 조합하여 흡수했다는 간접적인 확증으로 주화를 꼽는다. 이러한 이론들이 종종 그러하듯이 화폐 연구의 증거는 여기서 침묵하고 또 다른 해석에 순응할 수도 있다. 주화들이 무엇을 암시하고 있든지 간에 그것은 유대아에 대한 프톨레마이오스의 통치가 시작되면서 기존의 행정 체계와 완전히 단절한 것은 아님을 보여준다.

그러나 프톨레마이오스의 지배는 지속될 수 없었다. 셀레우코스 1세의 후계자들은 레반트 땅을 차지하려던 셀레우코스 1세의 시도(알렉산드로스 사후 이 지역은 지정학적 요충지였다—역주)를 명심하고서 기원전 3세기 내내 그 지역을 회복하기 위해 다섯 번의 전쟁을 벌였다. 이 중 마지막 전쟁은 기원전 202년에서 198년 사이에 일어났는데 이때 팔레스타인은 프톨레마이오스 왕조로부터 완전히 분리됐다. 이로써 팔레스타인이 셀레우코스에 의해 지배되는 한 세기가 시작됐다.

안티오코스 3세

안티오코스 3세(기원전 223-187년)의 통치에 따라 유대인의 역사는 셀레우코스 왕조의 운명과 불가분의 관계가 됐다. 안티오코스는 정권을 잡으면서 몰락한 제국을 이끌게 됐다. 내부적으로는 분리주의 세력에 의해 도전을 받고 외부적으로는 프톨레마이오스 4세에 의해 견제를 받은 이 젊은 왕은 약 20년 기간 대부분을 시리아와 소아시아, 메소포타미아, 이란, 중앙아시아에 대한 셀레우코스 제국의 패권을 다시 강화하는 데 시간을 보냈다. 이 과정에서 유대인들이 어느 정도 역할을 한 것으로 보인다. 요세푸스는 안티오코스가 유대인 가족 2,000명을 메소포타미아와 바빌로니아에서 소아시아 서쪽으로 이주시키기로 한 결정을 알리는 편지의 본문을 복원하여, 제국에 반항적이었던 프리기아와 리디아 관구(satrapies)에 자신과 같은 충신이 존재한다는 사실을 분명히 보여주고 싶었을 것이다(『유대 고대사』 12.148-53).

그 편지는 날짜가 적혀 있지 않아 판단하기 어렵지만, 안티오코스가 아나톨리아의 영역을 축소하는 것을 완료하고 동방 지역 문제에 관심을 돌리기 시작한 해인 기원전 213년 이전에는 쓰일 수 없었을 것이다. 이 편지가 만약 진짜라면 이곳 유대인 정착지에 대해 모호하지 않은 가장 초기의 증언이 되는 셈이다. 또한 그것은 안티오코스가 바빌로니아와 메소포타미아에 있는 유대인 공동체를 믿을 만한 이유가 있었음을 암시하기도 한다. 그러나 편지에서 제시된 정당성은 설득력이 떨어진다(그들의 하나님에 대한 헌신과 그 왕의 선조에 대한 충성심 때문에 일부 사람들은 이 문서를 '경건을 주제로 한 소설'로 간주했다). 곧, 이 소설이 위에서 언급된 프리기아와 리디아 지역의 유대인 거주자들에 의해 꾸며진 이야기라는 사실은 분명해 보인다(기원전 2세기 후반과 1세기 중반의 소아시아와 관련된 요세푸스의 다른 문서들은 그곳에 살고 있는 유대인들에 대한 충분한 증거를 제공한다).

기원전 204년 프톨레마이오스 4세의 죽음으로 인해 안티오코스는(10년 6개월 전에 정복에 실패한 후 어쩔 수 없이 철수하게 됐던 곳인) 남부 레반트 지역을 탈환할 수 있는 기회를 갖게 됐다. 이어지는 제5차 시리아 전쟁에 대한 자세한 내용은 불완전하게 알려져 있다. 팔레스타인의 유대인들에게 있어서 결정적인 전환점은 프톨레마이오스군을 물리친 파니온 전투(기원전 200년)였다. 이후 시돈(기원전 199년)과 티레(기원전 198년) 같은 해안 지대에서 승리함으로써 이 지역에 대한 셀레우코스의 지배권은 확고해졌다. 폴뤼비오스에 따르면 예루살렘은 파니온 전투 직후 함락됐고(『유대 고대사』 12.136에서 인용한 폴뤼비오스의 글) 유대인들은 안티오코스를 도와 예루살렘의 이집트 수비대를 몰아냈다고 한다(『유대 고대사』 12.138).

요세푸스는 안티오코스가 파니온 전투의 결과로 발행한 예루살렘 주민들에 관한 두 개의 문서를 인용한다. 첫 번째 문서는 성전 제사를 위한 왕실 재정 지원 및 분쟁으로 입은 피해로부터의 물리적 복원을 약속하고, 전쟁 포로들과 추방된 사람들이 그들의 집을 복구할 권리를 부여했으며, 유대인들은 자신들의 전통과 법에 따라 살도록 보장했고, 성전 종사자들과 다른 고위층들은 특정 세금을 면제하여 주었으며, 예루살렘과 근교 배후지가 전쟁의 참화로부터 회복될 때까지 부분적으로 조공을 면제해 준다는 내용을 담고 있었다(『유대 고대사』 12.138-44). 두 번째 문서에서는 예루살렘의 성전과 이 도시의 신성함을 주장하면서 이른바 '조상들의 법'에 의해 정의된 정결 규정을 준수하고 위반 시 벌금을 지불하도록 규정하고 있었다(『유대 고대사』 12.145-46).

이들 문서 중 첫 번째 것은 안티오코스가 프톨레마이오스에게 보낸 편지로 보이는데, 이 인물은 아마도 동시대 다른 자료로부터 증명된, 코일레-시리아(Coele-Syria: 팔레스타인 지역에 대한 고대 명칭—역주)와 페니키아에 파견된 셀레우코스 왕의 행정관일 것이다. 이 문서는 셀레우코스 시혜령(施惠令)으로 알려진 패턴에 대부분 부합한다는 이유로 오늘날 대개 그 역사성을 인정받고 있다. 두 번째 문서는 왕이 지시했음을 확인할 수 있는 머리말이 없기 때문에 좀 더 문제가 있다. 이 문서에서 요구하는 금지 사항들 중 일부는 쿰란의 『성전 두루마리』에서 유사성을 발견할 수 있다. 만일 안티오코스가 그러한 법령을 공포했다면, 그 규정들은 전통적인 신전의 신성불가침이라는 헬레니즘적 개념보다는 유대적 개념에 지배를 받고 있다고 볼 수 있다.

이집트에 맞서 제국 남쪽 국경선을 확보한 안티오코스는 아나톨리아 해안을 따라 프톨레마이오스의 영향력이 여전히 남아 있는 대륙의 서쪽으로 시선을 돌렸다. 그러나 그의 야망은 프톨레마이오스 제국을 무력화시키는 것에 그치지 않았다. 같은 해(기원전 197년) 로마군은 마케도니아의 필립포스 5세를 격파하고 안티고노스가 다스리는 그리스를 지배했다. 이러한 정치적 공백 상태에 발을 들여놓은 안티오코스는 기원전 196년 헬레스폰트를 건너 셀레우코스 왕국의 세력을 유럽으로 확장시키기 시작했다. 4년 후 안티오코스 왕이 그리스의 영역에 개입하면서 로마와의 전쟁이 촉발됐다. 로마의 무력에 격퇴당한 안티오코스는 소아시아로 철수했고 190년 말에는 마그네시아 전투에서 패배했다. 2년 후 이 힘없는 왕은 아파메아 평화 협정을 비준해야 했다. 여기에는 상당한 규모의 전쟁 배상금, 왕의 정치적 행동을 담보하기 위해 왕실 인질을 로마로 이양하는 것, 아나톨리아 지역과 유럽에서 군사 개입을 전면 금지하는 것 등이 포함됐다.

안티오코스는 이듬해 동부 지대에서 전투 도중에 사망했다. 그러나 아파메아 조약은 여전히 유효했고 향후 25년 동안 유대아와 셀레우코스 왕국 관계에 상당한 영향을 미쳤다. 전쟁 배상금의 연간 분할 납부를 위해 기금을 마련해야 한다는 절박함이 셀레우코스 왕국의 재원을 자주 압박했다. 아마 셀레우코스 4세(안티오코스의 아들이자 후계자)가 아파메아 조약을 체결한 지 10년 후에 일어난 예루살렘 성전 국고를 약탈하려 했던 사건은 이러한 압박을 반영한 것일지도 모른다(마카비2서 3장). 아파메아의 그림자는 의심할 여지없이 안티오코스의 후계자들이 대제사장직을 노리는 유대인 명망가들로부터 금전적 뇌물을 받고자 하는 의지를 높였고, 이것은 배상금을 갚은 후에도 여전히 존속될 선례를 만들었다. 그런가 하면 아파메아가 유대인-셀레우코스 가문의 관계에 장기적으로 미친 또 다른 영향은 정치적 불안감이었다. 셀레우코스 가문을 로마에서 인질로 잡도록 규정한 조약은 사실상 '권좌를 노리는' 잠재적 찬탈자들을 낳았다. 이로 인해 발생한 왕위 찬탈 경쟁은 권력을 욕망하는 자들이 자신의 신민들로부터 지지를 구걸해야 할 필요성을 증가시켰다. 이러한 정치 역학으로 가열된 파벌주의는 기원전 2세기 후반 유대인 역사를 움직이는 주요 동력 가운데 하나임이 증명됐다.

안티오코스 4세

셀레우코스 4세가 사망하자 동생 안티오코스 4세가 정권을 잡았다. 이 새로운 안티오코스 왕이 집권하던 초기에 유대인 역사의 주요 자료는 팔레스타인에서 일어난 사건에 초점을 맞춘 마카비2서다. 마카비2서는 두 명의 정치가들이 연속하여 셀레우코스 왕조의 지원을 받아 대제사장직을 획득하고, 그들의 경쟁으로부터 뒤따라 나타나는 내분을 중심으로 하는 이야기다. 여기에 등장하는 첫 번째 인물 야손은 대제사장직을 수행하는 것은 물론이고 "그의 권위를 통해 김나지움(*Gymnasion*)과 청소년 훈육 제도(*Ephebeion*)를 설립하고 예루살렘의 안티오키아인들을 등록시키도록" 왕의 허락을 받았다(마카비2서 4:9: 공동번역개정은 이 용어를 각각 '경기장'과 '청년 훈련소', '안티오쿠스 청년단'이라고 번역하고 있으나 주로 교육기관 및 시민에 관련된 용어로 번역하고 있는 헹엘[M. Hengel]의 주장을 토대로 이렇게 옮김—역주). 왕실 금고에 거액을 기부하는 대가로 이러한 허락을 받은 야손은 예루살렘에서 "젊은 사람들 중 가장 뛰어난 사람들" 및 동료 제사장들에게 그리스적인 삶의 방식을 장려하기에 이르렀다(마카비2서 4:11-15).

'예루살렘에 있는 안티오키아인들'에 관한 요청의 의미에 대해서는 학자들 간의 합의점을 찾기가 어렵다. 여기서 지칭되고 있는 사람들은 또 다른 사건에서 단 한 차례 언급된다. 이는 페니키아 도시 티레에서 열린 운동 경기에 야손이 보낸 대표단을 표현할 때다(마카비2서 4:19). 야손이 예루살렘 내에 그리스 도시('예루살렘 안의 안티오키아')를 설립할 것을 요청하고 있었고, 그가 세운 청소년 훈육 제도는 새로운 폴리스를 이룰 시민 공동체 훈련을 위해 설립됐다는 것이 지배적인 견해다. 이 해석은 안티오코스가 제국의 다른 곳에서 '크티스테스'(*ktistēs*, "도시 설립자")라는 평판을 얻었다는 사실에 기초해 있다. 그러나 여기서 사용된 특이한 표현을 고려할 때 그 문장을 다르게 판독할 수도 있다. 야손이 대제사장으로서 벌인 행동의 성격이 어떻든 간에 중요한 역사적 쟁점은 이 행동들이 10년 후에 발발한 정치적 투쟁(기원전 175년 예루살렘을 헬레니즘적으로 개혁하려던 시도를 의미한다—역주)에 영향을 미쳤는가 하는 문제다.

그 사건들이 영향을 미쳤는지 여부는 분명하지 않다. 3년 후 메넬라오스라는 인물이 안티오코스에게 뇌물을 주면서 야손은 대제사장직에서 물러나게 됐다. 마카비2서의 저자는 야손의 축출 이유를 야손의 정책에 어떤 불만이 있었기 때문이 아니라 메넬라오스의 부정부패로 돌린다(4:23-25). 왕실의 지지를 잃은 야손은 대제사장직에 앉은 메넬라오스를 피해 트랜스요르단으로 피신했다. 메넬라오스는 정당한 수단으로는 왕실 후원자에게 진 빚을 갚을 수 없다는 것을 깨닫고 (이 적대적인 이야기의 주장에 따르면) 셀레우코스 왕조의 관리들과 인접 도시의 관리들에게 성전 기물들을 선물로 돌렸다. 그 후 이전에 축출된 대제사장 오니아스가 그런 신성모독을 폭로하겠다고 위협하자 메넬라오스는 오니아스를 살해하는 계획을 꾸미면서 자신의 위치를 견고히 했다(마카비2서 4:32-34). 메넬라오스의 이런 행동의 동기는 헬레니즘을 도입하고자 했던 것이 아니라 악한 욕망에서 비롯된 것으로 보인다.

기원전 170/169년 겨울 동안 안티오코스는 이집트를 침공하여 레반트에 있는 소유지를 탈환하려는 프톨레마이오스의 계획을 선제 차단했다. 이듬해 여름까지 안티오코스 왕은 하부 이집트 대부분을 지배했

39-40

고 자신의 말을 잘 들을 젊은이를 왕좌에 앉혔다. 그러나 국가 사이의 이러한 긴장 상태가 악화되자 168년 셀레우코스의 두 번째 이집트 침공이 촉발됐다. 안티오코스는 비록 전투에서는 승리했지만 로마가 개입하여 위협하면서 이집트 원정을 취소할 수밖에 없었다.

안티오코스는 이집트의 지배권을 확보하려는 과정에서 예루살렘을 두 차례 방문하여 자기가 지배하는 유대아 신민들의 충성을 얻으려고 심혈을 기울였다. 첫 번째 방문에서는 성전의 장식들을 다듬는 사업을 진행했는데, 이는 아마도 이집트 원정에 필요한 전쟁 자금을 보충하기 위함이었을 것이다. 두 번째 방문은 유대인들 사이에서 일어난 격렬한 폭동을 진압하기 위함이었다. 왕이 이집트에 몰두하고 있는 동안 폐위된 대제사장 야손은 메넬라오스와 그의 지지자들을 축출시킬 요량으로 군대의 선두에 서서 예루살렘을 향해 진격했다. 안티오코스는 이 침략자들과 방어자들을 구분할 수 없었는지, 아니면 굳이 구분하려고 하지 않았는지 예루살렘에서 무차별적인 피의 살육을 감행했다. 이 대살육 후 얼마 지나지 않아 왕은 예루살렘을 수비하기 위해 대규모 병력을 무기한 파견했는데, 이 사건은 (앞서 언급한 적대적인 마카비2서에 따르면) 잔혹한 폭력을 불필요하게 동반한 사건이었다. 메넬라오스는 셀레우코스의 수비대(Akra: '아크라'로 불림. 예루살렘 시온산에 배치된 셀레우코스 왕의 군대로 기원전 142년 시몬이 완전히 제거하기 전까지 이방인 지배의 아성이었음—역주)의 보호를 받으며 정권을 유지하면서 안티오코스 정권에 충성하는 유대인들(마카비서의 이른바 '배교자들'—역주)의 피난처 역할을 했다.

일부 학자들은 마카비 이야기에 회의적인 반응을 보이면서, 예루살렘 사람들 전체가 실제로 셀레우코스 통치를 버리려고 시도하지 않은 한 왕의 억압적인 조치는 이해할 수 없다고 주장한다. 그러한 반란에 대한 직접적인 자료가 없기 때문에 그 사건에 대한 모종의 추측의 불씨가 남게 된다. 그러나 반란 가설이 입증되더라도 이 가설이 안티오코스가 '아크라'(Akra)를 설치한 이후의 행동, 즉 유대교의 억압 자체에 대해서는 설명해 주지는 않을 것이다. 이 유례를 찾아볼 수 없는 박해를 장황하게 묘사한 공포가 마카비1서와 2서에 모두 나타나 있다. 즉, 성전과 성전 예배에 대한 신성모독이 가공할 모든 방법으로 시행됐고 성전의 제단은 올림푸스의 제우스에게 새롭게 봉헌됐다. 이렇게 야웨의 제단이 아닌 다른 제단들이 유대아 전역에 세워졌다. 또 디오뉘소스와 안티오코스의 탄생일을 기념하기 위해 종교적인 축하 행사들이 제정됐다. 토라 두루마리는 불에 태워졌고 두루마리 하나를 소유하거나 토라를 준수하는 사람이 발견되면 모두 사형에 처해졌다(마카비1서 1:41-61; 마카비2서 6:1-11). 마카비2서에 따르면 인근 해안 도시인 프톨레마이스에서도 비슷한 결정이 이루어졌다(마카비2서 6:8-9).

마카비서 전승은 전례 없이 혁명적이었던 이러한 셀레우코스 정책에 대해 신뢰할 만한 설명을 제공하지 않는다. 마카비2서는 안티오코스를 단순히 반항적인 이스라엘에 대한 하나님의 심판을 자신도 모르게 집행하는 오만한 폭군이라는 성서적 틀에 집어넣는다. 마카비1서는 안티오코스가 셀레우코스 신민들에게 "모든 사람은 자기 관습을 버리고 한 국민이 되어야 한다"(마카비1서 1:41-42)라고 요구하는 왕실 법령을 포고했다고 주장한다. 안티오코스가 그런 포고령을 승인한 적이 있다고 해도 그를 이행한 증거는 유대아를 제외하고는 어디에서도 없다. 사실, 어느 설명이든 안티오코스의 유대인 탄압이 셀레우코스가 지배하는 유대아 이외의 다른 영토에 사는 유대인들에게까지 확대됐다는 암시는 없다. 안티오코스 왕의 박해 동기가 무엇이든 팔레스타인은 박해가 집중된 유일한 지역이었다.

박해 자체는 대략 3년 동안 지속됐다. 유대인의 반응은 안티오코스의 정책에 대한 노골적인 협력(또는 묵인)에서부터 수동적인 비협조, 그리고 자발적인 순교나 호전적인 저항에 이르기까지 다양했다. 이 중 순교나 저항은 마카비서 이야기에서 중심을 차지하고 있어 나머지 다른 반응들을 분석하는 것을 어렵게 한다. 특히, 마카비 설화에서는 마카비1서와 2서 안에 보존된 편지 자료들로부터 증명된 사실, 곧 협상을 통해 박해를 종식시키는 메넬라오스와 그 지지자들의 역할을 경시하는 반면, 반년 후 성전 정화 및 재봉헌 및 셀레우코스가 후원하는 대제사장직에 대한 유대인들(즉, 마카비)의 지속적인 불만에 초점을 맞추고 있다.

안티오코스 자신은 개인적으로 유대아 주민들을 오랫동안 다스리지는 않았다. 그는 동쪽의 속주들에 대한 셀레우코스의 주권을 다시 부활시켜야 한다는 의무감과 재정적인 압박을 견디지 못해 기원전 165년에 자리에서 물러나면서 어린 아들 안티오코스 5세를 후견인 뤼시아스의 섭정 하에 공동 통치자로 임명했다. 설형문자로 된 비문 자료에 의하면 안티오코스 4세는 이듬해 말경에 동부 지역 원정에서 사망했다. 왕이 죽었다는 소식은 다음 반세기 동안 유대아의 정치적 사안에 영향을 미칠 많은 후계 다툼 중 첫 번째 사태를 촉발시켰다.

마카비 항쟁

'하슈모나이'(Hashmonay: 여기서 '하스몬'[Hasmoneans]이 유래함)라는 사제 가문은 안티오코스 4세의 포고령에 대한 무력 저항을 이끌었다. 기원전 166년 이 가문의 첫 번째 족장 맛타티아스가 사망한 후 그의 아들 유다가 저항군의 지휘권을 맡았다. 그 후 2년 동안 유다는 셀레우코스의 지방 지휘관들과의 전투에서 두각을 나타냈다. 그러나 164년이 되어서야 뤼시아스는 저항을 진압하기 위해 본격적인 정벌에 나섰다. 셀레우코스의 이 고위 장군은 유다에 대한 군사적 활동과 더불어 다른 유대인 집단에 대한 외교적 처방도 함께 시도했다. 이러한 협상들이 성공적이었음에도 불구하고 유다는 계속 투쟁했다.

뤼시아스는 전선에서 정벌이라는 목표를 달성하지 못했다. 그는 벳 추르라는 전략 도시에서 유다를 포위했으나 함락시키기 전에 안티오키아로 패퇴하게 된다. 이 후퇴로 유다는 예루살렘으로 들어가 성전 산을 장악했고 성전을 정화하고 재봉헌할 사제들을 임명했다. "유다와 그의 형제들과 모든 이스라엘 총회"(마카비1서 4:59)의 공동결의로 이 사건은 연례축제로 기념됐다. 예루살렘과 벳 추르에 유다의 수비대가 배치되어 있었다는 사실은 기원전 164년 말까지 유다가 유대인들의 많은 지지를 받았음을 보여준다.

안티오코스 4세가 죽자, 뤼시아스는 이듬해 대부분의 시간을 왕실 후계자 후견인으로서의 권력을 공고히 하는 데 들였다. 이 일시적인 전투의 중단으로 인해 유다와 형제들은 주변 영토를 정벌할 기회를 가지게 됐는데 그곳은 유대인들이 보호를 필요로 하는 취약한 소수민족으로 살아가던 곳이었다. 그러한 게릴라식 습격은 결과적으로 유대인 난민들을 유대아로 이주하게 만들었고, 유다가 이끄는 잠재적 신병 보유수가 증가되어 결국은 병력을 확장하는 데 일조하게 됐다. 기원전 162년 초 유다는 자신의 병력에 대한 확신을 가지고 아크라를 직접 공격할 수 있었다.

이 대담한 움직임은 뤼시아스로 하여금 그해 5월 나이 어린 왕 안티오코스 5세를 뒤따르게 하면서 상당한 병력을 이끌고 유대아로 진군하도록 자극했다. 이에 유다의 군대는 그에게 압도되어 후퇴할 수밖에 없었다. 뤼시아스와 왕은 예루살렘을 압박하여 성전 산을 포위했다. 그러나 두 달도 지나지 않아 그의 경쟁자였던 한 장군이 안티오키아에서 반란을 일으켰다는 소식으로 인해 예루살렘 포위 공격이 중단됐다. 휴전을 체결하기는 했지만 유다군의 요새는 이미 파괴됐다. 뤼시아스에 패배한 후 일어난 일을 보도하는 마카비서에서 유다는 분명히 사라진다. 마카비2서는 휴전과 함께 왕이 유다를 체포해 갔다고 주장하지만, 저 이야기에서도 유다가 패배했다는 것을 부정하고 있기에 보도의 신뢰성에 의혹이 제기된다. 어느 경우든 기원전 162년의 사건은 마카비 운동의 실패를 의미했다.

유다의 지위는 계속 약화됐다. 같은 해 말 셀레우코스 왕위를 노리고 있던 또 다른 야심가 데메트리오스 1세는 시리아에서 권력을 장악하고 안티오코스 5세와 뤼시아스를 함께 처형했다. 이 갑작스러운 왕위 교체로 인해 데메트리오스에 의해 대제사장(본래 대제사장 메넬라오스는 안티오코스 5세에 의해 폐위됨)이 된 알키모스를 따르는 유대인들로부터 사절단이 결성됐고, 알키모스는 유다와 반란자들을 제압하는 데 셀레우코스의 새로운 왕으로부터 군사적인 도움을 받게 됐다. 이로 인해 알키모스를 반대하는 유대인들과 시리아군 사이에 일련의 군사 교전이 촉발됐고 결국 기원전 160년 봄에 유다는 사망하게 된다.

유다가 선린 관계와 동맹을 추구하기 위해 로마에 사절단을 파견했다고 전해지는 시기는 이러한 정벌이 한창이었던 때, 곧 유다가 데메트리오스의 장군 니카노르를 극적으로 제압한 직후였다. 마카비1서에 의하면 원로원은 유다의 요구에 응하여 상호 원조 조약을 체결하고 데메트리오스에게 신랄한 비난의 편지를 전달했다(마카비1서 8:23-31). 그 조약서의 진위 여부와 거기에 딸린 서신의 가치는 이 문서들을 인정하지 않는 학자들이 입증해야 할 몫이기도 하지만, 그렇다고 그것을 부정할 수 있는 설득력 있는 근거는 두 문서 중 어느 것에도 없다. 더 적절한 질문은 왜 유다가 애초에 로마에 호소했는가 하는 것이다. 마카비2서는 3년 전 뤼시아스와 유대인 사이에 체결된 협상에 로마 사절들이 개입했다고 보도하지만 로마의 역할은 미미했던 것 같다(마카비2서 11:34-38). 또한 이 사건이 기원전 161년 유다의 행동(로마에 사절단을 파견한 것—편주)에 대한 뚜렷한 선례가 되지도 않고, 유다가 마카비 군대의 조직을 지키기 위해 로마군의 지원을 진지하게 기대했던 것도 아니었다. 사절단 파견에 대한 좀 더 그럴듯한 해석은 하나의 선전 책략으로 보려는 관점인데, 곧 유다가 유대인들의 대표자이자 변호자 역할을 한다는 자신의 주장을 강화하기 위해 사절단을 파견했다는 것이다. 반대로 데메트리오스를 침략자로 몰아가는 원로원의 질책은 알키모스 정권을 깎아내리는 역할을 했을 것이다. 그 의도가 무엇이든 간에 유다의 로마 사절단 파견은 정치 현실에서 실제적인 영향을 미치지 않았다. 그러나 이로 인해 유다의 후계자들이 합법적인 지원군의 일부분으로서 로마의 간섭을 간헐적으로 끌어들이는 외교 전통이 만들어졌다.

알키모스는 유다가 죽은 지 얼마 되지 않아 (아마도 자연사로) 죽었다. 데메트리오스는 유대아에 새로운 대제사장을 임명하려는 움직임을 보이지 않았고 후보자로 나서는 사람도 없었던 것 같다. 이 이례적인 상황은 7년 동안 지속됐으며, 이는 유대아의 권력을 차지하려던 유대인 파벌들 간의 경쟁이 일종의 교착상태에 이르렀음을 보여준다. 이 기간에 살아남았던 유다의 지지자들은 그의 형제 요나단 주위에 모여들어 이 교착 상태를 유지하도록 주민들을 계속 선동했다. 이런 현상 유지 상태는 기원전 158년경 요나단을 견제하던 적대자들이 요나단의 게릴라 집단을 제거하기 위해 셀레우코스 군대를 소집했을 때 무너졌다. (요나단의 게릴라 집단 제거) 계획은 이 군대의 지휘관이 요나단과 화해하고 안티오키아로 돌아가면서 무산됐다. 그러나 마카비 집단의 지위는 기원전 153년이 되기까지 크게 달라진 것은 없었다.

그해에 데메트리오스의 통치는 프톨레마이스에 자리를 잡고 왕권을 노리고 있었던 알렉산드로스 발라스에 의해 도전을 받았다. 이렇게 되면서 유대아는 두 경쟁자에게 있어서 잠재적인 자산이 될 만한 전략적 위치에 놓이게 됐다. 요나단은 이 상황을 이용하여 결국 발라스 편에 섰고, 발라스는 그를 대제사장 겸 왕의 후원자로 임명했다. 알렉산드로스 발라스가 기원전 152년(혹은 151년)에 데메트리오스를 상대로 최종 승리를 거두게 되자, 셀레우코스 왕조가 임명한 요나단의 권한은 더욱 강화됐고 다른 유대인 경쟁자들을 제압할 수 있었다. 이후 10년간 셀레우코스 왕권을 놓고 벌어진 투쟁에서는 이러한 시나리오가 반복됐다. 요나단에게 있어서 셀레우코스 왕국의 한 왕의 몰락은 또 다른 왕이 새로운 권력을 얻게 될 것이라는 전망을 보여줄 뿐이었다. 지방의 '변절자들'(renegades: 유대아에 헬레니즘 체제를 철저하게 도입하려던 유대인들—역주)은 요나단에 대해 이따금 문제를 제기하려 했지만 이들은 뇌물로 쉽게 다루어졌다. 요약하자면, 요나단은 이전 대제사장들이었던 야손, 메넬라오스, 알키모스가 채택한 방법과 정확히 같은 방법을 통해 정통성을 유지했다. 요나단은 종종 쿰란의 성서 주석('페샤림'[pesharim])에서 언급된 '사악한 제사장'으로 간주되곤 한다. 하지만 여기서 말하는 '사악함'이란 정치적 책략이 아니라 '의의 교사'(Teacher of Righteousness)로 알려진 쿰란 종파 지도자를 (요나단이) 적대시한 것과 관련이 있다.

43-44

기원전 142년, 요나단은 자신이 개입했던 왕들의 게임에서 희생됐다. 그의 형 시몬은 이 다툼에 다시 개입하여 유다가 싸웠던 왕의 아들 데메트리오스 2세로부터 대제사장직을 얻었다. 데메트리오스는 앞서 다른 셀레우코스 왕들과 마찬가지로 수차례 양보하며 마카비 가문과 거래를 했고, 유대아의 조공을 면제시켜 주었으며, 시몬에게 마카비 가문의 모든 거점 소유권을 인정하고, 유대인 군대를 왕실에 등록시키도록 유도했다. 이러한 업적들로 인하여 시몬은 "이방인이라는 멍에로부터 해방"(마카비1서 13:41)시켰다는 명예를 누렸다. 하지만 데메트리오스는 무엇보다도 아크라에 대한 지배권을 양도하지는 않았다. 그러나 시몬은 기원전 141년 6월까지 아크라에 남아 있는 주민들을 아사시켜가면서 항복을 받아냈고 이렇게 하여 예루살렘의 모든 주민을 지배하게 됐다. 안티오코스 4세의 악행의 마지막 기념비는 이렇게 해서 완전히 사라지게 됐다.

이듬해 유대인들 최고 공회에서는 "이스라엘의 적들을 물리치고 자유를 확립한 자"(마카비1서 14:26)로서 시몬을 기념했다. 이러한 성과를 인정받아, 다음과 같은 시몬에 대한 결의안이 통과됐다.

> (진정한 예언자가 나타날 때까지) 우리는 시몬을 영구적인 영도자, 대사제로 삼는다. 시몬은 유다 국민을 다스리는 통치자가 되어 성전을 관리하고 온 국민의 활동을 감독하며 나라와 무기와 요새를 장악할 것이다. 온 국민은 시몬에게 복종하여야 한다. 나라의 모든 문서는 시몬의 이름으로 처결되어야 한다. 시몬은 자색 왕복을 입고 황금장식물로 단장할 권한이 있다. 국민이나 사제 중 어느 누구도 이 결정의 어느 하나도 무효로 만들 수 없으며 시몬의 동의 없이 나라에서 어떠한 회의도 소집할

수 없고 자색 왕복을 입을 수도 없다. 이러한 규정 중 하나라도 어기거나 반대하는 자는 누구든지 벌을 받을 것이다(마카비1서 14:41-45 공동번역 개정).

이 법안을 언급하는 이야기는 마카비 가문을 옹호하고 있는데, 그 결정이 대중의 의지에 따라 자연스럽고 자발적이며 만장일치로 주어진 것처럼 표현된다. 독재적인 성격을 보여주는 시몬에게 부여된 특권은 지도력 내부에 존재하는 (또는 존재할) 중대한 도전을 암시하면서 독재 이미지를 감춘다. 시몬이 반년 후 그 권좌를 노리고 있었던 한 사람의 손에 죽었다는 것은 이런 해석에 무게를 실어준다. 시몬을 대신해서 쓴 한 로마 외교 문서에 쓰인 범죄자 인도 조항은 이 사실을 보여준다(마카비1서 15:16-21). 시몬의 포고령은 마카비 운동이 사실상 독립된 왕조를 지향하는 방향 전환을 예고하고 있다.

성전의 정화를 넘어 안티오코스 4세의 칙령 폐지, 아크라 수비대의 제거에 이르기까지 마카비 항쟁의 궁극적인 목적이 실제로 무엇이었는지를 분별하기는 매우 어렵다. 셀레우코스의 권위에 대한 저항은 셀레우코스의 지지를 받았던 유대인 경쟁자들에 대한 마카비 가문의 투쟁과 분리될 수 없다. 일단 셀레우코스 왕조의 마케도니아인 지배자와의 협상이 실현 가능하게 되자 유다와 형제들은 이를 자신들의 경쟁자인 유대인 적대자들을 대항할 도구로서 전폭적으로 활용했다. 얼마 후 시몬의 후손들은 셀레우코스의 지배권으로부터 항구적인 정치적 독립을 이루었다. 그러나 이 업적은 궁극적으로 하스몬 가문의 힘이 아니라 셀레우코스 왕조의 약점을 이용하여 얻은 결과였다.

이집트의 오니아스 가문

또 다른 유대인 가문의 이야기는 기원전 2세기 후반에 나타난다. 셀레우코스 왕조 후원하에서 일어난 대제사장직의 격변으로 관직에서 쫓겨난 오니아스 4세는 이집트로 피신했다. 그는 살해당한, 같은 이름을 가진 대제사장 오니아스 3세의 아들이었다. 그곳에서 그는 당시 지배자들(프톨레마이오스 6세와 클레오파트라 2세)로부터 토지 제공과 토지 사용 허가를 얻어 나일강 삼각주의 동부에 예루살렘 성전을 본떠 만든 신전을 세웠다. 이에 관한 자료들이 서로 상충되어 이 공사의 정확한 착수 시기와 의도를 모호하게 하고 있지만, (헬레니즘 시대의 유대인 정착지가 흔히 그렇듯) 오니아스 가문이 살던 지역과 그 성전은 군사 식민지로 기능했고, 하부 이집트에서 자신들의 내부적인 안전을 제공할 뿐만 아니라, 프톨레마이오스 군대의 소집 인력을 공급했다는 것은 명백하다.

이 지역의 유대인 거주자들은 율리우스 카이사르의 알렉산드리아 전쟁(기원전 48년)때까지도 이집트 분쟁에 휘말렸지만, 오니아스 가문 자체의 활동에 대한 증거는 클레오파트라 2세와 클레오파트라 3세(기원전 145-102년 재위)가 왕권을 장악하려고 모의를 벌였던 시대에 국한된다. 요세푸스는 알렉산드리아 유대인들을 비난하는 아피온을 반박하는 글에서 두 명의 유대인 장군 오니아스와 도시테오스에 대해 이야기한다(『아피온 반박』 2.49-56). 이들은 기원전 145년 클레오파트라 2세의 남편이 죽자 왕좌에 대한 그녀의 주장을 지지하면서, 그녀의 남편의 동생 퓌스콘과 알렉산드리아에 있는 그의 지지자들을 대항했다. 요세푸스가 이 오니아스를 명시적으로 이집트 밖에 거주하는 예루살렘인과 연결시키지는 않지만, 이들이 동일 인물일 가능성은 상당히 높아 보인다(도시테오스의 신원 및 오니아스와의 관계는 확실하게 판단할 수 없다). 오니아스 4세의 두 아들, 즉 켈키아스와 아나니아스도 마찬가지로 클레오파트라 3세 통치 기간 동안 장군으로 부상한다(클레오파트라의 관직과 재위를 알리는 문서는 그녀가 얼마나 열심히 자신의 어머니에게 전통적으로 충성을 바치던 자들의 지지 기반을 유지하려고 노력했는지를 보여준다). 기원전 103년, 켈키아스와 아나니아스는 이 여왕의 권좌를 위협하는 그녀의 장남 프톨레마이오스 라튀로스에 대항하기 위해 이집트 군대를 이끌고 팔레스타인으로 진군했다. 켈키아스는 전투에서 사망했지만 (요세푸스의 보도를 신뢰할 수 있다면) 아나니아스는 클레오파트라가 유대 왕 알렉산드로스 얀나이오스와 동맹을 맺기로 한 결정에 영향을 미쳤다(『유대 고대사』 13.324-55).

이 기록 이후 오니아스 가문에 대한 정보는 거의 나오지 않는다. 그러나 출토된 비문은 오니아스가 세운 공동체가 지속됐다는 것을 증명한다. 70개 이상의 유대인 무덤 비문이 기원전 2세기 초엽에 만들어진 텔 엘 야후디야에서 발견됐다. 한 묘비문은 "오니아스의 땅"이 고인의 유산이라고 명시적으로 명명한다(*JIGRE*, 38). 마카비서 이야기처럼 오니아스 영웅담은 헬레니즘 왕조의 권력 틀 안에서 활동할 수 있었던 유대인의 능력을 보여준다. 그러나 오니아스 가문은 프톨레마이오스 왕조의 지배에 흡수된 반면 하스몬 가문과 셀레우코스 왕국의 관계는 상당히 다른 형태로 발전하게 됐다.

하스몬 왕조

유대아에서 벌어진 사건들에 대한 셀레우코스 왕조의 간섭은 끝나지 않았다. 그러나 이제는, 마카비 반군을 제거하는 것이 목표였던 이전의 큰 사업과는 달리, 하스몬 가문의 세력에 대한 군사적 견제나 축소가 주요 목표가 됐다. 셀레우코스 왕조의 계속되는 내분은 호전적인 파르티아인들의 위협으로 인해 점점 더 복잡해졌다. 기원전 140년 파르티아인들의 바빌로니아 합병은 동부에서 헬레니즘 왕조를 일으킨 마케도니아인들의 지배를 일관적으로 유지하는 데 큰 위협이 됐고, 셀레우코스의 왕이 다른 세력을 대항해야 하는 상태는 그들을 침범할 준비가 되어 있는 파르티아인들에게는 더욱 호기(好機)가 될 수밖에 없었다. 이러한 긴급하고도 새로운 문제를 대처하는 데 필요한 힘을 분산시켜야 했기에 셀레우코스 왕조가 야심차게 추진한 유대 지배력은 느슨하게 됐다. 이에 시몬의 후계자들은 자신들만의 헬레니즘 왕국을 세워 운영하는 데 힘을 쏟았다.

시몬의 아들 요한네스 휘르카노스 1세(기원전 135/134-104년 재위)가 하스몬 왕조의 패권을 이두매, 사마리아, 갈릴래아로 확장하면서 영토 확장이 본격적으로 시작됐다. 휘르카노스는 북쪽으로는 이투레아까지 정복을 추진하면서 동쪽으로는 트랜스요르단과 서쪽으로는 해안 지역의 상당 부분을 흡수했는데, 휘르카노스의 친아들들의 재임 기간에는 세력 확장에 가속도가 붙었다. 대외적인 정복 사업에서 대내적인 하스몬 통치로의 전환은 순탄치 않았다. 사마리아 정벌은 그리심산 성전을 파괴하는 결과를 낳았고, 이로 인해 유대인과 사마리아인의 적대감이 심화됐다. 새로 예속된 이두매와 이투레아 지역 내에서 원주민들이 계속 거주하려면 할례와 유대법을 준수해야 했다. 나중에 폼페이우스가 하스몬 왕조들이 지배했던 그리스 도시들을 해방시켰다는 사실은 이 유대인 왕조가 군사적 성공을 거두었고 그들의 통치가 강요적 성격을 가졌음을 동시에 보여준다.

군사력에 의존하는 그들의 권력은 인력을 요구했고, 결국 돈을 필요로 했다. 휘르카노스는 안티오코스 7세를 매수하고 자신의 병력을 용병으로 보충하기 위해 다윗의 무덤을 약탈했다고 한다. 휘르카노스의 아들 알렉산드로스 얀나이오스(기원전 103-76년 재위)는 이 관행을 계속한 것으로 알려져 있다. 그의 영토가 재력을 증대시켰다는 것은 의심할 여지가 없다. 동족에게 의존하기보다 하스몬 가문의 재력에 의존하는 상비군이 발달하게 되자 하스몬 가문의 왕권 주장이 표면으로 떠올랐다. 휘르카노스의 아들 아리스토불로스 1세(기원전 104-103년 재위)가 가장 먼저 왕권을 요구했고, 얀나이오스가 그 뒤를 따랐다. 그리고 왕권과 함께 왕조의 분열이 일어나게 됐는데, 이 왕권 다툼의 잠재적이고 파괴적인 영향은 상대편을 해치우기 위한 방책에 의해 증폭되기만 했다. 기원전 67년과 63년 사이에 얀나이오스의 아들들인 아리스토불로스 2세와 휘르카노스 2세는 결국 하스몬 왕국을 종식시킨 왕권 경쟁에 휘말리게 됐다.

이미 휘르카노스 1세가 지배하는 동안 하스몬 왕조의 통치는 유대인의 저항에 부딪쳤다. 내부의 적대감은 얀나이오스가 다스리는 동안 절정에 이르렀다. 얀나이오스에 대한 혐오감이 너무 강해서 대적들은 실제로 그를 축출하기 위해 셀레우코스 왕에게 도움을 호소할 정도였다. 그를 축출하는 작업은 실패했다. 그러나 억압적인 얀나이오스 정권의 잔혹성으로 인해 자신으로부터 멀어진 신하들과의 화해는 불가능했다(쿰란문서는 그를 '분노의 사자'로 기록한다). 얀나이오스의 뒤를 이은 그의 아내 쉘람지온(살로메) 알렉산드라(기원전 76-67년 재위)의 통치기에 상황은 조금 더 누그러진 것 같다.

요세푸스에 따르면 알렉산드라가 성공할 수 있었던 중요한 요소는 바리새파와의 관계를 구축한 것인데, 이 집단의 존재는 요나단이 지배

47

하던 시대의 맥락에서 처음으로 언급된다. 요세푸스는 반(反)-하스몬 행동 원인을 바리새인들의 선동으로 추론하고 있는데, 이러한 가설은 얀나이오스가 이 종파에 속한 800명을 십자가에 못 박았다는 요세푸스의 주장에서 어느 정도 타당성을 얻는다. 어쨌든 알렉산드라는 바리새인들을 자신의 통치 권력에 참여시킴으로써 민중들을 진정시켰다. 그러나 도를 넘은 얀나이오스의 행동과 휘르카노스의 종파 갈아타기는 분명 일부 유대인들에게 근본적으로 왕적 통치 자체가 그릇된 현상인 것으로 보였다. 기원전 63년 왕권을 놓고 다투던 알렉산드라의 아들들이 폼페이우스에게 자신들의 왕권 다툼을 중재해 달라고 호소하자 이번에는 유대아에서 가장 유력했던, 200명의 사람들로 구성된 제3의 당파에 의해 도전을 받았다. 이 두 하스몬 후계자를 맹렬하게 반대했던 이 유력한 유대인들은 로마 장군에게 자신들의 조상들에 대해 이렇게 말했다.

> [우리 조상들이] 원로원과 협상했고, 자유롭고 자율적인 민족 공동체로서 유대인을 이끌 지도 권한을 받았습니다. 즉, 왕의 호칭을 빼앗긴 것이 아니라, 대제사장으로 하여금 민족을 다스리라는 것이었습니다. 그러나 지금 이 사람들[아리스토불로스 2세와 휘르카노스 2세]은 조상의 법을 무효화하고 부당하게 시민을 노예로 전락시킴으로써 권력을 잡았습니다. 용병 떼를 일으켜 잔악한 행위와 수많은 악의적인 살인으로 자신을 위해 왕권을 획득했습니다(디오도로스 40.2).

유대인 역사상 가장 중요한 순간(로마가 처음, 직접적으로 유대아의 문제에 개입하기 전날)에 전달된 이 기소장의 중요성은 (논쟁의 여지가 있는) 그 주장들의 역사적 진실성에 있지 않다. 그것의 중요성은 오히려 초기 유대교의 두 가지 대조적인 비전 사이를 오가는 긴장에 있다. 그것은 토라가 통치하고 대제사장이 주재하는 이상적인 신전 공동체, 그리고 알렉산드로스 대왕의 후계 왕국으로 둘러싸인 상태에서 독립을 유지하기 위해 분투하는 주권 국가로서의 역사적 존재 가능성, 이 양자 사이의 긴장 말이다. 기원전 63년, 하스몬 가문의 왕자들과 그들을 반대하는 귀족들은 양편 모두, 로마를 자신들의 비전을 지켜내기 위한 열쇠로 보았다.

폼페이우스부터 하드리아누스까지

기원전 63년 폼페이우스 대장군이 예루살렘을 정복하던 때로부터 기원후 135년 하드리아누스 황제 치세 때 일어난 반란을 폭력적으로 진압하기까지, 이 기간에 '유대' 민족과 '유대아' 왕국은 엄청난 성취와 놀라운 좌절 사이에 존재했다. 이 기간은 예루살렘 성전이 침탈되는 사건으로 시작됐고, 유대인들이 예루살렘에서 추방되는 사건으로 끝났다. 또 이 거룩한 도시는 유대인의 도시 '예루살렘'에서 로마식 폴리스 '아일리아 카피톨리나'(Aelia Capitolina)로 바뀌었다. 동시에 하드리아누스는 그 지방의 이름을 '유대아'에서 '시리아 팔레스티나'(Syria Palestina)로 바꿨다.

이것은 이 시기 유대인들의 삶이 영원한 악몽과 같았다는 말이 아니다. 유대아에 있는 유대인들은 실제로 폼페이우스의 정복에서 바르코흐바 항쟁이 일어나기까지 200여 년 대부분을 로마 제국 내에서 평화롭게 공존하며 삶을 이어갔다. 더구나 이 기간에 유대인들은 디아스포라 전역에 퍼져 제국의 주요 도시에 정착하거나 거기에서 더욱 널리

48–49

퍼져 살고 있었다. 유대인의 상당수는 이집트, 소아시아, 시리아, 그리스 섬들, 심지어 제국의 수도 로마에서도 발견됐다. 따라서 이 시기의 많은 주요 사건들이 유대인들에게 있어 파괴적인 것이었지만 (전체적으로 볼 때) 평화와 번영의 기간은 오래 지속됐다.

하스몬 통치의 몰락과 안티파트로스 가문의 등장

폼페이우스가 예루살렘을 포위한 이후 헤롯 대왕이 즉위하기까지 20년이라는 기간에는 알렉산드로스 얀나이오스와 살로메 알렉산드라의 아들 요한네스 휘르카노스 2세, 그리고 유다 아리스토불로스 2세가 이끄는 하스몬 가문의 두 파벌 사이의 내전이 거의 끊임없이 지속됐다. 양측은 로마에 지지를 호소했다. 폼페이우스는 휘르카노스의 편을 들었고, 이에 대응하여 아리스토불로스의 지지자들은 요새와 성전 자체 안에서 방어진을 쳤다. 폼페이우스의 군대는 예루살렘과 성전을 포위했고, 이어진 포위전에서 도시는 심하게 파괴됐다. 아리스토불로스 파벌은 다름 아닌 성전 경내에서 학살됐고, 폼페이우스 자신은 성전의 지성소에 들어가 성전의 신성성을 침해했다. 폼페이우스는 도시의 질서를 확립한 후 휘르카노스를 대제사장직으로는 복위시켰지만 왕의 직위와 정치적 권위는 박탈했다.

그 후 9년간 하스몬 궁정에서 이두매족 출신 안티파트로스 가문이 득세했다. 그들은 알렉산드로스 얀나이오스가 안티파스라는 이두매 귀족을 이두매의 통수권자(*stratēgos*)로 임명했을 때 처음으로 명성을 얻었다. 안티파스의 아들 안티파트로스가 뒤를 이어 이 직책을 맡았을 가능성이 크다. 안티파트로스는 순식간에 하스몬 왕좌 배후의 실권자가 됐다. 그는 로마의 지도층뿐 아니라 지역 통치자들과의 친분을 쌓고 활용하는 데 뛰어났던 유능한 정치가였다. 안티파트로스는 먼저 폼페이우스와 친분을 쌓았고, 그러고 나서 율리우스 카이사르가 폼페이우스를 제압했을 때에는 카이사르와 친분을 쌓았다. 기원전 48년, 율리우스 카이사르는 알렉산드리아에서 이집트 원주민들에 의해 포위된 적이 있다. 이때 안티파트로스는 직접 군대를 이끌고 이집트로 가는 것은 물론, 주변 지역 통치자들의 지원을 받아 그를 도왔다. 카이사르는 그의 지원과 지지를 인정하고 안티파트로스와 가족에게 로마 시민권을 수여했다(『유대 전쟁사』 1.187-94; 『유대 고대사』 14.127-39).

하지만 당시에 안티파트로스가 분명히 궁정의 권력을 잡은 자였지만 그에게는 여전히 강력한 적들이 있었다. 기원전 43년 안티파트로스는 이들에 의해 암살됐다(『유대 전쟁사』 1.225-26; 『유대 고대사』 14.280-84). 헤롯과 그의 형 파사엘은 각각 갈릴래아와 유대아의 통수권자로 임명되어(기원전 47년) 하스몬 가문의 핵심 권력자로서 그들의 조상의 지도력을 계승한 것은 물론 이두매 부족의 영도권도 맡았다. 그들의 힘과 영향력은 기원전 42년 마르크 안토니우스가 이들을 '분봉왕'(tetrarch: 이 명칭은 한 민족을 다스리는 지도자, 민족의 영도자[ethnarch]보다 작은 1/4의 책임자라는 뜻—역주)으로 임명하면서 더욱 커졌다(『유대 전쟁사』 1.244; 『유대 고대사』 14.326). 그러나 기원전 40년 파르티아인들과 그들의 동맹이었던 하스몬 가문의 아리스토불로스 2세의 아들 맛타티아스 안티고노스는 유대아를 침공하여 예루살렘을 포위했다. 파사엘과 휘르카노스는 파르티아에 대한 외교 임무를 수행할 때 체포되어 투옥됐다. 파사엘은 바위에 머리를 박고 자살했다. 반면 헤롯은 파르티아인들과 안티고노스에 대항하며 로마 제국의 지지를 확보하기 위해 로마로 도망쳤다. 헤롯은 로마의 삼두정치가들 가운데 안토니우스와 옥타비아누스의 지지를 받았고 다른 한편으로 그의 로비 활동으로 로마 원로원은 헤롯을 유대아의 왕으로 선포하였으며 안티고노스와 전쟁을 벌이는 헤롯 왕에게 군사 원조를 해 줄 것을 약속했다(『유대 전쟁사』 1.282-85; 『유대 고대사』 14.381-89). 헤롯은 안티고노스를 무찌르고 예루살렘을 점령하는 데 3년이 걸렸지만, 기원전 37년 봄에 드디어 그는 유대아의 왕으로 예루살렘에 입성했다(『유대 전쟁사』 1.349-57; 『유대 고대사』 14.476-91).

헤롯, 유대아의 왕이자 로마의 피후견인(Client)

헤롯 대왕은 역사상 가장 강력하고 영향력 있는 유대인 왕이었다. 긴 재위 기간에(기원전 40-4년) 그는 엄청난 부를 축적하고 정교하고 포괄적인 건설 사업을 진행했으며, 유대아를 작은 속국에서 동부 지중해 경제 중심지로 탈바꿈시켰다. 예루살렘 역시 혼잡하고 황폐한 지방 도시에서 그리스-로마 세계의 주요 순례지와 관광 명소로 바뀌었다. 하지만 그의 장대한 업적에도 불구하고 헤롯의 치세는 순탄치 않았다. 치세 초기 그의 주요 관심사 중 하나는 자신의 정통성을 확립하고 유지하는 것이었다. 로마의 지지를 받아 권력을 찬탈한 헤롯은 자신의 정통성을 주장했으나 유대인들에게는 그것이 의심스러울 수밖에 없었다. 그는 정통성 문제 외에도 프톨레마이오스 왕국을 되찾고 유대아를 자신의 왕국에 합병하고 싶어 하는 클레오파트라의 야망과도 싸워야 했다. 그는 약삭빠른 정치 공작을 통해 클레오파트라를 궁지에 몰아넣고 기원전 30년까지 상당히 안정적으로 통치할 수 있었다. 그해 헤롯의 후원자 안토니우스는 클레오파트라와 함께 악티움 전투에서 옥타비아누스 카이사르에게 결정적으로 패했다. 현명하게도 자신의 부친이 그랬던 것처럼 헤롯은 충성의 대상을 갈아타는 것의 이점을 알아채고, 재빨리 로도스로 항해하여 승리한 옥타비아누스에게 가서, 로마가 후원하는 충성스럽고 우호적인 점령지 왕으로서 옥타비아누스가 이끄는 새 정권에 걸맞는 인물이 바로 자신이라는 것을 납득시키려 했다. 옥타비아누스는 헤롯의 지위를 확고히 해주고 그의 왕국을 확대해 주었다(『유대 전쟁사』 1.386-97; 『유대 고대사』 15.187-201). 이후 26년 동안 헤롯은 로마의 동쪽 국경에서 안정적이고 우호적인 동맹 관계를 유지하면서 유대아의 경제 발전과 로마화를 촉진했다. 그의 공로에 대한 보상으로 기원전 27년 이후 아우구스투스로 알려진 옥타비아누스가 기원전 24/23년에는 트라코니티스, 바타네아, 하우라니티스를, 기원전 20년에는 울라타와 파네아스와 같은 영토를 헤롯에게 더하여 주었다. 그는 또한 키프로스에 있는 구리 광산의 통제권과 그 수익의 절반을 헤롯에게 넘겨주었다. 그러므로 그의 통치 말기에 이르러서 헤롯은 지중해 세계에서 왕국의 규모, 부, 중요성이라는 측면에서 이전의 모든 유대인 왕들 가운데 누구 못지않은 통치력을 발휘하며 왕국을 다스렸다.

헤롯의 수많은 정치적·경제적 성공에도 불구하고 왕국 내부의 통치에는 상당한 난관을 겪었음이 분명하다. 그가 다스리던 유대인들과 부분적으로는 유대교에 대한 그의 다소 모호한 태도 때문에 주기적으로 긴장 관계에 놓이게 됐다. 가족 간의 불화도 헤롯에게 수많은 문제를 야기했고, 그 결과 자기의 세 아들과 한 아내뿐 아니라 다른 몇몇의 친척과 친구도 처형했다. 기원전 4년 그가 죽은 후 마침내 일련의 폭동과 소동이 일어났다. 이러한 사회적 무질서는 그의 많은 신하들이 왕권에 대해 상당한 불만을 가지고 있었음을 시사한다. 이러한 실패에도 불구하고 헤롯은 치세 동안 왕국의 안정에 큰 위협 없이 정통성과 안정적인 통치를 달성했다. 게다가 그는 자신의 아들 헤롯 아르켈라오스, 헤롯 안티파스, 헤롯 필립포스, 세 후계자에게 왕국을 물려줄 수 있었다.

헤롯의 아들들과 계승자들

헤롯이 죽은 후 누가 그를 이어갈지를 두고 아들들 사이에 실랑이가 벌어졌다. 그의 뒤를 잇기 위해 아들들 각각의 대표단은 경쟁적으로 로마로 가서 간청했다. 결국 아우구스투스는 헤롯을 예우해 그의 마지막 유언을 따라주기로 했다. 그리고 세 아들에게 왕국을 나누어 주었다. 아르켈라오스는 유대아, 사마리아, 이두매를 받았으나 왕 대신 '민족의 영도자'(Ethnarch: 이 칭호는 하스몬 왕조의 독립을 쟁취한 시몬에게 주어진 칭호였다—역주)라는 칭호만이 주어졌다. 분봉왕이 된 헤롯 필립포스는 바타네아, 트라코니티스 이외에도, 하우라니티스와 인근 지역을 받았다. 마지막으로 갈릴래아와 페레아는 헤롯 안티파스에게 주어졌고 그에게도 분봉왕이라는 직위가 부여됐다(『유대 고대사』 1.14-15, 20-38, 80-100; 『유대 고대사』 17.219-49, 299-320). 이 세 형제는 헤롯 사후 30년 동안 다양한 성공을 거두며 헤롯의 영토를 다스렸다.

아르켈라오스의 짧은 치세는 처음부터 재앙과 같았다. 그의 잔인함과 억압적인 조치들은 신하들을 격분시켰고, 기원후 6년에 아우구스투스는 그를 가울 지방의 비엔나로 추방하게 된다. 그 후 유대아는 지방행정관(procurator)의 지배를 받는 주(州)가 됐다(『유대 전쟁사』 1.39-79, 111-17; 『유대 고대사』 17.250-98, 339-55). 반면 그의 이복동생인 헤롯 필립포스는 약 38년 동안 비교적 평화롭게 통치했으며 그의 치세에 대해서는 거의 알려지지 않았지만 성공적이고 유순한 통치자였던 것으로 보인다. 그의 왕국에서 유대인들은 소수 민족이었고, 주민의 대부분은 시리아나 아랍계 출신이었다. 그는 재위 중 자신과 아우구스투스를 기리기 위해 파네아스 성을 재건하고 '카이사레아 필리피'(Caesarea Philippi, "가이사랴 빌립보")라는 새로운 이름을 붙였다. 그는 또한 아우구스투스의 딸 율리아를 기리기 위해 벳세다를 확장하고 장식하면서 '율리아스'(Julias)로 이름을 바꾸었다(『유대 전쟁사』 1.168; 『유대 고대사』 18.28). 기원후 34년 필립포스가 무자녀로 사망하자 티베리우스 황제는 그의 영토를 시리아 지방(『유대 고대사』 18.106-8)에 병합시켰다.

헤롯 대왕의 후계자 세 명 중 헤롯 안티파스가 가장 잘 알려져 있다. 그는 형제들보다 더 길게, 약 40년 이상 통치했으며, 통치 기간 내내 그는 로마의 귀중한 동맹이자 피후원자 왕이었다. 그는 갈릴래아에 세포리스를, 페레아에 베타람프타를 재건하여 각각 '아우토크라토리스'(Autocratoris: 아우구스투스를 기념하여 세포리스에 붙인 이름—역주)와 '리비아스'(Livias)로 이름을 바꾸었다(『유대 전쟁사』 1.168, 『유대 고대사』 18.27). 그러나 그가 추진한 가장 광범위한 도시 재건 사업은 티베리우스 황제를 기리기 위해 새로운 수도인 '티베리아스'(Tiberias)를 건설하는 것이었다. 출토된 주화에 따르면, 이 도시는 안티파스 통치 24년(기원전 20/19년)에 헌납됐다. 이 도시가 묘지 터의 꼭대기에 건설됐기 때문에 경건한 유대인들이 처음에는 거기서 살기를 거부했지만, 결국 이 도시는 유대인들의 학문과 연구의 중심지가 됐다(『유대 전쟁사』 1.168; 『유대 고대사』 18.36-38).

안티파스의 사생활은 부친과 마찬가지로 통치력보다 덜 안정적이었다. 그는 몇 년의 결혼 생활 끝에 아레타스 4세의 장녀인, 첫 번째 아내 파사엘리스를 버리고 조카 헤로디아와 결혼했다(헤로디아 역시 안티파스의 이복형제 둘과 결혼했는데, 그중 하나가 시몬 보에토스의 딸인 마리암네의 아들 헤롯이었고 다른 하나는 헤롯 필립포스였다). 그 결과 그는 이전 장인과 카리스마적 설교자 세례 요한의 분노를 샀다(막 6:14-29, 마 14:1-12, 눅 3:19-20, 『유대 고대사』 18.116-19). 안티파스가 아레타스의 군대를 상대로 한 전투에서 패배한 것은 신하들에게는 요한의 처형에 대한 신의 응징으로만 보였다.

안티파스는 나바테아 군대에게 패배를 당했지만 티베리우스와 긍정적인 관계를 맺어 왕좌에서 살아남을 수 있었다. 그러나 37년 티베리우스가 사망하고 가이우스 칼리굴라가 즉위하자 안티파스의 위상은 크게 떨어졌다. 가이우스의 초기 행동 중 하나는 안티파스의 조카이자 헤로디아의 동생인 헤롯 아그립파를 헤롯 필립포스 영토의 왕으로 임명한 것이다. 동생이 권세 부리는 자리에 오른 것을 질투한 것으로 추정되는 헤로디아는 자기 남편도 왕으로 임명을 받아야 한다고 생각했다. 그래서 그녀는 그에게 로마로 가서 새 황제에게 탄원하라고 권했다. 그러나 삼촌을 미워하고 불신했던 헤롯 아그립파의 간계 때문에 가이우스는 안티파스가 반역자라고 판단하고 가울 지방의 루그두눔(지금의 리옹)으로 유배시켰다. 가이우스는 아그립파의 누이이라는 신분 때문에 헤로디아가 남편과 함께 유배되지 않고 자신의 재산을 보존할 수 있도록 허락했다. 그럼에도 그녀는 자발적으로 안티파스와 운명을 같이 하기로 선택했다(『유대 전쟁사』 1.181-83, 『유대 고대사』 18.237-54)

로마 통치하의 유대아(기원후 6-41년)

한편, 아르켈라오스가 기원후 6년에 퇴각한 이후, 코포니우스를 시작으로 로마의 사령관(perfect)이나 지방행정관(procurator)이 유대아와 사마리아를 다스려 왔다. 이 시기 유대인의 역사에 대한 대부분의 정보는 요세푸스가 제공하는 기록에 의존하고 있다. 복음서들도 약간의 정보를 제공하지만, 특히 본디오 빌라도에 관한 것은 요세푸스가 제공하는 기록에 의존한다. 주화 증거나 몇몇 고고학적 사료들이 요세푸스의 증언을 보충해 주지만, 학자들은 대부분 요세푸스의 설명에 의존한다. 일반적으로 로마 행정관들에 대한 요세푸스의 묘사는 명백히 부정적이며, 저들의 잘못된 실정이 로마와 그 치하 유대인 사이의 관계를 악화시키는 데 근본적인 역할을 했다고 주장한다. 그러나 로마의 점령 첫 단계에서 요세푸스의 서술은 다소 중립적이며, 초기의 총독 대다수에 대해서는 최소한의 것만을 언급하고 있는데 이로써 로마와 유대인 사이에 다소 평화로운 상호 교류가 있었다고 볼 수 있다(『유대 고대사』 18.2, 29, 31-35). 이에 대한 유일한 예외는 빌라도의 재임 기간이다(기원후 26-36년).

필론과 요세푸스, 복음서 등의 문헌에 나오는 것 말고 '빌라도'라는 이름은 오직 한 비문에만 나타나는데, 이 비문에는 티베리움에 대한 그의 헌정 기록이 남아 있으며, 이는 카이사레아 극장에서 발견됐다. 문헌 자료들에서 빌라도는 두 개의 주요 이미지로 등장한다. 복음서에서 빌라도는 로마의 정의를 구현하는 흠 없는 인물로 묘사되지만, 필론과 요세푸스의 기록들에서는 노골적으로 유대인의 감정을 건드리고 그들의 저항을 잔인하게 진압하는 무자비한 행정가로 등장한다. 필론은 그를 "부패하고 폭력적이며, 강탈과 폭행, 폭언, 그리고 재판 없는 빈번한 처형을 일삼는 등 끝없는 야만적인 흉포함"으로 특징지어지는 "융통성 없고 완고하고 잔인한 기질을 가진 사람"으로 묘사한다(『가이우스 사절단에 관하여』 301-2). 빌라도는 몇 차례 노골적으로 유대인의 종교적 감수성을 경멸하고 그들의 불평을 잠재우기 위해 종종 폭력으로 대응했다(『유대 전쟁사』 2.169-77; 『유대 고대사』 18.55-62, 85-87). 기원후 36/37년, 마침내 그는 시리아 총독인 루키우스 비텔리우스에게 소환되어 로마로 돌아가 황제에게 자신의 행동을 설명하라는 명령을 받는다.

유대아는 39/40년 겨울까지는 비교적 조용한 상황이 지속됐는데

53-54

이때 얌니아의 비유대인 소수 민족이 황제 제의 제단을 쌓았고 유대인 거주자들은 이를 즉시 파괴했다. 얌니아에 있는 로마 지방행정관(procurator) 가이우스 페레니우스 카피토는 자신의 위엄을 모독하는 것에 격분하는, 새로운 황제 가이우스 칼리굴라에게 이 사건을 보고했다. 그는 시리아의 새 총독 푸블리우스 페트로니우스로 하여금 시리아에 주둔하고 있는 4개 군단 중 2개 군단을 이끌고 유대아로 진격하여 성전에 가이우스의 금빛 동상을 세우도록 명령했다. 이때 페트로니우스는 유대인들이 저항하면 무력으로 진압하라는 명령을 받았다(『유대 전쟁사』 2.184-85; 『유대 고대사』 18.261-62; 필론, 『가이우스 사절단에 관하여』 198-207). 그러나 유대인의 저항이 불가피하다는 것을 깨달은 페트로니우스는 동상 건립을 지연시키려 했다.

헤롯 아그립파 1세

페트로니우스의 지연 전술 속에서 헤롯 대왕의 손자이자 궁극적으로 유대아 왕의 후계자인 헤롯 아그립파가 유대아의 저항을 받게 됐다. 그는 로마에서 특히 장차 황제가 될 클라우디우스와 함께 황실 교육을 받았다(『유대 고대사』 18.143, 165). 가이우스가 왕위에 오르자 아그립파는 마침내 두각을 나타냈다. 그는 가이우스와 친한 친구였고, 그와의 우정으로 인해, 최근에 사망한 삼촌 헤롯 필립포스가 다스리던 분봉 왕국을 보상으로 받았다(『유대 전쟁사』 2.181; 『유대 고대사』 18.237). 기원후 39년 안티파스가 추방된 후 칼리굴라는 갈릴래아와 페레아를 합병하여 아그립파의 왕국을 확장했다(『유대 고대사』 18.252).

아그립파는 동상 건립 문제를 둘러싼 위기가 고조되는 상황에서 이탈리아에 도착했다. 편지로든(『가이우스 사절단에 관하여』 261-334) 연회에서 전달했든(『유대 고대사』 18.289-301), 아그립파는 가이우스를 설득하여 적어도 일시적으로나마 동상 건립 계획을 포기하도록 설득하는 데 성공했다. 그러나 필론과 요세푸스 모두 가이우스가 동상을 성전에 두지 않겠다는 약속을 어겼다고 묘사하며 유대인과 로마의 전면적인 갈등은 이 황제가 암살됨으로써만 해결될 수 있었다고 전한다(『가이우스 사절단에 관하여』 337-38; 『유대 전쟁사』 2.202-3; 『유대 고대사』 18.302-9). 이 사건은 로마와 유대 사이의 긴장만 고조시켰다.

가이우스가 암살되기 직전 아그립파는 로마로 돌아왔고, 황제가 살해된 후 아그립파는 후계자인 클라우디우스의 중요한 조언자가 됐으며, 그가 황제로 즉위하는 데 도움을 주었다(『유대 전쟁사』 2.204-13; 『유대 고대사』 18.236-67). 이 공로에 대한 보답으로 클라우디우스는 아그립파를 조부 헤롯 대왕이 한때 통치했던 영토의 왕으로 임명했다. 또한 클라우디우스는 아그립파의 동생 헤롯을 레바논의 칼키스의 통치자로 임명했다(『유대 전쟁사』 2.215-17; 『유대 고대사』 18.274-77).

그 후 헤롯 아그립파는 유대아로 돌아와 3년(41-44년) 동안 다스렸다. 그는 유대아의 위신을 더욱 높이려 했다. 이를 위해 그는 지중해 동부 지역인 레반트 주변의 건축 사업에 착수했다. 이 사업은 조부 헤롯 대왕의 업적에 비견할 수는 없지만 그의 왕국의 지위와 위상을 높일 수 있도록 해주었다. 그중에서도 베리토스에는 극장을 세웠고, 벳세다 교외를 에워싼 도시 북쪽 가장자리를 가로질러 예루살렘에는 새로운 성벽을 세웠다. 그러나 이 성벽은 아그립파의 통치 기간 동안 완성되지 못했는데, 이는 시리아 총독 비비우스 마르수스가 아그립파의 의도를 의심하고 클라우디우스를 설득하여 성벽 완성을 금지시켰기 때문이다. 66년 유대 봉기가 일어난 후 유대 저항군은 다급히 이 성벽을 완성했다.

54-55

헤롯 아그립파는 지중해 동부에서 자신의 지위를 강화하려는 전략의 일환으로 티베리아스에서 지역 통치자 회의를 소집했는데, 그 회의에는 코마게네와 에메사, 아르메니아 소왕국, 폰투스의 왕들과 칼키스의 통치자인 그의 동생도 포함되어 있었다. 마르수스는 아그립파가 이 회의에서 로마에 대항한 반란을 계획하고 있다고 우려했지만, 그럴 가능성은 거의 없었다. 그보다는 아그립파가 로마 동부 지역에서 로마의 보호 아래 있는 신뢰받는 왕으로 자리매김하고 있었다는 가설이 더 설득력이 있다. 다시 말해, 아그립파는 클라우디우스보다는 그 주변국을 염두에 두고 있었다.

44년 유월절 기간에, 아그립파는 클라우디우스를 기념하여 열리는 경기에 참석하기 위해 카이사레아로 갔다. 요세푸스에 따르면, 축제가 한창인 가운데 아그립파는 병에 걸려 격렬한 통증을 겪었고 5일 후 사망했다(『유대 고대사』 19.343-52; 행 12장). 그가 사망할 당시, 아그립파의 후계자는 그와 동일한 이름을 가진 헤롯 아그립파 2세로 대략 17세였다. 클라우디우스는 아그립파 2세의 어린 나이와 경험 부족으로 인해 다시 로마의 총독이 유대아를 통치하도록 했다(『유대 전쟁사』 2.220; 『유대 고대사』 18.362-63).

혁명으로 가는 길(44-66년)

유대아는 로마 경제와 정치 체제에 있어서 규모도 있었고 중요했지만, 아그립파 1세가 사망한 후 다시 로마의 직할 구역이 됐을 때 총독이 관할하는 지위로 격상되지는 않았다. 그 대신 이전과 마찬가지로 시리아 총독의 관할하에 카이사레아에 파견된 지방행정관(equestrian procurator)이 다스렸다. 그 후 20년 동안, 이들은 로마의 통치에 점점 더 요동

55-56

하면서 적대화되어가는 지방을 통치하게 됐다. 궁극적으로는 로마가 파견한 이 지방행정관들의 실정(失政)이 66년 유대인 봉기가 일어난 주요 원인 중 하나가 될 것이었다. 그러나 요세푸스는 66년에 발발한 이 혁명의 원인으로 로마의 억압과 사회경제적 긴장, 종교적 선동, 지역 이방인과의 다툼 등과 같은 다른 요인들을 꼽는다. 일부 학자들은 요세푸스가 간과한 또 다른 요인을 추가했는데, 그것은 유대아의 엘리트들이 그 지방과 동요하는 지역 주민들을 통제하지 못한 것이다(Goodman 1987). 복잡한 사건들이 흔히 그렇듯이 이런 상반된 요소들이 절정에 달하면서 결국에는 봉기가 일어났을 가능성이 더 높다.

66년 초여름에 유대아에서 혁명이 일어났다. 몇몇 유대인 청년들은 지방행정관 플로루스의 탐욕과 인색함을 풍자한 적이 있었다. 이에 플로루스는 예루살렘으로 진군하여 이 도시의 장로들에게 그들을 징벌하라고 요구했다. 당국은 이에 응하지 않았고 플로루스는 병사들을 도시에 풀어놓았다. 요세푸스에 따르면, 그는 심지어 일부 유대인 기병들(*equites*)을 십자가에 못 박기도 했다(『유대 전쟁사』 2.294-308). 예루살렘의 일부 지배 엘리트들은 이 사태를 진정시키려 했지만 불가능했다. 플로루스는 공개적으로 복종할 것을 요구했고, 수비대를 보강하기 위해 예루살렘에 보낸 두 부대를 환대하라고 유대인 대중들에게 명령함으로써 상황을 더욱 불안하게 만들었다. 그러나 이 병사들이 민중들을 향해 너무 오만하게 행동함으로써 더 많은 폭동이 발생하게 되자 플로루스는 카이사레아로 철수할 수밖에 없었다. 한편, 성내의 소요에 대해 전해 들은 헤롯 아그립파 2세와 그의 누이 베레니케는 진정하라고 호소했지만 이 노력은 결국 실패했고, 그들의 병사들은 도시에서 쫓겨났다(『유대 전쟁사』 2.309-14, 334-35, 343-406). 66년 5/6월, 성전 수비대장 엘아제르 벤 아나니아스가 선동하고 이끈 젊은 제사장들 중 일부는 황제를 위하여 매일 성전에서 바치는 제사를 중단시켰다. 이것은 본질적으로 혁명과 전쟁의 공개적인 선전포고가 됐다.

도시의 통제와 일상적인 희생제사의 재개를 놓고 여러 파벌들 사이에 싸움이 벌어졌다. 이 파벌 싸움은 므나헴 벤 유다라는 인물이 이끄는 시카리파가 성 안으로 들어가 엘아제르와 합류하면서 더욱 격렬해졌다. 로마와의 전쟁을 피하려는 파벌의 지도자였던 엘아제르의 부친과 삼촌은 므나헴의 부하들에게 살해당했고, 아그립파 2세가 도시로 보낸 군인들은 반란군에 가담하거나 예루살렘에서 쫓겨났다. 도시 안에 갇힌 로마군 예비 파견대가 탈출을 시도했으나 엘아제르의 부하들에게 살해당했다. 이렇게 반란은 순식간에 피할 수도 돌이킬 수도 없게 됐다.

이러한 상황을 염두에 두고 유대아 각 지역에서 온 유대인들은 비유대인 인접 거주민들에 대항하여 일어날 기회를 잡았고, 그 반대도 마찬가지였다. 상황이 걷잡을 수 없게 된 것을 보고 시리아 총독 세스티우스 갈루스는 12군단을 포함하는 대군과 아그립파가 지원한 일부 예비 병력을 모아 유대아로 남진하기 시작했다. 갈루스는 9월에 프톨레마이스에 도착하여 거의 저항을 받지 않고 갈릴래아를 확보했다. 그러나 10월에 그의 군대는 유대인 반군을 만났고 예루살렘에 도착하기도 전에 보급 대대를 약탈당했다. 그런데도 갈루스는 예루살렘으로 진군하여 북부 외곽 지대, 특히 벳세다 지역을 별다른 어려움 없이 점령했다. 이러한 성공적인 전투에도 불구하고 갈루스는 그해에 예루살렘을 점령할 수 없는 상황이라고 신속히 판단하고 해안으로 퇴각하라는 명령을 내렸다. 그러나 이 철수 과정은 대혼란을 초래했고 유대 저항군은 이 기회를 틈타 퇴각하는 로마군에 막대한 사상자를 냈다.

56-57

이때부터 유대 저항군은 혁명 정부로서 조직화되기 시작했다. 요셉 벤 구리온과 아나노스의 아들 아나노스는 임시 정부의 공동 지도자가 되어 전쟁을 수행할 장군들을 임명했다. 바로 이때 요세푸스가 갈릴래아에 있는 일개 부대의 지휘관으로 발탁됐다. 이에 로마의 네로 황제는 클라우디우스 통치 기간에 브리타니아 침공에서 두각을 나타낸 티투스 플라비우스 베스파시아누스를 파견했다. 67년 6월까지 베스파시아누스는 잔혹한 전술을 통해 이 지역을 확보한 군대를 이끌고 갈릴래아에 도착했다. 제대로 된 병력이나 무기가 부족했던 요세푸스는 작은 언덕 꼭대기의 낡아빠진 요새로 후퇴했고 마침내 요타파타의 포위전에서 사로잡혔다. 그는 베스파시아누스가 로마의 다음 황제가 될 것이라는 암시를 보냄으로써 간신히 환심을 샀다. 이 지역의 또 다른 유대인 저항군이었던 기스갈라의 요한네스는 베스파시아누스와 전투를 계속하려 했으나 67년 늦여름에 예루살렘으로 피신할 수밖에 없었다.

다시 예루살렘의 상황을 보자면, 이곳 상황은 점점 불안정해지고 있었다. 주민들은 갈릴래아를 방어하지 못한 임시 정부에 불만을 품고 있었다. 68년 봄, 베스파시아누스가 예루살렘을 향해 진격하여 도시를 포위하기 시작했을 때, 불만은 점점 더 커졌다. 아나노스에 대한 반대의 목소리는 시골 농민들에 의해 부분적으로 커졌다. 이들은 집과 농장이 로마군에 의해 강탈되거나 위협받았기 때문에 도시로 도망친 자들이었다. 이러한 파벌주의의 온상 속에서 새로운 엘리트 제사장 그룹이 생겨났는데, 그들은 성전과 성전 제사에 대한 열성 때문에 그들 자신을 젤롯인(Zealots)이라 표현했다. 이 젤롯인들은 임시 정부가 그만큼의 열의를 가지고 전쟁을 추진하지 않았다고 비난했다. 그런 고소는 억울했을지 모르지만 그때까지 요세푸스를 비롯한 아나노스 파벌 창시자들이 로마 제국으로 망명했다는 사실이 현실화됨으로써 비난은 더욱 거세졌다. 여하튼, 젤롯인들이 결국 성전을 점령하고 봉쇄하자, 이내 기스갈라의 요한네스과 그의 부하들은 물론 예루살렘으로 와서 이 도시를 지키게 된 이두매인들로 구성된 대군도 그들에게 합류했다. 이 새로운 파벌은 임시 정부를 전복시키고 요세푸스의 동료이자 후원자인 요슈아 벤 가말라 등 아나노스를 포함하여 그의 가장 가까운 지지자들을 처형할 수 있었다. 이제 확실히 권력을 잡은 요한네스와 젤롯인들은 이 도시 안의 적들을 향한 피비린내 나는 숙청을 시작했다.

한편, 로마에서는 네로가 자살했다. 그의 죽음으로 황실 특사로서 베스파시아누스의 임무와 권한은 끝났다. 사태가 이렇게 발전하자 베스파시아누스는 진압 작전을 중단하고 무슨 일이 일어날지 기다렸다. 그의 작전은 69년 5/6월에 재개됐다. 그가 7월에 황제로 추대됐을 때, 그의 군대는 이전에 정복했던 땅을 되찾았고, 곧이어 다시 예루살렘 포위를 끝마쳤다. 하지만 베스파시아누스가 자신의 행보를 제국의 지배권 확보로 돌리면서 예루살렘에 대한 로마의 두 번째 진압 작전은 중단됐다.

로마인들이 '4명의 황제의 해'(네로 황제가 죽은 후 68-69년 사이 4명의 황제가 연속하여 쿠테타를 일으켜 황제가 됐던 혼란기—역주)로 알려진 내전을 벌이는 동안 예루살렘의 유대인들은 그들 자신의 내전에 빠져들었다. 68년, 요한네스와 젤롯인들이 권좌에서 축출한 파벌 지도자들 중 일부는 예루살렘을 떠나 아나노스의 정권에 의해 배제된 채 세스티우스 갈루스와 전투를 벌였던 지휘관 시몬 바르 기오라스의 군대에 합류했다. 이제 아나노스가 죽자, 시몬은 69년 봄에 사생결단으로 헤브론을 다시 점령한 후 예루살렘 외곽에 진을 쳤다. 젤롯인들과 요한네스에게 환멸을 느낀 이두매인들의 도움으로 시몬은 성전 자체를 제외한 예루살렘 전역을 장악할 수 있었다. 요한네스는 결국 젤롯인들과 갈라져 성전 외곽 지역을 점령하고 젤롯인들은 성전 내부에 숨어들었다. 예루살렘은 이렇게 셋으로 나뉘었고 70년 3월 베스파시아누스의 아들 티투스의 군대가 예루살렘 성벽 앞에 도착하여 도시를 포위하기 시작할 때까지 이 상태가 유지됐다. 이윽고 로마군이 도착하면서 세 파벌은 서로의 차이를 제쳐두고 방어 태세를 조율하기 시작했다.

티투스는 도시의 보급을 차단하는 아사작전으로 굴복시키려고 할 수도 있었지만 새롭게 탄생한 플라비아누스 정권은 확고한 승리가 필요했다. 그래서 그는 도시를 무력으로 점령하기로 결심했다. 70년 5월, 로마인들은 제3의 성벽(과거에 짓기 시작했지만 방치됐다가 유대인 저항군에 의해 완성된 요새—편주)을 점령했다. 안토니아 요새는 6월에 함락됐고, 8월에 로마인들은 성전을 점령하고 불태웠다. 가을이 시작되자 로마군은 도시의 상부에 남아 있는 모든 저항의 보루를 짓누르는 데 집중했다. 그 후 유대인 저항군이 점령한 몇몇 헤롯의 요새로 시선을 돌렸다. 이 중 가장 유명한 마사다는 저항군들이 집단 자살을 한 후인 73/74년까지 점령되지 않았다.

유대아는 집정관의 지배하로 들어갔고, 예루살렘에는 일개 군단이 계속 주둔하게 됐다. 또한 베스파시아누스는 평화를 유지하기 위해 엠마오에 참전용사를 위한 식민지를 건설했다(『유대 전쟁사』 7.217). 성전은 재건되지 않았고, 약탈당한 성전 재산은 로마로 이송되어 플라비아누스 가문의 승리에 중심적인 역할을 했다. 포위망에 갇혔던 시몬 바르 기오라스도 로마로 사로잡혀가서 개선 행진에 끌려나왔고 승전 의식에 따라 처형됐다(『유대 전쟁사』 7.153-55). 유대인의 정치적 왕국은 더 이상 존

58–59

재하지 않게 됐고, 성전의 소실로 유대아 사람들의 삶은 근본적으로 달라졌다.

유대인 디아스포라: 폼페이우스로부터 70년까지

헬레니즘 시대 후기와 초기 로마 시대에 유대인 디아스포라는 엄청나게 확장됐다. 1세기경에는 크고 번창했던 유대인 공동체가 시리아의 안티오키아에서 소아시아까지, 그리스에서 이집트의 알렉산드리아까지 지중해 전역에 존재했다. 이탈리아와 로마에는 약간의 유대인 정착지가 있었지만, 로마 시대 후반까지 지중해 서부에서의 유대인 정착에 대한 증거는 없다. 시골에 살고 있는 유대인도 있었지만, 로마 시대에 디아스포라는 일반적으로 도시에서 발견되는 현상이었다. 알렉산드리아와 같은 도시에서 유대인들은 법이나 관습에 따라 독립된 자치 공동체에서 살았다.

디아스포라 공동체의 중심은 회당이었다. 각각의 유대인 공동체는 적어도 한 개의 회당을 가지고 있었고 큰 공동체 가운데는 여러 개의 회당이 있었다. 이 회당들은 단순한 만남의 장소 이상으로 발전했다. 특히 기원후 70년에 성전이 파괴된 후 회당은 유대인의 종교적인 표현과 공동체 상호작용을 위한 주요 장소가 됐다. 알렉산드리아에서 히브리 성경을 그리스어로 번역하여 기록된 칠십인역은 디아스포라 성서의 가장 표준이었다. 실로 필론 같은 유대인에게 있어서 칠십인역 성서의 권위는 신성한 것이었다.

종교적 실천에 있어서는 디아스포라 공동체들 사이에 어느 정도의 지역적 편차가 있었다. 그럼에도 불구하고 종종 비유대인 작가들이 말했던 부정적인 내용에 따르면, 디아스포라 유대인들의 종교적 관습은

59-60

유대아의 관습과 상당히 유사했다. 디아스포라 유대인들은 할례를 행했고, 코셔(kosher: 유대인의 정결법에 따른 음식 규정—역주)를 지켰으며, 안식일을 지켰다. 헤롯 대왕 통치기에 이오니아의 유대인 사절단은 마르쿠스 아그립파와 그들 사이를 중재해 달라고 왕에게 호소했다. 그들의 불평 중 하나는 자기들과 이웃하여 사는 이방인들이 안식일과 그들이 지키는 다른 거룩한 날들에 자신들을 법정에 세우고 있다는 것이었다(『유대 고대사』 16.27). 그러한 사건은 디아스포라 유대인들에게 안식일 준수가 얼마나 중요한가를 보여준다. 디아스포라에서 그들은 또한 모든 유대인 남성들에게 부과되는 반 세겔의 세금을 지불함으로써 예루살렘 성전을 후원했다. 이오니아의 유대인들이 헤롯에게 보낸 탄원서에는 예루살렘으로 보내려고 모금한 돈이 비유대인 정부에 의해 불법적으로 압수되고 있다는 불만도 있었다(『유대 고대사』 16.28). 이러한 관행에 대한 추가 증거는 기원전 59년 키케로가 소아시아의 지방 총독 루키우스 발레리우스 플라쿠스를 옹호한 연설에서 나타난다(『플라쿠스 변호』 28.66-69).

일반적으로 디아스포라 유대인들은 유대인이 아닌 이웃들과 평화롭게 공존한 것으로 보인다. 제1차 전쟁이 일어난 후 양쪽이 저지른 학살과 폭력은 수년 전부터 발생했던 갈등과 분쟁을 반영하고 있을 것이다. 이것의 원인과 기원에 대해서는 추측할 수밖에 없을 것이다. 로마 관리들은 대개 유대인의 권익을 보호했는데, 요세푸스의 저술에 등장하는 여러 칙령과 편지는 카이사르, 안토니우스, 아우구스투스, 아그립파 등 로마의 지도자들이 유대인의 권리를 옹호하고 그들의 종교적·정치적·사회적 특수성을 용인하고 있음을 보여준다(『유대 고대사』 14.186-267, 306-23, 16.166-23). 법률을 위반하는 상황이 발생했지만 대부분의 경우 로마 정부는 신속하게 이 상황을 해결해 주었다. 마르쿠스 아그립파는 이

오니아 지방에 있는 유대인들의 권리를 침해하는 사건을 접수하고는 곧바로 그들에게 호의를 베푸는 판결을 내렸다(『유대 고대사』 16.58-61). 소아시아와 키레나이카의 유대인들이 다시금 차별을 겪고 그들이 모금한 성전 세금을 몰수당했을 때, 그들은 자신들에게 호의를 베푼 아우구스투스에게 직접 불만을 표시했다(『유대 고대사』 16.160-65). 비록 이 사건들이 유대인과 유대인이 아닌 사람들 사이에 일어나는 주기적인 긴장 관계를 보여주지만, 일반적으로 디아스포라 유대인들은 자신들이 부대끼며 살아가는 이교도 이웃들에 의해 용인됐다.

우리가 가장 많이 알고 있는 디아스포라 공동체는 알렉산드리아 공동체다. 이 도시의 유대인 사회는 왕실의 직접적인 후원 덕분에 후기 프톨레마이오스 왕조 아래에서 번창했다. 이 기간에 유대인들은 그리스 국적을 가진 이웃들과 거의 동등한 시민적 지위를 누렸다. 그러나 프톨레마이오스 왕조가 끝나면서 상황은 달라졌다. 아우구스투스가 이 왕국을 장악하면서 유대인들을 토착 이집트인과 동등한 지위로 강등시켰다. 이것은 행정과 권력을 동부 지중해의 그리스인들에게 맡기는 그의 정책의 일관성 때문이었다. 이러한 강등 조치는 많은 알렉산드리아 유대인들에게는 극도로 불쾌한 것이었다. 왜냐하면 그들은 뚜렷한 유대인의 정체성을 유지하면서도 스스로 더 넓은 그리스-로마 문화권에 깊숙이 참여하여 적응하고 있다고 느끼고 있었기 때문이었다. 로마 시대 알렉산드리아 유대인들의 역사에서는 인두세(*laographia*)의 치욕적인 부담을 없애고 '시민 참정권'(*isopoliteia*: 정치적 자치권)을 얻으려는 일관된 노력을 분명하게 볼 수 있다.

알렉산드리아 유대인들의 상황은 38년, 새롭게 임명된 헤롯 아그립파 1세가 유대아로 가는 길에 알렉산드리아를 방문했던 때 위험한 수준

60-61

에 이르렀다. 도시에 아그립파가 나타나자 비유대인 폭도들은 흥분했고, 이들은 그 지역 출신의 한 미치광이를 경기장 안으로 들여보내며 가두행진을 시켜 아그립파를 풍자하는 데 이용하며 공개적으로 모욕했다. 그런 후 폭도들은 도시의 회당 안에 조각상을 배치할 것을 요구하기 시작했다. 마침내 폭도들은 회당의 신성 구역을 침범했으며, 결국 유대인들을 직접 공격하기 시작해 도시의 한 구역으로 그들을 몰아넣음으로써 수백 명의 사상자를 냈다. 주택에 난입하여 물건을 뒤지고 상가의 가게를 파괴했다(필론, 『플라쿠스 반박』 25-85, 95-96). 필론은 『가이우스 사절단에 관하여』라는 글에서 다시 38년에 일어났던 반유대인 폭동을 묘사하고 있지만, 거기서는 이 폭력성의 원인을 알렉산드리아 주민이나 플라쿠스보다는 가이우스 황제와 반유대주의적 알렉산드리아인 탓으로 돌린다.

일단 도시에 평화가 찾아오자, 양측은 폭동에 대한 책임을 면책하고 도시 내에서 유대인들의 지위를 명문화하는 법령을 만들기 위해 가이우스에게 사절단을 파견했다. 필론에 따르면, 알렉산드리아에서 파견된 자문단, 특히 헬리콘 출신의 어떤 그리스인이 황제를 선동하여 유대인들을 압제하도록 자극했다고 한다. 결국 두 측 어느 사절단도 가이우스로부터 공식적인 답변을 받겠다는 처음 목표를 달성하지는 못했다. 가이우스가 살해당할 때까지도 그 문제는 여전히 미해결 상태로 남아 있었다. 클라우디우스는 마침내 양쪽 모두에게 적절한 행동을 취하라고 명령하면서, 유대인들에게는 자신들이 가진 것 이상을 추구하지 말라고 경고했다(*CPJ* 153; 『유대 고대사』 19.280-91에서 요세푸스가 보도한 클라우디우스의 칙령은 이 파피루스의 내용보다 유대인에게 훨씬 더 긍정적인데 그 진위가 의심스럽다).

로마의 유대인들도 이방인 이웃들과 결혼 관계를 맺었다. 로마의 유대인 공동체는 대부분 기원전 63년 폼페이우스와 37년 가이우스 소시우스의 예루살렘 정복 이후 수도 로마로 끌려온 노예의 후손들로 구성되어 있었다. 이 공동체는 초기 원수정(Principate) 시대에 확장됐고 아우구스투스 치세하에는 많은 노예들이 해방됐다. 이 유대인들은 새로이 자유를 얻었지만 주로 트라스테베레의 티베르강 건너에 사는 도시의 하층민들 가운데 남아 있었다. 그러나 정부가 부여한 통상적인 관용 조치에도 불구하고, 로마의 유대인들은 티베리우스(타키투스, 『연대기』 11.85; 수에토니우스, 『티베리우스』 36; 요세푸스, 『유대 고대사』 18.65-84)와 이후 클라우디우스(행 18:2; 수에토니우스, 『클라우디우스』 25; 디오 60.6)가 시행했던 유대인 추방령과 같은 공식적인 박해를 주기적으로 경험했다. 두 번의 추방 기간에 많은 유대인들이 실제로 로마 교외보다 더 멀리 흩어졌을 것 같지는 않다. 또 그렇다 해도 유대인 공동체는 속히 귀환했다. 로마 시대가 끝날 무렵, 로마의 카타콤에서 드러나듯이 많은 유대인 인구가 그 도시에 거주했다.

1차와 2차 유대 봉기 사이의 유대아

대반란의 비극적인 결과로 유대아에서 유대인의 삶은 실질적으로 변화됐지만 디아스포라도 강력한 파급 효과를 맞았다. 예루살렘과 성전은 파괴됐고 제사장 집단도 해체됐다. 산헤드린은 기능을 멈추고 옛 지배 계급은 사라졌다. 비록 헤롯 아그립파 2세는 75년 추가 영토로 레바논과 명예 집정관직(*ornamenta praetoria*)을 받음으로써 자신의 충성에 대한 보상을 받았지만 유대아에서는 새로운 영토를 받지 못했다. 그럼에도 유대인의 삶은 유대아에서 계속됐다. 제사장 집단들의 특권은 계속됐고 개인으로서 제사장들은 여전히 십일조를 받고 있었지만, 그들의 종교적 역할이 쇠퇴함에 따라 영향력과 권력 또한 쇠퇴했다. 이 시기의 유대인들은 성전이 회복되기를 여전히 희망했을 가능성이 크다. 요세푸스와 『클레멘스1서』의 저자는 모두 성전이 재건되고 제사장직이 회복될 것이라는 가정하에 글을 썼다. 하지만 유대교는 실제로 마을 회당을 중심으로 지역화됐다. 지역 서기관들은 권력의 공백을 메웠는데, 그들은 토라를 해석하는 전문가로 영향력을 행사했고, 이들 중 일부는 결국 랍비가 됐다.

랍비 전승은 예루살렘이 포위되던 와중에 요하난 벤 작카이가 극적으로 탈출하여 투항했다고 전한다. 이 이야기에 따르면, 시몬 벤 가말리엘과 같은 다른 랍비들이 예루살렘의 반란과 방어에 전적으로 참여했지만, 벤 작카이는 저항은 헛된 것이라고 판단했던 모양이다. 그리하여 그는 시체처럼 위장하여 도성 밖으로 몰래 빠져나와 로마인들에게 항복했다. 그는 베스파시아누스가 황제로 즉위할 것을 예언하여 감명을 주었다. 그래서 베스파시아누스는 야브네에 유대교 율법의 새로운 중심지를 세워달라는 벤 작카이의 요청을 승인해 주었다. 벤 작카이 이후 몇 세대에 걸쳐 랍비들은 토라 연구를 계속하면서 유대인의 종교와 문화생활을 재건하려 했다. 이 초기에 랍비들이 실제로 얼마나 많은 정치적 또는 종교적 힘을 가지고 있었는지는 확실하지 않으며, 유대인들이 점진적으로 그들의 지도력을 받아들였던 것은 아마도 초기 단계인 기원후 132년 유대아에서 다시 봉기가 일어났던 때였을 것이다.

1차와 2차 봉기 사이의 디아스포라

66년 제1차 유대 봉기에 고무되어 거기에 동참한 유대인은 디아스포라에서 거의 없었다. 알렉산드리아에서도 봉기가 잠시 일어났지만 지속적인 것은 아니었다. 유대인에 대한 로마의 보복은 72년에 레온토폴리스의 오니아스 성전과 73년 그 경내(境內) 구역을 강제로 폐쇄한 것도 포함된다. 물론 이 성전/구역은 기원전 2세기 중반에 성전이 세워진 이래 결코 소요나 반역의 중심지가 된 적은 없었다. 그러나 70년에 티투스의 예루살렘 성전 파괴는 디아스포라 유대인들의 충성심에 심각한 압박을 가했다. 더욱 복잡한 문제는 70년에, 성별을 불문하고 모든 유대인이 성전세를 대신하여 유피테르 신전(Jupiter Capitolinus)에 매년 납부하는, 이른바 '피스쿠스 유다이쿠스'(*fiscus Iudaicus*)라는 인두세였다. 이 세금은 유대인들, 특히 대가족을 거느린 가난한 유대인들을 무겁게 짓눌렀고, 이 세금 제도에 대한 도미티아누스 황제의 엄격한 적용은 상황을 더 악화시킬 뿐이었다(수에토니우스, 『도미티아누스』 12).

알렉산드리아에서는 지역의 여건/불만이 유대인 공동체의 위상을 상당히 불안하게 만들었다. 단일 파피루스로서 『헤르마이스쿠스 행전』(*Acta Hermaisci*: 알렉산드리아 사절단의 행적을 기술한 유사 문학 파피루스—역주)은 또 다른 봉기가 발발하기 불과 10년 전, 알렉산드리아에서 트라야누스 황제(98-117년 재위)에 의해 파견된 경쟁 관계에 있는 다른 대사들(embassies)을 언급하고 있다. 비록 이 이야기는 상당히 허구적이지만 알렉산드리아의 유대인들과 비유대인들 사이의 긴장을 말해준다. 일부 학자들은 유대인들이 봉기에 이르게 된 추가적인 요인이 있다고 주장해왔다(Pucci Ben Zeev 2005). 특히 제1차 봉기 진압 이후 유대아를 탈출한 저항군들이 계속 문제를 일으켜 유대인과 비유대인 사이의 긴장만 고조됐다. 특히 115년 트라야누스 황제의 방문 중 안티오키아에서 발생한 지진 이후 로마의 붕괴에 대한 메시아적 열망과 기대가 전반적으로 고조됐다.

115/116년 이집트, 키레네, 키프로스, 메소포타미아에서 이러한 긴장은 전면적인 봉기로 폭발했다. 메소포타미아에서 봉기를 진압한 장군 루시우스 퀴에투스의 이름을 따서 퀴에투스 전쟁이라고도 불리는 이 봉기는 117년까지 격렬하게 지속됐다. 이집트에서는 유대인 저항군이 아트리비테 지구, 파이윰, 옥시링쿠스, 헤라클레오폴리스주(州) 등 농촌을 점령하는 데 성공했다. 남쪽으로는 아폴리노폴리스 마그나, 헤르모폴리스, 키노폴리스, 리코폴리스 구역에서 전투가 벌어졌다. 알렉산드리아 자체 내에서의 봉기는 알렉산드리아 근방의 네메시스 성소나 폼페이우스의 무덤과 같은 이방인 성소의 파괴를 수반한 것으로 보인다(Appian, *Bella Civilia* 2.90). 키레네에는 안드레아스라는 인물(디오 카시우스, 『로마사』 68.32.1)이나 루쿠아스가 이끄는 반군이 있었는데(에우세비오스, 『교회사』 4.2.3), 이들은 수천 명의 비유대인을 죽이고 신들의 조각상들과 제우스와 헤카테의 신전과 아폴로와 아스클레피우스의 지성소 일부를 포함한 여러 신전과 지성소를 파괴했다. 아마도 로마군이 해상으로 도착할 것을 두려워하여, 반군들은 마침내 키레네와 그 항구를 연결하는 길을 파괴했다. 키프로스에서는 아르테미온이라는 사람이 이방인 주민들에 대한 공격을 주도하여 살라미스시(市)를 파괴했다. 트라야누스가 반란을 진압하기 위해 루시우스 퀴에투스를 보낸 것 외에는 메소포타미아에서의 봉기에 대해서 알려진 내용은 많지 않다. 유대인들의 봉기는 단순히 그 지역 내에서 일어난 일반적인 반로마 반란의 한 부분일 뿐이다. 그곳의 주민들은 로마인들보다 파르티아인들의 지배를 선호했을 가능성이 있다.

키레네, 키프로스, 이집트의 반란에 대한 로마인의 대응은 빠르고 잔인했다. 트라야누스는 두 개의 군단을 파견하여 반란을 진압했다. 이들은 키프로스로 파견된 클라우디아 제7군단, 그리고 대규모 함대와 다수의 병력을 거느리고 이집트와 키레네로 파견된 퀸투스 마르키우스 투르보 군단이다. 이집트 파피루스는 또한 비유대인 지역 민병대가 이들 군단과 함께 싸웠다는 것을 증언한다. 투르보는 알렉산드리아로 항해했고 몇 차례의 전투 가운데 반란군을 무찔렀다. 그 전투에서 수천 명의 유대인들이 그의 군사들에 의해 죽임을 당했다.

전쟁은 이집트, 북아프리카, 키프로스의 유대인 주민에게 대재앙을 가져왔다. 유대인들은 키프로스에서 추방됐고 죽음의 고통에 내몰렸다. 봉기가 일어난 후 이집트의 농촌이나 키레네에 유대인이 정착했다는 증거는 더 이상 없다. 비극적으로 알렉산드리아의 거대한 유대인 공동체는 사라졌고 파괴된 것처럼 보이는데, 그 이후 유대인의 흔적은 약간 남아 있다. 그러나 반란을 겪고 있었던 지역 밖에서는 반유대주의라는 유대인에 대한 적대감은 전혀 없었던 것으로 보인다. 그 후 몇 년 동안 북아프리카 영토의 넓은 지역을 재정비하여 다시 사람이 살 수 있도록 할 필요가 있었다. 트라야누스와 그의 후계자 하드리아누스는 몰수한 유대인의 재산을 이 지역의 재건 노력, 특히 이교도의 신전을 재건하는 데 사용했다.

바르 코흐바 항쟁

메소포타미아의 유대인들을 탄압한 후 루시우스 퀴에투스가 집정관에 선출됐고 이후에 트라야누스는 그를 유대 총독으로 임명했다. 115-117년의 디아스포라 봉기와 관련해서 유대아에서 벌어진 전쟁에 관한 구체적인 내용은 남아 있지 않고, 그리스어나 라틴어 사료에도 이 시기 유대아에서 발생한 전쟁을 암시하는 기록은 하나도 없다. 랍비 자료는 베스파시아누스와의 전쟁 후 52년, 바르 코흐바 항쟁이 발생하기 16년 전에 일어난 '키토스 전쟁'을 언급한다(세데르 올람 랍바 30; 미쉬나 소타 9:14). 이 '키토스 전쟁'에 대한 언급에는 랍비들에 의한 사치 규제 법안과 그리스어 교육 금지에 관한 문장이 나타나지만, 랍비 자료들은 모호하기만 하다. 랍비 전통은 트라야누스 밑에서 사망한 것으로 추정되는 두 명의 순교자 율리아누스와 파푸스의 이야기를 보존하고 있지만, 이러한 죽음은 어디에서나 일어날 수 있었다(미쉬나 소타 9:14; 메길라트 타아니트 29).

그러나 카리스마적인 지도자 시몬 벤 코시바가 지휘하는 전쟁과 봉기가 곧 유대아에 발생했다. 이후 랍비 자료들은 벤 코시바가 민수기 24:17의 예언("야곱에서 별이 나올 것이고, 이스라엘에서 규가 일어날 것이다")에 근거해 혁명 지도자 바르 코흐바('별의 아들'을 뜻하는 아람어)로 개칭하게 한 랍비 아키바의 지원을 받았다고 주장한다. 바르 코흐바는 자신의 편지에서 스스로를 메시아로 주장하지는 않지만, 그가 새겨진 동전에서는 오랜 역사 속에서 메시아적 칭호로 사용됐던 '이스라엘의 왕자(*naśi*)'로 지칭된다.

전쟁의 직접적인 원인은 그 과정에 대한 상세한 서술이 부족하기 때문에 불분명하다. 경제적 고통, 로마인에 대한 증오, 성전 파괴에 대한 분노가 유대인들의 반감을 불러일으키는 데 큰 역할을 했던 것으로 보인다. 게다가 토지 몰수는 아마도 경제적 어려움을 악화시켰을 것이고, 종교적인 요소들도 영향을 미쳤을 것이다. 『황제들의 역사』(14.2)에 따르면 이 반란은 하드리아누스가 할례를 금지하는 칙령을 내렸기 때문에 시작됐다. 이 금지령은 거세를 포함한 인체의 훼손에 관한 제국 전역에 내린 금지 규정의 일부였지만, 하드리아누스는 유대인들이 어떻게 반응할지 알고 있었을 것이다. 디오는 황제 역시 예루살렘을 새로운 이교도 도시인 아일리아 카피톨리나로 만들기로 결정했다고 암시하고 있으며(디오 69.12.1-2), 아마도 이러한 금지 규정은 더 광범위한 계획과 연결되어 있었을 것이다.

저항군의 영토 범위는 불명확하지만 대부분의 증거는 그들의 영역이 예루살렘과 사해에 가장 가까운 유대아에 집중됐음을 암시한다. 유대인들은 초반에 어느 정도 성공을 거둔 것 같지만, 유대인 저항군이 예루살렘을 점령한 적이 있었는지는 확실하지 않다. 사막에서 발견된 저항군의 편지들에 따르면 예루살렘이 아닌 헤로디움을 반란군 사령부로 지칭하고 있으며 이들의 마지막 거점은 예루살렘이 아닌 베타르였다.

로마인들은 이 새로운 위협에 진지하게 대응했고, 하드리아누스는 브리타니아에서 가이우스 율리우스 세베루스를 파견하여 기원후 134년에 유대아에서 지휘하도록 했다. 헌정 비문에는 제국 전역에서 온 군단이 유대아에 파견됐음을 알 수 있지만, 그 외에 병력 규모나 구성의 암시는 없다. 그리스-로마 문필가들이 언급한 소소한 증거들은 제국 정부 측에서 항쟁의 잔혹한 진압을 언급하는 데 주저하고 있음을 암시하는데, 이는 그러한 행위가 지방 속주의 자비로운 후원자라는 하드리아누스의 이미지와 어울리지 않았기 때문이다.

디오에 따르면 로마인들은 반란을 진압하면서 50만 명 이상의 유대인을 죽이고 50개의 소도시와 785개의 마을을 파괴했다. 또한 그들이 생존자 중 많은 사람들을 노예로 만들었다고 그는 주장한다. 비록 이 숫자들이 부풀려졌을 가능성이 있지만, 유대아 사막 지대의 동굴에서 발견된 유골들은 로마의 철저함과 무자비함을 증명한다. 랍비 자료들은

65-66

랍비 아키바를 비롯한 많은 현자들이 순교했으며, 유대인들이 토라를 연구하고 안식일을 준수하며 아들의 할례를 행하는 것과 같은 많은 종교적인 관습을 이행할 수 없는 엄격한 박해의 시기가 뒤따랐다고 말한다. 실제로 유대인들은 하드리아누스가 죽은 후에도 아들들에게 할례 행하는 일을 허락받지 못했다. 그러나 아마도 전쟁의 가장 지속적이고 파괴적인 결과는 (당시 아일리아 카피톨리나로 불렸던) 예루살렘과 그 영토에서 유대인들을 추방한 것이었다(유스티노스, 『변증』 7.6). 하드리아누스의 동전은 새 도시를 대표할 만한 그리스식 인물을 주조하여 (새 도시를) 기념했고, 성전 산꼭대기에는 하드리아누스에게 헌정된 사원이 건립됐다. 그리하여 유대아의 유대인들을 해방시키려는 시도로 시작된 항쟁은 결국 그들의 죽음과 노예화로 이어졌고, 거룩한 도시에서 쫓겨나는 결과를 가져왔다. 바르 코흐바 항쟁의 실패로 유대교 역사의 주요 시대는 막을 내리게 됐다.

참고 문헌

Bagnall, Roger S. 1976. *The Administration of the Ptolemaic Possessions outside Egypt*. Leiden: Brill.

Bar-Kochva, Bezalel. 1989. *Judas Maccabaeus: The Jewish Struggle against the Seleucids*. Cambridge: Cambridge University Press.

Barclay, John M. G. 1996. *Jews in the Mediterranean Diaspora*. Edinburgh: Clark.

Berlin, Adele M., and J. Andrew Overman, eds. 2002. *The First Jewish*

Revolt: Archaeology, History, and Ideology. London: Routledge.

Bickerman, Elias J. 1980. "La Charte séleucide de Jérusalem." In *Studies in Jewish and Christian History (Part Two)*. Leiden: Brill, 44-85.

———. 1979. *The God of the Maccabees: Studies on the Meaning and Origin of the Maccabean Revolt*. Leiden: Brill.

Bouché-Leclercq, Auguste. 1903-1907. *Histoire des Lagides*. 4 vols. Paris: Leroux.

———. 1913-1914. *Histoire des Séleucides (323–64 J.-C.)*. 2 vols. Paris: Leroux.

Brutti, Maria. 2006. *The Development of the High Priesthood during the Pre-Hasmonean Period: History, Ideology, Theology*. Leiden: Brill.

Cohen, Getzel M. 2006. *The Hellenistic Settlements in Syria, the Red Sea Basin, and North Africa*. Berkeley: University of California Press.

Doran, Robert. 2011. "The Persecution of Judeans by Antiochus IV: The Significance of Ancestral Laws." In *The "Other" in Second Temple Judaism: Essays in Honor of John J. Collins*. Ed. Daniel C. Harlow et al. Grand Rapids: Eerdmans, 423-56.

———. 2012. *The Second Book of Maccabees*. Hermeneia. Minneapolis: Fortress.

Eshel, Hanan. 2008. *The Dead Sea Scrolls and the Hasmonean State*. Grand Rapids: Eerdmans.

Fischer, Thomas. 1980. *Seleukiden und Makkabäer: Beiträge zur Seleukidengeschichte und zu den politischen Ereignissen in Judäa während der 1. Hälfte des 2. Jahrhunderts v. Chr.* Bochum: Studienverlag Dr. Norbert Brockmyer.

Gafni, Isaiah. 1984. "The Historical Background." In *Jewish Writings of the Second Temple Period*. Ed. Michael E. Stone. Assen: Van Gorcum; Philadelphia: Fortress, 1-31.

Gambetti, Sandra. 2009. *The Alexandrian Riots of 38 C.E. and the Persecution of the Jews: A Historical Reconstruction*. Leiden: Brill.

Gera, Dov. 1998. *Judaea and Mediterranean Politics, 219 to 161 B.C.E.* Leiden: Brill.

Goodblatt, David. 2006. *Elements of Jewish Nationalism*. Cambridge: Cambridge University Press.

Goodman, Martin. 1987. *The Ruling Class of Judea: The Origins of the Jewish Revolt AD 66-70*. Cambridge: Cambridge University Press.

Grabbe, Lester L. 1992. *Judaism from Cyrus to Hadrian*. 2 vols. Minneapolis: Fortress.

Grainger, John D. 1997. *A Seleukid Prosopography and Gazetteer*. Leiden: Brill.

Green, Peter. 1990. *Alexander to Actium: The Historical Evolution of the Hellenistic Age*. Berkeley: University of California Press.

Gruen, Erich S. 1993. "Hellenism and Persecution: Antiochus IV and the Jews." In *Hellenistic History and Culture*. Ed. P. Green. Berkeley: University of California Press, 238-55; 256-74.

———. 2002. *Diaspora: Jews amidst the Greeks and Romans.* Cambridge: Harvard University Press.

Hengel, Martin. 1989. *The Zealots: Investigations into the Jewish Freedom Movement in the Period from Herod I until 70 A.D.* Trans. David Smith. Edinburgh: Clark.

Hoehner, Harold. 1972. *Herod Antipas.* Cambridge: Cambridge University Press.

Hölbl, Günther. 2001. *A History of the Ptolemaic Empire.* London: Routledge.

Johnson, Sara R. 2004. *Historical Fictions and Hellenistic Jewish Identity.* Berkeley: University of California Press.

Jones, A. H. M. 1938. *The Herods of Judaea.* Oxford: Clarendon.

Kasher, Aryeh. 1985. *The Jews in Hellenistic and Roman Egypt.* Tübingen: Mohr Siebeck.

———. 1990. *Jews and the Hellenistic Cities in Eretz-Israel: Relations of the Jews in Eretz-Israel with the Hellenistic Cities during the Hellenistic and Roman Era (332 BCE–70 CE).* Tübingen: Mohr Siebeck.

Kokkinos, Nikos. 1998. *The Herodian Dynasty: Origins, Roles in Society and Eclipse.* Sheffield: Sheffield Academic Press.

Lipschits, Oded et al., eds. 2007. *Judah and the Judeans in the Fourth Century B.C.E.* Winona Lake: Eisenbrauns.

Lüderitz, Gert, ed. 1983. *Corpus Jüdischer Zeugnisse aus der Cyrenaika.* Wiesbaden: Reichert.

Mendels, Doron. 1992. *The Rise of Jewish Nationalism: Jewish and Christian Ethnicity in Ancient Palestine*. New York: Doubleday.

Meshorer, Ya'akov. 2001. *A Treasury of Jewish Coins: From the Persian Period to Bar Kokhba*. Nyack, N.Y.: Amphora.

Mittag, Peter Franz. 2006. *Antiochos IV. Epiphanes: Eine politische Biographie*. Berlin: Akademie.

Modrzejewski, Joseph Méléze. 1995. *The Jews of Egypt: From Rameses II to Emperor Hadrian*. Princeton: Princeton University Press.

Mørkholm, Otto. 1966. *Antiochus IV of Syria*. Copenhagen: Nordisk Forlag.

Netzer, Ehud. 2006. *The Architecture of Herod, the Great Builder*. Tübingen: Mohr Siebeck.

Neusner, Jacob. 1969. *A History of the Jews in Babylonia*, vol. 1, *The Parthian Period*. Leiden: Brill.

Price, Jonathan. 1992. *Jerusalem under Siege: The Collapse of the Jewish State 66–70 C.E.* Leiden: Brill.

Pucci Ben Zeev, Miriam. 2005. *Diaspora Judaism in Turmoil, 116/117 CE: Ancient Sources and Modern Insights*. Leuven: Peeters.

Rajak, Tessa. 2002. *Josephus: The Historian and His Society*. 2d ed. London: Duckworth.

Richardson, Peter. 1996. *Herod: King of the Jews and Friend of the Romans*. Columbia: University of South Carolina Press.

Rooke, Deborah W. 2000. *Zadok's Heirs: The Role and Development of the High Priesthood in Ancient Israel*. Oxford: Oxford University

Press.

Schäfer, Peter. 1995. *The History of the Jews in Antiquity: The Jews of Palestine from Alexander the Great to the Arab Conquest.* Luxembourg: Harwood.

———, ed. 2003. *The Bar Kokhba War Reconsidered.* Tübingen: Mohr Siebeck.

Schalit, Abraham. 1969. *König Herodes: Der Mann und sein Werk.* Berlin: de Gruyter.

Schürer, Emil. 1973-1987. *The History of the Jewish People in the Age of Jesus Christ.* Rev. and ed. G. Vermes, F. Millar, and M. Goodman. 3 vols. Edinburgh: Clark.

Schwartz, Daniel R. 1990. *Agrippa I: The Last King of Judea.* Tübingen: Mohr Siebeck.

———. 2008. *2 Maccabees.* Berlin: de Gruyter.

Schwartz, Seth. 2001. *Imperialism and Jewish Society, 200 B.C.E. to 640 C.E.* Princeton: Princeton University Press.

Shatzman, Israel. 1991. *The Armies of the Hasmonaeans and Herod.* Tübingen: Mohr-Siebeck.

Sievers, Joseph. 1990. *The Hasmoneans and Their Supporters.* Atlanta: Scholars Press.

Smallwood, E. Mary. 1976. *The Jews under Roman Rule from Pompey to Diocletian.* Leiden: Brill.

Tcherikover, Victor. 1959. *Hellenistic Civilization and the Jews.* New York: Jewish Publication Society. (Reprint: Peabody, Mass.:

Hendrickson, 1999, with a preface by John J. Collins.)

Trebilco, Paul R. 1991. *Jewish Communities in Asia Minor*. Cambridge: Cambridge University Press.

VanderKam, James C. 2004. *From Joshua to Caiaphas: High Priests after the Exile*. Minneapolis: Fortress.

Wilker, Julia. 2007. *Für Rom und Jerusalem. Die herodianische Dynastie im 1. Jahrhundert n. Chr.* Frankfurt am Main: Verlag Antike.

Yadin, Yigael. 1963–2002. *The Finds from the Bar Kokhba Period in the Cave of Letters*. 3 vols. Jerusalem: Israel Exploration Society.

———. 1966. *Masada: Herod's Fortress and the Zealot's Last Stand*. New York: Random House.

이스라엘 땅의 유대교

제임스 C. 밴더캠(James C. VanderKam)

'유대교'라는 용어는 마카비2서 2:21과 14:38에서 그리스어 '유다이스모스'(*Ioudaismos*)로 처음 사용되는데, 이는 유대인의 생활 방식과 신앙 전반에 나타나는 현상을 지칭한다. 이 용어는 많은 유대인이 살았던 땅의 이름(유다의 땅 혹은 '유대아')과 관련이 있으며, 전통적인 유대교의 고유성(Jewishness)과 '헬레니즘'(*Hellenimos*, 마카비2서 4:13 참조)을 대조하는 방식으로 만들어진 것 같다. 이 글에서는 '이스라엘 땅'이라는 표현이 시사하는 바와 같이 유대교에 초점을 맞추고자 한다.

이스라엘 땅

성경은 아브라함과 사라의 자손이 땅을 소유한다는 하나님의 약속을 거듭 언급하고 있으며(창 12:7, 13:14-17, 15:7, 17-21 등), 여호수아기는 그 약속이 어떻게 결실을 맺게 됐는지를 보여준다(예, 수 21:43-45). 이스라엘 민족은 수 세기 동안 약속된 땅에서 살았지만 신명기 역사서에 따르면 (왕하 21:10-15 등) 그들의 죄악은 야웨의 인내를 시험했고, 마침내 야웨는 그들에게 그 약속에 따라 저주를 내려 예루살렘과 성전을 불태우고, 그들을 적들의 지배에 굴복시켜 많은 사람들을 그 땅에서 추방했다. 수십 년 후 그 땅으로 귀환이 시작됐고 옛 성전 자리에 새로운 성전이 건설됐다. 그때까지 수많은 유대인들이 여러 지역에 흩어진 디아스포라로 살고 있었지만, 이스라엘 땅은 그들에게 강력한 상징으로 남아 있었다. 그러나 이 정신적·민족적 영향력이 그들로 하여금 억지로 이스라엘 땅에 살도록 하지는 않았다. 성전은 희생제사가 끊이지 않는 곳일 뿐만 아니라 그들이 순례하고 봉헌물을 드리는 중심지였다. 대다수의 디아스포라 유대인들은 자신들이 사는 곳에 그대로 남아 있었지만, 예언자들은 흩어진 하나님의 백성이 그들이 살던 땅으로 모여들 날을 고대했었다(예, 사 11:10-16; 겔 37:15-28). 이러한 갈망은 제2성전이 남아 있을 때 기록됐던 일부 문헌에서도 나타난다.

성전

이스라엘 땅의 중심성을 강조하고 있는 한 가지 현상이자, 모든 지역의 유대인들에게 강력한 매력을 발산하는 것이 예루살렘 성전이었다. 유대인의 다른 성전들—하나는 이집트의 엘레판티네에, 또 하나는 좀 더 후대에 이집트의 레온토폴리스에—도 존재했지만, 예루살렘 성소는 특별한 의미를 가진 곳이었다. 에스라 6:13-18은 제2성전이 완공되어 봉헌됐던 다리우스 왕 6년(기원전 515년)까지를 기점으로 한다. 그 성전의 건물과 부속 시설들은 (보수 작업을 거쳐) 기원전 20년까지 지속됐던 것으로 보인다. 헤롯 대왕은 당대에 더 웅장한 규모로 성전을 완전히 재건하기 시작했다. 이 헤롯 성전은 기원후 70년에 예루살렘과 함께 파괴됐다.

예루살렘 성전이 갖는 높은 상징성으로 인해 그곳에서 야웨를 섬기는 제사장들은 사회에서 중요한 기능을 담당했고, 그들 중 일부는 주요 관리가 됐다. 성서의 계보와 율법에 따르면 레위 지파 출신의 모든 남성은 성직자의 자격이 있었으나, 아론계 레위 지파의 구성원만 제사장이 될 수 있었다(민 8:5-26; 출 28:1-3; 29:1-37 참고). 레위인들은 성소에서 여러 직무를 수행하고, 아론의 후손이었던 제사장들을 섬겼다(민 4:46-49; 18:1-7). 제사장 집단의 우두머리는 대제사장인데, 대제사장은 제2성전 시대 초창기 여호수아/예슈아(제2성전 첫 대제사장) 집안 출신으로서, 세습으로 그 자리를 차지하고 있었다(느 12:10-11). 대제사장은 총독이 없을 때는 국가의 수장으로서도 활동하면서 정치 권력도 행사한 것으로 보인다. 기원전 152년부터 로마에 정복될 기원전 63년까지 고위직을 지낸 하스몬 가문의 사람들은 지배 계층의 우두머리는 물론 국가원수요 군통수권자였다. 로마가 통치하는 기간과 기원후 70년 예루살렘이 멸망하고 성전이 파괴될 때까지, 고위 제사장들은 유대인과 로마 관료들 모두를 지배하는 영향력 있는 지도자로 계속 활동했다.

제사장들은 너무 많아서 성전과 그 부속시설에서 모두가 동시에 봉사할 수 없었다. 역대상 24:7-18에는 제사장들을 24명의 그룹으로 나눈 목록이 수록되어 있는데, 그중 한 그룹은 성전에서 1주일 동안 봉사하다가, 그다음 그룹으로 대체됐다(『유대 고대사』 7.365-66; 『아피온 반박』 2.108). 그러므로 이 제도에 있어서, 이런 제사장 각 반차(班次)의 대부분 그룹은 매년 2주 동안만 성전에서 근무했다(24개 그룹이 각각 2주씩 48주를 채우게 되고, 4개의 그룹은 한 주를 더해서 세 번째 주까지 근무해야 한다). 그런가 하면 중요한 명절 때는 많은 사람들이 제사를 드렸기 때문에 더 많은 제사장이 필요했다. 레위인들도 이와 비슷한 방식으로 조직됐을지도 모른다. 이들 계층에서 성전의 찬양대와 성전지기들이 나왔다(대상 25-26장; 『유대 고대사』 7.367).

성전 예배는 모세 율법의 규정에 따라 집행됐다. 동물과 곡식 제물이 정기적으로 성전에서 봉헌됐다. 율법에 정한 대로 날마다 곡물(소제)과 포도주(전제)를 곁들여 양 한 마리를 제물로 바치는 두 가지 제사(번제)가 있었는데, 출애굽기 29:38-42에 기술된 아침과 저녁에 드리는 제사가 그것이었다(민 28:3-8; 대상 16:40; 대하 31:3 참조). 안식일과 축제(민 28-29장)를 위한 다른 봉헌 의무가 있었고, 레위기 1-7장과 같은 구절은 많은 봉헌의 종류에 대해서, 즉 그 실행의 내용과 주체, 그리고 때를 묘사하고 있다. 제사장들은 제단에서 과업을 실행한 사람들이기에(민 18:1-7; 대상 6:49-53), 그들을 지원하기 위해 전체 번제물 외에 규정된 번제물 일부는 물론 다른 봉헌물도 제공됐다(예, 레 2:3, 10, 5:13, 6:16-18, 26, 29, 7:6-10, 14, 31-36; 민 18:19).

축제들은 빈번하게 거행되지 않더라도 예루살렘 성전 예배의 중요한 부분을 차지했다. 모세의 율법은 이스라엘 사람이 무교절, 칠칠절, 초막절의 때에 해마다 세 번씩 주 앞에 나오도록 규정한다(출 23:14-17, 34:18-24; 신 16:1-17). 예루살렘 성전은 야웨 앞에 나오는 곳으로 인식됐다. 이렇게 해서 수천 명의 유대인들이 이 축제일들을 기념하기 위해 예루살렘으로 여행을 갔을 것이다. 또한 신명기에서는 유월절을 성소에서 지내도록 규정했다. 그 결과 많은 군중이 정해진 날짜(1월 14일)에 예루살렘으로 모여들었다. 그들은 바로 이어지는 무교절 축제를 위해 그곳에 남아 있었을 것이다. 속죄일(7월 10일)에는 대제사장이 지성소를 여러 차례 드나드는 등 성전에서 엄숙한 의식을 치렀다(레 16장). 하스몬 시대에는 성전과 관련된 또 다른 축제인 '하누카'(Hanukkah)가 히브리 성서 안에 있는 축제 목록에 추가됐다. 하누카는 성전이 이방인의 손아귀에 넘어가게 된 후 기원전 164년에 다시 봉헌된 것을 축하하고 기억하는 축제였다.

성전 예배는 음악도 포함한다. 문헌에는 레위인의 노래에 대한 언급이 있는데, 역대기에는 특히 이 레위인의 기능과 관련된 구절이 많이 나온다. 그러한 언급들은 다윗 및 이후 다윗 왕조 시대에 노래하는 자들로 레위인을 묘사하지만, 그보다는 이 책들이 편찬된 제2성전 시대의 상황을 반영할 수 있을 것이다. 역대상 6:31-48은 다윗이 레위인을 임명하여 주의 집에서 노래하고 연주했다고 기록한다. 그중에는 아삽과 그핫이 있는데, 아삽의 이름은 일부 시편 제목에서 발견된다(고라: 시 42, 44-49, 84-85, 87-88편; 아삽: 시 50, 73-83편, 대상 16:7-36에서 아삽과 그의 혈통은 시 96, 105, 106편을 노래한다. 또한 대하 29:25-30, 35:15 참조). 왕은 제사와 안식일, 축제의 시기에 노래하는 자들과 연주자들에게 공연할 것을 명령했다(대상 23:30-31). 유대인들이 유월절 제물을 바칠 때 레위인들은 할렐(Hallel) 시편을 노래했다(시 113-118편; 미쉬나 페사흐 5:7).

성전의 예배 형태와 건물 유지를 위해 발생하는 많은 비용이 다양한 방법을 통해 충당됐다. 언급한 바와 같이 생계를 위한 땅이 없는 성직자에 대한 지원은 율법이 그들에게 할당한 희생제물의 일부에서 나왔으며, 또한 그들은 성경에 언급된 십일조를 받았다. 율법은 또한 땅이 부족한 레위인을 위해 이스라엘 자손으로부터 십일조를 받도록 했다(비교, 신 14:28-29). 이스라엘 자손은 결국 십일조를 제사장들에게 바쳐야 했다(민 18:21-32). 토비트 1:6-7은 주인공이 그의 땅에서 추방되기 전에 그가 행했던 종교적 경건의 실천에 대해 묘사하면서, 첫 열매의 봉헌을 다음과 같이 요약한다. "그러나 나만은 이스라엘 모든 사람이 받은 영원한 법전에 기록되어 있는 대로 명절마다 예루살렘으로 올라갔다. 그때마다 나는 밭곡식의 첫 수확과 가축의 맏배와 수입의 십분의 일과 처음 깎은 양털을 가지고 예루살렘으로 급히 올라가서 아론의 후손인 사제에게 주어 제단에 바치게 했다. 그리고 밀과 포도주와 올리브기름과 석류와 무화과와 그 밖에 다른 과일들의 십분의 일을 예루살렘 성전에서 봉사하고 있는 레위 지파 사람들에게 주었다. 또 안식년을 제외한 육 년 동안 해마다 또 다른 십분의 일을 팔아 돈으로 바꾸어 가지고 예루살렘에 가서 비용으로 썼다"(공동번역개정).

이러한 성직자에 대한 지원 수단 외에도, 자료들은 또 다른 수입원을 공개한다. 첫째, 유대아를 통치한 몇몇 이방인 왕들이 신전에 기부했다. 이는 페르시아 왕 3명(스 6:1-5[고레스], 8-10[다리우스 1세], 7:15-23[아닥사스다 1세]), 셀레우코스 통치자 안티오코스 3세(『유대 고대사』 12.138-44) 및 셀레우코스 4세(마카비2서 3:2-3; 비교, 마카비1서 10:40)로 입증된다. 마카비2서의 구절은 다음과 같이 주장한다. "그때에는 이교도들의 왕들도 성소를 존중히 여기고, 최고의 선물을 바쳐서 성전의 영광을 드러냈다. 소아시아의 왕 셀레우코스까지도 자기 수입에서 희생제사를 드리는 데 필요한 모든 비용을 지불했다"(마카비2서 3:2-3 공동번역개정). 에스겔은 예루살렘에 있는 어린 왕이 명절과 안식일에 제물을 바칠 것이라고 예상했지만, 그렇게 한 것은 실제로는 이방인 통치자들이었다. 둘째, 전 세계 유대인들이 성전세를 납부했다. 출애굽기 30:11-16은 이스라엘 자손 각각은 스무 살 이상인 남자마다 속전(贖錢)으로 반 세겔의 세금을 바쳐야 한다는 사항을 기록하고 있다. 야웨는 모세에게 명령했다. "너는 이스라엘 자손에게서 속전을 취하여 회막 봉사에 쓰라 이것이 여호와 앞에서 이스라엘 자손의 기념이 되어서 너희의 생명을 대속하리라"(출 30:16; 38:25-28. 이 구절은 성막 건축을 위한 것으로 보인다. 또한 대하 24:4-14; 『유대 고대사』 3.194-96을 참조). 출애굽기는 모세가 징수할 세금과 관련하여 인구 조사를 언급하고 있으나, 이스라엘 자손이 몇 번 지불해야 하는지는 언급하지 않는다. 느헤미야 시대에 백성은 성전에 제물로 드릴 토지 소산의 맏물, 과목의 첫 열매, 짐승의 첫 새끼, 십일조를 가져오기로 약속했을 뿐만 아니라(느 10:34-39), 하나님의 집을 위하여 연간 1/3세겔을 부담하기로 했다. "우리가 또 스스로 규례를 정하기를 해마다 각기 세겔의 삼분의 일을 수납하여 하나님의 전을 위하여 쓰게 하되 곧 진설병과 항상 드리는 소제와 항상 드리는 번제와 안식일과 초하루와 정한 절기에 쓸 것과 성물과 이스라엘을 위하는 속죄제와 우리 하나님의 전의 모든 일을 위하여 쓰게 했다"(느 10:32-33). 우리는 이 세금 액수가 출애굽기 30장의 부담금과 왜 다른지 알 수 없지만, 후대의 자료에서 매년 납부하는 반 세겔 세금에 대한 자료를 발견할 수 있다(마 17:24-27; 미쉬나 쉐칼림 4:1-5 참조). 이 부담액은 요세푸스가 여러 번 언급하고 있는데, 디아스포라뿐만 아니라 이스라엘 땅에 사는 유대인들에게도 적용됐음을 나타낸다(『아피온 반박』 2.77, 『유대 고대사』 16.163; 18.312-13 [바빌론]; 필론, 『특별법에 관하여』 1.76-78 참조). 기원후 70년에 예루살렘이 파괴된 후, 로마인들은 이 세금 전액을 로마의 유피테르 신전(Jupiter Capitolinus)으로 가져갔다. 쿰란에서 나온 한 문서에는 세금을 일생에 한 번만 내도록 규정한 대목이 나오는데 이는 흥미롭다(4Q159 1 ii 6-7). 이는 아마 출애굽기 30:11-16을 바탕으

74-75

로 한 극단적 견해일 수 있다.

축제

예루살렘 성전에서는 매일 드리는 번제와 그 밖의 다른 희생제사 외에도 정기적으로 종교 의식이 거행됐는데 주기적인 절기 축제가 그 중심에 있었다. 위에서 지적한 바와 같이, 유월절(1월 14일)과 세 번의 순례 축제가 성소에서 모세의 율법이 규정하는 대로 열렸다. 유월절 동안 각 가정의 대표는 유월절 제사를 지내던 성전에 유월절 양을 바쳤다. 첫째 달 15일에서 21일까지 지속되는 무교병 축제는 보리 수확과 동시에 진행됐고, 셋째 달 어느 시점에 일어난 주간 축제는 밀 수확을 기념했으며, 일곱째 달 15-21일에 거행된 장막 축제는 전체 수확기의 마지막에 있었다. 세 번의 순례 절기 모두 성소에서 해당 작물의 일부를 보이고 드려야 하는 첫 번째 과일 축제였다. 만일 『성전 두루마리』에서 추가적으로 규정한 두 종류(포도주와 기름)의 첫 열매를 드리는 축제가 시행됐다면 역시 성전에서 거행됐을 것이다(11QT[a] 19:11-23:2). 두 번째 유월절(2월 14일: 어떤 피할 수 없는 사유로 첫째 달에 유월절을 기념할 수 없었던 개인을 위한 유월절 [민 9:6-14 참조])도 성전 축제였으며, 속죄일(7월 10일) 의식은 반드시 성전에서 거행됐다(레 16장). 에스더서는 부림절(Purim, "제비"[lots])이라는 명절이 탄생한 극적인 이야기를 제공하지만, 반드시 성소에서 부림절을 지켜야 할 필요는 없었다. 그리고 기원전 164년(마카비1서 4:36-59, 마카비2서 10:1-8)에 성전에서 다시 분향을 드릴 수 있게 되자, 이를 기념하여 8일간 축제를 벌였는데, 이 하누카 축제는 성전과 관련되어 지정된 것이지만 이 규정의 완전한 준수를 위해 반드시 예루살렘으로 여행할 필요는 없었다.

레위기 23장과 민수기 28-29장에 설명되어 있는 각각의 축제들에서는 매일 드리는 봉헌물 이상의 희생 제물이 요구됐고, 앞에서 언급했듯이 첫 열매를 드리는 절기는 그 계절의 수확물에서 나온 온전한 제물을 요구했다. 이는 성전이 이런 행사들로 매우 바쁘고 붐비는 장소가 됐다는 것을 의미했다. 그 결과로 주요 희생제사와 관련된 활동이 크게 증가하여 축제일 당시 성전 근무가 배정된 제사장들은 모든 것을 감당할 수 없었고, 다른 반차(班次)의 제사장들이 보충됐다.

오경이 계산하는 방법으로부터 축제가 계산되는 월력의 특성을 유추할 수는 없다. 토라의 규정에 나타난 제사장 부분에서 달은 서수(序數, ordinal numbers)로 지정되고, 날도 또한 그렇게 계산된다. 그러나 어떤 텍스트도 공적인 축제가 언제 일어났는지 결정하는 것과 같은 매우 실제적인 문제에 대하여, 제2성전 시대에 태양력이나 음력, 혹은 이 둘의 조합 같은 어떤 체계가 사용됐는지 보여주지는 않는다. 출애굽기 12:2은 유월절이 있는 달을 그해의 첫 달로 규정하고, 따라서 축제일을 계산할 때 그해의 봄을 시작 시기로 간주하고 있다. 시편 104:19은 월력을 축제일 계산에 고려했다는 암시로 받아들여질 수 있다(나중에 그렇게 된 것처럼). "여호와께서 달로 절기[또는 축제]를 정하심이여 해는 그 지는 때를 알도다." 그러나 이 구절에서 구체적인 것까지 추론해선 안 된다. 집회서 43:6-8은 태양의 경이로움을 극찬한 이후에 기원전 2세기 초까지 달이 축제일을 결정했다는 증거로 제시된다. 특히 43:6-7은 다음과 같이 말한다. "달도 언제나 제때에 충실하다. 달은 시간과 시대의 표징을 알려준다. 달은 축일을 알려 주고, 한번 찼다가는 다시 기우는 천체다." 『에

75-76

녹1서』 72-82장과 『희년서』, 쿰란의 종파 문헌의 두드러진 특징 중 하나는 364일 지속되는 태양력을 사용했음이 분명하다는 것이고, 또 그에 따라 축제일이 결정된다.

이스라엘 땅의 성전과 성전 예배에 대한 정보를 조사하는 이 연구에 회당에 대한 짧은 언급을 추가할 필요가 있다. 유대인들의 정착 영역이 그리 넓지 않고 한 사람이 성전을 자주 방문할 필요가 없기는 하지만, 어느 정도 거리를 두고 사는 사람들에게는 하나의 성전만이 존재한다는 사실이 불편한 것은 자명하다. 또한 예루살렘 성전(희생 제물이 유효할 수 있는 유일한 장소)에서 제물을 봉헌하는 전통적인 예배의 형태는 그런 유대인들의 종교적 요구를 모두 충족시키지 못했을지도 모른다. 그 이유가 무엇이었든 간에 제2성전 시대 어느 시점에서든 아니면 아주 점진적으로든, 회당이 아마도 처음에 디아스포라(기원전 3세기 이집트에서 나온 문서에 언급이 있다)에서 나타나기 시작했고, 그뿐만 아니라 이스라엘 땅(기원전 1세기에 나온 최초의 증거가 있다)에서도 예배와 학문을 위해 지역별로 생겨났다. 누가복음은 나사렛 회당의 존재와 안식일 예배에서의 성경 읽기 및 주해의 중요성을 기록한다(눅 4:16-30; 4:15은 갈릴래아 **회당**을 가리킨다). 그 밖에 헤로디움과 마사다, 감라, 예루살렘에 있었던 회당에 대한 언급도 있다(예, 행 6:8-9). 회당은 성경을 읽고, 공부하고, 낭독하고, 기도하는 것 등을 포함하는 공동 활동을 위한 장소였다. 유대교 회당은 어떤 의미에서는 성전과 경쟁하는 공간으로서가 아니라 오히려 그것을 보완하는 것으로 보였다.

기관

성전은 이스라엘 땅에서 기능을 하고 있었던 유대교의 두드러진 기관이었다. 후대에는 회당들이 주요 기능을 수행했지만, 사회 안에 중심적인 역할을 하는 다른 기관들도 있었다. 그 땅에 있는 유대인들의 정치 조직에 관한 일부 정보는 존속됐다. 초기 유대교에서 수백 년 동안의 유대인/유대아 주민의 삶은, 하스몬 가문이 국가를 지배하고 셀레우코스 행정에서 어느 정도 독립한 몇 십 년을 제외하고는 이방인의 지배(페르시아, 프톨레마이오스와 셀레우코스의 헬레니즘 왕국, 로마)를 받았다는 것은 기본적인 사실이었다.

예루살렘에는 수차례 총독이 배치됐다. 물론 항상 이런 부류의 관리자가 있었다는 사실을 보여주는 증거가 불충분하기는 하다. 아마도 다윗의 후손인 세스바살(스 5:14)과 스룹바벨(학 1:1)은 기원전 6세기 후반의 총독으로 불리며, 총독 느헤미야는 자신의 전임자들을 언급하고 있는데(느 5:15), 그는 5세기 후반에 같은 자격으로 재임했다. 바고히(Bagohi)/바고아스(Bagoas)/빅바이(Bigvai)라는 관리는 엘레판티네 파피루스(*TAD* A4.7 = *CAP* 30) 가운데 하나의 문서에 따르면 기원전 5세기 말의 총독이었으며, 추정하기로 페르시아 말기부터 헬레니즘 시대 초기의 일부 동전에는 히스기야라는 인물이 총독으로 등장한다. 이후 오랫동안 총독에 관한 입증 자료는 나오지 않는데, 아마도 대제사장이 국가의 수장이 됐을 것이다. 이는 토비아스의 소설(Tobiad Romance)에서도 그렇고, 마카비2서의 역사적 언급(3:1–4:6) 첫머리에 그려진 예루살렘에서도 그랬던 것 같다. 마카비1서와 2서의 모든 내러티브에서는 하스몬 가문 이외에는 총독에 대한 언급이 없다(마카비2서 5:22에 나오는 필립포스는 짧은 기간 동안

77

총독의 부재로 어쩔 수 없이 임명된 외국인 총독이다).

하스몬 가문이 대제사장직을 차지했을 때(기원전 152년부터 시작) 그들은 정치적 수장 및 군 지휘관으로도 봉직했다. 아리스토불로스 1세(기원전 104-103년)의 치세나 알렉산드로스 얀나이오스(기원전 103-76년)의 치세 때처럼 짧은 기간을 다스린 통치자의 재위 때부터 스스로를 왕이라고 부르기 시작했다. (한 명의 여왕 살로메 알렉산드라를 포함하여) 그들은 기원전 63년 로마가 그 지역을 정복할 때까지 그 직을 유지했다. 그러나 이 기간이 지난 후에도 휘르카노스 2세와 같은 대제사장은 그 사회에서 매우 높은 지위를 누렸고 얼마간 **왕**이라고 불렸으며, 안티고노스는 짧은 기간(기원전 40-37년)이나마 왕실의 직위를 요구했다. 요세푸스는 1세기에 로마의 감독하에 귀족정치로 구성된 유대인 국가가 이루어졌음에도 불구하고 (정치는) 대제사장들에 의해 주도됐다고 말한다(『유대 고대사』 20.251).

헤롯이 로마 원로원에 의해 왕으로 추대되면서 정치 지형은 크게 변화했다. 헤롯이 통치하던 시기(기원전 37-4년)부터 예루살렘이 멸망할 때(와 그 이후)까지 그와 그의 자손은 그 땅에서 유대인을 지배적으로 통치했다. 헤롯은 왕의 직책을 누렸고, 슬하에 아들 둘(안티파스[기원전 4-기원후 39년]와 필립포스[기원전 4-기원후 33/34년])을 두었다. 이 둘은 아버지 영역의 일부를 '분봉왕'(tetrarch)으로서 다스렸으며, 유대아의 통치를 계승한 아르켈라오스(기원전 4-기원후 6년)는 무능하고 폭력적인 통치로 퇴위될 때까지 '민족의 영도자'(ethnarch)로 활동했다. 유대아에서는 로마인들이 사령관들(prefects)을 임명함으로써 보다 직접적으로 통제했는데(6-41년), 그중에 가장 잘 알려진 사람은 본디오 빌라도(26-36/37년)이다. 아그립파 1세는 젊은 나이에 죽기 전에 조부 헤롯 대왕의 왕국을 잠시

77-78

나마 재통합했다(37-44년). 기원후 44년 그가 죽은 후, 로마인들은 반란이 끝날 때까지 지방행정관(procurator)을 임명함으로써 더 긴밀하게 통제하려 했다. 이 기간에, 아그립파의 아들 아그립파 2세는 유대인의 정치 및 종교 문제에 중대한 영향을 끼쳤다.

유대인 사회에서 중요한 자리를 차지한 것으로 보이는 두 번째 기관은 원로회(그리스어, *gērousia*)나 산헤드린(Sanhedrin)으로, 두 용어는 아마도 같은 형태의 기관을 지칭하는 것 같다. 에스라서에는 영향력 있는 집단인 '장로들'에 대한 언급이 있지만, 그들이 통치 기구를 구성했는지 여부는 언급되지 않는다(스 5:5, 9, 6:7, 14, 이 구절들에서 그들은 성전을 재건하고 그것에 대한 협상에 관여한다). 역사성을 갖기에는 부족한 유디트(예, 4:8)와는 별도로 원로회의 가장 초창기 언급은 안티오코스 3세에 의해 발행된 유대인에 관한 편지를 요세푸스가 인용한 곳에 나온다. 요세푸스는 안티오코스가 그 도시를 방문했을 때 유대인들이 그들의 원로회(*gērousia*)와 함께 그를 문안했다고 말한다(『유대 고대사』 12.138). 그리고 그다음에는 유대인 정부 형태를 언급하고, 세 가지 세금을 면제받은 집단들을 열거하면서 원로회를 언급한다(『유대 고대사』 12.142). 마카비2서 4:4에서 원로회는 안티오코스 4세에게 대표를 파견하여 대제사장 메넬라오스의 행위(4:43-50)에 반대하는 사건을 압박하는 기관으로 등장한다. 그 후, 이 용어는 유대인의 지도자들 목록에 오르거나(예, 마카비2서 1:10) 수신인을 쓴 공식 서신에서 지속적으로 등장한다(예, 마카비2서 11:27; 마카비1서 12:6; 13:36['장로들'이라고 불리는 곳 11:23; 12:35 참조]; 14:20, 28[시몬을 기리는 법령]을 참조). 요세푸스는 로마의 관리 가비니우스가 기원전 50년대에 유대 영토에 5개의 산헤드린을 설치했다고 서술하고 있는데(『유대 고대사』 14.91), 이 사가는 얼마 지나지 않아 산헤드린 앞에 있었던 젊은 헤롯의 재판 이야기를 기록한다(『유대 고대사』 14.165-79). 비록 헤롯의 군사력에 의해 압도된 것은 분명하지만, 이 삽화로부터 산헤드린 소속 업무가 사법적 성격을 갖는다는 사실은 분명하다고 볼 수 있다. 사법기관으로서 산헤드린은 예수의 재판(막 14:53-65에 나오는 구성원들은 대제사장과 고위 제사장들, 장로, 서기관들로 밝혀짐; 마 26:59-68; 눅 22:66-71)과 예수의 형제 야고보의 재판(『유대 고대사』 20.199-203)에서도 입증된다. 산헤드린 평의회에 대한 여러 언급 가운데 사도행전에서는 바울이 그 앞에 나타난다. 거기에는 바리새파 사람과 사두개파 사람의 대표들과 함께 대제사장이 나온다(행 22:30-23:12). 랍비 자료들은 다른 활동들 중에서도 종교법에 관한 문제를 토론했던 학자들이 모인 산헤드린에 대해 알고 있다. 이러한 묘사가 요세푸스 및 다른 그리스 자료에서 언급된 좀 더 초기 자료들과 어떠한 관련이 있는지는 분명하지 않다.

집단

어느 사회에서나 그렇듯이 이스라엘 땅의 유대인들 가운데에서도 다양한 집단이 있었다. 제2성전 초기 몇 세기의 자료들은 희미하지만 몇몇 문제에 대한 서로 다른 관점을 나타낸다. 예를 들어, 에스라는 다른 인종과 국적을 가진 사람들과의 결혼을 절대적으로 반대하는 분리주의적 관점의 대변자로 서 있다. 그의 이름으로 기록된 에스라서에는 족외혼(族外婚)이 허락됐다고 생각하는 사람들이나 가족들을 내쫓을 수밖에 없었던 많은 사람들에 대한 정보가 포함되어 있다. 많은 학자들은 제2성전 시대 초기 유대아 지역 사회에는 근본적인 긴장이 존재했다고 주장해 왔다. 그것은 공동체와 성전의 회복을 통해서 하나님의 언약이 성취됐다고 보는 현실주의적인 집단과, 그의 백성을 위한 하나님의 계획을 더욱 극적으로 실현하고자 하는 좀 더 묵시적인 경향의 집단 사이에 생긴 긴장이었다. 후자의 기대는 일부 후기 예언 문학서들과 이후에 종말론적이라 규정할 수 있었던 특징을 가진 본문들에 표현되어 있다.

초기 헬레니즘 시대에 프톨레마이오스 통치자들과 더 중요하게 연대했던 일부 유대인들에 대한 증거가 있는 반면(토비아스 가문 가운데 한 사람), 다른 유대인들은 셀레우코스 행정부를 선호한 것으로 보인다(예루살렘에서 안티오코스 3세를 옹호하며 환영했던 사건). 그러나 유대인 사회에서 가장 잘 알려진 분열 가운데 기원전 2세기 초에 발생했다고 분명히 말할 수 있는 분열은 그리스 문화에 좀 더 개방적인 유대인과 그리스 생활양식의 채택에 반대하는 사람들 사이의 분열이었다. 그러나 이 대립을 절대적 양상으로 그려서는 안 된다. 왜냐하면 그리스어의 보급과 같은 헬레니즘의 영향력은 다면적이었고, 종교에 있어서는 어느 정도 중립적이었기 때문이다. 그러나 마카비1서와 2서에는 권력을 찬탈한 대제사장 야손이 이끌었던 유대인 집단이 셀레우코스 왕 안티오코스 4세(기원전 175-164년)의 승인을 받아 그리스 교육과 시민 양성의 중심 기관인 '김나지움'(gymnasium)과 '청소년 훈육 과정'(ephebate)을 예루살렘에 도입한 상황이 묘사되어 있다. 마카비1서 1:11은 그러한 사람들에 의해 받아들여진 관점(다음 문장 홑따옴표 사이에 있는 내용—편주)을 다음과 같이 표현한다. "그 무렵 이스라엘에서는 반역자들이(*paranomoi*) 생겨 많은 사람들을 선동하면서 '주위의 이방인들과 맹약을 맺읍시다. 그들을 멀리하고 지내는 동안 얼마나 많은 재난을 당하였습니까'하고 꾀었다"(공동번역개정). 이 저자는 김나지움이 예루살렘에 세워졌을 뿐 아니라, 이 사람들은

"할례받은 흔적을 없애고 거룩한 계약을 폐기하고 이방인들과 어울렸다. 이렇게 그들은 자기 민족을 팔고 악에 가담하였다"(마카비1서 1:15 공동번역개정)고 덧붙인다. 이후 예루살렘 성전에 다른 신을 숭배하는 예배가 행해졌을 때, 비록 하스몬 가문의 지도하에 있었던 일부 유대인들은 격렬하게 싸웠지만 모든 유대인들이 그 개혁에 찬성하지는 않았다.

하스몬 시대 초기의 맥락에서, 특히 요나단이 대제사장 겸 지도자로 군림한 이야기에서 요세푸스는 유대인들 사이에 세 종파 혹은 학파(*heireseis*)로 바리새파, 사두개파, 엣세네파가 있었다고 열거한다(『유대 고대사』 13.171-73). 요세푸스는 자신의 이야기에서 여러 곳에 있는 이들 집단의 구성원을 언급하고, 특히 『유대 전쟁사』 2.119-66(『유대 고대사』 18.11-22 참조)에서 이들을 설명하는 데 두세 장면을 할애한다. 이들 집단에 관한 요세푸스의 정보는 사해두루마리와 신약성경으로부터 보충될 수 있다. 랍비 문헌도 바리새인과 사두개인을 언급한다.

요세푸스는 바리새파가 모세의 율법을 해석하는 기술과 정확성으로 잘 알려져 있다고 보도한다(『유대 전쟁사』 2.162). 덧붙여 "바리새인들은 모세의 율법에 기록되지 않은, 이전 세대가 물려준 일정한 규율을 사람들에게 전수했다"(『유대 고대사』 13.297[R. Marcus 번역])라고 말한다. 이것은 다른 출처로부터 알려진 구전 토라로 보이는데, 바리새파 사람들이 고대의 법을 변화된 환경에 적용할 수 있게 한 해설과 해석이 전승된 것이었다. 요세푸스는 요한네스 휘르카노스 당시(기원전 134-104년) 바리새인과 사두개인 사이의 불화를 설명하면서 이 바리새인의 특징을 언급했고, 바리새인의 이러한 규정들은 사두개파에게는 받아들여지지 않았다고 말한다. 사두개인들은 "(성서에) 기록되어 내려온 규정만 유효하게 보아야 하며, 이전 세대로부터 물려받은 규정은 준수할 필요가 없다”(『유대 고대사』 13.297)라고 주장했다는 것이다. 두 집단의 견해를 이렇게 구별하는 것의 의미에 대해서는 많은 학술적 논의가 있어 왔지만, 두 집단 사이에서 문제가 되는 것은 양측 모두에게 실천을 위한 권위 있는 규정으로 수용된 모세의 법을 해석하고 적용하는 적절한 방법에 관한 것이었다는 점은 분명하다. 복음서에 보도된 예수와 바리새파 사이에 있었던 여러 가지 논쟁도 그와 비슷한 바리새파 사람들의 모습을 보여준다. “바리새인들과 서기관들이” 예수에게 “제자들이 먹기 전에 손을 씻는 관행을 따르지 않았으니 어찌하여 장로들의 전통을 깨뜨리느냐”고 묻자, 예수는 “너희는 어찌하여 너희의 전통으로 하나님의 계명을 범하느냐”고 되물었다(마 15:3; 또한 6절도 참조. 예수는 제물로 바쳐진 것을 구별하는 것에 대한 그들의 견해에 대하여 다섯 번째 계명을 위반하여 부모를 부양하기 위해 그것들을 사용하지 않는 것을 인용한다).

요세푸스는 바리새파를 유대인 사회 내에서 영향력 있는 집단으로 규정하고 있다. 그는 당시 바리새인들이 약 6,000명 정도 있었다고 주장하면서(『유대 고대사』 17.42), 그들은 대중을 그들 편으로 끌어들일 수 있었고 심지어 통치자들이 그들의 가르침에 따라 행동하도록 강요할 수 있었다고 말한다. 그러한 상황이 언제나 그랬는지는 논쟁의 여지가 있지만 요세푸스는 바리새파 사람들이 특히 하스몬 통치자들에게 영향력을 행사하여 그들의 왕국에서 영향력을 행사했던 두 시기를 보도한다. 요한네스 휘르카노스가 바리새인들의 당과 결별했다는 이야기의 배경은 이전에 바리새인들이 그의 편이었다는 사실을 말해준다. 사실 요세푸스는 요한네스 휘르카노스를 그들의 제자라고 부른다. 이 관계가 얼마나 오랫동안 지속했는지 그리고 그 이전의 지배자들도 그런 관계를 누렸는지에 대해서는 말하지 않는다. 휘르카노스가 바리새인들이 그에

81

게 대제사장직을 포기하라고 말하면서 자신을 모함했다고 확신하고 사두개파의 편이 되자, 바리새파 사람들은 권력을 잃었고 유대인들이 그들의 규정을 실행하는 것도 금지됐다. 하스몬 통치자들과 함께한 사두개인들의 지배는 알렉산드로스 얀나이오스의 폭력적인 통치 기간에도 계속됐는데, 그는 분명 많은 바리새인들을 죽인 것으로 보인다. 그러다가 얀나이오스의 후계자로서 그의 아내 살로메 알렉산드라(기원전 76-67년)가 정권을 잡게 되자 상황은 역전되어 바리새인들이 지배적인 위치를 되찾았다. 그 이후에 대한 기록은 개략적인 측면만 입증이 되고, 바리새인들이 종교적 명성뿐만 아니라 정치적 명성까지 계속 누렸는지는 분명하지 않다.

바리새인들의 신념에 대해 요세푸스는 그가 운명이라고 부르는 문제에 대한 그들의 온건한 입장을 언급한다. 즉, 인간의 행동은 신적인 측면과 개인적인 측면 모두가 관여되어 일어나기에 사람들은 자신들이 한 일에 대해 어느 정도 책임을 져야 한다고 믿었다. 그들은 또한 의로운 자와 악한 자가 받을 영원한 보응이 있음을 믿었기에 부활을 기대했다. 사도행전 23장에는 이러한 설명의 일부가 뒷받침되어 있는데, 바리새파 사람들은 산헤드린의 일원으로 부활이 일어날 것이라는 믿음을 받아들이는 자들이었다고 확인된다. 또한 그들은 천사와 영혼이 있음을 믿었다고 덧붙인다.

그다음으로 요세푸스가 열거하고 있는 그룹인 사두개파는 일반적으로 바리새파와 대조적으로 묘사된다. 예를 들어, 운명에 대한 그들의 관점은 바리새파 사람들의 온건하거나 균형 잡힌 접근과는 달랐다. 사두개파 사람들은 인간의 행동에 영향을 미치는 운명과 같은 것을 거부했을 것으로 추정된다. 그들은 오히려 사람들은 자신이 하는 일에 책임

81-82

이 있다고 설명한다. 위에서 지적한 바와 같이 사두개인들은 바리새파 사람들이 채택한 전통의 타당성을 거부하고 성서의 기록된 율법만 유효하다고 주장했다. 그렇다고 사두개인들에게 성서의 율법을 해석하거나 적용하는 전통이 없었다는 것은 상상하기 어렵다. 그들의 해석 방식이 어떻든 간에, 그것은 바리새파와는 달랐을 것이다. 사도행전 23:8은 바리새파와 신학적으로 불일치하는 그들의 의견을 다음과 같이 요약한다. "이는 사두개인은 부활도 없고 천사도 없고 영도 없다 하고 바리새인은 다 있다 함이라"(개역개정). 산헤드린 앞에서 자신을 바리새파라고 밝힌 바울은 부활에 호소하면서 그들의 그런 신념 차이를 활용한다.

요세푸스는 바리새파 사람들이 민중들 사이에서 영향력이 있는 반면, (비록 소수였지만) 그 수를 추산하기 어려운 사두개파 사람들은 부유한 사람들에게 호소력이 있었다고 말한다. 한 삽화에서 요한네스 휘르카노스는 바리새인들과 결별하고 사두개파 쪽으로 넘어갔다고 전한다. 그 결과 사두개파는 휘르카노스의 치세 이전 시기에는 지배적이지 않았지만 그의 나머지 통치 기간 내내, 그리고 바리새파들이 분명하게 복권되기 전까지는 아리스토불로스 1세(기원전 104-103년)와 알렉산드로스 얀나이오스(기원전 103-76년)를 통해 영향력을 유지했다. 요세푸스는 나중에 다음과 같은 낯선 상황을 제시한다. 곧, 소수의 사두개인들은 가장 높은 계급의 사람들이었지만 직책을 맡을 때 바리새파 사람들의 지시를 따를 수밖에 없었다는 것이다. 그렇지 않으면 유대인 대중들이 그들을 용납하지 않았을 것이라고 묘사한다(『유대 고대사』 18.17). 여기서의 요점은 고위 제사장들, 즉 가장 높은 직위를 누린 사람들이 사두개인이었는가 하는 문제와 관련이 있다. 사두개라는 이름은 다윗과 솔로몬 시대의 지도적인 제사장이자 제2성전 대제사장들의 조상인 사독과 관련이 있을 수 있다. 대제사장 요한네스 휘르카노스는 사두개파의 신자가 됐고, 그의 아들 아리스토불로스 1세와 알렉산드로스 얀나이오스도 그랬을지 모른다. 그러나 이 부분의 증거는 매우 희박하다. 사실 사두개인으로 확인된 유일한 다른 대제사장은 기원후 62년에 잠시 재임했던 아나노스의 아들 아나노스뿐이다. 요세푸스는 아나노스가 사두개인 학파를 따랐으며 사두개인은 재판에서 남들보다 가혹한 처벌을 내렸다고 기록하고 있다(『유대 고대사』 20.199). 사도행전 5:17에서는 사두개파와 관련하여 대제사장이 언급되고 있으나 그가 사두개인으로 밝혀져 있지는 않다.

요세푸스가 언급하는 세 번째 집단인 엣세네파는 그가 가장 길게 묘사하는 그룹인데(『유대 고대사』 2.119-61), 아마도 그들에 대한 자료가 좀 더 완전했기 때문이거나, 그들의 특이한 성격이 그에게 더욱 관심을 끌었기 때문일 것이다. 그는 그들 중 약 4,000명이 이스라엘 땅에 살고 있다고 추정했고, 고도로 훈련된 형태의 삶을 살고 있으며 자조 및 자립 공동체로 모였다고 묘사했다(『유대 고대사』 18.21). 이 공동체의 구성원들은 모두의 요구가 충족될 수 있도록 자신들의 사유재산을 그 단체에 바쳤다. 비록 엣세네파 중에는 아내를 데려가고 아이를 갖는 공동체 형태도 있었지만, 일반적으로 그들은 결혼을 피했다. 또 열심히 일했고, 삶의 방식은 검소했다. 그들은 안식일을 지키는 데 있어서 가장 엄격한 것으로도 알려져 있다. 요세푸스가 다소 장황하게 서술한 엣세네인들에 관한 주제 중 하나는 이 그룹에 들어가는 데 필요한 몇 년간의 과정이다. 그는 또한 그들의 회의와 일상화된 규칙들에 주목한다. 운명에 대한 그들의 관점은 그가 사두개파의 견해라고 돌리는 관점과 정반대로서, 모든 것은 예정됐다는 것이었다. 그들은 고대인들의 글을 연구했고, 그들은 또한 일어날 사건을 정확히 예측할 수 있는 자들이었다.

사해두루마리가 발굴되고 연구되면서 엣세네인들에 대한 학문적 관심이 높아졌다. 대부분의 전문가들은 쿰란에서 두루마리 집필을 담당한 집단을 엣세네파의 소수 사람들로 파악했기 때문에, 이제 그 두루마리는 엣세네파에 관한 요세푸스와 그 밖의 다른 출처들에 결핍된 정보를 보완할 수 있게 됐다. 운명에 관한 엣세네인들의 견해에 대한 요세푸스의 언급은 1QS 3.13-4.26에 예시되어 있는 것일지도 모른다. 여기서는 우주와 인간 행동을 지배하는 대립된 두 영(spirits)을 다루고 있다. 이 두루마리를 사용했던 공동체 역시 재산을 공유하는 공동체였고, 이들의 입교 절차는 요세푸스가 기록한 것과 매우 흡사하다.

이 두루마리들은 아마도 엣세네인들과 바리새인들을 구별할 수 있는 논쟁들 중 일부를 볼 수 있게 해 줄 것이다. 이 문서의 몇몇 저자들은 그들의 대적들을 '원만한 것을 찾는 사람들'이라고 부르는데, 아마도 바리새파를 의미하는 언어 유희적 암시일 것이다. 이 저자들은 바리새인들이 모세의 율법을 좀 더 완화된 형태로 해석하여 언약을 어겼다고 비난한다. 일부 두루마리들, 특히 4QMMT의 사본들은 랍비 자료에서 사두개파의 관점으로 여겨지는 율법에 대한 몇몇 입장을 표현한다. 이는 두루마리의 저자들이 꼭 사두개인들이라는 사실을 의미하지는 않는다. 왜냐하면 그들의 기본적인 신학적 관점(예, 운명)은 사두개인들의 것과 달랐기 때문이다. 그보다도 그것은 아마도 엣세네파와 사두개파 양쪽이 보수적이고 엄격한 율법 해석을 채택했음을 의미할 것이다.

사해두루마리 공동체는 초기 유대교의 사회적 구성이 우리가 가지고 있는 다른 자료가 제시한 것보다 더 복잡했다는 사실을 잘 보여주고 있다. 1947년에서 1956년 사이에 이 두루마리들이 발견되기 전에 그러한 집단이 존재한다는 암시는 기존 문헌에는 한두 개 밖에 없었고, 그들이 그토록 광범위한 연구와 그 이상의 무엇을 실행했다는 사실을 보여주는 큰 도서관을 가지고 있다는 징후는 없었다. 이 두루마리들은 다른 유대인들과 물리적으로 분리되어 있었고, 그 공동체는 예루살렘의 성전 예배에 참여하지 않았던 것으로 보인다. 유대아 광야에서 그들은 성서에 계시된 삶의 방식을 추구하고, 빛의 아들과 어둠의 아들들 사이의 마지막 전쟁에서 빛의 아들이 찬란한 승리를 거두어 새로운 시대가 동터오는 날을 바라보았다.

제2성전 시대 후기에 이스라엘 땅에 있는 집단은 이들뿐만이 아니었다. 요세푸스는 다른 면에서 바리새파에 동의하면서도 인간의 통치를 받아들이기를 거부한 구성원들로 이루어진 네 번째 '철학'에 대해서도 말한다(『유대 고대사』 18.23). 요세푸스는 그들과 그들의 폭력적인 방식이 기원후 66년 로마에 대해 반기를 드는 데 중요한 역할을 했다고 생각했다(『유대 고대사』 18.6-10).

문학 작품

이스라엘 땅에 사는 유대인들이 제2성전이 존속했던 수 세기 동안에 상당한 양의 문헌을 썼다는 데에는 의심의 여지가 없으며, 그 상당량은 전체나 일부 또는 원문이나 번역 등 이러저러한 형태로 현재까지도 남아 있다. 정확히 언제, 누가, 어떤 책을 썼는지에 대한 정보가 있는 경우는 드물지만, 다양한 문학적 장르의 글들이 이 시기에 기록됐다. 비록 어떤 책이 제2성전 시대의 책인지 언제나 확실한 것은 아니지만, 그중 많은 작품들은 현재 히브리 성경에 수록되어 있다. 다음 책들이 포로기 이후 시대에 유래했다는 데에는 전문가들 사이에서 대부분 의견이 일치할 것이다.

- 최종 형태의 오경
- 역대기상/하
- 에스라
- 느헤미야
- 에스더
- 상당수의 시편들
- 전도서
- 다니엘
- 제3이사야(사 56-66장)
- 요엘
- 학개
- 스가랴
- 말라기

아마도 첫 포로 귀환 후 몇 년 사이에 기록된, 히브리 성경의 다른 책들이나 책들의 부분도 있을 것이다.

제2성전 시대가 끝날 때까지 성서의 정경이 없었다는 것에는 일반적으로 동의하지만, 상당히 영향력 있고 하나님의 말씀으로 인정받은 고대 문헌이 있었음은 분명하다. 이러한 책들에는 창세기부터 신명기, 예언서들, 시편 그리고 그 밖의 작품들이 포함됐을 것이다. 그러나 현재의 증거로 판단해 볼 때 어떤 책이 권위 있는 것으로 여겨지고 누구에 의해 결정됐는지를 정확히 결정하는 것은 불가능하다.

제2성전 시대 이후에도 유대인들은 계속 글을 썼고, 그들의 작품들 중 많은 부분이 현재까지도 살아남아 있다. 한 가지 어려운 점은 이스라엘 땅에서 어떤 책이 쓰였는지, 디아스포라에서 어떤 책이 쓰였는지 항상 명확하지 않다는 것이다. 작품이 어디서 기록됐는지를 판단할 수 있는 지표는 언어다. 만일 우리가 작품의 원어를 알게 된다면, 히브리어나 아람어로 쓰인 책은 이집트보다 유대아(또는 바빌론)에서 쓰였을 가능성이 더 높은 반면, 그리스어로 된 작품은 유대아가 아닌 이집트나 헬레니즘 세계의 다른 일부 지역에서 기록됐을 가능성이 더 높다는 것을 추측할 수 있다. 그러나 그리스어 작품이 이스라엘 땅에서 나올 가능성을 배제해서는 안 된다. 이스라엘 땅에서 나온 유대교 문학에 대한 조사에 앞서 다른 한 가지 주제가 선행되어야 한다. 예컨대, 초기 유대교를 이해하는 데 귀중한 작품을 많이 쓴 요세푸스는 이스라엘 출신 작가다. 그는 생애 첫 30여 년을 유대아에서 보냈는데, 그곳에서 그는 저명한 제사장이었으며 중요한 자리에 있었다. 그러나 유대아 출신의 유대인 요세푸스는 기원후 70년에 유대인 봉기가 끝난 후 로마에 살면서 실제로 『유대 전쟁사』, 『유대 고대사』, 『생애』, 『아피온 반박』을 썼다. 그런 의미에서 그는 디아스포라 작가다. 그는 유대인의 언어인 셈족어로 『유대 전쟁사』를 저술한 것 같지만 오늘날에는 그리스어 사본만 존재한다.

이스라엘 땅에서 쓰였을 책과 작품들을 다른 일반적인 문학 범주와 분리하는 것이 편리할 것이다.

역사서

히브리 성서의 중요한 요소는 신성하거나 그렇지 않은 과거 이스라엘의 위대한 사건들을 추적하는 역사 목록이다(창세기, 출애굽기, 민수기, 여호수아, 사사기, 사무엘상/하, 열왕기상/하, 역대상/하, 에스라, 느헤미야). 이런 맥락에서 글을 쓰는 것은 초기 유대교에서도 계속됐다. 가장 두드러진 예는 마카비1서다. 이 작품은 히브리어로 쓰였을 가능성이 높다. 이것은 알렉산드로스 대왕부터 하스몬 가문의 시몬이 죽기까지(기원전 4세기 말-기원전 134년)를 역사적으로 고찰할 수 있도록 우리를 안내하지만, 이 시기의 첫 세기는 단지 몇 문장으로 다루며, 기원전 약 175년에서 134년까지 대략 40년 동안에 주의를 집중시킨다. 저자는 하스몬 가문의 옹호자로, 이 책의 기록은 안티오코스 4세 에피파네스의 정책에 반기를 들라고 외친 맛타티아스를 시작으로, 그들의 전통 종교의 가르침을 따를 권리와 이방인 통치로부터의 자유를 위한 투쟁에서 국가를 이끈 그의 아들 유다, 요나단, 시몬과 함께 계속된다. 처음에 그들은 조상의 종교적 관습을 억압하고 성전의 신성성을 모독하는 것에 반대하는 세력을 이끌었다. 그들은 셀레우코스 왕조와 유대인 배교자들의 지배로부터 성전 산을 되찾고, 성전을 정화시킨 후 하누카 축제를 열어 이 사건을 기념했다(이 축제는 9월 25일부터 8일간 계속된다). 유다가 전투에서 죽은 후, 하스몬 군의 지도력은 요나단에게 넘어갔고, 요나단은 기원전 152년에 대제사장으로 임명됐다. 그는 142년(형 시몬이 민족의 영도자직과 대제사장직을 맡았을 때)에 적에게 체포되어 죽을 때까지 그 직책을 맡았다. 시몬은 기원전 134년에 살해됐고, 마카비1서는 그의 아들 요한네스 휘르카노스 1세가 통치한다는 기록으로 끝난다. 이 책은 하스몬 가문 편향성이 강함에도 불구하고, 그것이 다루고 있는 기간에 관한 매우 중요한 역사를 간직하고 있다. 저자는 공적인 문서를 인용하며 세심하게 사건들의 연대기를 제시한다. 이 책은 늦어도 기원전 104년에 기록됐을 것이고, 그리스어로 번역되어 그리스 성경의 일부가 됐다(현재는 로마가톨릭과 정교회 성서에는 남아 있지만 개신교도와 유대인들에게는 외경으로 간주된다).

그 시대의 현존하는 또 다른 주요 역사서는 요세푸스의 『유대 전쟁사』와 『유대 고대사』이지만, 위에서 지적한 바와 같이 이것들이 유대아에서 쓰인 것은 아니다. 『유대 전쟁사』는 주로 하스몬 왕조 시대 직전 이야기부터 시작되는 긴 도입부와 함께 로마에 대한 제1차 유대 봉기(기원후 66-70년)에 대한 설명을 담고 있다. 『유대 고대사』는 (창세기 앞부분에 나오는) 성서 이야기로부터 시작하여 끝(에스더, 에스라-느헤미야 자료)까지 그 이야기들을 따라간다. 그 이후로도 요세푸스는 자신의 시대까지 사건 진술을 계속한다. 그가 히브리 성서 이후 시대(post-Hebrew Bible period)의 많은 부분을 다룬 것은 사료의 부족으로 인해 하나의 대략적인 묘사에 불과하다. 그러나 이 책은 하스몬 왕조 시대부터 기원후 1세기 중엽에 이르는 방대한 자료를 제공하는데, 이것들은 이 시기에 대한 유일한 정보를 주는 자료인 경우가 많다.

이야기들

의도적인 표현에서 나타나는 비역사적으로 보이는 많은 내러티브 작품들은 종종 매우 재미있는 방법으로 저자들의 신학적·윤리적 관점을 표현한다.

토비트기는 동부 디아스포라 어딘가에서 쓰였다는 가설이 불가능한 것은 아니지만 이스라엘에서 쓰였을지도 모른다. 이 책은 아람어로 저작됐고, 사본은 4번 쿰란 동굴에서 발견됐다(아람어는 4Q196-199에서, 히

86-87

브리어는 4Q200). 이 작품에는 비참한 상황에서 종교적 충성을 다했지만 비극적으로 생을 마감한 두 경건한 유대인이 천사 라파엘의 대리자를 통해 구출되는 두 이야기가 병행되어 나온다. 이 책은 디아스포라 유대인들의 경건한 행위, 동료 유대인을 돌보는 행위, 하나님 찬양, 기도, 동족 결혼을 권장한다.

유디트가 비록 우리에게는 그리스어 번역본으로만 전해지지만 본래는 히브리어로 기록됐다. 저자는 바빌로니아와 페르시아 시대 그리고 아마도 다른 시대까지 혼합한 혼란스러운 상황을 그려내고 있다. 하지만 저작 동기는 유디트라는 여성의 손을 통해 하나님께서 궁지에 몰린 백성들에게 베푸신 구원을 묘사하는 데 있다. 이 이야기는 대장군 홀로페르네스와 그의 거대한 군대가 유대인들을 파멸하려 할 때 유디트의 비범한 경건함과 놀랄 만한 용맹과 영리함으로 이스라엘 땅에서 유대인들에게 승리를 가져다 준다는 이야기다. 이 책은 암몬 사람 아키오르라고 언급되는 한 이방인에 관한 흥미로운 사례도 제시하고 있다.

법률서

오경에 나오는 것과 같은 율법의 의미를 가진 법률서들이 제2성전 초기 시대로부터 존재했다는 증거는 희박하다. 그 책들의 문헌 형태는 아마도 초기 시대에 완성됐을 것이지만, 그 이후로도 그런 문서들은 쿰란에서 발견되기 전까지는 입증되지 않았다. 쿰란의 두루마리들 중에 모세의 율법을 다루며 주해하는 다양한 종류의 작품들이 있는데, 이것들은 거기서 발견된 오경 책들의 수많은 사본들에 첨가되어 있다. 예를 들어, 4QMMT는 쿰란 공동체와는 다른 집단에 관한 20개 이상의 법적 사항들을 나열하고 있으며, 『성전 두루마리』는 장대한 미래의 성전 및 그에 수반되는 모든 것(예, 축제)을 설명하며, 출애굽기 25장부터 신명기까지에 있는 자료의 상당 부분을 풀어 설명하고 있다. 단편으로만 남아있는 그 밖의 문서들은 율법의 다양한 측면들을 다룬다(예, 정결과 부정함의 주제를 다루고 있는 4Q274-279, 월력 문서 4Q317-330). 다른 종류의 법률 문서들, 특히 공동체를 위한 율법을 제공하는 것들로는 『공동체 규율』과 긴 할라카 단락을 포함하고 있는 『다마스쿠스 문서』가 있다. 쿰란에서 나온 법률 문서는 후대에 미쉬나와 탈무드에서 성문화된 종류의 모습이 더 이른 시기에 존재했음을 보여주며, 랍비 문헌들에서 발견할 수 있는 것과는 매우 다른 관점을 나타내는 집단에 의해서 실행됐다.

지혜 문학

주요 지혜 작품인 벤 시라의 지혜(집회서)는 기원전 2세기 초에 히브리어로 쓰였다(이 중 절반 이상이 복원됐다). 이 장문의 책(전체 51장)은 잠언의 전통에 서서 다양한 현실 문제에 대한 현명한 가르침을 제공한다. 이 책은 지혜가 발견되어야 할 곳이 모세의 율법이라는 것(바룩서 3:9-4:4도 참조)과 지혜로운 행동의 본질은 하나님을 경외하는 것이라고 가르침으로써 지혜 전통이 한 단계 더 발전했다는 것을 보여준다. 또한 벤 시라는 이스라엘 역사와 그 속에서 일어난 하나님의 인도를 탐구한다는 측면에서 이전의 지혜 문학과는 다르다. 히브리어 원본은 원저자의 손자에 의해 그리스어로 번역됐는데, 이 번역본의 서문에 번역의 상황, 목적, 시기 등이 설명되어 있다.

지혜 문서의 두 번째 예는 사해두루마리 가운데 여러 사본(4Q415-418, 423, 1Q26)으로 나타나는 4QInstruction이다. 이것은 친숙한 주제에 대해 젊은 사람에게 신중한 교훈을 제공하지만, 또한 옛 지혜 전통과 구별되는 특징을 가지고 있다. 자주 등장하는 표현들 중 하나는 '있는/있을 것의 비밀'이다. 이는 분명 창조와 역사의 진정한 특성에 대한 비밀스러운 가르침을 의미하는 것 같다. 이 작품은 또한 종말론적 가르침을 지혜의 작품에 통합시킨다.

성서 해석

초기 유대교 전반에 걸쳐 옛 경전의 해석은 중요한 활동이었다. 이것은 히브리어 성서(예, 단 9장)와 그 밖에서도 분명하게 나타난다. 가장 흥미로운 예는 쿰란에서 발견된 일련의 주석들이다. 이러한 '페샤림'(pesharim), 즉 해석은 성서의 예언 본문에 대한 주해를 제공한다. '페샤림'은 한 구절을 인용한 후 그것을 설명한 후 다음 구절을 다룬다(때로는 한 권 이상의 책이 관련되어 있다). 가장 잘 보존된 예는 나훔(4Q169)과 하박국(1QpHab)에 대한 주해이며, 모두 17개의 주석 사본이 발견됐는데(1QPHab; 1Q14-16; 4Q161-71, 173), 거기에서 이사야, 호세아, 미가, 나훔, 하박국 등의 예언이 다루어진다. 이렇게 분류된 주해들은 쿰란 공동체가 자신의 시대에 고대 예언들이 어떻게 실현됐는지/실현될지에 대해 어떻게 이해했는지를 독자들에게 알려준다. 또한 그것들은 그 시대와 세계의 중요한 인물들에 대한 정보를 약간 드러내준다. 다른 유형의 주석들은 특정 본문에 얽매이지 않고 좀 더 주제적으로 접근하고 있기에 경전의 여러 본문을 다룬다. 그중에는 『사화집』(4Q174)과 『멜기세덱』(11Q13)이 있다.

성서 해석이라는 항목 아래에 다시 쓴 성경(Rewritten Bible) 또는 더욱 적절하게 말하자면 다시 쓴 경전(Rewritten Scriptures)이라 불리는 일련의 작품들을 담을 수도 있다. 이 문서들은 오래된 성서 작품의 내용을 전체 또는 부분적으로 취하여 다시 쓰였다. 때때로 표현이 원문에 너무 가까

워서 그 차이를 실질적으로 무시할 수 있을 정도지만(쿰란의 '다시 쓴 오경'이 그 예다), 어떤 다른 작품들에 있어서는 큰 차이가 보인다(예, 「감찰자의 책」[『에녹1서』 1-36장]). 이러한 텍스트 재현은 모호한 구절을 명확히 하고 다양한 방법으로 옛 메시지를 새로운 형태로 전달하기 위하여 과거 본문에 (필사자/해석자의 해석을) 더하거나 빼는 식으로 여러 목적을 달성할 수 있었다. 이 넓고 다양한 범주에 속하는 친숙한 예로는 『에녹1서』, 『아람어 레위 문서』, 『창세기 비록』, 『희년서』, 『성전 두루마리』의 일부분을 꼽을 수 있다. 『에녹1서』 1-36장(「감찰자의 책」)은 부분적으로 에녹에 관한 구절과 창세기 5-6장의 홍수 직전 시기에 관한 구절을 다루지만 거기에서 더욱 확장된다. 즉, 천사들이 내려와 여인들과 결혼하고서 그들의 악한 가르침을 받아 악행을 행하여 홍수를 일으키는 거대한 아이들을 낳는 이야기가 정교하게 펼쳐진다. 에녹은 하나님과 죄지은 천사들 사이의 중재자이자 천사들의 세상 여행 동반자로 표현된다. 『아람어 레위 문서』는 다소 문제가 있는 성서의 인물 레위를 취하여, 신이 임명한 사제요 제사장 가문의 선조이자 계시를 받는 사람으로 높이 승격시킨다. 『아람어 창세기 비록』은 창세기 1장부터 15장(사본이 여기서 끊어짐)까지의 이야기를 제공한다. 『희년서』는 창세기 1장에서 출애굽기 24장에 이르는 이야기를 다시 전하면서 성서 이야기의 기초를 더욱 공고하게 하고 이 모든 이야기가 시내산의 모세에게 계시됐다고 전한다. 이 책은 희년의 단위, 50개로 된 신학적으로 웅변하는 연대기를 가지고 그 이야기들을 포장하고, 하나님과 선택된 후손 사이에서 자주 갱신되는 언약, 이방인들로부터 분리되는 것의 중요성, 안식일을 제대로 지켜야 할 필요성, 1년 364일의 정확한 월력을 따르는 것의 중요성을 강조한다. 『성전 두루마리』는 오경의 나머지 부분(출 24장에서 시작)을 다시 쓴

89-90

것이고, 『다시 쓴 오경』은 때로는 성서로, 때로는 재편집된 성서(Reworked Scripture)로 분류된다.

또한 성서 해석 영역 내에는 타르굼(targums)이 있는데, 이는 히브리어 성서에 대한 아람어로 된 번역과 해석을 담고 있다. 주요 타르굼(옹켈로스[Onqelos]와 요나단[Jonathan])은 훨씬 후기에 시작됐지만, 쿰란에 분명히 욥기(4Q157; 11Q10)와 레위기(4Q156)를 아람어로 묘사한 작품이 있다는 사실은 이러한 종류의 운동이 고전적 뿌리를 가지고 있음을 보여준다.

묵시록

몇몇 작품들은 모범적인 지도자들에게 주어지는 계시 경험을 들려준다. 또한 그들에게 주어진 계시는 미래와 천국에 대한 정보를 밝혀준다. 묵시들 중 가장 오래된 것은 아마도 에녹의 「주간 묵시」(『에녹1서』 93:1-10; 91:11-17)인데, 이것은 역사와 미래의 모든 것을 10주(시간의 긴 단위)로 나눈다. 또 다른 초기 묵시의 사례로는 다니엘서 7-12장에 나오는 다양한 계시가 있는데, 이는 안티오코스 4세가 유대인과 유대교를 공격했던 사건을 하나님의 백성이 구원받기 전에 악과 고통이 절정에 달할 것으로 '예언'한 것이었다. 「동물 묵시록」(『에녹1서』 83-90장)도 거의 같은 시기에 나왔을 것이다. 여기서는 거의 모든 등장인물을 다양한 종류의 동물로 상징하면서 성서의 역사를 탐구하고 이스라엘을 지배하는 민족에게 임할 마지막 재앙 및 죄인 심판 이후 나타날 새로운 시대를 묘사하고 있다. 그 밖에 「에녹의 비유」(『에녹1서』 37-71장), 『모세의 유언』, 『에스라4서』, 『바룩2서』 등이 이 묵시 범주에 적합하다. 여기서 첫 두 가지는 기원전후의 전환 무렵에 쓰인 반면, 나중 두 가지는 그 후 예루살렘과 성전의 파괴에 대한 종말론적인 성찰을 제공한다. 어떤 묵시록에서는

90-91

메시아적 지도자가 마지막 드라마에서 특정 역할을 한다(예, 「동물 묵시록」, 「에녹의 비유」, 『에스라4서』, 『바룩2서』).

시와 예전(禮典)적 저작

히브리 성경의 시편에 편입된 시편들은 성전 예배와 다른 환경에서도 다양한 기능을 수행했지만, 이 150편의 시들이 당대의 시 저작 전체를 망라한 것은 아니다. 또다시 쿰란문서는 시편 구성의 풍부한 사례를 제공한다. 『호다요트』, 곧 『감사찬양』은 하나님의 위대함과 택자들을 위한 하나님의 선함을 찬양하는 종파의 시(詩) 저작, 그 밖의 (사건에 대한 신의 예정과 같은) 공동체의 가르침을 담고 있다. 또 다른 시편에는 정경 외의 시편이라는 표지가 붙어 있다(4Q380-381). 두루마리 중에는 특정 사건에 대한 기도(『매일 기도』[4Q503], 『절기 기도』[4Q507-509])와 『매일의 축복』(4Q504-506; 『베라코트』 또는 『축복』 4Q286-290 참조)도 들어 있다. 『안식일 희생제사 노래』(4Q400-407; 11Q17)에는 공동체의 상당한 관심이 엿보이는데, 이 노래는 1년 중 13번째 안식일에 드리는 천상의 예배를 묘사하고 있으며, 천상의 성소에서 드리는 천사들의 예배와 지상에서 인간이 드리는 예배의 일체성을 전제하고 있다. 다른 성격의 시는 하스몬 통치자와 기원전 63년에 예루살렘을 점령한 로마 장군 폼페이우스를 신랄하게 비판하는 1세기경 작품인 『솔로몬의 시편』에서 찾아볼 수 있다. 『솔로몬의 시편』 17편과 18편에는 '메시아 다윗'에 관한 몇 가지 중요한 진술이 나타난다. 그 밖의 문헌도 집필됐지만, 앞에서 살핀 것들로도 초기 유대교 시대에 저작된 유대아의 문학 범위를 파악하기에는 충분할 것이다.

공통점

현존하는 증거들은 제2성전기 유대교의 풍부함과 다양성을 보여주는데, 이런 매우 큰 다양성을 표현하기 위해 어떤 학자들은 '유대주의들/유대교들'(Judaisms)이라는 신조어를 새롭게 제시했다. 그러나 문헌들에 다양성이 분명히 존재하기는 하지만, 제2성전기 수 세기 동안 사실상 모든 유대인들이 받아들였을 단수 명사 유대교(Judaism)를 유지하는 것을 정당화해주는 근본적인 믿음과 관습이 있었다.

유일신 사상

이 교리를 거부한 유대인도 있었지만 현존하는 자료들은 유대인이든 비유대인이든 한 하나님에 대한 믿음이 유대교의 결정적인 특징이었음을 알리고 있다. 유대인들은 하나님은 한 분이며 만물의 창조자이자 운행자임을 고백했고, 비유대인들은 유일신 사상을 대부분의 다른 사람들과 유대인을 구별하는 특성으로 인정했다. 십계명의 둘째 계명에 순종하면서 유대인들은 자신들이 숭배하는 신을 어떤 형상으로든 절대로 표시하지 않았는데 이 점도 독특했다. 즉, 예루살렘에 있는 성전은 신을 보이는 형상으로 표현하지 않았다는 점에서 특이했다. 솔로몬 성전이 있을 당시, 하나님은 천사들(그룹들) 사이에 있는 언약궤에 좌정하시는 것으로 생각됐지만 그를 형상화하는 물체는 없었다.

언약

하나님은 유대인의 조상 아브라함과, 그리고 후대에는 아브라함의 자손 이스라엘 백성과 언약을 맺으셨다. 그 언약은 여전히 유효하고 구속력이 있었다. 그것은 또한 야웨와 백성들 사이의 관계를 규정했을 뿐만 아니라 아브라함의 자손들이 야웨와 언약 관계를 유지하기 위해 따라야 할 삶의 방식을 규정하는 구체적인 형태를 보여주었다. 이를 정의하는 가장 구체적인 형태는 모세의 율법이었고, 따라서 새로운 상황이 발생함에 따라 준수하고 해석되어야만 했다. 유대인의 언약적 행동을 규제한 법들 중 특히 중요했기에 비유대인에게 알려진 법들로는 다음과 같은 것들이 있었다. 곧, 형상 없는 한 분 하나님에 대한 예배, 이방인이 섬기는 모든 신들과 우상들에 대한 거부, 안식일 준수, 할례, 음식법, 축제, 그리고 통혼과 부정에 대한 신학적 위험성을 이유로 타인과 거리를 두어야 한다는 법 등이 두드러졌다.

하나님과 이스라엘 사이에 맺어진 언약 관계의 역사는 하나님의 이스라엘 선택과 인도에 대한 증거로서, 또한 복종이나 불복종의 결과에 대해 배워야 할 교훈의 원천으로서 특별한 중요성을 띠게 됐다. 언약 위반은 예루살렘과 성전의 파괴와 같은 재난이 일어난 근본 원인으로 생각됐다. 현명한 사람들은 이러한 사례에서 교훈을 얻고 그에 따라 행동할 수 있었다. 재난이 닥쳤을 때 유대인들은 더 웅장한 시대에 일어날 회복에 대한 희망을 간직했다. 그러한 희망 중 하나는 다윗 가문에서 나올 메시아적인 지도자를 고대하는 것이었다.

기원후 70년, 예루살렘과 성전이 사라지고 온 땅이 대학살과 상실을 경험하면서 유대인 역사의 한 시대가 끝나고 새로운 시대가 시작됐다. 필연적으로 국가의 지도력은 바뀌었다. 유대인 정치 지도자도 없었고 영향력 있는 자리에 앉은 유대인 제사장도 없었다. 하지만 유대교의 유산은 매우 풍부하여서 탄나임(Tannaim) 작품 시대로 넘어가면서 유대교의 다른 측면들이 부각되기 됐다. 바르 코흐바 반란(기원후 132-135년)에

92–93

대한 로마의 잔혹한 진압 역시도 그 땅과 민족에게 또 다른 재앙이 됐지만, 유대 민족이 살아남아 계속해서 한 분 하나님을 믿으며 언약 및 거기에 수반되는 삶의 방식을 고수하는 것을 막지는 못했다.

참고 문헌

Ådna, Achim. 1999. *Jerusalemer Tempel und Tempelmarkt im 1. Jahrhundert n. Chr.* Wiesbaden: Harrassowitz.

Charlesworth, James H., ed. 1983-1985. *The Old Testament Pseudepigrapha*. 2 vols. Garden City, N.Y.: Doubleday.

Collins, John J. 1998. *The Apocalyptic Imagination: An Introduction to Jewish Apocalyptic Literature*. 2d ed. Grand Rapids: Eerdmans.

Falk, Daniel K. 1998. *Daily, Sabbath, and Festival Prayers in the Dead Sea Scrolls*. Leiden: Brill.

Grabbe, Lester L. 1992. *Judaism from Cyrus to Hadrian*. 2 vols. Minneapolis: Fortress.

———. 2000. *Judaic Religion in the Second Temple Period: Belief and Practice from the Exile to Yavneh*. London: Routledge.

Hengel, Martin. 1974. *Judaism and Hellenism*. 2 vols. London: SCM; Philadelphia: Fortress.

Henze, Matthias, ed. 2012. *A Companion to Biblical Interpretation in Early Judaism*. Grand Rapids: Eerdmans.

Kampen, John. 2011. *Wisdom Literature*. Grand Rapids: Eerdmans.

93

Kugel, James L. 1998. *Traditions of the Bible: A Guide to the Bible As It Was at the Start of the Common Era*. Cambridge: Harvard University Press.

Levine, Lee I. 2002. *Jerusalem: Portrait of the City in the Second Temple Period (538 B.C.E.-70 C.E.)*. Philadelphia: Jewish Publication Society.

Mantel, Hugo. 1961. *Studies in the History of the Sanhedrin*. Cambridge: Harvard University Press.

Mendels, Doron. 1987. *The Land of Israel as a Political Concept in Hasmonean Literature*. Tübingen: Mohr Siebeck.

Murphy, Frederick J. 2002. *Early Judaism: The Exile to the Time of Jesus*. Peabody, Mass.: Hendrickson.

Nickelsburg, George W. E. 2005. *Jewish Literature between the Bible and the Mishnah*. 2d ed. Minneapolis: Fortress.

Rajak, Tessa. 2002. *Josephus: The Historian and His Society*. 2d ed. London: Duckworth.

Richardson, Peter. 1996. *Herod: King of the Jews and Friend of the Romans*. Columbia: University of South Carolina Press.

Rubenstein, Jeffrey L. 1995. *The History of Sukkot in the Second Temple and Rabbinic Periods*. Atlanta: Scholars Press.

Safrai, Shmuel. 1965. *Pilgrimage at the Time of the Second Temple*. Tel-Aviv: Am Hassefer (in Hebrew).

Sanders, E. P. 1992. *Judaism: Practice and Belief 66 BCE-66 CE*. London: SCM; Philadelphia: Trinity Press International.

Schiffman, Lawrence H. 1991. *From Text to Tradition: A History of Judaism in Second Temple and Rabbinic Times*. New York: KTAV.

———. 1998. *Texts and Traditions: A Source Reader for the Study of Second Temple and Rabbinic Judaism*. New York: KTAV.

Schürer, Emil. 1973–1987. *The History of the Jewish People in the Age of Jesus Christ*. Rev. and ed. G. Vermes, F. Millar, and M. Goodman. 3 vols. Edinburgh: Clark.

Segal, Judah Benzion. 1963. *The Hebrew Passover from the Earliest Times to A.D. 70*. Oxford: Oxford University Press.

Sievers, Joseph. 1990. *The Hasmoneans and Their Supporters: From Mattathias to the Death of John Hyrcanus I*. Atlanta: Scholars Press.

Stone, Michal, ed. 1984. *Jewish Writings of the Second Temple Period: Apocrypha, Pseudepigrapha, Qumran Sectarian Writings, Philo, Josephus*. Assen: Van Gorcum; Philadelphia: Fortress.

Ulfgard, Håkan. 1998. *The Story of Sukkot: The Setting, Shaping, and Sequel of the Biblical Feast of Tabernacles*. Tübingen: Mohr Siebeck.

VanderKam, James C. 2001. *An Introduction to Early Judaism*. Grand Rapids: Eerdmans.

———. 2004. *From Joshua to Caiaphas: High Priests after the Exile*. Minneapolis: Fortress.

———. 2012. *The Dead Sea Scrolls and the Bible*. Grand Rapids: Eerdmans.

———, and Peter W. Flint. 2002. *The Meaning of the Dead Sea Scrolls: Their Significance for Understanding the Bible, Judaism, Jesus, and Christianity*. San Francisco: HarperSanFrancisco.

Zahn, Molly M. 2011. *Rethinking Rewritten Scripture: Composition and Exegesis in the 4QReworked Pentateuch Manuscripts*. Leiden: Brill.

디아스포라 유대교

에리히 S. 그륀(Erich S. Gruen)

기원후 70년, 로마 군대가 예루살렘 성전을 파괴했다. 고대 유대인들에게 성전의 소실은 엄청나게 충격적인 사건일 뿐만 아니라 가시지 않는 트라우마의 표시가 됐다. 그 사건의 여파는 여전히 남아 있다. 성전이 파괴된 날은 650년 전에 예루살렘이 바빌로니아에 의해 정복된 날짜와 일치했고(이것은 기이한 우연일 수도 있지만 지어낸 이야기일 가능성이 높다) 이스라엘에서 매년 기념일로 지켜지고 있다. 이 사건은 이후 수 세기 동안 많은 디아스포라 유대인들의 의식(consciousness)을 형성했다. 민족 정체성을 정의하고 거기에 의미를 부여한 중심이 사라지면서 유대인들은 시각을 바꿔야 했고, 새로운 장소에서의 삶에 적응해야 했으며, 생소한 환경 속에서 자신들의 유산을 재고해야 했다.

유대 디아스포라의 범위

하지만 유대 디아스포라를 논할 때 성전 파괴의 결과에만 초점을 두면 아주 중요한 사실을 간과하게 된다. 바로 로마에 의한 예루살렘 멸망이 있기 오래전부터 팔레스타인 지역 외부에 흩어져 사는 유대인들이 있었다는 사실이다. 자신들의 땅에서 밀려났다는 생각은 유대인의 신화에 깊이 뿌리박혀 있었다. 가인이 받은 저주—땅에서 정착하지 못하고 영구히 떠돌아 다니게 될 것이라는 것—는 바로 이것을 상징한다. 출애굽 전 이집트에서 노예살이하면서 압제받은 때와 뒤이어 광야를 헤맨 때도 그렇다. 그런데 그것은 시작에 불과했다. 기원전 6세기에 자신들의 땅에서 강제 이주하게 된 '바빌로니아 포로기' 역시 유대인의 경험 속에 있었다. 바빌로니아 유수 이야기는 과장과 꾸며진 내용을 포함하고 있을 수 있으나 완전히 지어낸 이야기는 아니다. 그리고 포로기를 끝내고 '귀환'한 이야기의 역사성과 상관없이 디아스포라 유대인의 존재는 이미 되돌릴 수 없는 엄연한 사실이었다. 엘레판티네의 유대 수비대 주둔지(military colony)에서 발견된 파피루스가 보여주듯이 기원전 6세기에 이집트에 거주한 유대인들이 있었다. 그리고 바빌로니아의 문서 보관소에 남아 있는 기록들은 유다 왕국의 '회복' 이후에도 유대인들이 다양한 교역 활동과 직업에 종사했음을 보여준다.

그러나 디아스포라 유대인의 수는 빠르게 증가했고, 기원전 4세기 후반부터는 몇 배로 늘었다. 알렉산드로스 대왕의 정복으로 상당수의 그리스인들이 근동 지역으로 이주했다. 페르시아 왕국이 몰락하면서 이주하는 인구가 늘었다. 새로운 공동체들이 생겨났고, 오래된 공동체들은 구성원이 바뀌거나 덩치가 더 커졌다. 이동성(mobility)이 높아져서 한곳에 발붙이지 못하고 떠돌아 다니는 사람들에게 수많은 정착지는 매력적으로 보였다. 그리스인과 마찬가지로 유대인도 타지에서의 삶이 전도유망하다는 것을 깨닫기 시작했다. 디아스포라 유대인의 급증은 그리스인의 타지 이주의 붐을 따랐던 것으로 보인다.

흩어져 살았던 유대인의 수를 정확히 추정하기는 어렵다. 그러나 상당수의 디아스포라 유대인이 있었다는 것은 분명하다. 기원전 2세기 후반 마카비1서의 저자는 이집트, 시리아, 메소포타미아, 이란 고원만 아니라 소아시아의 도시들과 주요 도시들(principalities), 그리고 에게해의 섬들과 그리스, 크레테, 키프로스, 키레네 지역까지 유대인이 살았다고 주장한다. 우리는 로마와 오스티아를 포함한 이탈리아 반도에도 유대인 공동체들이 있었음을 알고 있다. 기원전 1세기 말의 그리스인 지리학자 스트라본—그는 유대인에 대한 특별한 반감이 없었다—은 이 세상 그 어디에도 유대 민족이 정착하지 않은 곳이 없다고 기록했다. 이런 상황은 성전의 파괴 훨씬 전부터 있었다. 구체적인 숫자는 몰라도 디아스포라 유대인이 팔레스타인에 거주한 유대인보다 이미 수 세대 전부터 훨씬 많았다고 확신있게 말할 수 있다.

이 사실은 강조될 필요가 있다. 제2성전기 디아스포라 유대인의 삶은 특이한 것도 아니었고, 주변부적인 것도 아니었으며, 예외적이거나 일시적인 것도 아니었고, 유대인들의 경험에 있어서 무의미한 것도 아니었다. 오히려 유대인들의 경험에 가장 특징적인 것으로서 매우 중요했다. 성전은 예루살렘에 건재했다. 하지만 대다수의 유대인들은 다른 곳에 거주했다. 유대인들의 구체적 삶과 그들이 느꼈던 감정은 유대 디아스포라를 제대로 연구하지 않으면 파악할 수 없다.

이토록 큰 규모의 이주가 왜 일어났을까? 분명 일부는 타의에 의한,

환영받지 못한 이주였을 것이다. 상당수의 유대인들은 죄수, 전쟁 포로 또는 노예로 와서 타지에서 살게 됐다. 기원전 3세기에 이집트와 시리아 왕국 사이에 벌어진 충돌로 산발적인 이주가 발생했다. 그 이후 팔레스타인 지역 내부에서 발생한 정치적 변동들은 정치적 망명이나 강제 이주의 원인이 되기도 했다. 로마의 근동 지역 개입은 일시적으로 이러한 과정을 촉진시켰다. 기원전 63년 유대아에서 폼페이우스가 거둔 승리는 삼십여 년간 팔레스타인 지역에서 지속된 전쟁으로 이어졌고, 유대인들(구체적으로 몇 명인지는 알 수 없음)은 정복의 희생양이자 노략물로 이탈리아로 끌려 갔다.

그러나 강제 이주는 유대 디아스포라의 기원을 아주 일부만 설명할 수 있을 뿐이다. 유대인들이 자발적으로 이주한 데에는 수많은 이유가 있다. 팔레스타인 지역의 지나친 인구 밀집도 이유 중 하나일 수 있고, 빚 때문에 이주한 이들도 있었을 것이다. 하지만 삶의 곤경보다 더 큰 이유들이 있었다. 알렉산드로스 대왕의 정복을 통해 새롭게 발생한 공동체들의 성장이 이주를 이끈 이유 중 하나였다. 이동이 활발했던 사회에서 유대인들에게는 수많은 선택지들이 주어졌다. 많은 유대인이 상인이나 수비대(military colonists)로 일하거나, 헬레니즘 도시 내지 왕국에서 정규군으로 활동했다. 다른 이들은 사업, 상거래, 또는 농업에 종사할 기회를 잡았다. 모든 땅이 그들에게 열려 있었다.

디아스포라에 관한 유대인의 생각

유대인들은 디아스포라 상황에 대해 어떻게 생각했을까? 어떤 식의 자기이해(self-perception)가 안티오키아, 알렉산드리아, 로마, 키레네, 에페수스, 그리고 유대아 밖에 거주한 이들의 사고를 형성했을까? 이스라엘의 흩어짐에 관해 성경 전체에 흐르는 반향은 전적으로 침울한 특징을 지녔으며, 고국에 대한 기억이 갈수록 희미해져가는 유대인들에게 드리워진 검은 구름과도 같았다. 레위기는 이스라엘의 죄에 대한 하나님의 보복으로 그들이 다른 민족 가운데로 흩어질 것임을 선언했다. 신명기에 따르면 야웨의 분노가 외국인들의 땅에서 거짓된 신들이나 우상을 숭배하는 이스라엘을 좇아다닌다고 한다. 예레미야의 선언은 이러한 메시지를 강화했다. 야웨에게 등을 돌린 이스라엘인들이 이방 민족들의 땅에 흩어져 이방 주인들의 노예로 살면서 파멸에 이를 때까지 하나님의 벌을 감내하게 될 것이라고 말이다. 그리고 다니엘은 하나님의 계명들을 지키는 데 실패하는 것이 하나님께서 이스라엘을 흩으시게끔 그분을 격동시킬 것이라고 경고한다. 그러므로 디아스포라는 고향 땅으로부터의 강제 축출과 사악한 이들에 대한 심판—타국에서 타지인들에 대해 적대적인 이들에게 억압을 받으며 쇠멸해가는 죄인—을 상징하는 것으로 보인다.

하지만 이와 같은 성경의 무서운 예고는 헬레니즘 시대와 로마 시대의 디아스포라 유대인의 실제 삶과 별로 관련이 없다. 역사적 실체가 둘 사이를 가로막고 있다. 여러 세대에 걸쳐 셀 수 없이 많은 디아스포라 유대인들이 비참함에 빠져 조상의 땅을 앙망하며 살았다는 주장을 설득력 있게 설명할 수 있는 사람이 과연 있을까? 터무니없는 상상이다. 이주되어 살고 있다는 느낌이 지중해 전역에 흩어져 공동체로 살던 유대인들의 의식을 지배하지 않았다. 흩어져 살게 된 경위를 설명하는 '이론'을 유대인들이 굳이 만들어 낼 필요가 없었다는 점에 주목해야

97-98

한다. 그리스 문화와 로마 지배 아래의 세계에 살던 이들은 흩어져 살고 있다는 사실에 고통을 느끼거나 고민하지 않았다. 이는 단지 그들의 현실이자 정체성의 핵심을 이루는 요소였다.

'디아스포라'(Diaspora)라는 용어 자체는 그리스어 단어다. 이 명사는 헬레니즘 시대 유대 문헌에 거의 나오지 않는다. 또한 '디아스포라'라는 명사는 '유배'(exile)를 의미하는 '갈루트'(*galut*) 또는 '골라'(*golah*)의 번역어로 사용되지 않았다. 실제로 칠십인역의 저자들은 그러한 용어들을 '식민 도시'(colony: 이주민들로 구성된 도시) 또는 그와 유사한 단어로 번역했다. 그리스어의 일상적인 용례에서 이 단어는 부정적인 함의를 전혀 가지고 있지 않았다. 일반적으로 말해 헬레니즘적 식민 도시들은 실제 온전히 독립적인 기관으로 발전했다. 어떤 그리스 저자는 예루살렘을 긍정적 의미에서 '식민 도시'라고 명명하며 모세가 예루살렘을 설립했다고 기록했다. 유대인들은 분명 이방인들이 이러한 표현을 사용하는 것을 보고 가져와 사용했을 것이다. 필론은 모세를 따라 이집트에서 나온 히브리인들을 '식민 도시인'(colony)이라고 넌지시 표현했다. 반대 방향으로의 이주도 동일한 단어로 묘사됐다. 팔레스타인의 유대인들이 식민 도시인들을 지중해와 근동의 모든 곳으로 보냈다. 이주는 당황스러움이나 애통함이 아니라 자부심을 고양시켰다. 유대인 지식인들은 유대 민족의 중심지(고국, 예루살렘—역주)에서 잘려 나갔다는 불평이나, 축소되어 고립되고 굴욕적인 현실을 산다고 기록하지 않았다. 디아스포라 상황에 대한 고통에 겨운 합리화, 정당화, 또는 변증은 어디에도 없다. 이 사실 자체가 의미심장하다.

유대인들이 타지의 환경에 대해 어떻게 느꼈는지 직접 알 수는 없다. 하지만 간접적인 증거는 충분하다. 지중해 전 지역의 디아스포라 상황을 아우르는 일반적 진술은 전적인 오류까지는 아니더라도 위험한 시도다. 소아시아에 있던 유대 공동체들의 경험은 바빌로니아나 키레네나 로마의 유대 공동체의 경험과 겹치는 것이 별로 없었을 것이다. '디아스포라 유대교'라는 개념/용어 자체가 실제로는 존재하지 않았을 '단일성'이 있었을 것이라는 (잘못된) 인상을 준다. 그들이 처한 환경은 각기 달랐고 그에 대한 반응도 다양했다. 모든 곳의 유대인들이 둘 중에 하나를 선택했어야 했다고 상상하는 것은 오류다. 즉, 그들이 분리된 채 살아가는 공동체로서 꿋꿋하게 살아가든가 아니면 이방 문화에 온전히 동화되든가, 둘 중 하나만을 선택했어야 했다는 상상은 잘못됐다. 두 가지 삶의 방식 말고도 여러 선택지가 있었고, 유대인들은 분명 이러한 다양한 삶의 방식을 모두 선택하고 절충하며 살았을 것이다. 각각의 영역에서 그들은 다른 방식으로 균형을 맞추어 살았고 여러 방식을 합친 나름의 독특한 생활 방식을 구축했다. 의식적이거나 계산된 과정이 아니라 자연스럽게 말이다.

디아스포라의 회당

하지만 공통된 기반은 실제로 있었다. 거의 모든 곳에 회당이 있었음을 보여주는 상당한 증거가 있다. '쉬나고게'(*synagōgē*)라는 용어가 늘 사용되지는 않은 것 같다. '프로세우케'(*proseuchē*, "기도의 집")나 '히에론'(*hieron*, "거룩한 장소")처럼 다른 명칭으로도 나타난다. 그리고 이러한 명칭은 건물이 아니라 모임이나 회합을 가리켰을 것이다. 특정한 모델이나 패턴이 일관되게 유지되지는 않았다. 다양한 기능들, 물리적 특징들, 기관의 구조들을 보면 단일성과는 거리가 멀다. 하지만 '쉬나고게'가 (그것이 어떠한 형태이든 상관없이) 유대인들의 공동체적 행동을 진작시키고 집단 정체성을 고양시켰다는 인상적인 기록들이 많이 있다. 이러한 증거들은 문학적 문헌, 명문(inscription, "새김글"), 파피루스 등에 남아 있고, 고고학적 발견은 회당의 구조 자체의 윤곽을 보여준다. 대개 성전 파괴 이후의 산물이 이 증거들의 대부분을 이룬다. 그러나 제2성전기의 증거들도 회당이 지리적으로 광범위하게 존재했음을 보여준다.

이집트 상부의 엘레판티네 지역의 성소는 일찍이 기원전 6세기부터 유대 군사 주둔지로 기능했다. 이는 아마도 예외적인 경우라고 할 수 있지만 그래도 유대인들이 어디에 있든지 간에 공동의 관심사를 표현하기 위한 수단을 찾으려는 자연스러운 경향을 보여준다고 할 수 있다. 이집트 중부에서 발견된 3세기 중엽의 명문들은 그 지역의 지배자인 프톨레마이오스 왕조에게 영예를 돌리기 위해 헌정된 회당들('프로세우카이'[*proseuchai*]로 지칭됨)이 존재했음을 보여준다. 왕가의 호의는 유대 '프로세우카이'에 전달됐는데, 일반적으로 이방 신전들에게 부여되는 은신처(asylum, 도피처)의 지위—정부 차원의 승인을 보여주는 주목할 만한 표시—를 공식적으로 수여하는 데까지 이르렀다. 당시의 문서와 명문들은 알렉산드리아에 수많은 회당이 있었음을 증거해준다. 특히 명문에는 헌정하는 사람이 프톨레마이오스 왕조와 그 가문을 위해 '프로세우케'를 건립한다는 표준 문구가 적혀있다. 이집트의 유대인들은 회당에서 '지존하신 하나님께' 헌신하면서도 동시에 이방인 정치 지도자에게 찬사를 돌리는 것에 전혀 불편함이 없었다. 이 두 가지 행동 사이에 어떤 긴장이나 비일관성을 느끼지 않았다. 유대 회당들은 이집트에서 익숙히 볼 수 있는 장소였다.

99

또한 많은 유대인들이 키레나이카에 정착했다. 그곳에 회당들이 많이 생겨났다. 한 명문은 키레네의 마을에 있는 회당 건물을 고치는 데 도움을 준 기부자에게 명예를 돌린다. 재보수가 필요한 건물의 구조는 물론, 후원자들에 대한 감사의 표현이 가시적으로 그리고 공적으로 표현됐다는 사실은, 유대인들이 자신들의 기관을 유지하는 것과 주변의 더 큰 공동체에 그러한 기관을 유지하고 정비하는 행위를 공포하는 것에 대외적으로 자부심을 가졌음을 보여준다.

유대인은 소아시아 전역에 거주했다. 바울과 그의 동료들은 여행하면서 방문한 지역의 유대 회당에 늘 들렀다. 요세푸스가 수집한 문서들에서 회당을 건립하고 그곳에서 모이는 유대인의 권리를 보장하는 로마의 공표를 볼 수 있다.

흑해의 북쪽과 동쪽 연안에 있던 그리스 도시들에 '회당'은 놀라울 정도로 많이 있었다. 기원후 1세기에 작성된 괄목할 만한 문서 꾸러미에는 각 도시의 회당에 속한 유대인이 노예를 해방한 기록이 남아 있다. 이 문서들은 자유인이 된 노예와 유대 공동체 사이의 지속된 관계를 보여준다. 유대인 공동체는 해방된 노예들을 후견하는 책임이 있었고, 이는 두 그룹 사이의 연대를 분명하게 보여주는 표시였다.

회당이 여러 지역에 퍼져 있었음을 보여주는 다른 예들도 많다. 예를 들어 바울의 선교 여행은 마케도니아와 그리스의 여러 도시에 유대 회당이 있었음을 보여준다. 유대 회당이 거의 확실한 실제 건물이 에게해의 델로스섬에서 발굴됐다. 유대 공동체가 아폴로 신의 탄생지인 성스러운 장소에 정착했다는 사실은 이방 종교의 중심지에서도 유대인들이 불편없이 지냈음을 사실적으로 보여준다. 사실 유대인은 '자신들의 땅'에서 아주 멀리 떨어진 이탈리아에서도 번성하는 공동체를 이루었다. 로마에 유대인들이 살았다는 사실은 문헌 증거뿐만 아니라 (로마에 있는 회당의 이름이 최소 열한 개 언급되는) 유대 카타콤 묘비에 새겨진 글을 통해서도 확인된다. 고고학자들은 티베르강둑에 위치한 로마의 주요 항구였던 오스티아 지역에서 한 유대 회당의 유적을 발굴했다. 다른 지역과 마찬가지로 여기에서 발굴된 유적도 토라 두루마리를 놓는 반원 모양의 장소, '메노라'(menorah: 유대교 제의에 쓰이는 촛대), '룰라브'(*lulav*: 초막절에 사용되는 야자 나무 가지), 쇼파르(*shofar*: 양의 뿔로 만든 고대 악기), '에트로그'(*ethrog*: 초막절에 사용하는 레몬 계열 과일) 같은 이미지 등은 고유한 유대적 특징을 보여준다. 제2성전기에는 흑해에서 북아프리카까지, 그리고 시리아에서 이탈리아까지 유대 회당이 있었다.

회당은 유대인들이 공유하는 관심사를 고양하는 광범위한 활동이 이루어지는 매개체였다. 공부와 교육, 성경과 전통과 율법과 도덕 지침에 대한 토론, 기도, 제의, 예배, 공동 식사, 축일 거행, 유대 역사의 주요 사건 기념, 분쟁 판결, 법령 통과, 구성원들의 회합, 성스러운 돈 관리, 낙헌 예물, 명문 헌정, 공동체의 서고 관리 등의 활동이 회당과 관련 있었다. 물론 모든 회당이 이러한 기능을 하지는 않았다. 분명히 지역 환경에 따라 수많은 차이가 있었을 것이다. 하지만 그러한 활동이 고립되어 숨겨진 곳이 아니라 회당에서 폭넓게 수행됐다. 회당은 대중들 가운데 있었다. 회중들은 자신들의 지도자와 지도 체계를 가졌고, 대표자를 두었다. 이방인들은 유대인의 안식일 준수를 자주 언급했다. 어떤 명문(inscription)은 회원 자격을 결정한 내용을 담고 있다. 로마의 대변인들이 쓴 편지나 칙령들은 대부분 회당에서 행해지는 유대 관습을 공적으로 승인했다. 인상적인 증언들은 자신들의 전통과 독특한 특징을 당당히 드러내 보였던 유대 공동체들의 번영과 활기찬 모습을 보여준다.

100–101

유대인들이 이방의 사회적·정치적 삶에 참여함

유대인들이 디아스포라 도시들에서 어떤 형태의 삶을 살았는지에 대한 구체적 증거는 없다. 하지만 파편적으로만 남아 있는 언급, 실마리, 그리고 간접적 표시들 대부분은 디아스포라 유대인이 사회·문화적 활동에 참여하는 동시에 구별된 정체성을 유지했던 정황을 일러준다. 이방 사회에 참여하는 것과 고유한 정체성을 유지하는 것은 상호 배타적이지 않았다.

가장 헬레니즘적 기관인 김나지움과 유대인의 삶을 예로 들 수 있다. 김나지움은 지중해 연안의 공동체들 중 최소한의 엘리트 계층에게 그리스식 교육을 제공하는 대표적 기관이었다. 김나지움은 그리스인들이 이주한 주요 도시들에서 여러 세대에 걸쳐 헬레니즘적 지도자를 양성하는 기반으로 기능하며, 귀족 가문에서 선별된 청소년들(ephebes)의 필요에 부응했다. 김나지움은 유대인과 가장 거리가 먼 기관처럼 보일 수 있으나 유대인들이 김나지움에 참여했다는 분명한 흔적이 있다. 그 청소년 목록에는 알렉산드리아(이집트), 키레네(북아프리카), 사르디스(소아시아 서부), 야소스(소아시아 남서부), 코로네(그리스 남부)의 유대인이 포함됐다. 최소한 일곱 개의 도시에서 헬레니즘 수호자인 김나지움이 유대인에게 개방되어 있었다.

사회/경제적 일상을 엿볼 수 있는 파피루스가 이집트에서 발견됐기에, 디아스포라 유대인의 삶은 (아주 빈약하지만) 전적으로 이집트 거주 유대인에 관한 정보에 근거한다. 문헌과 명문의 기록으로 뒷받침되는 이 증거에 의하면 유대인들은 프톨레마이오스 치세의 군인과 경찰로 복무했고, 장교급까지 승진했으며, 토지를 수여받았다. 알렉산드리아의 묘지에서 발견된 아람어와 그리스어 비명(inscription)은 용병으로 근무한 유대인이 헬레니즘 세계의 각 지역에서 온 그리스인들과 나란히 매장됐음을 보여준다. 유대인은 세금 대리 징수인, 세리, 은행가, 곡물 저장소 공무원 등 다양한 직급의 행정직을 가질 수 있었다. 그들은 상업, 항운, 금융, 농업 등 거의 모든 직업에 종사했다. 명예롭고 중요한 직책의 자리까지도 갈 수 있었다. 법적으로 유대인들은 편견에서 비롯된 차별을 겪지 않았고, 이집트로 이주한 그리스어를 구사하는 여타 이민자와 마찬가지로 '헬라인'(*Hellenes*)으로 간주됐다.

유대인의 시민권 신분이 어떠했는가는 모호한 채로 여전히 논쟁의 대상으로 남아 있다. 유대인들은 기원전 1세기 말 알렉산드리아에서 안정적 지위를 확립했다. 유대인에 대한 편견이 없었던 스트라본은 유대인들이 도시의 넓은 지역을 할당받았고, 자신들의 관료인 민족의 영도자(ethnarch)가 그들을 통치하고 분쟁을 해결하며 계약과 칙령을 관리하도록 했다고 기록했다. 스트라본은 유대인들이 단순히 그들만의 내부적 사안들을 관할했지만 또한 그들이 충성해야 했던 더 큰 알렉산드리아 체제에도 참여했음을 암시한다. 또 다른 증거는 유대인들이 게토화된 상황에서 산 것이 아니라 알렉산드리아의 모든 지역에 거주했음을 보여준다. 이 유대인들은 자기 자신들을 '알렉산드리아인'이라고 지칭할 수 있었다. 이 용어는 단순한 지역적 지칭보다 더 많은 의미를 가졌다. 아우구스투스 황제는 동으로 만든 기둥에서 그들을 '알렉산드리아의 시민들'이라고 지칭했다. 이 표현이 무엇을 의미하든, 유대인들이 도시의 정치 사안을 다루는 절차에 자격을 인정받은 일원으로 참여했음을 일러준다. 이와는 별도로 필론은 알렉산드리아의 유대인이 '정치적 권리를 공유했다'고 기록했다. 우리에게 정확한 자료가 없더라도, 유대

101–102

인들이 도시에서 사회 경제적 삶을 누릴 권리가 있음을 주장한 것과 마찬가지로 시민의 특권들을 누릴 권리를 주장한 것은 분명하다고 할 수 있다.

다른 지역에서 유대인들이 가지고 있었던 정치적 지위에 대해서는 몇 가지 언급만 하려 한다. 최근에 이집트의 헤라클레오폴리스에서 파피루스가 발견됐다. 이 파피루스는 유대 '폴리테우마'(*politeuma*), 즉 비유대인과 유대인 모두가 관련된 사건들을 판결하는 자치 기구가 존재했음을 보여준다. 이와 비견할 만한 '폴리테우마'가 키레나이카에도 존재했다. 더욱 큰 키레나이카 공동체를 다스리는 기구에 유대인들이 참여했음을 보여주는 증거도 있다. 안티오키아의 유대인도 시민권자들이 누리는 특권 같은 것을 가지고 있었고, 이는 사르디스와 소아시아의 이오니아 도시들에 거주한 유대인들도 마찬가지였다. 더욱이 로마시에서 멀리 떨어진 지역에 거주하는 유대인도 로마 시민권을 소유할 수 있었다. 다소 출신이면서 로마 시민권을 지녔던 유대인인 바울은 이러한 많은 유대인 중 유명한 한 예일 뿐이다. 그들이 지녔던 특권들이 정확히 무엇이었는지, 그리고 실제 어느 정도로 그런 특권들을 행사했는지와 관련된 문제는 여전히 논쟁 중에 있다. 그러나 로마가 제공하는 권력의 수혜를 오롯이 누리는 데 유대인들은 어떤 방해도 받지 않았던 것으로 보인다.

이방 문화와 지적 생활에 참여

좀 더 깊게 들어가보자. 유대인은 헬레니즘 사회의 상위층이 누리는 문화 생활에도 함께 할 수 있었다. 유대인 작가들은 거의 모든 형태의 그리스 문학 장르에 익숙했다. 서사시를 저술한 테오도토스와 필론, 비극 작가인 에스겔, 역사를 기록한 데메트리오스와 에우폴레모스, 철학자 아리스토불로스, 중편 소설과 역사 소설에 해당하는 『아리스테아스의 편지』, 『마카비3서』, 『요셉과 아스낫』을 쓴 저자들, 우주론과 신화를 기술한 『위-에우폴레모스』, 『시뷜라의 신탁』의 저자들을 예로 들 수 있다. 이런 작품들을 저술할 수 있는 능력은 저자들이 높은 수준의 교육을 받았고 헬레니즘 문화 전통에 깊이 젖어 있었음을 보여준다. 이 저자들은 당대 지식인 층에 속해 있었다. 우리에게 잘 알려진 저자들의 대부분은 알렉산드리아 출신이다. 하지만 앞에서 보았듯이, 다른 지역의 유대인도 김나지움 교육을 받았으므로 우리가 잘 모르는 다른 여러 지역 출신의 저자들도 분명 많았을 것이다.

분명히 유대인 저자들은 헬레니즘 문학의 장르, 형식, 그리고 문체에 두루 익숙했다. 그들은 그리스어로 글을 썼고 그리스 문예 기법을 조정해가며 사용했다. 이 저자들은 자신들의 목적을 위해 그러한 문학 관습을 이용했다. 유대 지성인들은 그리스 문학의 고전을 익혔지만, 올림푸스 신들에 관한 신화는 물론, 트로이 전쟁 이야기나 헤라클레스의 고투, 아트레우스의 집, 그리스와 페르시아 사이의 전쟁을 재서술하는 것에 관심을 두지 않았다. 그들의 영웅은 아브라함, 요셉, 모세였다. 성경의 이야기를 재서술하거나, 조상들의 전통을 재구성하거나, 고대 전설에 활력을 불어넣거나, 헬레니즘 문화 세계 안에서 유대인 고유의 정체성을 형성하는 것이 헬레니즘을 자신들의 작품에 차용한 이 저자들의 목표였다. 유대인이 마주한 도전은 이방 사회에 적응하거나, 편견의 장벽을 뛰어 넘거나, 경계선을 가로지르는 것이 아니었다. 헬레니즘 문화

102–103

가 지배력을 확장하는 세계에서 유대인들은 유대 전통과 자기 정체성을 헬레니즘적 매체(media)를 통해 표현하려고 노력했다. 심지어 그러한 매체를 자신들의 것으로 만들면서까지 말이다.

특히 놀라운 다음의 예가 이러한 점을 잘 설명해준다. 비극은 아마도 가장 대표적인 헬레니즘적 매체라고 할 수 있을 것이다. 유대인에게는 이러한 비극의 특징이 걸림돌로 작용하지 않았다. 알렉산드리아의 작가 에스겔은 고전적 비극의 관습들을 사용해서 출애굽을 인도한 모세의 이야기를 바탕으로 『엑사고게』(*Exagōgē*)라는 희곡을 썼다. 에스겔은 그리스 희곡의 관습을 사용하는 동시에 출애굽기의 서사 구조를 충실히 따랐다. 하지만 그는 자신만의 창조적 요소를 넣었다. 보좌에 앉으신 하나님께서 모세를 불러 왕관과 홀(笏)을 주고 떠나시는 꿈을 말하는 놀라운 장면이 바로 그것이다. 에스겔은 여기에서 모세의 위엄을 높이는 동시에 모세와 하나님과의 관계를 새롭게 구상한다. 천상의 영역이 지상에서의 왕의 통치와 유사하게 보인다. 하나님의 보좌에 모세가 올라간 것과 왕권의 상징들을 받은 것은 그가 인간사를 다스리도록 임명받은 야웨의 대리인임을 나타낸다. 이것은 에스겔의 동시대인들에게 분명한 메시지를 전달한다. 즉, 절대적 권위를 가지고 지상에서 하나님의 뜻을 실행하는 모세의 역할은 헬레니즘 세계에서 왕의 통치를 연상시킨다. 그러므로 에스겔은 모세를 헬레니즘 왕권 자체의 선도자로 만들 뿐만 아니라 헬레니즘적 왕권을 모델로 삼아 모세의 지위를 재창조한다. 가장 높은 재판관으로서의 모세는 모든 민족을 위해 율법을 해석할 것이다. 에스겔은 헬레니즘화된 그의 동족과 헬레니즘 세계의 사람들이 알아들을 만한 표현으로 이스라엘의 영웅을 온 인류의 불빛이자, 신의 대표로 기술했다. 비극 시인은 가장 헬레니즘적인 장르를 효과적

103

으로 선택해서 그것을 유대인 독자층이 자부심을 가질 근거로 사용했다.

또 다른 유명한 작품도 디아스포라의 유대인과 이방인 사이의 교차점과 유대인의 특별함에 대한 강조 둘 다를 잘 보여준다. 이는 바로 『아리스테아스의 편지』로 아마도 기원전 2세기경 알렉산드리아의 헬레니즘화된 유대인이 저술했다. 이 작품은 히브리어 성경이 그리스어로 번역된 일련의 사건을 재서술하는 목적으로 기록됐다. 이 성경 번역 작업은 기원전 3세기 중엽 무렵 진행됐고, 디아스포라 유대인들에게 가장 의미있는 사건이었다. 그리스어로 번역된 성경이 필요하게 된 상황 자체가 결정적 의미를 내포한다. 즉, 지중해 연안에 흩어져 사는 많은 유대인들이 히브리어를 잊게 됐으나 그럼에도 불구하고 그들의 전통의 중핵에 천착했음을 일러준다. 그들이 성경을 읽으려면 그것은 그리스어로 번역되어야 했다. 최초의 번역(들)은 결과적으로 칠십인역(Septuagint)으로 알려진 본문이 됐다. 그리스-로마 시대의 대다수 유대인에게는 칠십인역이 바로 성경이었다.

『아리스테아스의 편지』는 그리스 성경 번역이 기원전 3세기 중엽 이집트를 다스린 프톨레마이오스 2세의 주도로 시작됐다고 기록한다. 이 문서는 다음과 같이 이야기한다. 알렉산드리아의 도서관장이 '유대인들의 율법'—분명 오경을 지칭한다—을 위대한 도서관에 비치해야 한다고 프톨레마이오스 왕을 설득했다. 도서관이 소장하고 있는 히브리어 본문이 부적절하고 조심성 없이 작성됐기 때문이라는 이유였다. 프톨레마이오스 왕은 예루살렘의 대제사장에게 번역할 사람들을 요청하는 편지를 보냈다. 대제사장은 감사한 마음으로 각 지파에서 6명씩 히브리어와 그리스어 둘 다에 능통한 72명의 유대 학자를 뽑았다. 유대 학자들은 알렉산드리아로 보내졌고 그곳에서 따뜻한 환영을 받았다. 프톨레마이오스 왕 자신도 예루살렘에서 운반된 거룩한 두루마리에 경의를 표했다. 그는 또한 7일 간의 연회를 열어 코셔(kosher) 음식을 제공했고, 그 기간 동안 지혜롭게 통치하는 적절한 방식에 대해 72명의 유대인 현자 한 명 한 명에게 각기 다른 질문을 던졌다. 프톨레마이오스는 유대 학자들의 현명한 답변에 찬사를 보냈다. 그 뒤 번역자들은 파로스 섬으로 가서 번역 작업에 착수했고 정기적으로 서로의 초고를 비교했으며, 결국 공통된 역본에 합의하게 되어 정확히 72일 만에 작업을 마쳤다. 알렉산드리아의 유대 공동체의 제사장들과 지도자들은 이 번역본을 단 한 줄도 변경되어서는 안 되는 결정판(definitive version)이라고 선언했다. 이들과 마찬가지로 프톨레마이오스도 새로운 성경에 경의를 표하며 번역을 수행한 유대인 학자들에게 풍성한 선물을 내렸다.

이것이 대략의 줄거리다. 누구도 이 이야기가 프톨레마이오스 2세 치하에서 관료복을 입은 학식 있는 유대인 저자의 작품임을 의심할 수 없을 것이다. 물론 이야기의 세부 사항에 있어서 전부는 아니더라도 상당 부분은 허구다. 『아리스테아스의 편지』는 유대 지식인들이 그리스식 교육의 다양한 형식과 특징—민족지학적 여담(ethnographic excursuses)에서 문서 주해와 알레고리적 해석까지—에 익숙했음을 잘 보여주는 예다. 저자는 헬레니즘 문학에 말 그대로 흠뻑 빠진 사람이었다. 표면적으로는 이 작품이 유대교와 헬레니즘의 문화적 융합을 잘 나타낸 예로 보일 수 있을 것이다. 최소한 유대인의 관점에서 볼 때는 말이다. 헬레니즘의 통치가 이러한 기획을 추진했고, 유대 학자들이 그 기획을 실행했다. 번역자들은 이방의 도서관을 더 훌륭하게 만들고 싶어 하는 왕의 요청에 따라 움직였고, 왕은 이스라엘의 거룩한 책에 깊은 경의를 표했다. 위명

104-105

의 화자 아리스테아스는 심지어 프톨레마이오스에게 유대인들이 온 세상의 감독자이자 창조자인 하나님을 경외하며 이 하나님을 그리스인을 포함한 모든 이가 숭배한다고 단언한다. 이방인들은 이 하나님을 단지 제우스라는 다른 이름으로 부를 뿐이라고 말이다.

하지만 서로 다른 문화 사이의 조화와 융합이 이 이야기의 전부는 아니다. 다른 측면도 마찬가지로 중요하다. 『아리스테아스의 편지』는 헬레니즘 문학 장르에 완전히 숙달된 모습을 보이면서도 유대 전통의 장점을 알리기 위해 그 지식을 적절히 조정해서 사용했다. 유대인의 독특한 특징은 전혀 문젯거리가 아니었다. 모든 이가 증언하는 신은 그리스인들이 제우스라는 이름으로 부를지라도 유대인의 신이다. 대제사장은 성경을 그리스어로 번역하도록 유대 학자들을 기꺼이 알렉산드리아로 보냈다. 하지만 그는 유대 신앙의 우월함을 그리스인들의 마음에 심었고 나무와 돌로 만든 우상을 숭배하는 자들을 비웃었다. 그는 모세 율법이 오염된 관습과 기관의 침입을 막는 견고한 장벽을 세워 히브리인들을 외부의 영향으로부터 보호했다고 주장했다. 그리고 대제사장은 유대인들이 프톨레마이오스 왕국의 평화와 명성의 보전을 위해 하나님께 희생제물을 바쳤다고 말했다. 후견인-피후견인 관계가 완전히 역전된 모습이다.

한 걸음 더 들어가 보자. 7일간의 연회(symposium)는 기본적으로 헬레니즘적 관습이었을 것이다. 하지만 유대 현자들은 왕이 던진 모든 질문에 매번 하나님을 언급하며 신속하고 간결한 답변을 했고, 이는 프톨레마이오스와 그의 신하들뿐만 아니라 연회에 참석한 모든 그리스 철학자들의 찬탄을 자아냈다(이 철학자들은 유대 현자들이 자신들보다 뛰어나다고 인정했다). 프톨레마이오스는 유대인의 답변 하나하나—그 답변이 상식

105-106

적이고 뻔한 것임에도 불구하고—에 찬탄하며 칭찬했다. 왕은 유대인을 차별하는 모습을 전혀 보이지 않았다. 『아리스테아스의 편지』는 분명 프톨레마이오스를 현명하고 신사적이며 자애롭고 깊은 교양과 학식을 갖춘 통치자로 묘사한다. 그러나 저자는 (때로) 프톨레마이오스에 대해 지나칠 정도로 그럴듯하지 않은 묘사를 하기도 한다. 알렉산드리아에 히브리 성경 두루마리가 도착했을 때 프톨레마이오스가 일곱 번 이상 몸을 숙였고, 심지어 두루마리를 보며 눈물을 터뜨렸다고 묘사한다. 그러고 나서 왕이 두루마리의 도착일을 연례 축일로 기념할 것을 명했다고 한다. 저자는 그리스 철학자들도 이런 캐리커처로 묘사한다—유대인의 학식의 우월함을 경탄하며 증언하는 자들로 말이다. 간단히 말해 『아리스테아스의 편지』는 디아스포라 상황에서 유대인과 이방인의 조화와 협동을 기술한 대표적 문헌인 동시에, 유대적 가치의 독특한 특징과 그것이 이방의 가치보다 더욱 오래됐음(precedence: 고대에는 오래된 것이 더욱 가치 있다는 생각이 있었다—역주)을 강조하는 작품이다.

히브리어 성경을 그리스어로 번역한다는 생각 자체가 디아스포라에 깊은 의미를 가진다. 『아리스테아스의 편지』가 보도하는 이야기의 역사성은 부차적인 문제다. 프톨레마이오스 2세가 칠십인역의 탄생에 관련됐을 수도, 아닐 수도 있다. 프톨레마이오스 2세는 높은 학식으로 명성을 얻었기에, 후대의 저자가 이 왕을 그리스어 번역 성경 기획을 주도한 인물로 그리기에 적합했을 것이다. 성스러운 이스라엘의 책들과 전통적 유대 규율들을 외지에 사는 유대인이 자신들이 사용하는 언어로 이해해야 할 필요성이 성경 번역 작업에 더 큰 역할을 했을 것이다. 보다 근본적으로 말하면 번역 작업은 유대인의 자부심과 자아존중감을 나타냈다. 그리고 그것은 유대인이 지중해 지역의 문화에서 무시할 수 없는 지위를 차지하고 있다는 표시였다. 그들의 경전은 고립되고 중심에서 밀려난 단체의 것이 아니었다. 유대 경전에는 먼 고대에 뿌리를 둔 유대 민족의 이야기와 규율들이 담겨 있다. 그러나 디아스포라 유대인은 동시대 사회에서 특권과 권위를 누렸고 동시대인의 언어(그리스어)를 사용했다. 이것이 바로 유대인들이 스스로를 헬레니즘 문화 세계의 일원으로 인식했다는 가장 명징한 예일 것이다.

유대 정체성 유지

헬라 세계에서 유대인들이 불편함 없이 익숙한 삶을 살았다고 해도 그것이 자신들의 독특한 정체성을 버렸다거나 타협했다는 의미는 결코 아니다. '동화'(assimilation)와 '적응'(accommodation)이라는 용어는 잘못된 인상을 줄 수 있으므로 쓰지 않아야 한다. 유대인들이 이방인 세계에 순응하기 위해 자신들을 변화시킬 필요가 있었다는 인상을 주기 때문이다. 사실은 그 반대다. 그들은 자신들의 고유한 특징적 요소들에 당당하게 주의를 기울였다.

예를 들어, 일부일처제에 대한 문제는 제2성전기 문헌에 계속 등장한다. 토비트는 그 무엇보다도 디아스포라 유대인들이 그들의 조상들의 가르침에 천착하고, 자신들의 신앙을 가장 이상적으로 지키며, 민족의 결속력을 강화하라고 권면한다. 이 작품은 이야기를 관통하는 주제를 통해 이방인의 땅에 거주하는 유대인들이 엄격하게 일부일처제를 지킴으로써 자신들의 특별한 정체성을 유지하며 민족의 존속을 확고히 할 것을 강조한다. 토비트의 저자는 약간의 아이러니를 곁들이면서 일

106-107

부러 이 점을 더욱 밀고 나간다. 그는 이야기에 등장하는 모든 인물—심지어 남편과 아내도—이 서로 형제 자매로 인사하는 모습을 지루할 정도로 반복하여 묘사한다. 이것은 일부일처제를 비판하는 것에 대한 일종의 희화화(parody)지만, 동시에 그러한 관습이 있었다는 증거이기도 하다. 저자 자신은 분명 특정 종족끼리만 단합하는 것을 옹호하지 않는다. 그는 토비트가 임종의 자리에서 하는 말을 통해, 세상의 모든 민족이 예루살렘의 빛에 이끌려, 마침내 예루살렘이 유대인과 이방인 모두를 아우르는 비전을 제시한다.

일부일처제는 유대 중편 소설 『요셉과 아스낫』에도 중요한 주제로 등장한다. 이는 요셉이 이집트인 사제의 딸과 결혼했다는 성경의 짧은 언급을 길고 자세한 이야기로 만든 작품이다. 로맨틱한 이야기는 타민족과의 결혼을 변함없이 반대하는 요셉의 모습을 강조한다. 그의 태도는 아스낫이 우상을 파괴하고 잘못된 종교를 버린 뒤 요셉의 하나님께 납작 엎드려 기도를 드리고 나서야 누그러진다. 여기에서 저자는 요셉의 융통성 없음과 아스낫의 낮아짐을 과장하면서 일부일처제의 부정적 측면을 극단으로까지 밀고 나가는 것으로 보인다. 그러나 유대적 독특함을 나타내는 이 관습이 중요했음은 명백하다.

유대인들은 조상으로부터 물려받은 전통의 독특한 측면들을 디아스포라 세계에 내보이는 데 전혀 거리낌이 없었던 것으로 보인다. 그리스와 로마의 작가들이 가장 빈번하게 언급한 행습들—안식일 준수, 음식 규율, 할례—만 보아도 이 점을 충분히 알 수 있다. 안식일 준수에 관한 언급이 자주 나오는데, 대개 흥미롭다는 반응을 보인다. 이방인 저자들은 유대인들이 안식일에는 전투에 참여하지 않는 것—그래서 예루살렘이 세 차례 함락됐다—을 무척 이해하기 어려워했다. 그리고 안식일에 전쟁을 멈춘 것이 재앙을 일으킨 원인이 아니라고 하더라도 엄청나게 시간을 낭비한 것은 분명했다. 왜 유대인들은 삶의 1/7을 게으르게 허비하는가? 이와 비견할 수 있을 정도로 우스운 일은 돼지고기를 먹지 않는 유대인의 풍습이었다. 심지어 아우구스투스 황제도 헤롯 가문에서 일어난 악명 높은 음모와 살해를 언급하면서, '헤롯의 아들이 되느니 그의 돼지가 되는 것이 낫다'는 유명한 말을 남겼다. 이런 재담은 유대인의 특정 음식 섭취 금지 규율이 로마인들에게 잘 알려져 있었음을 보여준다. 풍자 작가들에게 이러한 유대인의 풍습은 좋은 글감이었다. 『사튀리콘』의 저자 페트로니우스는 유대인들이 돼지 신(pig-god)을 숭배하기 때문에 돼지고기를 먹지 않는다고 추정했다. 유베날리스는 유대아를 돼지가 순탄하게 늙도록 내버려 두는 오래된 관습이 있는 곳으로 묘사했다. 할례는 농담꾼이 즐겨 다룬 소재였다. 필론은 이방인들이 유대인의 할례 풍습을 심하게 조롱했다고 말한다. 예컨대, 유베날리스는 유대인이 이 관습에 너무나 엄격한 나머지 할례를 받지 않은 사람에게는 길을 가르쳐 주지도 않을 것이라고 주장했다. 흔히 생각하듯이 이러한 태도 중 어느 것도 '반-셈족주의'에 해당하지는 않는다. 적대감이라기보다는 조롱에 가깝다. 이러한 예들은 디아스포라 유대인이 아무런 거리낌 (그리고 두려움) 없이 이방인과 다른 점들을 드러내는 자신들의 관습을 준행했음을 보여준다.

사실 이방인 저자들을 가장 놀라게 한 점은 유대인이 이방인과 스스로를 구별하려고 했던 것이 아니라 그들이 이방 세계에 동화한 것이었다. 위에서 언급한 유베날리스의 재담이 바로 이러한 점을 잘 보여준다. 그는 자신과 동시대 인물인 역사가 타키투스의 비슷한 내용을 언급한다. 그는 유대인들이 다른 민족과 구별되는 측면을 표현하기 위해 할례를 받았다고 말한다. 유대인들이 스스로를 구분 지으려 한다는 인상은 사실 현재까지 가장 오래된 그리스 저술가로 알려진 기원전 4세기 후반의 역사가 압데라의 헤카타이오스의 기록에도 나온다. 대체로 유대인에게 호의적인 이 글에서는 유대인들이 타인들과 교류하기를 꺼려하며 자기들끼리만 지내려고 한다고 말한다.

유대 관습의 독특한 특징이 전 지역의 디아스포라 유대인 사이에 연대감을 가져다 주었고, 다른 민족과의 차이점을 드러내 주었다. 현존하는 증거는 이러한 면을 반복하며 강조한다. 지중해 연안에 흩어져 사는 유대인들이 예루살렘 성전에 매년 보낸 세금이 좋은 예다. 유대 민족의 역사에서 중요한 사건을 기념하는 정기적 축일 행사도 그렇다. 엘레판티네에서 발견된 아람어 파피루스에서 볼 수 있듯이 이집트의 유대인은 기원전 5세기에 이미 유월절을 지켰다. 팔레스타인 외부에 있던 유대 공동체들이 칠칠절(*Shavuot*), 초막절(*Sukkot*), 대속죄일(*Yom Kippur*)을 지켰다는 기록이 곳곳에 흩어져 있다. 후대의 축일은 디아스포라와 매우 강력한 관련이 있다. 에스더서에 따르면 부림절(Purim festival)은 페르시아 시대에 시작됐는데 페르시아의 유대인들은 이를 매년 기념했다. 이와 유사한 연례 행사로는 『마카비3서』 이야기에 기록된 유대인의 승리를 기념했던 알렉산드리아의 행사를 들 수 있다. 그리고 예루살렘의 유대인들은 성전의 정화를 각자의 디아스포라 지역에서 기념하도록 이집트의 유대인들을 독려했다.

앞서 살펴보았던 것처럼 디아스포라 유대인이 모였던 건물은 '프로세우케'(*proseuchē*, "기도의 집")이라고 불렸다. 이 용어는 이집트에 거주한 유대인의 모임 장소를 지칭할 때 정규적으로 사용됐을 뿐만 아니라, 할리카르나수스에서, 델로스에서, 그리고 보스포란 지역에서도 사용됐고,

현존하는 증거가 없지만 다른 많은 곳에서 그러했을 것임이 분명하다. 이러한 예가 가지고 있는 함의는 명확하다. 즉, 유대인들은 모여서 기도를 포함한, 신과 독특하게 유대적인 관계를 가지고 있음을 표현하는 예배 행위를 했다는 것이다. '프로세우케'(*proseuchē*)나 '쉬나고게'(*synagōgē*)로 지칭된 그들의 회합 장소는 토라를 함께 공부하고 유대 전통에 대한 지속적인 헌신을 강화하는 교육 행위가 이루어진 장소로 기능했다.

알렉산드리아의 학식 있는 유대인 필론은 매주 안식일에 모여 율법이 낭독되는 회당 활동을 특히 강조했다. 필론에 의하면 제사장이나 장로는 회당에서 때론 몇 시간에 걸쳐 거룩한 율법을 읽고 해설해야 할 책임이 있었고, 이러한 행동은 회중에게 경건을 위한 추동력을 제공했다. 철학을 향한 관심이 묻어난 필론의 묘사에 따르면, 유대인들은 회당에 앉아 거룩한 책들을 읽고 선조들의 철학의 세부 사항에 관해 오랜 시간 동안 토론했다. 필론은 회당을 철학 학교의 유대적 모형으로 표현했다. 이러한 묘사는 아마도 약간 왜곡되긴 했지만 그래도 사실과 멀리 떨어진 것은 아니었을 것이다.

사도행전은 바울이 디아스포라 도시들, 즉 테살로니키, 아테네, 코린트, 에페수스에 있는 유대 회당에 계속 들러 유대인들과 성경의 의미를 두고 논쟁했다고 묘사한다. 거룩한 문서를 향한 세밀한 관심은 팔레스타인 외부에 거주하는 유대인들의 생활과 자기 정체성에 핵심적인 요소로 남아 있었다. 토라의 엄청난 생명력은 계속 유지됐다. 히브리 성경을 그리스어로 번역한 추동력 자체가 이 사실을 잘 보여준다. 그리고 필론이 기록했듯이 번역의 완성은 번역자들이 모여 작업했던 곳으로 알려진 파로스 섬에서 연례적으로 기념됐다. 이것은 유대인들을 타 민족과 구별하는 유산에 대한 유대인의 자부심을 강하게 드러내는 표시였다.

가장 유대적 색채가 두드러진 원칙을 타협 없이 따르는 예는 우상숭배 거부를 들 수 있다. 엄밀히 말하자면 우상숭배 거부가 다신론을 거부하는 유일신론에서 기인한 것은 아니었다. 유대 지식층은 그리스 철학자들이 최고의 신이나 단일한 신적 원리(divine principle)라는 용어를 사용해 사유했음을 알고 있었다. 유대인이 한목소리로 거부한 것은 이미지의 형태를 사용하여 신들을 숭배하는 것이었다. 유대인은 이런 행습이 하나님의 영적 본질을 모독하는 일이라고 여겼다. 물론 이런 입장은 신명기가 그리는 역사와 토라에 가득한 우상숭배자와의 싸움, 새겨진 이미지들을 거부하라는 성경의 명령에 근거를 두었다. 이러한 원칙은 제2성전기에도 여전히 영향력을 가지고 있었다. 우리가 보았듯 유대인과 이방 세계의 조화를 강조하는 가장 두드러진 문서인 『아리스테아스의 편지』에서도 우상숭배에는 확실한 선을 그으며 나무나 돌로 신을 만들어 신성의 본질을 근본적으로 오해하는 이들을 가장 험한 단어로 비난한다. 오직 아스낫이 집안의 모든 우상을 산산히 깨뜨려 부술 때에만 요셉의 신을 받아들일 수 있었다. 우상숭배에 대한 공격은 『시뷜라의 신탁』—이 문헌은 이방인의 잘못과 범과를 강조해 지적하는 유대인에 의해 작성됐다—에도 중요한 주제로 등장한다. 하나님의 비육체성(incorporeal character)은 절대 흔들릴 수 없는 원칙을 표현했다. 유대인이 (신의) 이미지 사용을 거부한 것(aniconism)은 두드러진 행습으로 이방인들에게 널리 알려져 있었다. 일부 이방인은 이러한 행습을 특이하고 이해하기 어려운 것으로 여겼고 무신론과 유사하다고 생각하기도 했다. 다른 이방인은 이러한 유대 풍습을 존중했다. 로마 역사가 타키투스는 유대인의 이러한 행습을 동물을 숭배하는 이집트인과 대조하며 가치 있는 것

109-110

으로 여겼고, 그가 통탄했던 황제 숭배와도 대조했다. 실제로 로마인 중 가장 학식 있었던 기원전 1세기 후반의 대학자 바로(Varro)는 이미지 없는 신 개념을 찬양했고, 이를 (로마인들이 여러 이미지들을 만들면서 신조를 더럽히기 전의) 고대 로마의 진정한 경건 행위에 견주었다. 그러나 유대인의 이러한 행습에 문제를 제기하거나 존중하는 것과 상관없이, 유대인의 이미지 사용 거부(aniconism)에 대한 이방인들의 언급을 보자면 디아스포라 유대인이 이웃들과 구별되는 원칙을 널리 고수했음을 분명히 알 수 있다. 이들이 겉으로 보이는 것처럼 동화(assimilation)되기만 한 것은 아니었다.

유대교에 매료된 이방인들

그러나 구별된 특성을 고수한다고 해서 꼭 폐쇄적인 단체로 살아가야 했던 것은 아니다. 사실 외부인이 유대교에 접근할 수 있었던 상황에 주의를 기울일 필요가 있다. 이 놀라운 현상이 종종 무시됐기 때문이다. 수많은 이방인이 유대교를 매력적으로 느꼈다. 현재로서는 정확한 이유를 알기 어렵다. 그리고 장소마다 사람마다 분명히 상황은 달랐을 것이다. 사람들은 때때로 유대교가 매우 오래됐다는 사실 때문에, 유대교의 윤리적 규율 때문에, 율법에 대한 엄격한 준수 때문에, 전통 준수가 요구하는 훈련 때문에, 회당이 제공하는 사회적 연결 고리 때문에, 축일 기념 때문에, 동방의 지혜가 지닌 명성뿐만이 아니라 실용적 측면 또는 점성술이나 주술 같은 신비주의 체계(occult sciences) 때문에 매력을 느꼈다. 이방인이 유대교에 관심을 가진 이유를 우리는 단지 추측만 할 수 있다. 그러나 이방인이 유대 사회에 어떤 방식으로든 들어왔다는 사실에는 논쟁의 여지가 없다. 그런 이방인들은 유대교로 개종하도록 요구받지 않았고, 자신들의 원래 정체성이나 사회 관계들을 반드시 버릴 필요도 없었다. 어느 정도 유대적 삶의 방식을 따라하는 형식—안식일 준수, 특정한 유대 규율 수용, 회당 활동 참여, 또는 유대 공동체에 대한 물질적 후원—을 띠었다. 유대인들은 이러한 이방인들을 거절하지 않았다.

유대교를 깊이 존중하고 진심 어린 관심을 보였던 몇 명의 이방인에 대한 기록이 있다. 누가복음은 유대 민족을 사랑하고 그들을 위해 회당까지 건립한 가버나움의 로마 백부장을 언급한다. 필론의 글에는 유대 철학과 경건을 잘 알게 된 시리아의 어느 로마 사령관(prefect)에 대한 기록이 있다. 요세푸스의 글 몇 군데에 유대교에 끌린 고귀한 신분의 여성들이 나오는데, 그중 한 명은 네로 황제의 부인이었다. 유대 율법과 관습에 깊은 존중을 표한 이방인의 예는 요세푸스의 작품에 자주 등장한다.

사실 요세푸스의 글을 신뢰한다면, 안식일을 준수하고 유대 음식 규정을 지키거나 유대인의 화합과 인류애, 여러 기술들, 그리고 율법 준수를 따라 하려는 이방인이 세상 모든 곳에 있었다고 볼 수 있다. 이와 비슷하게 필론도 거의 모든 민족, 특히 덕(virtue)을 숭상하는 민족일수록 유대 율법에 경의를 표했다는 주장을 한다. 유대인 저자들의 글은 당연히 편향적이긴 하다. 그러나 그들의 기록이 아무리 과장되고 치장됐다고 하더라도 전혀 근거 없다고 볼 수는 없다.

이방인들이 남긴 기록도 이런 주장에 힘을 더한다. 기원후 2세기 초 로마의 풍자 작가인 유베날리스는 로마에서 유대적 관습이 매력을 끌

111

었다는 것을 냉소적으로 언급했다. 그는 안식일을 경외하고 유대 음식 금지 규율을 따르는 어떤 아버지들을 언급한다. 그들의 아들들은 아버지들보다 더 나아갔다. 그들은 하늘의 신을 예배했고, 돼지고기를 먹는 것이 인육을 먹는 것과 다를 바 없다고 생각했으며, 심지어 할례까지 받았다. 비슷한 시기에 기록된 요한계시록은 스스로를 유대인이라고 거짓 주장하는 이들을 비난한다. 이는 아마도 실제 유대인이 되지 않고서 유대인의 관습과 제도를 수행한 이방인을 지칭하는 것 같다.

이런 이방인을 지칭했던 단어도 있었던 것 같다. '하나님을 경외하는 자'(God-fearers)는 (전문 용어라고 할 수는 없더라도) 유대교나 유대 공동체와 진지하게 관계를 맺었던 이방인을 지칭하기 위해 흔히 쓰이는 용어다. 사도행전에는 '하나님을 두려워하는 사람들' 또는 '하나님을 경외하는 사람들'이라는 언급이 몇 차례 등장한다. 이 사람들은 유대 공동체와 긴밀하고 호의적인 관계를 유지하며 유대 규율 일부를 지켰던 이방인이다. 이 용어와 유사한 표현이 요세푸스의 기록에도 나온다. 요세푸스는 성전에 쌓인 부(富)가 유대인은 물론이고 온 세상에서 '하나님을 경배하는 사람들'의 성금 덕택이라고 말한다. 이탈리아에서 흑해에 이르기까지 광범위한 지역에서 조금 더 후대에 작성된 명문(inscription)에 아주 비슷한 표현들이 들어 있다. 상당수의 이방인이 다양한 형태로 유대 회당과 공동체에 참여했고, 유대인들로부터 환영받았음은 분명하다.

이스라엘 본토와의 관계

중요한 질문이 남아 있다. 디아스포라 유대인은 이스라엘 본토에 대

111–112

해 어떻게 생각했을까? 이스라엘의 땅은 앙망의 대상이자 '고향 땅으로의 완전한 귀환'을 야웨의 약속의 성취로 믿는 이들의 염원이 실현되는 최고의 방법으로서 먼 곳에 떨어져 사는 사람들에게 손짓했을까? 아니면 유대인들은 자신들의 정체성이 실제 영토의 법적 회복이 아니라 자신들의 경전 안에 있다는 생각에 만족하며 외지 환경에 적응하며 살았을까? 그런 유대인에게 있어서 옛 이스라엘 땅으로 되돌아가는 일은 핵심에서 벗어난, 불필요한 것이었다. 조상들이 살던 땅이 아니라 그들 자신이 거주하는 땅이 가장 중요한 애착의 대상이었다.

이러한 이분법은 오해를 낳고 진실을 가린다. 디아스포라보다 옛 이스라엘 땅을 전적으로 더 가치 있게 여긴다는 생각이나 그 반대의 생각 둘 모두 핵심에서 벗어나 있다. 제2성전기 유대인은 둘 중의 하나만을 선택해야 할 필요가 없었다.

물론 성경은 야웨가 이스라엘의 자녀들을 머나먼 지역에서 그들의 조상의 땅으로 종내 귀환시키리라고 약속했다고 기록한다. 그리고 토비트, 『솔로몬의 시편』, 『희년서』 등에서 볼 수 있듯이, 흩어져 사는 삶을 통탄하며 유배된 이들이 다시 모이게 되리라고 희망하는 헬레니즘 시대 유대인의 저작들에도 비슷한 언급이 되풀이 된다. 그러나 각 경우 모두 포로기의 끝과 고국 땅으로의 귀환은 성전의 재건축과 관련된다. 이스라엘 신앙의 상징인 성전이 바빌로니아의 손에 의해 파괴된 사건은 깊은 슬픔과 그리움을 자아냈다. 하지만 헬레니즘 시대의 디아스포라는 이와 유사한 상황에 있지 않았다. 성전은 예루살렘에 재건됐다. 억지로 타지에서 사는 유대인은 별로 없었다.

일반적으로 만족할 만한 환경에 사는 디아스포라 유대인이 '이스라엘 땅으로의 귀환'에 대한 열망을 키울 이유는 없었다. 우리가 살펴보았듯이 유대인들은 유대아에서 멀리 떨어진 땅에서도 일반적으로 안정된 공동체를 형성했고 이방인들의 사회·경제·정치적 삶에 참여했으며, 헬레니즘 세계 도시의 시민권에 부여된 특권을 바라고 얻기도 했다. 요세푸스는 유대인이 그들 자신을 알렉산드리아인, 안티오키아인, 에페수스인이라고 부를 충분한 권리를 소유했다고 주장했다. 필론은 그의 고향을 '우리의 알렉산드리아'라고 불렀다. 아크모니아의 도시 브리기아에서 발견된 한 명문(inscription)은 어떤 유대인(또는 유대인 그룹)에 의해 세워졌는데, '조국 전체'(whole patris)를 두고 한 맹세의 실현을 언급한다. 이 기록은 지역에 대한 충성심(local loyalty)을 나타내는 주목할 만한 공적 선언문이다. 필론은 이러한 정서를 놀랄 만한 방식으로 확증해준다. 그에 의하면 유대인들은 거룩한 도성을 '어머니 도시'(metropolis)로 간주했고, 그들이 나고 자란 지역들과, 그들의 아버지, 할아버지, 그리고 먼 조상으로부터 얻은 땅들을 조국들(patrides)이라고 판단했다. 이토록 열정적인 표현은 '디아스포라 유대인은 '귀환'을 갈망했을 것'이라는 우리의 추정 자체가 설 자리를 없앤다. 최소한 필론의 표현에 의하면 디아스포라 유대인은 타지에서 산 조상에게서 물려받은 제2의 조국 땅에 대단한 애착을 가졌다.

하지만 이 어떤 것도 유대인의 의식에서 예루살렘이 갖고 있는 거룩함과 중심적 위치를 폄하하지 않는다. 예루살렘은, 주거 지역에 상관없이, 디아스포라 유대인들에게 강력하고 독특한 정취(aura)를 가진 도시로 인식됐다. 이방인 지리학자 스트라본조차도 거룩한 유대 '아크로폴리스' (acropolis)에 대한 유대인들의 강한 애정을 보았다. 다른 많은 문서들도 팔레스타인을 '그 거룩한 땅'(the Holy Land)이라고 표현했다. 이러한 지칭은 마카비2서, 솔로몬의 지혜, 『욥의 유언』, 『시뷜라의 신탁』, 필

112-113

론의 저작 등 다양한 작품에 등장한다. 이 중 거의 대부분의 문서는 디아스포라의 산물이다. 이 문서들은 지중해 연안의 유대인들이 예루살렘과 조상들의 땅에 대해 지속적으로 갖고 있는 경외심을 강조한다. 그러나 이 저자들이 경외감을 가지고 말하지만 그렇다고 '귀환'(Return)의 필요성을 강조하지는 않는다. 자신들의 지역 공동체에 대한 헌신은 예루살렘을 향한 애정과 양립될 수 있었다. 이 두 개념은 전혀 상호배타적인 것이 아니었다.

그렇다면 '옛 이스라엘 땅'이라는 개념이 지중해 지역에 흩어져 사는 유대인에게 어떤 의미였을까? 이에 대한 일관된 입장은 없었다. 이에 대한 유대인들의 입장은, 다른 측면들에서와 마찬가지로, 이방인 이웃들이 지녔던 입장과 일치한다. 자신의 조국 땅에 대한 충심은 헬레니즘 세계의 수사적 표현에서 자주 등장하는 정서를 나타낸다. 적어도 한 차례 이상 필론은 조국 땅에 대한 애착이 강력한 힘을 지녔다는 견해를 인정했다. 그는 하나님을 예배하지 않는 것을 부모, 후원자, 그리고 조국 땅을 공경하지 않는 것과 같은 수준의 행위라고 말했다. 그렇다고 해서 디아스포라 유대인이 옛 조상의 땅으로 되돌아 가는 것을 늘 마음에 품고 살았다고 말할 수는 없다. 조국을 향한 사랑에 대한 일반적 표명은 헬레니즘 세계에서 일반적으로 사용된 표현과 일치한다. 그런 표현에는 완전한 삶을 살기 위해서는 조국 땅에 되돌아가야 한다는 생각이 들어 있지 않았다.

실체이자 개념으로서의 예루살렘은 성경으로 대체되거나 멀리 떨어져 사는 사람들에 의해 부정되지 않은 채 유대 정체성을 표현하는 강력한 상징으로 남아 있었다. 제2성전기 유대 문서들에도 예루살렘은 가장 강한 흡인력을 지닌 상징으로 반복해서 나온다. 하지만 예루살렘에 대한 지속적인 사랑이 당시 살고 있는 곳을 떠나 조상의 땅으로 귀환하고자 하는 열망으로 이어졌음을 함의하지는 않는다.

유대인들은 매년 자신들은 물론 다른 이들에게도 예루살렘에 대한 헌신을 상기시켰다. 이에 대한 일환으로 지중해 전역에 흩어져 사는 유대인들은 성전세(tithes) 형식으로 성전에 매년 헌금을 냈다. 제의적 공물은 관계를 형성하는 도구로서 중요한 의미를 지녔다. 기원전 60년대 중반에 있었던 한 사건은 이러한 사실을 생생하게 보여준다. 소아시아 속주(거의 소아시아 북서 지역)의 한 로마 장관은 자신이 통치하는 지역의 유대인들이 예루살렘에 금을 보내는 행위를 금지했다. 로마 정책의 한 부분으로서 이러한 명령은 유대인에게 국한된 것은 아니었다. 그러나 유대인들이 단합해 보여준 반응은 인상적이었다. 이 소식이 금세 로마의 유대인 공동체에게 전해졌다. 다른 곳에 거주하는 동족을 위해 한목소리를 내는 시위가 로마에서 일어났고 로마 정부에 강력한 압력이 행사됐다. 이는 이탈리아와 로마 제국의 모든 속주에 거주하는 유대인들이 매년 성전에 자금을 제공하는 것에 대한 헌신의 중요성을 강조했던 사건이었다. 소아시아 지역 유대인들이 처한 곤경(예루살렘에 공물 보내기 금지)이 먼 곳 로마의 유대인에게까지 강한 울림을 주었음은 분명하다. 로마에 사는 유대인들은 분명하게 자신들의 정서를 표현했다. 예루살렘과 성전은 지중해 전역에 걸쳐 유대인들의 공통된 지향점의 상징으로 존재했다.

성전세의 중대성을 언급한 기록은 대단히 많다. 요세푸스는 소아시아와 유럽 전역, 아니 전 세계의 유대인들이 오랜 기간 동안 보낸 기부를 자랑스럽게 언급했다. 지역 관리들이 이러한 활동을 간섭할 때, 유대인들은 로마에 도움을 요청하곤 했고, 대개의 경우 문제가 해결됐다. 로마의 권력이 미치지 않는 곳에서도 지속적으로 성전세를 보냈다. 바빌로니아 지역의 유대 공동체들과 파르티아 왕국의 지배 아래 있던 다른 지역의 유대인들도 매년 성전에 기부하기 위해 험난하고 위험한 길로 대표자들을 보냈다. 예루살렘에 경의를 표하는 행위의 가치는 계속 유지됐다. 예루살렘에 경의를 표하는 연례 행위는 애정과 충성을 반복적으로 표현하는 것이자 디아스포라 유대인이 유대교의 중심지를 향해 가진 깨질 수 없는 애착의 확실한 증거였다.

그러나 이러한 모금과 송금은 유대인들이 디아스포라 상황을 예루살렘으로 귀환하면서 끝나게 될 일시적 유배 정도로 생각했음을 의미하는 것은 아니다. 사실 그 반대다. 매년 보내는 기부금은 디아스포라 상황이 끝없이, 그리고 대단히 만족스럽게 지속될 것이라는 의미를 포함했다. 팔레스타인 외부의 공동체들은 견고하게 자리를 잡았다. 그들이 이제 중심지가 되었다. 성전세를 열심으로 헌납하는 것이 '귀환'에 대한 열망의 표현은 아니었다. 성전세는 오히려 '귀환'을 불필요하게 만들었다.

유사한 관습이 위와 같은 추론을 강화해준다. 바로 디아스포라 유대인의 예루살렘 순례다. 주요 축일들은 상당수 유대인들이 자주 예루살렘을 방문하게 한 요인 중 하나였다. 필론의 기록에 따르면, 매 축제마다 수많은 도시에서 엄청난 수의 유대인들이 예루살렘 성전으로 와서, 소동스러운 타지 생활로부터 벗어나 기쁨을 누렸다고 한다. 요세푸스는 성전에 있는 여인의 뜰이 예루살렘은 물론 타지에서 온 사람들이 머물기에 넉넉할 정도로 넓었다고 전한다. 이 기록은 정기적으로 순례를 온 여성들이 많았음을 보여준다.

거룩한 도성 예루살렘은 강력한 자석과 같았다. 그러나 헌신의 표현

114–115

이 귀환-이주에 대한 열망을 수반하지는 않았다. 사실 순례라는 본질 자체가 일시적인 존중의 표현이다. 예루살렘은 디아스포라 유대인의 정체성을 형성하는 결정적 요소였고, 거부할 수 없는 감정을 일으키는 대상이었다. 그러나 그들의 고향 집(home)은 다른 곳에 있었다.

제2성전기 유대인의 자기 정체성은 중심지와 디아스포라 간의 단단한 연대를 투사한 것이었다. 유배와 분리라는 이미지가 그들을 늘 따라다닌 것은 아니다. 예루살렘 거주인들에게 영향을 미친 것은 모든 지역의 유대인에게 영향을 미쳤다. 제2성전기 문헌에는 경험과 정체성이 긴밀하게 엮인 주제가 인상 깊을 정도로 반복해서 다양하게 등장한다. 마카비2서 앞 부분에 담긴 두 개의 편지가 이러한 점을 잘 드러내준다. 예루살렘의 유대인들은 이집트에 있는 그들의 동족과 밀접한 관계에 있다는 사실을 당연하게 여겼다. 첫 번째 편지의 서두에는 '형제들'이 '형제들'에게 인사하는 내용과, 그들 사이에 공유하고 있는 유산에 대한 언급이 담겨 있다. 그것은 바로 하나님이 아브라함, 이삭, 야곱과 맺은 언약이다. 그리고 두 번째 편지의 말미에는 거룩한 장소에서 모든 유대인이 함께 모이는 염원이 담겨 있다. 이는 순례 행습을 반영하는 것이지 디아스포라 상황을 종결시키려는 계획을 말하는 것이 아니다.

『아리스테아스의 편지』는 예루살렘인들과 다른 유대인들 사이의 연결에 대해 강력한 주장을 한다. 프톨레마이오스 왕은, 유대아의 대제사장에게 보낸 편지에서, 히브리 성서를 그리스어로 번역하려는 그의 의도가 이집트의 유대인뿐만 아니라 전 세계의 모든 유대인(심지어 아직 태어나지 않은 유대인까지!)에게 혜택을 베풀기 위함이라고 선언한다. 프톨레마이오스 왕이 실제 이런 말을 했는지 의문을 가질 수 있다. 그러나 『아리스테아스의 편지』 저자는 왕이 정말 그렇게 말했다고 생각했거나 혹은 그 사실을 듣고 전달했던 것 같다. 바로 이 점이 중요하다. 이 작품의 결말 부분에서는 예루살렘에서 온 학자들이 번역을 완료하고 이집트의 유대인들 앞에서 번역본을 읽었을 때 대규모의 군중이 환호했다고 기록한다. 번역 목적이 일치했음을 극적으로 표현한 것이다.

역사적 사건들은 위와 같은 문학적 창작의 근거에 대한 이해를 보강해준다. 이미 보았듯이 성전에 기부하는 행위를 금지당한 소아시아의 유대인들을 위해 로마 지역의 유대인들이 일으킨 시위는 지중해 전역에 걸쳐 유대인들 사이에 강한 연대 의식이 존재했음을 보여준다. 이와는 아주 다른 또 하나의 사건이 이러한 관찰에 힘을 실어 준다. 로마 내전이 최고조에 다다른 기원전 48/47년, 율리우스 카이사르가 적들에 의해 포위당했는데, 3,000명의 유대인 군인들로 구성된 군대가 그를 구하기 위해 돌진했다. 그러나 오랜 기간 유대인이 정착해 살던 장소인 이집트 레온토폴리스의 유대인들은 군인들을 막아 섰다. 그러나 교착 상태는 금세 깨졌다. 유대인인 로마 군대 장교가 레온토폴리스의 유대인들에게 서로가 같은 민족이며 예루살렘 제사장에 대한 공통된 충심이 있다고 설득해서 레온토폴리스인들이 길을 열어 주었기 때문이다. 이러한 점에 호소하는 설득만으로 충분했다. 레온토폴리스와 멤피스의 유대인들은 자신들이 카이사르의 편이라고 선언했고 전쟁의 방향을 바꾸는 데 도움을 주었다. 유대아와 디아스포라 사이의 관계는 견고했다.

매우 다른 사건으로부터 유사한 결론을 도출할 수 있다. 헤롯 대왕의 죽음(기원전 4년)은 로마에서 체제의 미래에 대한 커다란 논쟁을 불러일으켰다. 유대아에서 파견한 50명의 사절단은 로마에 도착해서 헤롯 일가의 통치를 중단해 달라고 아우구스투스 황제에게 요청했다. 그리고 로마에 거주하는 8,000명의 유대인이 이러한 로비 작업에 동참했다는 기록이 있다. 지중해 전역에 걸친 관계의 그물망이 이러한 일을 가능하게 했다. 그리고 이익 관계가 서로 맞았다. 환생한 헤롯 대왕의 아들이라고 주장하며 헤롯의 보좌에 오르려 하는 자가 등장하면서 크레테, 멜로스, 로마에 거주하는 유대인에게 폭넓은 지지를 받았다. 관계망은 광범위했다. 이와 같은 사건들은 팔레스타인에서 일어나는 사건에 대해 디아스포라 유대인이 가졌던 생생한 관심은 물론, 때때로 있었던 활발한 활동을 보여주는 창문과 같다.

유대인 사이의 연대는 칼리굴라 황제의 통치 기간(기원후 37-41년)에 발생한 심각한 위기 상황들 속에서 가장 극적으로 드러났다. 알렉산드리아의 유대인들에게 가혹한 고통을 가져다 준 충돌 상황이 그 시기에 발발했다. 그리고 괴팍하고 종잡을 수 없는 이 로마 황제가 예루살렘 성전 안에 이방 제의를 위한 조각상을 설치하겠다고 했을 때, 그보다 더 심한 위협적 상황이 예루살렘에 닥칠 것 같았다. 이러한 사건들이 일어났던 시기에 살았던 필론에 따르면 알렉산드리아의 유대인들이 공격받았을 때 이에 대한 소문이 불길처럼 퍼졌다고 한다. 이집트 전 지역뿐만이 아니라 거기에서 동쪽 지역의 민족들에게, 그리고 리비아 국경부터 서쪽 지역의 땅에까지 소문이 퍼졌다. 필론이 말한 빠른 소문 전달은 과장일 수 있지만, 디아스포라 유대인들 사이에 긴밀한 관계가 있었다는 주장은 분명하고도 강력하다.

칼리굴라가 예루살렘 성전에 조각상을 설치하기로 결정했다는 소식에 대한 필론의 묘사는 시사하는 바가 크다. 필론은 가장 통탄할 만한 재앙이 예측도 하지 못한 상황에서 유대 민족의 일부가 아닌 유대 민족 전체에 한순간에 닥쳐서 위기를 초래하게 됐다고 기록했다. (완전히는 아니더라도 부분적으로나마) 유대아의 왕 아그립파 1세의 편지 덕분에 그 재앙

116–117

을 피할 수 있었다. 그는 황제의 친구이자 근래 유대인 통치를 맡게 된 사람이었다. 아그립파 1세는 상황의 심각성을 칼리굴라에게 알렸다. 그는 예루살렘을 모욕하면 엄청난 결과를 초래할 것임을 분명하게 말했다. 거룩한 도성은 단지 유대아의 중심 도시(metropolis)가 아니라 거의 모든 민족들의 어머니 도시(metropolis)였다. 유대인들이 근동 지역, 소아시아, 그리스, 마케도니아, 아프리카, 그리고 유프라테스 너머에 있는 땅까지 번성해 살고 있었기 때문이다. 예루살렘이라는 이미지는 전 세계의 유대인을 하나로 묶었고, 디아스포라 유대인의 자아 인식의 핵심으로 계속 존재했다.

이런 주제는 필론이 다른 작품에 남긴 감동적 문장에 잘 요약되어 있다. 필론은 디아스포라 상황에서 잘 살았고 그 상황이 주는 이점들을 누리며 그 미덕을 널리 알렸지만, 그럼에도 이스라엘 땅이 지닌 심원한 의미를 알고 있었다. 그는 칠칠절(*Shavuot*)을 유대인들이 땅을 소유하게 된 것, 곧 긴 역사의 유산이자 유랑 생활에 마침표를 찍은 수단을 기념하는 축제라고 해석했다. 필론은 이런 견해에 어떤 비일관성이나 모순이 있다고 생각하지 않았다. 디아스포라 유대인들은 아마도 타지에 있는 자신들의 공동체를 성취이자 상급으로 여겼을 것이다. 그러나 그들은 유대아를 한때 땅을 잃고 정착하지 못했던 사람들의 쉼터(refuge)로, 그리고 최고의 유산으로 공경했다.

요세푸스는 아주 다른 맥락에서 이러한 점을 강조했다. 민수기를 재서술하는 작품에서 그는 메소포타미아 사제 발람이 광범위한 예언을 했다고 말한다. 발람은 이스라엘인들의 영광스러운 미래를 예측했는데, 이스라엘인들은 가나안 땅을 점령할 뿐만 아니라 영원히 소유할 것이었다. 이는 하나님의 사랑을 보여주는 주요한 표현이다. 그러나 동시에

117

이스라엘인들은 온 세상, 섬, 대륙을 채울 것이며, 하늘에 있는 별들보다 더 많은 수가 될 것이다. 이것은 주목할 만한 선언이다. 팔레스타인은 늘 그렇듯 특별한 지위를 차지한다. 하지만 디아스포라는 극복해야만 할 수치와는 거리가 먼, 빛나는 업적을 나타낸다.

거룩한 땅을 향한 존중과 경외심은 이방인의 통치 방식에 대한 충성과 지역 공동체에 대한 헌신과 온전한 조화를 이루었다. 디아스포라 유대인은 그들의 운명에 통곡하면서 옛 이스라엘 땅에 대한 그리움으로 쇠잔해가지 않았다. 거룩한 땅을 경시하거나 성경을 성전의 대체물로 여기지도 않았다. 팔레스타인 땅은 중요했다. 분명 영토로서 여전히 중요한 의미를 가졌다. 그러나 반드시 살아야 할 곳이라는 의미로 중요한 것은 아니었다. 성전에 바치는 헌물과 예루살렘 순례는 유대교의 상징적 심장부에 대한 헌신과 동시에 디아스포라라는 성취에 대한 깊은 자부심을 표현했다.

물론 디아스포라 유대인이 어디서나 늘 불편함 없이 고요하고 편안한 삶을 살았다는 말은 아니다. 폭력과 혼란의 발발은 때때로 그들의 존립 자체에 충격을 주었다. 그리스인, 이집트인, 알렉산드리아의 유대인 사이에 있었던 가장 악명 높았던 긴장은 무디기 짝이 없던 로마의 통치에 의해 악화됐고, 결국 기원후 38년 유대인을 향한 잔인한 공격으로 나타났다. 약 25년 뒤 로마의 팔레스타인 통치에 대한 반발로 발생한 유대인들의 반란은 디아스포라 유대인들에게도 심각한 영향을 끼쳤다. 알렉산드리아의 유대인들은 기원후 66년에 일어난 폭동으로 피해를 입자 로마에 앙갚음하려 했으나, 당시 로마 제국에 복무하던 유대인인 티베리우스 율리우스 알렉산드로스의 지휘 아래 시행된 로마의 맹렬한 보복을 마주해야 했다. 이집트 레온토폴리스에 거의 200년 이상 존립

117-118

했던 성전도 그 격동의 상황 속에서 파괴됐다. 기원후 116년에 디아스포라의 반란이 키레네, 이집트, 키프로스, 그리고 아마도 메소포타미아 지역에 걸쳐 광범위하게 일어났다. 이러한 반란들이 발생한 이유는 아직 밝혀지지 않았다. 그러나 트라야누스 황제의 명령에 따른 로마의 강력한 탄압은 가혹했으며 결국 이 지역들에 있던 많은 유대 공동체들이 사라졌다.

다양한 민족들로 구성된 사회에 있기 마련인 경쟁과 긴장 관계를 감안하면 이런 종류의 사건들은 별로 놀랄 만한 것이 아니다. 하지만 이런 사건들이 매우 드물게 발생했다는 사실은 주목할 가치가 있다. 현존하는 고대 자료들이 가능한 한 폭력과 격동을 과장한다는 점을 감안하면, 그러한 소란에 대한 기록이 우리가 가진 자료에 상대적으로 드물게 등장한다는 사실은 매우 의미심장하다. 심지어 이집트에서도 거의 4세기에 걸쳐 일어난 전투는 빈번히 일어난 것이라기보다는 아주 예외적인 사건이었다. 이탈리아, 그리스 본토, 소아시아, 바빌로니아 같이 다른 지역의 디아스포라에서도 심각한 폭동이 일어났었다는 기록을 찾을 수 없다. 그곳의 유대 공동체들도 계속 번성했다.

참고 문헌

Applebaum, Shim'on. 1979. *Jews and Greeks in Ancient Cyrene*. Leiden: Brill.

Barclay, John M. G. 1996. *Jews in the Mediterranean Diaspora*. Edinburgh: Clark.

———, ed. 2004. *Negotiating Diaspora: Jewish Strategies in the Roman Empire*. London: Clark.

Bartlett, John R., ed. 2002. *Jews in the Hellenistic and Roman Cities*. London: Routledge.

Cappelletti, Silvia. 2006. *The Jewish Community of Rome from the Second Century B.C. to the Third Century C.E.* Leiden: Brill.

Cohen, Shaye J. D., and Ernest S. Frerichs, eds. 1993. *Diasporas in Antiquity*. Atlanta: Scholars Press.

Collins, John J. 2000. *Between Athens and Jerusalem: Jewish Identity in the Hellenistic Diaspora*. 2d ed. Grand Rapids: Eerdmans.

———. 2005. *Jewish Cult and Hellenistic Culture*. JSJSup 100. Leiden: Brill.

Cowey, James M. S., and Klaus Maresch, eds. 2001. *Urkunden des Politeuma der Juden von Herakleopolis (144/3–133/2 v. Chr.) (P. Polit. Iud.): Papyri aus Sammlungen von Heidelberg, Köln, München und Wien*. Wiesbaden: Westdeutscher Verlag.

Feldman, Louis H. 1993. *Jew and Gentile in the Ancient World*. Princeton: Princeton University Press.

Gafni, Isaiah M. 1997. *Land, Center, and Diaspora*. Sheffield: Sheffield Academic Press.

Goodman, Martin, ed. 1998. *Jews in a Graeco-Roman World*. Oxford: Clarendon.

Grabbe, Lester L. 2000. *Judaic Religion in the Second Temple Period: Belief and Practice from the Exile to Yavneh*. London: Routledge.

Gruen, Erich S. 2002. *Diaspora: Jews amidst Greeks and Romans*. Cambridge: Harvard University Press.

———. 1998. *Heritage and Hellenism: The Reinvention of Jewish Tradition*. Berkeley: University of California Press.

Hachlili, Rachel. 1998. *Ancient Jewish Art and Archaeology in the Diaspora*. Leiden: Brill.

Honigman, Sylvie. 2003. *The Septuagint and Homeric Scholarship in Alexandria*. London: Routledge.

Horbury, William, and David Noy. 1992. *Jewish Inscriptions of Graeco-Roman Egypt*. Cambridge: Cambridge University Press.

Kasher, Aryeh. 1985. *The Jews in Hellenistic and Roman Egypt: The Struggle for Equal Rights*. Tübingen: Mohr Siebeck.

Levine, Lee I. 2000. *The Ancient Synagogue*. New Haven: Yale University Press.

Linder, Amon, ed. 1987. *The Jews in Roman Imperial Legislation*. Detroit: Wayne State University Press.

Modrzejewski, Joseph M. 1995. *The Jews of Egypt from Ramses II to the Emperor Hadrian*. Philadelphia: Jewish Publication Society.

Overman, J. Andrew, A. Thomas Kraabel, and Robert S. MacLennan, eds. 1992. *Diaspora Jews and Judaism*. Atlanta: Scholars Press.

Pucci Ben Zeev, Miriam. 1998. *Jewish Rights in the Roman World: The Greek and Roman Documents Quoted by Josephus Flavius*. Tübingen: Mohr Siebeck.

———. 2005. *Diaspora Judaism in Turmoil, 116/117 CE*. Leuven:

Peeters.

Rajak, Tessa. 2001. *The Jewish Dialogue with Greece and Rome: Studies in Cultural and Social Interaction*. Leiden: Brill.

———. 2009. *Translation and Survival: The Greek Bible of the Ancient Jewish Diaspora*. Oxford: Oxford University Press.

Rutgers, Leonard V. 1995. *The Jews in Late Ancient Rome*. Leiden: Brill.

Smallwood, E. Mary. 1976. *The Jews under Roman Rule*. Leiden: Brill.

Tcherikover, Victor. 1961. *Hellenistic Civilization and the Jews*. Trans. S. Applebaum. Philadelphia: Jewish Publication Society of America. Rpt. Grand Rapids: Baker Academic, 1999.

Trebilco, Paul R. 1991. *Jewish Communities in Asia Minor*. Cambridge: Cambridge University Press.

Williams, Margaret H. 1998. *The Jews among the Greeks and Romans: A Diaspora Sourcebook*. London: Duckworth.

유대교의 성경:
본문, 역본, 정경

유진 울리히(Eugene Ulrich)

히브리 경전이나 구약의 정경적인 책을 구성하는 문서들은 자체적으로 발전 패턴을 가지고 있다. 마치 여러 층의 나이테를 가진 나무의 단면처럼 역사의 그늘 속에서 헤매던 처음부터 제2성전기가 끝날 때까지 새로운 성장 단계를 계속해서 보여준다. 이러한 발전 성장은 기원후 70년, 성전이 파괴된 후 갑자기 성장을 멈출 때까지 계속됐다.

경전 문서의 저작

랍비 시대만큼이나 일찍이 형성됐던 대중의 상상력은 소수의 거룩한 사람들(예, 모세, 이사야, 다니엘)이 자기 이름을 따서 책을 쓴 것으로 상정하게끔 인도했다. 이때 사람들은 고전 작가 내지 현대 작가가 개인적으로 저술 작업을 하고 자기 이름으로 책을 내는 것과 유사하게 생각했다. 그러나 계몽주의 이전에 몇몇 주의 깊은 독자들은 그런 견해를 의심하기 시작했고 계몽주의에 영향을 받은 저자 문제에 관한 질문들이 쏟아지면서 성서 문서들의 문학적 특징들을 지속적이고 비판적으로 분석하기 시작했다. 이 국제적이고 제종파 공동의(interconfessional) 학문 작업의 우세한 결론은 성서의 책들이 단계적으로 모여서 구성됐다는 것이다. 구전 자료—이야기, 법, 노래, 격언—로 시작하는 작은 단위가 모여 더 크고 발전된 문학적 복합물이 됐다. 이전의 자료들은 통상 편집자 내지 교정자로 간주되는 익명의 사람에 의해 하나의 통합된 작품을 이루었다. 성경 교사(tradents: 구술전승을 보존하는 일을 했던 교사/지도자—역주)나 필사자는 전통을 계승하여 과거의 메시지를 충실히 유지하면서, 때로는 계승 공동체에 영향을 미치게 된 새로운 사건들을 다루기 위해 전통을 창조적으로 적용했다. 본문비평 학자들(사본학자—역주)은 주요 구성 단계 내에서 약간의 발전 사항들을 감지했다. 곧, 각각의 책이 저작된 후 세대를 거듭하여, 암송되거나 필사되어 내려오면서 각각의 책에 추가, 삭제, 오류 사항이 있음을 확인했다. 그렇게 성서들은 왕정 시대 이전 및 왕정 시대 자료로부터 기원후 70년에 두 번째 성전을 상실한 세대까지 대략 1,000년간 구성된 것으로 보인다.

이스라엘의 종교/문화 문헌의 역사를 재구성하는 데 명료한 세부 사항을 제공하는, (아주) 초기 시대부터 보존되어 온 사본 증거는 없다. 위에서 언급된 학문은 이론적이었으며, 또한 사본 증거가 아니라 작품 자체에 내재된 문학적·역사적 단서에 기초했다. 그러나 현대의 방대한 이론적 학문이 이룩한 일반적 결과는 쿰란의 경전 사본에서 제공된 풍부한 문서 증거로 확고해졌다.

따라서 성서 본문 역사에는 두 개의 뚜렷한 기간이 있다. 곧, 로마에 대한 유대 봉기가 일어날 때까지 발전적인 성장과 다양성(pluriformity)의 형성기가 있었는데, 이는 기원후 2세기 이래로 통일된(uniform) 문헌 전통에 의해 가려지게 된다. 이 두 시기의 역동성은 보존된 본문 증거의 성격과 이 책들의 전승 역사를 보여준다.

제2성전기 초기의 문서들

유대아 포로민들이 바빌로니아에서 해방되어 예루살렘 및 주변 지역으로 돌아와 점차적으로 성전, 성벽, 성을 재건했다. 더불어 종교 지도자들은 왕정 문화의 문학 유산들을 다시 세우고, 재앙(예루살렘 멸망—역주) 이후에 사람들로 하여금 하나님과의 관계 이해에 재집중할 수 있도록 돕는 종교 작품들을 생산할 책임을 느꼈다.

왕정 시대의 문학적 유산—제사장이나 서기관이 필사본을 가지고 있었더라도 주로 구전으로 전해왔을—은 풍부하고 다양했다. 초기의 이스라엘은 한 민족으로서의 형성에 관한, 일종의 구두로 전해지는 이야기를 가지고 있었을 것이다. 저들의 기원을 말해주는 전통적인 이야기가 없다는 것은 상상하기 어렵다. 마르틴 노트(Martin Noth)는 결국 서로 얽히면서 사경(Tetrateuch) 또는 육경(Hexateuch)을 형성하게 된 구술전승의 다섯 가지 주제(족장들에게 주어진 약속, 이집트로부터의 인도, 광야 생활, 시내산 계시, 땅의 점령)를 상정했다. 어떤 단일한 집단도 역사적으로 이 다섯 전통 배후에 있는 사건들을 모두 경험할 수는 없었을 것이다. 오히려 여러 집단이 서로 다른 사건들을 경험하고 그 주제들을 남겼고, 몇몇 개인은 이 주제들을 서로 엮어 짜면서, 아마도 새로운 통찰과 논평을 덧붙여, 민족적 서사시라 불릴 수 있는 형태를 형성했다. 다양한 집단이 통합되면서 모든 집단은 전통의 전 구성 요소를 점차로 '우리' 이야기로 받아들이고 범이스라엘의 의미를 부여했다.

기원 내러티브 외에도 포로기 이전의 다양한 전통이 사람들의 기억에 남아 있었을 것이다. 신명기 역사(Deuteronomistic History) 또는 역사의 근원으로 기능하는 부족, 왕, 군대, 종교 전통을 포함해서 말이다. 또한 초기 유산에는 엘리야, 엘리사, 아모스, 호세아, 그리고 예루살렘의 이사야 같은 예언자들의 말/이야기 모음집과 제사장의 의식, 전례 찬가, 지혜 가르침이 포함됐다.

대부분의 제2성전기의 교사나 서기관들은 이 전통들을 가능한 한 정확하게 암송하거나 필사했지만 이따금 새로운 상황에 적용하고 당면한 세대에 문헌들을 의미 있게 만들기 위해 창조적인 통찰을 가지고 본문을 수정하거나 확장하려는 마음도 가지고 있었다. 토라에 대한 제사장 판본이 제작되고 초기의 기원 전통들과 엮이면서, 고대의 언약이 일시적인 것이 아니며, 또한 땅, 역사 과정, 자취권을 가진 왕권에만 의존하고 있는 것이 아니라, 영원한 것으로서 신정(theocracy), 성전 제의, 토라 엄수에 달려 있다는 이해를 사람들에게 전달하게 됐다. 신명기 역사도 개정되어 전쟁, 패배, 젖과 꿀이 흐르는 땅에서 추방되는 저주를 더욱 강조했다. 대조적으로 심판 신탁이 나오는 예언 모음집에서는 꼭 필요한 구원 내지 위로 신탁이 보충됐다(예, 암 9:11-15; 사 1-33장과 결합된 사 50-55장).

땅, 왕, 성전, 자취권의 충격적 상실에 대한 반응으로 새로운 작품도 저작됐다. 확장되고 재신학화된 토라와 신명기 역사판에 더해 제2이사야서는 포로의 임박하고 영광스러운 예루살렘 귀환을 기쁘게 환호하며 새 창조, 새 출애굽, 새 언약, 새 예루살렘을 모형론적으로 약속했다. 욥기는 포로기 이후의 삶과 하나님-인간 사이의 관계를 이해하고 다루려는 시도로 볼 수 있을 것이다. 새로운 시편들은 슬픔 주제와 토라의 이상(ideal)을 강조했다. 역대기, 에스라, 학개, 스가랴 같은 새로운 저술들은 또한 성전, 종교, 민족을 회복하려는 노력을 담고 있다.

문학을 경전으로 인지하는 것

전부는 아니더라도 이러한 작품들 중 다수는 인간적인 문학 작품으로 시작됐고 일반적으로 그렇게 간주됐다. 실제로 벤 시라(집회서) 44:1-15은 이런 입장에 대한 고대의 증언으로 볼 수 있을 것이다. 성경의 신적 기원에 관한 다양한 스펙트럼의 신학적 견해가 있지만 여기서는 인간 공동체가 어떻게 그 책들을 신적으로 저술된 것으로 인지하게 됐는지에 중점을 두고자 한다. 이 책들의 목적은 다양했다. 오경과 신명기 역사의 초기 내러티브 흐름은 민족적 서사시이자 민족적 역사로 기능했다. 레위기, 시편, 에스더는 예배를 위해 사용됐다. 『희년서』, 신명기 역사, 잠언, 욥기, 전도서, 벤 시라는 종교적·도덕적·관습적 교육에 기여했다. 아가서, 토비트, 룻기는 인간의 사랑과 신의(loyalty)의 모본이었고, 다니엘은 위태로운 시기에 용기의 모본을 보여주었다. 이 문학 작품들은 공동체의 문학으로서 발전했고 수많은 교사와 필사자들은 격언, 기사(reports), 노래, 그리고 다른 자료들이 최초의 기원으로부터 다음 세대에 계승되어야 할 만큼 중요한 것으로서 널리 알려지는 데 크게 공헌했다. 공동체가 문학을 형성한 것처럼 문학도 역사 속에 흐르면서 공동체를 형성했다.

124

저술된 많은 책들 중 몇몇은 신적인 경전으로 간주됐다. 즉, 이 책들의 저자는 어떤 의미에서 하나님으로 간주됐다. 이 중요한 변화를 재구성할 만한 증거는 거의 없지만 이런 변화를 이끈 특정한 요인들이 제안될 수는 있다.

첫째, 하나님이 문서를 통해 말씀하시는 분으로 점차 이해됐다. 그리스인들에게 『일리아스』와 『오뒷세이아』는 본질적으로 종교적인 의미를 가졌지만 주로 민족적 서사시로 읽혔다. 이와 유사하게 초기 육경 내러티브는 본래 '경전'이기보다 민족적 서사시로 인지됐을 것이다. 신들이 호메로스의 시 안에서 말했듯 그렇게 하나님도 이스라엘의 문서 안에서 말씀하셨다. 그러나 일단 제사장 문서들, 특히 시내산에서의 신적 음성으로 간주되는 법적 자료들이 통합되고 하나님의 뜻을 명료하게 드러내는 토라 설교에 의해 신적 자료가 강화되면서 하나님이 어떻게 저자로 간주됐는지 이해하는 것은 어렵지 않다. 기원전 2세기 초, 『희년서』는 이를 분명히 증언한다. '주가 그에게 계시'하셨고(『희년서』 1:4) "임재한 천사는 주가 말씀하신 대로 모세에게 말했다. '창조의 완전한 역사를 기록하라'"(『희년서』 2:1).

시내산 위에서 기록된 것으로 간주된 신적 저작물은 아마도 성전의 희생제사를 위한 제사장들의 의식 지침서였을 자료로 확장됐다. 제2성전기의 편집 구상(editorial framing)에 따라 다양한 제사를 바치는 제사장들의 지침서가 변형됐다는 것은 매우 그럴듯 하다. 더욱 이른 시기의 레위기 1-7장의 지시는, "너희 중에 누구든지 주에게 예물을 드릴 때는"(1:2b)으로 시작하여, 제사에 관해 상세하게 지도한 후에, "이는 번제와 소제와 속죄제와 속건제와 위임식과 화목제의 규례라"(7:37)로 끝난다. 이 제사장 지시의 편집 구상은 "**주가 회막에서 모세를 부르시고 그에게**

124-125

말씀하여 이르시되, '이스라엘 자손에게 말하여 이르라'"(1:1-2a)로 시작했을 것이고, '**주가** 시내 광야에서 이스라엘 자손에게 그 예물을 주에게 드리라 명령하신 날에 시내산에서 **이같이 모세에게 명령하셨더라**'(7:38; 참조, 또한 4:1-2a; 15:1; 27:1-2a, 34)로 끝맺는다. 이러한 관점에서 제사장의 의식 지침서는 신적으로 저술된 책으로 변화됐다.

모세가 하나님의 말씀을 토라로 전한 것처럼, 어떤 예언자들은 하나님의 말씀을 왕과 백성에게 전달하는 것으로 나타난다. 그러나 결국에는 예언자들에 관한 이야기 및 모든 편집 구성을 포함한 전체 예언서가 신적 계시로 간주됐다. 시간이 지남에 따라 하나님의 말씀을 포함하고 있던 책은 신에 의해 계시된 책이 됐다.

이와 유사하게 하나님에게 드리는 인간의 찬송으로 시작한 시편들은 하나님이 저작하신 경전의 지위를 갖게 됐다. 쿰란에서 가장 방대한 시편 두루마리는 다윗 시편의 신적 근원을 명백하게 밝히고 있다. "그는 지극히 높으신 분으로부터 주어진 예언을 통해 이 모든 것을 말했다"(11QPs[a] 27:11). 신적 영감을 받은 시편의 예언적 성격은 사도행전에서 반향된다. '그는 **예언자라** … 이것을 **미리 알고서**, 다윗은 메시아의 부활에 대해 말했다. …'(행 2:30-31).

둘째, 문서의 신학적, 경건적, 절기 지향적 성격을 강화했던 추가 사항들이 책들을 경전으로서 간주하게끔 하는 데 영향을 미쳤던 것 같다. 예컨대, 잠언 1-9장에 있는 신학적 자료는 이 책의 경전으로서의 지위를 확보하게 했던 요인이었을 것이다. 10장에서 시작하는 더 오래된 부분은 아마도 대중적 민속 지혜 및 간결한 격언 모음으로 더더욱 간주됐을 것이다. 그러나 추가 부분—"주가 태초에 [지혜를] 창조하셨다"(8:23) 및 '그가 하늘을 지으실 때 … 위로 구름 하늘을 견고하게 하실 때'(8:27-

30) 지혜가 거기에 있었다는 진술 같은—은 모음집을 변형하여 '하나님을 아는 지식'(2:5)을 찾고 발견하는 데 기여했다. 크게 종교적이지 않았던 전도서는 '하나님을 경외하고 그의 계명을 지키라'(12:23)라고 독자에게 촉구하는 전통적인 추가 어구(appendix)가 덧붙여지면서 경전의 지위를 얻었을 것이다. 부림절의 제정 내용을 첨가했던 에스더서도 동일한 지위를 얻었을 것이다(에 9:18-32).

셋째, 해석학적 새로움(innovation) 역시 신성화에 기여했다. 시편처럼 인간의 문학에서 기원한 아가서는 해석학적 렌즈를 통해 이스라엘을 향한 하나님의 사랑을 묵상하게 함으로써 고귀하게 간주됐다.

다니엘서 역시 흥미로운 예가 된다. (다니엘서는) 에스겔 14:14, 20에서 스쳐 지나가듯 언급된 의로운 인물 다니엘(Dan[i]el: 히브리 성서에 따르면 다니엘서에서 다니엘을 가리키는 단어의 철자는 '다니옐'로 음역되고, 에스겔서의 다니엘은 '다니엘'로 음역된다—역주)에서 끌어왔을 것이며, 또한 『나보니두스의 기도』(4Q242)에서 익명의 유대인 치료자 전통 같은 데서 이름이 거론된 다니엘에 관한 자료는 몸집이 커졌다. (1) 이 전체 자료는 페르시아 시대 지혜 이야기의 작은 문학적 모음집 형태였다(단 2-6장). (2) (단 1-12장은) 안티오코스 4세의 박해로 인해 부록을 추가한 더 큰 모음집(1-14장)으로 발전했고 (3) 다른 위(Pseudo)-다니엘 전통 형태를 계속해서 양산해냈다(4Q243-245). 자료의 몸집이 커지면서 1-12장과 1-14장 모음집—더 초기의 자료나 후대의 자료가 아니라—은 서로 다른 공동체 안에서 경전으로 수용됐다.

이스라엘의 문학이 신적으로 저작된 경전이라는 인식에 기여했을 수 있는 다른 요소들은 (1) 점차로 증가하는 저작의 고대성, (2) 이 문학작품들이 하나님의 이름으로 선언됐다거나 하나님의 뜻을 명시한 것으로 나타나는 교육적/전례적 환경, (3) 과거에 하나님이 이스라엘에게 은혜를 베푸셨던 상황과 자신의 상황을 쉽게 동일시하면서 이 문서들을 현재 계속 진행 중인 삶에 '재의미화'하거나 '적용'할 수 있었던 것을 꼽을 수 있다.

신적인 뜻을 진정으로 이해하고 표현하려고 애썼던 종교 지도자들과 경건한 사람들이 이스라엘의 고전적 종교를 탄생시켰다. 세대를 거듭하며 이 종교 전통을 당면한 역사적·정치적·사회적 현실에 비추어 고찰하면서 하나님에 **대한** 말씀은 어떤 의미에서 하나님**의** 말씀이 됐다. 이들은 분명 그렇게 하나님의 말씀을 인지하고 전했으며 공동체는 그렇게 계속해서 하나님의 말씀을 들었다.

초기 번역본: 아람어와 그리스어

제2성전기 중반 이전에 토라가 권위 있는 경전으로 여겨졌다는 또 다른 가능한 증거는 이 문서를 지방의 언어로 번역했다는 데서 발견할 수 있다. 『일리아스』와 『오뒷세이아』는 문화적으로 대단히 중요했지만 로마가 그리스 문화를 계승했을 고대에 라틴어로 번역되지는 않았던 것 같다. 네로 시대 바이비우스 이탈리쿠스가 『일리아스』의 요약판을 만든 것으로 전해지지만, 이는 장편의 원본에 비하면 너무나도 간결한 (단지 1,070행[hexameters]에 불과한) 축소판일 따름이었다. 번역되지 않은 호메로스의 시들과 달리 토라는 이후 수 세기 동안 대중들이 이해할 수 있는 언어로 번역됐다. 토라는 학식 있고 교양 있는 사람에게만 중요한 것이 아니고, 또한 단지 과거에 대해서만 이야기한 것도 아니었다. 토라

126–127

는 공동체 전체에 계속적으로 삶의 중심이었고 사람들이 직면하게 될 미래 상황에 적용될 수 있었다. 그래서 성경은 페르시아 제국과 바빌론의 유대 공동체의 언어, 헬레니즘 제국과 알렉산드리아의 유대 공동체의 언어, 그리고 아람어, 그리스어로 번역됐다. 바빌로니아의 몰락은 언어 문제를 포함하여 이스라엘의 삶에 많은 어려움을 야기했다. 페르시아 제국의 언어는 아람어였고, 알렉산드로스의 후계자들이 정복한 영토에 심으려고 했던 언어는 그리스어였다. 그리스 문화에 대한 저항이 있었음에도 점차로 많은 수의 유대인들이 아람어나 그리스어를 사용하게 됐고, 따라서 번역본이 필요하게 됐다. 성경 본문은 공동체의 정체성을 위해 중요했고, 유대인들이 디아스포라에서 겪게 될 미래 상황과 외국의 환경에 적용할 수 있어야 했기에 성경은 대중들이 이해할 수 있는 언어로 번역됐다.

초기의 증거는 없지만 유대 공동체는 기원전 3세기에 바빌론에서 토라와 아마도 예언서를 아람어로 번역하기 시작했다. 이것이 완전하게 번역되어 기록된 것인지, 아니면 구두로만 번역됐고 기능적인 히브리어 해설을 담고 있는 것인지 알 수 없다. 후자의 그림은 아마도 기원전 4세기에 기록됐을 느헤미야 8:8에 반영되어 있다. 곧, 레위 사람들은 히브리어 두루마리를 공개적으로 낭독하면서 이를 통역하고 의미를 해설하여 백성들이 이해할 수 있게끔 했다. 현존하는 가장 초기의 필사본은 기원전 2세기나 1세기의 『레위기 타르굼』(4QtgLev) 및 기원후 1세기 중반의 두 종류의 욥기(4QtgJob, 11QtgJob)다. 하지만 이 쿰란문서들을 제외하면 본문비평 목적을 위한 타르굼의 사본 증거들은 축소된다. 완전한 토라 타르굼과 다른 책들이 최종적으로 언제 쓰였느냐와 관계없이 뒤이어 보존된 모든 타르굼 본문이 마소라 본문의 초기 전거와 일치되도록 수정됐기 때문이다. 그래서 특정 독법이 미쉬나 이전의 증거를 제공한다고 단정하기는 어렵다.

초기 아람어 번역본과 관련한 막연한 상황과는 달리 알렉산드리아의 유대인 공동체는 기원전 3세기에 토라를 그리스어로 번역했을 것이다. 전설적인 『아리스테아스의 편지』에서 초기 번역에 대해 매우 자세하게 이야기하고 있는데, 이는 통상 대략 한 세기 이후에 패권(hegemony)을 주장하기 위해 쓰인 것으로 간주되곤 한다. 그럼에도 기원전 3세기 후반과 2세기에 (이 그리스어 역본이) 인용된 믿을 만한 경우뿐 아니라 기원전 3세기 번역설을 확실하게 해줄 만한 사본 증거 역시 존재한다. 연대기 학자 데메트리오스는 이미 기원전 3세기 후반에 그리스어로 된 창세기를 인용했고, 기원전 2세기 중반의 에우폴레모스는 그리스어로 된 역대기를 사용했는데 이는 중요한 예언서 역시도 이미 번역됐음을 의미할 것이다. 더 나아가 기원전 2세기 후반 벤 시라의 손자는 할아버지의 작품을 번역했고 무심코 토라, 예언서 및 다른 책들의 번역본도 언급했는데 이는 이 번역본들이 당시 근래에 나온 것이 아니라 그 당시에 이미 널리 알려져 있었음을 의미한다. 마지막으로 (이미 두드러진 발전을 보여주는) 이집트와 팔레스타인에서 발견된 기원전 2세기의 오경 필사본은 기원전 3세기에 번역이 이미 가능했었음을 보여준다. 다시 말하면 이 전례 없는 번역 사업은 토라가 권위 있는 경전으로 간주됐음을 보여주는 확고한 증거가 될 수 있다.

초기 역본들의 가치

타르굼은 일반적으로 마소라 모음집에서 비롯된 것 외의 고대 본문 형태에 접근하는 데 도움이 되지 않는다. 반면 고대 그리스어(Old Greek) 역본은 많은 책에 있어서, 이 역본이 없었으면 소멸했을, 제2성전기 본문 형태에 관한 귀중한 증거들을 제공한다. 20세기 중반 이전에 본문-비평 목적에 있어서 칠십인역의 가치는 종종 폄하됐는데 쿰란의 히브리어 사본이 발견되면서 칠십인역의 정확도가 입증됐다. 4QDeut[q], 4QSam[a,b], 4QJer[b,d] 같은 두루마리는 고대 그리스어가 충실하게 대본으로 삼은 히브리어 본문 유형을 보여준다. 이 사본들은 본래 번역을 산출해낸 개별적인 히브리어 모 본문(parent text)을 다룰 때 고려해야 하는 네 차원 중 첫 번째를 조명해준다. 곧, 과거에는 모 본문이 마소라 본문 유형과 거의 같다고 추정됐지만 쿰란에서 발견된 수많은, 다양한 판들은 비평가의 시각을 열어주었다. 우리는 그리스어가, 단순히 더 이상 이용 불가능한 히브리어 본문에 대한 증거라는 점을 진지하게 염두에 둘 필요가 있다.

두 번째 차원은 번역 행위와 번역물 자체다. 모 히브리어에서 변형될 수 있는 많은 출처로 인해 그리스어는 종종 (번역에 대본으로) 사용된 모 히브리어와도 상충하는 본문을 제시하는 경우가 많았다. 예컨대, 그런 출처에는 히브리어 필사본의 오류나 손상된 부분, 모호하게 자음으로만 기록된 히브리어를 이해함에 있어서 발생하는 불확실성, 번역자의 히브리어 오독 내지 오해, 구두점의 부족으로 인해 문장 분할을 달리하는 것 등이 포함됐다. 그래서 번역가가 히브리어 자료를 충실하게 번역하려고 통상 노력했지만 의도하지 않았던 변형까지 피하기 어려웠다. 모든 번역은 해석이라고 선언되곤 한다. 어떤 면에서는 맞는 말이다. 번역자는 물론 원문의 의미가 무엇인지 해석해야만 한다. 하지만 해석의 정도는 때로 신학적 **경향성**(*Tendenz*) 때문에, 또는 '주해를 현실에 적용'(actualizing exegesis)하기 위해 과장되기도 했다. 이때 번역자는 고대 문서를 의도적으로 변형시켜 당대 사건이나 관점을 부각시켰다. 그러한 신학적 해석의 매력과 상대적으로 고조된 중요성에도 불구하고—만일 그것이 정확하다면—창조적인 주해는 일반적으로 이를 제안하는 학자에게 입증의 책임이 있다. 쿰란의 다양한 형태의 히브리어/그리스어 필사본에 비추어 볼 때 번역가가 히브리어 메시지를 보고 이해하면서 번역 과정에서 고의적으로 다른 메시지를 만들어냈다고 주장하는 사람은 엄청난 입증의 책임에 놓여 있다. 번역가가 생산한 의미와 후대 해석가들이 그런 문구에서 이끌어냈을 수 있는 다양하고도 가능성 있는 의미 사이를 구분하는 일이 필요하다.

세 번째 차원은 원본 히브리어와 다른 메시지가 발생할 수 있었고 실제로 거기서 발생했다는 점이다. 본래의 번역과 기원후 4세기 칠십인역의 가장 초기 전체 사본 사이에는 약 6세기에 걸친 필사자들의 전승이 있었다. 부주의한 오류와 의도적 수정/보충으로 인한 이문(textual variants)은, 마치 이것들이 히브리어에서 발생했던 것처럼 필사자들이 만들려고 했던 최초기 사본에서부터, 그리스어 본문에 영향을 미치기 시작했다고 추정되어야 한다. 일부 이문은 다양한 히브리어 표현과 교차되면서(cross-fertilization) 그리스어 본문으로 들어왔다. 신학적 변화는 또한 칠십인역 시편 13:3과 같은 구절에서 분명하게 보듯이 이따금씩 전승 과정에서 발생했다. 로마서 3:3-10에서 길게 인용되면서, 그리고 시편 50:9(LXX)이나 95:10(LXX)처럼 전승된 본문에 기독교적 내용이 분명하게 추가되면서 말이다. 전승 과정의 이문은 세기를 거듭하며 크게 증가했고, 그래서 현재 괴팅엔판 칠십인역(Göttingen Septuagint editions) 본문비평장치는 차고 넘친다.

칠십인역 필사본에서 볼 수 있는 네 번째 차원은 본문을 다른 방향으로 끌고갔다. 칠십인역이 전승되면서 이문이 확대/확산되고 있는 가운데 어떤 유대인 학자들은 발전하고 있는 칠십인역 본문을 통합하기 위해 노력하면서, 자신들이 추정하기에 '본래' 히브리어 본문이었던 것—당시에 알려졌던 유일한 모음집, 마소라 본문—과 일치시키려고 수정을 가했다. 이 개정 과정—주로 아퀼라, 쉼마쿠스, (원-)테오도티온에 나타나고, 오리게네스의 『헥사플라』에서 절정에 이르렀던—은 계속되는 그리스어 사본 전통을 통합하기보다 거기에 개입하면서 도리어 복잡하게 만들었다. 칠십인역을 비판적으로 사용하기 위해서는 첫 번째 차원과 두 번째 차원에서 작업하면서 세 번째 차원과 네 번째 차원의 영향을 걸러내는 것이 중요하다.

칠십인역은 고대-히브리어 본문 형태를 바라보는 귀중한 창문으로 역할했던 것 외에도 고대 후기의 성경 이해에 명료한 증거를 제공해준다. 그리스어 본문은 또한 자체의 생명을 발전시켜서 더 이상 히브리어 원본의 정확한 의미에 속박되지 않게 됐고 기독교인과 그리스어를 사용하는 유대 공동체의 경전이 됐다. 고대 라틴어역과 '딸 역본'(daughter versions: 예, 아르메니아어, 보하이르어)은 칠십인역에서 번역됐고, 대체 가능한 간접적인 히브리어 본문 증거로 기능하지만, 다른 남아 있는 모든 역본들은 일률적으로 마소라 본문 모음집을 증거한다.

130

후기 제2성전기의 놀라운 문서들

쿰란 근처 동굴과 사해 서쪽 다른 장소들에서 (기원전 3세기 후반부터 시작하는) 200개 이상의 성서 필사본이 발견되면서 문서 형성의 큰 지형에 빛이 비춰지기 시작했다. 이 성서 두루마리들은 상세히 검토할 만한 중요한 본문들을 폭넓게 제시해준다.

출애굽기

학자들은 대략 기원전 1세기 중반에 고대-히브리어(Paleo-Hebrew) 문자로 기록된, 널리 보존되어 있었던 출애굽기 사본을 4번 동굴에서 발굴한 직후 놀라게 됐다. 4QpaleoExod^{m}은 통상 사마리아 오경으로 잘 알려진 확장된 본문을 보여준다. 4QpaleoExod^{m}은 모든 경우에 있어서 마소라 본문 및 칠십인역을 넘어서고 사마리아 오경에 나타나는 주요한 확장 본문을 보여준다. 확장이 나타나지 않는 곳에서도 이 필사본이 다른 사마리아 오경의 확장판과 일치하지 않는다고 의심할 이유는 없다. 한 가지 경우를 제외하고 말이다. 그 경우에는 전통적인 계명들 이후, 곧 출애굽기 20:17 뒷부분에서 사마리아 오경에 장황하게 추가된 계명을 담을 공간이 없었던 것 같다. 특히 (마소라 본문, 사마리아 오경, 칠십인역에서 공통적으로 신 11장과 27장에서 다루어지지만) 그리심산에 제단을 쌓으라는 사마리아 오경의 특정 계명이 마소라 본문과 칠십인역에 나오지 않는 것처럼 분명 4QpaleoExod^{m}에도 없었다. 그렇다면 기원전 1세기에 유대 그룹 내에 분명 적어도 두 개의 출애굽기 판본이 있었던 것 같다. 분명 두 판본 모두가 사용됐고 동등한 위치를 차지하고 있었다. 4QpaleoExod^{m} 사본은 어느 한 시점에 손상됐고 누군가 큰 구멍을 덧

대고 꿰매어 손실된 말들을 다시 새겨 넣었다. 이 사본이 사용될 필요가 없었다면 이러한 복원 작업은 일어나지 않았을 것이다. 사마리아 사람들은 부차적으로 확장된 저 판본을 사용했고, 두 가지 형식을 취함으로써 단 하나의 신학적인 변경 사항을 만들어냈다. 곧, 저들은 이스라엘 중앙 제단을 그리심산에 세워야 한다는 계명을 추가했고, 하나님이 자신의 이름을 놓을 중앙 성소로서 예루살렘이 아니라 그리심산을 선택했다고 반복해서 강조했다. 이렇게 '사마리아'의 출애굽기는 대부분 일반적인 유대교의 출애굽기 본문으로 구성됐다. 그리고 특히 사마리아인들의 두 가지 변경 사항이 결여된 이차적인 확장판은 유대인들에 의해 계속 사용됐고, 기원전 1세기 중반에 여전히 필사됐다. 유대인과 사마리아인이 그 특정 본문 유형을 알고 있었다거나 또는 관심을 두었다는 증거는 없는 것 같다.

민수기

학자들은 보통 4QpaleoExod^{m}으로부터 새로운 증거를 받아들이고 소화하는 데 더뎠지만 가장 널리 보존된 민수기 두루마리는 출애굽기 두루마리와 유사한 측면의 증거를 확실히 제공했다. 기원전 1세기 후반부터 유대인의 글자로 기록된 4QNum^{b} 역시 마소라 본문과 칠십인역과 같은 전통적인 본문을 넘어서서, 사마리아 오경에서 추가된 내용과의 일치를 보여준다. 하지만 4QpaleoExod^{m}처럼 특별히 사마리아적인 독법은 발견되지 않는다. 따라서 이는 출애굽기에서 볼 수 있는 패턴, 곧 팔레스타인 유대교에 적어도 두 판본의 민수기가 통용됐다는 것과 사마리아인들이 부차적으로 이미 확장된 유대 전통을 사용했음을 확증해준다. 또한 민수기의 두 판본도 제2성전기 후반에 유대인들에 의해

131–132

사용된 것 같다.

여호수아기

여호수아기의 가장 오래된 필사본 역시 놀라움을 자아냈지만 방향은 다르다. 기원전 2세기 후반 또는 1세기 전반의 4QJosh[a]는 전통적인 마소라 본문의 사건 순서와는 완전히 다른, 중요한 삽화 순서를 제공해 준다. 이 두루마리에서 여호수아는 요단강을 건넌 직후에 백성들을 안전하게 인도하고 새로이 들어간 길갈 땅에 첫 번째 제단을 쌓은 것으로 분명히 나타난다. 이 삽화는 4장 말미에 등장해서, 할례와 유월절 이전에 발생하고, 그 이후에는 정복 활동이 나타난다. 이 두루마리의 사건 순서는 자연스럽고 논리적으로 보이며, 첫 번째 제단을 쌓고 토라를 낭독하며 할례 의식을 행하고 유월절을 기념함으로써 그 땅을 거룩하게 구별하는 일이 약속의 땅에서의 첫 번째 삽화가 될 것이라고 기대할 수 있다. 이와 대조적으로 마소라 본문에서는 첫 번째 제단을 쌓은 것이 8장 말미(8:30-35)에 나오고 에발산에서 발생하는데, 이는 수많은 문제를 일으켰다. 주석가들은 아이에서 에발까지 (여인들과 어린이들이 함께) 32km를 행군하여 제단을 쌓고서 다시 남쪽 길갈로 되돌아가야 하는 저 이상한 위치로 인해 애를 먹었다. 한편 여호수아는 중요한 제단을 적의 땅에 내버려두어야 했고, 또한 길갈은 중요한 성소로 남았다 하더라도(삼상 11:14-15; 왕하 2:1) 에발산은 그다지 중요하지 않았다. 여호수아 9:1이 논리적으로나 구문론적으로 8:35이 아니라 8:29 다음에 오는 것이 자연스러웠기에 문제는 심화됐고, 8장 끝에 있는 30-35절이 부차적으로 삽입됐다는 제안이 나오게 됐다. 더욱이 칠십인역은 제단의 위치에 있어서 마소라 본문과 기본적으로 일치하지만 순서는 약간 다르게 제시한다.

그러나 4QJosh[a]에 나오는 순서를 가장 확고히 확인해주는 것은 요세푸스(『유대 고대사』 5.20)와 위-필론(『성경 고대사』 21:7)으로, 이들은 제단이 길갈에 놓인 것으로 보았는데, 이로 보아 성서 본문의 출처로 쿰란 두루마리와 일치하는 본문을 사용했음이 분명하다. 요세푸스는 마소라 본문에 나오는 위치에서 제단 쌓음을 이야기하지 않은 채, 아이성 정복(수 8:1-29)과 기브온 사람들의 계책(수 9장) 사이에 더 많은 증거를 덧붙인다(『유대 고대사』 5.45-57). 추가적인 퍼즐 조각은 이 여호수아 삽화의 기초가 되는 명령인 신명기 27:4에서 '가르진'(*Garzin*)이라고 읽는 사마리아 오경에 의해 제공된 것으로서, 이를 고대 그리스 파피루스와 고대 라틴어역과 일치하게 '그리심'산이라고 읽었다는 데 있다. 이렇게 분명히 4QJosh[a]는 더욱 본래 내러티브 형태를 제공한다. 물론 약속의 땅에 들어와 첫 번째 제단을 쌓은 일화는 심각한 논쟁을 낳았다. 본문 증거에 관한 가장 개연성 있는 읽기는 다음과 같다. 4QJosh[a]가 최초의 사건 순서를 가지고 있는데, 북부 파벌(사마리아 지방 또는 사마리아 사람)은 이차적으로 제단의 위치를 저들의 거룩한 성소인 그리심산에 두었다. 그리고 나서 이에 대한 반작용으로서 남부 사람들(유대아 주민들 또는 랍비들)이 종교적 논쟁으로 인해, 이상하게 보이더라도, 산의 이름을 그리심에서 에발로 바꾸었다.

사사기

기원전 50-25년경에 기록된 가장 오래된 사사기 사본은 하나의 작은 단편으로만 남아 있다. 여기서 6:2-6은 바로 11-13절로 건너뛴다. 곧, 6:7-10이 없는데, 이 부분은 앞뒤 구절들과 문체가 다르고 나중에 신학적으로 삽입된 것처럼 보인다. 따라서 쿰란의 사사기 6장 본문은 초기의 짧은 형태를 보여주며, 마소라 본문은 이차적으로, 신학적으로 확장된 판으로 볼 수 있다.

사무엘기

기원전 1세기 중반에 기록된 4QSam[a]는 마소라 본문, 칠십인역, 또는 현존하는 다른 판본에는 없는, 하나의 완전한 단락을 포함한 본문을 가지고 있다. 여기서는 현재 마소라 본문 및 다른 본문의 사무엘상 11:1에서 발견되는 암몬 사람 나하스의 압박을 서술한다. 그 단편 자체에서는 필사자가 실수로 한 부분을 건너뛰어 버린 오류(parablepsis)를 발견할 수 있는데, 마소라 본문 전통에서도 바로 저 오류를 통해 단락을 누락했을 가능성이 있다. (요세푸스가 설명하지 않았더라면 유실됐을) 그 단락의 내용, 세부 사항, 문구(wording)가 요세푸스의 글에서 발견되는데, 그와 4QSam[a] 사이의 일치는 요세푸스 역시 4QSam[a]와 같은 종류의 본문을 사용했음을 보여준다.

이사야서

대(Great)이사야 두루마리(1QIsa[a])는 명성을 널리 떨쳤던 첫 번째이자 가장 극적인 성서 사본이다. 특히 이 본문은 전통적인 마소라 본문과 다면적으로 불일치하기 때문에 그러한 특이한 특징들이 쿰란에 살았던 '분파'로부터 기인하고 거기서 필사된, 쿰란의 이사야서라는 가정을 불러일으켰다. 두 번째 이사야 두루마리(1QIsa[b])도 1번 동굴에서 발견됐고 첫 번째 두루마리와는 달리 마소라 본문에 상당히 가까웠다. 이는 실제로 이사야서에 대한 중세의 마소라 본문이 천 년 동안 매우 정확하게 필사됐음을 보여준다. 그러나 두 두루마리가 처음에는 하나는 진정한

133-134

본문이고 하나는 '조금 떨어지는'(vulgar) 쿰란 본문이라고 간주됐지만 이들은 새로운 발견물로부터 성서 본문에 대한 두 가지 주요한 교훈을 보여주었다—학자들이 아직 깨닫지 못했더라도 말이다. (1) 마소라 본문 대부분은 각각의 책에 대한 고대 본문의 정확한 사본이다. (2) 그러나 중요한 것은 소실되거나 유실된 많은 고대의 책들이 (원본과는) 다른 귀중한 판본(variant editions)을 많이 가지고 있었다는 점이다. 1QIsa[a]의 언어학적/철자법적(orthographic) 윤곽은 일반적으로 마소라 본문에 비해 후대의 것으로 보이지만, 많은 경우에 있어서 본문의 모습(textual profile)은 마소라 본문보다 더 초기의 것으로 보인다. 1QIsa[a]는 마소라 본문이 문장이나 그 이상의 것을 덧붙인 흔적을 반복적으로 내비친다는 사실을 보여준다. 1QIsa[a]가 초기의 짧은 본문을 보존하고 있는 곳에서 마소라 본문이 이차적으로 확장시킨 경우는 일곱 군데에 나타난다.

예레미야서

여러 가지 두루마리는 마소라 본문과 상충하는 필사본이 있음을 보여주지만 예레미야서 두루마리는 이 책에 대한 두 가지 다른, 이어지는 판본의 예를 제공해준다. 기원전 2세기에 기록된 4QJer[b]와 4QJer[d], 두 필사본 중 작은 단편은 히브리어로 된 더욱 초기의 짧은 판본으로서 고대 그리스어 번역본의 기초를 형성한 배열을 보여준다. 4QJer[b]와 고대 그리스어 역본이 마소라 본문의 10장에 6-8절과 10절이 추후에 삽입됐다는 것을 보여주는 것처럼, 4QJer[d]는 판본이 전체적으로 마소라 본문과 일치하지만 그럼에도 예레미야 7:30-34; 8:1-3에 해당하는 마소라 본문의 여덟 구절이 부차적으로 삽입됐음을 드러내준다. 기원전 225-175년경에 필사된 본래 두루마리에는 이 장황한 단락이 나오지 않는다.

하지만, 고고학적으로 한 세기 또는 그보다 더 이후에, 곧 기원전 100-50년경의 후대 필사자가 그것을 고대 본문에 삽입했다. 그는 아주 작은 글씨로 세 줄을 가로로 된 공간에 밀어 넣었고, 왼쪽 여백에는 네 줄로 기록했으며 써야 할 것이 더 있었기에 마지막 줄을 맨 아래에 있는 여백에 거꾸로 썼다(*DJD* 15:155 and plate 24). 이 두 부분으로 된 단락이 본래 예레미야 본문이 아니었다는 것은 이것이 문맥과 밀접하게 관련되지 않는다는 사실, 이 산문의 삽입이 운문인 7:29에서 논리적으로 흘러가는 또 다른 운문인 8:4로의 흐름을 방해한다는 사실, 필사자가 (본래 있던 본문을) 빠뜨린 것이라면 약 열두 줄의 본문을 실수로 지나친, 전대미문의 오류(parablepsis)를 범한 것이라는 사실에 의해 암시된다.

시편

쿰란과 마사다에서 발견된 증거는 고대에 최소한 두 개 판본의 시편이 있었다는 것을 보여준다. 마사다의 한 필사본에는 시편 150편 뒤에 공백이 뒤따라오는데 이는 마소라 전통에서 전해지는 것과 동일한 150개로 된 시편 판본이 있었음을 나타내준다. 하지만 쿰란의 11번 동굴에는 시편을 포함한, 아름답고도 풍성하게 보존된 두루마리가 있었는데, 이것은 마소라 본문과는 상당히 달랐기에 특히 (쿰란문서 발견 후) 초기 수십 년 동안 많은 학자들은 이것을 비성경적이라고 간주했다. 11QPs[a]에는 마소라 본문에 들어 있는 39개의 시편과 10개의 추가적인 작품이 포함되어 있다. 이것이 출판된 직후 성경적인지 아닌지, 그 성격에 관한 논쟁이 불붙었다. 해당 문서 편집자였던 샌더스(James A. Sanders)는 이를 성서 두루마리로 간주했고, 따라서 제목으로 'Ps'(정경의 시편을 의미함—역주)를 붙였지만 다른 많은 학자들은 이 분류에 반대했다. 저들이 반박한 이유는 다음과 같았다. (1) 성경의 시편으로 친숙한 시편들은 반복적으로 마소라 본문과 다른 순서로 나타난다. (2) 사해두루마리에는 마소라 본문에 나오지 않는 추가적인 '비성경적인' 시편들도 포함되어 있다. (3) 시편 145편 내에서조차 후렴구가 마소라 본문과는 달리 반복적으로 첨가됐기에 '전례적'(liturgical)인 것으로 특징지어질 수 있다. (4) 시편들 중간에 '다윗의 작품'이라는 산문이 들어 있다. (5) '테트라그람마톤'(tetragrammaton)이 두루마리 나머지 부분에서 사용된 일반적인 유대 문자가 아닌 고대-히브리어 문자로 기록되어 있다.

그러나 성서 필사본들로부터 축적된 증거에 비추어 그러한 반박들은 각각 무너졌고, 쿰란 두루마리는 점차로 고대 유대교에서 성경의 시편에 대한 대체 판본으로 인정받고 있다. (1) 마소라 본문의 시편은 엄밀하거나 분명하게 의도된 순서로 배열되지 않았다. 몇몇 의도적으로 묶은 경우(groupings)를 추정할 수는 있지만 포괄적 계획이 눈에 띄지는 않는다. (2) 비정경 작품이라고 불리는 네 개의 시편은 실제로 그리스어와 시리아어로 된 필사본에서 발견되며, 다른 두 시편은 마소라 본문이나 칠십인역의 다른 곳, 즉 사무엘하 23:1-7과 집회서 51:13-30에서 발견된다. 그 외 나머지 시편들은 지금까지는 알려지지 않았지만, 후대 쿰란의 『호다요트』(*Hodayot*: 또는 『감사찬양』)가 아닌 고대 성서의 시편 양식으로 저작됐다. 결국 시편의 마소라 판본으로 수용되지는 않았다 하더라도 이것들은 분명 본래 히브리어 시편이었다. (3) 11QPs[a]는 실제로 전례 두루마리(liturgical scroll)지만 마소라의 시편도 성격상 전례적이다. "내가 주를 높이고 영원히 주의 이름을 송축하리이다"라는 시편 145편에 삽입된 후렴은 전적으로 시편 145:1에서 유래한 것으로, 마소라의 시편 136편에서 반복되는 "그의 신실하심이 영원하도다"라는 후렴구와 동일

135-136

한 방식으로 체계적으로 반복된다. (4) '다윗의 작품'으로 인해 예언적 영감 및 이에 따른 시편의 성경적 지위가 명시적으로 주장된다. 이는 본래 저 시편 모음집 **안에** 위치했던 것이 아니라 (시 134, 140, 151편[LXX]이 추가되기 전에) 초기 시편 모음집의 **끝에** 위치했을 수 있으며, 따라서 성경적 지위에 대한 주장과 함께 유사-마지막 장(colophon)으로 기능했을 것이다. (5) 유대 문자로 기록된 문서에서 고대-히브리어로 신명(divine name)을 썼다는 것은, 과거에는 해당 본문이 성경적이지 않다는 표지로 간주됐지만, 유대 문자로 기록된 다른 몇몇 성경적 두루마리에도 고대-히브리어 문자로 '테트라그람마톤'이 기록됐다. 마지막으로 두 개의 추가적인 필사본(11QPs^{b}, 4QPs^{e})은 분명 11QPs^{a} 판본에 대한 분명한 증거가 되지만, 쿰란에서 발견된 어떤 고대 사본도 11QPs^{a}의 순서에 반대하여 마소라 본문의 순서를 지지하지는 않는다.

(개편된?) 오경

개편된 오경의 네 개의 단편 모음 중 세 개는 오경의 넷 또는 다섯 책을 모두 포함하고 있는데, 여전히 탐구할 만한 도전들을 제시해준다. 첫째, 다섯 번째 필사본(4Q185)이 연결된 4Q364-367이 오경과 동일한 작품에 대한 사본인지, 아니면 단지 유사한 오경의 발달 형태를 띠고 있는지는 확실하지 않다. 둘째, 분류는 여전히 논쟁되고 있다. 대부분의 경우에 있어 단편들은 오경 본문을 연속적으로 제공해주지만, 흔히 첨가되거나 간혹 생략되고 또한 다른 배열을 가지고 있다. 그렇기 때문이 이 단편들은 처음에 '제4동굴의 개편된 오경'(4QReworked Pentateuch)이라는 제목이 달려서 출판됐다. 즉, 다른 점(variants)이 일치점보다 더 중요하게 간주됐고, 따라서 오경이 아니라, 오경을 넘어선 것으로 판단됐다.

하지만 성서에 있어서 다양한 변형/발전 판본—첨가, 생략, 순서의 변경은 제2성전기 성서 본문들의 특징이었다—으로부터 교훈들을 흡수한 수많은 학자들은 점차 이 문서를 오경의 후기 형태(또는 오경 형태)로 인식했고, 따라서 이를 '제4동굴의 오경'(4QPentateuch)이라고 불렀다. 이는 4QpaleoExod[m]과 4QNum[b]에서 볼 수 있고 사마리아인들에 의해 사용된 확장된 유대 판본을 넘어서서 적잖이 발전된 것처럼 보인다. 사실, 많은 변형된 본문들이 사마리아 오경과 일치하지만, 어떤 것도 분파적인 문서는 아니다. 어떤 학자들은 이를 지칭할 적절한 용어를 고심하면서 '오경'과 '개편된 오경'의 중간 어딘가에 서 있다.

마소라 본문, 사마리아 오경, 칠십인역의 유사한 예

다양한 성서 두루마리 판본들을 알게 된 학자들은 익숙한 출처에 있는 유사한 예들을 인지하게 됐다. 마소라 본문은 성막 기사(출 35-40장), 다윗이 사울을 섬기게 된 기사(삼상 17-18장), 예레미야서를 고대 그리스어 역본과 비교할 때 개정되고 확장된 판본으로 인식됐다. 사마리아 오경은 약간의 신학적 변화를 동반한 확장된 유대 판본을 증거하고 있는 것으로 인지됐다. 다니엘서의 그리스어 역본은 마소라 본문의 확장된 형태—예레미야서와 반대되는 상황—로 보였다.

그리스어 파피루스 967의 에스겔서는 현재 마소라 본문과 칠십인역 판본보다 더 이른 시기의 것일 수 있다. 거기에서 에스겔서 장들의 순서는 36, 38, 39, 37, 40장으로 구성되어 있고 36:23c-38은 없다. 이는 저 순서로 된 히브리어 본문에서 번역된 초기 형태로 분석된다. 나중에 히브리 편집자는 37장을 현재(마소라 본문)의 위치에 넣고, 동시에 36장의 마지막 부분(23c-38절)은 37장을 도입하는 적절한 종말론적 서론으로 배열했다. 다른 고대 자료들은 성서 본문을 증거로 사용했다. 예컨대, 요세푸스는 『유대 고대사』에서 마소라 본문보다는 4QJosh[a] 및 4QSam[a]와 유사한 형태의 성서 본문을 증거로 사용했다.

성서 두루마리가 우리에게 알려주는 것

쿰란에서 얻게 된 일련의 성서 필사본들 및 그로 인해 더욱 명료하게 보고 평가할 수 있게 된 마소라 본문, 사마리아 오경, 고대 그리스어 역본에 있는 주요 변형을 검토하면서 우리가 배울 수 있는 교훈은 무엇인가? 가장 먼저 떠오르는 것은 바로 '본문의 다양한 형태'(textual pluriformity)다. 그런데 다양한 형태라는 것은 혼란이 아니라 명료하게 들여다 볼 수 있고 분명하게 분류될 수 있는 패턴을 보여준다. 쿰란 필사본, 마소라 본문, 사마리아 오경, 그리스어 역본 사이를 비교함으로써 인지할 수 있는 변형의 네 가지 주요 범주가 있다. (1) 철자법(orthography), (2) 개별적인 이문(textual variants), (3) 분리된 삽입(isolated insertions: 본문의 흐름상 내용이 추가된 것이 아니라 여백에 각주처럼 본문과 분리되어 추가된 것을 일컬음—역주), (4) 개정판과 확장판이 그것이다. 연구에 따르면 이 네 형태의 변형은 서로 관련 없이, 다른 차원에서 작동한다.

철자법

제2성전기의 6세기 동안 히브리어, 특히 철자법(spelling practices)은 눈에 띄게 발전했다. 서기관들은 일찍이 모음 문자(*matres lectionis*: 모음을 나타내는 데 사용되는 자음—역주)를 사용했고, 이는 후대에 마소라 학파가 모음 부호를 만들어 성경을 발음할 수 있게 하는 것으로 완성된 해석 과정의 초기 단계에 기여했다. 본문이 때로는 모호하기에 완전철자법을 지향하는 경향은 정확한 읽기와 올바른 이해를 유지하는 데 도움이 됐다. 그러한 모음 문자(*matres*)가 때로는 의도적으로, 때로는 의도하지 않게 삽입됐는데, 본문 자료가 하나의 철자를 가지고 있을 때라도, 서기관들은 원본 자료와는 관계없이 자신이 관습적으로 철자한 대로 단어를 부주의하게 또는 의도적으로 기록했다. 통상 완전철자법은 정확한 형태를 보다 명료하게 표시하면서 의미에 있어서는 변화 가능성을 주지 않았다. 예컨대, 이사야 8:19에서 읽기에 따라 '조상들'을 의미할 수 있는 모호한 단어 האבות(그럴 경우, '하-아보트'로 발음된다—역주)는 1QIsa[a]에서 '하-오보트'(*ha-'ôbôt*, "영들": 모음 문자 '바브'를 첨가하여 '오'로 발음됐다—역주)로 명확하게 발음됐고, 이와 같이 마소라 본문에서도 '하-오보트'(*ha-'ōbôt*: 모음 문자 없이 '오'로 발음됐다—역주)로 발음됐다. 하지만 이사야 40:6에서 모호한 단어 ואמר는 마소라 본문에서 3인칭으로 해석된 반면, 1QIsa[a]에서는 1인칭으로 명료하게 표현됐다.

개별적인 이문

다량의 복잡한 본문을 정확하게 필사하는 것에 대한 어려움으로 인해 사실상 거의 모든 고대의 필사본들은 대본(parent text)과는 다른 독법을 낳게 됐다. 많은 변형들이 의도되지 않은 것이었고(예, 수많은 형태의 오류, 의도하지 않게 쉬운 독법[*lectiones faciliores*]으로의 대체, 부주의함으로 인한 한 개 이상의 단어에서 문자의 탈락, [실수로] 건너뛰는 현상[parablepsis]), 어떤 경우는 의도적이었다(명확하게 하려는 삽입, 필사자의 수정[옳든지 그르든지], 추가적인 정보, 언어학적 윤문, 완곡어법으로의 대체, 문학적 의도, 신학적 사상 반영). 이 일반적인 현

138-139

상들은 잘 알려져 있고, 전통적인 본문비평 안내서에서는 주로 이러한 차원을 다루면서 이문을 판단하기 위해 필요한 통상적인 경험 법칙들을 묘사한다.

분리된 삽입

학식 있는 필사자들은 자신들이 필사하고 있는 본문에 저들이 생각하기에 적절한 것으로 보이는 추가 자료를 삽입했다. 두루마리, 마소라 본문, 사마리아 오경, 칠십인역을 비교해보면 한 본문에 여덟 절까지 삽입되어 있는 것을 볼 수 있다. 필사되는 책의 장르에 따라 삽입은 정보를 제공하고(삼하 5:4-5에 대한 MT vs. 4QSam[a]), 가르침을 주며(사 2:22에 대한 1QIsa[a] MT vs. LXX), 율법의 불일치를 해결하고(레 17:4에 대한 4QLev[d] SP vs. 11QpaloLev[a] MT), 경건에서 유래하거나(사 2:9b에 대한 4QIsa[a] 4QIsa[b] MT LXX vs. 1QIsa[a]), 예언적 인물을 추가하고(삿 6:7-10에 대한 MT vs. 4QJudg[a]), 묵시론적 경향을 소개하며(사 2:10에 대한 4QIsa[a] 4QIsa[b] MT LXX vs. 1QIsa[a], 여기에 더하여 이사야에 많이 나오는 '그날' 본문) 유사한 자료(사 34:17b–35:2에 대한 MT LXX vs. 1QIsa[a]; 렘 7:30–8:3에 대한 MT 4QJer[a 2m] vs. 4QJer[a*])나 대조되는 자료(렘 10:6-8, 10에 대한 MT vs. 4QJer[b] LXX)를 추가한다. 특히 예언서들은 그러한 확장으로 가득하며, 이는 모든 본문에 침투되어 있다. 실제로 확장 현상은 모든 성서들의 발전에 있어서 널리 퍼진 요소였다. 해석적 삽입이 분리되어 본문 흐름의 일부로 연결되지 않은 경우에는 이 범주로 분류된다. 반면 상당한 조화(harmonizations), 개정, 삽입을 보여주는 패턴화된 요소들이 많이 통합되어 있을 경우에는 책의 새로운 판본으로 볼 수 있다.

성서들의 새로운 판본 및 개정판

성서가 발전하는 데 가장 크게 기여했던 것은 각 책의 개정판과 확장판이었다. 문서는 최초기의 애매한 데서 시작하여 충실하게 필사되면서, 또한 경우에 따라 창조적으로 새롭게 쓰이면서 책들을 형성하도록 발전하고 공고해졌다. 파괴와 포로 경험에 비추어(전통적인 P: 제사장 문서—역주) 더욱 오래된 군주제 전통을 재신학화하는 것과 같은 자료비평적인 예들 및 더욱 구체적으로 창세기 6-9장에 있는 더 오래된 J 이야기(야웨 문서—역주)에 P 홍수 이야기를 삽입한 것은 다음 현상을 설명하는데 도움을 준다. 저 새로운 판본들은 옛 것을 대체함으로 탄생하는 것이 아니라 새 것과 옛 것의 결합을 통해 탄생했다. 문서화되어 더욱 오래 지속되고 있는 예는 출애굽기에 대한 4-5개의 연속적인 판본이다. 곧, 고대 그리스어 역본은 아마도 초기 판본(n + 1판)이고, 또한 고대 그리스어 역본에 사용된 히브리어 대본(parant text)으로부터 발전한 마소라 본문은 그 후대의 판본(n + 2판)이다. 그리고 4QpaleoExod^m^은 마소라 본문에서처럼 확장된 판본에 근거한 확장판(n + 3판)이다. 사마리아 오경은 4QpaleoExod^m^과 일반적으로 같은 판본이지만, 제4판(n + 4판)이라고 간주될 만한 중요한 신학적 변화들을 가지고 있다. 4QRP가 4QPentateuch(n + 5판)으로 간주될 경우에는 이제 제5판도 있는 셈이다. 민수기에 대한 이와 유사한 연속적인 판본들은 4QNum^b^에서 볼 수 있다. 창세기에 있어서는 마소라 본문, 사마리아 오경, 칠십인역 모두가 5장과 11장의 두 개의 확장된 단락으로 인해 의도적으로 수정된 판본으로 드러난다.

성서 본문의 성격

1947년에 쿰란 두루마리가 발견되기 전에 학자들은 일반적으로 마소라 본문, 사마리아 오경, 칠십인역을 세 개의 주요한, 그러나 동일하지는 않은 본문 유형으로 간주했다. 마소라 본문은 정화된 형태를 가진 '원본'(original) 성경으로 간주됐다. 또한 게제니우스(Gesenius)는 사마리아 오경이 마소라 본문에서 유래했고 따라서 '원본'에서 거리가 있다고 보았다. 그리고 칠십인역에 있어서, 마소라 본문과 일치하지 않는 부분은 부정확한 번역으로 통상 폄하됐다. 사마리아 오경과 칠십인역은 이따금 도움이 되지만 마소라 본문이 원문(*Urtext*)에 가장 가까운 형태를 나타낸다는 것이 주요한 사고방식이었다. 원문 이론(*Urtext* theory)은 19세기 후반에 파울 드 라가르드(Paul de Lagarde)에 의해 지지됐다. 거기서는 더 이상 순수한 형태로 존재하지는 않지만 사마리아 오경, 칠십인역, 여타 역본들과의 비교 분석을 통해 대부분 복구할 수 있는 단일한 원본 히브리어 본문을 상정했다. 파울 칼레(Paul Kahle)는 20세기 중반에 마소라 본문, 사마리아 오경, 칠십인역에 의해 가려진 매우 많은 변형 본문을 보고서 자신의 성공하지 못한, 통속 본문(*Vulgärtexte*) 이론으로 이에 도전했지만, 모든 본문들 사이에 있는 유전 관계(genetic relationship)는 거기에 강력히 반대했다. 원본 이론(*Urtext* theory)은 아마도 세 가지 요인에서 비롯한 것 같다. 곧, (1) 기원후 132-135년에 있었던 제2차 유대 봉기 이후에 후손에게 전해진 히브리어 본문 형태는 단 하나였기 때문에 발생된 증거의 부족, (2) 성경 본문은 하나님이 모세, 예언자, 지혜자에게 말씀하신 것이며, 고로 독특하다는 전통적인 종교적 견해, (3) 책들이 단일한 저자나 편집자들에 의해 기록된 '문서들'(documents) 내지 주요

140-141

저작물이라는 초기 학자들의 견해가 그것이다. 이와 같이 순수한 마소라 본문은 궁극적인 하나님의 말씀이었으며, 현존하는 다양한 필사본들은 인간 필사자들이 허용한 오류를 입증한다.

그러나 망원경의 발명과 정확한 천문 자료 분석으로 인해 코페르니쿠스의 태양중심설(heliocentric cosmology)이 프톨레마이오스의 중세 지구중심설(geocentric cosmology)을 몰락시켰듯, 성서 두루마리의 발견과 이들이 제공하는 정확한 자료에 대한 관찰은 마소라 본문이 히브리 성경 본문의 중심이라는 견해를 몰락시켰다. 유대아 사막의 성서 두루마리들은 일찍이 분파적인 것으로 추정됐지만, 더욱 많이 연구될수록 거기에 분파적인 특징이 전혀 없다는 것이 더욱 분명해졌다. 그것들은 유대교 성경 본문이 기독교와 랍비 유대교의 기원 당시에 어떤 모습이었는지에 대한 가장 오래되고 진정성 있는 증거가 된다.

쿰란의 성서 필사본들—칠십인역, 사마리아 오경의 기초로서 사용된 확장된 유대 문서, 요세푸스가 사용한 성서 본문들, 신약과 랍비 저작에 인용된 성서들—은 마소라 본문이 문서의 중심이 아니었음을 분명히 해준다. 이들 모두는 성서 본문 내에 있는 균형 잡힌 다양한 형태를 보여준다. 그래서 많은 것들을 배울 수 있다. 첫째, 쿰란 두루마리는 중세의 마소라 본문이 천 년 넘도록 4QGen^{b}, 1QIsa^{b}, 4QJer^{a,c}와 같은 본문으로부터 매우 정교하게 필사됐음을 확인시켜준다. 그렇지만 이것들은 또한 (4QpaleoExod^{m} 및 4QNum^{b}에 비추어 볼 때) 사마리아 오경과 (4QDeut^{q}, 4QSam^{a,b} 및 4QJer^{b,d}에 비추어 볼 때) 칠십인역도 마찬가지로, 그렇지 않았더라면 유실됐을, 히브리어 성서 본문의 고대 형태를 대체할 만한 증거로 보존하고 있음을 보여준다.

둘째, 학자들은 마소라 본문이 히브리 성서의 '원본'(the original text)

이나 '원문'(*Urtext*)이 아니며, 또한 하나의 본문(a text)도 아니라는 것을 알게 됐다. 칠십인역과 같이 이 책은 다양한 문서들—다양한 본문 유형을 가진 각각의 책들—이 모인 것으로, 각각은 제2성전기 유대 그룹 내에서 통용되던 책에 대한 여러 판본 중 한 개의 사본일 뿐이다. 또다시 말하자면 마소라 본문은 **원문**이 아니라, 기원후 2세기 이래로 (사마리아 공동체를 넘어서) 원어로 보존된 문서들의 모음집일 뿐이다.

셋째, 성서 본문의 역사를 도표화하는 데 주요한 발전을 이루어낸 이론들이 되살아났다. 다양한 두루마리가 마소라 본문, 칠십인역, 사마리아 오경과 일치했기에 쿰란문서의 발견은 처음에 세 가지 주요한 본문 유형을 지지했다. 4QSam[a,b](LXX와 일치) 및 4QpaleoExod[m](SP와 일치)의 큰 단편들이 처음에 출판되면서, W. F. 알브라이트(Albright)와 더 실질적으로는 프랭크 무어 크로스(Frank Moore Cross)가 세 개의 본문 유형이 생산된 장소로서 세 지역을 상정했고, '하나에서 셋으로'(one-into-three)—원본으로 추정되는 문서에서 마소라 본문, 칠십인역, 사마리아 오경으로—의 문서 발전을 확인했다. 하지만 이 세 가지 본문 유형의 두루마리에 있는 수많은 차이점들은 추가적인 이론으로 이어졌다. 다양한 형태에 주목했던 쉐마르야후 탈몬(Shemaryahu Talmon)은 이를 '많은 것에서 세 가지로'(many-into-three) 발전한 상황으로 보면서 많은 문서 전통 중 오직 세 가지만 살아남았다는 점에 주목했다. 로마의 파괴로부터 사회-종교적으로 살아남은 세 공동체, 곧 랍비, 사마리아인, 기독교인들이 저마다 자신의 문서를 보존했던 것이다. 그러나 두루마리에 나타난 수많은 불일치점으로 인해 칠십인역과 사마리아 오경은 두 개의 '주요한 본문 유형'이라는 입지에서 물러나게 됐다. 에마누엘 토브(Emanuel Tov)는 일치점뿐 아니라 다양한 불일치점을 보고서 수많은 두루마리들을 마소라 본문, 사마리아 오경, 칠십인역과 '다른 계열의 것'(nonaligned)으로 분류했다.

하지만 로마에 대한 유대 봉기 이전에는 '표준 문서'—마소라 본문이든, 사마리아 오경이든, 칠십인역이든—라는 것이 없었고, 이를 가지고 '동일 계열'이나 '다른 계열'로 판단하는 일도 없었다. 따라서 이 네 범주는 두루마리를 분류하는 데 시대착오적인 것처럼 보인다. 이에 나는 각 성서들에 대한 연속적인 개정판/확장판을 제안하면서 본문의 다양한 형태와 큰 변화들은 혼란스러운 것이 아니라 이상에서 다룬 네 가지 주요 범주의 변화에 따라 패턴화됐다는 점에 주목했다. 각 책은 저마다 역사를 가지고 있으며 고유한 궤적에 따라 발전했다. 발전의 주류는 각 성서의 창조적인 개정판과 확장판에서 비롯했다. 저만의 독특한 이문(textual variants)을 가지고 있는 어떤 판본의 각 사본들은 자료 본문의 철자법을 재현해내든지, 또는 철자 관습에 있어서 현대화된 경향을 보여준다. 이따금 필사자들은 관습적인 구술 전승이나 추가적인 해설로 보충했고, 이것들은 전승된 본문의 일부로 받아들여졌을 것이다. 네 종류의 변화는 각각 세 가지 다른 본문 형태에서 독립적으로 발생했다. 마소라 본문, 칠십인역, 사마리아 오경은 '세 개의 주요 본문 유형'으로 간주되어서는 안 된다. 오히려 이들은 모음집에 있는 각 책에 대한 필사본일 뿐이며, 각각은 해당 책의 이용 가능한 판본들 중 하나에서 어느 정도 정확히 필사됐다. 그렇게 마소라 본문은 칠십인역, 사마리아 오경, 쿰란 두루마리, 역본들, 그리고 다른 모든 본문들을 단어별로 다룰 때와 동일한 기준에 따라, 동등하게 판단되어야 한다.

142-143

성서 모음집에서 경전으로

제2성전기에 책들이 각기 발전했고 각기 두리마리에 따로 기록됐기에 지금까지의 논의는 개별 문서들을 중심으로 다루어졌다. 그러나 기원후 3-4세기에는 문서의 모음집이 단일한 문서로 통합됐다. 신적 권위를 가지고 있다고 여겨지는 책들은 다른 작품들과 구별되는 특별한 범주(group)를 형성했다. 모세에게 주어진 계시로 간주되는 다섯 책은 '모세의 책'(4QMMT C10)이 됐지만, 어떤 그룹 내에서 권위 있는 입지를 가지고 있었던 희년서는 토라의 범주가 엄격하게 저 다섯 책에만 국한되어야 하는지에 대한 문제를 제기했다. 모세의 책들과 더불어 (대부분의 유대 그룹에 있어서 시편과 다니엘서를 포함한) 확정되지 않은 예언 모음집은 제2성전기 후기와 신약성서 시대에 특별히 권위 있는 경전의 모음집—'율법과 예언자들'로 지칭됨—을 형성하게 됐다. 다른 많은 작품 중 몇몇은 성문서(Writings)나 시편/지혜서의 일부가 되거나, 몇몇은 어디에도 속하지 않았는데 기원후 1세기에도 여전히 범주가 확정되지 않았다. 대략 3세기에는 두루마리 형태가 분명 유대 그룹 내에서 지속됐지만 적어도 기독교인들에게는 코덱스(codex)가 점차적으로 선호되는 형태로서 두루마리를 대체했고, 정신적 범주에만 위치해 있던 본문들은 이제 물리적인 통일체, 단일한 문서로 변형됐다. 이것이 바로 구약성서다. 이렇게 신적인 문서에 대한 사상은 유대교로부터 기원했지만 신적인 정경과 이에 대한 물리적인 복제는 기독교 그룹에서 발생한 것 같다.

'정경'이란 주요한 종교 그룹에 있어서 신앙의 규칙을 형성하도록 수용된 신성한 경전으로서, 영감 받고 권위 있는 책들에 대한 확정적이고 공식적인 목록을 지칭하는 신학적 전문 용어다. 이 확정적인 목록은 진지하게 숙고된 후에 결정된 포괄적이고도 배타적인 결과다. 유대인, 가톨릭, 개신교, 정교회 및 다른 교파들은 저마다 다른 정경 목록을 가지고 있지만 '정경으로서의 성경'의 정의는 모두 동일하며 정경 확립 과정은 서로 비슷비슷했다.

제2성전기에 정경으로 간주된 구체적인 책들에 대한 확실한 증거는 없고 기껏해야 '율법과 예언자' 외에 어떤 결정적이지 않은 증거가 있을 뿐이다. 이와 관련한 가장 명료한 것은 벤 시라의 서문으로 '율법과 예언자와 우리 조상의 다른 책들'(8-10절; 참조, 1-2, 24-25절)을 언급하고 있다. 하지만 이는 세 부분 내지 두 부분으로 된 모음집을 의미할 수 있다. 곧, (1) 율법, (2) 예언서, (3) 성문서, 또는 (1) 성경(즉, 율법과 예언자)과 (2) 교훈과 지혜를 가르치는 (바로 벤 시라와 같은) 다른 중요한 종교 문헌들 말이다. 이 이분설과 (세 번째 범주가 애매하기는 하지만) 삼분설이 모두 옹호 가능하지만, 4QMMT C10에 나오는 삼분화된 정경('모세의 책[과] [선]지자의 책과 다[윗의 …]')에 대해 자주 인용되는 언급은 신중한 검토가 필요하다. 정경 삼분설에 대한 *DJD* 편집자들의 해석은 적어도 다섯 가지 차원에서 의심스럽다. (1) 단편의 의심스러운 위치(4QMMT^{d} frg. 17), (2) 몇몇 문자의 고문서 형태의 필사(paleographic transcription), (3) 사본들 사이의 불일치에 따른 문서의 재구성, (4) 어색한 구문, (5) 마지막 어구(*wdb??*[ ]: ?는 판독하기 어려운 문자[illegible letter]를, [ ]는 파손 등으로 생긴 공백[lacuna]을 뜻한다. 위에서 언급한 '다[윗의]'에서 '윗의'라는 철자는 불명확하다—역주)가 지시하는 내용이 그것이다. 어떤 책에 대한 단순한 지식이나 암시적 언급이 해당 책 또는 책들의 전체 범주가 이미 정경적인 것으로 간주됐다는 최대주의적(maximalist) 접근을 취하지 않는 한, 다른 성서 참조점에 대한 호소—벤 시라의 작품과 마카비1-2서에 나오는 것과 같은—는 그다지 설득력

144

이 없다. 대략 기원후 1세기 말 요세푸스는 22개로 된 책 모음집을 기록했고, 『에스라4서』는 지혜자들 가운데 분배될 70권의 책과 더불어 대중들을 위한 24권의 책을 언급한다. 이렇게 기원후 1세기 말 이전에는 세 부분으로 된 성경 모음집에 대한 명료한 언급이 나오지 않는데, 이는 벤 시라의 서문에 그려진 두 부분으로 된 모음집에 무게를 두게끔 한다.

용어의 구별

명료함을 위해, 그리고 최대주의적인 과대 해석을 피하기 위해 정경 개념과 밀접하게 연관되지만 동일하지는 않은 용어들 또는 실체들(realities) 사이를 구분하는 것이 반드시 필요하다. **권위 있는** 작품은 한 그룹이, 비종교적이든 종교적이든 간에, 가르침(지도)을 위한 더 높은 질서—집단이나 구성원의 힘이나 뜻에 따라 무효화할 수 없는—에 속한 것으로 결정되어 받아들여진 문서다. 예를 들자면 규약(constitution)이나 법전이 있을 것이다. **경전**에 속한 책은 하나님을 궁극적 저자로 삼는 신성하고 권위 있는 저작이기에, 공동체는 이 책들을 신앙과 실천에 결정적인 것으로 인정하고 수용한다. 이는 반드시 고정된 것이 아니라, 몇몇 문서 형태로 여전히 발전하고 통용될 수 있다. 정경과는 달리, **권위 있는 경전들의 모음집**은 더 많은 책들이 추가될 수 있는 열려 있는 모음집이다. 분명 그러한 모음집은 제2성전기의 전반부 언젠가부터 유대교에 있어 근본적인 것으로 인식됐다. 이는 오경에 대한 고대 그리스어 역본과 사마리아 정경에 의해 입증된 바와 같이 아마도 모세의 율법에 국한됐을 것이다. '권위 있는 책들의 모음집'(a collection of authoritative books)과 '책들에 대한 권위 있는 모음집'(an authoritative collection of books)이라는 두 구분에 따르면 제2성전기 내내 모음집은 확장됐기에, 따라서 정경은 아직 존재하지 않았다.

위에서 정의한 것처럼 **정경**(*canon*)이란 종교 단체에서 공식적, 확정적으로 논의됐으며 영구적으로 결정된, 영감 받은 권위 있는 책들의 목록을 일컫는다. 이는 인정된 신성한 전체 경전으로 구성되어 있다. 단수로 쓰인 **성경**(*Bible*)은 정경적인 책들의 모음이 문서 형태로 나타난 것을 가리킨다. 규범적인 책 목록인 정경(canon)과 대조적으로 성경(Bible)은 책들이 모인 문서이며, 단일한 선집으로 간주되고, 보통 자체가 물리적인 것으로 제시된다. 따라서 이 용어(성경)는 모음집의 코덱스 형태 이전에는 아마 시대착오적일 것이다. **경전**(*Scripture*)은 열린 모음집이지만 **성경**(*Bible*)은 이미 닫힌 모음집을 함의한다.

정경화 과정은 다양한 책들이 어떤 식으로든 권위 있는 것으로 여겨지기 시작한 초기 단계로부터, 선별과 승인 과정을 거쳐, 경전의 통일되고 확정된 모음집으로서의 영감된 특징이 있는지 최종적으로 판단하기까지—즉, 정경을 공인하는 반성적 판단에 이르기까지—의 여정이다. **정경**은 자체로서 정적인 개념이며, 회고적 판결의 결과다. 최종 결정에 이르기까지 **정경을 향한 과정** 또는 **정경화 과정**은 바람직하다. 혹자는 정경의 주요한 특징으로 '열린 정경' 또는 '순응성/적응성'(adaptability)에 대해 말하지만, 정경은 용어의 정의상 닫혀 있기에 '열린 모음집'이라는 용어가 더 낫다. 그리고 순응성/적응성은 정경의 기능이지 본질이 아니다—즉, 그것은 정경이 어떻게 사용되어야 하는가에 관한 것이지 정경이 무엇인가에 관한 묘사는 아니다.

정경화 과정에 있어서 쿰란의 증거

명료하게 기록된 초기의 논의가 없을 경우, 쿰란의 증거는 신약의 증거와 일반적으로 일치하기 때문에, 쿰란문서를 조사하는 것이 도움이 될 수 있다. 정경 또는 성경의 지위를 규정하는 다양한 기준은 이렇다. 곧, (a) 정경이나 정경 일부의 제목, 또는 정경의 책 목록이 언급됐는지, (b) 명시적으로 경전(성경)을 인용하는 도입구가 있는지, (c) 명시적으로 경전으로서 인용된 책들이 무엇인지, (d) 책에 대한 사본들이 얼마나 다양한지(많은지), (e) 책들에 대한 해설이 쓰였는지, (f) 고장(지방)의 언어로 번역됐는지가 그것이다.

안타깝게도 사해문서는 구성원들이 경전을 권위적인 책으로 간주한 모음집의 정확한 내용 또는 저들이 이 문제를 가지고 논의했는지에 대한 결정적인 근거를 제공하지 않는다. 그렇지만 저들이 율법과 예언자를 신적으로 계시된 경전으로 여겼다는 사실은 분명 다음과 같은 진술에서 분명하게 나타난다: "[하나님이] 모세와 그분의 모든 종, 예언자들을 통해 명령하셨다"(1QS 1:1-3); "모세를 통해 당신이 말씀하신 것처럼"(1QM 10:6); "하나님이 이사야 예언자를 통해 말씀하신 것처럼"(CD 4:13). 이렇게 (a) 경전의 정경화에 대한 분명한 증거는 없지만 (b) 율법과 예언자를 경전으로 여긴 것은 분명하다. (c) 이사야서와 소예언서는 각각 9회, (창세기 외에) 오경과 에스겔서는 각각 1-5회, 시편과 다니엘서는 2회, 예레미야서, 잠언, 희년서는 각각 1회 인용된다. (삼하 7장의 예언적 신탁 외에) 초기의 예언자들과 나머지 성문서들은 결코 인용되지 않는다. (d) (4QPentateuch을 포함하여) 신명기와 시편은 36개의 사본이 존재하고, 창세기는 24개, 출애굽기는 22개, 이사야는 21개, 레위기는 18개, 『희년서』는 14개, 『에녹1서』는 12개(또는 20개?), 민수기는 11개, 소예언서와 다니엘서는 8개, 예레미야, 에스겔, 욥기는 6개, 토비트는 5개의 사본이 있다. 초기의 예언자들과 성문서들은 모두 4개 또는 그 이하의 사본이 존재한다—이는 『공동체 규율』, 『다마스쿠스 문서』, 『호다요트』(=『감사 찬양』), 『전쟁 두루마리』보다도 적은 수다. (e) 해설 주석은 오직 율법서와 예언서(이사야, 소예언서, 시편)에만 나타난다. 마지막으로 (f) 쿰란문서는 그리스어로 번역된 토라(와 아마도 『에녹1서』)만을 보여주는 반면 아람어 타르굼은 거의 없었다(레위기 1개와 욥기 2개). 하지만 나할 헤베르에서 발견된 소예언서 두루마리는 귀중한 가치를 지닌다. 시대의 전환기에 쓰인 이 두루마리는 이미 새로운 그리스어 형식으로 되어 있기에 주요 예언서의 본래 그리스어 번역이 적어도 기원전 1세기에 완성됐음을 보여준다.

분명히 각 기준에 대한 증거는 암시적일 뿐이지만, 조합은 꽤나 설득력 있다. 토라와 예언서(시편과 다니엘서 포함)가 경전으로 간주됐다는 것은 분명하다. 희년서와 『에녹1서』는 확실한 입지를 가지고 있다. 욥기와 어쩌면 잠언도 자격을 갖추고 있다. 그러나 전기(former) 예언서들과 나머지 성문서에 관해서는 오직 저 작품들이 쿰란 공동체 입문자에게만 알려져 있었다고 말할 수 있을 뿐이다. 아가서는 네 개의 사본이 존재하는데 이는 영적 알레고리로 읽혔을 가능성을 보여주기는 하지만 경전으로 간주됐는지는 미지수다.

정경화 과정의 변화

정경화 과정과 관련한 개념들이 명료해지고 쿰란의 자료가 특정 경전에 대한 증거가 될 수 있겠지만, 최종 정경의 길을 형성한 바, 더욱 중요하고도 흥미로운 사회-정치적 투쟁과 신학적 논쟁은 여전히 대체로 미지의 영역으로 남아 있다. 하지만 우리는 이 길이 몇 차례 변화되는 것을 관찰할 수 있다.

146–147

첫째, 위에서 묘사한, 민족의 문학에서 신성한 경전으로의 전환이 있다. 몇몇 이스라엘 문학 작품은 신적 기원을 가진 것으로 여겨졌고, 따라서 신성한 경전으로 간주됐다.

둘째, 계시에 대한 이해가 전환됐다. 계시는 역동적이며 지속적인 가능성을 가진 것으로 간주되어 왔지만, 먼 과거에 문자 그대로 기록된 것으로 점차 여겨졌다. 이는 예언이 멈추었다는 고대의 (그리고 오랫동안 남아 있는 현대의) 확신 안에 표현된다.

셋째, 주로 성전과 예전 중심의 종교로부터 문서 중심의 종교로의 전환이 있었다. 이는 성전 파괴의 결과이자 흩어진 디아스포라 공동체 사람들을 통합하는 힘으로 기능한 공유된 문서가 가진 능력의 결과였다.

넷째, 중심 바깥에 있는 책들의 경전적 지위에 대한 모호한 입장은 명확한 결정에 자리를 양보했다. 유대교의 구심력인 신성한 문서에 초점이 맞추어지면서 다양한 문서의 상대적 지위에 대한 새로운 질문, 연구, 토론, 결정이 요구됐다. 모든 유대인들은 토라의 신성함을 인정했고, 대부분의 유대인들은 예언 모음집에 나타난 신적 계시를 인정했지만, 이제 어떤 책이 '예언서' 모음집에 속하는지, 그리고 어떤 다른 책들이 최고 권위를 가진 것으로 간주될 수 있을지 결정해야 했다.

다섯째, 본문의 다양한 형태가 일원적인 형태로 대체되는 극적인 변화가 일어났다. 제2성전기의 문서들은 저작에 있어서 유동성, 다양성, 창조성으로 특징지어졌다. 두 차례의 유대 항쟁의 여파와 문서의 중요성에 대한 인식 증가로 인해 그와 관련한 발전은 멈추게 됐다. 각각의 책을 단일한 문서 형태로 동결시킨 이 변화는 기원전 1세기 말 내지 2세기 초엽에 급작스럽게 나타났다. 이는 흔히 '안정화'(stabilization)로 불리지만, '동결화'(freezing) 또는 '발전의 종결'(termination of development)이라고 부르는 것이 더욱 정확하다. 이는 문서의 (자연스러운) 과정(textual process)이 아니라 단순히 중지시킨 것이기 때문이다.

여섯째, 성서 책들의 형식이 두루마리에서 코덱스로 변화됐다. 하나의 두루마리에는 하나 내지 많아야 두 개의 책이 포함되어 있었지만 코덱스는 훨씬 더 많은 책들을 담을 수 있었다. 따라서 책이 경전으로 인정되는지에 대한 결정은 시급한 문제였다. 이는 책의 앞표지와 뒷표지 사이에 있는 단일한 모음집에 포함되는지, 제외해야 하는지와 관련 있었기 때문이다.

성서가 저작되기 시작하여, 위에서 설명한 바, 나중의 변화를 통과하는, 저작과 발전의 장대한 과정 끝머리에 로마인들이 등장했다. 유대인들의 두 번의 항쟁이 실패한 후 쿰란 공동체 구성원들은 더 이상 남아 있지 않게 됐고, 사마리아인들은 멀리 떨어져 있었다. 예수를 따르는 유대인들은 예언서들을 강조하는 성서 모음집에 아직 포함되지 않은 방대한 문서들을 물려받았다. 랍비들은 이 모음집을 결국에 24권으로 한정하면서, 『에녹1서』, 벤 시라 등등을 제외시켰다. 그리고 특정 묵시론적, 메시아적 양상을 덜 강조했고 시편 및 다니엘의 예언적 특징보다는 지혜 사상에 초점을 두었다.

참고 문헌

Abegg, Martin, Peter Flint, and Eugene Ulrich. 1999. *The Dead Sea Scrolls Bible: The Oldest Known Bible Translated for the First Time into English*. San Francisco: HarperSanFrancisco.

Auwers, J.-M., and H. J. De Jonge, eds. 2002. *The Biblical Canons*. Leuven: Leuven University Press and Peeters.

Cross, Frank Moore, and Shemaryahu Talmon, eds. 1975. *Qumran and the History of the Biblical Text*. Cambridge: Harvard University Press.

Dávid, Nóra, Armin Lange, Kristin De Troyer, and Shani Tzoref, eds. 2012. *The Hebrew Bible in Light of the Dead Sea Scrolls*. Göttingen: Vandenhoeck & Ruprecht.

Fernández Marcos, N. 2000. *The Septuagint in Context: Introduction to the Greek Versions of the Bible*. Trans. W. G. E. Watson. Leiden: Brill.

Flint, Peter W., and James C. VanderKam, eds. 1998. *The Dead Sea Scrolls after Fifty Years: A Comprehensive Assessment*. 2 vols. Leiden: Brill.

Harl, Marguerite, Gilles Dorival, and Olivier Munnich. 1988. *La Bible grecque des Septante: Du judaïsme hellénistique au christianisme ancien*. Paris: Cerf and C.N.R.S.

Hendel, Ronald S. 2010. "Assessing the Text-Critical Theories of the Hebrew Bible after Qumran." In *The Oxford Handbook of the Dead Sea Scrolls*. Ed. Timothy H. Lim and John J. Collins. Oxford: Oxford University Press, 281–302.

Herbert, Edward D., and Emanuel Tov. 2002. *The Bible as Book: The Hebrew Bible and the Judaean Desert Discoveries*. London: British

Library and Oak Knoll Press.

Lim, Timothy H. 2010. "Authoritative Scriptures and the Dead Sea Scrolls." In *The Oxford Handbook of the Dead Sea Scrolls*. Ed. Timothy H. Lim and John J. Collins. Oxford: Oxford University Press, 303–22.

McDonald, Lee M., and James A. Sanders, eds. 2002. *The Canon Debate*. Peabody, Mass.: Hendrickson.

Mulder, Martin Jan, ed. 1988. *Mikra: Text, Translation, Reading and Interpretation of the Hebrew Bible in Ancient Judaism and Early Christianity*. Assen: Van Gorcum; Philadelphia: Fortress.

Purvis, James D. 1968. *The Samaritan Pentateuch and the Origin of the Samaritan Sect*. Cambridge: Harvard University Press.

Sanderson, Judith E. 1986. *An Exodus Scroll from Qumran: 4QpaleoExod^{m} and the Samaritan Tradition*, Atlanta: Scholars Press.

Schiffman, Lawrence H., and James C. VanderKam, eds. 2000. *The Encyclopedia of the Dead Sea Scrolls*. 2 vols. New York: Oxford University Press.

Shepherd, David. 2004. *Targum and Translation: A Reconsideration of the Qumran Aramaic Version of Job*. Assen: Van Gorcum.

Sokoloff, Michael. 1974. *The Targum to Job from Qumran Cave XI*. Ramat-Gan: Bar-Ilan University.

Talmon, Shemaryahu. 2010. *Text and Canon of the Hebrew Bible*. Winona Lake, Ind.: Eisenbrauns.

Tov, Emanuel. 1999. *The Greek and Hebrew Bible: Collected Essays on the Septuagint*. Leiden: Brill.

———. 2008. *Hebrew Bible, Greek Bible, and Qumran: Collected Essays*. Tübingen: Mohr Siebeck.

———. 2012. *Textual Criticism of the Hebrew Bible*. 3d ed. Minneapolis: Fortress; Assen: Royal Van Gorcum.

Trebolle Barrera, Julio. 1998. *The Jewish Bible and the Christian Bible: An Introduction to the History of the Bible*. Leiden: Brill; Grand Rapids: Eerdmans.

Ulrich, Eugene. 1999. *The Dead Sea Scrolls and the Origins of the Bible*. Grand Rapids: Eerdmans; Leiden: Brill.

———. 2010. *The Biblical Qumran Scrolls: Transcriptions and Textual Variants*. Leiden: Brill.

———, and Peter W. Flint. 2010. *Qumran Cave 1.II: The Isaiah Scrolls. Part 1: Plates and Transcriptions; Part 2: Introductions, Commentary, and Textual Variants*. DJD 32. Oxford: Clarendon.

VanderKam, James C. 2012. *The Dead Sea Scrolls and the Bible*. Grand Rapids: Eerdmans.

———, and Peter W. Flint. 2002. *The Meaning of the Dead Sea Scrolls: Their Significance for Understanding the Bible, Judaism, Jesus, and Christianity*. San Francisco: HarperSanFrancisco.

Van der Ploeg, J. P. M., and A. S. van der Woude. 1971. *Le Targum de Job de la Grotte XI de Qumrân*. Leiden: Brill.

초기 유대교의 성경 해석

제임스 L. 쿠겔(James L. Kugel)

모든 면에 있어서 성경은 제2성전기의 다양한 부류의 유대인들에게 주요한 관심사—집착했다고 말하지 않더라도—였다. 때로 사람들은 토라(오경)에 나타나는 이런저런 구절들의 의미에 대해, 혹은 이런저런 율법들을 적절하게 수행하는 방식에 대해 격렬하게 논쟁했다. 또한 성경에 관한 다량의 문서들이 **쓰였다**. 곧, 제2성전기에 살아남은 수많은 저작들은 성경의 다양한 예언들과 노래들, 이야기들을 설명하려고 했고, (성경) 해설과 명백히 관련이 없는 책들에도 성경 및 성경 해석에 관한 암시들이 가득 담겨 있었다. 더욱이 이 기간에는 완전히 새로운 기관, 즉 특별히 성경을 연구할 목적으로 사람들이 모이는 회당이 생겨났다. 실제로 회당은 이스라엘 땅과 디아스포라에서 모두 (어떤 사람들이 말하듯) 주요한 유대 기관이 됐다.

하지만 성경의 중요성을 보여주는 가장 두드러진 증거는 사해문서, 곧 여리고 남쪽의 쿰란에서 발견된 저작들의 모음에 나타난다. 제2성전기 끝에 번성했던 특정 유대 공동체가 소유하고 있었던 것으로 보이는 이 서고는 그 자체로 대단히 인상적인데 이곳은 대략 800개의 필사본으로 채워져 있었다. (한때는 이것보다 더 컸음이 자명하다. 본래 내용물 중 일부는 자연이나 인간에 의한 파손으로 소실됐을 것이다.) 이 서고에는 현재 '히브리 성경'이라 불리는 것의 사본이 한두 가지만 있었던 것이 아니다. 예를 들면, 여기에는 36개의 서로 다른 시편 사본, 29개의 신명기 사본 등등이 있었다. 이 성경 문서들은 서고 전체의 1/4 이상을 차지했다. 하지만 나머지 3/4은 성경과는 거의 관련이 없었다. 이 성경 외의 저작들은 거의 모두 성경적인 문서들에 나타나는 것들을 어떤 식으로든 설명하거나 암시하거나 확장하려고 했다. 실제로 쿰란 지역 공동체의 일상을 통제하던 규칙들은 성경에 대한 연구가 꾸준하고 지속적인 활동이었다는 것을 분명하게 보여준다. "열 명이 모이는 곳에서는 어디에서나, 밤낮으로 지속적으로 토라를 설명하여 서로를 바른 행실로 이끄는 사람이 없어서는 안 된다. 그리고 다수 [회중들은] 공동체 안에서 매일 밤의 1/3을 율법책을 읽고 율법을 설명하고 서로를 축복하는 일에 사용해야 한다"(1QS 6:6-8).

간략히 말하자면, 성경은 거의 모든 사람들의 마음속에 있었다. 시편 119:97("내가 당신의 토라를 어찌 그리 사랑하는지, 그것을 하루 종일 읊조립니다")은 제2성전기의 **모든** 다른 유대 공동체들/분파들의 모토로 사용됐을 수 있다. 이를 더욱 큰 배경에서 바라보지 않는다면, 이러한 상황은 다소 이상하게 보인다. 무엇보다도 고대 근동 어느 곳에서나 종교적인 경건은 이런저런 성소에서 동물을 희생 제물로 바치거나, 춤과 노래로 종교적인 축제에 참여하거나, 악과 악마의 세력을 물리치기 위한 엄숙한 예식으로 구성되어 있었다. 제2성전기 유대교에는 이러한 요소들이 없었지만 이와 같은 선상에서 그것들을 대체하는 가장 이상한 행동이 있었으니, 그것은 바로 수 세기 전에 쓰인 글을 읽고 그것이 저들에게 현재 가장 중요한 일인 양 행동하는 것이었다. 어떻게 이러한 일이 일어나게 된 것일까?

성경의 등장

성경(Bible)이라고 불리는 특정 저작들에 대한 개념은 제2성전기가 끝나기 전에는 존재하지 않았다. 그 이전에는 이 시기 동안에 번성했던 하나 혹은 그 이상의 다양한 종교 공동체에 의해 신성시됐던, 다소 조직적이지 않았던 책들이 있었다. 모든 공동체가 동의했던 성경의 심장은 토라, 곧 오경(성경에 속한 책들인 창세기, 출애굽기, 레위기, 민수기, 신명기)이었다. 이 책들의 저자로 모세의 이름이 붙었고 초기부터 여기에 나타난 법들은 특히 일상 문제에 대한 지침을 다루고 있었다. 이와 더불어 다른 부류의 작품들도 있었다—모세의 죽음으로부터 이후의 시대들을 아우르는 역사적인 작품들, 과거의 다양한 인물들과 연관된 예언적인 책들과 환상들, 다윗 왕이 지은 것으로 알려진 많은 시편과 찬가, 이와 유사한 작품들, 일부 솔로몬의 것으로 알려진 지혜로운 말씀들과 다른 지혜 작품들, 그 외의 많은 작품들이 있었다. 이들 중 일부는 실제로 제2성전기에 저작됐지만, 다수는 더욱 이른 시기, 곧 기원전 6세기 바빌로니아 포로기 이전으로 거슬러 올라간다. 예를 들어, 대부분의 현대 학자들은 이사야, 호세아, 아모스, 미가와 같은 성경의 많은 부분들이 기원전 8세기로 거슬러 올라간다는 데 동의한다. 또한 많은 수의 다른 작품들도 더욱 이른 시기의 것이다—이에 대한 예로서 성경에 나타나는 몇몇 노래와 시편들과 더불어 후대에 서로 다른 책들에 포함된 일부 역사/전설 자료가 있다.

이 문서들이 제2성전기가 시작되기 전에 수백 년 동안 보존되어 온 것이라면 분명히 그것들을 보존했던 사람들의 삶 안에서 모종의 활동적인 역할을 했을 것이다. 무엇보다도 본문이 일반적으로 기록된 양피지나 파피루스는 세기가 거듭함에 따라 분해되기 시작했다. 더구나 책을 다시 복제하는 것은 지루하면서도 비용이 많이 드는 작업이었다. 그럼에도 이 저작들이 다시 복제되어 보관되어 온 것이라면, 그 성경 시대에 사람들이 이것들을 어떤 목적으로 사용했는지를 짐작할 수 있다. 분명히 고대의 법들은 (단지) 정확한 문구(wording)를 보존하기 위해 기록됐기에, 실제 삶의 현장에서 설명되고 적용될 여지가 있었다. 시편들과 찬가들이 이와 유사하게 (정확하게) 기록됐다면, 이는 고대의 이곳저곳의 성소에서 사용되던 실제 예식의 일부였기 때문일 수 있다. 과거 영웅들의 행적에 관한 이야기는 법정이나 축제에서 읽히도록 기록됐다. 그리고 기타 등등의 문서들이 다양한 곳에서 사용됐다.

그럼에도 불구하고 기원전 6세기 말, 바빌로니아의 포로 생활에서 돌아온 지 얼마 되지 않았을 무렵에 성경(주로 오경)이 빈번하게 언급되고 해석되기 시작하는 것을 볼 수 있다. 이때는 저 고대의 문서들이 유대교의 중심 무대가 되기 시작한 때다. 성경을 그렇게 중요한 것으로 만들기 위하여 몇 가지 요소들이 결합됐다.

이들 중 하나는 다소 보편적인 현상이다. 성경이 유대교에서 특히 중요한 역할을 했을 수도 있겠지만, 글쓰기는 고대로부터 많은 종교들과 문명들(저들 중 일부는 유대교와는 무관한)—힌두교의 베다, 조로아스터교의 아베스타, 공자의 저술들 등등—에서 중요한 역할을 했다. 이 현상들이면에는 무엇이 있는가? 현대 이전의 사회에는 지식을 역동적이고, 끝없이 확장되는 것으로 간주하는 우리의 관점이 들어맞지 않는다. 그러한 사회에서 사람들은 지식을 전적으로 정적이며 불변하는 것으로 사유했고, 그러므로 고대의 저술들에서 발견되는 지혜에 큰 가치를 부여하는 경향이 있었다. 실제로 저술들과 사람들 사이의 시간적인 거리가 멀어짐에 따라 이 고대의 선언(pronouncements)에 대한 존중도 커졌다. 무엇보다도 고대인들이 알게 된 것, 혹은 그들에게 계시된 것은 영원한 진리이자 위대하고 정적인 지식 총체의 일부였다. 이것은 후대의 통찰로 대체될 수 없었다. (또한 어느 누구도 그것을 원하지 않았을 것이다.)

이스라엘의 고대 저작이 오랫동안 그와 비슷한 양상을 띠고 있었던 것은 의심의 여지가 없다. 하지만 포로-이후 시대 초기에 성경의 역할을 강화했던 몇 가지 더욱 구체적인 요소들이 여기에 더해졌다. 첫째는 바빌로니아 포로 생활 그 자체였다. 포로기는 반세기가 조금 넘는 기간 동안 지속됐지만 이는 포로 된 유대인들에게 여간 혼란스러운 일이 아니었다. 왕실이나 예루살렘 성전, 기타 요충지와 같은 시설은 더 이상 존재하지 않았고, 곧이어 이것들과 관련된 전통과 사고방식들이 사라지기 시작했다. 그 대신, 이제 포로자들의 머리에는 외국의 문물과 외국의 언어, 그리고 저들이 속했던 작은 민족에 대해 거의 신경 쓰지 않는 사고방식으로 가득 차게 됐다. 이러한 상황하에 이스라엘의 고대 저작들은 하나의 피난처를 제공했다. 거기에는 왕궁과 예루살렘 성전이 여전히 충만한 영광으로 존재했으며, 이스라엘의 하나님은 여전히 최고의 통치자였고, 하나님의 백성과 저들의 역사는 무대의 중심을 차지하고 있었으며, 포로자들의 과거 언어인 유대아 방언이 가장 위대한 예언자들과 지혜자들의 고전적인 운율로 적혀 있었다. 유대아 주민들이 바빌로니아에 있는 동안, 저들이 바빌로니아로 갈 때에 동반했던 그러한 문헌들이 점차로 중요해졌던 것은 분명한 것 같다—모두에게 그렇지는 않다 하더라도, 일부 중요한 인구 계층에게 있어서 그러했다. 그리고 포로기가 끝났을 때에도 바로 그 고대 문헌들은 이러한 역할을 계속했다. 말하자면, 이 문헌들은 민족의 역사이자 자부심이며 민족적인 작품이자 그 이상의 것, 곧 이 나라의 남은 자들이 하나님에게 있어서, 또한 세상에 있어서 중요한 존재라는 사실을 계속적으로 피력하는 진술이었던 것이다.

회복의 양상

바빌로니아 제국이 무너지고 바빌로니아의 정복자 페르시아 왕 키루스가 포로 된 유대아 주민들을 고국으로 돌아갈 수 있도록 허용한 유명한 칙령(기원전 538년)을 반포했을 때 고대의 저작들은 추가적이면서도 더욱 중심적인 역할을 맡게 됐다. 어찌됐든, 모든 포로자들이 키루스의 제안을 수용했던 것은 아니다. 어떤 사람들은 조상들의 땅에 있을 불확실한 미래를 향해 다시 긴 여정을 떠나고 싶지 않았기에, 어떠한 어려움이 있든지 간에 바빌로니아에 계속 머물렀다. 따라서 귀환자들은 자발적 선택에 의해 형성됐다. 이들은 모두 어떤 식으로든 과거에 존재했던 장소로 돌아가기로 결정했다. 사람들의 동기가 다양했던 것은 의심의 여지가 없지만, 이 **회복의 분위기**(*mode of restoration*), 곧 이전의 것을 되돌리려는 모습은 모두에게 있어 동일했다.

그러나 이전의 것이 무엇인지 어떻게 정확히 알 수 있는가? 풍경 자

154–155

체는 고요했다. 바위를 들어 올려보거나 나무들에게 물어보아 발견할 수 있는 것이 아니었다. 저들이 찾던 과거는 오직 바로 그 고대 문헌들 안에만 살아 있었기에, 귀환자들이 자신들의 땅과 본인들을 이전의 존재 방식으로 회복시키려고 함에 있어서 첫 번째 참고점은 필연적으로 저 문헌들이 포로기 이전 상황에 관해 말했거나 함의했던 내용이었다. 이에 따라 이스라엘의 고대 저작들이 **규범적인** 특징을 가질 수 있게 된 것이다. 이 문헌들이 과거에 대하여 말했던 것들은 응당 미래를 향한 계획으로 치환될 가능성을 내포하고 있었다.

물론 귀환자들이 모두 한마음을 가지고 있었던 것은 아니다. 어떤 사람들은 페르시아 제국의 순종적인 지방 거주민으로서 정착하여 살기를 바랐고, 어떤 사람들은 곧 외세의 통치를 물리치고 정치적인 독립을 되찾아, 실제로 다윗과 솔로몬 시대의 정치적·군사적 우월함을 회복할 기회를 다시 잡기를 계속 소망했다. 옛 권력층의 후손들—왕족과 세습 제사장들은 말할 것도 없고 저명한 가문과 혈연의 구성원들까지—은 과거의 사회질서가 회복되기를 바랐을 것이다. 다른 사람들—환상을 보는 자들과 예언자들, 다양한 모습으로 충절을 지키고자 했던 개혁가들—은 포로 생활에서 돌아온 후 정반대의 전망을 가지고 사회적인 판형을 다시 짜려는 기회를 엿보았다. 하지만 분명히 모든 사람들이 이 **회복의 분위기** 안에 있었기에, 이들은 모두 과거의 기록에 의존하여 미래를 향한 자신들의 계획을 정당화하려고 노력했다.

이러한 사유를 잘 보여주는 가장 두드러진 그림들 중 하나는 대부분의 학자들에 따르면 포로 이후 시대 초입에 기록된 (구약에 속한) 역대기다. 이 책의 많은 부분이 사무엘기와 열왕기에서 진술된 자료들을 그대로 반복하고 있지만, 현대 학자들은 역대기 저자가 여기저기 만들어낸 미묘한 변화들, 곧 미래를 향한 자신의 명료한 계획을 구현하고 있는 변화들을 밝혀냈다. 예컨대, 이 저자는 다윗의 군주제가 재건되어야 한다고 믿었으며, 유대의 주민들이 사마리아의 북쪽 이웃들과 힘을 합쳐 과거에 찬란했던 연합 왕국을 형성하기를 고대했다. 또한 그는 성전과 제사장직, 그리고 하나님의 본성에 관한 본인만의 사상을 가지고 있었다. 그렇지만 저자는 이러한 생각들을 정치적 성명서라든지 종교적 선전 문구가 아닌, 포로기 이전 시대 역사의 일부분으로 제공했다. 사실, 다른 모든 것들을 억제하면서 자신이 믿는 모든 것들을 부각하는 방식으로 역사를 교묘하게 재서술한 것이다. 왜 그랬을까? 그 명백한 이유는 저자와 남겨진 동족들이 과거를 돌아봄으로써 현시대에 무엇을 해야 하는지에 대한 지침을 발견하고자 함이었다.

오경의 율법들

이스라엘의 성경을 구성하는 모든 저작들 중, 회복된 유대아에서 가장 중요한 역할을 했던 것은 아마도 오경에 속한 율법일 것이다. 이 법들에는 민법, 형사법, 성전 규례, 윤리적 행동, 제의적 정결과 부정, 적절한 음식법 등 온갖 종류의 서로 다른 법들이 포함된다. 오늘날 한 나라의 법은 대부분의 사람들의 생활 속에서—종교적인 생활 속에서는 더더욱—그렇게 적극적으로 기능하지 않는다. 법을 어기는 사람은 벌금을 내거나 감옥에 갈 수도 있겠지만, 법 그 자체에 특별한 영적 차원의 의미는 없다. 마찬가지로 법을 준수하는 사람은 자신이 훌륭한 시민이라는 것에 자부심을 느낄 수 있겠지만 그 이상은 아니다. 이와는 달리, 회

155-156

복된 유대아에서는 오경의 율법들이 하나님에게서 나온 것으로 간주됐는데, 이 사실은 율법들에 완전히 새로운 의미를 부여했다. 하나님이 제정하신 율법을 어기는 것은 단순한 범법 행위가 아니었다. 이는 (하나님에게) 죄를 짓는 것을 의미했다. 마찬가지로 율법을 지키고 율법이 말하는 바를 행하는 것은 단순히 좋은 시민임을 가리키는 것이 아니라 하나님에 대한 봉사의 한 형태, 곧 하나님의 뜻을 적극적으로 추구하는 한 방식이었던 것이다. 이러한 견해는 포로기 이전 시대에 이미 존재했겠지만, 포로에서 돌아온 이후에 특히 중요한 것이 됐을 것이다.

아마도 지난 일련의 사건들이 제2성전 시대 유대인들로 하여금 성경의 율법에 큰 관심을 갖도록 만들었을 것이다. 저들 중 많은 사람들은 어째서 자신들의 고향 땅이 바빌로니아에 의해 정복됐는지, 그리고 어째서 그 직후에 바빌로니아 제국이 잇달아 붕괴됐는지 자문해야만 했을 것이다. 몇몇 사람들이 이러한 질문들에 아주 실제적으로 대답했던 것은 의심의 여지가 없다. 곧, 단순히 바빌로니아 군대가 작은 유다의 군대보다 강했고, 그래서 바빌로니아가 승리했다는 것이다. 또한 유사하게 메대(메디아)와 바사(페르시아)가 힘을 합쳤기에, 저들이 쉽게 바빌로니아를 이기고 제국 전체를 장악할 수 있었다는 것이다. 그러나 성경에는 이와는 조금 다른, 신학적인 설명이 나타난다. 곧, 백성들은 하나님과 저들의 조상 사이에 맺은 위대한 언약인 율법을 지키는 일에 실패했고, 이에 대한 처벌로서 하나님이 자신의 백성들로 하여금 외세에 정복되도록 **허용하셨다**는 것이다. "확실히 이 일이 주의 명령에 따라 유다에게 임했다"(왕하 24:3). 같은 이유로, 유다가 정복된 것이 바빌로니아의 어떤 우월함에 의한 것이라고 생각하지 않도록, 하나님은 곧이어 페르시아 군대를 보내어 바빌로니아를 멸망시켰다. 그래서 이제, 조상의 땅으로 돌아온 유대아 주민들(또는 적어도 그들 중 몇몇)은 명확한 신학적인 결론을 도출하고 조상들의 실수를 반복하지 않으려고 했다. 이번에는 하나님의 모든 계명에 철저하게 순종했을 것이고, 이번에는 모두가 하나님의 율법을 적용하는 데 있어서 전문가가 되어서 실수하지 않았을 것이다(렘 31:31-34).

이 고대의 율법들에 부여된 중요성에는 아마도 또 다른, 더 실제적인 측면이 있었을 것이다. 성경은 페르시아 정부가 실제로 이스라엘 법률 체계의 일부인 율법들을 채택하여 새로운 식민지에 도입했다고 이야기한다. 페르시아 왕 아닥사스다(아르탁세륵세스) 1세는 재건된 공동체의 지도자로 자리 잡은 유대 제사장이자 현자인 에스라에게 편지를 쓴 것으로 알려졌다.

> [25] 에스라여 너는 네 손에 있는 네 하나님의 지혜를 따라 **네 하나님의 율법**을 아는 자를 법관과 재판관을 삼아 강 건너편 [유다의] 모든 백성을 재판하게 하고 그중 알지 못하는 자는 너희가 가르치라 [26] 무릇 네 하나님의 율법과 왕의 명령을 준행하지 아니하는 자는 속히 그 죄를 정하여 혹 죽이거나 귀양 보내거나 가산을 몰수하거나 옥에 가둘지니라 했더라. (스 7:25-26)

물론 성경의 이런저런 요소들은 성경 역사가의 과장이나 소망을 담은 생각의 결과일 수 있지만, 이 경우에 회의주의(skepticism)가 옳다고 보장하기는 어려울 것이다. 성경 외의 다른 자료들은 이 페르시아인들이 일반적으로, 다른 것들보다도 지방의 법체계를 유지함으로써 피정복민들을 수용하려고 했던, 현명한 통치자들이었다는 것을 보여준다. 이처럼

156–157

유대아 주민들에게도 그러한 접근 방식을 적용하는 것은 아주 잘 어울린다고 볼 수 있다.

성경 해석자들의 등장

이 모든 이유로, 성경은 제2성전기에 있어서 주요한 관심의 초점이 됐다. 하지만 성경을 이해하기 위해서는 해석이 필요했다. 그래서 유대아 사회에 성경 해석가라는 새로운 인물이 등장하게 됐고, 이내 그는 이포로기 이후 사회의 중심적인 세력이 됐을 것이다.

이 새로운 인물이 기능하는 것을 처음으로 엿볼 수 있는 경우 중 하나는 에스라가 예루살렘에 모인 귀환자들에게 공개적으로 토라를 읽는 성경의 장면이다.

> [73b] 온 이스라엘 자손이 다 자기들의 성읍에 거주했느니라 [1] 이스라엘 자손이 자기들의 성읍에 거주했더니 일곱째 달에 이르러 모든 백성이 일제히 수문 앞 광장에 모여 학사 에스라에게 여호와께서 이스라엘에게 명령하신 모세의 율법책을 가져오기를 청하매 [2] 일곱째 달 초하루에 제사장 에스라가 율법책을 가지고 회중 앞 곧 남자나 여자나 알아들을 만한 모든 사람 앞에 이르러 [3] 수문 앞 광장에서 새벽부터 정오까지 남자나 여자나 알아들을 만한 모든 사람 앞에서 읽으매 뭇 백성이 그 율법책에 귀를 기울였는데 [4] 그때에 학사 에스라가 특별히 지은 나무 강단에 서고 … [5] 에스라가 모든 백성 위에 서서 그들 목전에 책을 펴니 책을 펼 때에 모든 백성이 일어서니라 [6] 에스라가 위대하

157–158

> 신 하나님 여호와를 송축하매 모든 백성이 손을 들고 아멘 아멘 하고 응답하고 몸을 굽혀 얼굴을 땅에 대고 여호와께 경배하니라 [7] 예수아와 바니와 세레뱌와 야민과 악굽과 사브대와 호디야와 마아세야와 그리다와 아사랴와 요사밧과 하난과 블라야와 레위 사람들은 백성이 제자리에 서 있는 동안 **그들에게 율법을 깨닫게 했는데** [8] 하나님의 율법책을 낭독하고 그 뜻을 **해석하여** 백성에게 그 낭독하는 것을 다 깨닫게 하니. (느 7:73b-8:8 개역개정)

이 이야기에서 몇 가지 사항들이 눈에 띈다. 이 위대한 공개적인 낭독은 에스라의 주도가 아닌, 백성들의 주도하에 일어난 것이다. 분명히 '모든 사람들'이 이 위대한 율법책(추정컨대 우리가 가진 오경)이 존재한다는 것을 알고 있었지만, 내용에 대해서는 다소 흐릿하게만 알고 있었다. 이에 저들은 그 말씀을 직접 듣기 위해 '이른 아침(새벽)부터 정오까지' 서 있기를 마다하지 않았다. 여기에 '남자나 여자나 알아들을 만한 모든 사람', 즉 일정 연령 이상의 어린아이들이 포함되어 있었다는 것은 주목할 만하다. 즉, 이 본문에 따르면 토라의 말씀은 일부 엘리트 계층이나 성인 남성을 위해 보관된 것이 아니라 전체 인구가 배우고 적용하도록 의도된 것이었다. 하지만 이 공적인 낭독에 있어서는 본문에 대한 공적인 **해설**이 덧붙여졌다—이것이 우리의 주제에서 가장 중요한 점이다. 레위인들은 '백성이 제자리에 서 있는 동안 그들이 율법을 깨닫도록 도왔다. 이와 같이 하나님의 율법책을 낭독하고 그 뜻을 **해석했다**.'

성경에 해석자들이 필요한 이유는 무엇인가? 그 필요성이 매우 현실적인 문제에서 시작된 것은 의심의 여지가 없다. 어쨌든 모든 언어는 시간이 흐르면서 변하는데, 제2성전기를 지나면서 포로기 이전의 문서

158–159

들에 사용됐던 일부 단어들과 표현들이 더 이상 이해되지 않게 됐던 것이다. '얻다'(get), '취하다'(take), '필요하다'(need), '원하다'(want), '시간'(time), '많은'(much) 등의 기본적인 개념조차도 성서 시대의 끝을 지나면서 새로운 용어들로 표현됐다. 오래된 단어는 그 의미가 변하거나 그 언어에서 완전히 사라지기도 했다. 이러한 상황에서 고대의 문서를 이해하기 위해서는 어떤 식으로든 해석자가 필요했을 것이다. 다른 것들—더 이상 존재하지 않는 장소나 오랫동안 잊혀져 온 역사적인 인물 내지 사건, 중단된 사회제도들—과 관련해서도 마찬가지였다.

그러나 해석가는 비교적 일상적인 문제 외에도 더욱 넓고도 더욱 중대한 문제들을 다루었다. 이미 논의한 것과 같이 포로에서 돌아온 사람들은 자신들의 현재 모습을 형성하기 위하여 고대의 문서들을 살펴보았는데, 이와 같이 당면한 **현재를 위한 규범**으로 성경에 접근하는 방식이 포로로부터 되돌아온 이후에도 계속됐다는 것은 기정사실이다. 해석가는 이 고대 저작들에서 자신의 시대와 관련된 메시지를 찾으려고 했다. 하지만 언뜻 보자면, 성경의 많은 부분이 분명 현실과는 무관해 보였음이 틀림없다. 성경은 먼 과거의 인물들에 대해 이야기했다. 저들의 이야기는 오래전에 사라진 사람들과 사건들에 대한 어떤 추억 어린 기억을 보존하게 하는 것 외에 후대에 어떤 중요성을 가지고 있는가? 더 이상 아무도 어떤 식으로든 하지 않는 일들, 실제로 더 이상 어느 누구조차도 이해하지 못하는 일들을 금지하는 법에 관심을 가져야 하는 이유가 무엇인가? 따라서 해석가의 과제 중 일부는 과거를 현재와 연관짓는 것이었다—때때로 본문의 본래 의미가 완전히 곡해되는 것을 감안하면서, 고대의 역사에서 어떤 실천적인 **교훈**을 발견하거나, 혹은 현재 상황에 적용할 수 있는 방식으로 고대의 법을 재해석하는 것 말이다. 해석가는 차차 이러한 역할들을 담당하게 됐지만, 동시에 유대아 사회에서 더욱 중요하고 견고하게 자리 잡으면서 시간이 지남에 따라 일을 진행하는 방식에 있어서 더욱 대담해졌다.

우리는 에스라의 낭독의 경우 어떠한 식의 해석이 사용됐는지 알 방법이 없다. 드문드문 이상한 단어나 구절을 설명하는 것이었을까? 아니면, 해석가들이 (고대 유대교 전통이 가지고 있는 것과 같이) 실제로 전체 문서를 근동의 '링구아 프랑카'(*lingua franca*: 국제공통어)였던 아람어로, 단어 대 단어로 번역해서 들려줬을까? 아니면, 그러한 것을 넘어서서, 어떻게 이런저런 성경의 법들이 적용되어야 하는지 설명했을까?—예를 들면, 안식일에 '아무것도 하지 말라'는 것에 무엇이 포함되어 있는가 하는 것들 말이다.

성경 안에 나타나는 성경 해석

성경이 에스라의 낭독의 경우에 관해 확실한 단서를 제공하지 않더라도, 고대의 성경 해석에 대한 수많은 다른 예들을 제공한다. 사실, 성경 해석에 관해 우리가 가지고 있는 고대의 예들은 성경 자체에 나타난다. 곧, 후대의 책들이 이전의 책들에 나타나는 것들을 설명하거나 확장한다는 말이다. 종종 고대의 해석가들은 성경 자체 내에 분명히 일치하지 않거나 모순되는 것처럼 보이는 것들을 주석하고자 했다. 예를 들어, 출애굽기에 나타난 유월절 식사 규례를 살펴보자.

[3] 너희는 이스라엘 온 회중에게 말하여 이르라 이 달 열흘에 너희 각

> 자가 어린 양을 취할지니 각 가족대로 그 식구를 위하여 어린 양을 취하되 [4] 그 어린 양에 대하여 식구가 너무 적으면 그 집의 이웃과 함께 사람 수를 따라서 하나를 취하며 각 사람이 먹을 수 있는 분량에 따라서 너희 어린 양을 계산할 것이며 [5] 너희 **어린 양**은 흠 없고 일 년 된 수컷으로 하되 양이나 염소 중에서 취하고 … [8] 그 밤에 그 고기를 **불에 구워** 무교병과 쓴 나물과 아울러 먹되 [9] 날것으로나 물에 삶아서 먹지 말고 머리와 다리와 내장을 다 불에 구워 먹고. (출 12:3-9)

이 구절은 더 이상 분명하게 표현될 수 없다. 즉, 유월절 식사는 (분명 '양이나 염소 중에서'라는 어구에서 염소 고기 역시 가능했지만) 어린 양고기로 특징지어질 수 있는데, 이 고기는 삶으면 안 됐고 구워야 했다. 만일 그렇다면 신명기에 나타나는 이 부분은 어떻게 설명할 수 있을까?

> [2] 여호와께서 자기의 이름을 두시려고 택하신 곳에서 **소와 양**(flock and the herd)으로 네 하나님 여호와께 유월절 제사를 드리되 … [7] 네 하나님 여호와께서 택하신 곳에서 그 고기를 **삶아 먹고**(원어 역시 '삶다'는 뜻이나, 개역개정판에는 '구워 먹고'라고 번역되어 있다—역주) 아침에 네 장막으로 돌아갈 것이니라. (신 16:2, 7)

'소와 양으로'라는 표현은 아마도 (어린) 송아지나 황소가 양과 염소처럼 받아들여졌을 것이라고 볼 수 있다. 그런데 어떤 동물을 선택하든지 그 고기를 삶아야 했다—이것은 분명 이전 본문에서 금지됐던 것이다. 그러면 어떻게 해야 하는가?

포로-이후 시대의 초기 작품인 역대기 저자는, 역사를 기술하면서 짧게나마 이 부분을 다루고 있는 것으로 보아, 두 본문 사이의 모순에 대하여 잘 알고 있었던 것 같다.

> [11] 그들[이스라엘 백성]이 유월절 양을 잡으니 제사장들은 그들의 손에서 피를 받아 뿌리고 또 레위 사람들은 잡은 짐승의 가죽을 벗기고 … [13] 이에 규례대로 유월절 양을 **불에 삶아**(boiled the Passover offering in fire) …(개역개정판은 "유월절 양을 불에 굽고 그 나머지 성물은 솥과 가마와 냄비에 삶아"라고 번역한다—역주). (대하 35:11, 13)

이 본문은 '삶는다'—신명기에서 더욱 일찍이 사용됐던 바로 그 단어—는 것이 반드시 '물에 끓인 것'(boiled in water)을 의미할 필요가 없음을 보여준다. 대신, 신명기는 굽는 것에 대한 완곡한 표현, 곧 (역대기와 같이) '불에 끓이다/삶다'는 것을 의미할 수도 있다. 만일 그렇다면, 출애굽기와 신명기 사이에 모순은 완전히 없어진다—둘 모두 '굽다'를 실제로 의미하기 때문이다. 신명기에서는 어떠한 이유로 이 단어의 의미를 명확하게 사용하지 않은 것이 된다.

성경 안에 있는 초기 책에 드러난 또 다른 작은 문제는 후대의 책에서 다루어지기도 한다. 이번에는 그 문제가 장자권 상속과 관련이 있다. 성경의 율법에 따르면, 장자는 아버지로부터 더 많은 부분을 받을 수 있었다—단지 장자라는 이유로 인해 말이다. 하지만 아버지에게 두 명의 아내가 있고, 첫째가 아니더라도 다른 아내의 아들에게 우위권을 주고자 할 경우에는 어떻게 했을까? 신명기 율법이 매우 강조하고 있는 것을 보자면, 이는 보기 드문 상황은 아니었던 것 같다.

> [15] 어떤 사람이 두 아내를 두었는데 하나는 사랑을 받고 하나는 미움을 받다가 그 사랑을 받는 자와 미움을 받는 자가 둘 다 아들을 낳았다 하자 그 미움을 받는 자의 아들이 장자이면 [16] 자기의 소유를 그의 아들들에게 기업으로 나누는 날에 그 사랑을 받는 자의 아들을 장자로 삼아 참 장자 곧 미움을 받는 자의 아들보다 앞세우지 말고 [17] 반드시 그 미움을 받는 자의 아들을 장자로 인정하여 자기의 소유에서 그에게는 두 몫을 줄 것이니 그는 자기의 기력의 시작이라 장자의 권리가 그에게 있음이니라. (신 21:15-17).

아버지가 장자의 어머니에 대하여 어떻게 생각하든 관계없이, 장자는 두 배의 기업을 물려받아야 한다. 그렇다면, 야곱과 자녀들에 관한 성경의 이야기는 어떻게 설명할 수 있는가? 야곱은 레아 및 라헬과 결혼했지만, 야곱이 좋아했던 아내는 라헬이라는 것이 처음부터 분명하게 나타난다(창 29:17-18). 그럼에도 불구하고, 야곱의 장자, 곧 레아의 아들 르우벤은 두 배의 기업을 물려받을 권리가 있었다. 하지만 상황들이 밝혀지면서 르우벤은 뒤로 밀려났다. 결국 추가적인 유산을 받게 되는 것은 라헬의 아들 요셉이었다(창 48:5-6). 후대의 성경 독자들에게 이것은 분명히 성경 율법을 노골적으로 위반하는 것으로 보였을 것이다. 가뜩이나 르우벤은 계속해서 야곱의 '장자'(출 6:14; 민 1:20; 26:5 등등)로 불린다—그렇다면, 르우벤은 어째서 자신의 기업을 잃게 됐을까?

다시 한번, 역대기의 저자는 성경 본문 내에서 명백한 모순을 설명하려고 한다.

> 이스라엘의 장자 르우벤의 아들들은 이러하니라 (르우벤은 장자였어

161–162

> 도 그의 아버지의 침상을 더럽혔으므로 장자의 명분이 이스라엘의 아들 요셉의 자손에게로 돌아가서 족보에 장자의 명분대로 기록되지 못했느니라.) (대상 5:1)

르우벤의 경우에 대해, 역대기 기자는 르우벤이 아버지의 첩에 대해 중대한 죄를 범했기에(창 35:22), 일반적인 규칙의 예외 경우가 됐다고 설명한다. 르우벤은 여전히 계보상에서는 장자였지만, 장자의 특별한 상속권(장자권)은 대신에 라헬의 아들, 요셉에게 돌아가게 된 것이다.

성경 밖의 해석들

성경학자들은 히브리 성경 자체 내의 해석에 있어서 이와 같은 작은 얼룩들을 밝혀내기 위하여 부지런히 애썼다. 초기 율법들은 후대에 이르러 단어들이 수정되거나, 적용되는 부분이 달라졌고, 본래의 성경 예언들은 현재 인물들에게 적용된 새로운 해석을 강조하기 위해 보충되거나 재배열되기도 했으며, 후대 편집자들은 때로 더 이상 이해되지 않는 과거 본문들의 문구(wording)를 주석하는 어구들을 삽입하기도 했다. 하지만 전체적으로 볼 때, 이 성경 내의 해석들은 약 기원전 3세기로부터 기원후 2세기 넘어서까지 유대교 성경 외부에서 보존되어 온 거대한 고대 해석 체계(body)에 비하면 미미할 뿐이다. 이 시기는 성경 해석의 황금기로, 다양한 그룹의 (대체적으로는 익명의) 해석자들이 히브리 성경에 자신들의 해석적 특징을 남김으로써 이후 2,000년 동안 성경이 해석될 기본적인 방식을 결정한 시기였다.

저들의 해석들이 드러난 문헌들은 상당히 다양하다. 여기에 속하는, 예슈아 벤 시라의 지혜(집회서, 기원전 2세기)나 솔로몬의 지혜(주전/후 1세기)와 같은 몇몇 작품들은 본래 유대교 저작으로, 기독교 성경—'제2정경' 내지 '구약외경'—에 포함됐다. 또 다른 책들은 존경받는 고대 인물들의 이름을 허위로 빌렸지만 실제로는 후대에 쓰인 책들—『희년서』(기원전 2세기 초)나 『아브라함의 유언』(주전/후 1세기)—로서 '위경'으로 분류된다. 고대 성경 해석의 다수는 사해문서에도 보전되어 있다. 몇몇 사해문서들은 기원전 3세기나 그 이전으로 거슬러 올라간다. 오경에 대한 고대 그리스어 역본(칠십인역, 기원전 3세기)이나 타르굼들(Targums), 곧 성경의 아람어 역본(아마도 기원전 1세기나 그 이전에 나타났지만, 후대 전승 과정에서 종종 자료들이 추가됐음)과 같은 고대의 역본들에도 고대의 성경 해석이 나타난다. 알렉산드리아의 필론(기원후 20-50년경)과 요세푸스(기원후 37-100년경)와 같은 헬레니즘 유대 작가들도 상당량의 성경 해석을 제시한다—이 해석 중 일부분은 자신들만이 가진 해석 방식이지만, 다른 많은 것들은 과거 해석가들의 작업에 영향을 받거나 그들로부터 모아진 것이다. 신약 및 다른 초기 저작들을 포함하여 1-2세기의 기독교 작품들에도 상당량의 성경 해석이 포함되어 있다—이들 중 대부분은 기독교 형성 이전의 성경 주해에 뿌리를 두고 있다. 마지막으로, 미쉬나(Mishnah, 최종 형태는 기원후 200년경)와 같은 후기 유대교 저작들은 토세프타(Tosefta)와 탄나임 미드라쉬들(tannaitic midrashim: 토세프타와 미드라쉬는 대략 같은 시기의 것이다)과 더불어 많은 주석 자료들을 가지고 있으며, 이들 대부분은 더욱 이른 시기의 성경 해석의 지류를 따르고 있다. 이 문헌들의 수를 한데 모아 셈하자면 이는 히브리 성경 자체보다 수배나 더 방대하다. 학자들은 이 문헌을 연구하면서, 기원전 2세기 초부터 시작하여 이후 3-400년

162–163

간—성경 역사에 있어서 매우 중대한 시기—성경이 어떻게 이해됐는지, 그 발전사를 종합해 볼 수 있다.

성경 해석의 형태는 다양했다. 위에서 언급된 문서들 중 비교적 적은 수만이 실제 **주석**의 형태, 곧 성경 구절을 인용한 후 해석자가 이 구절들의 의미를 해설하는 형태로 쓰였다. 그런 주석은 (이미) 존재했다—이는 알렉산드리아의 필론이 선호하는 장르였고, 이런 주석과 같은 글들은 사해문서에도 나타난다. 하지만 성경 해석을 전달하는 데 선호됐던 저작 형태는 **재서술**이었다. 대부분의 저자들은 독자들이 성경 본문에 익숙하고 실제로 이런저런 구절과 관련된 해석 문제에 익숙할 것이라고 단순히 가정했다. 그래서 이들은 해석을 거의 삽입하지 않고 본문을 그대로 서술하곤 했다. 다만, 더 이상 이해되지 않는 단어는 주석을 달거나 모든 사람들이 알고 있는 단어로 대체됐고, 명백한 모순은 세부적인 해설을 삽입함으로 해결되곤 했다. 또한 재서술을 했던 저자는 성경 내 등장인물 A나 B가 **왜** 그러한 일을 했는지, 혹은 **어떻게** 했는지를 설명하는 데 수고를 아끼지 않았고, 이로써 간결한 형태로 열려있는 질문들에 대답했다. 이와 같은 재서술은 고대의 해석에 있어서 일반적인 형태였다. 『희년서』, 쿰란의 『창세기 비록』, 위-필론의 『성경 고대사』와 같은 책들은 처음부터 끝까지 성경 이야기를 해석적으로 재서술한 좋은 예다. 어떤 의미에서 『위-요나단』이나 『네오피티』 같은 아람어 타르굼들도 마찬가지다. 이 역본들은 오경을 아람어로 '번역'하고 있지만, 삽입된 부분들이 너무 많아 사실상 실제 번역이라기보다 재서술에 가깝다.

(성경 해석에 관한) 네 가지 가정

왜 그때가 중대한 시기였는가? 이미 언급했듯이, 이 해석자들이 이후 2,000년 동안 성경에 접근하는 일반적인 방식을 확립했기 때문이다—저들의 접근 방식은 실제로 어느 정도는 여전히 오늘날까지 우리에게 존재한다. 이들이 본문을 읽고 설명했던 방식은 간단하지 않았다—그것은 고도로 이데올로기적(이며 이상주의적인) 주해 형태를 가지고 있었고, 아주 면밀한 읽기와 거대한 해석적 자유가 다소 기이하게 조합되어 있었다. 고대의 현인들이 생각해낸 해석들은 곧 권위의 기반이 됐다. 이 해석들은 암기됐고, 대대로 전승됐으며, 때로 몇 가지 세부 사항들이 수정되기는 했지만 기본적으로는 수백 년 동안 **성경이 실제로 의미한 바**로서 자리 잡게 됐다.

우리가 가장 확실하게 말할 수 있는 것은 고대 해석가들의 활동이 다양했다는 것이다. 어떤 사람들은 유대아 땅에 살면서 히브리어와 전통적인 유대 교육에 깊이 몰두했다. 그렇지만 일부 사람들은 다른 곳에 살면서 철저하게 헬레니즘 교육과 경향을 물려받았던 것으로 보인다—예를 들어, 그리스어로 글을 썼던 솔로몬의 지혜의 저자나 알렉산드리아 필론은 모두 그리스 철학 사상을 내비치면서 일반적으로 칠십인역에서 성경을 인용했다. (몇몇 현대 학자들은 필론이 히브리 성경을 원문으로 읽을 능력이 있었는지를 의심하기까지 한다.) 그리고 유대아에 거주했던 해석가들 사이에서도 큰 다양성이 존재했다. 『희년서』의 저자는 종교적인 혁신가 기질이 있었으며 약간은 반항아였다. 반면 동시대의 벤 시라는 정반대였는데, 아마도 『희년서』의 저자와 같은 테이블에 앉기를 거부했던 것 같다. 바리새인들은 성경 해석의 문제를 가지고 사두개인들과 다투었고, 사해문서를 사용했던 (제3의 집단인 엣세네파로 추정되는) 사람들은 저 두 집단에 동의하지 않았다. 이들 중 일부는 광야로 물러나 자기 공동체 구성원들에게만 자신들의 성경 해석을 나누었고 외부의 다른 공동체들에게는 숨기면서, 하나님이 다른 집단의 거짓된 가르침과 잘못된 관습들을 무너뜨리실 '복수의 날'을 기다렸다.

하지만 이러한 다양성에도 불구하고 고대의 해석가들은 놀랄 만하게 비슷한 방식으로 해석 작업을 수행했다. 마치 동일한 장군에게 일련의 동일한 행군 명령을 받은 것처럼 말이다. 다른 말로 하자면 이들은 모두 성경이 **어떻게** 해석되어야 하고 성경의 메시지가 무엇이어야 하는지에 대한 기본적인 가정을 동일하게 공유했다. 이것은 굉장히 놀라운 일이다. 이들의 기본적인 접근 방식이 모두 동일한 것처럼—우리가 앞으로 살펴보겠지만, 고대 근동의 '지혜' 개념에 매우 큰 영향을 받은 것처럼—나타난다면, 이는 다양한 해석가 집단이 발전하기 이전에 이미 존재했던 성경에 대한 '지혜' 사상의 영향을 직접적으로 또는 다른 방식으로 받았기 때문일 것이다.

다양한 고대 해석가 집단이 나타나게 됐지만 현대 학자들은 저들의 작품들을 연구하면서 성경 본문 해설 방식의 기저에 놓인 기본적인 가정들을 이끌어낼 수 있다. 기본적으로 이 가정들을 네 가지로 분류할 수 있을 것이다.

1. 모든 고대 해석가들은 기본적으로 성경을 **비밀스러운 것**으로 가정했다. 즉, 본문이 A라고 쓰여 있더라도 실제로는 B를 의미하곤 한다는 것이다.
2. 고대 해석가들은 대부분의 성경이 수백 년 앞서 기록됐고 그 당시 사람들에게 이야기하고 있는 것처럼 보이더라도 그 말씀들이 전적으로 자신

164–165

의 시대와 **관련이 있다**고 가정했다—곧, 성경 이야기는 바른 행동에 대한 시대를 초월한 메시지를 담고 있고, 성경 예언은 실제로 현재 또는 가까운 미래에 일어날 사건들을 가리키고 있으며, 고대의 법들은 더 이상 존재하지 않는 상황 내지 관습을 가리키는 것처럼 보이더라도 여전히 철저히 지켜져야 하는 것으로 가정됐다. 한마디로 성경의 기본적인 목적은 현재 사람들을 **인도하는 데** 있었다. 과거에 대해 이야기하는 것이더라도 실제로는 현재를 겨냥하고 있는 것이었다.

3. 겉으로 볼 때 성경에는 서로 수백 년간 동떨어져 있으면서 다른 사회 계층이었던 서로 다른 예언가들과 현자들이 쓴 문서가 포함되어 있다. 그렇더라도 이 다양한 저작들은 **단일하고도 통일된 메시지**를 내포하고 있다고 가정됐다. 말하자면, 성경의 서로 다른 부분들은 어떤 사실이나 교리 문제에 있어 결코 모순되거나 불일치할 수 없었다. 실제로 성경이 가르치는 바는 그것이 무엇이든 간에(그리스 철학 교리든, 통상적 역사/지리 지식이든, 성서 후기의 할라카적 가르침이든) 해석가들의 신앙과 관습에 언제나 완벽하게 들어맞을 것이다. 요약하자면, 성경은 모든 세부 요소에 있어서 전적으로 **조화로웠고** 전적으로 참이었다. 이 접근 방식이 극단적으로 적용되면서 본문에 어떠한 잉여적인 부분, 불필요한 부분 또는 필사자의 오류가 없이 모든 것이 완벽하다고 가정됐다.
4. 어떤 성경 본문은 하나님이 하신 말씀을 직접적으로 인용하고 있다. '주께서 모세에게 말씀하시되 …' 등등 말이다. 하지만 다른 성경 본문에는 하나님의 발화가 나타나지 않는다—예를 들어, 다윗과 솔로몬 왕국의 전체 역사나 하나님**에게** 말하는 시편이 그러하다. 그럼에도 고대 해석가들은 모든 성경이 **신적 기원**, 곧 하나님이 고대의 현자, 역사가, 시편 기자로 하여금 기록**하게 하거나** 저들의 기록이 어떤 식으로든 신적인 인도나

영감을 받았다고 가정했다. 요약하자면, 모든 성경은 하나님으로부터 왔으며 성경의 모든 부분은 신적이었다.

해석되는 방식

해석가들이 해석하는 방식을 형성하는 데 이러한 가정들이 어떻게 결합되는지 확인하기 위해, 아브라함이 사랑하는 아들 이삭을 거의 죽일 뻔한 성경 이야기를 살펴보는 것이 좋을 것 같다.

> [1] 이 일들 후에 발생한 일이다. 하나님이 아브라함을 시험하시려고 그
> 를 부르시되 아브라함아 하시니 그가 이르되 내가 여기 있나이다
> [2] 여호와께서 이르시되 네 아들 네 사랑하는 독자 이삭을 데리고 모
> 리아 땅으로 가서 내가 네게 일러 준 한 산 거기서 그를 번제로 드리
> 라 [3] 아브라함이 아침에 일찍이 일어나 나귀에 안장을 지우고 두 종
> 과 그의 아들 이삭을 데리고 번제에 쓸 나무를 쪼개어 가지고 떠나 하
> 나님이 자기에게 일러 주신 곳으로 가더니 [4] 제삼일에 아브라함이 눈
> 을 들어 그곳을 멀리 바라본지라 [5] 이에 아브라함이 종들에게 이르되
> 너희는 나귀와 함께 여기서 기다리라 내가 아이와 함께 저기 가서 예배
> 하고 우리가 너희에게로 돌아오리라 하고
>
> [6] 아브라함이 이에 번제 나무를 가져다가 그의 아들 이삭에게 지
> 우고 자기는 불과 칼을 손에 들고 두 사람이 동행하더니 [7] 이삭이 그
> 아버지 아브라함에게 말하여 이르되 내 아버지여 하니 그가 이르되 내
> 아들아 내가 여기 있노라 이삭이 이르되 불과 나무는 있거니와 번제할

166

어린 양은 어디 있나이까 [8] 아브라함이 이르되 내 아들아 번제할 어린 양은 하나님이 자기를 위하여 친히 준비하시리라 하고 두 사람이 함께 나아가서

[9] 하나님이 그에게 일러 주신 곳에 이른지라 이에 아브라함이 그 곳에 제단을 쌓고 나무를 벌여 놓고 그의 아들 이삭을 결박하여 제단 나무 위에 놓고 [10] 손을 내밀어 칼을 잡고 그 아들을 잡으려 하니 [11] 여호와의 사자가 하늘에서부터 그를 불러 이르시되 아브라함아 아브라함아 하시는지라 아브라함이 이르되 내가 여기 있나이다 하매 [12] 사자가 이르시되 그 아이에게 네 손을 대지 말라 그에게 아무 일도 하지 말라 네가 네 아들 네 독자까지도 내게 아끼지 아니했으니 내가 이제야 네가 하나님을 경외하는 줄을 아노라 [13] 아브라함이 눈을 들어 살펴본즉 한 숫양이 뒤에 있는데 뿔이 수풀에 걸려 있는지라 아브라함이 가서 그 숫양을 가져다가 아들을 대신하여 번제로 드렸더라. (창 22:1-13 개역개정: 필요에 따라 원서에서 그대로 옮긴 부분도 있다—역주)

고대 해석가들이 이 이야기에 나오는 수많은 요소들을 가지고 고민했던 것은 의심의 여지가 없다. 신적인 '전지함'이 아브라함에 대한 '시험'을 불필요하게 만드는 것처럼 보이지는 않는가? 분명 하나님은 아브라함이 이삭을 죽이기 이전에 이미 시험 결과를 알고 계셨다—이야기 결말에 천사가 이야기하듯이 하나님은 아브라함이 '하나님을 경외'하는 사람이라는 것을 아셨다. 그렇다면 하나님은 왜 아브라함을 이토록 끔찍하게 시험하셨는가? 이와 마찬가지로 아브라함이 아들에게 대하여 행한 행동 역시 충격적이었다. 아브라함은 하나님이 명령하신 것을 결코 말하지 않았다. 실제로 이삭이 '불과 나무는 있거니와 번제할 어린

양은 어디 있나이까?'라고 분명히 질문했을 때 아브라함은 대답을 회피했다. '번제할 어린 양은 하나님이 자기를 위하여 친히 준비하시리라.' 이는 실제로 사실로 드러났다. 하나님이 마지막에 숫양을 주셨기 때문이다. 하지만 아브라함은 당시에 이를 알 방법이 없었다. 여기에 아브라함의 냉정함과 관련된 문제가 있다. 하나님은 아브라함에게 아들을 희생제물로 바치라고 명하시면서, '네 아들 네 사랑하는 독자 이삭'이라고 명시하셨고, 아브라함은 한마디의 항의도 하지 않았다. 본문은 아브라함이 이를 행하기를 바랐다는 듯이 '아침에 일찍이 일어났다'는 사실을 분명하게 말하고 있다.

고대 해석가들은 이 이야기를 다루면서 그러한 문제들을 분명 염두에 두고서 이를 해결하기 위해 노력했다. 고대 해석가들이 성경 본문에 대한 현대적 비평 또는 객관적 해석에 일반적으로 이르지 못했다는 사실을 강조하는 것이 중요하다. 이들은 위의 두 번째 가정에 따라 성경 안에 **자신들이** 배워야 할 중요한 교훈이 있다는 믿음에서 시작했고, 이 이야기의 경우는 관련된 모든 사람들에 대한—아브라함과 이삭뿐 아니라 하나님에 대해서도—긍정적인 교훈이 있다고 믿었다. 교훈이 직접적으로 명백하게 나타나지 않는 경우, 첫 번째 가정에 따라 모든 성경 본문의 의미가 숨겨질 수 있기에 모든 단어들을 신중하게 재보면서 탐구해야 했다. 곧, A로 표현되더라도 실상은 B를 의미할 수 있었다.

위에서 제기한 첫 번째 질문—하나님이 전지하다면 굳이 시험할 필요가 있는가?—과 관련하여 해석가들은 겉보기에 사소한 부분, 이 단락을 시작하는 어구에 집중했다. '이 일들 후에, 발생한 일이다.' 이러한 어구는 성경에서 (이야기의) 전환을 표현하는 데 자주 사용된다. 이는 '이전의 이야기는 끝이 났고 이제 새로운 이야기를 시작할 것이다'를 표현하는 일반적인 휴지 신호다. 그런데 "일들"(things)을 가리키는 히브리어 단어 '데바림'(*dĕbārîm*)은 또한 "말들"(words)을 의미하기도 한다. 그러므로 여기에서 지나가듯 사용된 어구는 '이 **말들** 후에 하나님이 아브라함을 시험하셨다'는 것을 의미할 수도 있다. 어떤 말들이 있었는가? 성경은 이에 대해 말하고 있지 않지만, 어떤 말씀들이 있었다고 기록된 경우 해석자들은 당면한 문제의 말씀이 무엇일지 규명하고자 자유롭게 사고했다.

언젠가 한 고대 해석가—언제, 누가 이야기했는지는 아무도 모른다—는 아브라함과 아무 관련이 없는 다른 성경의 한 부분, 곧 욥기를 생각해냈다. 욥기는 언젠가 사탄이 하나님의 종 욥을 시험하도록 하나님을 자극했다는 보도로 시작된다(1:6-12; 2:1-6). 아브라함과 이삭 이야기도 신적 차원의 시험으로 묘사되기에 이 해석자는 창세기 본문 서두에 언급된 '말들'('이 **말들** 후에 하나님이 아브라함을 시험하셨다')이 욥기에서와 같이 하나님에 대한 사탄의 가상의 도전과 관련된 말이었을 것이라고 추정했다. '아브라함을 시험하여 그가 자기 아들을 제물로 바칠 만큼 순종하는지 확인해보라.' 이를 염두에 두고서 이야기 서론부를 읽으면 하나님이 아브라함을 시험하신 이유에 대한 문제가 해결된다. 물론 하나님은 아브라함이 시험을 통과할 것이라는 사실을 알고 계셨다—그럼에도 아브라함 시험하기를 계속하셨다면 **사탄의** 도전을 받아들여 아브라함의 훌륭함을 증명하게 하는 어떤 대화(말들)가 있었기 때문이다. 이 해결책을 사용한 고대의 해석가는 『희년서』 저자였다. 그는 다음과 같이 창세기 이야기를 재서술하기 시작한다.

아브라함에 관한 **말들이** 하늘에 있었다. 즉, 아브라함이 주의 모든 말

> 씀에 신실했고, 주는 그를 사랑하셨으며, 아브라함이 모든 고난 가운데 믿음을 지켰다는 것이었다. 이때 천사 마스테마(Mastema: 즉, "사탄")가 주 앞에 나와 말했다. "보십시오. 아브라함이 아들 이삭을 사랑하며 다른 무엇보다도 그를 기뻐합니다. 그를 제단에 제물로 바치라고 명하십시오. 그러면 그가 이 명령을 지키는지 알게 되실 것입니다. 그를 시험해 보면 그가 모든 것에 신실한지 아시게 될 것입니다. …" (『희년서』 17:15-16)

『희년서』에도 등장한, 창세기 22:1에 언급된 '말들'이란 다른 천사들에 의한 찬양의 말들을 가리킨다. '이 **말들** 후에 발생한 일'이라는 것은 사탄이 하나님의 신실한 종에 관해 도전하려 했던 것을 뜻한다. 하나님은 도전을 받아들이셨다. 하지만 『희년서』 저자는 하나님이 아브라함을 시험할 필요가 전혀 없었다는 것을 독자들에게 확신시키는 수고를 감내한다. '하나님은 자신이 명한 모든 일에 아브라함이 신실한 줄을 아셨고' 또한 이 시험을 통과할 것 역시 아셨기 때문이다.

위에서 언급한 것과 같이 이 성경 이야기를 개정한 『희년서』에는 오늘날을 위한 교훈이 담겨있다(가정 §2). 즉, '아브라함은 매우 어려운 시험 가운데서 하나님께 신실했기에, 너희도 마찬가지로 그래야 하며, 그러면 아브라함과 같이 보상받게 될 것이다'는 교훈이다. 여기에 세 번째 가정, 곧 성경이 내적으로 일관성 있을 뿐 아니라 해석자의 믿음이나 관습과도 일치한다는 사상도 나타난다—이 경우는 전지하신 하나님이 아브라함을 시험할 필요가 없었다는 생각이다. (하지만 사실상 히브리 성경에는 하나님의 전지하심 개념이 그렇게 분명하게 드러나지는 않는다—분명 이 개념은 나중에 발생한 것이다.) 마지막으로 첫 번째 가정, 곧 성경이 비밀스럽게 말한다는

168-169

가정에 따라 다음과 같은 해석이 가능하다. 즉, 성경이 '이 일들(things) 후에'라고 말했을 때) 이는 언뜻 보기에 일반적인 전환을 가리키는 어구처럼 보이지만 실제로는 '이 말들 후에'였고, 따라서 독자들로 하여금 욥기의 시작부에 나오는 신적 시험을 생각하도록 의도하고 있다는 것이다.

이 모든 것들은 그럴듯하지만 해석가들은 여전히 하나님이 미리 아신다는 문제를 해결하지 못했다. 이들은 여전히 시험이 끝나는 장면에 대해 고민했다.

> 사자가 이르시되 그 아이에게 네 손을 대지 말라 그에게 아무 일도 하지 말라 네가 네 아들 네 독자까지도 내게 아끼지 아니했으니 **내가 이제야** 네가 하나님을 경외하는 줄을 **아노라**. (창 22:12)

'내가 이제야 아노라'라는 어구는 분명 '나는 이전에는 몰랐다'는 것을 암시하는 것 같다. 하나님이 정말 전지하시다면 어째서 그러한 말을 하셨을까? 이 문제에 대하여 『희년서』 저자는 아래와 같은 대답을 내놓는다.

> 그때 내[『희년서』의 화자인 천사]가 그[아브라함]와 마스테마[사탄] 앞에 섰다. 주는 이렇게 말씀하셨다. "그 아이에게 네 손을 대지 말라 그에게 아무 일도 하지 말라고 그에게 전해라. 그가 하나님을 경외하는 자인 줄 내가 알고 있기 때문이다." 그래서 나는 하늘에서 그를 불렀다: "아브라함아, 아브라함아!" 그는 놀라면서 "네?"라고 대답했다. 나는 그에게 말했다. "그 아이에게 네 손을 대지 말라 그에게 아무 일도 하지 말라 네

169

가 네 아들 네 독자까지도 내게 아끼지 아니했으니 나는 네가 하나님을 경외하는 줄을 알고 있다." (『희년서』 18:9-11)

이 단락은 기본적으로 위에서 인용한 성경 구절(창 22:12)을 개작한 것이지만, 『희년서』 저자는 성경 본문에는 나오지 않는 일을 기록했다. 곧, 천사가 아브라함에게 외치기 전에 하나님이 천사에게 실제로 준 지시사항을 기록했다. 하나님은 천사에게 '그 아이에게 네 손을 대지 말라 그에게 아무 일도 하지 말라 네가 네 아들 네 독자까지도 내게 아끼지 아니했으니 나는 네가 하나님을 경외하는 줄을 알고 있다'라고 전하기를 지시하셨다.

『희년서』 저자는 지극히 섬세한 것을 선호했다. 천사에 대한 하나님의 지시는 창세기의 천사의 말과 동일하다—단 하나의 단어를 제외하고 말이다. 『희년서』에서 하나님은 '내가 **이제** 안다'가 아니라 단순히 '내가 **알고 있다**'라고 말씀하셨다. 『희년서』 저자에게 있어서 이러한 시나리오는 모든 것을 설명할 수 있게 했다. 천사는 시험이 어떻게 될지 몰랐겠지만 하나님은 분명히 아셨다. 하나님은 '나는 네가 하나님을 경외하는 줄을 알고 있다'—사실 내가 줄곧 알고 있었다!—라고 『희년서』의 천사에게 말해주었다. 『희년서』에 따르자면 창세기의 말씀은 하나님의 정확한 말씀이 아니라 천사가 약간 바꾸어 말한 것이 된다. 하나님이 줄곧 알고 계셨던 것을 그제야 알게 된 것은 바로 천사였다.

아브라함이 자신의 의도를 이삭에게 숨긴 것에 관한 것을 살펴보자—이는 일단 우리가 본문을 어떻게 읽느냐에 달려 있다. 고대 해석가들은 여기에 약간의 반복이 있음을 인식했다.

[6] 아브라함이 이에 번제 나무를 가져다가 그의 아들 이삭에게 지우고 자기는 불과 칼을 손에 들고 **두 사람이 동행하더니** [7] 이삭이 그 아버지 아브라함에게 말하여 이르되 내 아버지여 하니 그가 이르되 내 아들아 내가 여기 있노라 이삭이 이르되 불과 나무는 있거니와 번제할 어린 양은 어디 있나이까 [8] 아브라함이 이르되 내 아들아 번제할 어린 양은 하나님이 자기를 위하여 친히 준비하시리라 하고 **두 사람이 함께 나아가서.** (창 22:6-8)

반복이 꼭 나쁜 것은 아니지만 고대 해석가들은 일반적으로 (가정 §3에 따라) 성경이 이유 없이 반복되지 않을 것이라고 생각했다. 두 번 반복되는 '두 사람이 동행하더니'라는 어구 사이에는 아브라함이 이삭에게 자기의 진정한 뜻을 숨기는 짧은 대화가 있다. 이때 아브라함의 말은 적어도 잠재적으로는 모호했다. 본래 성경 히브리어는 구두점이나 문장이 심지어는 문장의 시작을 알리는 대문자 개념이 없이 기록됐기에 이삭을 향한 아브라함의 대답을 실제로는 두 문장으로 읽어낼 수 있다. '하나님이 자기를 위하여 친히 준비하시리라. 번제할 어린 양은 내 아들[이다].' (히브리어에는 현재시제에서 '이다'[to be]를 가리키는 동사가 없다. 그렇기에 이 마지막 문장은 '이다'라는 동사가 있든지 없든지 동일할 것이다.) 그렇다면 이렇게 읽을 수 있다. 곧, 이삭을 향한 아브라함의 대답은 회피하는 것이 아니라 잔인한 진실이었던 것이다: '네가 희생이다. 이삭아.' 이어서 본문에 '두 사람이 동행하더니'라는 어구가 덧붙여져 있다면 이는 전혀 불필요한 반복이 아닐 것이다. 곧, 아브라함은 아들에게 그가 제물이라고 말했고 이삭은 거기에 동의했다. 그러고 나서 두 사람은 이제 하나님의 무시무시한 명령을 수행하는 데 한마음이 됐다는 차원에서 '동행'했다. 따라서 가정 §2와 §3과 관련하여, 겉보기에 반복됐던 것은 결코 무의미한 반복이 아니었으며, 겉보기에 질문에 회피했던 아브라함은 이삭을 향해 진실을 선언한 것이었다. 이제 아브라함과 이삭의 행동을 비난할 거리가 사라졌다. 아브라함은 아들을 속이려 한 것이 아니었고 이삭은 순전한 희생물이 아니라 아버지가 그랬던 것과 같이 하나님의 뜻을 적극적으로 행하려 했다. 따라서 실제로 저들의 행동은 아마도 후대의 독자가 본받을 만한 모본이 될 수 있다(가정 §2). 하나님의 뜻을 이해할 수 없을 때라도 의로운 자들은 이를 따라야 한다—이는 때로는 단순한 시험으로 드러나기도 한다.

하지만 해석가들이 자신들의 해석을 실제로 신뢰했을까? 자신들이 본문의 참된 의미를 왜곡하고 있다는 것을 몰랐을까? 이는 언제나 어려운 질문이다. 고대 해석가들은 적어도 자신들이 때로 본문의 명백한 의미들에서 벗어난다는 사실을 꽤 잘 알았던 것 같다. 하지만 시간이 지남에 따라 그러한 인식이 흐려지기 시작했다. 성경 해석은 곧 고대 이스라엘 안에서 제도(institution)가 됐다. 한 세대의 해석이 다른 세대로 이어져 내려가면서 결국 시간과 전통이 주는 권위를 획득하게 됐다. 이 해석 체계는 **미드라쉬**(*Midrash*)로 불리게 됐고 또한 본문이 항상 전달하고자 했던 바가 됐다. 해석 자체와 더불어 해석자의 바로 그 작업 방식이 권위를 얻게 됐다. 곧, 이것이 성경이 해석되어야 하는 방식이었다. 더욱이 본문에 숨겨진 의미를 찾기 위해 주의를 기울이는 미드라쉬적 방식은 성경의 많은 문제들을 해결해주는 것처럼 보였고, 이것이 아니고서는 해결 방법이 없었다. 시간이 지나면서 성경의 모든 장들에서 어렵다고 느껴지는 어구들이 명료하게 해설될 때까지 오래된 해석을 기초로 한 새로운 해석들이 만들어졌다.

단어와 구절

고대의 성경 해석 '방식'에 있어서 마지막으로 다룰 것은 이것이다. 곧, 성경은 언제나 본문의 정확한 문구(wording)에 대한 주도면밀한 검토를 통해 해석된다. 해석가들에 의해 다루어지는 문제가 광범위—하나님의 전지함, 아브라함의 성격, 이삭의 분명한 수동성—하더라도 이는 언제나 특정 구절의 해석을 통해, 때로는 한 단어를 통해 접근됐다. 아브라함/이삭 이야기에서 '**이 일들 후에**'라는 어구가 의미하는 것이 무엇인지 알기를 원하는가? 이는 '이 말들 후에'를 뜻한다. '**두 사람이 동행했다**'는 진술이 반복되는 이유를 알고 있는가? 두 번째 나오는 진술은 '아브라함이 이삭에게 희생이 될 것이라고 말한 것에 이삭이 동의했음'을 암시한다. 더 큰 해석 문제를 다루는 일은 언제나 그러한 정확한 문구(wording)에서 시작한다.

이처럼 고대의 성경 해석은 (문제) 영역이 아무리 넓다 하더라도 형식적으로는 단일한 구절을 해석하는 일과 관련이 있었다. 그리고 구체적인 해석들이 넓은 영역을 다룰 수 있게 했던 것이 바로 이것이었다. 회당/교회의 설교자뿐 아니라 학교의 교사들은 성경 본문을 설명하는 과정에서 불가피하게 이런저런 구절에 대한 통찰들을 전달하게 된다. 즉, '이것이 그 구절이 말하는 바다!' 그런 후에 모든 청중들은 그것이 특정 구절의 의미라는 것을 알게 되며, 저들은 그 구절이 공중 앞에서 낭독될 때마다 그 의미를 떠올렸을 것이다. 저들은 실제로 그 설명을 다른 사람에게 전했을 것이다. 성경 본문은 널리 알려져 있고 자주 인용되었기에—특히 토라는 어릴 때부터 전심으로 배웠기에—오랫동안 난제였던 것에 대한 명료한 대답은 대중 가운데에 빠르게 퍼졌을 것이다.

오늘날 이러한 구절-중심적 해석들은 **주해적 모티프**(*exegetical motifs*)로 알려져 있다—'모티프'는 음악의 주제(motifs)처럼 다른 곡에 삽입되고, 재작업되고, 각색되고, 다른 주제와 결합되어 아주 자연스럽게 흐르는 내러티브를 만들어낼 수 있기 때문이다. 얼마 지나지 않아 재서술하는 작가들은 때로 의문의 특정 성구를 언급하는 데 신경 쓰는 것이 아니라 저변에 깔린 사상을 자신들의 재서술에 단순하게 통합시켰다. 그래서 예를 들자면 아브라함이 이삭에게 '번제할 어린 양은 너, 내 아들[이다]'라고 설명하고, 이삭은 도망가지 않고 죽음을 기꺼이 받아들였다는 사상이 다양한 형태로 나타난다. 어떤 것은 단순하지만 다른 어떤 것은 애정을 기울여 기본 사상을 확장한다.

> 보조를 맞추어 걸으면서—저들의 몸뿐만 아니라 생각에 있어서도 마찬가지로—그들은 지정된 장소에 이르렀다. (필론, 『아브라함』 172)

이는 실제로 창세기에서 '두 사람이 동행했다'는 진술이 두 차례 나오는 것을 정확히 설명하려는 것이었다. 첫째로는 저들의 물리적인 걷기(필론이 '저들의 몸'이라고 특정한 것)를 가리키고, 또한 둘째로는 이삭이 희생되어야 한다는 것에 대한 저들 사이의 동의(필론이 '생각에 있어서도'라고 특정한 것)를 가리킨다.

> 그 아버지[아브라함]를 … 기억하라. 그의 손에 의해 이삭이 종교(religion)를 위해 죽음에 넘겨졌다. (『마카비4서』 13:12)

> 제단을 준비하고 (그리고) 그 위에 갈라진 나무를 놓고 모든 것을 준비했

172–173

을 때, [아브라함]이 아들에게 말했다: "나의 아들아, 내가 너를 낳기 위해 하나님에게 무수히 기도했고 네가 세상에 왔을 때 너를 키우는 데 아무것도 아끼지 않았다. … 그런데 내가 네 아버지가 된 것이 하나님의 뜻이었고 이제 너를 하나님에게 바치는 것이 그분을 기쁘시게 하니 이 헌신을 담대하게 감내하거라. …" 그러한 아버지의 아들은 담대한 마음을 가질 수밖에 없었고 그 말을 기쁘게 받아들였다. 이삭은 하나님과 아버지의 결정을 거부한다면 자신이 결코 태어날 자격이 없었을 것이라고 외쳤다. (요세푸스, 『유대 고대사』 1.228-32)

그[아브라함]가 떠날 때 아들에게 말했다, "자, 나의 아들아, 내가 너를 번제물로 드리고 나는 너를 내게 주신 분의 손에 되돌려 드릴 것이다." 그러나 아들이 아버지에게 말했다. "아버지 제말을 들어보세요. 만일 인간이 이 세상을 상속하도록 작정되어 있고, 반대로 [통상적으로] 양떼 가운데 한 어린 양이 향기로운 제물로 주에게 드려지며, 그러한 양떼가 인간의 죄악을 [속죄하기] 위해 죽도록 구분되어 있다면 말입니다—어떻게 아버지가 지금 제게 '와서 영원한 삶과 끝없는 시간을 상속받으라'고 하실 수 있겠습니까? 제가 참으로 나를 만드신 그분에게 희생으로 드려지기 **위하여** 이 세상에 태어난 것이 아니라면 어떻게 그럴 수 있겠습니까? 이[희생]는 다른 사람들을 향한 복[의 표]이 될 것입니다." (위-필론, 『성경 고대사』 32:2-3)

지혜와의 관련성

위에서 언급한 바와 같이, 고대 유대교와 기독교의 다양한 성경 해석가들의 공통된 선조는 고대 근동의 현자로서 성경이 말하는 '지혜'를 추구했다. 지혜는 국제적인 관심사로 매우 오래된 것이었다. 고대 수메르, 바빌로니아, 이집트에서 발견할 수 있는 일부 최초기 문서는 잠언, 곧 지혜를 전달하는 데 좋은 매체였다. 지혜가 무엇인지를 쉽게 요약할 수는 없지만 지혜의 기본 전제는 (우리가 '자연법'이라고 부르지만 여기에 국한되지 않는 것을 포함하여) 모든 현실을 지배하는 일종의 저변에 깔린 규칙이 존재한다는 것이다. 현자는 과거 현자들의 글을 연구하고 자신이 가진 세계에 대한 주의 깊은 성찰을 통해 그러한 규칙들을 더욱 충분하게 이해함으로 세계가 어떻게 작동하는지 알게 되기를 바랐다. 따라서 현자의 지혜로운 조언이 왕들과 군주들에 의해 추구됐다. 현자는 다음 세대의 현자들을 훈련시키는 교사이기도 했다.

제2성전기 언젠가 유대교 현자에 대한 직업적 묘사가 변화됐다. 이전 세대의 잠언들을 숙고하는 것 대신에 이제 현자들의 관심을 사로잡은 것은 토라였다. 즉, 이들은 성경 해석자가 됐다. 어떤 의미에서 이 변화는 벤 시라의 지혜(집회서) 같은 책에서 명료하게 확인할 수 있다. 기원전 2세기 이 책의 저자는 여러 가지 면에 있어서 전통적인 현자의 모습을 하고 있다. 곧, 이 지혜서는 명석하고 간결한 잠언들로 가득하며 이 중 많은 부분은 이전 세대/세기의 통찰을 자신의 언어로 다시 쓴 것이다. 하지만 이러한 전통적인 방식의 지혜 저술과 더불어 벤 시라는 성경의 법과 이야기도 설명한다. 실제로 이 책은 성경의 영웅들 및 그 이야기가 전하고 있는 교훈들에 대해 여섯 장에 걸쳐 다루면서 마무리된다.

173–174

이는 벤 시라에게 있어 지혜의 위대한 보고는 토라였기 때문이다. 실제로 벤 시라는 (여기에서 여성으로 의인화된) 지혜가 자기 존재에 대해 이야기하는 책 중간부에 실린 지혜에 대한 집중적인 찬가에서 많은 것들을 말해준다.

> 나는 지극히 높으신 분의 입으로부터 나왔으며 안개와 같이 온 땅을 뒤덮었다. 나는 높은 하늘에서 살았고 내가 앉는 자리는 구름기둥이다. 나 홀로 높은 하늘을 두루 다녔고 심연의 밑바닥을 거닐었다. (집회서 24:3-5 공동번역개정)

하지만 하나님은 지혜에게 본거지를 하늘에서 땅으로 옮기고 거기에 거하라고 명하셨다.

> "너는 야곱의 땅에 네 집을 정하고 이스라엘에서 네 유산을 받아라." 하고 말씀하셨다. … 주님께서 고르시어 차지하시고, 영광스럽게 만드신 그 백성 안에 나는 뿌리를 내렸다. (집회서 24:8, 12 공동번역개정)

이를 상술할 때 벤 시라는 지혜가 자기 민족의 특별한 소유물이라고 주장하며 단순히 자랑스러워하는 유대인이 아니라 더욱 구체적인 것들을 염두에 두고 있다.

> 이 모든 것은 지극히 높으신 하느님의 계약의 글월이며, 우리 야곱 가문의 유산으로 모세가 제정해 준 율법이다. (집회서 24:23 공동번역개정)

말하자면 지혜는 오경, **곧** '지극히 높으신 하나님의 계약의 글월(언약의 책)'**이다**. 이처럼 세상이 어떻게 작동하는지, 하나님이 세상을 위해 세운 일련의 기본적인 규칙에 대해 알고 싶다면 오경이 기본 자료가 된다.

벤 시라에 나타나는 오경과 지혜와의 관련성은 고대 성경 해석의 특징에 대해 많은 것을 이야기해준다—벤 시라뿐 아니라 그 당대와 이전 세대에도 마찬가지다. 주해가가 된 현자들이 오경에 접근할 때 잠언 모음이나 다른 지혜 저작들을 읽을 때 사용했던 해석 기법과 기대를 많이 가지고 왔다. 어떤 잠언의 완전한 의미는 직접적으로 분명하게 드러나지 않기에, 잠언의 단어들은 충만한 의미를 산출하기까지 주의 깊게 조사되고 연구되어야 했다. 마찬가지로 특정 단어, 어구, 예언, 이야기의 의미가 눈앞에 드러나지 않을 수 있기에 모든 성경 역시 면밀히 탐구되어야 했다. 잠언이 오늘날을 위한 교훈으로 가득하듯이, 성경 본문은 과거에 관하여 이야기하고 있는 것처럼 보일지라도 현재를 위한 메시지를 가진 것으로 이해됐다. 실제로 고대 지혜 장르에 자주 등장하는 반대 개념인, '의인'과 '악인'은 (전적으로 의로운) 아브라함이나 야곱, 그리고 롯이나 에서 같은 (전적으로 악한) 인물을 다루는 성경 이야기 안에서 구체화될 수 있을 것이다. 지혜로운 잠언의 통찰은 신적 지혜에 대한 단일한 얼개(weave)의 일부, 곧 모든 현실 저변에 깔려 있는 위대한 패턴이었다. 심지어 어떤 잠언이 다른 것과 모순되는 것처럼 보일 때조차도(잠 26:4-5) 실제적인 모순은 없었다. 이와 유사하게 신적 지혜에 대한 위대한 해설(compendium)인 성경에도 실제적인 모순은 있을 수 없었다. 성경의 말들을 주의 깊게 고찰하면 항상 동의하게 된다. 결국 지혜는 서로 다른 시대에 서로 다른 현자들에 의해 전해졌지만 진정한 인간 저자는 없다. 이 전통들은 하나님에 의해 창조된 위대한 패턴의 일부를 단지 보도하고 있을 뿐이다. 마찬가지로 성경 안에 있는 책들의 저자는 각기 다른 사람일 수 있겠지만 이들은 모두 신적 지혜로 충만했기에 사실상 단 하나의 근원, 곧 인간으로 하여금 성경의 다양한 부분에 대해 책임을 갖도록 인도하는 하나님만 있을 뿐이다. 여기서 언급된 다양한 특징이란 다름 아닌 모든 고대 해석가들에 의해 공유되고 있는 네 가지 가정이다. 따라서 이 공통 요소들은 적어도 '모세의 율법에 능통한 **현자**'(스 7:6), 곧 에스라 시대까지 거슬러 올라가는 최초기 해석자들의 지혜 유산에서 유래한 것으로 보인다. 성경 해석가들에는 서로 다른 삶의 방향과 여정을 가진 **많은** 사람들, 고뇌에 찬 예언자, 제사장과 성전 지도자, 율법학자와 법학자 등이 포함되어 있더라도 말이다—이들 **모두는** 성경 해석과 고대 근동의 지혜 사이의 주요한 일치점에 감동받았던 것 같다.

결론

초기 유대교의 성경 해석은 이러했다. 현대인의 시각에 어떤 해석들은 전혀 해석 같아 보이지 않을 수 있다. 분명 이런저런 구절/단락의 의미에 대해 제기된 주장들 중 일부는 명백하게 자기 변호적이거나 억지스럽게 보이고, 또는 매우 공상적인 것처럼 보일 수 있다. 물론 공정하게 말해서 현대 성경 주석들이 자신들의 의도에 더더욱 섬세하다 하더라도 그러한 특성에서 완전히 자유롭지 않다는 점에 주의해야 한다. 하지만 이 해석가들의 작업에 대한 우리의 판단이 어떻든 간에 이들의 중요성은 결코 무시할 수 없다. 앞서 언급했듯이 저들이 이후 2,000년간 성경 해석의 기본적 방식을 결정한 것은 아니다. 이들의 네 가지 가정은 르네상스와 16세기의 프로테스탄트 종교개혁 이후까지 모든 해석가들에 의해 전제되어 있던 것이다. 이는 실제로 상당 부분이 오늘날 여전히 우리 가운데 있다. 그러나 더욱 중요한 것은 이 고대 해석가들이 당대에 미친 영향이다. 만약 실제로 성경 본문이 당시 사람들을 위한 중요한 메시지를 담고 있다는 것, 성경의 말뭉치(corpus)가 어떠한 오류나 부족함 없이 일관되고 조화롭다는 것, 그리고 참으로 이 본문들이 인간에게 길을 지도하기 위해 하나님에 의해 주어졌다는 것을 고대 해석가들이 청중들로 하여금 확신하게끔 하지 못했다면, 이들은 많은 성구 안에 숨겨져 있는 의미들을 이해할 만큼 충분히 명석해야 했을 것이다(그러나 고대 해석가들은 이 일을 해냈다)—청중들이 (고대 해석가들에 의해) 실제 해석 방식에 대한 무수한 예들을 통하여 그러한 (해석의) 기본 개념과 접근 방식에 이르지 못했다면, 고대 이스라엘의 저작들은 지금 그러한 것처럼 성경을 기반으로 하는 두 개의 위대한 종교, 곧 유대교와 기독교의 중심이 될 수 없었을 것이다.

참고 문헌

Anderson, Gary. 2001. *The Genesis of Perfection: Adam and Eve in Jewish and Christian Imagination*. Louisville: Westminster John Knox.

Borgen, Peder. 1997. *Philo of Alexandria: An Exegete for His Time*. Leiden: Brill.

Campbell, Jonathan G. 2004. *The Exegetical Texts*. Companion to the

Qumran Scrolls. London: Clark.

Charlesworth, James H., and Craig A. Evans, eds. 1994. *The Pseudepigrapha and Early Biblical Interpretation*. Sheffield: Sheffield Academic Press.

Endres, John C. 1987. *Biblical Interpretation in the Book of Jubilees*. Washington, D.C.: Catholic Biblical Association of America.

Evans, Craig A., ed. 2004. *From Prophecy to Testament: The Function of the Old Testament in the New*. Peabody, Mass.: Hendrickson.

Feldman, Louis H. 1998. *Josephus's Interpretation of the Bible*. Berkeley: University of California Press.

Fishbane, Michael. 1985. *Biblical Interpretation in Ancient Israel*. Oxford: Clarendon.

Henze, Matthias, ed. 2005. *Biblical Interpretation at Qumran*. Grand Rapids: Eerdmans.

———, ed. 2012. *A Companion to Biblical Interpretation in Early Judaism*. Grand Rapids: Eerdmans.

Hirschman, Marc G. 1996. *A Rivalry of Genius: Jewish and Christian Biblical Interpretation in Late Antiquity*. Albany: SUNY Press.

Kugel, James L. 1990. *In Potiphar's House: The Interpretive Life of Biblical Texts*. San Francisco: HarperSanFrancisco.

———. 1998. *Traditions of the Bible: A Guide to the Bible As It Was at the Start of the Common Era*. Cambridge: Harvard University Press.

———. 2001. *Studies in Ancient Midrash*. Cambridge: Harvard

University Press.

———. 2006. *The Ladder of Jacob: Ancient Interpretations of the Biblical Story of Jacob and His Children*. Princeton: Princeton University Press.

———. 2007. *How to Read the Bible: A Guide to Scripture, Then and Now*. New York: Free Press.

———. 2012. *A Walk through Jubilees: Studies in the Book of Jubilees and the World of Its Creation*. Leiden: Brill.

———, and R. A. Greer. 1986. *Early Biblical Interpretation*. Philadelphia: Westminster.

Moriya, Akio, and Gohei Hata, ed. 2012. *Pentateuchal Traditions in the Late Second Temple Period: Proceedings of the International Workshop in Tokyo, August 28–31, 2007*. Leiden: Brill.

Mulder, M. J., and H. Sysling, eds. 1988. *Mikra: Text, Translation, Reading and Interpretation of the Hebrew Bible in Ancient Judaism and Early Christianity*. Assen: Van Gorcum; Philadelphia: Fortress.

Najman, Hindy. 2003. *Seconding Sinai: The Development of Mosaic Discourse in Second Temple Judaism*. Leiden: Brill.

Najman, Hindy, and Judith Newman, eds. 2004. *The Idea of Biblical Interpretation*. Leiden: Brill.

Nitzan, Bilhah. 2010. "The Continuity of Biblical Interpretation in the Qumran Scrolls and Rabbinic Literature." In *The Oxford Handbook of the Dead Sea Scrolls*. Ed. Timothy H. Lim and John J. Collins. Oxford: Oxford University Press, 337–50.

White Crawford, Sidnie. 2008. *Rewriting Scripture in Second Temple Times*. Grand Rapids: Eerdmans.

Zahn, Molly M. 2010. "Rewritten Scripture." In *The Oxford Handbook of the Dead Sea Scrolls*. Ed. Timothy H. Lim and John J. Collins. Oxford: Oxford University Press, 323–36.

Zakovitch, Y. 1992. *An Introduction to Inner-Biblical Interpretation*. Even-Yehuda: Reches (in Hebrew).

외경과 위경

로렌 T. 슈투켄브룩(Loren T. Stuckenbruck)

'아포크리파'(apocrypha)라는 용어 자체는 '숨겨진 것들(책들)'을 가리키고 '슈데피그라파'(pseudepigrapha)는 '허위로 이름이 붙여지거나/기재된 책들'을 의미한다. 하지만 이 용어들은, '구약외경'(Old Testament Apocrypha)과 '구약위경'(Old Testament Pseudepigrapha)이라는 명칭으로 사용되면서, 제2성전기에 기록됐거나 그 시기의 전통을 간직하고 있는 고대 유대교의 저작들을 가리키게 됐다. 따라서 오늘날 통상 이러한 식으로 사용되고 있는 이 두 용어(와 그 아래에 깔려있는 개념)가 고대에 의미했던 바를 반드시 반영하고 있는 것은 아니다. 이에 우리는 고대의 배경, 특히 현재 발견된 사해문서에 나타난 작품들을 통하여 '아포크리파'(아래서 '외경'으로 번역—역주)와 '슈데피그라파'(아래서 '위경'으로 번역—역주)의 적절한 의미에 대해 재고할 필요가 있다. 현대에 사용하고 있는 이 용어들의 의미는 제2성전기 이후의 발전 과정을 거치면서 결정된 것이기에 우리는 이 장을 통하여 고대 후기(late antiquity: 기원후 2-8세기—역주)로부터 종교개혁 후기를 거치면서 기독교와 유대교 전통에서 이 용어들을 어떻게 사용했는지를 살핀 후에, 이 작품들을 기록한 유대교 저자들이 그 이름을 어떻게 붙이게 됐는지 고찰할 것이다.

외경

종교개혁 및 반종교개혁 이후의 외경

'외경'(Apocrypha)이라는 용어는 가장 일반적으로 히브리 정경(구약) 및 신약성경에서 제외된 저작들을 가리키지만, 그럼에도 불구하고 현대의 성경 번역본들 중에는 외경을 구약과 신약 사이에 포함시키고 있는 경우도 더러 있다. 현대 성경 역본들에 포함된 외경의 목록은 다음과 같다.

> 에스드라1서(= 『에스라3서』), 에스드라2서(= 『에스라4서』 + 『에스라5서』 + 『에스라6서』), 토비트, 유디트, 에스더 부록, 『솔로몬의 시편』, 벤 시라(또는 집회서), 바룩서, 예레미야의 편지, 아자리아의 기도, 세 청년의 노래, 수산나, 벨과 용, 므낫세의 기도, 마카비1서, 마카비2서.

하지만 개신교와 가톨릭에서는 전통적으로 이 저작들을 각기 달리 정의하거나 서로 다른 평가를 내려왔다.

개혁자들 사이에서도 '외경'에 대한 평가가 완전히 일치했던 것은 아니다. 마르틴 루터(Martin Luther)—(1534년에 완성된) 자신이 번역한 성경에 외경을 포함시키면서도 에스드라1서와 에스드라2서는 제외했다—는 외경을 '읽는 것이 유익'은 하겠지만 '성경(Holy Scriptures)과 동등한 것으

179–180

로 간주할 수는 없는 책들'이라고 평가했다. 오이콜람파디우스(Oecolampadius)와 같은 또 다른 개혁가는 네덜란드어 성경(1526)과 스위스-독일어 성경(1527-1529)의 서문을 달면서, 유대인들의 히브리 성경에 나타나지 않는 외경은 '정경에 속한 것이 아니며' '성경적인 것으로 간주되지 않는다'라고 소개했다. 카를슈타트(Karlstadt)의 안드레아스 보덴슈타인(Andreas Bodenstein, *De Canonicis Scripturis Libellus*)은 외경의 가치를 더욱 분석적으로 언급했다. 즉, 히브리 정경 밖에 있는 몇몇 작품들(『솔로몬의 시편』, 벤 시라[세이라크], 토비트, 유디트, 마카비1서, 마카비2서)은 '거룩한 작품들'로서 그 내용을 '결코 무시해서는 안 되지만'(sections, 114, 118), 다른 작품들(에스드라1서, 에스드라2서, 바룩, 므낫세의 기도, 아자리아의 기도, 세 청년의 노래, 수산나, 벨과 용)은 문제가 많기에 '금할 필요'가 있다고 말했다. 개신교의 수많은 성경 역본들이 '외경'을 포함하고 있었음에도, 카를슈타트의 학자들과 유사한 입장들이 널리 수용되면서(예, 1561년 벨직신앙고백서, 1618-19년 도르트신조, 1647년 웨스트민스터신앙고백서), 외경 작품들이 현재에는 개신교의 많은 성경 역본들에서 제외됐다.

개신교 개혁가들 사이에서 널리 회자된 외경에 대한 평가는 로마가톨릭교회로 하여금 외경에 관한 문제를 제1차 트리엔트공의회에서 다루도록 하는 데 일조했다. 1546년에 있었던 공의회(트리엔트공의회—역주)의 제6차 회기에서, 로마가톨릭교회는 라틴어 불가타 성경(Latin Vulgate Bible)에 포함된 외경들을 인정하지 않는 자들에게 저주를 선언했다. (에스드라1서와 에스드라2서, 므낫세의 기도는 많은 라틴어 사본에 포함되어 있었지만, 트리엔트공의회에서는 이 책들이 다른 외경 작품에 준하는 정경성이 없다고 판단했다. 이 세 책은 1592년에 출판된 불가타 클레멘티나[Clementine Bible]의 신약 부록으로 다시 실리게 됐다.) 시에나의 식스투스(Sixtus, 1566)를 필두로 많은 로마가톨릭 학자들이 유대교의 히브리 성경에 포함되지 않은 작품들을 '제2경전'(Deuterocanonical)이라고 불렀는데, 이 용어는 외경이 부차적이거나 열등한 위치를 가지고 있다는 것을 함의하기보다 최근에 이르기까지 외경의 정경성 문제에 대해 교회 당국의 합의가 이루어지지 않았음을 보여주는 것이다.

동방정교회 안에서의 외경

'외경'이라는 용어가 개신교 안에서는 중요했지만 다른 전통 안에서는 별다른 의미를 갖지 못했다. 이와 관련하여 우리는 일부 '외경'뿐 아니라 더 나아가 실제로 (각 교회 전통마다 다른) 더욱 많은 작품을 정경으로 삼고 있는 그리스, 러시아, 시리아, 에티오피아 교회와 같은 동방정교회의 전통을 살펴볼 필요가 있다. 이러한 각각의 교회 전통에서 성경 목록의 구성은 전수된 작품의 언어, 예전(liturgy)에서의 사용 여부, 외경을 정의할 때 나타나는 다른 문제들, '정경'에 대한 이해에 영향을 받기에 전반적으로 다양한 양상을 보이고 있지만, 외경 작품들을 성경의 핵심 부분으로 인정하고 있다.

동방정교회 전통에서는 트리엔트공의회에서 '제2경전'으로 인정한 13개의 작품을 성경적 권위를 가진 것으로 인정한다. 이 중 다섯 작품은 다른 책의 끝에 첨가되는 자료(시편 151편, [바룩에게 보내는] 예레미야의 편지, 에스더 부록, 아자리아의 기도에 있는 다니엘 부록, 세 청년의 기도, 수산나, 벨과 용)로 보이지만 나머지 일곱 저작은 단독으로 전수됐다(토비트, 유디트, 『솔로몬의 시편』, 마카비1서, 마카비2서, 벤 시라[세이라크], 바룩).

이 외경 작품들은 그리스정교회에 있었던 몇몇 논쟁 후 1672년 예루살렘 회의에서 '제2경전'으로 결정됐지만, 그보다도(부차적인 경전 개념보다도) '읽혀 온 것들'(그리스어, *anagignōskomena*)로 간주되곤 했다. 히브리 성경에는 나타나지 않지만 칠십인역의 일부로서 전승된 책들에는 므낫세의 기도, 에스드라1서, 『마카비3서』(더욱 적은 사본을 가진 『마카비4서』는 현재 부록으로 간주된다)가 있다. 예루살렘 회의에서 '제2경전적' 작품으로 확정된 것들은 교리적 선언이라기보다는 추천에 가깝기에, 그리스 동방정교회에서 이 작품들이 갖는 정경적 입지는 다양하다.

핵심 목록 외에도 그리스어 성경 전통을 전수받은 러시아정교회에서 처음 출판된 성경은 고대 교회 슬라브어로 되어 있는데(Ostrog 1581) 목록은 그리스정교회의 것과는 조금 다르다(므낫세의 기도, 에스드라2서[= 『에스드라1서』], 『에스드라3서』[= 에스드라2서], 『마카비3서』). 여기에서 우리는 에스드라서를 명명하는 방법이 다르다는 것뿐 아니라 『마카비4서』가 전혀 없다는 것을 알 수 있다. 하지만 이 책들의 위치는 이후 수 세기간 엄격하게 유지되지는 않았기 때문에, 현재는 정경 내에서 애매한 위치와 기능을 가진다.

에티오피아정교회의 정경 개념은 다른 전통에서 확인할 수 있는 것과 같이 일정하지 않았다. 더욱이 대부분의 동방정교회와는 달리 에티오피아 전통은 그리스어 성경을 물려받지 않았다. 고전에티오피아어(게에즈어[Ge'ez])로 필사된 많은 성경 사본들로는 (대하 33:12에서 바로 이어지는) 므낫세의 기도, 에스드라1서, 에스드라2서 3-14장(= 1-2장과 15-16장의 기독교적 첨가가 없는 『에스라4서』), 『에녹1서』, 『희년서』가 있다. 『에녹1서』, 『희년서』 및 구약의 수많은 저작들에 대한 평가의 정도는 이 문서들이 에티오피아 전통으로 수용되고 합병되는 초기의 단계에 다양했을 수 있다. 예를 들어, 『희년서』의 경전으로서의 입지에 의문을 제기했다는 증거는 없지만, 다른 작품들(역대기, 에스더, 욥기, 잠언, 전도서, 아가서)은 '논쟁거

181-182

리'로 간주될 수 있었고, 이 저작들 중 몇몇과 또 다른 작품들은 '비정경'으로 취급됐다(에스라-느헤미야, 에스드라1서, 에스드라2서, 토비트, 유디트, 『솔로몬의 시편』, 전도서, 바룩, 『에녹1서』, 『이사야의 승천』, 『바룩4서』).

에티오피아 전통과 같은 서부시리아정교회(예, 시리아정교회와 단성론 정교회)가 초기에 히브리 성경에 기초한 구약을 전수받았는지, 그리스어 성경에서 유래한 구약을 전수받았는지는 분명하지 않다. 시리아어 표준 성경인 페쉬타(*Peshitta*)가 유대교의 구약성경을 전수받았지만 히브리어 성경에는 없는 구약 저작들이 곧이어 이 전통에 추가됐다. 4세기의 교부 아프라하트와 에프렘이 그것들을 성경의 일부로 다루었을 뿐 아니라 이 저술들은 일찍이 6세기까지 거슬러 올라가는 최초의 완전한 시리아어 성경 안에 들어 있었다. 중요한 것은 이 초기 사본 중 하나—*7a1*로 특정되는—에 『바룩2서』, 『에스라4서』, 『마카비4서』까지 포함되어 있었다. 더 나아가 (현재 바그다드의 칼케돈 교부 도서관에 있는) 가장 오래된 12세기 시리아역 시편은 다섯 개의 시편 부록(시편 151-155편)을 포함하고 있다. 시편 151편은 그리스어로 된 시편 151편과 일치하는데 시편 154편과 155편과 함께 사해문서(11Q5)에 히브리어로 보존되어 있다. 또한 적어도 7세기까지 거슬러 올라가는 시리아어 문서인 『사도들의 정경』에는 유디트, 토비트, 벤 시라가 '수용된 책들' 목록에 포함되어 있다.

그리스어 사본 안에 외경

'외경'은 보통 칠십인역에는 포함되어 있지만 유대 히브리 성경에는 나타나지 않는 책이나 그 책들의 일부를 가리키는 용어로 사용된다. 구약성경 저작들을 가지고 있는 저명한 그리스어 사본들—시내산 사본(4세기), 바티칸 사본(4세기), 알렉산드리아 사본(5세기)—을 살펴보면 아래의 책들이 눈에 띈다.

시내산	바티칸	알렉산드리아
그리스어 에스더	그리스어 에스더	그리스어 에스더
유디트	유디트	유디트
토비트	토비트	토비트
마카비1서		마카비1서
		마카비2서
		마카비3서
마카비4서		마카비4서
솔로몬의 지혜	솔로몬의 지혜	솔로몬의 지혜
벤 시라(세이라크)	벤 시라(세이라크)	벤 시라(세이라크)
		『솔로몬의 시편』
바룩1서	바룩1서	바룩1서
예레미야의 편지	예레미야의 편지	예레미야의 편지
	수산나	수산나
	벨과 용	벨과 용
		(므낫세의 편지를 포함한) 시편과 신탁

또한 다소 후대에 나온 두 개의 성경 사본에는 다음과 같은 몇몇 저술들이 포함되어 있다. 곧, 마르칼리아누스 사본(Marchalianus, 6/7세기)은 바룩1서, 예레미야의 편지, 수산나, 벨과 용을 포함하고 있고, 베네투스 사본(Venetus, 8세기)은 그리스어 에스더, 유디트, 토비트, 마카비1-4서, 『솔로몬의 시편』, 벤 시라(세이라크), 바룩1서, 예레미야의 편지, 수산나, 벨과 용을 가지고 있다. 더 나아가, 체스터 베아티 파피루스(Cologne Chester Beatty Papyrus 967, 2-3세기)는 몇몇 구약 문서(에스더, 에스겔, 다니엘)와 더불어 수산나 단편, 벨과 용을 포함하고 있다. 마지막으로 알렉산드리아 사본과 같이 7세기의 T 사본은 시편에 첨가된 신탁들 중 므낫세의 기도를 전승하고 있다.

따라서 사본 전통은 히브리어로 보존되지 않은 문헌들의 경계가 어디에 있는지에 대한 유동적인 이해를 보여준다. 사본들은 현대에 '외경'

이나 '제2경전' 모음집에서 빠진 작품들의 존재를 입증해준다(『솔로몬의 시편』, 『마카비3서』, 『마카비4서』). 이 유동성은 시리아어 본문인 *7a1*(위 참조)와 에티오피아정교회 전통에 반영되어 있다.

동시에 그리스어로는 발견되지 않지만 많은 라틴어 사본에 보존된 두 작품이 이 모음집에 들어갔다: 에스드라2서(에스드라2서 3-14장 = 『에스라4서』)와 므낫세의 기도(9세기 시리아어 사본 및 13세기 라틴어 사본으로 처음 입증됐지만 카이로 게니자에서도 발견됐다).

고대 시대의 '외경'

성경은 아니지만 읽으면 유익이 된다는 '외경'에 대한 루터의 견해는 히에로니무스에게까지 거슬러 올라간다. 유대교 저작 및 구약성경에 대한 라틴어 역본 서문에서(약, 기원후 405년) 히에로니무스는 『솔로몬의 시편』, 벤 시라(세이라크), 토비트, 유디트, 마카비1서, 마카비2서와 같은 '외경'이 교회 내의 계발을 위해 읽힐 수 있음을 분명히 했다. 하지만 교회는 그 저작들을 '정경적인 책'으로 수용하지 않았고 교리를 정립하는 데 사용될 수 없다고 주장했다(『열왕기 서문』[*Prologus Galeatus*], 유디트, 토비트, 솔로몬의 책들).

그러나 히에로니무스의 '외경'이라는 용어 사용은 일정하지 않았다. 그는 라틴역 성경 서문에서 '외경'과 '위경' 사이에 중복되는 것(예, 솔로몬의 지혜)을 인정했을 뿐 아니라 두 용어를 완전히 교호적으로 사용하기도 했다. 또한 403년에 쓴 서신(107.12)에서 히에로니무스는 라에타를 지도하면서 그녀의 딸이 '모든 외경적 작품들을 피하도록' 조언했다. 이는 '외경에 내포된 교리를 진리'로 수용할 수 없고, '실제로 지칭되는 저자에 의해 쓰인 것이 아니며', '외경에 소개된 내용'에는 '많은 오류들'이 있기 때문이었다. '외경'에 대한 이러한 부정적인 평가는 히에로니무스가 외경의 종교적인 가치를 전면 부인했음을 의미하지는 않지만, '흙탕물에서(*in luto*) 금을 발견하기 위해서 큰 분별력(*grandis ... prudentiae*)'이 필요하다고 이야기했다.

이 마지막에 언급된 '외경' 이해는 히에로니무스 당대에 널리 수용되던 입장이었고 후대 로마가톨릭 전통의 입장이기도 하다. 예컨대, 예루살렘의 퀴릴로스(3세기 중반)는 이 용어를 모든 이들의 인정을 받지 못하는 '논쟁적인' 작품에 사용했다. 교회는 외경을 읽거나 연구하는 것을 금했기에 그 작품들을 피하는 것이 최선이었다. 예루살렘의 퀴릴로스에게 있어서 성경은 '72명의 번역자가 번역한' 칠십인역 가운데 '22권의 구약성경'으로 구성된 것이었다. 물론 개별적인 책에 대한 숫자와 설명을 보자면 여기에는 (예레미야의 부록으로 간주되는) 바룩1서를 제외하고는 히에로니무스가 어떤 의미에서 외경이라고 불렀을 작품들이 포함되어 있지 않았다(『교리문답 강의』 4.33). 퀴릴로스와 동시대인이었던 루피누스는 더욱 명료하게 세 작품 군으로 구분했다(『신조 해설』 34): (a) '정경적' 작품, 즉 '22개'의 구약성경, (b) '교회의' 책들—솔로몬의 지혜, 벤 시라(세이라크), 토비트, 유디트, 마카비1서, 마카비2서—로 읽히기는 했으나 신앙을 세우기 위한 것이 아닌 책들, (c) '위경', 즉 겔라시아 신조(*Gelasian Decree*, 5세기)에 나타난 '외경' 목록 서문에서 말하고 있듯이 교회가 전수해서는 안 되는 위조된 저작들(위경)과 이교적인 책들. 외경 용어에 내포된 마지막 용례(위경)에 관해서는 기원후 2세기 후반, 이레네우스가 『이단 반박』(1.20.1)에서 어리석은 자들을 혼란하게 만드는 '꽤 많은 거짓(apocryphal) 작품들'이라고 언급한 바 있다. 이와 유사하게 기원후 3세기의 오리게네스는, 어떤 작품들은 '아포크리파이'(apocryphae)로 불리

184–185

는데, 이는 '그들 중 다수가 거짓되거나 참된 신앙과는 거리가 있기' 때문이라고 말했다(『아가서 주석』; 참조, 『마태복음 주석』 10.18.13.57). '비밀의/숨겨진'(secret: '외경'을 가리키는 apocrypha의 문자적 의미—역주) 책들을 거짓된 것으로 보는 것은 이레네우스(와 오리게네스)에 의해 예수에 대한 가짜 전승에 적용됐는데, 이윽고 '위경적' 유대교 저작들에도 적용됐다.

요약하자면, 히에로니무스가 '외경'을 이중적으로 사용한 것은 종교개혁(루터)과 반종교개혁(트리엔트공의회)에 의해 각각 선택됐다. 개신교의 '외경' 개념은 로마가톨릭교회의 '제2경전' 개념에 상응하는데 후자의 경우 '외경'은 고대의 유대교에서 유래한 (주로 위경적) 종교적 작품을 의미한다.

4세기에 비정경 작품을 가리키기 위해 '아포크리파'라는 용어를 사용한 이유는 그리스-로마, 특히 고대 유대교 내에서 '숨겨진'(hidden) 내지 '봉인된'(sealed) 책이라는 널리 퍼진 개념에서 찾을 수 있다(단 8:26, 12:4, 9-10; 『시뷜라의 신탁』 11.163-71; 『에스라4서』 12:37, 14:5-6, 14:44-47; 『바룩2서』 20:3-4, 87:1; 이하의 작품에는 암시되어 있음. 『희년서』 1:5; 『에녹1서』 82:1-3, 107:3; 『에녹2서』 35:1-3). 수많은 유대의 묵시문학에서 저자들(또는 저자의 이름을 사용하고 있는 고대의 인물들)은 때로 하나님이나 천사에 의해 저작들을 '봉인'하거나 혹은 '숨기도록' 명령을 받는다. 이 공상적 명령은 고대 저자들의 작품이 어떻게 현재까지 배포되지 않았는지 설명하는 방식으로 기능했다. 이 책들의 존재는 이것들이 실제로 드러나는 날이 이르기 전까지는 '비밀'이었다. 저자가 책을 '봉인해서' 적절한 시기가 오기까지 내용에 접근할 수 없게 하라는 명령은 이와 밀접하게 관련된 개념이다.

이와 관련하여 특별히 세 문서가 영향력을 행사했던 것 같다(다니엘, 『에스라4서』, 『바룩2서』). (a) 다니엘서는 스스로를 숨겨진(apocryphal) 작품으로 제시한다. 저자는 드러난 '환상을 봉인하라'는 명령을 받았다, '이는 여러 날 후의 일'(단 8:26)이기 때문이다. 이 명령은 다니엘 12:4에서 반향되는데('마지막 때까지 이 말을 간수하고 이 글을 봉함하라'), 계시를 받아 적기를 마친 예언자는 다니엘 12:9-10에 따라 '마지막 때까지 봉하여서 비밀로 남겨두었다.' 다니엘의 자기-제시는 이 책의 특별한 계시가 오직 지혜 있는 자들만이 이해할 수 있다는 견해와 밀접하게 묶여있다(단 12:10). (b) 『에스라4서』 몇몇 단락에는 이와 비슷한 사상이 나타난다. 『에스라4서』 12:37-38에는 예언자에게 환상을 기록하라는 명령과 더불어 '숨겨진 장소'에 그것을 두라는 직접적인 지시가 나타난다. 다니엘과 유사하게 기록이 숨겨져 있기에 '마음이 … 지혜로워 … 그 비밀을 이해하고 지킬 수 있는 자'가 가르침을 받게 된다. 이후 단락에서(『에스라4서』 14:5-6) 모세는 이중 계시의 수혜자로 제시되는데(참조, 신 29:29), 곧 어떤 이들에게는 모든 것이 공개됐지만 다른 이들에게는 감추어져 있어 이해할 수 없다. 일반적으로 사용 가능한 가르침은 모세의 토라를 가리키지만, 비밀스러운 가르침은 '비밀의 때'와 '종말의 때'에 관한 것을 포함한다. 『에스라4서』 거의 끝에서(14:44-47) 모세를 모방하고 있는 예언자는 다섯 명과 함께 94권의 책을 계시를 받아 40일 동안 기록하게 됐다고 주장한다. 이 책들 중 24권은 '적합하든 적합하지 않든' 누구에게든 알리게 했으나 나머지 70권의 책은 '이해의 샘', '지혜의 샘', '지식의 강'에 있는 '현자들'에게 주어졌다. 비밀스러운 계시와 지혜로운 자들 사이의 연관은 다니엘을 연상시킨다. 여기서 '정경적'인 저작들과 '비정경적' 저작을 구분하고 싶은 유혹이 있겠지만, 본문 내에서는 두 저술이 구분된다 하더라도 동등한 계시임을 강조한다. 실제로 『에스라4서』 12:37-38에서 『에스라4서』 이면에 있는 행동이 '숨겨졌다'는 인상을 받더라도, 저자는 14:37-48에서 자신을 94권을 저작한 모든 사람들 가운데 (모세에 대한 언급조차 없이) (하나님의) 주요한 중개자로 제시한다. 나중에 기원후 4세기가 되어서야 비로소, 『에스라4서』 14장에 영향을 받았을 살라미스의 에피파니우스(『무게와 도량에 관하여』 10, 아르메니아어)는 칠십인역에서 동일한 수(94권)의 저작을 1순위 책과 2순위 책으로 분류했다(22권의 구약성경과 72권의 '외경적' 작품들). 하지만 이 위계는 『에스라4서』 자체보다는 에피파니우스 시대에 발전된 정경성 사상을 이야기해준다. (c) 『바룩2서』에서 주어진 신적 말씀을 봉인하라고 가르침을 받은 예언자(20:3-4)는 자신의 저술을 "접어 조심스럽게 봉인하여 독수리의 목에 매고서 독수리를 날려보냈다"(87:1)고 진술한다.

다니엘과 『에스라4서』에서 방금 언급했던 본문들은 '지혜로운' 독자들로 구성된 더욱 배타적인 계층 가운데서 받은 것이 후대에 '외경'이라는 용어와 관련된 어떤 열등함과 관련이 있기보다는, 예컨대 후대의 루피누스와 히에로니무스의 경우처럼, 특별한 가치를 강조한다. 오히려 특권을 가진 계층에 대한 계시는 특별한 가치를 강조했을 것이다. 이와 유사한 것은 공관복음에서 비유로 제자들을 가르치시는 예수의 배타적인 방식에서도 찾아볼 수 있다(막 4:10-11, 마 13:10-11, 눅 8:9-10을 보라).

다니엘, 『에스라4서』, 『바룩2서』를 '숨겨진' 작품으로 스스로 드러내는 것은 '외경'이라는 용어가 후대에 이러한 명칭으로 수집된 책들의 성격을 제대로 설명하지 못한다는 것을 보여준다. 실제로 다니엘은 '성경적인' 것으로 간주된 반면, 『에스라4서』는 '제2경전' 또는 '외경'으로, 『바룩2서』는 '위경'으로 불렸다.

고대의 문서를 지칭하는 명칭으로서 최근 "외경"의 사용

'숨겨진 것'이란 개념이 다니엘, 『에스라4서』, 『바룩2서』의 저자들에 의해 사용된 문학적인 기술의 일부지만, 최근에 개괄적으로 '아포크리폰'(apocryphon: apocrypha의 단수형—역주)이라는 용어는 현대에 발견되기 전에 그 전승의 존재가 알려지지 않았던 전승을 나타내거나 포함하고 있는 작품들을 가리켰다. 이 경우는 사해문서의 수많은 경우에서 볼 수 있다(*Genesis Apocryphon* [1Q20], *Apocryphon of Moses* [1Q22, 1Q29, 2Q21, 4Q375, 4Q376, 4Q408], *Apocryphal Prophecy* [1Q25, 2Q23, 6Q12], 2QApocryphon of David [2Q22], 4QApocryphal Lamentations [4Q179, 4Q501], 4QApocryphal Daniel [4Q246], 4QApocryphal Pentateuch A [4Q368], 4QApocryphon of Joshua [4Q378], 4QApocryphon of Jeremiah [4Q383, 4Q385a, 4Q387, 4Q387a, 4Q388a, 4Q389-390], 4QApocryphon of Elisha [4Q481a], 4QApocryphon of Malachi [5Q10], 11QApocryphal Psalms [11Q11]). 이 작품들에 할당된 표제들이 다양하지만, 여기에서 '아포크리폰'(apocryphon)은 성경 저작이나 인물과 관련하여 이전에는 알려지지 않았던 전통을 가리키는 명칭으로 기능한다. 따라서 이 용어는 가톨릭이나 개신교에서 얻은 의미인 '외경'(Apocrypha)이나 자기 자신을 제시하는 방식으로서 '숨겨진/봉인된' 책이라는 사실을 공공연히 드러내는 저술들을 가리키지 않기에 혼동스러울 수 있다(그래서 '아포크리폰'은 '아포크리파'와 어간이 같더라도 '외경'이 아닌 '비록'으로 옮겼다—역주).

'구약외경'이 가지는 일관성

전문적인 용어나 교회적·사용으로도 적절하게 묘사될 수 없다면 개신교 전통 안에서 '아포크리파'라 불리는 책을 어떻게 규명할 수 있는

187-188

가? 첫째, 우리는 개신교의 '외경'이나 로마가톨릭의 '제2경전'뿐 아니라 4-5세기의 광범위한 사본들도 매우 다양한 종류의 저술을 포함하고 있음을 인정한다. (a) 몇몇 책들은 이미 존재하는 성경의 목록에 부록으로 수록된 것들이다: 에스더(그리스어로 추가된 장들이 있다), 다니엘 부록(아자리아의 기도, 세 청년의 노래, 벨과 용), 바룩1서, 예레미야의 편지. (b) 이 저술들 중 두 가지는 역사 서술이다: 마카비1서, 마카비2서. (c) 두 가지는 문학적인 이야기로 분류된다: 토비트, 유디트. (d) 예전적 기도도 포함되어 있다: 므낫세의 기도, 『솔로몬의 시편』, 시편과 신탁, 시편 151편. (e) 지혜 문학은 벤 시라, 솔로몬의 지혜로 나타난다. (f) 마지막으로 묵시적 환상도 있다: 『에스라4서』. 이 다양한 저작들을 모두 '아포크리파'로 부를 수 있는 유일한 차원은 바로 어원론적 의미를 피하고 이것들을 단순히 (고대의) 책들에 대한, 현대적인 (그리고 다소 유동적인) 모음집으로 간주하는 것이다.

둘째, 이 저작들은 본래 서로 다른 언어로 기록됐다. 본래 히브리어나 아람어로 기록된 몇몇 작품들은 사해문서를 통해 나타났다. 토비트의 대부분의 장들은 히브리어 단편으로 발견되고(4Q200), 벤 시라의 히브리어 본문은 쿰란 동굴(2Q18 [6:14-15, 또는 1:19-20 및 6:20-31]; 11Q5 21:1-22:1 [벤 시라 51장])과 마사다의 벤 시라 사본(39:27-44:17의 단편) 두 가지 형태로 존재한다. 시편 151편은 11Q5 28에서 발견되는데, 그리스정교회의 시편과는 달리 **공백**(*vacat*) 및 고유한 표제를 통해 두 시편으로 구분된다(11Q5 28:3-12에 나타난 151A; 28:13에 나타난 151B). 그리고 마지막으로 히브리어로 된 시편 154편과 시리아어로 된 155편이 각각 11Q5 18:1-16과 24:3-17에 보존되어 있다.

또한 언어학적 연구는 그리스어와 라틴어로만 되어 있는 몇몇 문서들이 현재에는 발견되지 않은 셈어에서 유래했을 가능성을 보여준다: 유디트, 에스드라1서, (7Q2의 그리스어 단편으로 보존되어 있는) 예레미야의 편지, 아자리아의 기도, 세 청년의 노래, 벨과 용, 마카비1서. 흥미롭게도 히에로니무스는 셈어로 된 토비트(아람어), 벤 시라(히브리어), 마카비1서(히브리어), 유디트(히브리어)를 알고 있다고 주장했다. 바룩1서, 므낫세의 기도, 수산나의 그리스어판 이면에 셈어판이 있었는지, 그리고 얼마나 있었는지 여부는 확실하지는 않다. 반면 몇몇 작품들은 본래 그리스어로 기록됐다. 여기에는 그리스어 에스더, 『솔로몬의 시편』, 마카비2서, 『마카비3서』, 『마카비4서』가 속한다.

셋째, 개신교 외경 각각의 저작 연대를 확정하는 것은 불가능하긴 하지만, 이들이 적어도 기원전 4세기 알렉산드로스 대왕의 정복 시기와 기원후 132-135년 바르 코흐바 반란 사이에 출현한 것은 분명하다. 토비트, 벤 시라, 예레미야의 편지는 이 기간의 초기, 즉 기원전 300년경부터 175-164년에 있었던 마카비 항쟁 사이에 기록됐다. 대부분의 저작들은 마카비 전쟁에서부터 기원후로 전환되는 시기 사이에 저작됐다(에스드라1서, 유디트, 그리스어 에스더, 아자리아의 기도, 세 청년의 노래, 수산나, 벨과 용, 마카비1서, 마카비2서, 그리고 아마도 므낫세의 기도). 가장 나중에 저작된 것은 『에스라4서』(기원후 100년경)로 예루살렘의 제2성전이 로마에 의하여 파괴된 상황을 다루고 있다.

이 저작들의 다양한 언어적 기원, 문학 장르, 저작 연대를 보면 이들이 제2성전기에 하나의 책으로 엮이지 못한 이유를 알 수 있다. (더욱 많은 책들을 엮을 수 있게 해주는) 코덱스(codex)가 발달되고 정경이 확정됐을 때 비로소 이 책들은 다른 형식, 곧 처음에는 그리스어로, 이후에는 라틴어로 공식적으로 모아질 수 있었다. 따라서 '외경'이라는 용어는 기술적인

(descriptive) 것과는 거리가 멀고 시대착오적이기에, 지난 2,000년 동안 유대인과 기독교인 사이의 수용사(history of reception)를 인식하면서 동시에 이 책들이 제시하는 각각의 방식에 더욱 정확하게 부합하는 용어를 찾는 것이 문제로 남아 있다.

유대 전통 안에서의 '외서'(Outside Books)

한편으로는 '경전'(Scripture)으로 불리고 다른 한편으로는 이교적인 것으로 간주되거나 거부된 책들의 분류에 관한 초기 발전의 문제는 랍비들이 '외서'(outside books, '세파림 하히쪼님'[*sĕfārîm ha-ḥîṣōnîm*])로 부른 책들에서 발견할 수 있는데, 이 용어는 미쉬나 산헤드린 10:1에 처음으로 나타난다. 거기서 랍비 아키바는 장차 올 세상에서 설 자리가 없는 사람 가운데 '외서'를 읽는 사람들이 포함되어 있다고 말했다. 이 대목에서 바빌로니아/팔레스타인 탈무드 주석은 '벤 시라의 책'을 적절한 예로 지목한다. 하지만 벤 시라에 대한 비난은 모호하다. 예컨대, 바빌로니아 탈무드(산헤드린 100b)에서 랍비 요셉은 아키바의 비난을 인정했지만 이후에 자신은 벤 시라를 교육용으로 사용하는 것을 허용했다. 이러한 긴장은 랍비들이 벤 시라를 성경과 동일하게 존중하면서 계속 인용하는 많은 예들에서 강조된다(바빌로니아 베라코트 48a; 예루살렘 베라코트 11b; 예루살렘 나지르 54b; 창세기 랍바 91:3; 전도서 랍바 7:11). 이는 추정컨대 벤 시라의 가르침이 토라와 일치하게 보이기 때문일 것이다. 팔레스타인 탈무드(예루살렘 산헤드린 10a)는 벤 시라를 읽는 독자들을 비판하면서 이른바 '벤 라아나'(Ben Laana)로 불리는 책을 사용하는 사람들을 추가로 언급한다. 그러나 여기에서 '하미라스(*hamiras*)의 책'(호메로스의[Homeric] 작품?)이라고 기묘하게 불리는 또 다른 범주의 문헌은 전혀 문제 삼지 않는다: '그것들을 읽는 사람은 편지를 읽는 사람과 같다.' 결정적으로 이 본문은 벤 시라의 위험성이 잠재적으로 토라와 혼동될 수 있다는 인상을 남기고 있지만 비종교적인 것으로 간주되는 고대 문헌에는 그와 같은 어려움이 존재하지 않는다. 벤 시라로부터 (외서에 속해 있을) 다른 책들을 일반화하는 것은 오해의 소지가 있겠지만 이러한 광범위한 분류(외서—역주)는 랍비에게 있어서 '외서'가 적어도 후대 기독교 전통이 '구약외경' 및 '구약위경'으로 간주한 일종의 유대교 저작들로 구성됐을 것임을 시사한다.

중세 유대교 사본들에 나타난 외경적 모음집

유대교 전통에 나타난 '외서'의 상대적인 평가절하가 이를 전적으로 회피해야 함을 의미하는 것은 아니다. 중세의 수많은 아람어/히브리어 유대교 필사본에는 (이후에) 개신교의 '외경'이 될 책들과 어느 정도 닮은 단편 모음집을 포함하고 있다. 여기서 각각의 문서는 이차적인 판본(예, 예레미야의 편지, 라틴어나 그리스어에서 번역된 토비트와 유디트), 요약(예, 바룩, 벤 시라, 에스더, 마카비1-4서), 각색(벨과 용), 관련 자료(에스더 관련 자료: 『모르드개의 꿈』과 『아하수에로의 책』), 종종 모호한 부록 단편들(야샤르의 책, 솔로몬의 잠언, [『에녹1서』나 『에녹2서』가 아닌] 에녹서, 아이소포스[이솝] 우화, 산다바르의 잠언, 예루살레미테의 행동, 아파르와 디나의 말 등등)로 구성되어 있다. 사본들 가운데 그러한 모음집이 존재하는 이유—말하자면, 이 모음집들이 유대교 내부의 동력에 의해 주도됐는지 또는 어떤 의미에서 기존 기독교적 통합본(compilations)에 대응하는 것인지—는 아직 제대로 연구되지 않았다.

위경

'위경'이라는 용어의 문제

이상에서 다루었던 '아포크리파'(apocrypha)라는 용어 사용과 관련한 어려움들은 그대로 '슈데피그라파'(pseudepigrapha)에도 적용된다. 첫째로, 만일 '슈데피그라폰'(pseudepigraphon)이 실제 저자가 아닌 인물에게 거짓으로 귀속된 작품을 뜻하는 것이라면 이는 사실상 ('위경'이라는 제하에 묶이는) 구분된 작품 모음집과는 관련이 없다. 실제로 히브리어 성경에 나타나는 몇몇 책들이 위경이라는 것을 밝히는 것은 어렵지 않고(예, 신명기, 잠언, 전도서, 다니엘, 다윗의 시편들), 바룩1서, 예레미야의 편지, 므낫세의 기도, 시편 151편(과 시리아어 시편 154-155편), 솔로몬의 지혜, 『에스라4서』와 같은 외경에 대해서도 마찬가지다. 둘째, 이미 언급했던 바와 같이 로마가톨릭 전통에서는 '제2경전' 밖에 있는 위경적 작품이 '외경'(Apocrypha)이라고 불린다. 이것은 고대의 '아포크리파'(apocrypha) 용어 사용과 일치한다. 셋째, '슈데피그라파'(pseudepigrapha)라는 용어가 기존의 다른 모음집(collection)과 구분되는(예, '성경적', '외경적') 일련의 저작들을 가리키는 것이 아니기에, 이는 종종 오늘날 고대로부터 보존되어 온, (고고학적 발굴로 인해) 계속해서 증가하고 변화하는 문서들의 모음을 가리키기도 한다. 이런 후자의 의미에서 '슈데피그라파'(pseudepigrapha)의 좁은 정의는 간혹 이 표제하에 수집된 모든 문서를 설명해낼 수 없다. 좋은 예는 제임스 H. 찰스워스(James Charlesworth)의 『구약위경』(*The Old Testament Pseudepigrapha*, 1983-1985)에 나타난다. 말하자면, 여기에는 실제 저자의 이름과 연관된 여러 작품이나 작품의 일부가 포함되어 있다(예, 주해가 아리스테아스, 아리스토불로스, 아르타파누스, 클레오데모스 말쿠스, 역사가

191–192

데메트리오스, 에우폴레모스, 비극가 에스겔, 테오도토스).

몇 가지를 고려해본다면 고대 유대교의 '슈데피그라폰'(pseudepigraphon: '슈데피그라파'의 단수형—역주)을 보다 정확하게 이해하고 정의할 수 있다. (a) 이 명칭은 공식적으로 '익명의' 저작들을 가리키는 것으로, 저자의 신원이 역사적으로 알려지지 않은 작품을 가리킨다. 이는 저자에 대한 모든 정보가 문서 내에서 자신에 대해 스스로 드러내는 것에 의존하고 있음을 의미한다. (b) 여기에서 나온 것은 '슈데피그라폰'이 통상 두 가지 기본 형식 중 한 가지를 취한다는 것이다. 즉, 저자가 (i) 고대에서 중요하거나 전형적인 인물의 이름을 직접 가져다가 1인칭으로 기술하거나(예, 『에녹1서』, 『바룩2서』, 『욥의 유언』, 『시뷜라의 신탁』), 더욱 느슨하게 (ii) 계시적 지식, 가르침, 활동을 그러한 인물에게 돌리며 3인칭으로 기술하는 경우가 있다(예, 『희년서』[『모세서』], 『아담과 이브의 생애』, 『아히카르의 잠언』, 『아브라함의 유언』). (c) 따라서 고대의 이상적인 인물의 이름을 사용하는 것은 그 자체로는 허구지만, 토비트, 유디트, 『요셉과 아스낫』, 「거인의 책」, 11QMelchizedek과 같은 고대의 소설이나 전설은 엄격한 의미에서 위경(pseudepigrapha)을 쓴 것은 아니다. (d) 고대의 저작에는 때로 이러한 문학 형식들이 결합되어 있다. 몇 가지 예가 이를 보여준다. 『창세기 비록』(1Q20)에서 익명의 저자는 라멕, 노아, 아브라함과 같은 다양한 족장이 1인칭으로 말하는 일련의 짤막한 발화를 엮어 전체적으로 위경이 아닌 더 큰 작품을 형성해낸다. 토비트의 거시-장르는 이야기(tale)이지만 이야기의 일부는 이야기의 주인공인 토비트의 말로 제시된다. 이 경우 1인칭 용법은 토비트의 판본에 따라 정도/범위가 달리 나타나는데 책에서 큰 비중을 차지하는 것은 아니다. 마지막으로 수많은 작품에서 지배적으로 나타나는 1인칭 담화는 배경 상황을 제시하는 짧은 3

인칭 내러티브에 의해 도입되거나 틀이 형성된다(예, 『열두 족장의 유언』, 『욥의 유언』, 『모세의 유언』, 『야곱의 사다리』). 이러한 경우 3인칭 기법이 부차적으로 첨가된 것인지 아니면 작품에 본래 있던 것인지는 항상 명확하지는 않다.

왜 '위경적' 작품인가?

'허위'라는 이름이 붙은 문학 작품 개념은 오늘날의 독자에게 '위조'(forgery)라는 인상을 줄 수 있다. 바로 이 부정적 이미지(caricature)로 인하여 종교 공동체 내에서 신학적 반성을 위해 위경의 가치를 제대로 평가하는 것이 어려워진다. 고대에 저자가 다른 사람의 이름을 차용하는 것이 때로 비판받았던 것은 확실한데, 이 (저자에 대한) 진정성/비진정성 기준은 어떤 책이 신적 전통에 포함되거나 포함되지 않는 원인으로 작용할 수 있었다. 예컨대, 기원후 1세기의 요세푸스는 바빌로니아 포로기에 다니엘이라는 이름을 가진 예언자가 다니엘서를 썼다고 생각했다. 이 다니엘이 커져가는 그리스의 권력에 대해 예언했던 것이 알렉산드로스 대왕의 정복을 통해 실현됐기에, (그리스어로 보존된 부록을 포함하는) 다니엘의 '책들'은 '신적인 저작'에 속한 것으로 간주됐다(『유대 고대사』 10.210; 참조, 10.190-281; 11.337-38; 12.322). 더 나아가 가치평가의 주된 기준이 책 내용의 중요성에 큰 근거를 두고 있더라도, 예를 들어 『에녹1서』가 족장 에녹의 것으로 간주되는 한, 성경적인 책으로 간주되거나(『바르나바스의 편지』 4:3; 16:5-6; 테르툴리아누스, 『여성의 옷차림에 관하여』 3, 『우상숭배에 관하여』 4; 참조, 유 14-15) 최소한 높게 평가될 수 있다(이레네우스, 『이단 반박』 4.16; 알렉산드리아의 클레멘스, 『예언자들의 노래』 2, 53; 알렉산드리아의 아나톨리오스, 『부활절 정경』 5; 에티오피아정통 전통[Ethiopic Orthodox tradition]). 반면, 이상에서

192-193

언급했듯이 유대인과 기독교인은 저자를 속였다는 이유로 어떤 저작들의 사용을 거부해야 한다고 주장하기도 했다(테르툴리아누스, 『여성의 옷차림에 관하여』 3; 참조, 오리게네스, 『켈수스 반박』 5.54; 아우구스티누스, 『하나님의 도성』 18.38).

기원후 1세기 동안 유대인과 기독교 작가들에 의해 표명된 위명 작품에 대한 우려가 커졌음에도 이 현상 자체는 실제로 단지 흔했을 뿐 아니라 널리 수용됐다. 위명 저술 개념을 항시 거부의 기준으로 사용할 수 없었던 경우가 많았다. 신앙 공동체 내에서 다양한 이유로 (위명으로 된) 몇몇 책들을 사용했던 것은 큰 추진력을 얻었다. 하지만 가장 중요한 질문은 위명 저술들이 왜 그렇게 인기를 얻었는지, 즉 많은 고대인이 중요한 인물의 이름을 빌려 글을 쓴 이유가 무엇인가 하는 것이다. 이 질문을 몇 가지로 대답할 수 있다.

첫째, 알렉산드리아 도서관 같은 거대한 도서관들은 유명한 작가들의 작품을 모으는 데 열중했다. 이러한 홍보 목적에 부응하여 수요를 채우기 위한 저술들이 공급됐다. 전하는 바에 따르면 이러한 이유로 유대교 토라의 그리스어 번역본이 기원전 3세기에 제작됐을 뿐 아니라(『아리스테아스의 편지』를 보라), 첫 몇 세기 동안 의심스러운 가치를 지닌 많은 '이교적' 저술이 알렉산드리아 도서관으로 옮겨졌는데, 아마도 그 때문에 기원전 48년(율리우스 카이사르), 기원후 270-275년(아우렐리아), 특히 기원후 380년(테오도시우스 황제의 칙령), 634년(칼리프 우마르의 명령)에 있었던 파괴적 행위의 대상이 됐다.

둘째, 중요한 누군가의 이름으로 된 저작은 흔히 자신의 의견을 발언할 수 있는 기회로 기능했다. 따라서 저작 배후에 있었던 저자의 실질적이고 즉각적인 관심이 실제 저자와 소환된 고대 인물 사이의 유사성으로 항상 묵살될 수는 없었다. 이 예는 당대 또는 미래 사건들에 대한 역사적 암시를 포함하는 위경 문서에 더욱 풍성하고 분명하게 나타난다(에녹1서 85-90; 91:11-17; 93:1-10; 단 8-11장; 『바룩2서』에 나오는 사건 이후의 예언들). 예를 들어, 구약성경 에스라서는 포로에서 돌아오고, 새 성전을 지어 헌납하고, 백성들 가운데서 토라를 다시 세우는 일과 관련이 있는데, 『에스라4서』는 로마에 의한 제2성전의 파괴 여파와 더욱 직접적인 관련이 있다. 이처럼 (위경 저자가 기댄) 성경의 배경과 그 저작 시기 사이의 유사성은 실제 저자의 절박한 관심에 의해 압도됐다. 게다가 전승 과정에서는 새로운 환경과 새로운 신학적 문제를 다루기 위해, 전수된 위경 전통을 다시 형성하거나 방향을 전환하려고 시도했다. 이러한 현상은 본문을 편집하고 심지어는 첨가했던 후대의 기독교 필사자들의 관습에서 찾아볼 수 있다(예, 『열두 족장의 유언』, 『욥의 유언』, 『아브라함의 유언』, 『바룩3서』, 『바룩4서』, 『에녹2서』, 『스바냐의 묵시』).

셋째, 철학 학파나 묵시 단체 같은 전통의 흐름에서 자신의 이름으로 글을 쓴다는 개념은 단순히 비윤리적인 것으로 간주될 수 있었다. 퓌타고라스와 플라톤 이후의 세대 동안 학생들은 선생의 이름으로 방대한 저작들을 남겼다. 그러한 관행은 전수된 전통과 관련하여 저작자가 겸손, 빚짐, 헌신을 표현하는 합리적인 방식이었다.

네 번째 이유는 위의 두 번째 이유와 관련된다. 즉, 유명한 선생이나 과거에 잘 알려진 인물의 이름이 동일한 전통에 대한 다른 해석이나 견해를 반박하기 위해 사용될 수 있었다. 이것은 특히 철학적 학파에서 산출한 문헌에 있어서, 그리고 더욱 이른 시기의 위명 전통을 수용, 전승, 재가공(reappropriation)하는 데 있어서 사실이었다. 이에 대한 한 가지 예는 기원전 2세기의 『에녹1서』 104:10-11에 있는 「에녹의 편지」 중 에티오피아어와 그리스어로 보존된 본문에 나타난다.

에티오피아어 에녹서	그리스어 에녹서
[10] 그리고 내가 이 비밀을 알고 있다. 즉, 죄인들이 여러 차례 진리의 말씀을 바꾸고 왜곡할 것이며, 그들은 악한 말을 하고, 거짓을 말하고, 큰일을 꾸며내며, 그들의 말들로 나의 책을 쓸 것이다.	[10] 그들은 진리의 […]를 바꾸고 죄인들은 많은 것들을 위[조]하고 바꿀 것이며, 거짓을 말하고, 위대한 일을 흉내 내고 그들 자신의 이름으로 책을 기[록]할 것이다.
[11] 그리고 나는 그들이 나의 말들에서 (어떤 것들을) 왜곡하거나 빠뜨리지 않고 그들의 말로 정확하게 모든 말들을 기록하면서, 내가 너에 대해 증언했던 모든 것들을 정확하게 기록하기를 바란다.	[11] 그리[고] 나는 [그들이] 나의 모든 말들을 그들의 이름으로 정확하게 쓰고 이 말들을 빠뜨리[거나] 바꾸지 않으며 내가 그들에게 증언했던 모든 것들을 정확하게 쓰기를 바란다.

몇몇 학자들은 특히 그리스어판에 근거하여 이 본문의 저자가 위명으로써 자신의 저술을 지키기 위해 몰두하고 있다고 주장해왔다. 만일 그렇다면, 다른 사람의 이름을 빌려 쓰는 것에 대한 혐의는 다음과 같은 비난에 직면하게 된다. 곧, '그들 자신의 이름으로' 쓰는 사람들은 거짓을 말하며 진리를 막는 자들이다. 하지만 이러한 읽기가 전체 본문의 의미를 반영하고 있는지는 분명하지 않다. 에티오피아어와 그리스어에서 모두 등장하는 11절의 '나의 말들'에 대한 강조는 저자의 공격이 자신이 볼 때 주로 그들이 전수받은 에녹 전승을 전복하거나 잘못 전한 사람들과 관련되어 있음을 의미한다. 에녹의 이름을 사용하는 저자는 에녹 계시의 진정한 해석자이며 전승자라고 주장하면서 이를 고의적으로 부적절하게 사용한 사람들에 대해 알고 있었다는 것이다. 여기에서 논쟁은 벤 시라, 『희년서』, 『위-에우폴레모스』와 같은 작품에 나오는 에녹의 모습에 대한 해석을 겨냥한 것일 수 있는데, 「에녹의 편지」의 허구적인 인물은 진정한 저자가 실제 에녹이 아니라는 사실을 즉각 인정한다. 이러

한 입장이 충분히 명확하다면 당시 독자들은 이 문헌의 실제 저자를 에녹으로 생각하지 않았을 것이다.

물론 『에녹1서』 104:10-11을, 다른 위경 저자들이 자신들의 작업에 대한 이해의 전형으로 간주할 때에는 주의가 필요하다. 현존하는 거의 모든 문학 작품에서 저자들이 **자신의** 페르소나(*persona*: 또는 내레이터—역주)에 대해 직접적인 암시를 주는 경우는 거의 없으며 본래의 맥락과 작품들의 대상 청중을 파악하는 것은 극도로 어렵다. 그럼에도 저자 자신의 관점에서 '위경/위서'(pseudepigrapha)는 오해의 소지가 있는 명칭이다. 그들은 자신들의 작품을 구속력이 있는 신적 계시로서 독자들에게 제시했다. 내용상의 '진실'은 문학적 장르나 이를 표현하기 위해 사용된 관용구보다도 더욱 중요하다. 가르침과 이야기를 먼 과거 인물에게 돌림으로써, 위경 저작의 저자들은 오래전에 널리 알려진 주요한 내러티브와 관련하여/안에서 자신의 메시지를 상황화했다(contextualized). 그리하여 (독자-작품 사이의) 소통의 효율성은 독자가 이미 친숙한 고대 전통에서 기대하는 바와 그러한 친숙함에 기초한 유사성으로부터 스스로 추론하는 데 달려 있었다. 다른 한편으로, 위경은 자체의 고유한 용어를 설정하고, (역사적 묵시록이나 신적인 역사에 대한 평가와 같은) 특별한 방식으로 고대 전통을 걸러냈기에, 그러한 전통들을 반드시 직접 알고 있을 필요는 없었을 것이다. 이 정도로까지, 내포 독자(implied readers)는 눈앞에 놓인 거룩한 세계로 이끌려 들어간다. 즉, 신실하고 경건한 자와 불순종한 배교자 사이의 뚜렷한 구분, 그리고 가르침에 담긴 천상의 신적 지혜와 거짓된 지식 사이의 극명한 구분은 독자로 하여금, 특히 저들이 저자의 의도에 이상적으로 부합되는 경우, 계시된 종교적 **진리들**에 상상력을 가지고 참여하게끔 한다. 종말론적인 심판을 기대하는 묵시론적 작품

안에서 독자들은 결정을 내려야만 한다. 책에 묘사된 의의 길을 걷고 보상을 받을 것인지, 심판받아 고통스러워할 것을 알면서도 메시지를 거부할 것인지 말이다. 따라서 허구적 인물의 명령에 독자들은 자신의 시대를 넘어서 확장된 '성경적' 세계로 옮겨진다. 현재의 독자들이 당면한 문제들—종교적 변화(marginalization), 사회적·정치적 억압, 배교나 다른 형태의 종교적 무질서—은 먼 과거와 임박한 미래 안에 있는 패러다임에 호소함으로 해결된다. 위경의 표현들은 독자에게 경건한 자를 위한 신적 행동이 본질적으로 저들의 시대 안에 있음을 상기시켰을 것이다. 지금이야말로 상황이 어떠하든 간에 신실함 가운데 머무르도록 분명하게 결정하고 행동할 때다.

계몽주의와 사해문서 이후의 위경

19세기 이래로 중요한 위경 문서가 매우 많이 발견되기 시작했다. 이들 중 다수는 라틴어, 그리스어, 고대슬라브어, 아르메니아어, 그루지야어, 루마니아어, 콥트어, 시리아어, 에티오피아어로 남아 있다. 이렇게 이 언어들은 제2성전기에 저작되거나 유래한 유대교 전승의 보존이 기원후 1세기 이래로 여러 세기 동안 기독교의 저자, 번역자, 편집자, 필사자의 활동에 얼마나 의존했는지 보여준다.

1947년부터 1956년까지 쿰란의 11개의 동굴에서 사해두루마리가 발견된 것은 고대의 위경 연구에 지대한 영향을 미쳤다. 이는 주로 두 가지 측면에서 그렇다. 첫째, 사해문서는 일부 비기독교-유대교적 자료를 가지고 있었다. (용어를 기술적[technical] 의미로 사용하자면) 위경으로 알려진 것 중 현재 쿰란에서 확인된 작품들은 다음과 같다.

- 『에녹1서』(아람어)

  「감찰자의 책」(1-36장): 4Q201, 4Q202, 4Q204, 4Q205, 4Q206, XQ-papEnoch

  「천문학의 책」(72-82장): 4Q208, 4Q209, 4Q210, 4Q211

  「동물 묵시록」(85-90장): 4Q204, 4Q205, 4Q206, 4Q207

  「권면」Exhortation (91:1-10, 18-19): 4Q212

  「주간 묵시」(93:1-10; 91:11-17): 4Q212

  「에녹의 편지」(92:1-5; 94:1-105:2): 4Q204, 4Q212

  「노아의 탄생」(106-7장): 4Q204
- 다니엘(아람어): 1Q71, 1Q72, 4Q12, 4Q13, 4Q14, 4Q15, 4Q16, 6Q7
- 『희년서』(히브리어): 1Q17, 1Q18, 2Q19, 2Q20, 3Q5, 4Q176 frgs. 17-19, 4Q216, 4Q217, 4Q218, 4Q219, 4Q220, 4Q221, 4Q222, 4Q223-224, 11Q12
- 『열두 족장의 유언』과 관련된 자료

  『유다의 유언[?]』: 3Q7 Hebrew, 4Q484 Aramaic

  『납달리의 유언』: 4Q215 Aramaic

  『아람어 레위 문서』: 1Q21, 4Q213, 4Q213a, 4Q213b, 4Q214, 4Q214a, 4Q214b
- 시편 151, 154, 155: 11Q5
- 형식상 위경(다른 사람의 이름을 빌려 쓴 책—역주)은 아니지만 아람어 「거인의 책」과 관련된 것(1Q23, 1Q24, 2Q26, 4Q203, 4Q206a, 4Q530, 4Q531, 4Q532, 4Q533, 6Q8)

197–198

둘째, 이전에는 알려지지 않았던 위경 문서가 사해문서 단편을 통해 드러났다.

- 구약의 다니엘(아람어)과 관련된 전통
  『나보니두스의 기도』: 4Q242
  『네 왕국』: 4Q552, 4Q553
- 유언 자료(아람어)
  『야곱의 유언』: 4Q537
  『유다의 유언』(또는 『유다의 비록』): 4Q538
  『요셉의 유언』(또는 『요셉의 비록』): 4Q539
  『레위의 유언』(또는 『레위의 비록』): 4Q540, 4Q541
  『갓의 유언』(또는 『갓의 비록』): 4Q542
  『아므람의 환상』: 4Q543, 4Q544, 4Q545, 4Q546, 4Q547, 4Q548
  『창세기 비록』(아람어): 1Q20
  『새 예루살렘』(아람어): 1Q32, 2Q24, 4Q554, 4Q555, 5Q15, 11Q18

반복하자면 이와 관련된 자료들은 보존된 형식에 있어서 위명이 붙은 것이 아닌 수많은 문서가 포함된다: 『위-다니엘』(4Q243, 4Q244, 4Q245); 『아람어 묵시록』(4Q246); 『묵시록[?]』(4Q489, 4Q490); 『노아서』(4Q534, 4Q535, 4Q536; 1Q19, 1Q19 bis); 『다니엘의 수산나[?]』(4Q551); 『네 왕국』(4Q552, 4Q553).

이 자료들은 기원전 3세기 필사본으로 보존되어 있지만, 제2성전기의 위경 저술의 존재를 확인하고 보완할 때 두 가지 점에 주목해야 한다. 첫째, 여기에서 현존하는 문헌은 언제나 (형식적으로) 익명의 저자에 의해 기록됐는데, 이들 중 어떤 것도 쿰란 공동체에서 그 기원을 찾을 수 있는 문서는 없다. 쿰란 공동체가 그러한 자료들을 수집하고 필사한 것으로 보아 이 문서들을 거부하지 않았음을 알 수 있으며, 또한 동시에 위명 현상이 히브리어와 특히 아람어를 사용하는 당대 유대인 가운데 매우 널리 퍼져 있었음을 알 수 있다. 둘째, 이 본문들은, 특히 마카비 혁명보다 앞선 것(「감찰자의 책」, 「천문학의 책」)으로 간주될 수 있거나, 다니엘 전통 이전에 포함될 수 있는 문서(『아람어 레위 문서』, 『나보니두스의 기도』, 『아므람의 환상』, 『갓의 유언』)는 지혜 전통과 언설(speech) 관습이 기원전 3세기에 잘 확립됐음을 보여준다. 이는 기독교가 개입하여 편집한 분명한 증거를 거의 또는 전혀 보이지 않는 다른 많은 저작들이 본래 유대교의 것이었으며 (적어도 바르 코흐바 항쟁 이전) 제2성전기에 저작됐다는 우리의 확신을 뒷받침해준다. 이에 대한 예는 다음과 같다: 『에녹1서』 108장(「종말론적 훈계」), 『에스라4서』, 『바룩2서』, 『아브라함의 묵시』, 『아리스테아스의 편지』, 『위-필론』(= 『성경 고대사』), 『솔로몬의 시편』, 「에녹의 비유」(= 『에녹1서』 37-71장), 『욥의 유언』, 『모세의 유언』, 『요셉과 아스낫』, 『아담과 이브의 생애』, 『위-포퀼리데스』, 『마카비3서』, 『마카비4서』, 므낫세의 기도.

하지만 이 모든 중요성에도 불구하고 쿰란사본이 (제2성전기에 저작됐다고 해서) 쿰란에 나타나지 않는 대부분의/많은 '구약' 위경들 역시 제2성전기에 저작됐다고 추측해서는 안 된다. 우선, (쿰란에 나타나지 않는) 이러한 저작 중 다수는 단순히 기독교적이거나, 또는 비기독교적 유대교 전승으로부터 직접 차용한 흔적이 거의 없다(『시뷜라의 신탁』 6-8권, 『에스라5서』, 『에스라6서』, 『에스라의 질문』, 『그리스어 에스라의 묵시』, 『에스라의 환상』, 『엘리야의 묵시』, 『스바냐의 묵시』, 『세드락의 묵시』, 『다니엘의 묵시』, 『아담의 유언』, 『이삭의

198-199

유언』, 『야곱의 유언』, 『솔로몬의 유언』, 『솔로몬의 신탁』).

수많은 다른 작품들은 전망과 어조에 있어서 기독교의 것일 가능성이 매우 크며, 유대교 전통을 가리키는 요소는 기독교 저자나 유대-기독교 저자들에 의해 수용되거나 차용된 것으로 매우 잘 설명되는 듯 하다(『예언자들의 생애』, 『시빌라의 신탁』 1-2, 14권, 『레갑 자손의 역사』).

더욱 유대교적인 관점에서 보면 몇몇 문헌은 적어도 일부 유대교 문서에서 파생하여 기독교 필사자에 의해 수정, 보충, 삽입된 것일 수 있다(예, 『시빌라의 신탁』 3-5권, 『바룩3서』, 『바룩4서』, 『헬레니즘 회당 기도』, 『열두 족장의 유언』). 여기에서 몇몇 기독교적 개입은 분별해내기 매우 쉽다(『바룩4서』 8:12-9:3; 『시빌라의 신탁』 1.324-400; 3.776; 『레위의 유언』 4:4; 10:2-3; 14:2; 16:3 외 이곳저곳; 『헬레니즘 회당 기도』 5:4-8; 20-24; 7:4 등). 마지막으로 일부 저작은 유대교와 기독교 영역에서 모두 통용됐을 수 있지만 어느 쪽에서도 직접적인 영향이 거의 나타나지 않는다(『아히카르의 잠언』, 『시리아어 메난드로스의 격언집』). 이러한 분류는 명료하지 않다. 왜냐하면 때로는 주어진 문헌이나 그 단락 중 하나가, 주어진 문서나 구절에 기독교적 개념이 분명히 나타나지 않다고 해서 비기독교-유대교 전통에서 유래했다고 결정 내리기가, 불가능하지는 않다 하더라도, 상당히 어렵기 때문이다(예, 『열두 족장의 유언』).

그럼에도 비기독교적 유대교 전통과 기독교적 전통이 한 작품에 합쳐져 나타날 때 이전에는 유대교 자료가 기독교인들에 의해 수정됐다고 가정했는데 최근의 학자들은 문서의 본질적 형태를 유대교 전통에 의해 영감을 받은 기독교인들의 것이라고 설명하려는 입장으로 전환되기 시작했다. 이는 최근 『열두 족장의 유언』(de Jonge, 1953-2003년의 많은 작품들), 『이사야의 승천』(Norelli 1995), 『예언자들의 생애』(Satran 1995), 『바룩

3서』(Harlow 1996), 『요셉과 아스낫』(Kraemer 1998; Nir, 1012)을 다룰 때에 부각된다. 연구 방법론과 관련하여, 이러한 전환에 따른 귀결은 기독교의 필사본에 그러한 문서의 초기 증거가 발견될 때 기독교적 배경이 연구와 분석을 위한 출발점을 제공해야 한다는 것이다(Kraft, 2001; Davila, 2005). 이는 초기 유대교나 제2성전기 유대교와 관련하여 유대교(유대-기독교) 집단에서 발생한 위경적 작품들의 범위를 결정할 때 도움이 될 만한 (혹은 도움이 되지 않을) 기준(criteria)을 확인하고 활용하는 데 결정적으로 작용하게 된다. 학자들은 각각의 저작이 이상에서 개괄된 방식으로 얼마나 정확하게 분류될 수 있는지 계속 논의할 것이다. 하지만 여기에서 언급된 다른 가능성들은 (a) 자료의 연대와 종교 영역을 결정할 때 학생들이 직면하게 될 복잡성, (b) 유대교 전승과 기독교 전승 사이에서 이따금 나타나는 뚜렷한 차이, (c) 유대교, 유대-기독교, 비유대-기독교 전승이 서로 얼마나 비슷한지, 그리고 실제로는 구분하는 것이 종종 불가능한지를 보여준다.

결론

오늘날 많은 사람들은 '아포크리파'(Apocrypha)와 '슈데피그라파'(Pseudepigrapha)라는 용어를 이 용어의 문자적 의미를 반영하지 않은 채 저작물의 모음집(collections: 전자는 '외경', 후자는 '위경'—역주)을 가리키는 것으로 사용한다. 외경(혹은 로마가톨릭에서 제2경전)의 목록을 서로 다른 교회 전통 사이에서 비교한다면 유동적이라는 것을 알 수 있다. 하지만 각각의 교회 전승 내에서 이 문헌들을 식별했던 것은 매우 안정적이다. 이

외경 저작의 기원은 분명 유대교적이다. 더욱이 모두는 바르 코흐바 항쟁(기원후 132-135년) 이전으로 거슬러 올라가고, 『에스라4서』를 제외한 모두는 본래 제2성전의 파괴(기원후 70년) 이전에 쓰였다. 동시에 사해문서에서 발견된 여러 문서에서 자유롭게 사용되는 '비록'(apocryphon)이라는 용어는 '숨겨진'(hidden) 전통이라는 고대의 의미(ancient meaning)를 반영하지만, 다니엘, 『에스라4서』, 『바룩2서』에서 발견되듯이 더욱 기술적인(technical) 차원에서 '숨겨졌다'는 것은 아니다.

반면 모음집으로서의 '위경'(혹은 로마가톨릭 전통에서 '외경')은 결코 안정적이지 않다. 이는 다음과 같은 여러 가지 사항으로부터 기인한다. (a) '위경' 개념은 거짓으로 이름이 붙은 작품이라는 좁은 의미에 국한되기보다, 흔히 '성경'이나 '외경' 목록에 나타나지 않는, 넓은 범주의 유대교와 기독교의 종교적 작품을 가리키는 데 사용됐다. (b) 상인들과 수집가들이 고대의 필사본을 아프리카와 중동의 수도원에서 유럽으로 가져온 19세기 초부터 지금까지 에티오피아, 아르메니아, 사해에서 새로운 필사본이 발견되면서 (위경이라는 용어가 정의하는 바와 다른) 위경 모음집의 수가 점차로 늘어나고 있다. (c) 현대에 번역된 저작의 모음집들—예를 들어, 1900년대 이후의 독어판과 영어판—은 위경에 무엇을 포함해야 하는지에 있어서 (그리고 포함하지 말아야 하는지에 있어서) 서로가 달랐다. 이때 차이점들 중 몇몇은 명명 방식으로 인한 것이었다. 즉, 편집자가 실제적인 의미의 '위경'에 초점을 두었는지(Kautzsch 1900, Charles 1913, Charlesworth 1983-1985, Sparks 1984: 'apocryphal Old Testament'), 더욱 일반적으로 '성경 외의' 작품에 초점을 두었는지(Riessler, 1972), 그리스-로마 시기의 유대교 저작들에 초점을 두었는지(*Jüdische Schriften aus hellenistisch-römischer Zeit* [*JSHRZ*] 1973-현재)에 따라 달랐다. 더욱 널리 통용된 이 모음집들은 문서의 수와 선택에 있어서 크게 유동적이었다(Kautzsch, 13개; Charles, 17개; Riessler, 61개[『슈모네 에스레』, 『메길라트 타아니트』, 에페수스의 헤라클리투스, 테오도토스, 『보물 동굴』을 포함]; Sparks, 25개; Charlesworth 65개[10개의 비-위명 작품이 '잃어버린 유대-헬레니즘 작품의 단편들'이라는 제하의 보충 부분에 포함]; *JSHRZ*, 50개[위경 포함]).

위 모음집에 포함된 저작 외에도 수많은 추가적인 문서들이 위경에 포함될 수 있었다. 사해문서의 의의는 제2성전기에 기록됐다는 것이 분명한 새로운 자료들이 발견됐다는 데 있었다. 제임스 데이빌라(James Davila)의 지도 아래 세인트앤드류스대학교(University of St. Andrews)에서 시작된 MOTP(More Old Testament Pseudepigrapha)라는 프로젝트는 찰스워스 판(Charlesworth edition)을 보충하려는 시도로 추가적인 50개의 위경 및 단편이나 인용 형태로 발견된 30여 개가 넘는 단편을 포함하고 있다. MOTP는 유대인과 기독교인에 의해 저작된 위경들을 포함하도록 그물망을 더욱 넓게 던져서 기원후 약 600년과 이슬람 발흥까지의 시기를 다룬다. 몇 가지 주목할 만한 예외가 있는데(예, 『아람어 레위 문서』; 「거인의 책」; 『히브리어 납달리』; [데이르 알라에서 발견된] 『발람 문서』; 『히브리어 엘리야의 묵시』; 『게니자 지혜 문서』; 『모세의 검』; 『맛세케트 켈림』; 『미드라쉬 바잇사우』; 『모세의 여덟 번째 책』; 『세페르 하-라짐』; 『세페르 스룹바벨』), MOTP에 추가된 작품 중 다수는 기독교 저작이고 이상에서 개괄한 유대교 전통과 기독교 전통 사이의 관계에 대한 동일한 문제에 직면하고 있다. 따라서 여기에서는 사해문서에 나타난 몇몇 위경 문헌뿐 아니라 기원후 600년까지 저작된 작품까지 포괄하도록 그물이 더욱 넓게 던져졌다. 이렇게 제2성전기의 각 작품의 중요성은 매우 다양하기에 각 사례별로 분석해야 한다.

201–202

'외경'과 '위경' 용어를 둘러싼 (혼란스러운) 문제가 있었기에 학자들은 사해문서, 랍비 문헌, 헤칼로트 문헌(Hekhalot texts), 나그 함마디(Nag Hammadi)의 서고, 필론과 요세푸스의 작품과 같은 인정된 작품 모음집과 나란히 오는 별도의 고대 작품 모음집에 (외경, 위경 용어를) 적용하기도 했다. 이렇게 서로 다르면서도 중복되는 문서의 분류는 해석을 위해, 기원 전후에 번영했던 유대교의 다양성을 더욱 포괄적으로 이해하도록, 함께 읽을 필요가 있다는 사실을 말해준다.

참고 문헌

Baum, Armin Daniel. 2001. *Pseudepigraphie und literarische Fälschung im frühen Christentum*. Tübingen: Mohr Siebeck.

Charles, Robert H., ed. 1913. *The Apocrypha and Pseudepigrapha of the Old Testament*. 2 vols. Oxford: Clarendon.

Charlesworth, James H., ed. 1983-1985. *The Old Testament Pseudepigrapha*. 2 vols. New York: Doubleday.

Chazon, Esther G., and Michael E. Stone, eds. 1997. *Pseudepigraphic Perspectives: The Apocrypha and Pseudepigrapha in Light of the Dead Sea Scrolls*. Leiden: Brill.

Collins, John J. 1998. *The Apocalyptic Imagination: An Introduction to Jewish Apocalyptic Literature*. 2d ed. Grand Rapids: Eerdmans.

Davila, James R. 2005. *The Provenance of the Pseudepigrapha: Jewish, Christian, or Other?* Leiden: Brill.

de Jonge, Marinus. 2003. *Pseudepigrapha of the Old Testament as Part of Christian Literature: The Case of the Testaments of the Twelve Patriarchs and the Greek Life of Adam and Eve*. Leiden: Brill.

DeSilva, David. 2002. *Introducing the Apocrypha: Message, Context and Significance*. Grand Rapids: Baker.

Flint, Peter W. 1999. " 'Apocrypha,' Other Previously-Known Writings, and 'Pseudepigrapha' in the Dead Sea Scrolls." In *The Dead Sea Scrolls after Fifty Years*. 2 vols. Ed. Peter W. Flint and James C. VanderKam. Leiden: Brill, 1:24–66.

Harlow, Daniel C. 1996. *The Greek Apocalypse of Baruch (3 Baruch) in Hellenistic Judaism and Early Christianity*. Leiden: Brill.

Harrington, Daniel J. 1999. *Invitation to the Apocrypha*. Grand Rapids: Eerdmans.

Henze, Matthias, 2011. *Jewish Apocalypticism in Late First Century Israel: Reading 'Second Baruch' in Context*. Tübingen: Mohr Siebeck.

Hollander, Harm W., and Marinus de Jonge. 1985. *The Testaments of the Twelve Patriarchs: A Commentary*. Leiden: Brill.

Kautzsch, Emil, ed. 1900. *Die Apokryphen und Pseudepigraphen des Alten Testaments*. 2 vols. Tübingen: Mohr.

Kraemer, Ross S. 1998. *When Aseneth Met Joseph: A Late Antique Tale of the Biblical Patriarch and His Egyptian Wife, Reconsidered*. Oxford: Oxford University Press.

Kraft, Robert A. 2001. "The Pseudepigrapha and Christianity

Revisited: Setting the Stage and Framing Some Central Questions." *JSJ* 32: 371–95.

Nickelsburg, George W. E. 2001. *1 Enoch 1: A Commentary on the Book of 1 Enoch, Chapters 1–36, 81–108*. Minneapolis: Fortress.

———. 2005. *Jewish Literature between the Bible and the Mishnah*. 2d ed. Philadelphia: Fortress.

———, and James C. VanderKam. 2012. *1 Enoch 2: A Commentary on the Book of 1 Enoch, Chapters 37–82*. Minneapolis: Fortress.

Nir, Rivka. 2012. *Joseph and Aseneth: A Christian Book*. Sheffield: Phoenix.

Norelli, Enrico. 1995. *Ascensio Isaiae*, vol. 1, *Commentarius*. Turnhout: Brepols.

Riessler, Paul. 1927. *Altjüdisches Schrifttum ausserhalb der Bibel*. Heidelberg: Kerl.

Satran, David. 1995. *Biblical Prophets in Byzantine Palestine: Reassessing the "Lives of the Prophets."* Leiden: Brill.

Sparks, H. F. D., ed. 1984. *The Apocryphal Old Testament*. Oxford: Clarendon.

Stone, Michael E. 1990. *Fourth Ezra*. Minneapolis: Fortress.

———. 1996. "The Dead Sea Scrolls and the Pseudepigrapha." *DSD* 3: 270–96.

Stuckenbruck, Loren T. 2007. *1 Enoch 91–108*. Berlin: de Gruyter.

Wyrick, Jed. 2004. *The Ascension of Authorship: Attribution and Canon Formation in Jewish, Hellenistic, and Christian Traditions*.

203

Cambridge: Harvard University Press.

사해문서

아이버트 티첼라르(Eibert Tigchelaar)

넓은 의미에서 사해문서에는 와디 달리예, 케테프 예리호(여리고), 쿰란, 와디 엔-나르, 와디 그베이르, 와디 무랍바아트, 와디 스데이르, 나할 아루고트, 나할 헤베르(와디 체이얄), 나할 미슈마르, 나할 체엘림, 마사다, 키르벳 미르드에서 출토된 모든 문서가 포함된다. 일반적인 용례로서, 그리고 이 논고에서 '사해문서'(Dead Sea Scrolls)라는 용어는 특히 1947년과 1956년 사이에 사해 북서쪽 해안과 가까운 쿰란 동굴 근처에서 발견된 문서를 가리킨다. 쿰란 근처의 동굴에서 발견된 것으로 보고된 몇몇 단편(fragments)은 사실 같은 시대에 베두인(Bedouin)에 의해 다른 장소, 특히 와디 무랍바아트, 나할 헤베르(와디 체이얄)와 같은 곳에서 유래했다. 또한 개인 소장집(private collections)에 속하는 몇몇 단편의 출처는 알려져 있지 않다.

초기 유대교 역사에 있어서 사해문서의 중요성은 크기(size), 고대성, 모음집의 성격과 관련된다. 이 문서는 대개 이제까지 알려지지 않은, 100여 가지가 넘는 다양한 종교 문서를 보존하고 있는 제2성전기 유대교 문서의 가장 큰 모음집(어떤 문서들의 범주를 통칭할 수 있는 개념—역주)이다. 사해문서는 유대교의 다양한 양상을 증거하는 최초의 문헌이다. 그렇기 때문에 예를 들면 이 모음집에는 가장 오래된 히브리어/그리스어 성경 필사본, 최초의 아람어 성경 번역본, 가장 오래된 '테필린'(*tefillin*, '기도문'), 가장 초기의 기도 예전, 성경 외 가장 오래된 할라카(halakic) 작품, 가장 오래된 축귀 기도가 포함되어 있다. 많은 경우 우리는 헤칼로트 문헌(Hekhalot literature)에 포함된 찬가와 같이 랍비 유대교에서 발견되는 현상과 관련하여 이제까지 알려져 있지 않았던 전거 내지 뿌리를 사해문서에서 찾을 수 있다. 동시에 일부 두루마리는 이후의 규범적 유대교(normative Judaism)에 속하지 않는 제2성전기의 믿음과 관습을 보여주기에 분파적(sectarian)이라고 불리기도 한다. 여기에는 예를 들어 '갱신된 언약'(renewed covenant) 운동의 구성원을 다루는 이른바 규칙 문서, 성경의 예언을 공동체의 당대 역사와 미래에 적용하는 주해 작품, 최후의 전쟁을 다루는 종말론적 작품, 364일(= 1년)로 된 달력에 기초한 종교력 문서가 있다.

소위 분파적 문서, 특히 『공동체 규율』의 내용으로 인해 1950년대 학자들은 사해문서의 출처에 대해 쿰란-엣세네 가설을 세웠는데, 이는 50년대 말 사해문서 학계의 전형이 됐다. 이 문서는 기원후 68년 로마인들이 이 지역을 정복하기 전 쿰란에 거주하면서 문서를 작성하고 필사하며 여러 동굴에 사본들을 숨겼던 엣세네파 또는 엣세네파와 유사한 분파 공동체의 서고(library)의 산물로 추정됐다. 현재 이 전형적인 가설에는 다양한 형태가 있다. 가장 중요한 것은 모든 저작과 두루마리가 이 한 '분파'로부터만 기인할 수 없고 많은 문서를 쿰란으로 들여오기 이전에 이미 다른 어느 곳에서 쓰였을 것이라는 인식이 널리 퍼져 있다는 것이다. 몇몇 고고학자들은 쿰란이 종교의 중심지였을 것이라는 점을 부인하면서 모든 두루마리가 다른 곳으로부터 온 것이라고 추측한다. 이하에서는 사해문서의 개관과 소개 및 이 문서가 제2성전기 유대교에 대한 우리의 지식에 어떠한 기여를 하는지, 이 문서 모음집의 성격이 어떠한지 비판적으로 성찰하려 한다.

사해문서의 윤곽

일반적으로 사해문서는 하나의 모음집으로 다루어지지만 이는 쿰란 유적 주변에 있는 11개의 동굴에서 발견되는 자료들로 구성되어 있다. 동굴에서 출토된 문서들은 많은 공통점을 가지고 있지만 중요한 측면에 있어서 다르기도 하다. 대체적으로/부분적으로 온전한 두루마리는 1번 동굴과 11번 동굴에서만 발견됐다. 완전하게 보존된 3번 동굴의 『구리 두루마리』는 자료, 내용, 언어에 있어 두드러진다. 4번 동굴에서 출토된 사본의 수는 15,000개로 다른 모든 동굴의 사본을 합친 것보다 더 많다. 7번 동굴에서는 그리스어 문서의 단편만 발견됐고, 6번 동굴은 비교적 많은 수의 파피루스 문서가 발견됐다. 현재 사용되는 고고학적 연대법에 따르면 1번 동굴과 4번 동굴의 문서는 평균적으로 2, 3, 5, 6, 11번 동굴의 문서보다 더욱 오래됐다. 9번 동굴(몇 가지 글자로 구성된 하나의 파피루스 조각)과 10번 동굴(두 글자를 담고 있는 하나의 도편)은 이번 개관에서 무시할 수 있을 것이다.

사해문서 전체나 개별 동굴 모음집에 있어서 가장 큰 특징은 사실상 거의 모든 문서에 종교적 성격의 문서나 종교 문제를 다루는 문서가 포함되어 있다는 것이다. 상태가 좋지 않은 약간의 단편들만이 편지, 기사(accounts), 업적 기록(deeds) 같은 비문학적 문서였고, 여기의 일부가 실제로 나할 헤베르에서 유래했음을 배제할 수 없다.

사해문서의 목록은 현재까지 약 930개다. 대부분의 경우, 하나로 셈하는 것은 하나의 필사본에 해당하지만, 목록에 포함되지 않고 (어느 문서의 조각인지) 확인되지 않은 단편을 염두에 둘 때 우리에게 알려진 자료는 서로 다른 1,000여 개의 사본으로 구성되어 있다고 볼 수 있다. 단지 소수의 경우에만 사본의 상당 부분이 남아 있고, 보통의 필사본은 식별될 수 있는 몇몇 단편들로만 구성되어 있다.

사해문서는 대부분 가축 염소나 야생 염소의 가죽에 기록됐다. 11Q5와 같이 몇 개의 예외적인 두꺼운 두루마리는 송아지 가죽일 수 있다. 사본의 10-15%는 파피루스에 기록됐다. 3번 동굴의 『구리 두루마리』는 금속에 쓰인 유일한 문서다. (4, 6, 7, 8, 10번) 동굴 안이나 동굴 근처, 쿰란 지역 주변에서 글이 새겨져 있거나 쓰여 있는 항아리 단편이 발견됐다. 쿰란에서 발견된 도편(ostraca)과 아마 문학적 본문으로 다섯 행의 글이 적힌 작은 석회판은 주목할 만하다(KhQ 2207). 가죽이나 파피루스에 쓰인 몇몇 단편에는 양면에 글이 있었다.

대부분의 필사본은 히브리어로 기록되어 있다. 또한 약 12%(또는, 성경 외적 자료와 비문서적[nondocumentary] 자료를 포함하면 17%)는 아람어로 기록됐다. 사해문서의 약 3% 정도는 그리스어로 기록되어 있지만 7번 동굴을 별도로 처리할 경우 그 비율은 1% 미만으로 떨어질 것이다. 두 개의 아람어 필사본과 대부분의 히브리어 필사본을 제외하고 모든 히브리어/아람어 사본은 소위 정방형 아람어 문자로 기록되어 있다. 두 개의 아람어 필사본은 나바테아(Nabatean) 문자로 기록됐다. 일부 히브리어 문서는 고대-히브리어(Paleo-Hebrew) 문자나 여러 종류의 소위 불가해한 문자(cryptic scripts), 즉 가장 일반적으로 '불가해 A'(Cryptic A)로 불리는 문자가 사용됐다. 정방형 문자는 정식체, 반정식체(semiformal), 반필기체(semicursive)로 나타나며, 소량의 문서는 필기체로 쓰였다. 몇몇 히브리어 문서는 히브리 성경의 마소라 사본으로부터 알려진 철자법(orthography)과 형태론(morphology)을 보여주며, 또 다른 문서는 사해문서 외부 문헌에서 검증되지 않거나 히브리어 문서들에 드물게 나타나는 완전 철자법 및 특별한 형태론적 특징을 가지고 있다. 그러한 형태론적 특징을 가진 많은 사본은 특히 어떤 원본에 기대지 않은(nontextual) 기록의 특징을 가지고 있다. 에마누엘 토브(Emanuel Tov)는 사해문서 내에 특별한 '쿰란 필사 관습'에 따라 쓰인 문헌들이 다수 존재한다고 제안했다.

사본들의 고문서학적 연대는 기원전 3세기 중반부터 기원후 1세기 말까지에 이르지만, 대부분의 사본은 기원전 1세기로 거슬러 올라간다. 특정 표본들은 고문서학과 방사성 탄소 연대 측정 방식에 따른 추정이 서로 일치하지 않지만, 방사성 탄소 연대 측정에 따랐을 때 그 사본들은 기원전 3세기 후반부터 기원후 2세기 초까지의 것으로 보인다. 어떤 필사본도 자체 내에 기록 날짜가 적혀 있지는 않은데, 우리가 신원을 확인할 수 있는 역사적인 인물을 언급하고 있는 약간의 문서들은 2세기와 특히 기원전 1세기 초에 살았던 역사적인 인물에 대해 이야기한다.

1990년대에 거의 모든 사해문서 자료가 완전히 출판되자, 학자들은 서로 다른 하위 문서들을 상호 연관지음으로써 이 문서에 대한 새로운 접근 방식을 가능하게 했다. 예컨대, 서로 다른 동굴에서 나온 모음집을 대조하고, 이른바 쿰란의 필사 관습으로 쓰인 '성서' 문서를 다른 '성서' 문서와 비교하며, 이 모음집의 연대기적 발전을 추적하기 위해 각 필사본들의 연대를 활용할 수 있었다.

학자들의 사해문서 분류: 과거와 현재

다양한 사해문서의 분류 방법은 시간이 지나면서 더욱 많은 두루마리가 발견되고 학문적 개념, 용어, 해석이 변화함에 따라 함께 바뀌었다. 처음에는 1번 동굴의 발견에 기초하여 대략 세 가지 범주로 분류됐다: (1) 성경적 또는 정경적, (2) 외경적 그리고/또는 위경적, (3) 분파적(sectarian) 또는 엣세네파적. 이 옛 분류 체계는 부분적으로 문헌의 장르와 내용에 기반하고 있었지만 여기에는 (다니엘서를 제외하고) 정경적인 책들이 외경/위경적인 책들보다 우월하고 결과적으로는 분파적 문서들보다 오래됐다는 역사적인 관점이 내포되어 있었다. 동시에 이 세 가지 분류 범주는 각각, 모든 유대인, 일부 유대인, 사해문서 분파의 문헌을 반영한다고 생각됐다. 점차적으로 문제시된 외경과 위경의 범주는 '성경과 나란한 문서'(parabiblical texts)라는 더욱 일반적인 범주에 포함되기 시작했고, 초기 학자들의 세 가지 범주화는 실제적으로 '성경적' 대 '성경 외적'(nonbiblical), '분파적' 대 '비분파적'(nonsectarian)이라는 두 가지 구도로 축소됐다.

4번 동굴 자료가 출판되고 이어서 연구됨에 따라 과거 분류 체계는 수정되어야 했다. 사해문서는 '성경적'이라는 용어와 관련된 시대착오적 가정에 들어맞지 않았다. 이러한 현실 인식은 『다시 쓴 오경』 사본 같은 문서가 성경적인지, 『희년서』나 『성전 두루마리』가 이 문서들을 가지고 있었던 공동체에서 성경의 위치를 가지고 있었는지에 대한 논의를 촉발시켰다. 또한 사해문서 전체 목록을 염두에 둘 때 당시까지 알려지지 않았던 모든 문서가 하나의 공동체에 의해 저술됐다는 관점은 도전받게 됐고, 이것들이 다른 시대, 다른 운동으로부터 유래했다는 것이 드러나게 됐다. 결과적으로 '성경적' 대 '성경 외적', '분파적' 대 '비분파적'이라는 분명한 대결 구도는 무너지게 됐다. 이제 학자들은 각 성서들이 가진 권위의 다양성 및 다양한 종류의 분파주의(sectarianism)를 인정한다. 실천적인 측면에서도 두 개의 대립 구도는 한계가 있었다. 그럴 경우 새롭게 출판된 대부분의 사본들은 '성경 외적' 또는 '비분파적' 범주에 속해야 했기 때문이다. 수많은 자료들이 알려지면서 이는 문학적 형식/내용, 저작의 기능에 따라 달리 분류될 수 있었다. 자료의 이러한 새로운 분류 체계는 가르시아 마르티네스(García Martínez)와 베르메쉬(Vermes)의 번역에서 발견할 수 있으며, *DJD* 39권에 있는 랑게(Lange)의 개관에서 더욱 정교한 형태로 나타난다. 『사해문서 독본』(*Dead Sea Scrolls Reader*)에서 채택된 랑게의 성경 외 문서 분류 체계에서 우리는 '성경과 나란한'(parabiblical), '주해적', '종교법과 관련된', '달력의'(calendrical), '시적인', '전례적인'(liturgical), '지혜의'(sapiential), '역사적인', '묵시론적인', '종말론적인' 등의 범주를 확인할 수 있다.

사해문서와 초기 유대교

여기서는 사해문서를 엄격하게 범주화하는 것을 목적으로 하기보다 모음집과 가장 중요한 문서들을 주제적으로 다루려 한다. 이로써 이 문서들과 관련된 학문적인 논의들을 보여주고 사해문서가 초기 유대교에 대한 지식에 기여하는 바를 명료하게 할 수 있기를 바란다.

성경(Bible)의 형성과 권위 있는 경전(Scriptures)

'성경적'(biblical)이라는 용어는 보통 시대착오적으로 사용되었지만, 실제적인 이유로 나중에는 타나흐(Tanakh, "히브리 성경")에 포함된 하나의 책 또는 그 이상의 책을 구성하는 문서(또는 문서의 일부)를 지칭하는 데 사용된다. 사해문서에는 총 200개 이상의 히브리어/아람어 '성경' 사본, 오경에 대한 그리스어 번역이 담긴 5개의 사본, 3개의 아람어 번역본(*targumim*, '타르구밈'), 33개의 성구함(phylacteries)과 양피지(*mezuzot*)가 포함되어 있다. 더욱이, 많은 '비성경적' 사본은 여러 가지 방식으로 '성경적' 책들과 상호텍스트적으로(intertextually) 연관되어 있다. '성경적' 사본들이 히브리 성경 형성의 거의 마지막 시기에 있었던 성경적 책과 문서의 형태에 대한 직접적인 증거가 되지만, 사해문서를 전체적인 모음집으로 볼 때에 그러한 문서의 구성을 간접적으로 들여다볼 수 있을 뿐 아니라 동시에 성서들의 권위가 사해문서 배경에 있는 공동체(들)에게 어떠했는지 알 수 있다.

사해문서에 나타나는 '성경적' 문서는 본문이 다양하게 변화되고 개작됐다는 것을 보여준다. 많은 사본이 마소라 본문(Masoretic Text)과 상당히 유사한 본문 형태를 가지고 있지만, 고대 그리스어역(예, 4QJer^{b})이나 사마리아 오경(4QpaleoExod^{m}, 4QNum^{b}, 4QDeut^{n})에 상응하는 이본(variants)과 개작도 발견된다. 하지만 많은 '성경적' 사본은 이 세 가지 본문 형태 중 어느 것에도 크게 상응하지 않는다. 거기에는 고유한 이문(variant readings)이 여러 개 있거나 또는 전통적인 본문들 중 하나에만 해당되지 않는 독법이 존재하기 때문이다. 따라서 사본들의 독법과 관련하여 우리는 제한된 수의 본문 형태가 아니라 매우 다층적인 본문을 가지고 있다고 말할 수 있다. 개정본과 관련해서 사본은 보통 마소라 본문이나 칠십인역에서 발견되는 개정 형태와 일치하기도 하고(이때 어느 것이 오래된 것인지는 책별로 다르다) 조화된(harmonizing) 사마리아 오경 개정본과 일치하기도 한다. 유명한 경우는 4QJer[b]로, 여기에는 마소라 본문과는 달리 개정된 칠십인역 본문 형태가 나온다. 그런데 몇몇 두루마리는 알려진 다른 본문들(예, 4QJudg[a])과는 다른 개정판을 가지고 있다. 1QIsa[a]의 일부 이형(variants)이나 개정이 사해문서 공동체의 자기-이해를 보여주는 것으로 해석되어 왔지만, 다른 본문 형태를 가지거나 개정된 부분 중 어디에도 명백한 '분파 내부의'(sectarian) 관심이 뚜렷하게 나타나지는 않는다.

사해문서는 고대 그리스어 역본이 가진 다양한 독법과 개정 현상이 종종 히브리어 선본(*Vorlage*)에 이미 나타난다는 것을 보여주고, 이것이 번역가의 편향된 혁신에 의한 것이 아니며, 사마리아 오경에 나타나는 조화 현상이 이미 사마리아인들이 선택한 본문 자체에 있었다는 것을 보여주기 때문에, 사해문서는 칠십인역과 사마리아 오경을 평가함에 있어 매우 귀중하다. 쿰란의 다양한 '성경' 사본들은 기원후 70년 이후 와디 무랍바아트, 와디 스데이르, 나할 헤베르/와디 체이얄에서 발견된 사본—마소라 본문과 실제적으로 동일한 본문 형태를 가진—이 가진 동질성(homogeneity)과 대비될 수 있을 것이다. 이러한 대조는 연대기적으로, 사회적으로 설명되어 왔다. 곧, 주로 기원전 1세기 및 기원후 1세기 초에 유래한 다양성에서 기원한 쿰란의 '성경' 사본은 기원후 70년 이후의 본문들이 표준화되어 유대아 사막의 '성경' 사본들에 영향을 미치기 전의 본문의 다양성을 반영하고 있다는 것이다. 또는, 주류(mainstream: 바리새파, 원시-랍비) 유대교는 표준화된 문서를 장려했지만 사해문서를 수집하고 필사했던 공동체는 그러지 않았다는 것이다. 마사다에서 발견된 기원후 73년 이전의 '성경' 사본들로 인해 문제는 더욱 복잡해졌다. 바로 그곳에서 쿰란의 것과 유사한 '성경 외' 사본들이 발견됐는데, '성경' 사본들은 사해문서의 것이라기보다 분명 마소라 본문에 더 가까운 것처럼 보이기 때문이다.

마찬가지로 중요한 것은 '성경' 책들을 여러 차례, 아마도 성공적으로, 개정하고 다시 쓰는 현상이다. 몇 가지 성경적 책들에 있어서 칠십인역과 마소라 본문은 두 가지 개정본을 가지고 있으며, 오경에 있어서 우리는 체계적으로 조화된 개정본인 사마리아 오경을 가지고 있다. 또한 자료를 조화시키고 재배치할 뿐 아니라 예를 들어 절기법과 관련된 새로운 문서를 추가한 특징을 가진 오경, 이른바 '개작된 오경' 사본(4Q158; 4Q364-367)은 또 다른 개정본이다. 이 사본들을 성경적이라고 불러야 하는지 권위 있는 경전(scripture)으로 불러야 하는지에 대한 논의는 사본에 대한 분석과 '성경적' 및 '권위 있는'의 개념에 대한 가정과 맞닿아 있다. 문학적 관점에서 『다시 쓴 오경』에 나타나는 개정본은 일반적으로 본문 주해에 기초하여 새 자료들을 추가함으로써 사마리아 오경 개정본보다 한 걸음 더 나아간다. 이 개정본에 나오는 기법(techniques)은 예를 들면 몇몇 칠십인역 개정본의 제3왕국기와 에스더에 나오는 것과 동일하다. 대단히 확장시킨(expansionist) 『다시 쓴 오경』 본문이 정경 이전 시기에 권위 차원에서 성경적이었는지에 관한 물음은, 권위 있는 것으로 간주되던 문서/개정본과 그렇지 않은 것 사이에 엄격한 경계선이 가정됐는지 여부에 달려있다.

후대의 정경 관점에서, 타나흐(히브리 성경)에 속한 책들이 사해문서 안에서 어느 정도 권위를 가졌는지 물을 수 있다. 4QMMT에서 부분적으로 재구성된, '모세의 책, 예언자의 책, 다윗(?)의 책'이라는 언급은 문서의 삼중 구조를 가리키는 것으로 간주되어 왔지만, 이는 이 어구를 읽을 수 있는 여러 가지 독법, 재구성, 해석 중 하나일 뿐이다. (역대기와 또 다른 문서의 한 단편의 상태가 불명확하기는 하지만) 에스더를 제외한 히브리 성경의 모든 사본들이 사해문서에 나타난다. 보존된 두루마리의 양은 책마다 편차가 심하고, (20개 이상의 사본으로 입증된) 오경, 이사야, 시편, (2-3개의 사본을 가진) 여호수아, 사사기, 열왕기, 잠언, 전도서, 에스라, 역대기가 있다. 타나흐의 후기 책들이 이미 동일하게 경전이라든지 권위적이었다고 결론을 이끌어낼 만한 직접적인 근거는 없다. 예를 들어, 이사야와 소예언서 본문 전승은 굉장히 안정적이다. 곧, 우리는 단 하나의 주요한 개정본만을 가지고 있다. 또한 이 책들을 해석하는 페샤림(pesharim)이 있는데, 이는 저 책들이 권위가 있는 것처럼 보이더라도 해석될 필요가 있었음을 보여준다. 대조적으로 예레미야와 에스겔에는 서로 다른 개정본들이 존재하며 페샤림 대신에 우리는 이 문헌들과 관련해 나란히 놓이는 문서들을 발견할 수 있다. 시편, 다니엘, 잠언, 예레미야애가와 같은 몇몇 케투빔(Ketuvim)은 다른 사해문서 안에서 광범위하게 사용된다. 아가, 룻기, 전도서, 에스더, 에스라 같은 케투빔은 다른 본문 내에서 사용되거나 언급되지 않은 것으로 보인다.

공동체가 어떤 문서를 중요하거나 권위 있게 여겼는지 누적적으로 판단할 수 있는 기준은 (a) 어떤 저작에 대한 보존된 사본의 수, (b) 그 저작에 대한 주석의 존재 여부, (c) 그 저작이 다른 작품에서 인용/언급됐는지 여부, (d) 그 저작에 대한 번역본의 존재 여부, (e) 그 저작 안에 나타나는 암시적/명시적 권위 주장, (f) 저자를 포로기 이전 인물들에게 돌리고 있는지와 관련이 있다. 그래서 『희년서』와 『에녹서』(의 일부분)뿐 아니라 아마도 『아람어 레위 문서』와 『여호수아 비록』 같은 문헌도 어쩌면 사해문서 배후에 있는 공동체에게 권위 있는 경전이었을 수 있다. 하지만 여기에서 또한 발생하는 물음은 우리가 경전과 비경전을 날카롭게 구분해야 하느냐는 것이다.

해석하여 개작한, 성경의 확장본

1990년대 이래로 '성경과 나란한'이라는 용어는 사해문서 연구에서 히브리 성경의 본문/주제와 밀접히 관련된 다양성을 포괄하는 우산 용어(umbrella term)로 인기를 얻었다. 이 범주는 이전에 '개작된 성경' 내지 '성경 해석'으로 묘사되는 문서와 성경에 나오는 인물을 저자로 명명하거나 관련지으면서 종종 위경/외경으로 특징지어지는 저작들을 포함한다. 모세나 에스겔의 것으로 언급된 개작의 경우처럼 이따금 중복되더라도, 이는 구별되는 두 개의 유형이며, '성경과 나란한'(parabiblical)이라는 일반적이지만 모호한 용어는 그 차이점을 흐린다.

첫 번째 유형은 '다시 쓴 성경'의 형태로 더욱 초기의 성경을 해석하여 재서술하거나 또는 성경 전체/일부 단락이나 심지어는 다른 본문들을 뒤섞어 패러프레이즈/재서사화(retelling)한 것이다. 이렇게 다시 쓰는 것에는 더 오래된 자료나 전통으로 거슬러 올라가거나 저자의 해석으로부터 파생함으로써 확장되는 측면이 있다. 이 첫 번째 유형을 가장 잘 보여주는 사례는 『희년서』와 『성전 두루마리』로서, 이 둘에는 모두 토라의 일부뿐 아니라 토라에 직접 부합하지 않는 부분 및 다른 자료/전통에서 왔을 부분을 해석하고 확장하여 다시 쓴 것이 담겨있다. 이보다 덜 분명하게 보존된 예로는 토라와 여호수아 이야기를 다루는 『여호수아 비록』 및 여러 가지 파편적인 사본들이 있다. 여기에는 『창세기 비록』 일부, 모세 외경의 일부, 특히 『모세의 말』(1Q22), 『오경 외서A』

(4Q368), 『오경 외서B』(4Q377)가 포함된다. 몇몇 문서는 『사무엘의 환상』(4Q160에 대한 잘못된 명명 방식)이나 『바꾸어 쓴 열왕기』(4Q382)와 같이 사무엘기와 열왕기와 관련되어 있고, 특히 『위-에스겔』 사본과 같이 예언서와 관련되어 있는 것도 있다. 또한 우리는 후대에 케투빔이라는 범주로 수집된 책과 관련된 작품, 예를 들어 예레미야애가 일부를 다시 쓴 『예레미야애가 외서A』(4Q179), 『악녀의 간계』(4Q184), 잠언 1-9장과 밀접하게 관련된 한두 작품의 사본인 『지복』(4Q525; 5Q16)을 발견할 수 있다.

이러한 작품들은 다시 쓰기 방식을 각기 다른 정도로 보여준다. 『희년서』와 『성전 두루마리』의 경우에는 토라를 다시 쓰면서 이 문서들 자체가 토라라고 주장한다. 이 두 문서는 정당하고 권위 있는 해석으로 오경의 토라를 보충한다. 재서술된 모자이크식 문서의 경우 오경과 유사한 관계가 추정될 수 있지만 문서가 너무 파편적이기 때문에 확정할 수는 없다. 『여호수아 비록』은 재서술 과정의 여러 가지 측면을 보여주는 좋은 예가 된다. 저자는 성경의 여호수아기에 있는 주해상 문제를 다루고 자신의 입장(예루살렘의 중심성과 이스라엘 땅의 지위)에 따라 여호수아기를 재작업하여 여호수아 6:26에 나오는 예언적 저주를 해석한다. 이러한 경우 여호수아를 보충/보완하려는 의도는 분명하게 드러나지 않는다. 어떻든 간에 우리 수중에 있는 『여호수아 비록』의 사본은 구약의 여호수아기보다도 사본의 수가 많다. 반면 4번 동굴의 『지복』과 『악녀의 간계』에서 잠언 1-9장을 사용하고 재작업한 것이 어느 정도 권위 있는 성경 해석인지, 아니면 성경의 예를 단순히 모방한 것인지는 분명하지 않다.

몇몇 경우에 있어서 이렇게 성경을 다시 쓴 것은 실제로 적어도 어떤 공동체에서는 일종의 성경의 지위를 얻었다. 『유언집』(4Q175)에 나오는 여호수아 6:26 인용은 『여호수아 비록』 본문을 따른다. 『위-희년서』(4Q225-227 또한 4Q217, 그리고 아마도 4Q228)라고 불리는 일련의 단편들은 『희년서』를 기반으로 하여 새롭게 다시 쓴 작품이다.

이렇게 해석하여 다시 쓰는 현상은 기원전 1-2세기의 성서들과 관련한 문제에 흥미로운 빛을 비추어준다. 해석하고 다시 쓰는 바로 그 행위는 '성경' 문서들의 권위 있고 근본이 되는 특징을 지지하지만 동시에 해석하여 재작업한 문서에 권위를 부여한다.

저자를 성경의 중요한 인물에게 돌림으로써 성경을 확장시킨 문서

성경을 해석하여 재작업한 문서에 기초한 새로운 성경적 문서와는 달리, 대체적으로 또는 전적으로 새로운 저작을 성경 인물이나 저자에게 돌리는 문서들이 있다. 이 두 번째 유형은 보통 성경에 기초한 것이 아니라, 대체로 저자를 에녹에서부터 아므람에 이르는 모세 이전 인물에게 돌리는, 아람어로 쓰인 일련의 저작들로 구성되어 있다. 이 범주에는 에녹의 여러 책들, 『아람어 레위 문서』, 『창세기 비록』의 라멕과 노아 부분, 야곱과 몇몇 아들들의 유언으로 묘사되는 일련의 매우 파편적인 작품들(『갓의 유언』, 『아므람의 환상』, 그리고 아마 『새 예루살렘』)이 포함되어 있다. 또 여기에서 관련 있는 것으로는 저자가 모세(특히 『모세의 비록』)와 예레미야(『예레미야 비록C』)에게 돌려지고 있는 작품들, 그리고 다윗(11Q5에 있는 비정경적 시편; 11Q11에 있는 『시편 외서』)에게 돌려지고 있는 것으로 보이는 히브리어로 된 작품들이 포함된다.

에녹, 노아, 모세 이전 족장들이 썼다고 하는 아람어 문서는 별도의 작품군으로 다루어야 한다. 여기서 우리는 보통 선조들의 가르침을 받고 때로는 환상을 기록하며, 더욱 드물게는 성경 내러티브를 해석하여 확장시킨 1인칭 형식의 내러티브를 발견하게 된다. 1인칭 화법의 사용은 다른 아람어 문학(아히카르, 토비트)에서의 공통적인 특징으로서 (실제 작가를 보여주는 것이 아니라) 문체적 선호에 따른 것으로 간주될 수 있다. 이 아람어 문서들의 내용은 이 문서들이 마카비 시대 이전에 메소포타미아의 학문과 과학 지식을 가지고 있었던 제사장-레위 공동체 안에서 기원했을 수 있음을 보여준다. 이들은 페르시아 사상의 영향을 받고서 꿈과 환상을 통한 계시 전달뿐 아니라 성경 해석 위에 있거나 곁에 있는 선조들의 전통을 강조한다. 이러한 아람어 문서 가운데는 해석되거나 패러프레이즈된 일부 단락이 포함되어 있지만 주요한 연결점은 성경 본문이 아닌 '성경에 나오는' 조상 격 인물이다.

모세, 예레미야, 다윗과 관련하여 히브리어로 기록된 새로운 저작의 경우는 아람어 저작과는 다소 다른 범주에 속한다. 모세는 성경에서 이들이 행하는 기능에 있어서 기초가 되는 인물로 볼 수 있다. 모세가 기록했다는 이 모든 새로운 문서는 율법에 대한 구체적인 해석이 시내산에서 신적 계시로 주어진 것으로 간주되는 모세 담론에 속한다. 마찬가지로 『예레미야 비록C』는 성전 파괴 후 민족의 지도자이자 교사였던 예레미야의 이미지를 기초로 한다. 이 대부분의 문서는 저자를 선조 족장이나 기초를 이루는 인물로 지목함으로써 성경의 확장으로 보일 수 있다는 공통점이 있지만, 일부 그룹에서 일부 경우에만 성경의 지위를 얻었다. 에녹의 저작들, 『아람어 레위 문서』, 그리고 마카비2서 2:1-4과 관련된다면 아마도 『예레미야 비록C』가 여기에 해당한다.

더욱 중요한 것은 사해문서는 (『창세기 비록』과 같은) 몇몇 문서에서 단순히 문학적인 장치에서부터 조상 격 인물에 권위를 수여하여 권위 있는 성경에 새로운 해석을 제시하는 전략에 이르기까지 다양한 위명 현상에 대해 더욱 섬세한 접근 방식을 요구한다는 것이다.

주석과 페샤림에 나타나는 성경 해설

재서술된 문서와 패러프레이즈가 암시적인 해석인 반면, 특정 범주의 문서는 성경과 주석의 경계에서 분명하게 구분된다. 가장 분명한 예는 『하박국 페쉐르』('페쉐르'는 '페샤림'의 단수형—역주), 『나훔 페쉐르』, 이사야, 소예언서, 일부 시편 페샤림과 같은 이른바 연속적인 페샤림(pesharim)이다. 이는 '예언적' 성경에서 하나 또는 그 이상의 구절을 인용하고 이 인용된 구절(들)을 주석하며, 또 다음 구절을 인용하고 그것을 해석하는 식으로 구성된다. 여기에서 특징적인 것은 '피슈로'(*pišrô*, 또는 '페쉐르 하-다바르'[*pešer ha-dābar*]: "이 말씀에 대한 해석은"이라는 뜻—역주), 즉 '그 해석'이라는 용어를 사용하여 주석을 명시적으로 도입한 것인데, 이때 흔히 성경 구절의 대상을 저자 당대나 근래에 도래할 활동 대상과 동일시한다. 『사화집』(4Q174)과 『성서 연속 해설집A』(4Q177) 같은 주석들은 아마도 하나의 동일한 저술일 『종말론적 미드라쉬』 및 『멜기세덱』(1Q13)이라는 문서의 두 사본일 것인데, 그것들은 (4Q174에 나오는 용어에 기초한) 미드라쉬(midrash) 또는 '주제적 페샤림'—당면한 성서 본문을 해석하기보다, 해석에 따른 주제와 관련된 다른 구절을 해석했기 때문에—이라고 불렸다. 『창조의 시대』(또는 『시대에 대한 페쉐르』; 4Q180)는 특별한 경우로서, 창세기 본문에 대해 일련의 주석을 달면서 본문 내에서 문제가 되는 것들을 설명했다.

몇몇 필사본에는 재기록된 성서가 암시적인 주해 및 명시적인 주석과 결부되어 나타난다. 예컨대, 창세기 7-8장에 나오는 홍수 이야기를 재기록한 『창세기 주석A』(4Q252: 또는 『창세기 페쉐르』)와 같은 경우는 주로

214-215

성서 구절들로 구성되어 있는데, 창세기에서 문제시되는 부분을 계속 논의하면서, '피슈로'(*pišrô*: "그 해석은 [이러하다]"라는 뜻—역주) 기법을 동반하여 야곱의 축복 부분을 주석하는 것으로 끝맺는다. 4Q252에 나오는 이런 다양한 종류의 해석적 글이 나타나는 것은 다양한 자료를 모은 데서 기인한 것일 수 있다. 또는 (기원전 1세기에 이르기까지의) 암시적인 해석적 개작(rewriting)에서부터 기원전 1세기 전반에 존재하게 된 명시적인 주석으로의 점진적 변화를 반영하고 있는 것일 수도 있다. 하지만 명시적인 '피슈로'(그리고 '페쉐르 하-다바르'[*pešer ha-dābar*])로 시작하는 해석 도입구는 시편과 창세기 49장에 있는 야곱의 예언을 포함하여, 특히 '예언' 본문과 관련되어 사용되는데, 거기서는 다양한 주해 기법이 설명된다. 4Q180에서, 그리고 아마도 『족장 해설』(4Q464)에서도 우리는 '피슈로 알~'(*pišrô 'al~*), 곧 "그것은 ~에 관한 것으로 해석된다"는 어구가 새 주제들의 표제로서 달리 사용된 경우를 보게 된다. 4Q247의 공식적인 제목인 『주간 묵시 페쉐르』는 적어도 두 가지 면에서 오도되기 쉽다. 첫째, 드문드문 단편들로 구성된 이 문서에서는 '페쉐르'라는 용어가 나오지 않으며, 이 문서가 주해적이라는 다른 암시도 나오지 않는다. 둘째, 주간(weeks)과 관련한 도식이 (『에녹1서』에 속한) 「주간 묵시」에 나오는 것과도 일치하기는 하지만 『주간 묵시 페쉐르』의 단편이 「주간 묵시」에 나오는 구체적인 본문을 해석한다든지 다시 쓴 것이라는 암시는 나타나지 않는다.

성서를 확장, 확대, 상술하는 이 다양한 형태는 적어도 기원전 2세기 초까지 유대교가 얼마나 철저하게 경전화됐는지(scripturalized)를 강조해서 보여준다. 어떤 해석 자체가 계시와 권위성을 주장함으로써 성서와 해석 사이의 경계가 다소 변화되고 있을 수는 있지만 말이다. 또한 재서술에서 명시적인 주석으로 변화된 것 및 본문 주해로부터 (저자를) 중요한 인물에게 돌리는 비-성서 자료로의 변화도 유동적이다. 그러므로 사해문서는 다양한 주석 기술뿐 아니라 초기 유대교에서 권위를 수여하기 위한 다양한 전략을 보여준다.

경전의 재서술, 다른 전통에의 적응, 근본이 되는 인물인 모세에게 저자를 돌리는 것과 결부된 『희년서』에 특별한 주의를 기울일 필요가 있다. 더욱 중요한 것은 『희년서』 전체 안에 많은 다른 본문들이 연관되어 나타난다는 점이다. 여기에는 가장 오래된 『에녹서』와 『아람어 레위 문서』가 포함된다. 또한 『희년서』는 『성전 두루마리』와 할라카 전통을 공유하고 있으며 『위-희년서』 사본에서 모방되거나 재서술된다. 그렇게 『모세의 말』과 『예레미야 비록C』와 같은 다양한 문서가 『희년서』에 의존하고 있다.

법률 작품에서의 법 해석

(문서를) 해석하고 있는 몇몇 작품은 부분적으로 또는 전적으로 모세의 율법에 대한 해석을 다룬다. 반면에 오경 전체에는 많은 법률 자료가 포함되어 있지만 약간의 본문만이 법률문제에 초점을 두고 있다. 의심의 여지없이 가장 중요한 법률 문서는 『성전 두루마리』와 『할라크 문서』로, 후자는 현재 MMT(*Miqṣat Ma'aśê ha-Torah*: 이 문서에 나오는 구절들 중 하나)로 알려져 있다. 다른 법률 본문에는 『다마스쿠스 문서』의 법률 부분, 다양한 『토호로트』 저작의 나머지 부분, (『위경 오경A』를 포함한) 『모세 비록』, 『법조항』(4Q159; 4Q513-514), 『할라카A』(4Q251)와 『할라카B』(4Q264a), 그리고 기타 규칙(4Q265)을 포함한다.

신명기에 기초하면서도 시내산에서 하나님의 1인칭 말씀으로 제시되는 『성전 두루마리』에는 가장 방대한 법적 자료가 담겨 있다. 또한 성소, 제단, 뜰의 구조 및 절기력, 절기 희생 제물, 정결법에 대해서도 다루어진다. 그리고 이 문서에는 신명기 12-23장의 재서술이 나타나는데, 여기에는 이른바 왕의 율법 및 레위인과 십자가 처형에 관한 기타 규정이 삽입되어 있다. 이 작품은 현 시대의 유토피아적 비전, 곧 하스몬 정책과 바리새파의 통치에 대한 반박 문서로 묘사되어 왔다.

(편집자에 의해 B라고 불리는) MMT의 중앙 부분은 법적 문제들을 조사한 서한체 논고(epistolary treatise)다. 여기서는 주로 성소의 정결 문제가 다루어진다. ('우리'로 불리는) 저자는 당대 성전의 관습이나 대적자들의 견해에 (때로 성경에 호소하며) 전혀 동의하지 않는다. 몇 가지 경우에 있어서 논의의 요점은 랍비 문헌에 나타나는데, 거기서 MMT가 말하는 '우리'의 입장은 사독파/사두개파 사람들의 것으로 나오고 반대 입장은 바리새파의 것으로 나온다.

이 두 문서의 출판과 이에 이어진 연구는 사해문서 연구에 큰 영향을 미쳤다. 『성전 두루마리』가 당시에 알려진 '분파' 문서들에 상응하지 않는다는 것이 분명해졌고, 이는 이 문서 모음집에 관련되어 있긴 하지만 다른 그룹에서 유래한 작품들이 포함되어 있다는 사실을 확증해준다. MMT는 예루살렘 제사장들과 바리새파 사이의 달력에 관한 법적 논쟁을 요약하고 있는 기본적인 문서로 해석되어 왔다.

초기 유대교 연구에 있어서 이 법률 문서는 사두개파와 바리새파 사이의 법적 논쟁에 관한 랍비 문헌의 묘사들이 시대착오적인 발명(inventions)이 아니라 이미 하스몬 시대에 유행했던 논쟁임을 보여준다. 또한 법률 문서는 저 랍비 문헌들보다 훨씬 이전의 관습들을 담고 있다는 것을 입증해준다. 예컨대, 이 법률 문서는 『회중 규율』(1QSa), 『공동체 규율』(1QS), 『다마스쿠스 문서』(CD)에 설명된 '민얀'(*minyan*: 최소 10명의 남자로 구성된 무리)에 적용된다. 더욱 일반적으로, 제2성전기 유대교에 기록된 법문서가 존재한다는 것은 성경 외의 법적 전통이 (기록이 아니라) 구전으로 남아 있어야 한다는 바리새파-랍비의 규칙에 어긋난다.

법률 문서를 둘러싼 논의의 주제들은 안식일이나 정결법과 같은 기원전 2-1세기에 중요했던 문제에 빛을 비추어준다. 이는 일반적인 정결 문제를 비롯하여 특별히는 성전과 예루살렘의 정결 문제, 말하자면 안티오코스 에피파네스가 성전을 더럽힌 것에 대한 반응일 수 있는 문제를 다룬다. 이 문서집에 포함된 정결법은 일반적으로 후기 랍비 시대의 정결법보다 더욱 엄격하다. 일부 본문들은 정결 개념을 의식적 차원에서 도덕적 차원으로 확장하고 있다.

시간과 절기의 조화: 달력 문서와 연대 기록

이 문서집에는 보통 잘 보존되지 않은 소량의 달력 문서, 실제로는 목록이라고 할 수 있는 문서가 소량 포함되어 있다. 여기에는 한 달에 포함된 날의 수, 1년 364일 체계에서 거룩한 절기의 날짜, 이 달력과 관련된 제사장의 시계(미슈마로트[*mišmārōt*]), 1년 364일 가운데 매달 달(moon)의 움직임과 관련된 기록, 그리고 제6년 '미슈마로트' 주기를 제7년 쉐미타(*shemitah*)와 제49년 희년 주기를 결합한 이른바 '오토트'(*'Otot*) 목록이 나온다. 예컨대, 『오토트』(4Q319)는 『공동체 규율』(4Q259)에 대한 제4번 동굴 사본들 끝에 나타나며, 달력의 목록은 하나의 MMT 사본(4Q394)의 시작부에서 발견된다. 특별히 관련 있는 경우는 두 개의 파편적인 작품(『역사 문서D』와 『역사 문서E』; 4Q332와 4Q333)인데, 여기서는 고유명사를 포함하여 날짜 및 제사장의 시계와 관련된 역사적 사건들을 나열하고 있다.

거의 모든 달력 문서는 천체(Luminaries)를 다루는 『에녹서』와 『희년서』에서 사용됐고 또한 대부분의 문서집에 암시된—예외는 『매일 기도』(4Q503)와 『황도론과 천둥론』(4Q318)일 것이다—1년 364일을 입증한다. 이 문서들은 해석 활동의 결과로서 안식일과 절기 날짜뿐 아니라 제사장의 시계와 더 큰 주기들에 관한 다양한 성서 규정을 통합하여 일관성 있는 체계를 만들려는 시도로부터 나왔다. 많은 전례 문헌들이 저 달력 체계에 기초하고 있고, 따라서 이 목록은 제사장의 봉사와 전례/절기를 위한 법적 근거로 간주될 수 있다. 364일 달력과 다른 유대 자료에 나타나는 354일 달력 사이의 차이는 중대하다. 이는 서로 다른 절기력을 암시하며 초기 유대교 내에서 주요한 분열을 야기했을 것이기 때문이다.

성경의 사용/시행(performing): 전례와 시 문서

사해문서에 있는 몇몇 시적 문서에는 전례나 의식(ritual)에 사용하려는 의도를 나타내는 분명한 표식들이 있지만, 다른 시 모음집에는 그러한 증거가 나타나지 않는다. 많은 문서가 찬송이나 기도로 분류될 수 있을 것이다. 여기에는 매일 있는 저녁/아침 축복 전례, 매 요일에 따른 기도들, 안식일 희생 제사를 위한 노래, 절기에 드리는 기도 등이 포함된다. 이 모든 본문들은 공(公)기도 시간을 위한 가장 오래된 전례를 보여주는 기록이다. 학자들은 두 가지 질문으로 나뉜다. 첫째 질문은 이 공기도 시간을 위한 전례들이 특히 분파적인 것인지, 아니면 제2성전기를 대체로 대표하는 것인지 하는 것이다. 두 번째 질문은 이 기도들이 랍비의 기도 자료와 어떠한 관련이 있는지 하는 것이다. 기원전 150년경의 『천체 이야기』(4Q504)는 고문서적 연대와 분파적 용어가 분명하게 나타나지 않기에 분파가 생기기 이전의 문서로 제안되어 왔다. 이 작품은 에녹서의 「주간 묵시」에 나오는 것과 동일하게 역사의 시대를 구분했는데, 이는 에녹계 저작들과 관련된 기원을 보여주는 표식일 수 있다. 사해문서의 기도들과 랍비 문헌의 기도들 사이에 일치하는 주제와 어휘가 많이 제안됐는데 각기 고유한 표현을 가진 경우는 매우 드물다. 더욱 일반적으로 두 그룹에서 사용된 기도의 어휘와 특징은 성경에 기초하고 있으며 구체적으로 공유하고 있는 특징들은 아마 문서에 직접 의존했다기보다는 공통된 전통의 흐름에 기인한 것으로 볼 수 있다. 두 문서집 사이에는 직접적인 관계가 없지만 사해문서는 야브네(Yavneh) 회의 이후 등장한 고정된 기도가 새로운 발명이 아니라 제2성전기에 이미 존재하고 있었던 관습들을 제도화한 것임을 보여준다.

경외와 신비의 언어로 인해 신비주의로 특징지어지는, 『안식일 희생제사 노래』(4Q286-290)와 『신비C』(4Q301)에 나오는 찬송 자료에서도 비슷한 비교의 문제가 제기될 수 있다. 헤칼로트 문헌(Hekhalot literature)이 중세의 다양한 신비주의 관습을 보여주고 있지만 헤칼로트에 나타나는 찬송들의 양식은 저러한 제2성전기 전거들에 기초를 두고 있는 것처럼 보인다.

『축복』, 『정결』, 『전례』 및 축귀의 성격을 가진 기도들과 노래들에는 특정한 의식이 동반되는 반면, 『호다요트』, 『나의 영혼을 축복하라』, 『비정경 시편』 같은 저작은 개인 기도나 독서, 공동의 낭독을 위해 저작됐다. 제1동굴과 제4동굴에서 출토된 다양한 『호다요트』 모음집은 큰 제1동굴의 『감사찬양 두루마리』 가운데 있는 매우 독특하고 개인적인 노래와는 확연히 구분된다. 『호다요트』의 노래들은 고통에서 해방시키고 기적을 계시하며 낮은 자들을 가르치도록 찬송을 입에 두게 하신 하나님을 찬양하는 한 지도자의 자전적 표현으로 읽혀 왔다. 이 노래들은 다른 찬송들보다도 하나님의 크심과 사람의 작음을 대조한다. 『호다요트』 저자가 페샤림에 언급된 '의의 교사'일 수 있다는 제안(그래서 '교사의 찬송'이라는 이름이 붙었다)은 매력적이지만 여전히 가설로 남아 있다. 몇몇 『호다요트』 모음집에는 공동체 찬양도 포함되어 있다(이때 찬양에 나오는 '나'[I]란, 그룹의 개별적인 구성원을 가리킬 수도 있다).

과거 학계는 일반적으로 찬송과 기도의 문집 양식(anthological style)만을 언급했지만, 이것들은 분명 다양한 측면에서 종종 경전화됐다. 이들은 성서의 언어를 사용하면서도, 종종 특정 본문들을 해석했고 또한 암시하기도 했다. 때로는 성서의 패턴을 사용하면서도, 1QH[a] XI과 『비정경 시편B』(4Q381)의 '하나님의 사람의 기도'에 나오는 시편 18편과 같이 성경의 특정 부분들을 모방하거나 재작업하기도 했다.

존재하는 모든 것 이해하기: 지혜 문서

'지혜 문학'이라는 용어는 일반적으로 다음과 같은 특징들 중, 모두를 포함할 필요는 없지만, 몇 가지를 포함하는 경우에 적용된다. 이는 곧, (1) 교육적 또는 권면적 문체, (2) 실천적, 격언적, 교훈적 충고, (3) 창조, 인간 본성, 사회의 질서에 대한 지적 반성, (4) 인간의 삶의 의미와 죽음 이후의 운명, (5) 분명한 지혜 관련 용어이다. 사해문서에서 가장 실질적인 지혜 문서는 매우 다른 세 개의 작품(4QInstruction, 『신비의 책』, 『지복』)이 있다. 4QInstruction은 삶의 다양한 문제들에 대한 실제적인 조언과 종말론적 심판 묘사를 결합하고 있는 작품이다. 여기에는 예정된 창조 질서와 인간 존재의 본성에 대한 담화도 나온다. 이는 부분적으로 창세기에 대한 주석에 기초하고 있으며 천사의 세계에 대한 관심을 내비친다. 본문에 담긴 여러 차원의 담론과 다양한 주제 및 화자는 이 작품이 특정 종교의 교사 그룹을 위한 지침서였을 가능성을 시사한다.

『신비의 책』은 예언서 해석에 기초한 종말론적 심판 묘사로부터 격언적인 수수께끼, 반대자에 대한 조롱, 성전 문제에 대한 법적 논쟁, 4Q301에 나오는 헤칼로트 같은 찬양에 이르기까지 다양한 자료로 구성되어 있다. 『지복』(과 『악녀의 계략』)은 잠언 1-9장을 종말론적으로 재서술한 것으로 특징지어질 수 있으며, 다른 지혜 작품들보다는 더욱 균일한 모습을 띤다.

4QInstruction과 『신비의 책』은 (어느 정도) 더욱 오래된 지혜 전승의 변형을 보여준다. 이 작품들은 본래 비유대인의 과학 개념(예, 정신에 대한 플라톤의 개념 및 별자리)을 적절하게 적용하고, 지상의 실재뿐 아니라 초월적 실재까지도 포함하도록 지혜 주제를 확장하고 있다. 통찰을 얻는 일은 (성경 주해를 포함하여) 진리의 추구 및 초월적 비밀을 깨우치게 하는 신적 조명에 달려 있다. 우리는 이 현상을 지혜의 묵시화라고 부를 수 있을 것이다. 초월적 실재에 대해 덜 사변적이지만, 신적 심판에 대한 관심은 『지혜 작품』(4Q185) 및 『지복』에도 나타난다. 실천적이고 종교적인 가르침과 종말론 사이의 연결은 교훈적인 기능을 가졌을 수도 있겠지만, 이는 모든 것을 알고 있다는 특정 필사자나 교사의 지위를 반영하는 것처럼 보이기도 한다.

그러한 필사자의 지혜에 관한 관심은 4QHoroscope (4Q186), 4QPhysiognomy (4Q561), 4QZodiology and Brontology (4Q318), 그리고 아마도 에녹서의 천문학서, 4QLunisolar Calendar (4Q317)와 같은 다양한 천문학 문서에도 나타난다고 볼 수 있다.

사해두루마리 속 지혜 문서들의 가장 주요한 기여는 비유대 개념들의 차용과 다양한 문학 장르의 혼합을 포함하여 다양한 종류의 지식의 결합을 보여준다는 데 있다. 이는 이용 가능한 모든 학문과 지식의 분야를 통합하려는 새로운 종류의 유대 학자의 등장을 암시한다.

마지막에 대한 상상: 묵시록과 다른 종말론적 문서

사해문서에는 어떤 방식으로든 미래의 일에 대해 중점을 둔 다종의 문서들이 포함되어 있다. 거기에는 에녹의 이름이 붙은 문서나 『새 예루살렘』과 같은 많은 아람어 묵시록과 환상 기록들이 포함된다. 여기에 『야곱의 환상』 같은 문서뿐 아니라, 『다니엘 외서』(4Q246), 위-다니엘 저작들(4Q243-245), 그리고 아마도 『네 왕국』(4Q552, 4Q553, 4Q553a)과 같이 다니엘서나 인물 다니엘과 관련된 문서를 꼽을 수 있다. 우리는 또한 『미가엘의 말』(4Q529, 4Q571, 6Q23)과 또 다른 파편적인 환상적/예언적 아람어 사본을 더할 수 있다. 대부분의 묵시론적이고 환상적인 작품들이 아람어로 기록됐다는 것은 주목할 만하다. 이는 저런 문서들에 대한 문학적 선호나 특별한 출처를 반영하는 것일 수 있다.

『환상과 해석』(4Q410)과 『내러티브A』(4Q458)를 가능한 예외로 둔다면(저 두 문서가 본래 히브리어로 쓰였을 가능성이 있기 때문이다—역주) 히브리어로 쓰인 종말론적 문서들이 환상의 형태를 갖는 경우는 거의 없다. 대신 『의의 때』(4Q215a), 『새롭게 된 땅』(4Q475), 『메시아 묵시』(4Q521)를 비롯한 메시아 시대와 부활에 관한 저작과 같이 종말의 때에 대한 시적 묘사를 담은 저작뿐 아니라 '마지막 때'를 위해 회중이 지켜야 할 규율과 축복과 같은 문서들(1QS[a], 1QS[b])도 존재한다. 사해문서에는 종말론적 전쟁에 관한 일련의 사본이 있지만 이는 매우 다양하다. 이 문서들은 천사들의 도움을 받는 빛의 자녀들과 벨리알의 도움을 받는 어둠의 자녀들 사이의 마지막 전쟁을 묘사하고, 전쟁의 여러 단계에서 드려질 기도들을 기록하고 있다. 또 지혜 문서들이나 「두 영에 관한 논고」(1QS 3-4) 같은 다른 작품들도 종말론적 부분을 담고 있다.

이 종말론적 문서들은 동질적인 세계관을 제시하지 않는다. 예컨대, 동일한 메시아 기대를 공유하지 않는 것처럼 보인다. 종말론적 문서들이 가진 세 가지 일반적인 양상은 초기 유대교 연구에 기여할 만하다. 첫째, 아마도 에녹서를 포함하여, 히브리어로 기록된 대부분의 종말론적 작품들은 (구약)성경 해석에 기초하고 있다. 예를 들어, 『전쟁문서』에 나오는 정결에 관한 규율은 민수기의 규정을 본뜬 것이며, 이 문서에 나오는 기도들은 성경에서 묘사되는 여타 승리들을 보여준다(예, 골리앗을 쓰러뜨린 다윗). 더욱이 『의의 때』와 『새롭게 된 땅』은 모두 예언서에 기초를 두고 있다. 둘째, 전쟁 두루마리들, 1QS[a], 1QS[b]—정결에 대한 가르침, 다른 법적 논쟁뿐 아니라 찬송, 기도, 축복을 포함하여—에 나오는 기술적인(descriptive) 요소와 규범적인(prescriptive) 요소의 융합은 이런 문서들이 실제 상연되도록(performative) 사용됐음을 시사한다. 셋째, 이 종말론적 작품들은 역사의 시대 구분(periodization), 종말에 대한 기대, 천상 세계와의 교통, 종말론적 전쟁과 같은 일련의 다양한 묵시론적 주제들을 보여준다. 이 주제는 사해문서 안팎의 다른 작품들 가운데서도 발견되며 그렇기에 더욱 넓은 종말론적 사상을 반영한 것으로 볼 수 있다.

율법으로 돌아가기: 『공동체 규율』과 관련 문서들

사해문서에는 이른바 '공동체 규율'이라고 불리는 몇 가지 문서들이 있는데, 가장 중요한 것으로서 '세레흐 하-야하드'(*Serekh ha-Yaḥad*, 『공동체 규율』)가 있고 특히 1QS 5-9, 4Q256, 4Q258, 소위 『다마스쿠스 문서』, '세레흐 하-에다'(*Serekh ha-Edah*, 『회중 규율』)의 핵심 내용이 중요하다. 이 각각의 문서는 특정 공동체로의 입회, 조직과 관리, 구성원의 책임, 모임의 구성에 관한 규칙들을 제공한다. 『다마스쿠스 문서』와 『공동체 규율』은 법 위반과 처벌과 같은 문제를 논하면서 공동체의 목적을 어느 정도 구체적으로 설명한다. 일반적으로 이 규칙들은 고대의 자발적인 단체의 다른 규칙들과 비교될 수 있다. 이 두 큰 규칙에는 다른 규칙들에는 존재하지 않는 항목들이 있다. 이와 같이 『다마스쿠스 문서』에는 안식일과 정결법들을 포함하여 역사에 대한 반성적 평가와 실질적인 법률 부분이 대거 포함되어 있다. 1QS를 포함한 『공동체 규율』의 몇 가지 판본에는 매년 진행되는 언약식에 대한 묘사와 「두 영에 관한 논고」가 포함되어 있고 감사 찬양으로 마무리되는 반면 4Q259에 보존된 다른 판본은 달력 문서(*'Otot*)로 끝맺어진다.

주요한 규칙들로 묘사된 공동체들은 서로 다른, 다양한 양상을 보인다. 『다마스쿠스 문서』는 다양한 공동체를 묘사하고 있지만 이스라엘 가정으로 구성된 회중 또는 이스라엘 전역에 있는 도시와 진영에 살았던 가족들에 초점을 두고 있다. 이들은 정확한 율법 해석에 따라 모든 이스라엘에게 적용되어야 할 모세의 율법으로 돌아가겠다고 결정한 자들이다. 『공동체 규율』은 다른 장소에 있는 공동체들을 지칭하는 데 다른 단어, '야하드'(*yaḥad*)를 사용한다. 이 규칙서에서는 결코 여자나 가족이 언급되지 않고 오로지 '공동체의 남성들'만 언급된다. 이 문서 역시 모세의 율법으로 돌아가겠다는 맹세를 언급하고 공동체 생활을 강조하며 자신의 재산을 지도자에게 넘겨줄 것을 역설하며 복잡한 입회 절차를 묘사한다. 두 규칙서 모두 더 높은 차원의 거룩의 완전함을 갈망하는 하부 그룹(subgroup)을 언급하는데, 이는 『다마스쿠스 문서』 7단에서는 지나가듯 언급되는 반면 『공동체 규율』에서는 어느 정도 더 높은 수준의 거룩함을 가진 12명의 남성과 3명의 제사장으로 구성된 실제적인 또는 이상적인 하부 그룹에 대해 다룬다. '회중'과 '야하드 의회' 모두를 언급하는 『회중 규율』에서는 회중과 '야하드'를 구분하는 것은 결코 쉽지 않다고 경고한다. 사해문서의 몇몇 사본들은 『다마스쿠스 문서』 또는 『공동체 규율』과 직접 연관되어 있을 수 있는데, 이는 다른 곳에서는 이와 같은 조직에 관한 표현들이 발견되지 않기 때문이다. 따라서 예컨대, '공동체'라는 용어('야하드'를 가리킴—역주)는 『공동체 규율』과 『회중 규율』 밖에서는 매우 드물게 나오는데, 이 용어를 가지고 있는 다른 소수의 사본들은 이와 동일한 그룹을 지칭하는 것처럼 보인다. 이는 몇몇 페샤림, 『잡다한 규칙』(4Q265)과 『수확』(4Q284a)과 같은 법률 문서, 1QS 2단에서 언급된 것과 매우 유사한 축복과 저주를 포함하고 있는 전례 문서 『축복』에 적용된다. 또 다른 문서인 『감독의 책망』(4Q477)은 『다마스쿠스 문서』와 『공동체 규율』에 묘사된 책망이 기록되어 있고, '야하드'에 대해서도 언급하고 있다. 의의 교사는 『다마스쿠스 문서』에 나타나며 몇몇 페샤림, 특히 '야하드' 역시 언급하고 있는 『하박국 페쉐르』에서 특별한 역할을 한다. '감독' 및 연례 의식을 언급하고 있는 『공동체 의식』(4Q275)과 『공동체 규율』(5Q13)의 파편적인 사본은 주요 규칙들 중 하나와 연결될 수도 있다.

이 문서들을 자체적으로 놓고 볼 때, 이 여러 가지 규칙들은 율법에 대한 서로 다른 해석에 기초한 초기 유대교 공동체 또는 운동의 형성, 조직, 관습, 신앙에 관한 양상들을 들여다보게 해주는 전례 없는 통찰을 제공해준다.

223–224

사해문서의 성질과 의의

특정 조직적 표현 외에 규칙 두루마리들은 공동체 의례, 달력 문제에 대한 불일치, 일상 관습에 대한 법적 판결, 우주론적이고 윤리적인 이원론 세계관, 묵시론적 또는 종말론적 기대, 성경과 권위에 대한 관점을 보여준다. 사해문서의 다른 많은 문서는 동일하거나 비슷한 관심 또는 관점을 내비치며, 이따금 동일한 어구로 표현된다. 예를 들어 1QS의 도입부는 '빛의 아들들'과 '어둠의 아들들'이 대립한다는 점에서 1QM과 직접 연결된다. 또는 앞서 논의한 것을 상기해 보자면 우리는 지금 제4동굴의 달력 문서를 알고 있기에, 곧 『공동체 규율』 끝에 있는 「마스킬의 찬송」 및 『다마스쿠스 문서』 모두에 1년 364일 달력, 곧 『공동체 규율』 사본 중 하나에 '오토트'가 포함되어 있기에 더더욱 분명해진 달력을 어떻게 제시하고 있는지 쉽게 인지할 수 있다. 세 번째 예는—두 규칙서를 포함하여 다양한 저작들에서—법, 찬송, 가르침의 '마스킬'(*maśkîl*)에 돌리고 있는 것인데, 이는 이 현자가 저것들을 낭독하거나 가르쳤다는 것을 의미할 것이다. 다른 경우에 문서들 사이의 관련성은 『예레미야 비록』과 『다마스쿠스 문서』 사이에 공유되고 있는 것 같이 다양한 공유 지점을 가지고 있다.

그러한 연결은 사해문서 안에 있는 많은 작품들이 상호 연결되어 있고, 또한 『다마스쿠스 문서』와 『공동체 규율』에 묘사된 운동—그리고 아마도 『희년서』와 『성전 두루마리』를 다루었던 공동체 역시도—을 포함하는 초기 유대교 내의 흐름과 관련되어 있다는 것을 보여준다. 다양한 문서와 공동체 사이의 정확한 관계를 해명하는 것은 학계의 과제다. 하지만 『다마스쿠스 문서』와 『공동체 규율』의 다양한 판본과 저 작품들 안에 있는 다양한 층의 존재 가능성은 초기 유대교의 흐름 내에서 다양한 운동과 저작들이 유동적이었다는 사실과 서로의 영향을 주고받으며 변화됐다는 사실을 보여준다. 이처럼 다른 작품의 사본들 역시도 사용되기 위해서는 또는 특정 필사자들이나 운동들의 이익을 지지하기 위해서는 편집됐거나 개정됐을 수 있다. 이는 예컨대 제4동굴에 있는 『아람어 레위 문서』에서 우리가 이미 보았던 현상이다.

사해문서의 모든 필사본들이 동굴에 보관되기 전에 단일한 모음집을 형성했다는 증거는 없다. 또한 우리는 그런 점에서 동일한 시간, 동일한 장소에 있었던 사본들이 모두 활발하게 읽히고 연구됐는지, 혹은 단순히 보관만 되어 있던 것인지 알 길이 없다. 심지어 제4동굴의 용도—도서관인지, 저장고인지, 일시적인 은닉 장소인지, 아니면 게니자(*genizah*: 종교 문서/물건을 보관하는 유대교 회당의 창고)인지—도 불확실하다. 그리고 우리는 쿰란 근처의 여러 동굴에 책들이 모이게 된 정확한 역사적 배경을 알지 못한다. 하지만 사본들의 내용으로부터 우리는 사해문서가 당시 이용 가능했던 온갖 종류의 유대 문서들을 무작위로 반영하고 있는 것이 아니라 초기 유대교의 특정한 흐름을 대표하고 있다고 결론 내릴 수 있다.

두 가지 핵심적인 관점이 사해문서를 구성하고 있다. 첫째, 모음집은 전체적으로—『희년서』와 『성전 두루마리』에서부터 페샤림, 법률 문서, 『모세의 비록』에 이르기까지—재작업과 다양한 정도의 재서술에서부터 새로운 성서, 주해, 주석으로의 확장에 이르기까지 성경을 해석하기 위한 다양한 방식의 전략을 보여준다. 사해문서의 일부 본문은 암시적으로, 다른 일부 본문은 명시적으로, 성경의 정확한 해석이 지금까지 감추어져 왔던 것들(즉, 성경에는 포함되어 있지 않은 것들)에 대한 신적 계시에 따른 주해를 통해 가능하다고 이야기한다. 해석된 성경의 권위는 전통적으로 '재서술된 성경'을 넘어서서 『호다요트』 같은 찬송과 기도에도 주어진다. 사해문서 연구에 있어서 이 관점은 성경과 다른 저작들 사이, 그리고 계시와 해석 사이를 구별하게끔 하는 더욱 정교한 방식을 요구한다.

둘째, 사해문서는 대체로 『희년서』 및 『성전 두루마리』와 관련될 수 있는 법 해석 전통을 반영하고 있다(이 두 작품 사이의 차이에도 불구하고 말이다). 가장 결정적인 요소는 종교 절기력의 기초가 되는 1년 364일 체계 달력이다. 이는 사해문서의 다양한 문서(예, 『희년서』, 『성전 두루마리』, 제11동굴에 있는 『시편 두루마리』, 『다윗의 작품』, 『창세기 주석A』, 『안식일 희생제사 노래』, 그리고 다양한 달력 문서들) 안에서 명시적으로 언급되거나 암시된다. 이 1년 364일 절기력이 실제로 성경 해석에 따라 고안됐는지, 셀레우코스 시대 이전에 이미 어떤 형태로든 시행됐는지는 알기 어렵다. 두 경우 모두, 성전에서 관찰되는 바와는 달리, 364일 달력을 고수하는 일은 사해문서에 나타난 다양한 공동체 및 운동과 연관된다.

이러한 관점으로부터, 그리고 우리가 가진 논쟁의 여지가 없는 역사적 자료가 제한적일지라도, 사해문서를 주로, 성경 및 공유된 법 전통에 대해 공통된 해석 방식을 가진, 상호 연관된 다양한 공동체와 운동으로 구성된, 특정 초기 유대교의 활동의 산물로서 연구하는 것이 가장 바람직할 것이다.

225-226

참고 문헌

Alexander, Philip. 2006. *The Mystical Texts: Songs of the Sabbath Sacrifice and Related Manuscripts*. London: Clark.

Berthelot, Katell, and Daniel Stökl Ben Ezra. 2010. *Aramaica Qumranica: Proceedings of the Conference on the Aramaic Texts from Qumran in aix-en-Provence, 30 June–2 July 2008*. Leiden: Brill, 2010.

Collins, John J. 2002. *Apocalypticism in the Dead Sea Scrolls*. London: Routledge.

———. 2010a. *Beyond the Qumran Community: The Sectarian Movement of the Dead Sea Scrolls*. Grand Rapids: Eerdmans.

———. 2010b. *The Scepter and the Star: The Messiahs of the Dead Sea Scrolls in Context*. 2d ed. Grand Rapids: Eerdmans.

———. 2012. *The Dead Sea Scrolls: A Biography*. Princeton: Princeton University Press.

Dávid, Nóra, Armin Lange, Kristin De Troyer, and Shani Tzoref, eds. 2012. *The Hebrew Bible in Light of the Dead Sea Scrolls*. Göttingen: Vandenhoeck & Ruprecht.

Dimant, Devorah, ed. 2012. *The Dead Sea Scrolls in Scholarly Perspective: A History of Research*. Leiden: Brill.

Duhaime, Jean. 2004. *The War Texts: 1QM and Related Manuscripts*. London: Clark.

Falk, Daniel K. 2007. *The Parabiblical Texts: Strategies for Extending the Scriptures among the Dead Sea Scrolls*. London: Clark.

Fields, Weston W. 2009. *The Dead Sea Scrolls: A Full History*. Vol. 1. Leiden: Brill.

Flint, Peter W., and James C. VanderKam, eds. 1998-1999. *The Dead Sea Scrolls after Fifty Years: A Comprehensive Assessment*. 2 vols. Leiden: Brill.

García Martínez, Florentino. 1996. *The Dead Sea Scrolls Translated*. 2d ed. Grand Rapids: Eerdmans.

———. 2008. "¿Sectario, no-sectario, o qué? Problemas de una taxonomía correcta de los textos qumránicos." *RevQ* 23/91: 383-94.

Goff, Matthew J. 2007. *Discerning Wisdom: The Sapiential Literature of the Dead Sea Scrolls*. Leiden: Brill.

Grossman, Maxine, ed. 2010. *Rediscovering the Dead Sea Scrolls: An Assessment of Old and New Approaches and Methods*. Grand Rapids: Eerdmans.

Jokiranta, Jutta. 2005. "Identity on a Continuum: Constructing and Expressing Sectarian Social Identity in Qumran Serakhim and Pesharim." Dissertation, University of Helsinki.

Lange, Armin, with Ulrike Mittman-Richert. 2002. "Annotated List of the Texts from the Judaean Desert Classified by Content and Genre." In *The Texts from the Judaean Desert: Indices and an Introduction to the Discoveries in the Judaean Desert Series*. Ed. Emanuel Tov. Oxford: Clarendon, 115-64.

Lim, Timothy H. 2002. *Pesharim*. Sheffield: Sheffield Academic Press.

———, and John J. Collins, eds. 2010. *The Oxford Handbook of the Dead Sea Scrolls*. Oxford: Oxford University Press.

Parry, Donald, and Emanuel Tov, eds. 2004–2005. *The Dead Sea Scrolls Reader*. 6 vols. Leiden: Brill.

Reed, Stephen A. 2007. "Find-Sites of the Dead Sea Scrolls." *DSD* 14: 199–221.

Schiffman, Lawrence H. 2008. *The Courtyards of the House of the Lord: Studies on the Temple Scroll*. Leiden: Brill.

———, and James C. VanderKam, eds. 2000. *Encyclopedia of the Dead Sea Scrolls*. 2 vols. New York: Oxford University Press.

Schofield, Alison. 2009. *From Qumran to the Yaḥad: A New Paradigm of Textual Development for the Community Rule*. Leiden: Brill.

Shemesh, Aharon. 2009. *Halakhah in the Making: The Development of Jewish Law from Qumran to the Rabbis*. Berkeley: University of California Press.

Tov, Emanuel. 2004. *Scribal Practices and Approaches Reflected in the Texts Found in the Judean Desert*. Leiden: Brill.

Ulrich, Eugene. 1999. *The Dead Sea Scrolls and the Origins of the Bible*. Grand Rapids: Eerdmans.

VanderKam, James C. 2010. *The Dead Sea Scrolls Today*. 2d ed. Grand Rapids: Eerdmans.

———. 2012. *The Dead Sea Scrolls and the Bible*. Grand Rapids: Eerdmans.

227

Vermes, Geza. 1997. *The Complete Dead Sea Scrolls in English*. New York: Lane.

White Crawford, Sidnie. 2008. *Rewriting Scriptures in Second Temple Times*. Grand Rapids: Eerdmans.

Zahn, Molly M. 2011. *Rethinking Rewritten Scripture: Composition and Exegesis in the 4QReworked Pentateuch Manuscripts*. Leiden: Brill.

그리스어로 저술된 초기 유대 문헌

카텔 베르텔로(Katell Berthelot)

다양하고 많은 수의 초기 유대 문헌이 그리스어로 저술됐지만, 그것들 중 많은 수가 교부들이 인용한 발췌문으로만 남아 있다. 그리스어를 모국어로 하는 디아스포라 유대 사상과 문헌에 대한 우리의 지식의 상당한 정도가 기독교 저자들과 필사자들이 유대 자료들을 인용하고 필사한 정성에 달려있다. 그러나 기독교인 전달자들의 선별적인 관심과 변증적 과제는 그들에게 쓸모 있는 것들만 전수됐다는 것을 의미한다. 이러한 작품들은 유대교에도 가치 있는 자료일 뿐 아니라 헬레니즘과도 관련된다. 종합하면, 그리스 문학 장르, 신화적 인물, 철학적 개념을 창조적이고 비평적이면서도 때로는 전복적으로 사용하면서, 유대인들이 유대적 정체성을 유지하고 또한 헬레니즘 문화의 여러 측면을 포용할 수 있었다는 것을 보여준다. 이러한 작품들 중 많은 수는 성경 전통에서 영감을 받았고, 주석적 문제들을 해결하려고 시도하거나, 그것들을 재구성했다. 또한 어떤 작품들은 유대 독자들의 정체성을 강화하기 위해 이방 종교에 대한 유대교의 우월성을 드높였다.

자료의 본질

여러 그리스어 본문들은 원어가 히브리어 혹은 아람어이기 때문이거나(예, 마카비1서와 토비트), 유대적 기원이 불분명하기 때문에(예, 아마도 이방 작가들인 듯한 탈루스와 테오필루스의 글), 혹은 크게 수정됐거나, 혹은 아마도 심지어 기독교인들이 저술했을 것이기 때문에(『바룩3서』, 『바룩4서』, 『아브라함의 유언』), 혹은 저술된 언어가 불분명하기 때문에(『에녹2서』, 『아담과 이브의 생애』), 여기에서 논의하지 않을 것이다. 원래 히브리어 혹은 아람어로 저술된 문헌들의 그리스어 번역을 제외한다는 것은 우리가 칠십인역 자체를 다루지 않을 것임을 의미한다. 그러나 칠십인역 안에서도 본래 그리스어로 저술된 문헌은 다루어질 것이며, 그리스어로 저술한 많은 유대인 저자들이 칠십인역을 사용했고 그 용어들에 영향을 받았다는 사실은 종종 강조될 것이다.

그리스어로 쓰인 유대 저술들만이 헬레니즘적 유대 문헌 혹은 유대-헬레니즘적 문헌으로 분류되는 것이 아니다. 헬레니즘 시대와 초기 로마 시대에 생산된 모든 유대 문헌들은 기록된 언어에 상관없이 '헬레니즘적'이라고 분류될 수 있다. 이러한 이유로 '헬레니즘적'이라는 용어는, 기원전 4세기 알렉산드로스 대왕의 정복에서 기원전 1세기 말에 이르는 시대적 문구로서의 의미만 명확할 뿐, 너무 막연한 용어다. 그것은 또한 다른 문제를 야기할 수 있다. 진정한 유대교는 반드시 히브리어 또는 아람어로 표현되어야 한다고 믿는 자들에게, '헬레니즘적'이라는 용어는 경멸적인 함의를 전달할 수 있다. 더욱이 헬레니즘은 그 자체로 다른 문화들, 즉 그리스-마케도니아인들과 그들이 정복한 동쪽 민족들의 문화가 뒤섞여 있다. '헬레니즘화'된 것으로서 그리스어로 저술된 몇몇

228-229

유대 문헌들을 규정하는 것은 헬레니즘과 유대교가 두 가지의 전혀 다른, 본질적으로 적대적인 문화적 현상들이라는 것을 암시한다. 이는 마카비2서의 저자에 의해 명확하게 기술됐지만 반드시 당대의 역사적 현실을 반영하는 것은 아니다. 그리스와 유대의 문화 사이의 관계는 훨씬 더 복잡하다.

몇몇 관련된 문헌들이 비극(비극작가 에스겔)과 서사시(테오도토스)와 같은 독특한 그리스 장르를 채택하고 있기에 그리스어로 저술된 유대 문헌이라고 부르는 대신에, 유대적인 성격을 지닌 그리스어 문헌이라고 말할 수 있을 것이다. 후자의 표현이 사용될 때 초점은 처음부터 문헌의 유대적 성격에 놓이며 언어적 측면은 부차적이라는 것을 암시한다. 그러나 우리는 고대 유대 문헌을 어떻게 정의할 것인가? 무엇이 고대 문헌을 유대적인 것으로 만드는가? 학자들은 전통적으로 두 기준에 호소한다: (1) 성경 전통에 기초하거나 독특한 유대적 주제 또는 어휘를 담고 있는 내용, (2) 신뢰할 만한 외부 출처에 의해 입증되거나 이름이나 주제로부터 추론되는 저자의 유대성(이는 다시 첫 번째 기준으로 되돌아가게 한다). 이 기준은 몇 경우에서 한계를 지닌다. 위-포퀼리데스의 『금언』이 좋은 예다. 여러 세기 동안 이 문헌은 유대 문헌이 아니라, 기원전 6세기 그리스 시인인 포퀼리데스의 원작으로 간주됐다. 16세기가 되어서야 조제프 스칼리제르(Joseph Scaliger)에 의해 이 문헌이 유대적 기원을 지닌다는 점이 주장됐다. 문헌의 내용은 저자가 유대인이라는 것을 독자가 식별할 수 있을 정도로 명백하게 유대적이지 않다. 이 흥미로운 예는 그리스 철학자 혹은 역사가의 작품이라고 여겨지는 그리스 문헌이 유대 문헌일 수도 있다는 점을 우리에게 알려준다. 모든 유대 문헌이 '명백하게 유대적인' 것은 아니다.

229-230

정보의 부족으로 인해, 우리는 그들의 문화적 유산 및 종교적 전통과의 관련성이 나타나지 않거나, 유대교의 특징적 측면들과 거의 또는 전혀 관련이 없는 주제에 대해 글을 쓰고 있는 유대인들의 문헌 모음들을 제외해야 한다. 반대로 유대인은 아니지만 유대 작품들을 발췌한 작가(예, 알렉산드로스 폴뤼히스토르) 또는 초기 유대 저자들과 대화하는 방식으로 유대인/유대교를 언급한 저자들을 지나가면서 언급할 것이다(예, 마네토, 아피온).

우리가 조심해야 하는 또 다른 이유는 그리스어로 쓰인 거의 모든 유대 문헌들이 그리스도인들을 통해서 우리에게 전해졌다는 것이다. 더군다나 몇몇 교부들—특히 알렉산드리아의 클레멘스와 에우세비오스—은 기원전 1세기에 활동한 그리스 역사가인 알렉산드로스 폴뤼히스토르에 의존한다. 증거는 이렇듯 간접적이기에, 작품이 소실된 유대 저자들의 직접적인 언급(*ipsissima verba*)을 지금 우리가 가지고 있다고 생각해서는 안 된다. 더군다나 아리스토불로스, 에우폴레모스, 아르타파누스와 같은 초기 유대 저자들을 인용한 교부들은 있는 그대로 유대 문헌들을 보존하려 하지 않았다. 그러한 초기 유대 저자들은 켈수스와 포르퓌리오스와 같은 이방 비평가에 응답하기 위해 성경적 계시의 고대성에 대한 증거를 찾고 있었다. 그들이 궁극적으로 보여주기를 원했던 것은 기독교가 새로운 종교가 아니라 아주 오래된 뿌리를 지녔으며 심지어 그리스 문명 그 자체보다도 더 오래된 훌륭한 종교라는 것이었다. 유대 저자들이 유대 민족의 고대성과 더불어 모세가 호메로스, 퓌타고라스, 플라톤에게 끼친 영향을 공들여 입증하려고 했기 때문에, 그들의 저작들은 교부들이 논증에 사용하는 데 시의적절한 자료의 보고였다. 그들은 또한 요세푸스가 예수와 동시대 사건들에 대해 언급한 것들, 제

230

1차 유대 전쟁에서 유대인들의 패배가 유대 민족의 죄에 대한 징계였다는 입장 및 요세푸스의 기록에 대한 후대 기독교의 해석(유대인들이 예수를 거부하는 죄를 지었다는 것)을 중요하게 여겼다. 필론의 경우는 달랐는데, 이는 많은 교부들이 필론의 작품을 진심으로 존경했고 그의 알레고리적 주해로부터 영감을 받았기 때문이다. 그럼에도 교부들은 자신들의 목적, 즉 분명히 변증적인 목적을 염두에 두고 그리스어로 쓰인 유대 문헌들을 사용했다. 그들은 문맥을 생략하거나 본문을 수정하는 방식으로 인용하고자 하는 작품들을 자주 조작했다. 요약하자면 그리스어로 저술된 유대 문헌이 보존되고 전수되는 과정 그 자체에 문제가 있었다. 결국 이는 교부들이 사용한 유대 문헌들 중 많은 본문이 어째서 성경을 재서술하고 해설하고 언급했는지 그 이유를 설명하는 데 도움이 된다. 즉, 이 저작들 자체가 교부들의 선별적 관심사를 상당히 반영하고 있다.

성경 전통의 사용

우리에게 전해져 내려오는 대부분의 초기 유대교 작품들은 성경의 주제를 다룬다. 분명 단편으로만 남아 있는 작품의 경우, 보존되지 않은 부분에서 어떤 주제가 다루어졌는지 알 수 없다. 이런 상황에서 우리가 가지고 있는 증거는 이렇다. 곧, 10개의 작품은 창세기를 다루고, 8개의 작품은 출애굽기를 다룬다. 1개는 사사기 이야기에 기초하고 있고, 2개는 어떤 면에서 (대략적으로 사무엘하에서 열왕기하까지) 유다 왕들의 역사를 보여준다. 1개는 요나서에 기초하고 있고, 2개는 욥의 이야기를 재서술한다. 특히 오래되고 잘 보존된 요세푸스와 필론의 작품은 훨씬 다양한 성경 본문, 곧 오경 전체와 (요세푸스의 경우에도) 마소라 정경에 포함된 대부분 책들 및 거기에 몇 권을 더하여 다룬다.

창세기를 기초로 한 저작들

창세기에 대하여 저술한 유대 저자들 중 데메트리오스를 우선적으로 거론할 필요가 있다. 그는 연대기 문제에 초점을 맞추면서 이삭의 희생에 대한 삽화, 야곱과 두 아내, 열두 아들의 운명, 요셉 이야기를 환기시킨다(단편 1과 2). 그리고 아브라함이 이집트로 내려간 것을 회상하는 아르타파누스도 거론해야 한다. 그는 아브라함이 바로에게 점성술을 가르쳤다고 언급하며 요셉 이야기를 재서술하면서 요셉이 도량형의 발명과 농업 개혁을 이루어냈음을 이야기한다(단편 1과 2).

창세기 이야기를 창조적으로 재서술한 다른 경우는 폴뤼히스토르를 통해 알려진 두 작가, 클레오데모스와 위-에우폴레모스의 단편들에 나타난다. 클레오데모스는 아브라함과 후처 그두라 사이에서 낳은 자손들의 명단이 언급되는 창세기 25:1-4을 자유롭게 재구성했다. 거기서 아브라함의 두 아들은 헤라클레스를 도와 안타이오스와 싸웠다고 하고, 그중 아프란이라고 불리는 한 아들은 자기 딸을 헤라클레스와 결혼하도록 내어줬다고 한다. 베로수스의 『바빌로니아의 역사』를 자료로 사용한 것으로 보이는, 아마도 사마리아인이었을 위-에우폴레모스는 아브라함이 블레셋인들에게 가르친 바 과학으로서의 점성술과 천체론의 발견에 초점을 맞춘다. 더욱이 그는 아브라함이 조카 롯을 구하기 위해서 일으킨 전쟁, 그리심산에 위치한 성소에서 환영을 받았다는 사실(이러한 이유로 위-에우폴레모스는 사마리아인으로 간주된다), 멜기세덱을 만났다는 점을 언급한다. 아르타파누스처럼 위-에우폴레모스도 아브라함이 이집트에 체류했다는 것을 언급하며, 그가 점성술과 다른 과학들을 이집트의 제사장들에게 가르쳤음을 말한다. 바빌로니아인들은 점성술의 발견을 벨루스에게 돌리고, 그리스인들은 아틀라스에게 돌리지만, 이 문헌에서 점성술의 최초 발견은 에녹에게로 거슬러 올라간다.

주해가이자 철학자인 아리스토불로스는 안식일의 중요성을 전혀 다른 관점에서 다룬다. 그는 안식일의 중요성을 신명기 5장처럼 이집트에서의 해방과 연결하기보다는 창세기 1장에 나타난 창조 이야기에 연결한다. 서사시 시인(epic poet) 필론은 창세기 22장에서 이삭을 제물로 바치려 한 사건을 다루며(단편 1과 2), 분명히 그 사건을 하나님을 기쁘게 한 제의로서 해석한다. 그는 또한 아브라함, 이삭, 야곱, 요셉과 같은 족장들을 언급한다(단편 3). 에우세비오스가 알렉산드로스 폴뤼히스토르의 글에서 발췌하여 우리에게 전해준 47행에 담긴 문장들에 따르면 서사시 시인 테오도토스는 디나 이야기와 세겜에 대한 복수 이야기(창 34장)에 특별히 초점을 맞추었다.

알렉산드리아의 필론은 여러 저작들, 특히 『알레고리 주석』과 『창세기 질의응답』에서 창세기를 상세하게 다룬다. 요세푸스는 창세기를 『유대 고대사』의 앞부분에서 재서술한다. 마지막으로, 『요셉과 아스낫』이라는 제목이 붙은 작자 미상의 작품에서는 이집트인 제사장의 딸인 아스낫의 회심 및 족장 요셉과의 결혼 이야기를 진술한다. 다른 저작들은 창세기의 인물들과 삽화들을 이곳저곳에서 암시한다. 예를 들어, 『마카비4서』 13:12과 16:20은 '아케다' 이야기(이삭을 제물로 바치려고 한 사건)를 언급하지만, 이것들은 『마카비4서』의 주요 주제를 구성하지는 않는다.

출애굽기를 기초로 한 저작들

출애굽기는 (위에서 언급된) 동일한 저작들에서 잘 나타나곤 한다. 데메트리오스는 출애굽기와 관련된 주해 문제뿐 아니라 연대기 문제도 서술한다(단편 3-5). 아르타파누스는 요셉 이야기뿐 아니라 모세 이야기도 재서술하는데, 그는 모세를 오르페오스의 스승으로서 그리고 철학을 포함한 여러 학문의 창시자로서 묘사한다. 아르타파누스에 따르면, 모세는 정치적·종교적 제도들을 이집트에 가져다준 위대한 문화 제공자(benefactor)다. 아르타파누스는 출애굽 이야기도 다시 서술한다.

에우폴레모스(단편 1)는 모세를 처음으로 율법을 수여한 사람일 뿐 아니라 최초의 현자로 묘사하며, 모세가 알파벳을 발명해서 유대인들에게 전해주었고, 유대인들은 블레셋인들에게 전달했으며, 블레셋인들은 그리스인들에게 가르쳤다고 언급한다. 아리스토불로스는 '하나님의 손'(단편 2)과 같은 출애굽기에 나타난 신인동형적 표현들을 설명하고자 시도하며, 출애굽의 연대와 관련한 문제를 진술한다(단편 1).

에스겔이라는 한 사람은 출애굽 이야기에 기초하여 완전한 비극 한 편을 저술했다. 거기서 그는 모세의 출생에서 이집트군의 멸망까지의 사건들을 회고한다. 단편 16에서 엘림에 히브리인들이 도착했다는 것을 언급하고(출 15:27), 그리고 단편 17에서는 피닉스로 알려진 특별한 새를 묘사한다. 솔로몬의 지혜도 하나님의 정의의 완전함을 입증하기 위하여 출애굽 이야기와 이집트인들의 운명을 상세하게 다룬다.

알렉산드리아의 필론은 『출애굽기 질의응답』에서 아마도 출애굽기의 모든 구절을 검토했겠지만, 그 저작의 대부분이 지금은 소실된 상태다. 필론은 또한 『모세의 생애에 관하여』 및 자신의 저작들의 여러 구절에서 출애굽에 대해 언급한다. 요세푸스는 『유대 고대사』에서 출애굽을 재서술하며, 유대 민족의 기원에 대해 중상하는 말들을 반박하려 했던 변증서인 『아피온 반박』에서는 성경 이야기의 역사적 정확성을 또한 다룬다.

성경의 출애굽 이야기가 암묵적인 배경이 되는 『아리스테아스의 편지』와 『마카비3서』가 위에서 나열된 목록에 추가될 수도 있을 것이다. 그러나 아주 제한적인 참조를 제외하고는 더욱 후대의 '역사적' 사건들과 관련된 이 두 저작에서 출애굽은 명시적으로 다루어지지 않는다.

성경의 다른 책들에 기초한 저작들

레위기, 민수기, 신명기와 같은 오경의 다른 책들이 분명 훨씬 적게 주목받은 것처럼 보이지만, 이는 아마도 오해를 불러일으킬 만한 묘사일 수 있다. 유대 저자들을 인용한 교부들은 구체적인 계명들에 대한 해석보다는 족장들에 대한 증언에 관심을 두었다. 이러한 이유로 그들은 창세기와 출애굽기의 서두 구절들에 관심을 가졌다. 그러나 솔로몬의 지혜(12장)는 (아마도 여호수아와 더불어) 가나안인들의 운명에 대한 신명기의 구체적인 구절들을 암시한다. 레위기, 민수기, 신명기를 광범위하게 다루는 저작들로는 필론의 『특별법에 관하여』와 요세푸스의 『유대 고대사』(3.208-4.331)가 있다.

때로는 성경의 다른 책들이 그리스어로 저술된 문헌들에 영감을 주었다. 데메트리오스의 작품은 『유대아의 왕들에 관하여』라는 제목이 붙었고, 6번째 단편은 열왕기하에서 온 자료를 기초로 한, 이스라엘 역사의 연대기적 요약이다. 에우폴레모스의 작품들 중 하나도 『유대아의 왕들에 관하여』라고 알려져 있다. 에우폴레모스가 『엘리야의 예언에 관하여』라고 명명한 또 다른 책의 2번째 단편부터 4번째 단편까지는 일반

233-234

적으로 신명기 역사, 특히 사무엘하부터 열왕기하까지, 또한 예레미야서에도 의존하고 있다. 에우폴레모스는 또한 단편 5에서 아담부터 데메트리오스 1세 소테르의 통치(기원전 162-150년)까지 연대기적 계산을 시도한다. 티베리아스의 유스투스가 그를 따랐던 것으로 보인다. 유스투스는 『유대 왕들의 연대기』(모세부터 아그립파 2세까지)를 저술한 것으로 보이는데, 이는 포괄적인 세계 연대기로서 이후의 기독교 역사가들이 사용했지만 현재는 남아 있지 않다. 요세푸스는 『유대 고대사』에서 아담에서 네로 시대까지 유대 민족의 역사를 재서술한다. 이때 그는 다니엘과 에스더와 같이 헬레니즘 시대에 쓰인 글들을 포함하여 상당히 다양한 성경의 책들을 사용했다. 또한 『아리스테아스의 편지』와 마카비1서와 같이 랍비 정경에 포함되지 않은 유대 문헌들도 사용됐다.

교부들이 인용하는 유대 저자들 중에는 『아리스테아스의 편지』의 화자와 구분하기 위하여 종종 '주해가' 아리스테아스라고 불리는 사람이 있다. 그는 『유대인들에 관하여』라는 책을 썼고, 창세기 기사의 마지막에서는 (아마도 욥이 에서의 아들들 중 하나로 묘사되기 때문에) 욥의 이야기를 요약했다. 위명 저작인 『욥의 유언』은 이 경건한 인물의 이야기를 더욱 방대하게 재서술하는데, 욥은 우상숭배로부터 근방의 신전을 정화한 회심자로 묘사되고, 그 결과 사탄에 의해 핍박받은 것으로 그려진다. 마지막으로 본래 그리스어로 저술됐으며 필론의 것으로 잘못 알려진 두 편의 유대 회당 설교문은 아르메니아어 역본으로 우리에게 전해진다. 첫 번째의 것은 요나서에 기초를 두고 있으며, 두 번째 것은 사사기의 삼손 이야기에 기초를 두고 있다.

성경 전통에 거의/전혀 기초하지 않은 저작들

그리스어로 저술된 유대 문헌의 다른 측면을 고려하기 전에, 명시적으로 혹은 중요한 방식으로 성경의 인물들과 주제들을 드러내지 않는 저작들에 관하여 몇 가지 언급을 해야 한다. 여러 위명 저작이 이 범주에 속한다(위-오르페오스의 시가[verses], 위-헤카타이오스의 글, 유대 『시빌라의 신탁』, 위-포퀼리데스의 글). 우리는 이 범주에 『아리스테아스의 편지』를 추가할 수 있다. 이는 아리스테아스라고 불리는 유명한 그리스 작가가 우리에게 알려져 있지 않기에 엄격한 의미에서 위명 저작은 아니지만, 유대인이 아닌 그리스인이 쓴 것처럼 가장하고 있기 때문이다. 비유대인에 의해 저술됐다는 문헌들에 성경 구절이 발견되지 않는 것은 당연하다. 그러나 『시빌라의 신탁』이나 위-포퀼리데스의 『금언』과 같은 작품들에는 성경의 표현이나 성경 본문에 대한 암시적인 언급이 존재한다. 레위기 11장의 음식법이 다른 성경적/유대적 개념과 더불어 공공연하게 언급되는 『아리스테아스의 편지』에서처럼 때로는 명시적인 언급들 또한 발견된다. 그러나 『아리스테아스의 편지』의 경우에서도 작품의 주제는 성경에 속한 책에서 나온 것이 아니다. 성경 전통에서 출발하지 않는 다른 작품들 가운데는 종교적 핍박을 다루는 저작(마카비2서, 『마카비3서』, 『마카비4서』), 헬레니즘과 로마 시대의 유대 역사서(필론의 『플라쿠스 반박』, 『가이우스 사절단에 관하여』, 티베리아스의 유스투스의 『유대 전쟁사』; 요세푸스의 『유대 전쟁사』, 『유대 고대사』의 마지막 부분), 변증서(요세푸스의 『아피온 반박』)가 포함된다.

사용된 문학적 장르들

그리스어로 저술된 유대 문헌들에는 상당히 다양한 문학적 장르들이 사용됐다. 이 문헌들은 가장 넓게는 운문와 산문으로 분류될 수 있다. 첫 번째 범주에는 서사시 시인 필론, 테오도토스, 비극작가 에스겔, 『시뷜라의 신탁』 및 위-오르페오스와 다른 그리스 시인들의 위서, 위-포퀼리데스의 글, 솔로몬의 지혜 등이 해당된다. 데메트리오스, 아르타파누스, 아리스토불로스, 『아리스테아스의 편지』, 에우폴레모스, 위-에우폴레모스, 주해가 아리스테아스, 마카비2서, 위-헤카타이오스, 벤 시라의 서문, 클레오데모스 말쿠스, 『마카비3서』, 알렉산드리아의 필론, 티베리아스의 유스투스, 요세푸스, 『요셉과 아스낫』, 『마카비4서』, 『욥의 유언』과 회당 설교문 『요나에 관하여』와 『삼손에 관하여』는 두 번째 범주에 속한다. 이 문헌들은 문학적 장르에 따라 또다시 분류될 수 있다. 물론 하나의 작품이 여러 장르를 포괄할 수도 있다. 예를 들어, 『아리스테아스의 편지』는 '포이킬리아'(*poikilia*)—하나의 단일한 작품 내에 문학적·문체적으로 다양한 측면들이 함께 공존하는—라는 헬레니즘 양식의 좋은 예다.

과거를 다루는 산문 문헌들

그리스어로 저술된 여러 유대 문헌들은 과거에 대한 산문 문학으로, 연대기(chronography), 역사 기술(historiography), 민족지(ethnography)뿐 아니라 다소 느슨하게 역사 소설(『요셉과 아스낫』)까지도 포괄한다. 여러 저자와 문헌이 이 그룹에 속한다(데메트리오스, 아르타파누스, 『아리스테아스의 편지』, 주해가 아리스테아스, 에우폴레모스, 위-에우폴레모스, 클레오데모스 말쿠스, 위-헤

235-236

카타이오스, 마카비2서, 『마카비3서』, 필론의 『플라쿠스 반박』, 『가이우스 사절단에 관하여』, 티베리아스의 유스투스, 요세푸스의 『유대 전쟁사』와 『유대 고대사』, 『요셉과 아스낫』). 역사라는 용어는 문헌들 사이에서 완전히 다른 의미를 지닌다. 여러 경우들에서 역사는 성경의 역사를 의미하는데, 이를 '다시 쓴 성경'(rewritten Bible: 다소 시대착오적인 문구) 또는 미드라쉬로 분류하고자 하는 현대의 독자에게는 전혀 역사로 보이지 않을 것이다. 그러나 분명히 저 고대 작가들은 역사를 쓰고 있다고 스스로 생각했다. 더군다나 성경의 역사 또는 저자 시대의 사건들을 다룰 때, 많은 문헌들은 종종 눈에 띄게 부정확하며 자주 기적이나 천사들에 의한 개입을 묘사한다. 그래서 역사와 전설 사이의 구분이 흐릿해진다. 요세푸스의 『유대 고대사』가 예증하는 거의 고전적인 역사 서술로부터 아르타파누스의 출애굽에 대한 매우 창의적인 재서술과 『마카비3서』의 고도로 가공된 이야기에 이르기까지 나타나는 장르의 다양성을 고려할 때, 분명 고대 문헌들은 근대적 역사 서술의 기준에 따라 판단될 수 없다.

지혜 문헌과 권면 문헌들

지혜 문헌과 권면 문헌은 두 번째 범주를 구성하는데 여기에는 다음의 작품들이 속한다. 곧, 벤 시라의 지혜 서문, 위-포퀼리데스의 글, 솔로몬의 지혜, 『욥의 유언』, 『마카비4서』, 회당 설교문 『요나에 관하여』와 『삼손에 관하여』가 그것이다. 그리고 거의 모든 문헌들이 금언적 운문(위-포퀼리데스의 글), 설교, 유언서 등과 같은 구체적인 하위 장르에 속한다. 벤 시라의 손자가 쓴 벤 시라의 지혜 서문은 그 자체로는 지혜 문헌이 아니지만 성경의 잠언과 매우 비슷한 벤 시라의 윤리적 가르침에 대한 그리스어 번역을 소개한다. 솔로몬의 지혜는 잠언(특히 8장)을 강하게 연상시키지만, 죽음 이후의 의인의 운명에 훨씬 더 관심이 있다. 『마카비4서』는 디아트리베(diatribe)와 칭송문(panegyric) 둘 다로 간주될 수 있지만, 종교적 교화를 목적으로 한다. 이 작품은 어떤 알려지지 않은 기념식에서 구두로 전해진 듯하다.

비록 그리스어로 저술된 대부분의 유대 문헌들이 성경 전통을 다루지만, 주해 저작들은 거의 없다. 데메트리오스는 광야에서 이스라엘인들이 가지고 있던 무기의 출처를 이야기한다(단편 5). 왜냐하면 그들이 이집트를 떠날 때 비무장 상태로 출발했기 때문에 그들이 어떻게 무기를 구할 수 있었는지에 대한 질문이 자연스럽게 떠오르기 때문이다. 유사하게 요세푸스는 『유대 고대사』에서 암시적으로 또는 명시적으로 주해 문제들을 다룬다. 그러나 어느 경우에도 요세푸스의 주된 초점은 주해 자체에 있지 않다. 오히려 역사 서술의 목적을 위한 성경 자료의 사용이 저자로 하여금 성경 본문의 문제를 해석하도록 자극한 것이다. 대조적으로 아리스토불로스와 필론은 성경 본문의 해설 자체에 초점을 두고, 여러 차원에서 문자적으로, 그리고 상징적 또는 알레고리적으로 본문들을 해석한다.

철학

엄밀한 의미의 철학적 논고들은 더욱 드물다. 알렉산드리아의 필론은 철학적 질문에 관해 완전한 논고를 저술한 것으로 알려진 유일한 초기 유대 저자다(예, 『세계의 영원성에 관하여』와 『모든 선한 사람은 자유롭다는 사실에 관하여』). 아리스토불로스의 것과 같은 주해적 논고에서, 또는 솔로몬의 지혜나 『마카비4서』와 같은 지혜/권면 문헌에서 철학적 개념/어휘가 사용되지만, 엄밀한 의미에서 이 저작들을 철학적 논고로 규정할 수는 없다.

변증

그리스어로 저술된 유대적 변증 저작이 최소한 두 편 존재한다. 곧, 필론의 『가설』(에우세비오스의 『복음의 예비』에 부분적으로만 보존됨)과 요세푸스의 『아피온 반박』이 그것이다. 그러나 필론과 요세푸스의 나머지 저작들에도 변증적 구절들이 다수 나온다. 더군다나 그리스어로 저술된 유대 문헌들은 흔히 그리스 문화에 대한 유대교의 우월성을 강조하기 때문에 이 문헌들 자체에 변증적 뉘앙스가 전혀 없는 것은 아니다.

자서전

요세푸스는 또 다른 문학적 장르에 속한 작품인 『생애』를 저술했다. 이 저작은 어거스틴의 고백록 이전 로마 시대의 자서전 중 가장 완전하게 현존하는 예다. 이 책은 『유대 고대사』에 덧붙여져, 종종 『유대 고대사』 전체의 한 부분으로서 읽히지만, 그럼에도 불구하고 개인적 회고록에 관한 고대의 예로 남아 있다.

서사시와 희곡

서사시는 서사시 시인 필론과 테오도토스로 대표된다. 다른 운문 저작들은 또 다른 범주에 속한다. 예를 들어, 『시빌라의 신탁』은 신탁 운문의 구체적인 유형을 나타낸다. 우리는 기원전 2세기 중반 이집트 알렉산드리아의 에스겔이라는 이름을 가진 유대인이 저술한 출애굽에 대한 유대 비극 한 편을 가지고 있다. 그는 그리스 희곡에서 사용되는 약강 삼음보(iambic trimeters)로 된 희곡을 저술했다. 칠십인역에 의존하긴 했지만 그는 여러 흥미로운 학가다식 윤색(haggadic embellishments)을 도입했다. 가장 유명하고 논쟁적인 장면은 그가 하늘에 있는 보좌에 앉는 꿈을 보도하는 장면이다. 그의 희곡은 분명 유대 청중을 위하여, 아마도 회당에서 상연됐을 것이다.

그리스 사상의 영향과 재구성

대부분의 경우에서 그리스어로 저술한 유대 저자들은 고전 시대뿐 아니라 헬레니즘 시대의 그리스 문학 주제와 사상에도 매우 익숙했다. 이는 특히 운문으로 된 문헌에서 분명히 드러난다. 테오도토스는 아주 정교한 방식으로 호메로스적 표현들을 사용한다. 그래서 세겜과 하몰에 대한 시므온과 레위의 싸움 장면은 호메로스적 전투 장면을 떠오르게 한다. 특히 세겜이 무릎을 꿇고 레위의 무릎을 끌어안는 장면은 리카온이 그를 죽이려는 아킬레스의 무릎을 붙잡은 것을 연상시킨다(『일리아스』 21.65). 그러나 테오도토스는 또한 헬레니즘 시대의 서사시에 나타나는 비호메로스적 표현들도 사용한다. 서사시 시인 필론의 언어는 매우 불분명하며 문체는 과시적인 것으로 간주되어 왔지만 이는 사실 헬레니즘 시대 서사시의 전형적인 형태다. 위-포퀼리데스는 옛 이오니아 방언에서 표현되던 강약약 6음보를 솜씨 있게 사용했는데 이 때문에 그것이 여러 세기 동안 진짜 포퀼리데스의 작품인 것으로 생각될 정도였다.

그리스어로 저술한 유대 저자들은 잘 알려진 그리스 시인들과 비극 작가들의 문체와 문학적 모델을 모방할 수 있었을 뿐 아니라 그리스 신화, 역사, 철학에도 매우 익숙했다. 유대 '역사가들'은 성경의 인물들을 그리스, 바빌로니아, 이집트의 신적/영웅적 인물들에 연결할 수 있었다. 예를 들어, 위-에우폴레모스는 벨을 크로노스 동일시하면서 자신이 페니키아의 선조로 여기는 가나안의 할아버지로 그를 제시했다. 그는 또한 에녹을 아틀라스와 동일시했다. 『보상과 처벌에 관하여』(23장)에서 알렉산드리아의 필론은 노아와 데우칼리온을 같은 사람이라고 묘사한다. 『유대 고대사』 초반부에서 요세푸스는 암시적으로 네피림(창 6:4)을 헤시오도스의 『신들의 계보』에 등장하는 거인들과 관련시키는 것처럼 보인다(『유대 고대사』 1.73). 이것은 히브리어와 아람어 문헌에서 전례가 없는 것은 아니다. 『에녹1서』(10:3)와 『희년서』(5:6)에서는 암시적으로 감찰자들(여자들과 결혼한 천사들)을 타르타로스(Tartarus, "심연")에 묶여 있는 타이탄들과 연결 짓는다. 요세푸스는 또한 성경의 연대기를 다른 문화의 연대기들과 비교하려고 시도한다.

티베리아스의 유스투스의 저서는 보존되어 있지 않지만, 그는 요세푸스보다 더욱 확실히 헬레니즘 시대의 보편적 연대기를 사용할 수 있었던 것으로 보인다. 요세푸스는 앞선 그리스 작가들에 영감을 받았으며 그리스의 역사 서술 관습에 익숙했다. 그는 특히 투퀴디데스와 할리카르나수스의 디오뉘시오스의 영향을 받은 것으로 보인다. 요세푸스 이전에 에우폴레모스와 『마카비3서』의 저자와 같은 유대적 역사서 또는 역사 소설 저자들은 또한 헬레니즘 시대와 로마 시대의 공식 문서에서 사용된 언어를 모방할 만큼 상당한 지식을 가지고 있었다.

많은 유대 저자들이 철학적 논고를 저술하지 않았지만 그리스 철학은 상대적으로 잘 알려져 있었다. 아리스토불로스는 알렉산드리아의 클레멘스에 의해 소요학파 철학자로 소개되지만(『스트로마테이스』 1.15.72.4),

인용된 단편들은 그가 호메로스에 대한 스토아 학파의 알레고리 독법과 퓌타고라스 학파의 숫자 이론에 익숙했음을 보여준다. 필론이 그리스 철학과 당대 다른 철학 학파 사이의 논쟁들을 다루었던 것은 주목할 만하며 그리스어로 저술한 다른 어떤 유대 저자들보다도 뛰어나다. 그러나 『마카비4서』의 저자가 유대적 방식으로 정념(passions)에 대한 이성의 지배와 같은 스토아 개념을 자유롭게 표현했던 것은 그가 헬레니즘 시대의 철학적 가르침에 익숙했다는 것을 보여준다.

요약하자면, 그리스어로 저술된 유대 문헌들은 한편으로는 성경 또는 유대 문헌과의 관계로 인해, 다른 한편으로는 그리스 문헌과의 복잡한 상호텍스트적 관계로 인해 특히 흥미롭다. 유대 저자들은 그리스 문학과 철학에 대해 상당한 지식을 가지고 있었고, 구체적인 요점을 설명하기 위하여 성경 본문과 더불어 그리스 문헌을 인용했다. 시와 희곡과 같은 그리스 문학적 형식으로 성경 내러티브들을 각색하려는 그들의 노력은 중대한 문학적 성취를 거두었다. 따라서 특히 아리스토불로스, 테오도토스, 위-포퀼리데스, 필론의 경우, 헬레니즘 문화는 그러한 유대 저자들의 문화에 속해 있었다. 성경 전통과 같은 방식은 아니었을지라도 헬레니즘 문화는 그들의 것이었다. 유대 문화는 그 자체로 완결성을 가지고 있었던 반면 그리스 문화는 유대교에 본래 외래적이었다. 그러나 그리스어로 저술한 유대 저자들의 문헌에서 그리스 문화와 유대 문화가 서로 밀접히 결합됐기 때문에, 우리는 이것을 그리스-유대 문화라고 부를 수 있을 것이다. 그리스어의 사용은 히브리어나 아람어에 대한 부족한 지식을 보충하기 위한 단순한 미봉책이 아니라, 초기 유대교 저자들의 정체성과 세계관에 있어서도 본질적인 부분이었다. 그리고 어휘는 중립적으로 의미를 전달하지 않기 때문에, 유대 신앙과 관습에 대

239–240

해 그리스어로 저술된 가장 단순한 설명조차도 히브리어와 아람어로 표현된 것과는 약간 다른 의미를 취하여 다른 종류의 유대교를 낳았다. 이것은 그리스어로 저술된 초기 유대 저작들이 히브리어나 아람어로 쓰인 문헌과 공통된 주제 또는 특징을 공유하지 않는다는 뜻이 아니다. 그리스어로 저술된 초기 유대 저작들에서 다루어진 문제들을 자세하게 살펴본다면 우리는 히브리어나 아람어로 쓰인 문헌들과의 관련성을 평가할 수 있을 것이다.

몇 가지 중요한 주제들

문학적 장르에 상관없이, 그리스어로 저술된 모든 초기 유대 문헌들은 다소간 종교적 메시지를 전한다. 심지어 요세푸스의 『유대 전쟁사』는 상당한 신학적 해석을 담고 있으며, 필론은 『동물에 관하여』에서 동물들이 이성을 가지고 있다는 것을 반대하면서 암시적으로 성경을 배경 삼아 논증했다(예, 동물에 대한 인간의 우위성을 확립하는 창세기의 초반부 장들). 그래서 많은 문헌들이 종교적 교화 이외의 기능을 하고 심지어 독자들을 즐겁게 하려는 목적을 지니고 있을지라도, 비종교적 유대 문헌이란 존재하지 않는다. 유머, 즐거움, 미학, 논쟁, 종교적 또는 도덕적 교육은 상호 배타적인 목표가 아니었다.

유대인들과 외국인 통치자들

이 일반적인 진술 외에도 몇 가지 중요한 문제를 강조할 수 있다. 첫 번째로 그리스어로 저술된 유대 문헌에서 인상적으로 반복되는 주제는 왕/황제와 유대 피지배민들 사이의 관계에 대한 성찰이다. 이는 『아리스테아스의 편지』, 마카비2서, 『마카비3서』, 필론의 『플라쿠스 반박』과 『가이우스 사절단에 관하여』, 요세푸스의 『유대 전쟁사』, 『유대 고대사』 일부에서 주된 주제다. 분량은 적지만 이 주제는 『마카비4서』에도 나타난다. 이러한 모든 문헌들은 좋은 왕/황제는 어떠해야 하는지에 대한 특정 관점을 전달한다. 좋은 왕은 유대인을 보호하고 대대로 내려오는 율법과 관습에 따라서 그들이 살 수 있는 권리를 부여하는 사람이다. 『아리스테아스의 편지』에서 왕은 심지어 모세 율법 앞에서 절을 하고 유대 음식법에 따라서 준비된 연회를 열도록 명령을 내린다. 더군다나 그 왕은 어떻게 다스려야 하는지에 대한 충고를 예루살렘으로부터 온 유대 현자들로부터 기꺼이 듣는다. 마카비2서와 『마카비4서』의 안티오코스 4세와 『마카비3서』의 프톨레마이오스 4세, 요세푸스의 『아피온 반박』 2.51-55의 프톨레마이오스 6세, 칼리굴라, 플라쿠스와 같이, 실행된 것이든, 그저 계획만 된 것이든 간에, 역사적 또는 가상의 종교 탄압을 묘사하는 문헌들에 나오는 통치자에 대한 부정적인 묘사는 반면교사의 예로서 선하고 의로운 통치란 어떤 것인지 정의를 내리는 데 도움을 준다. 많은 경우에서 왕이나 그 대리인들은 본인들의 악한 방식을 회개하고 이스라엘의 하나님의 위대함을 인정한다. 이는 마카비2서의 헬리오도로스와 안티오코스 4세, 『마카비3서』의 프톨레마이오스 4세의 경우에 그러하다. 다른 대안적인 시나리오는 플라쿠스와 칼리굴라의 경우에서와 같이 불경건한 통치자의 죽음이다. 그러나 요세푸스의 저작에는 제1차 유대 전쟁에 대한 요세푸스의 관점과 플라비우스 왕조의 신하로서의 자신의 위치로 인하여 상당히 다른 그림이 나타난다. 『유대 전쟁사』에서 그는 몇몇 주석가들이 생각하는 만큼 무비판적인 것은 아닐지라도, 베스파시아누스와 티투스 황제를 긍정적으로 묘사하려고 애쓴다. 『유대 고대사』에서는 또한 유대인들이 대대로 전해오는 전통대로 살도록 허락한 로마 원로원과 로마 황제들이 일반적으로 그들에게 부여한 특권을 주장한다. 이러한 관점에서 요세푸스의 의로운 통치자 개념은 알렉산드리아의 앞선 작가들의 관점과 유사하다.

이러한 문헌들에 나타나는 또 다른 반복된 모티프는 왕에 대한 유대인들의 신실함이다. 유대인들이 충성스러운 피지배민이라는 것이 다시 한번 강조된다. 이러한 문헌들에 따르면, 유대인들과 헬레니즘 시대 혹은 로마 시대 통치자들과의 정상적 또는 이상적인 관계는 상호 신뢰와 협조를 바탕으로 한 관계다. 곧, 왕은 유대인들을 보호하고, 적어도 특정 문제에 있어서 율법에 따라 살 수 있는 권리를 부여해야 한다. 그리고 유대인은 왕을 섬기면서 왕의 번성과 왕국의 부강함을 위해서 기도하고, 왕과 왕의 가족에게 회당('프로세우카이'[*proseuchai*], "기도의 집")을 봉헌하며, 심지어 왕을 대신하여 예루살렘 성전에서 희생제사를 드린다. 이와 동일한 주제가 또한 다니엘, 에스더, 마카비1서와 같이 히브리어/아람어로 저술된 문헌들에 등장한다. 그러나 이 문헌들은 그리스어로 저술된 유대 문헌들보다 비유대 통치자들을 더욱 적나라하게 묘사하며 유대인들과 이방 통치자들의 관계를 덜 낙관적으로 묘사하는 경향이 있다. 히브리어/아람어로 쓰인 유대 문헌 중 『아리스테아스의 편지』와 같은 관점을 지닌 문헌은 없다. 이는 아마도 이스라엘 땅 및 디아스포라 세계의 유대인들이 프톨레마이오스 왕조와 셀레우코스 왕조의 통치를 각기 다른 방식으로 경험한 것에서 기인하는 것 같다.

유대인과 비유대인

두 번째 주제는 유대인들과 비유대인들의 관계다. 특히 족내혼(endogamy), 즉 비유대인들과의 결혼 금지에 관한 것이 두드러진다. 이러한 사항은 항상 명시적으로 언급되는 것은 아니며 성경 이야기를 약간 수정하여 사용하는 곳에 반영되어 나타난다. 예를 들어, 모세의 일생에 대한 데메트리오스의 진술(단편 3)에 따르면 성경에서 미디안 사람이라고 묘사(출 2:21)되어 있는 모세의 아내 십보라는 아브라함의 자손으로 나온다. 테오도토스는 보다 직설적이다. 디나의 강간 사건을 재서술할 때, 그는 야곱의 아들들의 범죄에 대한 야곱의 정죄를 생략한다. 더군다나 세겜인들은 전적으로 악하게 묘사되며 할례를 통해 이스라엘 백성에 합류하여 이스라엘의 딸들과 결혼할 수 있는 가능성이 부정된다. 필론은 또한 이방인과의 결혼을 금지하는 것을 상당히 명시적으로 언급하지만(『특별법에 관하여』 3.29), 가나안인들을 가리키는 신명기 7:4을 부연 설명하는 맥락에서 나타나는 것이기에 그가 문맥상 이 금지를 어떻게 이해했는지는 분명하지 않다. 나머지 저서에서는 필론이 유대교로 개종한 비유대인과의 결혼을 받아들였다고 추측할 수도 있다. 회당 설교 『삼손에 관하여』는 이방 여인과의 결혼이 가져오는 위험을 주장하기 위해서 들릴라와 삼손의 불행한 관계의 예(삿 14-16장)를 언급한다(특히 §§ 22-23, 33을 보라). 유사하게 요세푸스는 『유대 고대사』에서 솔로몬의 통치에 대한 성경 이야기를 부연 설명하면서 이방 여인을 향한 솔로몬의 정욕을 정죄한다(『유대 고대사』 8.190-96). 『욥의 유언』(45:3)에서 욥은 이방 여인과 결혼하지 않도록 권면한다. 데메트리오스와 같이 『요셉과 아스낫』의 저자는 성경으로부터 비롯된 한 가지 문제, 즉 이집트 제사장의 딸과 요셉이 결혼한 문제를 다룬다(창 41:45). 이 저자는 시내산에서 율법이 주어지기 전에 요셉이 살았고, 그러므로 금지된 결혼에 대한 모세 율법을 알지 못했다고 언급하면서 문제를 해결할 수 있었겠지만, 다른 접근 방식을 취했다. 곧, 『요셉과 아스낫』의 다른 구절에서(8:6) 요셉이 이방 여성을 싫어했음을 노골적으로 강조했다. 그러므로 아스낫은 결국 회심자가 되는데, 이는 그 문서의 가장 서론부에서 그녀가 이집트인의 딸이 아니라 히브리인의 딸처럼 보이며, 심지어 사라, 리브가, 라헬(1:7-8)처럼 보인다고 언급되면서 암시된 복선이 실현된 결과다.

이렇게 그리스어로 저술한 유대 저자들은 만장일치로 족외혼을 정죄한 것으로 보인다. 그러나 몇 가지 예외가 있다. 아르타파누스와 비극작가 에스겔은 요셉과 모세의 이방인 아내에 개의치 않았던 것으로 보인다. 더군다나 아르타파누스는 분명히 이스라엘 자손들에 대한 훨씬 개방된 개념을 가졌던 것 같다. 그에 따르면 요셉은 형제들의 계략을 예상했고, 그리고 기꺼이 아브라함의 아들들이자 이삭의 형제들이자 이스라엘의 자손들인 아랍인들의 왕의 도움으로 이집트로 이동했다(에우세비오스, 『복음의 예비』 9.23.1). 금지된 결혼에 대한 정죄는 히브리어로 저술된 유대 문헌(예, 『희년서』)에서도 발견되지만, 아르타파누스와 에스겔의 관대한 태도는 그리스어로 저술된 유대 문헌에서도 특이한 것이다.

할례는 족내혼 및 유대인의 정체성을 보존하는 것과 긴밀하게 관련된 주제이지만, 그리스어로 저술된 유대 문헌에서는 그렇게 자주 언급되지 않는다. 테오도토스의 서사시를 제외하고, 이 주제는 마카비2서에서 안티오코스 4세가 명령한 핍박의 문맥 가운데 언급된다. 저자는 할례가 금지된 상황에서 유대인들이 자녀의 할례를 포기하지 않았고 저항했으며 심지어 죽을 수도 있었다는 것을 언급한다(2:10). 『마카비4서』는 순교자들에 대한 사실만을 있는 그대로 기록한다. 요세푸스는 아브라함의 일생을 재서술하면서 단지 간략하게 할례에 대해 언급하고(『유대 고대사』 1.192), 그것을 비유대인들이 유대교로 개종하는 것과 관련하여 다시 언급하지만(특히 『유대 고대사』 20.38-49에 나오는 이자테스 왕의 회심 이야기), 필론은 상당히 길게 『특별법에 관하여』의 초반부에서 할례 명령을 정당화한다.

음식법은 유대인과 비유대인의 관계에 대한 일반적 문제와 관련하여 자주 등장하는 또 다른 주제다. 『아리스테아스의 편지』에서 대제사장 엘아자르는 상징적인 방식으로 식사법을 설명하면서 이는 사회에서 정의(justice)를 실천하는 것과 관련된다고 강조하며(§§143-69) 또한 우상숭배를 행하는 사람들과 유대인들을 구분하도록 의도된 정결법에 속한다고 언급한다(§§139, 142). 『마카비3서』는 음식법 준수와 율법에 신실한 것을 동일시하는 경향이 있다. 더군다나 그 저자는 이 법이 유대인을 비유대인 이웃과 구분하며, 이러한 사회적 비-혼합이 유대인에게 호의적이지 않은 자들에 의해 적대감의 표시로 인식된다는 점을 인정한다. 그는 모든 것에 있어서 계명들을 포기하지 않았지만, 오히려 유대인들이 저들의 의로움 덕분에 사회적 교류에 있어서 좋은 평판을 얻었다고 단언한다(3:4-7). 음식법 문제는 안티오코스 4세가 유대교를 금지한 이야기와 관련된 마카비2서와 『마카비4서』에서 가장 극적인 방식으로 표현된다. 나이든 엘아자르, 일곱 형제들, 어머니는 돼지고기 먹기를 거절했기 때문에 모두 죽임을 당한다(마카비2서 6:18-7:42; 『마카비4서』 5-18장). 필론과 요세푸스는 모두 식사법을 포함하여 대대로 전해 내려온 율법에 대해 유대인들이 신실했다는 것을 자주 언급한다. 필론은 그것을 상징적/알레고리적 방식으로 설명하지만(『특별법에 관하여』 4.100-118), 그것을 실제로 실행해야 할 필요성도 주장한다(『아브라함의 이주에 관하여』 90-93). 마지

243-244

막으로 『요셉과 아스낫』에서, 요셉은 아스낫이 우상숭배를 하고 정결하지 않은 음식을 먹었다는 이유로 그녀에게 입맞춤하기를 거절한다(8:5). 히브리어와 아람어로 쓰인 유대 문헌들은 식사법에 대한 문제를 마찬가지로 다루지만, 그것들은 이방인들과의 관계에 있어서 율법이 의미하는 바에 관한 것이라기보다는 할라카적 측면에 초점이 있다. 그리고 마카비2서와 비교할 때 마카비1서는 식사법에 훨씬 적은 관심을 보인다.

유대인과 비유대인 사이의 관계라는 주제에 대해 결론을 내리기 위하여, 회심 문제에 대해 몇 마디 언급할 필요가 있다. 흥미롭게도, 회심자와 회심 주제는 보다 후대의 본문에 등장한다. 필론은 우상숭배나 하나님에 대한 잘못된 견해를 버리고 이스라엘에 합류한 회심자들을 칭찬한다(특히 『덕목에 관하여』 179, 182, 219를 보라). 요세푸스는 『유대 고대사』에서 아디아베네의 왕의 회심 이야기를 기록하고, 또 다른 경우들도 언급한다. 『아피온 반박』에서 요세푸스는 유대교가 회심자에게 개방되어 있는 것은 인간애의 표현임을 언급하면서 필론과 비슷한 입장을 나타낸다. 그러나 『유대 고대사』와 『생애』(요세푸스의 자서전)에서 요세푸스는 하스몬 전쟁과 로마에 대항한 전쟁 문맥에서 유대교로의 강제 개종 문제를 다루기도 한다(『유대 고대사』 13.257-58; 318-19; 『생애』 112-13을 보라). 개종자들을 언급하는 또 다른 문헌들로는 『요셉과 아스낫』과 『욥의 유언』이 있다. 여기서는 개종자들이 주인공 역할을 한다. 이 두 문헌은 기원후 1세기경(또는 그 이후)에 쓰였다. 이러한 문헌 목록은 아마도 이스라엘의 하나님을 유일한 참 하나님으로 인정하는 것과 구별되어야 하는 개종의 개념 자체와 그것을 둘러싼 의식이 헬레니즘 시대 말기에 등장하고 발전했다는 사실을 반영하는 것 같다. 히브리어나 아람어로 저술된 유대 문헌의 그리스어 번역들 중, 칠십인역 에스더(8:17)와 유디트(5:5-6:20)가 회심을 암시하거나 명시적으로 다루지만, 이 그리스어 번역들 역시 후대의 것이다(유디트의 원문은 기원전 2세기경에 저술됐다).

이방 종교에 대한 유대교의 우월함

그리스어로 저술된 유대 문헌에서 발견되는 세 번째 주제이자 아마 모든 주제 중 가장 광범위하게 발견되는 주제는 바로 이방 종교에 대한 유대교의 우월함에 관한 것이다. 이 주제는 성경으로부터 나왔지만 헬레니즘 시대에 새로운 자극을 받았다. 한편으로는 성경에 나오는 것과 같이 우상들은 구원할 힘이 없는 사람의 손으로 만든 대상으로서 정죄되고 조롱되며 그것을 예배한 사람은 어리석고 악하고 가증스러운 것으로 묘사된다. 이것은 『아리스테아스의 편지』(특히 134-38), 위-헤카타이오스(모솔라무스 이야기를 통해 점[omens]을 치는 이방 미신을 조롱함), 『마카비3서』(특히 4:16), 솔로몬의 지혜, 필론, 요세푸스, 『욥의 유언』과 『요셉과 아스낫』을 포함한 여러 문헌에서 이러한 예들을 발견한다. 다른 한편으로 오르페오스, 호메로스, 헤시오도스, 퓌타고라스, 플라톤 및 다른 많은 이들과 같이, 그리스인들이 매우 추앙하던 유명한 이들은 유일신론적 신조를 가진 것으로 알려져 있지만, 아브라함, 요셉, 모세에게 영감을 받은 것으로 언급된다. 이렇듯 그리스 문화가 저급한 이교사상(paganism)으로서 완전히 거부된 것은 아니지만, 그리스 문화의 진리와 아름다움이 유대교로부터 기원했기 때문에, 유대교에 비해 여전히 열등한 것으로 여겨진다. 이러한 이유로 요세푸스와 다른 이들은 유대인들이 그리스 문명의 시작보다 앞선 것으로 여기는, 유대 민족과 모세에게 주어진 계시의 고대성을 입증하려고 노력했다. 따라서 위-오르페오스 시가

244-245

와 다른 운문들에서 유명한 그리스 시인들의 이름이 가명으로 사용됐고, 『시뷜라의 신탁』 역시 그러했다.

이러한 모든 문헌들은 유대교의 진리와 우월한 지혜에 대한 이방인들의 증언으로 간주됐다. 심지어 모세를 이집트 동물 제의의 창시자로 묘사한 아르타파누스도 이집트 이방 종교에 대한 유대교의 우월성에 자극을 받았다. 그가 이집트 이방 종교를 다른 유대 문헌들(특히 『아리스테아스의 편지』와 이집트 동물숭배를 혐오한 필론)만큼 부정적으로 인식하지 않은 것은 사실이다. 그러나 이집트에서 문화적 후원자로서의 모세의 역할은 여전히 토착민들의 문화를 넘어서는 유대교 우월성의 표지다. 그리고 동물숭배는 신화가 실제 역사를 반영하는 것처럼(euhemeristically) 설명되며, 이때 언급된 동물들은 단지 모세가 유용하다고 판단한 동물일 뿐임을 암시한다. 더구나 모세는 오르페오스의 스승인 무사이오스와 동일시된다. 이렇듯 아르타파누스는 이집트와 그리스 문화 모두에 대한 유대교의 우월성을 칭송하며, 이것은 그의 문헌이 '경쟁적 역사 기술(competitive historiography: 그리스인들에게 억압을 경험한 고대 근동인들이 자신들의 과거를 고대성과 우월성의 견지에서 이상화시키는 경향—역주)의 한 예로 고려될 만한 이유가 된다.

하나님과 이스라엘의 상호 신실성

그리스어로 저술된 유대 문헌에 내포된 네 번째 지배적 주제는 하나님과 이스라엘의 상호 신실성이다. 여러 문헌이 하나님의 정의와 이스라엘에 대한 섭리적 보호 또는 의로운 자에 대한 보상을 강조한다. 예를 들어, 마카비1서와 대조적으로, 마카비2서는 헬리오도로스의 이야기와 예루살렘 성전 보호를 위한 하나님의 기적적인 간섭 이야기를 소개하고(3장), 안티오코스 4세의 고뇌를 길게 묘사한다(9장). 유사하게, 『마카비3서』는 예루살렘 성전에서뿐만 아니라 또한 알렉산드리아의 경마장에서 하나님의 간섭하심을 기념한다(1:8-2:24과 5:46-6:29에서 각각). 필론은 플라쿠스의 불명예가 신적 심판이라는 것을 분명히 한다(『플라쿠스 반박』 180-91). 심지어 아르타파누스도 이집트 왕 체네프레스가 유대인들을 잘못 대했기 때문에(유대인들에게 이집트인과 구분된 의복을 입도록 명령을 내려서 결국 유대인들이 이집트인들로부터 학대를 받게 됨—역주) 상피병을 앓게 된 첫 번째 사람이라고 기록하면서 신적 보응의 예를 제시한다(에우세비오스, 『복음의 예비』 9.27.20의 단편 3). 솔로몬의 지혜 역시도 이스라엘을 위한 하나님의 개입과 이집트인들과 가나안인들에 대한 징벌을 상기시킨다. 그러나 솔로몬의 지혜는 무엇보다도 의인의 대적들은 영원한 벌을 받고 사라지겠지만, 의인은 영원한 생명의 복을 받게 될 것이라고 말한다. 유사하게, 『욥의 유언』은 영원한 정죄를 받은 악한 엘리후와는 달리, 고난을 겪지만 결국 보상을 받고 불멸을 획득하게 되는 의로운 영웅 욥을 묘사한다. 모든 경우에 있어서 심판 때의 성패는 신적 정의가 이 세상 또는 내세에서 공동체적/개인적 차원으로 드러나는 방식에 있다. 후자에서, 종말론적 관심은 몸의 부활(마카비2서와 『시빌라의 신탁』 4권)과 영혼의 불멸성(솔로몬의 지혜, 필론, 『욥의 유언』)에 대한 신앙으로 이끈다. 필론, 요세푸스, 『시빌라의 신탁』 5권에서 몇 가지 암시가 발견되지만, 그리스어로 쓰인 유대 문헌에서는 메시아에 대한 기대가 현저하게 나타나지는 않는다.

이스라엘을 향한 하나님의 신실성은 하나님과 율법을 향한 이스라엘의 신실함과 상응한다. 그리스어로 쓰인 유대 문헌들은 유대 백성들을 경건한 자들로 묘사하는 경향이 있다. 배교자들은 거의 언급되지 않

245-246

는다. 마카비2서에서 예루살렘에 있는 불경건한 유대인들은 그리스적 삶의 방식을 도입하고 대대로 내려온 관습들을 대체하려고 노력하며, 이것은 유대아 주민들에게 하나님의 진노가 임하는 것을 촉발했다(4:7-17). 『마카비3서』에서 어떤 유대인들은 프톨레마이오스 왕의 위협과 약속에 굴복하며, 디오뉘소스 신비 제의에 입교함으로써 배교한다(2:31-33). 그러나 이 두 책에서 대다수의 유대인들은 하나님과의 언약 관계에 신실하게 남는다. 더욱 개인적인 차원에서 『아리스테아스의 편지』와 『욥의 유언』은 큰 고난에도 불구하고 하나님을 계속적으로 신뢰한 의로운 사람, 욥의 이야기를 재서술한다. 필론과 요세푸스의 여러 문장들뿐 아니라 마카비2-4서에 나오는 순교 이야기들과 순교를 준비하는 태도(순교가 고귀한 죽음 및 자살과 구별되어야 함에도 불구하고)는 특별히 흥미롭다. 순교는 유대인들이 하나님의 율법에 신실했다는 것에 대한 가장 숭고한 표현이다. 율법을 위해 기꺼이 죽을 준비가 된 유대인 이야기는 필론과 요세푸스를 포함한 여러 저자들에 의해서 강조된다. 반대로 다니엘서와 (마카비2서보다 훨씬 짧으면서도 순교를 장려하지 않는) 마카비1서에 나타난 암시를 제외하고, 이 주제는 히브리어와 아람어로 저술된 유대 문헌에서 자주 등장하지는 않는다. (히브리어와 아람어) 묵시 문헌에 선택된 자들의 최후 보상 이전에 있을 시련의 시기가 언급되곤 하지만 말이다. 그러나 또한 하나님의 정의와 이스라엘의 신실함에 대한 보다 일반적인 주제는 히브리어 혹은 아람어로 저술된 유대 문헌에서도 반복된다.

그리스어로 저술된 유대 문헌들은 다른 주제들과도 관련되기 때문에, 위에서 다룬 주제들의 목록은 포괄적이지 않다. 몇 가지 예를 들자면, 메시아사상과 제의 규범과 같은 어떤 주제들은 거의 등장하지 않거나 미미하다. 『바룩3서』, 『바룩4서』('파랄레이포메나 예레미우'[*Paraleipomena*

246-247

Jeremiou]), 『아브라함의 유언』과 『에녹2서』와 같은 자료를 (우리가 다룬 문헌들에) 덧붙인다면, 천상의 환시와 천사의 계시가 더욱 두드러지게 일반적인 특징으로 규정될 수도 있다. 그러나 이 저서들의 유대적 혹은 기독교적 기원은 계속되는 논쟁 가운데 있다. 거기에는 또한 전례와 할라카 본문들의 부재가 두드러진다. 여기서 자료들의 모습은 다시 한번 교부들의 선별적 관심사를 반영하는 듯하다.

이데올로기적 특징

그리스어로 저술된 유대 문헌들은 단일한 이데올로기적 특성들을 나타내지 않는다. 예를 들어, 테오도토스의 서사시는 유대교의 민족주의적이고 배타적인 요소를 반영한다. 위에서 언급했듯이, 테오도토스의 서사시에는 시므온과 레위의 세겜 공격에 대한 야곱의 정죄 장면(창 34:30)이 완전히 생략된다. 대조적으로 『마카비4서』의 저자는 저 사건을 정죄하면서, 심지어 창세기 49:7을 인용하기까지 한다("그 노염이 혹독하니 저주를 받을 것이요 분기가 맹렬하니 저주를 받을 것이라 내가 그들을 야곱 중에서 나누며 이스라엘 중에서 흩으리로다"). 그에 따르면, 야곱이 시몬과 레위에게 "너희의 노염이 저주를 받을 것이요"라고 말한 것은 이성이 분노를 자제할 수 있다는 것을 의미한다(『마카비4서』 2:19-20). 테오도토스에게 있어서 두 형제가 여동생을 위해 복수하려고 저지른 범죄는 하나님의 신탁이 성취된 것으로 묘사되고 또한 칭찬할 만한 것으로 나타나지만, 『마카비4서』에서는 비난받을 만한 열정으로 묘사된다. 다른 문제들에 대해서도 이와 같은 불일치를 발견할 수 있다. 예를 들어, 우리가 위에서 언급한 바와 같이, 그리스어로 저술한 모든 유대 저자들이 이방인과의 결혼을 정죄한 것은 아니다. 더군다나 (『아브라함의 이주에 관하여』 89-90에서 필론이 비난한) 극단적 알레고리로 성경을 해석하는 자들의 저작이 보존됐더라면, 우리는 아마도 더욱 다양한 그림들을 가질 수 있었을 것이다.

그렇다면 그리스어의 사용과 그리스 문학의 형식을 숙달한 것 자체가 저자의 이데올로기적 혹은 철학적 지향성을 결정하는 것은 아니다. 특히 그리스어로 저술하는 것이 이방인에 대한 개방성 내지 보편주의와 동의어는 아니다. 제2성전기 문헌에서 가장 보편주의적인 문헌은 그리스어로 쓰인 것들, 특히 아리스토불로스와 필론의 저서들 중에서 발견된다. 그럼에도 보편주의는 주로 회심자를 기꺼이 환영하는 것에 기초한 것이 아니라, 오히려 하나님의 율법과 예루살렘 성전에서의 제사에 대한 폭넓은 이해에 기초한다. 그리스어로 저술한 어떤 유대 저자들은 주로 율법을 이성을 통하여 모든 인간에게 호소할 수 있는 보편법으로 간주한다. 필론은 이스라엘을 심지어 모든 인간을 위해서 하나님께 희생 제의와 기도를 드리는 제사장으로서 묘사하는 데 이른다(『특별법에 관하여』 2.163-67). 특히 그리스어로 저술된 유대 문헌에서 이스라엘과 나머지 인류 사이의 관계가 가장 깊고 가장 긍정적인 방식으로 다루어진다.

학자들은 그리스어로 저술된 유대 문헌이 '변증적' 문헌으로 간주되어야 하는지를 논쟁한다. 한편으로 회심자와 하나님 경외자들이 디아스포라 유대 공동체에서 환영받았다는 증거가 있기는 하지만, 이러한 문헌들이 선교 문헌으로 여겨질 수는 없다. 다른 한편으로 이러한 문헌의 의도된 독자들 대다수는 유대인이지만, 변증적 관심사는 어떤 경우에 있어서 부인될 수 없다. 이방 종교와 그리스 철학에 대한 유대교의 우월성을 주장하거나 음식법과 할례에 대한 근본적인 문제를 제시하는 것은 변증과 관련될 수 있다. 그러나 변증은 유대인들이 그리스-로마의 환경에 대처하는 것을 돕고 자신들의 종교적·문화적 정체성 가운데서 스스로를 격려하고 위로하기 위하여 대부분의 경우, 유대인들 본인들을 대상으로 한, 유대교의 우월성에 대한 긍정으로 볼 수 있다.

중요성

그리스어로 저술된 유대 문헌은 여러 가지 이유로 중요하다. 첫째로 그리스어로 저술된 유대 문헌은 고대 근동 사람들이 헬레니즘의 도전에 대처한 방식을 보여주는 주요한 문헌 증거다. 다른 문화에서도 그리스어로 중요한 작품들을 생산했지만, 이들 작품들은 현재 남아 있지 않거나, 주로 요세푸스의 『아피온 반박』을 통하여 단편으로만 보존된 마네토의 『이집트의 역사』의 경우와 같다. 헬레니즘과 초기 로마 시대에 히브리어/아람어로 저술된 유대 문헌들은 최소한 몇 경우에서 그리스 문명과 유대교의 조우에 관한 중요한 증언을 또한 제공한다. 더군다나 고고학적 증거와 문서 기록물의 증거(비문, 파피루스, 동전, 여러 유물들)는 그리스-로마 시대 중에 일어난 문화적 동화 과정에 중요한 빛을 비추어준다. 그러나 그리스어로 저술된 유대 문헌 자료는 헬레니즘과 유대인들이 어떻게 관련을 맺었는지에 대한 가장 주요하고도 가장 명시적인 증거로 남아 있다.

이 문헌들은 독특한 유대적 정체성을 유지하면서 그리스 문화를 포용하는 주목할 만한 시도를 기록한다. 한편으로는 유대 엘리트 사이에 존재했던 큰 관심과 그리스어 지역에서 그들이 얼마나 헬레니즘에 익숙했는지를 나타낸다. 다른 한편으로는 유대인들이 구별된 문화적·종교적 정체성을 얼마나 인식하고 있었는지를 보여준다. 널리 인정되고 있듯이, 어떤 유대인들은 민족 대대로 내려온 관습을 버렸다. 예를 들어, 우리는 드리뮐로스의 아들 도시테오스와 필론의 조카인 티베리우스 율리우스 알렉산드로스에 대해서 알고 있다. '배교'(우리가 그렇게 명칭할 수 있다면)는 평범한 사람들보다는 엘리트 가운데서 아마도 더 흔했을 것이다. 그러나 디아스포라의 다른 지역들보다 우리가 더욱 잘 알고 있는 그리스-로마 시대의 이집트의 경우에, 문헌적 증거와 파피루스 증거 모두 그리스어로 말하는 유대인들이 이방 종교에 빠지거나 토라의 계명들을 포기하지 않았다는 것을 보여준다. 그들의 문화와 정체성은 양극단에 있었고 헬레니즘과의 관계는 선별적이었다. 그들은 그리스의 문학적 장르, 그리스 신화, 그리스 철학적 개념을 전유하면서 상당한 정도의 창의성과 담대함을 나타내면서도, 그것들을 자신의 목적을 위해 사용했다. 다른 말로, 그리스 문화에 대한 관계는 수동적인 것이 아니라 적극적이었으며 그리고 비평적이었다. 그러나 그들은 물려받은 성경 또는 유대 전통들을 다룰 때에도 상당한 정도의 해석적 자유를 보였다(히브리어/아람어 문헌에 이러한 자유의 전례가 없지는 않다).

헬레니즘 시대와 초기 로마 시대에 유대인들이 주변 문화로부터 개념, 문학적 모티프, 어휘를 차용하는 것은 전혀 새롭거나 예외적인 것이 아니다. 이미 성경 본문들은 가나안, 바빌로니아, 페르시아의 문화로부터 많은 것을 빌려왔다는 것을 입증한다. 어떤 발전 단계 위에 있든지 유대교는 아무것에도 침투할 수 없다거나 완전히 내부지향적인 것은 아니었다. 새로웠던 것은 유대 전통을 비유대적 언어와 문화로 번역하

249

려는 시도였다. 문헌들이 번역되기 위해서는 분명히 먼저 문헌들이 어느 정도 완성 단계에 도달하는 것이 필요했다. 이러한 완성은 쿰란문서 모음집이 보여주듯이 헬레니즘 시대에 이루어졌다. 이는 세계의 문화사에서 중요한 흔적을 남긴 주요한 역사적·문화적 현상이었다.

그러한 번역의 과정은 단지 언어적인 것이 아니었다. 히브리어와 아람어 본문을 그리스어로 번역한 모음인 칠십인역도 **문화적** 번역, 즉 유대적 신앙과 전통을 다른 개념으로 바꾸어 말하려는 노력을 보여준다. 유대적 신앙과 전통 전체가 단번에 이루어진 것이 아니기 때문에, 이러한 전환 과정 또한 유대적 정체성과 믿음을 표현하는 새로운 방식을 낳았다. 그러나 종종 그리스어로 저술된 유대 문헌과 관련되어 사용되는 '혼합주의'(syncretism)라는 용어는 일반적으로 잘못 선택된 용어다. 그리스어로 저술된 대부분의 유대 문헌은 그리스어 용어가 사용되고 그리스 신들과 영웅들이 언급될지라도 전혀 혼합주의적이지는 않다. 예를 들어, 『아리스테아스의 편지』의 작중 화자는 이스라엘의 하나님을 제우스에 빗대는데(16), 이 화자가 그리스인이기 때문에, 이는 편지의 실제 저자 편에서 혼합주의의 증거라고 할 수 없다. 이러한 빗댐은 가명의 특성(pseudonymous attribution)을 가진 역할 놀이와 같다. '아리스테아스'가 유대인이라고 하더라도, 하나님을 제우스에 빗대는 것은 여전히 종교 혼합주의로 여겨질 수 없으며, 그보다도 문화 번역의 한 가지 예가 될 것이다. 기원전 2세기에 살던 한 그리스인이 생각하기에 '제우스'라는 이름이 반드시 시인들에 의해 말해진 신화 이야기 전부를 떠올리게끔 하지는 않는다. 그것은 보다 철학적인 방식으로 사용될 수 있었으며, 신적인 존재에 대한 보다 세련된 개념을 지칭할 수 있었다. 그래서 실제로 이스라엘의 하나님이 나타내는 바와 그리스 철학 관점에서 '제우스'가

249-250

드러내는 바 사이의 불완전한 상관 관계가 해명될 수 있다. 곧, '아리스테아스'는 제우스를 삶과 존재의 보편적 근원으로서 정의내렸으며, 이 정의는 이스라엘의 하나님에게 완전히 부적절하지는 않았다.

무엇보다도 그리스어로 저술한 유대인들이 전복적인 방식으로 그리스 용어들을 자주 사용했다는 것을 기억할 필요가 있다. 그리스 용어의 사용은 화자가 단어가 가진 그리스의 전통적 의미를 받아들이거나 문화적 함의 모두를 받아들였다는 것을 반드시 암시하지는 않는다. 예를 들어, 『마카비3서』의 저자는 이스라엘의 하나님을 묘사하기 위하여 헬레니즘 시대의 왕들의 특징을 사용한다. 누군가는 그가 철저하게 헬레니즘화됐다고 주장할 수 있을 것이다. 그의 능숙한 그리스어 사용과 프톨레마이오스 궁정 언어에 대한 지식은 분명 의심의 여지가 없다. 그러나 그가 선택하여 사용한 어휘는 하나님 한 분만이 모든 인간 왕들 위에 있는, 세상의 진정한 왕이시라는 것을 전한다. 이와 비슷하게 솔로몬의 지혜는 지혜의 거룩한 계시들(2:22)과 디오뉘소스 제의의 가증스러운 제의(14:23)를 지칭하기 위해서 '뮈스테리아'(*mystēria*, "신비")라는 용어를 사용한다. 그러나 유대교와 관련된 '뮈스테리아'라는 용어의 사용은 종교 혼합주의의 흔적이 아니라, 유대교가 이교 신비주의에 반대하면서 유대교의 우월성을 기념하는 방식이다. 더욱 철학적 차원에서 필론은 종종 스토아 학파의 '오이케이오시스'(*oikeiōsis*, "전유")라는 용어를 사용하는데, 이는 유대교의 윤리 원칙들에 상당히 반대되는 철학적 함의를 전달한다. 그러나 필론은 신과의 합일(*homoiōsis tō theō*), 즉 '신에게 동화됨'이라는 플라톤적 개념을 '오이케이오시스'에 부여함으로써 그 의미를 뒤집어, '하나님을 본받음'이라는 유대적 이상에 쉽게 연결하였다.

분명히 그리스 문화와의 조우는 헬레니즘 시대와 초기 로마 시대의 유대인들에게 주어진 하나의 도전이었다. 그러나 이 조우는 또한 유대인들이 그들의 정체성을 표현하는 새로운 방식을 모색하게끔 인도했고, '유다이스모스'(*Ioudaismos*, "유대교")의 개념을 정교하게 설명하도록 자극했다.

참고 문헌

Bar-Kochva, Bezalel. 1996. *Pseudo-Hecataeus on the Jews: Legitimizing the Jewish Diaspora*. Berkeley: University of California Press.

Barclay, John M. G. 1996. *Jews in the Mediterranean Diaspora*. Edinburgh: Clark.

Burchard, Christoph. 2003. *Joseph und Aseneth*. Leiden: Brill.

Collins, John J. 2000. *Between Athens and Jerusalem: Jewish Identity in the Hellenistic Diaspora*. 2d ed. Grand Rapids: Eerdmans.

———. 2005. *Jewish Cult and Hellenistic Culture: Essays on the Jewish Encounter with Hellenism and Roman Rule*. Leiden: Brill.

Davila, James R. 2005. *The Provenance of the Pseudepigrapha: Jewish, Christian, or Other?* Leiden: Brill.

Denis, Albert-Marie. 1970. *Introduction aux pseudépigraphes grecs d'Ancien Testament*. Leiden: Brill.

———. 2000. *Introduction à la littérature religieuse judéo-hellénistique*. 2 vols. Turnhout: Brepols.

Goodman, Martin. 1986. "Jewish Literature Composed in Greek." In

250-251

E. Schürer, *The History of the Jewish People in the Age of Jesus Christ (175 B.C.–A.D. 135)*. Vol. 3, Part 1. Rev. and ed. Geza Vermes, Fergus Miller, and Martin Goodman. Edinburgh: Clark, 470–704.

Gruen, Erich S. 1998. *Heritage and Hellenism: The Reinvention of Jewish Tradition*. Berkeley: University of California Press.

Herr, Moshe D. 1990. "Les raisons de la conservation des restes de la littérature juive de l'Époque du Second Temple." In *La fable apocryphe I*. Ed. P. Geoltrain, E. Junod, and J.-C. Picard. Turnhout: Brepols, 219–30.

Holladay, Carl. 1983–1996. *Fragments from Hellenistic Jewish Authors*. 4 vols. Atlanta: Scholars Press.

Honigman, Sylvie. 2003. *The Septuagint and Homeric Scholarship in Alexandria: A Study in the Narrative of the Letter of Aristeas*. London: Routledge.

Inowlocki, Sabrina. 2006. *Eusebius and the Jewish Authors: His Citation Technique in an Apologetic Context*. Leiden: Brill.

Johnson, Sarah R. 2004. *Historical Fictions and Hellenistic Jewish Identity: Third Maccabees in Its Cultural Context*. Berkeley: University of California Press.

Lanfranchi, Pierluigi. 2006. *L'Exagoge d'Ezéchiel le tragique: Introduction, texte, traduction et commentaire*. Leiden: Brill.

Motzo, Raimondo Bacchisio. 1977. *Ricerche sulla letteratura e la storia giudaico-ellenistica*. Roma: Centro Editoriale Internazionale.

Rajak, Tessa. 2009. *Translation and Survival: The Greek Bible of the*

Ancient Jewish Diaspora. Oxford: Oxford University Press.

———, Sarah Pearce, James Aitken, and Jennifer Dines, eds. 2007. *Jewish Perspectives on Hellenistic Rulers*. Berkeley: University of California Press.

Walter, Nikolaus. 1976. *Fragmente jüdisch-hellenistischer Historiker*. JSHRZ I, 2. Gütersloh: Gerd Mohn, 89–164.

———. 1983. *Fragmente jüdisch-hellenistischer Epik: Philon, Theodotos. Pseudepigraphische jüdisch-hellenistische Dichtung: Pseudo-Phokylides, Pseudo-Orpheus, Gefälschte Verse auf Namen griechischer Dichter*. JSHRZ IV, 3. Gütersloh: Gerd Mohn.

———. 1989. "Jewish-Greek Literature of the Greek Period." In *The Cambridge History of Judaism*, vol. 2, *The Hellenistic Age*. Ed. W. D. Davies and L. Finkelstein. Cambridge: Cambridge University Press, 385–408.

필론

그레고리 E. 스털링(Gregory E. Sterling)

데이비드 T. 루니아(David T. Runia)

마른 R. 니호프(Maren R. Niehoff)

안네위스 반 덴 후크(Annewies van den Hoek)

알렉산드리아의 필론(기원전 20?-기원후 50?년)은 제2성전기 유대교 주해 전통과 의식에 대하여 가장 중요한 증언을 제공해주는 인물들 중 하나다. 그는 알렉산드리아의 가장 부유하고 명성 있는 가문 출신이었고, 그곳의 거대한 유대인 공동체가 낳은 가장 저명한 인물이라고 할 수 있다. 그는 알레고리적 해석을 사용하여 조상 대대로 물려받은 유대교 전통과 그리스 철학 간의 공통점을 발견하려 애썼던 대표적인 동방 작가였다. 고대 유대교에 대한 그의 영향력은 알렉산드리아의 유대교 공동체가 기원후 115-117년에 무너지면서 같이 사라진 것으로 보인다. 후대 사람들이 그의 작품들을 알고 있었다는 직접적인 증거는 아사랴 데이 롯시(Azariah dei Rossi, 1513-1578)의 글 이전에는 발견되지 않는다. 롯시는 『메오르 에이나임』(*Me'or 'Einayim*, "눈들의 빛")에서 필론의 견해 일부를 요약하는데, 이때 필론의 지위에 대해 양가적인 감정을 보여준다. 하지만 필론의 유산이 그의 공동체의 와해와 함께 완전히 사라진 것은 아니었다. 그가 이룬 성과물들은 초기 기독교인들에게 너무나 매력적인 것이었기에 필론의 작품들은 그들에 의해 보존됐다. 초기 기독교인들은 필론을 기독교인으로 주장하는가 하면, 그에게 사후 세례를 베풀었다고 소개하기도 하고(브로고로, 『요한행전』), 일부 비잔틴 성서 주석집(예, 『그리스어 단편집』, 『창세기』 1.55)은 그를 '감독'(bishop)으로 소개하기도 했다.

필론의 생애

우리가 필론의 생애에 대해 아는 것은 극히 드물다. 오히려 그의 형제나 조카에 대해 우리가 갖고 있는 최신 증거가 더 많다. 그의 형제 가이우스 율리우스 알렉산드로스는 알렉산드리아에서 그 누구보다 부유한 세관공무원이었고 그의 조카 티베리우스 율리우스 알렉산드로스는 엘리트 코스(*cursus honorum*)를 밟기 위해 조상들의 전통까지 포기했던 야심찬 출세주의자였다. 우리가 필론에 대해 갖고 있는 증거들은 필론의 작품 중간 중간에 쓰여 있는 자서전적인 언급들과 후대 기독교인들이 남긴 극단적인 증언들로 이루어져 있다. 이외의 자료에서 우리가 유일하게 알고 있는 것이라곤 기원후 38년의 집단학살 사건 때문에 가이우스 황제에게 파견됐던 사절단에서 그가 담당했던 역할에 관한 것뿐이다.

필론은 복수의 시민권을 보유한 가정에서 태어났다. 그는 알렉산드리아 안에 존재했던 유대 '폴리테우마'(*politeuma*: 사건들을 판결하는 자치 기관—편주)와 알렉산드리아라는 그리스 도시, 그리고 로마에 소속된 시민이었다. 적어도 그의 형제와 조카는 이 모든 시민권들을 확실히 보유하고 있었던 것으로 보이고, 이 시민권들은 세습됐을 가능성이 컸다. 그가 살아갔던 세계는 복잡했다. 이 복잡함은 그가 받았던 교육에서부터 시작됐다. 칠십인역에 대한 그의 상당한 익숙함이 증언하듯, 필론은 철저하게 유대교 교육을 받고 자라났다. 그렇지만 그가 히브리어나 아람어를 알았다는 증거는 없다. 아마도 대부분의 디아스포라 유대인들이 그러했듯, 그가 받았던 유대인 교육도 그리스어로 이뤄졌을 가능성이 크다. 교육 장소는 가정이나 기도의 집(house of prayer)이었을 것이다. 하지만 기도의 집에 대한 확실한 증거는 더욱 후기의 것이다. 필론은 또한 표준적인 그리스식 교육을 받았을 것이다. 그는 김나지움(gymnasium)을 다니면서 기초적인 문법과 수학, 그리고 음악을 배웠을 것이다(『예비 연구』 74-76). 또한 그는 13세에 '청소년 훈육 과정'(ephebate)이라고 불리는 교육/훈련을 받기 위해 공식적으로 김나지움에 등록했을 텐데, 이는 옛날 그리스 도시국가들이 군사 복무의 준비 과정으로 청소년 훈육 과정을 요구했던 시절부터 이어져 온 전통을 따른 것으로 보인다. 필론이 살았던 헬레니즘 시대에 이 과정은 문학과 체육 교육을 위한 장으로 변했다. 후자인 체육 교육만이 이 과정의 본래 기능을 나타내는 흔적으로 남아 있었다. 청소년 훈육 과정의 이수는 알렉산드리아 시민권을 획득할 수 있는 권리를 제공했다. 클라우디우스 황제는 필론의 노년에 유대인들이 알렉산드리아 시민권을 획득할 수 있는 기회의 문을 닫아버렸는데, 이 결정은 유대인들이 청소년 훈육 과정에 들어갈 수 있는 길 또한 막아버렸다(*CPJ* 153, 83-95행).

필론이 받았던 유대인 교육과 그리스 교육은 그의 생활 방식에 드러나 있다. 그는 의심의 여지없이 유대교 '할라코트'(*halakot*: 유대인의 법을 뜻하는 할라카[*halakah*]의 복수형—역주)를 철저하게 따랐다. 그는 유대교 의식들을 뒷받침하는 의미들이 의식 자체의 준수를 불필요하게 만든다고 생각하는 동시대 유대인들을 비판했다. 필론은 이 의식들이 공동체 정체성의 필수적인 표지라고 주장했다(『이주』 89-93). 그는 특히 할례(『특별법』 1.1-12), 안식일 준수(『꿈』 2.123), 욤 키푸르(*Yom Kippur*, "대속죄일") 축제 준수(『특별법』 1.186), 음식법(『특별법』 4.100), 족내혼(『특별법』 3.29)을 유대인 정체성의 필수 표지들로 꼽고 그 중요성을 강조했다. 그는 예루살렘 성전에 성지순례를 다녀오기도 했다(『섭리』 2.64). 흥미롭게도 필론은 유대교 할라코트와 그리스 문화가 양자택일의 문제라고 생각하지 않았다. 그는 할라코트를 따르면서도 그리스 문화를 즐길 수 있다고 여겼다. 그는 평생 동안 각종 육상경기에 대한 애정을 아끼지 않은 것으로 보이는데, 김나지움에 재학하는 동안에는 직접적인 참여자로서, 그리고 이후에는 관람자로서 그러했던 것 같다(『특별법』 2.230과 『농사』 113-15; 『선한 사람』 26, 110; 『섭리』 2.58). 이외에도 필론은 적어도 두 군데서 자신이 극장에서 본 것에 대해 논평을 남겼다(『술 취함』 177; 『선한 사람』 141). 에스겔의 『엑사고게』 같은 희곡의 존재는 알렉산드리아에 유대인 극장이 있었음을 암시한다. 필론은 분명히 에우리피데스의 한 작품에 대하여 논평하는데, 이는 그가 그리스 극장을 방문했거나 유대인들이 제작·연출한 그리스 비극 작품을 관람했음을 뜻한다(『선한 사람』 141). 필론은 연회에 참석했던 자신의 경험에 대해서도 이야기한다. 그는 그러한 연회들에서 절제를 발휘해야 할 필요가 있었다고 회고한다(『사절단』 3.156). 요약하자면 필론은 그리스 문화에 참여하는 것에 아무런 거리낌을 느끼지 않았다. 그렇지만 이교도 의식에 참여하는 일만큼은 예외였다.

필론의 태도에서 드러나는 그런 패턴은 사상에서도 발견된다. 필론은 계속해서 더 심화된 수사학과 철학 훈련을 받았다. 그가 어떻게 심화된 철학 교육을 받았는지는 확실치 않다. 수 세기 후의 아우구스티누스처럼 독학했을 수도 있고 키케로처럼 개인 교사를 고용하고 유명한 철학자들의 강의를 수강했을 수도 있다. 우리는 기원전 1세기 말미에 알렉산드리아에서 활동했던 많은 철학자들을 알고 있지만 필론이 그들 중 누구와 공부했는지는 모른다. 하지만 확실한 것은 그가 플라톤 전통의 가장 중요한 작품들 일부를 읽고 자신의 것으로 삼았다는 점이다. 그에게 가장 중요했던 플라톤 전통의 논문들은 『티마이오스』와 『파이드로스』였다. 그렇지만 그가 『법률』, 『파이돈』, 『국가』, 『향연』, 『테아이테토스』를 알고 있었다는 것은 확실하다. 의심의 여지없이 필론은 아이네시데모스와 같은 다른 철학자들의 작품들도 알고 있었다. 하지만 그가 해당 작품들을 원서로 읽었는지 아니면 학설지(doxography)에 인용된 형태로 부분적으로만 읽었는지는 알기 어렵다.

필론은 자신이 받은 교육을 작품들 속에서 십분 활용한다. 그의 저술의 사회적인 지위에 대한 질문은 중요하다. 그가 받았던 교육의 경우처럼, 우리가 이용할 수 있는 증거는 모두 간접적이다. 마치 루킬리우스에게 보낸 세네카의 편지들이나 마르쿠스 아우렐리우스의 『명상록』(*Meditations*)이 그러했던 것처럼 필론의 작품들이 개인적인 목적만을 갖고 자기 혼자만의 유익을 위해 저술됐다고 가정하기란 어렵다. 그의 다수의 논문들이 본질에 있어서 다양하다는 사실은 필론 본인이 이 저술들의 목표 청중이 아니라는 점을 시사한다. 해당 작품들은 복수의 독자들을 가정하고 쓰였던 것이다. 그의 작품들이 사용됐을 사회적 장소의 후보군은 다음과 같다. 첫째, 일부 사람들은 해당 작품들이 기도의 집에서의 활동들(예배나 교육, 혹은 예배와 교육 모두)을 반영한다고 생각한다(예, 『모세』 2.216; 『특별법』 2.62). 필론은 알렉산드리아에 위치한 기도의 집의 교사였을 수 있다. 둘째, 또 다른 가능성으로 필론이 개인적으로 젊은 유대인들에게 주해와 철학을 가르쳤던 사립학교를 소유했을 수도 있다.

그의 논문들 중에 학교 상황을 전제하는 언급이 등장하긴 하지만 이를 문자 그대로 읽어야 할지 아니면 대화 상황을 위한 가정으로 읽어야 할지는 확실치 않다(『동물』 6). 분명한 것은 필론이 고립된 해석가로서가 아니라 하나의 주해 전통 안에서 작업했다는 점이다. 그는 다른 유대인 해석가들을 아주 잘 알고 있었고 그들의 의견들을 자신의 주석에 포함시켰다. 이런 점은 학교적 상황과 들어맞지만 그렇다고 필수적인 것은 아니다. 그의 두 주석 시리즈, 『질의응답』과 『알레고리 주석』은 철학 학파들 사이에서 통용되던 작품들과 유사하다. 또한 오리게네스를 통해 그의 논문들이 보존됐다는 것은 해당 작품들이 유대인 도서관의 일부였다는 사실을 암시한다.

알렉산드리아의 유대인 공동체가 무너지기(기원후 115-117년) 전, 필론을 비롯하여 아리스토불로스 같은 유대인 작가들의 작품들은 기독교인들에게 전달됐다. 클레멘스와 에우세비오스가 2차 문헌을 통해서가 아니라 직접적으로 아리스토불로스를 알고 있었던 것으로 보아 아리스토불로스와 필론의 작품들이 같은 도서관에 포함되어 있었을 가능성이 크다. 물론 두 작가의 작품들이 그 유명한 알렉산드리아 도서관에 포함되어 있다가 나중에 기독교인들에 의해 필사됐을 가능성도 있지만, 아리스토불로스와 필론의 작품들을 소장하고 있던 유대인 도서관이 기독교인들의 손에 들어갔다고 가정하는 것이 더 합리적이다. 만일 필론이 아리스토텔레스가 그랬듯(스트라본, 『지정학』 13.1.54) 본인의 학교를 위한 도서관을 소유하고 있었다면, 자신의 사후에 해당 도서관의 책들을 어떻게 보존할지에 대해 지침들을 남겼을 것이다. 두 가지 상황을 가정할

255, 259

수 있다. 후대에 학교장을 맡은 인물이 기독교로 개종하면서 장서들을 기독교 쪽으로 갖고 넘어갔든지, 아니면 그 학교에 출석하던 부유한 기독교인이 도서관의 가장 중요한 작품들을 필사했을 수도 있다. 어느 쪽이든, 아리스토불로스와 필론의 작품들이 본래 학교의 도서관에 소장되어 있다가 같이 전승됐을 가능성이 크다.

우리가 필론의 생애에 대해 알고 있는 내용 중 한 가지는 확실하다. 그는 칼리굴라 황제(= 가이우스)에게 파송된 첫 번째 사절단의 일원이었다. 이 사절단은 기원후 38년 아그립파 1세의 알렉산드리아 방문 중에 벌어졌던 집단학살에 따른 대응 차원으로 파견됐다. 대표단은 기원후 39년 가을에 알렉산드리아를 떠났고, 1년 후(기원후 40년) 로마에 도착했다. 필론에 따르면 대표단은 다섯 명으로 구성되어 있었다(『사절단』 370; 요세푸스, 『유대 고대사』 18.257-60은 세 명이었다고 말함). 요세푸스는 이 유대인 대표단의 리더가 필론이었다는 사실을 알려주는데(『유대 고대사』 18.259), 이와 같은 결정은 아마도 필론의 나이와 학력 때문이었을 것이다(『사절단』 182). 필론이 이 역할을 맡았다는 사실은 그가 알렉산드리아 유대인 공동체에서 저명하고 존경받는 일원이었다는 점을 시사한다. 굿이너프(E. R. Goodenough)는 필론이 이 역할 이전에 알렉산드리아의 유대인 원로원에서 활동했을 것이라고 생각한다. 이런 추정이 가능성 있긴 하지만, 필론 자신의 진술에 따르면 이러한 임명은 그를 지적인 작업에서 이끌어내어 정치의 한복판으로 몰아넣은 사건이었다(『특별법』 3.1-6). 잘 알려진 것처럼 이 사절단은 원했던 것보다 한참 못 미치는 성과를 가지고 돌아왔고, 그 후에 필론은 알렉산드리아와 그의 학교로 복귀했다. 그는 아마도 이후 10년 안에 사망했을 것이다.

필론 작품의 논문명, 관련 성서 본문 및 근거 텍스트

논문명	성서 본문	근거 텍스트
질의응답		
『창세기 1』	창 2:4-6:13	아르메니아어 *QG* 1
『창세기 2』	창 6:14-11:32	아르메니아어 *QG* 2 + 추가 텍스트
『창세기 3』	창 12:1-17:27	아르메니아어 *QG* 3 + 추가 텍스트
『창세기 4』	창 18:1-22:24	아르메니아어 *QG* 4.1-70 + 추가 텍스트
『창세기 5』	창 23:1-25:18	아르메니아어 *QG* 4.71-153 + 추가 텍스트
『창세기 6』	창 25:19-28:9	아르메니아어 *QG* 4.154-95 + 라틴어 1-11 + 아르메니아어 *QG* 4.196-245
『출애굽기 1』	출 6:2-9:35	유실(에우세비오스, 『교회사』 2.18.5)
『출애굽기 2』	출 10:1-13:16	추가 텍스트 + 아르메니아어 *QE* 1 + 추가 텍스트
『출애굽기 3』	출 13:17-17:16	유실(에우세비오스, 『교회사』 2.18.5)
『출애굽기 4』	출 20:25b-24:18	아르메니아어 *QE* 2.1 + 추가 텍스트 + 아르메니아어 *QE* 2.2-49
『출애굽기 5』	출 25:1-27:19	아르메니아어 *QE* 2.50-102 + 추가 텍스트
『출애굽기 6』	출 27:20-30:10	아르메니아어 *QE* 2.103-24 + 추가 텍스트
알레고리 주석		
	창 1:1-31	유실(『알레고리 해석』 1.1-2; 분명한 누락)
『알레고리 해석 1』	창 2:1-3:1a	『알레고리 해석 1-2』
『알레고리 해석 2』	창 3:1b-8a	유실(분명한 누락)
『알레고리 해석 3』	창 3:8b-19	『알레고리 해석 3』
『알레고리 해석 4』	창 3:20-23	유실(『희생제사』 51; 분명한 누락)
『케루빔』	창 3:24; 4:1	『케루빔』
『희생제사』	창 4:2-4	『희생제사』
	창 4:5-7	유실(분명한 누락)
『더 악한 것』	창 4:8-15	『더 악한 것』
『자손』	창 4:16-25	『자손』
	창 5:32	유실(『맨정신』 51?)
『거인』과 『불변』	창 6:1-12	『거인』과 『불변』
『언약 1』	유실	(『이름』 53; 에우세비오스, 『교회사』 2.18.3)
『언약 2』	유실	(『이름』 53; 에우세비오스, 『교회사』 2.18.3)
『농사』	창 9:20a	『농사』
『파종』	창 9:20b	『파종』
		논문의 끝부분 유실

『술 취함 1』	창 9:21	『술 취함』(주의, 이건 아마도 제2권이고, 제1권은 유실된 것으로 보임)
『술 취함 2』	창 9:21b-23	유실(에우세비오스, 『교회사』 2.18.2; 필론, 『맨정신』 1)
『맨정신』	창 9:24-27	『맨정신』 논문의 끝부분 유실 (?)
『혼란』	창 11:1-9	『혼란』
『이주』	창 12:1-4, 6	『이주』
『보상』	창 15:1	유실(『상속자』 1)
『상속자』	창 15:2-18	『상속자』
『예비 연구』	창 16:1-6a	『예비 연구』
『도주』	창 16:6b-9, 11-12	『도주』
『이름』	창 17:1-5, 15-22	『이름』
『신』	창 18:2	아르메니아어 단편
『꿈 1』	창 20:3 (?)	유실(에우세비오스, 『교회사』 2.18.4)
『꿈 2』	창 28:10-22; 31:10-13	『꿈 1』
『꿈 3』	창 37:8-11; 40:9, 16-17; 41:17-24	『꿈 2』
『꿈 4』	유실	유실(에우세비오스, 『교회사』 2.18.4)
『꿈 5』	유실	유실(에우세비오스, 『교회사』 2.18.4)
율법 강해		
『창조』	창 1:1-2:5	『창조』
『아브라함』	창 4-25장	『아브라함』
『이삭』	창 25-28, 35장	유실(『요셉』 1)
『야곱』	창 25-50장	유실(『요셉』 1)
『요셉』	창 37-50장	『요셉』
『십계명』	신 5:1-21 (참조, 출 20:1-17)	『십계명』
『특별법 1』	다신론과 우상숭배	『특별법 1』
『특별법 2』	서원, 안식일, 부모	『특별법 2』
『특별법 3』	간통과 살인	『특별법 3』
『특별법 4』	절도와 거짓 증언, 그리고 탐심	『특별법 4』
『덕목』:		
정의		『특별법』 4.133-238
용기		『덕목』 1-50
박애		『덕목』 51-227
경건		유실
『열정들』		유실(『알레고리 해석』 3.139)
『보상』		『보상』

서론적 저술		
『모세 1』		『모세 1』
『모세 2』		『모세 2』
철학 논문		
『나쁜 사람』		유실(『선한 사람』 1)
『선한 사람』		『선한 사람』
『섭리 1』		아르메니아어 『섭리 1』
『섭리 2』		아르메니아어 『섭리 2』 + 에우세비오스의 『복음의 예비』(*Praeparatio Evangelica*) 7.21; 8.14 속 그리스어 단편들
『동물』		아르메니아어 『동물』
『영원성 1』		『영원성』
『영원성 2』		유실(『영원성』 150)
『숫자들』		아르메니아어 단편
변증 논문		
『본질들』		유실(『사색적 삶』 1)
『사색적 삶』		『사색적 삶』
『가설』		에우세비오스의 『복음의 예비』 8.6.1-7.20 및 8.11.1-18
『덕목 1』		유실(에우세비오스, 『교회사』 2.5.1; 2.6.3)
『덕목 2』		유실(에우세비오스, 『교회사』 2.5.1; 2.6.3)
『덕목 3』		『플라쿠스』
『덕목 4』		『사절단』
『덕목 5』		유실(『사절단』 373; 『교회사』 2.5.1; 2.6.3)

필론 작품의 라틴어, 영어, 한국어 서명/약어 목록

라틴어 서명/약어	영어 서명/약어	한국어 서명/약어
De Abrahamo *Abr.*	*On the Life of Abraham* *Abraham*	『아브라함의 생애에 관하여』 『아브라함』
De aeternitate mundi *Aet.*	*On the Eternity of the World* *Eternity*	『세계의 영원성에 관하여』 『영원성』
De agricultura *Agr.*	*On Agriculture* *Agriculture*	『농사에 관하여』 『농사』
De animalibus *Anim.*	*Whether Animals Have Reason* (= *Alexander*) *Animals*	『동물에 관하여』(= 『알렉산드로스』) 『동물』
De cherubim *Cher.*	*On the Cherubim* *Cherubim*	『케루빔에 관하여』 『케루빔』

257-258

De confusione linguarum *Conf.*	*On the Confusion of Tongues* *Confusion*	『언어의 혼란에 관하여』 『혼란』
De vita contemplativa *Contempl.*	*On the Contemplative Life* *Contempl. Life*	『사색적 삶에 관하여』 『사색적 삶』
De congressu eruditionis gratia *Congr.*	*On the Preliminary Studies* *Prelim. Studies*	『예비 연구에 관하여』 『예비 연구』
De decalogo *Decal.*	*On the Decalogue* *Decalogue*	『십계명에 관하여』 『십계명』
De Deo *Deo*	*On God* *God*	『신에 관하여』 『신』
Quod deterius potiori insidari soleat *Det.*	*That the Worse Attacks the Better* *Worse*	『더 악한 것이 더 선한 것을 공격하는 것에 관하여』 『더 악한 것』
Quod Deus sit immutabilis *Deus*	*That God Is Unchangeable* *Unchangeable*	『하나님이 불변하다는 것에 관하여』 『불변』
De ebrietate *Ebr.*	*On Drunkenness* *Drunkenness*	『술 취함에 관하여』 『술 취함』
De exsecrationibus *Exsecr.*	*On Curses* (= *Rewards* 127-72) *Curses*	『저주에 관하여』(=『보상』 127-72) 『저주』
In Flaccum *Flacc.*	*Against Flaccus* *Flaccus*	『플라쿠스 반박』 『플라쿠스』
De fuga et inventione *Fug.*	*On Flight and Finding* *Flight*	『도주와 발각에 관하여』 『도주』
De gigantibus *Gig.*	*On Giants* *Giants*	『거인에 관하여』 『거인』
Quis rerum divinarum heres sit *Her.*	*Who Is the Heir?* *Heir*	『누가 상속자인가?』 『상속자』
Hypothetica *Hypoth.*	*Hypothetica* *Hypothetica*	『가설』 『가설』
De Iosepho *Ios.*	*On the Life of Joseph* *Joseph*	『요셉의 생애에 관하여』 『요셉』
Legum allegoriae I, II, III *Leg. 1, 2, 3*	*Allegorical Interpretation 1, 2, 3* *Alleg. Interp. 1, 2, 3*	『알레고리 해석 1, 2, 3』 『알레고리 해석 1, 2, 3』

Legatio ad Gaium *Legat.*	*On the Embassy to Gaius* *Embassy*	『가이우스 사절단에 관하여』 『사절단』
De migratione Abrahami *Migr.*	*On the Migration of Abraham* *Migration*	『아브라함의 이주에 관하여』 『이주』
De vita Mosis I, II *Mos. 1, 2*	*On the Life of Moses 1, 2* *Moses 1, 2*	『모세의 생애에 관하여 1, 2』 『모세 1, 2』
De mutatione nominum *Mut.*	*On the Change of Names* *Names*	『이름의 변화에 관하여』 『이름』
De opificio mundi *Opif.*	*On the Creation of the World* *Creation*	『세계의 창조에 관하여』 『창조』
De plantatione *Plant.*	*On Planting* *Planting*	『파종에 관하여』 『파종』
De posteritate Caini *Post.*	*On the Posterity of Cain* *Posterity*	『가인의 자손에 관하여』 『자손』
De praemiis et poenis *Praem.*	*On Rewards and Punishments* *Rewards*	『보상과 처벌에 관하여』 『보상』
Quod omnis probus liber sit *Prob.*	*That Every Good Person Is Free* *Good Person*	『모든 선한 사람은 자유롭다는 사실에 관하여』 『선한 사람』
De providentia I, II *Prov. 1, 2*	*On Providence 1, 2* *Providence 1, 2*	『섭리에 관하여 1, 2』 『섭리 1, 2』
Quaestiones et solutiones in Exodum I, II *QE 1, 2*	*Questions and Answers on Exodus 1, 2* *QE 1, 2*	『출애굽기 질의응답 1, 2』 『출애굽기 1, 2』
Quaestiones et solutiones in Genesin I, II, III, IV *QG 1, 2, 3, 4*	*Questions and Answers on Genesis 1, 2, 3, 4* *QG 1, 2, 3, 4*	『창세기 질의응답 1, 2, 3, 4』 『창세기 1, 2, 3, 4』
De sacrificiis Abelis et Caini *Sacr.*	*On the Sacrifices of Cain and Abel* *Sacrifices*	『가인과 아벨의 희생제사에 관하여』 『희생제사』
De sobrietate *Sobr.*	*On Sobriety* *Sobriety*	『맨정신에 관하여』 『맨정신』
De somniis I, II *Somn. 1, 2*	*On Dreams 1, 2* *Dreams 1, 2*	『꿈에 관하여 1, 2』 『꿈 1, 2』

De specialibus legibus I, II, III, IV *Spec. 1, 2, 3, 4*	*On the Special Laws* *Spec. Laws 1, 2, 3, 4*	『특별법에 관하여 1, 2, 3, 4』 『특별법 1, 2, 3, 4』
De virtutibus *Virt.*	*On the Virtues* *Virtues*	『덕목에 관하여』 『덕목』

필론 작품 개관

필론은 다작가였다. 에우세비오스가 정리해놓은 필론의 작품 목록은 시작점으로 유용하긴 해도 다른 자료들을 통해 보충되어야 한다(『교회사』 2.18.1-9). 필론은 자신의 주석서를 세 개의 주요 시리즈로 정리해놓았는데, 『창세기와 출애굽기 질의응답』과 『알레고리 주석』, 『율법 강해』가 그것이다. 현대 학계는 여기에 두 개의 다른 논문 묶음들을 추가한다. 『철학 논문』과 『변증 논문』이 그것이다.

우리에게 남아 있는 필론의 작품들은 대부분 그리스어로 되어있지만, 일부 작품들은 직역에 가까운 6세기 아르메니아어 번역본으로 보전되어 있으며, 다른 일부 저술들은 라틴어로만 남아 있다. 앞의 표는 해당 작품이 따로 표시를 해놓지 않는 이상 그리스어로 남아 있다고 가정하고 있다. 이때, 많은 논문들의 근거 텍스트에는 문제가 있다는 사실을 알고 있는 것이 중요하다. 하나의 논문이 두 개의 독립된 작품으로 분리된 경우들이 있는가 하면(예, 『알레고리 해석 2』 = 현재의 『알레고리 해석 1과 2』; 『거인』 = 현재의 『거인』과 『불변』), 짧은 논문들이 하나로 묶어진 경우도 있다(『덕목』 = 『특별법』 4.133-238과 『덕목』 및 유실된 『경건』). 그리고 논문의 일부만 남아 있는 경우들도 있다. 어떤 경우엔 논문의 대부분이 남아 있지만(『파종』과 아마도 『맨정신』) 어떤 경우엔 단편만 남아 있다(『신』, 『가설』, 『숫자들』). 유실된 논문들도 많다. 우리는 그런 논문이 있었다는 사실을 필론 또는 에우세비오스가 유실된 작품을 직접적으로 언급할 때나 연속적인 논문 시리즈에 분명한 누락이 있을 때 알 수 있다(표에는 '분명한 누락'이라고 표시되어 있다). 의심의 여지없이 초창기부터 사라진 논문들도 있었다. 예를 들어, 『창세기 질의응답』은 창세기 1장에 대한 논의를 포함했을 것이고 『출애굽기 질의응답』도 출애굽기 1-5장을 다뤘겠지만 우리는 이런 추정들을 표에 포함시키진 않았다.

따라서 우리에게 남아 있는 것은 완전히(또는 대부분) 그리스어로 된 36개의 논문과 한 논문의 단편들, 여기에 더하여 완전히(또는 대부분) 아르메니아어로 남아 있는 13개의 추가 논문과 두 편의 논문 단편이다. 이를 종합하면 49개의 완전히(또는 대부분) 보존된 논문들과 세 편의 논문 단편이 우리에게 남아 있다. 우리는 필론이 이외에도 23개의 논문들을 썼다는 사실을 알고—또는 논리적으로 추론할 수—있다. 결론적으로, 우리는 그의 작품들 중 대략 2/3를 보유하고 있는 셈이다.

『창세기와 출애굽기 질의응답』

『창세기와 출애굽기 질의응답』(그리스어, *Zētēmata kai lyseis eis tēn Genesin kai tēn Exodon*; 라틴어, *Quaestiones et Solutiones in Genesin et Exodum*)은 필론의 위대한 성서 주석서들 중 가장 덜 알려졌다. 이 주석 시리즈는 오경의 첫 두 권에 관한 강해를 담고 있지만 모든 내용을 다루진 않는다. 이 저술들에는 성서 본문과 밀접하게 관련된 긴 질문들이 연달아 나오고 그에 대한 답변들이 등장하는데, 답변들은 하나로 이어지는 일종의 긴 주석을 형성한다.

260

텍스트와 번역본. 그리스어로 저술된 원작품은 창세기를 다루는 6권의 책과 출애굽기를 다루는 5권(또는 6권)의 책으로 구성되어 있었다. 출애굽기를 다루는 부분은 에우세비오스의 목록대로 집필됐었지만 2세기도 채 지나기 전에 5권 중 2권만 살아남았다. 작품의 원-그리스어 텍스트는 유실됐다. 현존하는 작품에 대한 우리의 지식은 6세기 비잔틴 제국에서 만들어진 아르메니아어 번역본에 대부분 의존하고 있다.

이른바 헬레니즘화 학파(Hellenizing School) 소속의 아르메니아어 번역가들이 '단어 대 단어'의 번역을 채택했기 때문에, 그들이 남긴 번역본은 원본을 상당히 정확하게 추측할 수 있게 해준다. 라틴어 번역도 병기했던 아우허(Aucher)의 아르메니아어판(1826)과 현대 번역본들에서는 『창세기 질의응답』이 총 네 권의 책으로 구성되어 있지만, 제4권은 원작품의 구분법에 따르면 4, 5, 6권도 포함하고 있다. 4세기 후반까지 거슬러 올라가는 다소 특이한 라틴어로 된 제6권의 번역본도 있다. 이 번역본은 아르메니아어판에는 없는 12개의 단락들을 포함하고 있다. 수많은 그리스 원어 단편들도 교부들의 인용문 모음집인 『성서 연속 해설집』과 『사화집』에 보존되어 있다. 이 단편들은 라틴어 번역(1973)도 편집했던 쁘띠(Petit)가 탁월하게 수집하고 편집했다(1978). 두 개의 짧은 인용문들도 그리스어 사본에 보존되어 있다(『창세기』 2.1-7; 『출애굽기』 2.62-68).

내용. 창세기는 다음과 같이 다뤄졌다: 제1권은 창세기 2:4-6:13(100개 질문), 제2권은 창세기 6:14-10:9(82개 질문), 제3권은 창세기 15:7-17:27(62개 질문), 제4권(아르메니아어판 4.1-70)은 창세기 18:1-22:18(70개 질문), 제5권(아르메니아어판 4.71-153)은 창세기 23:1-25:18(83개 질문), 제6권(아르메니아어판 4.154-245와 라틴어 추가본들)은 창세기 25:19-28:9(92개 질문 + 12

개 질문)을 다룬다. 필론의 현존하는 출애굽기 주석서는 다음과 같다: 출애굽기 12:2-23을 다룬 제1권(23개 질문) 및 출애굽기 20:25-28:34을 다룬 제2권(124개 질문). 마르쿠스(Marcus 1953)와 그 뒤를 이은 로이시(Royse 1976-1977)는 필론의 작품들이 다룬 성서 본문과 바빌로니아 회당의 연간 계획표에 따른 주간 독서(weekly readings, *parašiyyôt*) 사이의 놀라운 유사성들을 발견했다. 이 발견은 알렉산드리아 회당들에서도 비슷한 독서가 행해졌음을 시사한다. 즉, 필론의 작품들은 여섯 개의 창세기 주간 독서와 다섯 개의 출애굽기 주간 독서를 다뤘을 가능성이 있다. 오경의 나머지 책들에 대해서도 그러한 작업이 진행됐는지에 관해서는 아무런 증거가 없다.

해석 방법론. 필론이 자신의 작품들에서 사용한 방법론은 간단하고 꽤 일률적이다. 성서 본문을 밀접하게 따라가는 연속적인 긴 질문들 뒤에는 답변들이 뒤따른다. 대부분의 질문들은 '왜'(*dia ti*) 혹은 '무엇'(*ti estin*)으로 시작하며 본문을 직접적으로 자주 인용한다. 답변들의 길이는 단 몇 줄에서부터 다섯 쪽을 넘는 등, 굉장히 다양하다. 이때, 문자적인 주해와 알레고리적 주해 모두가 사용되는데, 주석가는 문자적인 의미(*to rhēton*)에서 더 깊은 의미(*to pros dianoian*)로 명백하게 자주 이동한다. 『창세기』 3.50과 『출애굽기』 2.21가 좋은 예이다. 필론은 다른 무엇보다도 수리론(arithmology)을 통해 숫자들의 의미 탐구에 굉장히 집중한다.

주해적 기원, 유사성, 정황. 『질의응답』에서 사용되는 주해 방법론의 기원은 부분적으로 그리스어 문학(『페리파토스』 및 알렉산드리아의 호메로스 전통의 주해)에서 찾을 수 있지만 하나로 이어지는 주석을 만드는 데 쓰인 방

261-262

법론의 직접적인 선례는 없다.

『질의응답』과 필론의 다른 작품인 『알레고리 주석』 사이에는 주목할 만한 유사성들이 있다. 학자들은 전자의 작품에서 제기된 질문들이 더 정교한 알레고리 작업의 중심을 형성하곤 한다는 사실을 지적했다. 이 때문에 『질의응답』이 다른 주석서를 위한 일종의 서론으로 볼 수 있다는 주장이 제기됐지만(Sterling 1991), 이 견해는 문자적 주해의 역할을 공평하게 다루지 않는다는 약점이 있다. 시기적으로 봤을 때 『질의응답』이 다른 주석서들에 선행한다는 주장도 있지만(Terian, 1991) 이 또한 확실하지는 않다.

알렉산드리아의 '치유파'(*Therapeutae*: 유대교 종파) 공동체의 모임을 설명할 때, 필론은 공동체의 지도자가 성서에 대한 질문을 하거나 다른 이가 제기한 문제를 해결한다고 묘사한다(『사색적 삶』 75). 주석서의 형식과 주간 독서(*parašiyyôt*) 사이의 유사성은 회당 정황을 가정할 수 있게 해준다. 그럼에도 불구하고 본 작품의 학술적인 형식을 보면 그것의 사회적·지성적 정황을 주해 학교나 주해 모임으로 가정하는 것이 더 신빙성 있다. 그렇지만 이 가정이, 『질의응답』이 회당의 설교와 강해를 위한 자료 및 자원으로 사용됐을 가능성을 배제하는 것은 아니다.

영향력. 필론의 유산은 유대인들의 주해가 아닌 초기 기독교인들의 주해에서 찾아야 한다. 그의 글은 오리게네스, 디뒤모스, 암브로시우스, 아우구스티누스와 같은 교부들에 의해 사용됐다. 기독교인들은 필론의 '묻고 답하는 형식'도 가져갔었는데, 이 형식을 하나로 이어지는 주석을 위해 사용하진 않았다. 『질의응답』의 텍스트가 형편없이 전승됐기 때문에 『질의응답』에 대한 연구는 필론의 다른 작품들보다 덜 이뤄졌다. 해당 작품의 형식과 내용 모두에 대해 지금보다 더 많은 연구가 진행될 필요가 있다.

『알레고리 주석』

현대 학계에서 『알레고리 주석』이라는 제목은 필론의 『율법 강해』와 『창세기와 출애굽기 질의응답』에 포함되지 않는 그의 다른 모든 주해 논문들에 적용된다. 에우세비오스에 따르면, 필론이 이 논문들에 붙인 제목은 『신성한 법에 대한 알레고리』(*Allegory of the Sacred Laws*)였다(『교회사』 2.18.1). 『알레고리 주석』에 포함된 논문들은 총 31개다. 이 중 18개는 그리스어로 보존됐지만 대개 라틴어 제목으로 인용된다(424쪽에서 시작하는 표를 보라). 『알레고리 주석』은 필론의 전 작품 중에서 가장 방대한 양을 차지한다. 이 시리즈 안에 포함된 논문들은 창세기 2-41장의 주요 본문들을 절별(verse-by-verse)로 주석한다. 필론은 그 안에서 '묻고 답하는' 형식을 차용한다. 그렇지만 질문들은 본문 주해로부터 비롯되고 답변들은 『창세기와 출애굽기 질의응답』보다 더 길고 복잡하다. 이 시리즈가 특히 중요한 이유는 그것이 창세기에 대해 현존하는 첫 체계적인 연구이기 때문이다. 이 연구는 알레고리적인 차원에서 각 절을 심도 있게 분석하고 해당 절의 문자적인 의미에 대한 학술적인 질문들도 제공한다. 여기서 필론은 세부적인 항목들에 대한 복잡한 담론을 따라올 능력이 되는 수준 높은 교육을 받은 유대인 청중을 가정하고 논의를 진행한다.

주해적 접근. 『알레고리 주석』의 집필 형식은 어렵고 난해한 탓에 현대의 독자들에게 충격을 준다. 랍비들의 미드라쉬는 성서 이야기들의 흐름을 무시하고 각 구절들을 자기만의 방식으로 창의적으로 다루는 탓에 읽을 때 상당한 집중을 요구하는데, 마찬가지로 『알레고리 주석』도 매끄럽게 읽히지 않으며, 미드라쉬를 읽을 때만큼의 노력을 요한다. 아마도 알레고리를 학문적인 토대 위에 세우려고 했던 필론의 목적을 고려할 때만 『알레고리 주석』의 집필 형식을 가장 적절하게 평가할 수 있을 듯하다. 즉, 그는 여태껏 서로 연결되지 않았던 두 개의 장르를 결합하려고 했던 것이다. 기초 텍스트(foundational text)를 학문적으로 연구하는 작업은 알렉산드리아에서 오랜 전통을 갖고 있었다. 호메로스 학자들과 유대인 주석가들은 『아포레마타 호메리카』(*Aporemata Homerica*: 호메로스의 두 서사시, 『일리아스』와 『오뒷세이아』에 의해 제기되는 해석학적인 '어려움들'을 다루는 작품들을 뜻함)의 정신으로 그 작업을 이어오고 있었다. 기원전 2세기에 유대인 작가 데메트리오스는 유대인 학문 세계에 대한 결정적인 단서들을 제공해주는데, 유대인들은 성서 본문의 문제점들, 특히 절들 간의 모순으로 보이는 부분들을 발견하고 해결하는 데 집중했다(에우세비오스, 『복음의 예비』 9.21.1-9; 9.29.1-3). 성서 본문에 대한 이런 류의 문자적이고 놀라울 정도로 비평적인 학문적 연구는 알렉산드리아에서 초창기부터 시작됐다. 같은 시기에 이스라엘 본토에 살던 유대인들은 여전히 '다시 쓴 성서'(rewritten Bible) 형식이나 쿰란의 페쉐르(pesher) 주석서 형식대로 주석 작업을 하고 있었다.

필론은 동료들이 전념하고 있던 학문적 사업을 잘 알고 있었고 그 중 일부를 수용하는가 하면, 비평적으로 어긋나는 것에 대해서는 거세게 반대했다. 종합해보면, 그는 당대의 학문 전통을 진지하게 대했으며 본인이 선호했던 접근법—이른바 영적 알레고리라고 불리는—이 학문적 탐구 방법론과 결을 같이할 뿐만 아니라 그것의 자연스러운 연속이

263-264

길 바랐다. 이것은 혁명적인 발전이었다. 왜냐하면 그 전까지 알레고리적 해석들은 대개 자유롭게 개진됐고, 잘 해봐야 어원적인 인용 차원에서 정당화됐기 때문이다. 아리스토불로스와 아리스테아스 같이 필론보다 앞서 알레고리적 접근을 활용했던 유대인 작가들은 특정한 질문을 갖고 논의를 시작했지만 본문의 문자적인 의미에 대하여 깊이 있는 연구 없이 해결책을 제시했었다. 그런데 문자적 의미의 '깊이 있는 연구'야말로 필론이 『알레고리 주석』에서 목표로 하는 바였고 이는 알레고리적 해석을 위한 새로운 표준을 세우게 됐다.

현대 학계는 유대인들과 그리스인들이 사용한 알레고리 방법론의 기원 및 본질을 두고 의견을 달리한다. 알레고리가 정경 텍스트를 보호하려는 변증적 수단으로만 기능했는지, 아니면 이보다 더 창의적인 기능을 갖고 있었는지는 계속 논쟁되는 주제다. 그동안 학자들은 알레고리를 가리켜 스토아 철학자들—호메로스의 서사시를 변증할 방법들을 찾으려 했고, 따라서 문자적이고 신화적인 차원을 대체할 고상하고 철학적인 의미를 제안하곤 했던—이 발명한 방법론으로 자주 정의해왔다. 하지만 스토아 철학자들이 알레고리를 도입하기보다는 어원학에 깊이 몰두했다는 사실이 발견되면서(핵심 단어들의 근본적인 의미를 파고드는 이런 연구는 결국 알레고리로 이어졌다) 그런 가정은 반박을 당했다(Long, 1992). 이와 유사하게, 필론도 성서를 변증하고 그것을 보다 철학적이고 그리스적인 형태로 연출하기 위해 스토아 철학적인 알레고리를 차용한 것으로 여겨졌었다. 그런 가정 역시 필론의 방법론이 오히려 그리스 문화를 유대교 성서에 굴복시킨다는 주장이 제기되면서 도전에 직면했다(Dawson, 1992). 필론의 알레고리는 급진적인 문학적 해결책(예, 텍스트의 교정 등)을 수용하지 않고 성서 본문의 문제들을 해결했다는 의미에서 보수적이었다. 또한, 적어도 율법과 관련하는 한 그가 성서의 문자적 의미를 보존했다는 것만큼은 분명했다. 필론이 할례와 관련된 율법 준수를 알레고리로 대체해버렸던 급진적인 동료들에 반대했다는 것은 잘 알려진 사실이다(『이주』 89-94). 성서의 내러티브 부분에 대한 그의 해석에서 알레고리의 역할은 다양하다. 어떤 경우엔 추가적인 의미를 덧붙여 새로운 차원을 도입함으로 성서를 더 풍성하게 하는가 하면(예, 『아브라함』 68-80), 다른 경우에는 아리스토불로스를 따라 성서의 신화적인 측면을 근절하기 위해 알레고리를 사용한다(예, 『알레고리 해석』 2.19).

필론의 작품집의 위치. 필론의 작품들 중 『알레고리 주석』의 정확한 위치는 오늘까지 논쟁의 대상이 되고 있다. 이 작품이 필론의 『질의응답』과 갖는 관계에 대한 질문은 특별한 관심을 받아왔는데(『알레고리 주석』은 『질의응답』과 가장 유사하다), 이는 『질의응답』도 성서 구절들을 체계적으로 인용하고 문자적 해석과 알레고리적 해석을 모두 제공하기 때문이다. 그동안은 『질의응답』이 필론의 초기 작품에 해당하고 나중의 『알레고리 주석』에서 발전시킬 사상들을 연습 삼아 미리 개진한 작품이라고 주장했었다(Terian, 1991). 하지만 정반대로, 『질의응답』이 『알레고리 주석』에서 개진한 사상들의 축약판이라고 해석할 수도 있었다. 두 작품 간의 차이는 청중의 차이로 이해하는 것이 가장 적절하다. 곧, 『알레고리 주석』이 높은 수준의 교육을 받은 전문가 독자층을 대상으로 하는 반면, 『질의응답』은 보다 기초적인 교육 대상자, 아마도 유대인 공동체의 어린 학생들을 대상으로 한 것으로 보인다.

대표 논문인 『율법 알레고리』. 『율법 알레고리』(= 『알레고리 해석』)는 세 권으로 구성되어 있는데, 이 책들은 필론의 『알레고리 주석』의 핵심이라고 할 수 있다. 여기서 필론은 창세기 1-2장에서 뽑은 여러 단락들에 대한 면밀한 읽기를 제공한다. 의아하게도 그는 창세기 2:1에서부터 시작하는데, 이 때문에 창세기 1장이 기술하는 세계 창조는 다뤄지지 않는다. 필론의 주석서에서 해당 내용을 다룬 장이 유실됐거나(Tobin, 2000), 애초부터 필론이 그것을 독립된 단위로 여기고 알레고리적인 논평을 하지 않기로 결정했을 수도 있다(『보상』 1). 실제로 그는 『율법 강해』에서 그 본문을 다루면서 알레고리적으로 해석하면 안 된다고 강조했다(『창조』 1-28). 따라서 필론의 『율법 알레고리』는 초기 영웅들의 이야기에 집중하고 있는 것으로 보이며, 그는 이를 '역사'(history)를 다루는 토라의 두 번째 부분에 속한다고 여겼다(『보상』 1).

필론은 『율법 알레고리』에서 성서를 한 구절씩 다루는 방식으로 진행한다. 즉, 성서 본문을 인용하고, 거기서 제기되는 특정한 문제나 질문을 파악한 후, 알레고리적인 차원에서 이를 논의하고 결국에는 해결하는 식이다. 이것의 좋은 예는 『알레고리 해석』 1.101-2인데, 여기서 필론은 창세기 2:17("선악을 알게 하는 나무의 열매는 [너희가] 먹지 말라")에 대해 논평한다. 필론은 고전 그리스어의 어휘를 사용하여 해당 명령이 제기하는 어려움, 즉 앞선 구절에서는 하나님이 한 사람(단수)을 지목하여 말씀한 반면(창 2:16, "동산 각종 나무의 열매는 네가 임의로 먹되"), 여기서는 명령이 왜 복수형태로 되어 있는지에 대해 주의를 환기시킨다. 문제를 정의한 후, 필론은 자신의 알레고리적인 해결책을 제시—이번에도 표준적인 학술 어휘를 사용해서—한다. 그는 두 개의 다른 형태로 된 명령이 쓰인 이유에 대해서, 선은 희소한 반면 악은 넘쳐나기 때문이라고 제안한다.

사람의 창조와 관련하여 비슷한 질문들이 제기된다. 필론은 창세기

2:7에 대해 논평하면서 여러 질문들을 나열한다(『알레고리 해석』 1.33).

> 혹자는 왜 하나님께서, 땅에서 나고 육체를 사랑하는 정신(mind)이 신의 영을 받을 자격이 있다고 여겼는지 궁금해 할 것이다. … 둘째, '불어넣다'(breathed into)라는 표현의 정확한 의미는 무엇인가? 셋째, 왜 그것이 '얼굴 안에' 불어넣어졌는가? 넷째, "하나님의 영은 수면 위에 운행하시니라"(창 1:2 LXX)를 볼 때 그는 '영'(spirit)이라는 단어를 알고 있었음에도 불구하고, 왜 '영'이 아닌 '숨'(breath)이라는 단어를 사용하는가?

필론은 먼저 문자적인 답변을 정교하게 제공한 후에 알레고리적인 차원으로 진입한다. 따라서 그는 첫 번째 의문에 대한 답변으로 하나님은 너그러우시며 기꺼이 모든 사람들에게 좋은 것을 베푼다고 주장한다. 두 번째 의문에 대해선 '불어넣다'는 '입김을 불다' 또는 '영혼 없는 것에 영혼을 집어넣었다'라는 표현과 동일하다고 대답한다. 네 번째 의문에 대해선 '숨'과 '영' 사이에 차이가 있다고, 즉 영은 힘과 활력을 암시하는 반면 전자는 공기와 같다고 답변한다. 이러한 설명들은 문자적인 차원이 필론에게 얼마나 중요했는지와 그가 자신의 알레고리적인 접근을 일반 학문과 통합하기 위해 얼마나 노력했는지를 보여준다.

내용적인 면에서 보면, 『율법의 알레고리』는 『세계의 창조에 관하여』에서 논의한 기본적인 내용들과 일부 동일한 내용을 다룬다. 이 중 가장 중요한 것은 아마도 인간의 이중 창조 문제일 것이다. 필론은 인간의 창조에 관하여 명백하게 모순되는 정보를 제공하는 듯 보이는 두 개의 창조 기사가 왜 존재하는지에 대한 질문을—유대 주해 전통에서 처음으로—다룬다. 필론은 두 기사가 각기 다른 두 종류의 인간을 가리킨

266-267

다고 주장함으로써 문제를 해결한다(『율법 알레고리』 1.31; 『세계의 창조에 관하여』 34). 창세기 1:26은 인간의 창조가 하나님의 형상을 따라 이뤄졌다고 이야기한다. 따라서 '땅'과는 아무런 관련이 없는 이상적인 인간 유형을 암시한다. 그러나 창세기 2:7은 땅으로부터 지음 받은 인간의 존재, 즉 물질적인 존재에 관한 이야기를 한다. 이상적인 인간이 먼저 창조됐고, 땅으로부터 비롯된 인간의 모델로 기능했던 것이다. 필론은 여기서 물질 존재의 모델 역할을 한다는 플라톤의 이상적인 유형 개념—완벽하고 절대적으로 초월적인—을 차용한다. 사실 플라톤 본인은 이상적인 인간 유형에 대해서 이야기한 적이 없었지만 제자들이 그의 사상을 체계화했다. 아레이오스 디뒤모스(필론보다 한 세대 앞서 활동했던 알렉산드리아의 플라톤주의자)는 현존하는 자료들 가운데 최초로 이상적인 인간 유형을 언급했던 작가였다(에우세비오스, 『복음의 예비』 11.23).

필론은 두 번째 창조 기사를 다룰 때, 땅에서 취한 먼지에 신의 호흡이 들어가는 개념에 특별한 관심을 기울인다(창 2:7). 이 부분은 그에게 정신과 육체의 관계에 대해 묵상할 수 있는 기회를 제공한다. 필론은 플라톤과 의견을 같이하여 정신이 육체 안으로 들어오기 전에 영적 영역에서 독립적으로 선존재했고 따라서 현재는 물질세계에 갇힌 신세로 여긴다. 성서 저자들은 인간을 여전히 전체론적(holistic) 방식으로 이해했고, 인간의 물질적 특성과 '영적' 능력을 강하게 구분하지는 않았다. 하지만 필론과 동시대인이었던 한 유대인 작가는 다른 많은 랍비 교사들과 함께 필론과 비슷한 육체-정신 이원론 개념을 제기했었다(솔로몬의 지혜 8:19; 창세기 랍바 34:10; 바빌로니아 산헤드린 71).

다른 논문들. 필론의 『알레고리 주석』에 포함된 다른 논문들은 창세기의 특정한 본문을 다루고 매번 중심 주제나 문제에 집중한다. 그중 일부는 통합적인 해결책까지 주장한다. 예를 들어 『하나님이 불변하다는 것에 관하여』는 하나님이 인간의 창조를 후회했다는 성서의 언급을 신인동형론적인 방식으로 읽어서는 안 되고, 하나님의 초월성에 대한 주장으로서 알레고리적으로 받아들여야 한다고 주장한다. 이와 유사하게 『언어의 혼란에 관하여』나 『거인에 관하여』는 필론과 동시대를 살아갔던 많은 유대인들이 그리스 문학과 유사한 신화 이야기로 취급했던 성서 이야기들을 다룬다. 필론은 문자적인 동시에 알레고리적인 방식들을 적용하여 성서 안에는 신화가 아닌 형이상학적인 진리가 담겨있다는 사실을 보여주려 노력했다.

『율법 강해』

필론의 『율법 강해』 안에는 『세계의 창조에 관하여』라는 논문, 아브라함과 요셉의 생애를 다룬 전기들(『아브라함의 생애에 관하여』와 『요셉의 생애에 관하여』), 십계명에 관한 논문(『십계명에 관하여』), 그리고 네 권으로 구성된 『특별법에 관하여』 주석이 포함되어 있다. 두 개의 다른 논문(『덕목에 관하여』와 『보상과 처벌에 관하여』)은 모세의 법에 관한 그의 논문의 에필로그 역할을 한다. 이 작품들은 필론의 글들 중에서 가장 쉽게 접근할 수 있다. 여기서 그는 유대인의 종교와 역사를 설명한다. 이 작품들의 개방적인 특성 때문에 이 글들이 간혹 이방인 청중을 전제한다고 여겨지지만, 필론이 일차적으로 알렉산드리아 공동체의 유대인 청중을 상대로 집필했다고 여기는 것이 현재의 일반적인 견해다. 당대의 수많은 접근법들 및 격렬한 논쟁들 가운데 필론은 자기 자신의 입장을 피력하려 했다. 그는 자신의 입장이 더 널리 받아들여지고, 종국에는 자신의 보다 어려운 작품들도 읽을 수 있는 제자들의 수도 늘어나길 원했다.

집필 형식면에서 보면 『율법 강해』는 필론의 다른 주해 작품들과 분명히 다르다. 그는 『알레고리 주석』 및 『창세기와 출애굽기 질의응답』에서 성서 구절들을 인용하고, 각각의 구절이 가진 특정 질문에 대하여 알레고리적인 해석이나 해결책 중 하나를 제시했다. 하지만 이와 반대로 『율법 강해』에서는 창세기와 오경의 율법과 관련 본문 등의 성서 자료를 자유롭게 편집하고 재구성한다. 이런 '다시 쓴 성서' 형식 덕분에 고대 독자들과 현대 독자들은 쉽게 이 작품들에 접근할 수 있다.

내용적인 면에서 보면, 필론은 세계의 창조와 족장들의 생애, 그리고 특정한 법 사이의 중요한 관계를 조명한다. 그는 자신의 논문들이 이 순서대로 읽혀서, 창조에 관한 논의가 『아브라함의 생애에 관하여』(2-3) 바로 직전에 놓이길 원했다. 이 순서는 중요해서 현대 히브리어판 필론 작품집에도 그대로 유지됐지만, 영문판은 『율법 강해』의 흐름을 끊고 『알레고리 주석』을 창조에 관한 논문 뒤에 소개한다.

『율법 강해』가 의도하는 순서는 모세의 율법이 자연법을 반영하며, 자연법은 특정한 법들이 주어지기 전에 이미 족장들을 통해 제정됐다는 개념에 근거한다. "모세가 가장 먼저 보여주고자 했던 것이 바로 이것이다. 곧, 주어진 규례가 '자연'과 다르지 않다는 것, 그리고 조상들도 쉽고 편안하게 그 법 아래에서 살아갔다는 사실을 … 제정된 법대로 살아가고자 하는 사람들이라면 어렵지 않게 깨달을 수 있다는 것이다"(『아브라함』 5). 『율법 강해』 전체를 하나로 이어주는 끈은, '세계의 창조에 의해 탄생한 자연', '족장들의 생애에 의해 구성된 역사', '오경의 특정한 법들에 의한 법률 제정'이 증거하는 개념들 사이에 존재하는 일관성이었다.

268-269

『율법 강해』가 필론의 전체 작품집 안에서 차지하는 정확한 범위와 위치는 오늘날 여전히 논쟁의 대상이 되고 있다. 예를 들어 필론의 두 권짜리 『모세의 생애에 관하여』가 『율법 강해』와 어떤 관계를 갖는지는 알기 어렵다. 특히 그 작품의 후반부는 '다시 쓴 성서' 장르 및 '전기 문학' 장르와 상당히 다르다. 더군다나 해당 논문은 더 넓은 청중, 곧 비유대인 청중도 명백히 독자로 상정한다(『모세』 1.1-2). 이런 이유들로 『모세의 생애에 관하여』는 보통 『율법 강해』에 포함되지 않는다. 그러나 해당 작품을 '자매편'으로 간주해야 한다는 굿이너프의 제안은 넓은 동의를 이끌어냈다(Goodenough 1933; Morris 1987).

필론의 전체 작품집 중 『율법 강해』의 위치 또한 논쟁의 대상이다. 가장 일반적으로 제기되는 질문은 이 작품을 무르익은 그의 노년기의 열매로 봐야 할지, 아니면 『알레고리 주석』의 선행물로 봐야 할지에 관한 것이다. 하지만 질문을 이런 식으로 제기하면 요점을 놓칠 수 있다. 왜냐하면 이런 질문은 필론이 각 시리즈의 집필을 완전히 마무리한 후에야 다른 시리즈 작업에 들어갔다고 가정하기 때문이다. 또한 이 질문은 필론에게서 지성적 발전이 발견되며, 각각의 시리즈는 각각의 발전 단계를 반영한다는 암시를 품고 있다. 일부 사람들의 주장에 따르면, 필론은 알레고리주의자로 시작했지만 순차적으로 토라의 문자적인 해설자가 됐다. 다른 사람들은 필론이 일반적인 종류의 주해로 시작했지만 나이가 들면서 더욱 본문 중심적이고 알레고리적으로 변했다고 주장한다. 하지만 필론이 청중에 따라 다른 목표를 추구했고, 다양한 종류의 논문들을 번갈아가며 작업했을 가능성이 훨씬 더 크다. 그러면서도 그는 각 독자가 시리즈의 다른 작품을 알기를 원했지만 완전한 분리를 의도하지는 않았다. 실제로 『알레고리 주석』에는 질의응답과 문자적인 편집 모두가 등장하는 반면, 『율법 강해』와 『창세기와 출애굽기 질의응답』에서는 알레고리적인 본문들을 자유롭게 소개한다.

『세계의 창조에 관하여』. 『세계의 창조에 관하여』는 필론의 『율법 강해』의 1부에 해당하며 전체 시리즈의 어조를 결정한다. 필론은 창조 이야기를 근본적으로 신학적 문제로 받아들이면서(『창조』 170-72) 당시의 지배적인 의견들에 맞서 자신의 이해를 정의한다. 그는 창조와 관련하여 플라톤과 아리스토텔레스의 제자들뿐 아니라 일부 유대인 동료들(그들 모두는 세계의 영원성을 믿었음)까지도 채택했던 은유적인 읽기를 열성적으로 거부한다(『창조』 7-18, 26-28; 『영원성』 10-17). 필론은 창세기와 (플라톤의) 『티마이오스』의 문자적인 의미를 고집하면서, 모세와 그리스 철학자 모두가 창조주 하나님의 진정한 본질—능동적이고 물질세계를 초월하지만 자신의 창조 세계를 섭리적으로 돌보는—을 깨달았다고 강조한다(『창조』 8-22). 오늘날 대부분의 학자들은 필론이 하나님의 세계 창조를 무로부터의(*ex nihilo*) 창조로 여기지 않았다는 사실을 깨닫고 있다. 그러한 개념이 아직 존재하지 않는 시대에 살았던 필론은 하나님의 창조를 선(先)존재적이며 수동적인 물질을 능동적으로 빚는 행위로 이해했다(『창조』 8-12).

창조에 관한 논문에서는 근본적인 중요성을 갖는 또 다른 문제가 논의된다. 즉 인류의 본질과 기원에 관한 문제가 그것이다. 필론은 두 개의 창조 기사가 안고 있는 난제에 대해 진지한 관심을 기울인 첫 주해가로 알려져 있다. 이 난제에 따르면, 한 기사는 남자를 여자와 함께 하나님의 형상으로 창조된 존재로 그리는 반면, 다른 기사는 남자가 땅으로부터 지음을 받았지만 신적 영을 부여받은 존재이며, 여자인 하와는 아담의 갈비뼈를 갖고 찍어낸 두 번째 창조물이란 이해를 보여준다. 필론은 두 이야기가 각각 다른 종류의 인간을 가리킨다고 주장함으로써 두 기사의 조화 가능성을 제시한다. 그에 따르면, 첫 이야기는 인간의 이상적인 유형을—완벽하게 이성적이고 성(性)이 없는 유형—기술하는 반면, 두 번째 이야기는 이상적인 인간의 복제품인 지상적 유형에 관해 이야기한다는 것이다(『창조』 69-71, 134-35). 여기서 필론이 이상과 복제라는 플라톤적 범주를 사용한다는 것은 대부분이 동의하는 부분이다. 하지만 그의 주해가 특별히 여성혐오적 관점을 얼마만큼이나 배제하는지는 논쟁이 되고 있다. 이상적 유형에 대한 그의 주장은 남성 범주를 암시할 뿐만 아니라 인간의 원형을 남성적인 어휘로만 구성한 것 아닌가? 더군다나 지상적 아담에 대한 그의 찬사와 "여성은 아담에게 비난받을 만한 삶의 시작점이 됐다"(『창조』 51)라는 언급이 여성과 여성성에 대한 상당한 거부를 나타내지 않는가? 윈스턴(Winston)은 해당 본문들을 적절한 정황 속에서 해석해야 한다고 주장함으로써 그러한 해석들을 반박했다. 그는 필론이 여성관에 있어 당시의 많은 고대 작가들을 따르긴 했어도, 남편과 아내의 '교제'(fellowship) 또한 찬미했다고 강조한다(Winston 1998).

『아브라함의 생애에 관하여』, 『요셉의 생애에 관하여』. 필론의 『율법 강해』의 제2부는 이스라엘의 주요 족장들의 생애에 대한 전기 기록에 몰두한다. 필론이 기록한 족장들의 생애는 더 이상 남아 있지 않다. 아브라함과 요셉의 전기들이 남아 있긴 해도, 야곱과 이삭의 기록들은 불행하게도 살아남지 못했다. 필론은 족장들의 생애에 관해 이야기하면서 한 사람의 성격과 행동 사이의 관계에 깊은 인상을 받는다. 그는 일찍이 유아기 때 드러난 성격의 흔적들이 어떻게 완전히 발달하게 되고, 이후에 주인공으로 하여금 자신의 운명적인 역할을 어떻게 감당할 수 있도록 했는지를 보여주는 데 열심을 낸다. 필론이 보기에, 에노스부터 시작하여 모든 조상들은 '덕(virtue)을 갈망하는' 사람들이었다(『아브라함』 48). 각자는 나름대로의 방식으로 그렇게 했는데, 예를 들어 에노스는 창조주에게 자신의 소망을 두었다. 그러나 타의 모범이 되는 삼인방(아브라함, 이삭, 야곱)은 그 누구도 따라올 수 없는 높은 수준에 도달했던 사람들로서 그들의 인간된 지위를 실질적으로 초월하고 덕을 극한으로 구현해내어 가르침(teaching), 본질(nature), 실천(practice)의 순수한 덕목들을 상징했다고 했다(『아브라함』 54). 이와 반대로, 요셉은 힘겨운 상황 때문에 덕을 타협하는 정치인에 대한 체현으로 그려진다.

『아브라함의 생애에 관하여』는 아브라함의 가나안 땅 이주에 대한 해석으로 유명하다(『아브라함』 62-80). 필론은 두 개의 보완적인 관점을 제시하는데, 하나는 문자적이고 다른 하나는 알레고리적이다. 필론의 설명에 따르면, 아브라함의 이주는 문자적인 의미에서 '육체보다 정신과 더 관련'이 있었다. 왜냐하면 족장은 스스로를 지상의 것들과 놀라울 정도로 분리하는 모습을 보여주면서 신의 명령에 대한 자신의 완전한 헌신을 증명하기 때문이다(『아브라함』 66). 이런 자세는 그로 하여금 고독한 발걸음을 내딛도록, 즉 자신의 모든 물질적인 애착을 버릴 수 있도록 했다. 알레고리적인 면에서, 아브라함의 이주는 "덕을 사랑하는 영혼이 참된 하나님을 찾아 나선" 순례길을 상징했다(『아브라함』 69). 이 여정의 각 단계들은 영적 성장의 각 단계를 나타냈는데, '갈대아'는 눈에 보이는 현상에 대한 의존을 의미하고 '하란'은 감각에 대한 신뢰를 의미한 반면, '가나안/이스라엘'은 하나님의 존재 앞까지 이르는 영혼의 오름

270-271

을 상징했다. 필론은 간혹 신비적인 경험을 기술한 것으로 여겨지는 한 지문에서, 하나님이 인류를 향한 자신의 사랑 때문에 "영혼이 다가올 때" 어째서 외면하지 않으시는지를 설명한다(『아브라함』 79). 이처럼 문자적 해석과 알레고리적 해석은 상호보완적이다. 하나는 올바른 영적 자세에 대한 역사적인 예를 나타내고, 다른 하나는 하나님을 향한 순례길에 오른 모든 영혼을 상징한다.

『십계명에 관하여』, 『특별법에 관하여』, 『덕목에 관하여』, 『보상과 처벌에 관하여』. 필론의 『율법 강해』 제3부는 모세의 법률 자체를 다루는 데 할애되어 있다. 그의 논의는 다섯 권으로 나뉘어 있는데, 한 권은 십계명을 다루고(『십계명에 관하여』), 나머지 네 권은 특별한 법들을 다룬다(『특별법에 관하여』). 두 개의 추가 논문들은 에필로그 기능을 한다. 한 논문은 덕목들을 다루고(『덕목에 관하여』), 나머지 하나는 율법의 순종과 불순종에 따른 보상과 처벌을 다룬다(『보상과 처벌에 관하여』). 필론은 십계명이 특정한 법들을 뒷받침하는 주요 범주들을 소개한다고 주장한다. 이 범주들은 십계명의 각 계명을 제목 삼아 정렬되고 수집됐다. 필론에 따르면, 모든 모세의 율법은 자연법을 반영하고 세계의 창조에 그 기원을 두고 있긴 하지만, 그럼에도 불구하고 유대인들을 영적인 선구자의 민족으로 구별시킨다고 했다. 유대인들은 율법을 지킴으로 가장 엄격한 가치들을 도입했고 세계를 위한 도덕적인 모범이 됐다. 모세의 율법을 전체적으로 특징짓는 표지는 예전적인(cultic) 예배, 성(sexuality), 음식의 영역에 있어 물질적인 세계를 초월하도록 하는 소명이었다. 모세의 엄격함은 유대인들을 구분하고 그들의 정체성을 이집트인, 페르시아인, 그리스인, 로마인과 대비하여 분명하게 정의했다.

필론의 접근법은 랍비들의 것과 확연하게 다르다. 그들과 달리 필론은 미쉬나를 알지 못했고 예외적인 개별 사건들에 대한 모세의 율법의 적용을 고려하지도 않았다. 그는 할라카적인 문제들과 씨름하지도 않았고, 굿이너프가 논쟁적인 주장을 펼치면서 제시한 가설적인 알렉산드리아 지방법원들의 결정들도 반영하지 않았다. 그 대신 율법에 대한 필론의 논의는 중세 시대의 사아드야 가온(Saadja Gaon)의 접근법과 유사한 철학적 접근법에 의존했다. 그는 법들을 범주대로 나누고, 법률의 기저에 깔려 있는 의미를 설명하려고 시도한다. 그는 후대의 유대인 철학자들처럼 합리적인 계명과 계시된 계명 사이를 구분하지 않고, 모든 계명의 합리성을 주장한다. 그의 견해에 따르면, 음식법조차 영적인 가치를 가르치기 위해 제정됐다. 예를 들어, 돼지고기는 고기 중에 가장 맛있다는 바로 그 이유 때문에 금지됐다. 따라서 돼지고기를 자제하는 것은 자기-절제를 교육하는 완벽한 방법이었다.

오늘날에는 필론의 접근법과 논의의 세부적인 면들이, 이스라엘 본토에서 진행되고 있던 랍비들의 대화와 다르다고 대부분 인정한다. 히브리어와 아람어를 몰랐던 그는 동시대 예루살렘의 교사들에게 영감을 받지 못했다. 필론은 문화 대도시 알렉산드리아에 살고 있는 자랑스러운 디아스포라 유대인으로서 예루살렘의 지도를 받을 이유를 전혀 발견하지 못했을 것이다.

철학 논문

필론의 작품들은 유대교가 아닌 초기 기독교에 의해 전승됐고, 그는 오랜 세월에 걸쳐 수립된 디아스포라 그리스-유대교 전통의 전성기를 대표한다. 히브리어 성서의 그리스어 번역본을 생산해낸 이 전통은 그리스식 교육과 철학을 유대인 문화와 결합했으며, 주변 문화의 많은 요소들을 차용했다. 그중 가장 중요한 요소는 아마도 알레고리 해석일 것이다. 이 기술은 스토아 철학자들이 신화 해석을 위해 사용하던 것이지만 필론이 이들에게 영향을 직접적으로 받은 것인지는 확실치 않다. 초기 유대-그리스인 작가들의 글들이 거의 완전히 유실됐다는 점도 필론에게 영향을 주었을 것이다. 또한 당대의 플라톤주의는 그에게 영향을 줬던 또 다른 원천이었다. 필론은 신적 사색의 경지에 이르는 데 있어 인간의 영혼을 핵심적인 요소로 인지했다. 그는 성서에 드러난 신적 계시가 가장 고상한 형태의 철학과 동등하다고 생각했다. 신적 로고스와 그것이 세계의 창조에 있어 담당했던 역할에 관한 이해도 그의 사상의 또 다른 독특한 요소였다. 로고스는 하나님에 관한 사유를 주도하는 원칙이었고, 때론 우주의 창조주로, 때론 하나님과 세계 사이의 중재자로 여겨졌다.

학자들은 필론의 글에서 철학적인 요소와 주해적인 요소 중 어느 쪽이 더 주도권을 갖는지에 대해 많은 논쟁을 벌여왔다. 하지만 이런 식의 질문은 문제를 지나치게 단순화한 것이어서 답하기가 어렵다. 필론에게는 두 요소 모두 다 중요하지만, 대부분의 논문들은 오경에 대한 알레고리 주석 작업이어서, 그의 기본 관심사는 여기에 있었다고 봐도 될 듯하다.

필론의 논문 대부분은 보존됐고, 그중 철학 작품은 소수에 지나지 않는다. 철학 작품으로 분류되는 논문으로는, 『세계의 영원성에 관하여』, 『모든 선한 사람은 자유롭다는 사실에 관하여』, 『섭리에 관하여 1, 2』, 『동물에 관하여』가 있다. 앞의 두 작품은 그리스어 원문으로 전승됐다. 『섭리에 관하여』의 일부가 그리스어로 현존하긴 해도, 나머지 세 개의 작품은 6세기 아르메니아어 번역본들을 통해 알려졌다.

전반적으로 모든 필론의 작품들이 강한 철학적인 성향을 보이는데도, 위에 언급된 다섯 개의 논문들이 '철학 작품'으로 따로 분류된 것은 두 가지 이유 때문이다. 그 작품들에서는 철학적인 주장이 지배적이고, 알레고리 해석이 등장하지 않는다. 실제로, 이 작품들에서 성서의 직접 인용은 거의 등장하지 않는다. 이것과 다른 여러 이유들 때문에 이 작업물들은 필론의 전 작품 중에서도 마치 입양아처럼 취급됐다. 학자들은 성서 인용의 부재나 필론의 철학적 입장의 일관성 결여를 설명하기 위해 이 논문들이 필론의 젊은 시절, 즉 아직 유대교 유산에 완전히 심취하지 않았던 시절에 저작된 것으로 주장했다. 하지만 그런 주장은 문제가 많았고, 필론의 작품들의 세부 사항과도 맞지 않았으며 결국 가능성이 없는 것으로 드러났다.

이외에도 학자들은 이 작품들을 전부 가짜로 분류하고 무시해 버리려고도 했다. 하지만 지난 25년간 이 논문들의 특이함을 설명하려는 노력의 일환으로 해당 작품들의 문학 구조와 내용에 더욱 면밀한 관심이 발생했다. 이에 따라 각종 개정판과 번역본이 출판됐다. 사실 『동물에 관하여』와 같은 일부 작품들은 이전까지 현대 언어로 번역된 적도 없었다. 또한 학자들은 이 작품들이 왜 이런 특이한 형식으로 집필됐는지를 설명해주는 특정한 이유들뿐만 아니라, 왜 이것들을 필론의 진짜 작업물로 여겨야 하는지에 대한 근거를 제시하는 데 성공했다.

철학 작품들은 그 자체만 놓고 보아도 중요성을 갖는다. 왜냐하면 이를 통해 필론이 얼마나 그리스 철학의 특정 면모들을 잘 알고 있었는지를 알 수 있기 때문이다. 또한 우리는 이 작품들을 통해 1세기 당대의 문화와 고대 철학 연구에 대해 귀중한 통찰을 얻을 수 있다. 다섯 개의 논문들이 다루는 다양한 주제들은 실제로 당시 고대 철학이 자주 다루었던 주제들이었다.

『세계의 영원성에 관하여』. 이 작품의 핵심 명제는 현 세계가 과연 파괴 가능한지, 파괴 불가능한지에 대한 질문을 다룬다. 이 질문은 또한 이 세계가 발생된 것인지 또는 창조되지 않은 것인지를 묻는 쪽으로 나아간다. 이 작품은 두 개념, 즉 '발생'과 '소멸' 사이를 연결한다는 면에서 당시 시대를 대변하는 전형적인 예라고 할 수 있다.

논문의 구성을 보면, 서론 뒤에는 자주 상충하는 여러 철학적 견해들을 나타내는 주장들이 순차적으로 등장한다. 필론은 어느 한 입장을 선호하면서 주장들을 제시하지만, 그렇다고 그 입장이 필론 개인의 입장과 반드시 동일한 것은 아니었고, 심지어는 그의 견해와 상충하기도 했다. 이 작품의 한 부분은 더 이상 남아 있지 않고, 이 때문에 그 안에 어떤 내용이 담겨 있었을지에 대한 추측들만 무성했다. 아마도 유실된 내용에 세계의 불멸 가능성을 묻는 질문에 대한 필론 개인의 입장이 담겼을 것이라는 가정이 가장 가능성 있는 것 같다.

필론은 두 용어, 즉 '세계'와 '파괴'를 서론에서 정의한 후 철학 학파들이 제시한 세 개의 주요 입장들을 나열한다. (1) 우주(또는 다양한 세계들)는 창조됐고 파괴될 수 있다. 데모크리토스, 에피쿠로스, 그리고 대다수의 스토아 철학자들이 이 입장을 지지했다. 필론은 스토아 철학자들이 세계의 탄생의 원인으로 하나님을 받아들이면서도 파괴의 원인으로는 거부한다고 첨언하는데, 이는 필론 입장에서 남긴 편집자 주(editorial comment)로 보인다. (2) 세계는 창조되지 않았고 파괴될 수 없다. 이 입장은 아리스토텔레스 전통과 일부 퓌타고라스주의자들이 지지했다. 필론은 우주의 완전성과 불멸성에 대해 아리스토텔레스와 의견을 같이 하지만 세계가 창조되지 않았다는 견해에는 동의하지 않는다. (3) 세계는 창조됐고 불멸한다. 필론과 헤시오도스—그 이전에 아마도—가 견지했던 입장이다. 이 견해 또한 성서의 창세기 이야기에 일치한다. 필론은 이 교리의 영감의 원천이 헤시오도스보다 훨씬 오래전에 생존했던 모세였다고 주장하며, (아주 드물게) 성서의 창세기 인용한다.

위의 작품 요약 순서는 필론이 우주가 창조됐고 불멸하다는 교리의 궁극적인 보증인으로서 모세를 정점으로 하는 오름차순으로 구상했음을 보여준다. 필론은 또 다른 주요 작품(『세계의 영원성에 관하여』 7-12)에서 위에서 정리한 철학자들의 입장들을 좀 더 명확하게 설명한다. 그는 대부분의 플라톤주의자들과 입장을 같이하여 세계가 창조됐다는 견해를 받아들이고 아리스토텔레스주의자들에게 반대한다. 이 세계는 이론상 종말을 맞아야 하지만, 창조자의 의지와 섭리 아래에서 파멸로부터 보존된다. 그가 물질, 즉 이 세계를 형성한 재료가 하나님에 의해 창조됐다고 여겼는지, 아니면 물질이 세계 창조에 선행한다고 여겼는지는 확실치 않다. 더군다나 필론은 창조를 시간 안에서 벌어진 사건으로 이해하지 않았고, 창조가 존재하기 위해서는 외부 요인에 의존해야 한다고 생각했다. 왜냐하면 시간은 세계와 함께 탄생한 것이었기 때문이다.

이러한 해설은 나머지 작업을 위한 무대를 마련해주는데, 필론은 위에서 개관한 세 개의 입장을 길게 논의하기를 계속한다.

『모든 선한 사람은 자유롭다는 사실에 관하여』. 『모든 선한 사람은 자유롭다는 사실에 관하여』는 스토아 철학 원칙에 따라 정의로운 자들의 자유를 다룬다. 필론은 논문의 서론에서 독자들에게 해당 작품이 (이제는 유실

274-275

된) 다른 작품(『모든 악한 사람은 노예라는 사실에 관하여』)의 후속작임을 알린다. 필론은 스토아 철학의 역설, 즉 오직 지혜로운 자만이 자유롭다는 명제를 발전시킨다. 이 역설에 따르면, 일반적으로 바람직하다고 여겨지는 것들은 오직 덕 있는 자들의 소유에 속한다. 이러한 생각 밑에 깔려 있는 전제는 도덕적으로 선한 것(morally good)만이 좋다(good)고 할 수 있다는 것이다.

필론은 지혜와 영혼에 대한 일반적인 개관과 칭송 후에 그의 핵심 주장, 즉 진정한 자유에 관한 주장을 펼친다. 진정한 주권과 마찬가지로 진정한 자유는 하나님을 따르고 스스로를 열정과 욕구로부터 자유케 하는 것을 의미한다. 이를 통해 우리는 필론이 노예상태에 대해 다뤘던 전작에서 이 논리를 뒤집어서 주장을 펼쳤을 것이라고 추론할 수 있다. 곧, 노예가 된다는 것은 열정과 욕구에 의존하는 것과 마찬가지라고 말이다. 여기서 작동하고 있는 가정은 오직 지혜로운 자만이 자신의 감정, 욕구, 두려움을 완벽하게 통제한다는 것이다. 필론은 잠시 곁길로 빠져 죽음의 경멸, 용기, 순종에 대해 다루다가 (모세와 같이) 행복하고 하나님의 친구였던 몇몇 자유로운 사람들의 예를 든다. 왜냐하면 그들은 어떤 잘못(wrong)도 행할 수 없기 때문이었다. 또한 그들은 별로 중요치 않은 것들을 무심하게 대한다. 이는 스토아 철학의 아디아포라(*adiaphora*) 개념을 가리킨다. 즉, 도덕적인 면에서 그 어떠한 긍정적인 가치나 부정적인 가치도 갖고 있지 않는 것들에 대한 개념 말이다.

이 논문의 나머지는 이 주제와 관련하여 모범이 될 만한 사람들의 이야기를 다룬다. 필론은 전통적인 이야기들, 즉 칼라노스, 아낙사르코스, 제논, 디오게네스의 이야기들을 언급한다. 또한 그는 엣세네 공동체 사람들에 대해서도 많은 지면을 할애한다. 필론은 논문 일부에서 그들의 금욕적인 생활 방식에 대해 다루었다. 그는 그들의 결백함, 노예 노동의 부정, 율법 연구, 하나님과 이웃에 대한 헌신, 물품의 공유, 병자와 가난한 자에 대한 원조를 강조한다. 교회사가 에우세비오스가 인용한 이 본문은 우리가 엣세네 공동체에 대하여 갖고 있는 얼마 안 되는 정보를 제공해주는 자료가 된다.

『섭리에 관하여 1, 2』. 신적 섭리를 다루는 이 논문들은 필론과 유대교를 저버린 그의 조카 알렉산드로스의 대화 형식으로 기록됐다. 이 작품들은 아르메니아어 번역본을 통해 전승됐지만 제2권의 상당 부분은 그리스어로도 남아 있다. 제1권은 하나님의 섭리적인 일들에 대하여 방대한 분석을 제공한다. 알렉산드로스는 섭리 개념에 대하여 의구심을 품고 여러 반대 주장들을 제기하지만 필론은 섭리가 세계를 다스린다고 믿는다. 필론은 당대의 다른 플라톤주의자들과 마찬가지로 절대 자유의지와 부동의 결정론 사이에 균형을 발견하려 노력한다. 그는 의지의 자율성을 윤리적 판단의 토대로 주장하지만, 동시에 신적 섭리의 교리도 보존한다.

제2권은 본래의 논의를 이어간다. 알렉산드로스는 보복의 문제로 논의를 시작하면서, 악한 자들은 자주 번영하지만, 선한 자들은 그렇지 못한다고 주장한다. 폴뤼크라테스와 소크라테스는 알렉산드로스의 주장을 뒷받침하는 경우였다. 필론은 하나님이 악에 대하여 즉각적인 처벌을 내리지 않지만 사악한 자들은 결코 진정한 행복을 누리지 못한다고 대답한다. 외부의 재화(external goods)는 하나님 앞에서 아무런 쓸모가 없으며, 진정한 철학자는 그것을 경멸한다고 했다. 현자들은 가난과 학대를 경멸하며, 소크라테스, 제논, 아낙사르코스가 대표적인 예였다.

나머지 주장들은 섭리의 맥락 안에서 창조 이론과 세계 질서와 관련이 있다. 자연 속 악의 문제도 대화의 일부를 차지한다. 자연에서 일어나는 여러 소란들, 가령 나쁜 날씨와 야만적인 짐승들, 그리고 지진과 홍수 같은 자연재해가 논의된다. 필론은 절제의 가치를 강조하는데, 절제는 자연적인 원인이 아니라 도덕적인 행동에 의존한다고 했다.

『동물에 관하여』. 이전 논문들과 마찬가지로, 이 작품도 아르메니아어로 전승됐다. 이 작품 또한 알렉산드로스와 필론 사이의 대화를 반영하지만, 뤼시마코스(알렉산드로스의 조카)라는 제3의 인물도 등장한다. 작품의 1부에서는 알렉산드로스가 동물들의 합리성을 옹호하고 2부에서는 필론의 반박이 제시된다. 여기서 다시금 필론이 스토아 철학과 플라톤적인 관점에 깊은 영향을 받았음이 드러난다. 그는 인간과 동물 사이의 차이를 증명하기 위해 스토아 철학의 논리를 이용한다. 모든 존재를 결정하는 정교한 체계가 논의의 배경에 깔려 있다. 즉, 육체성(corporeal)과 비육체성(incorporeal), 생기가 있는 것(animate)과 생기가 없는 것(inanimate), 이성적인 것(rational)과 비이성적인 것(irrational), 유한한 존재(mortal)와 신적 존재(divine), 그리고 궁극적으로는 남성과 여성 사이에 구분이 존재한다고 했다. 그런데 이 대화에서는 동물보다 인간과 다른 존재들 간의 관계에 대한 논의가 더 많은 분량을 차지한다. 인간이 다른 모든 존재들과 구분되기 때문에 합리적인 사유가 가능하다고 했다. 필론은 불평등한 존재들에게 평등을 부여하는 것 자체가 불의하다고 마지막으로 주장한다. 필론은 이성을 부여받은 존재들을 비이성적 존재들과 동등하게 대하는 것 자체를 모욕으로 여긴다. 인간의 우월성에 대한 필론의 선입견에도 불구하고, 해당 논문은 초기 제국 시대의 동물학 및 식물학 연구에 대해 풍부한 정보를 제공한다.

변증 논문

필론은 보통 변증적인 성격을 띤 것으로 여겨지는 논문을 적어도 여덟 편 이상 쓴 것으로 보인다. 안타깝게도 이 중 세 개만이 보존됐고 네 번째 논문은 단편들로 남아있다. 필론은 이 논문들을 다른 세 개의 주석 시리즈(『창세기와 출애굽기 질의응답』, 『알레고리 주석』, 『율법 강해』)처럼 하나의 묶음으로 생각하지 않았다. 그는 일부 논문들을 더 큰 묶음 안에 포함시키기도 했는데, 이처럼 '변증 논문'이라는 범주는 현대에 계발된 개념이다. 학자들이 해당 논문들에 변증학 범주를 적용한 것은, 이 작품들이 로마 제국 내에서의 유대교의 위치를 찾으려 하기 때문이다. 논문들은 어떨 때에는 특정한 비판들을 직접적으로 반박하고, 다른 때에는 유대교 가치들을 세계 최고의 가치들로 내세운다. 이 내포청자(implied audiences)는 비유대인들이지만 이것이 당시 그리스-로마라는 배경 속에서 자신들의 위치를 찾고자 했던 유대인들을 배제했다는 의미는 아니다.

정황. 필론이 작품들 중 일부를 생애 초기에 썼다는 것은 틀림없지만, 대다수 작품들은—그리고 현존하는 모든 작품들은—기원후 38년 알렉산드리아에서 일어났던 대량 학살 및 그 여파와 관련되어 있다. 이 소란 사태는 가이우스로부터 수여받은 왕국의 권리를 주장하기 위해 여정에 올랐던 아그립파 1세가 알렉산드리아를 방문했을 때 일어났다. 일부 알렉산드리아인들이 왕을 모욕했고 폭동이 일어났다. 당시 알렉산드리아의 유력한 인사들이었던 이소도루스와 람폰은 플라쿠스 총독에게 새 황제의 신임을 얻을 수 있도록 지원하겠다며 그 대가로 유대인들과 대립 중인 자신들에게 힘을 실어달라고 요구했다. 티베리우스와의 관계 때문에 신임 황제와의 관계가 불안정했던 플라쿠스는 동의했고, 집단학살은 그렇게 시작됐다. 하지만 플라쿠스의 이런 판단은 정치적 지형을 완전히 잘못 읽은 실수였다. 그는 곧장 로마로 소환되어 다른 누구도 아닌 이소도루스와 람폰이 가담한 진영에 고소를 당했고, 결국 유배를 갔다. 새로운 사령관(prefect)이었던 폴리오는 해당 문제를 길거리가 아닌 법정에서 해결하도록 무대를 옮겼다. 두 사절단이 로마로 출발했다. 하나는 이소도루스와 아피온이 이끄는 알렉산드리아인들의 사절단이었고, 다른 하나는 필론이 이끄는 유대인들의 사절단이었다. 두 번의 공판이 끝나자, 황제가 알렉산드리아인들을 선호한다는 사실이 분명해졌다. 필론은 유대인 대표단이 받았던 두 번째 접대를 두고 이렇게 표현했다. "우리는 들어가자마자 그의 눈빛과 몸짓을 토대로 한 가지 사실을 알 수 있었다. 우리를 기다리고 있던 것은 공정한 재판관이 아니었다. 우리를 기다리고 있던 것은 고발자(accuser)였다. 그것도 우리의 반대 진영보다 훨씬 적대적인 고발자였다"(『사절단』 349). 기원후 41년 1월 24일에 발생한 가이우스 황제 암살 직후 적대행위가 다시 잇따랐다. 클라우디우스는 상황을 빠르게 억제했고, 양쪽 사절단의 주장을 들었으며, 율리우스 카이사르와 아우구스투스의 정책을 복구해보려고 시도했다(요세푸스, 『유대 고대사』 19.279). 하지만 서로 적대하는 두 진영은 포기하지 않았다. 결국 알렉산드리아인들과 유대인들은 두 번째 사절단을 보냈다(*CPJ* 153, 87-92행). 클라우디우스는 알렉산드리아의 유대인 공동체에게 조상들의 종교를 지킬 권리를 허락하면서도 그 이상의 권리는 얻지 못하도록 막아버린 그 유명한 조서를 통해 사태를 해결했다(*CPJ* 153).

필론은 이런 일련의 사건에 깊숙이 관여한 자신의 처지를 다음의 유명한 글에 이렇게 표현했다. “한때 철학 공부, 즉 우주(cosmos)와 그 속의 내용물에 깊이 몰두하면서, 아름답고 매력적이며 진정으로 축복받은 정신을 즐겼던 적이 있었다.” 이 날들은 이제 사라져버렸다. “하지만 악 중에서 가장 골칫거리인 악이자 선을 증오하는 질투심이 나를 조용히 기다리고 있었다. 그것은 갑작스럽게 나를 덮쳤고, 내가 휘말려버린 시민에 대한 걱정거리의 거대한 바다 가운데로 나를 내동댕이쳤다. 나는 급한 물살에 떠내려가면서 머리조차 물 위로 들 수 없었다”(『특별법』 3.1-6). 물론 이 글은 필론이 일찌감치 공동체 내에서 담당했던 일반적인 역할을 가리킨다고 할 수도 있다. 하지만 이 진술은 아마도 유대인 대표단—기원후 39년 겨울에 알렉산드리아를 떠나 다음 해 봄에 로마에 도착했던(필론, 『사절단』 355; 요세푸스, 『유대 고대사』 18.257-60)—의 일원으로 선출됐던 경험을 암시하는 것처럼 보인다. 필론은 가이우스 황제의 모욕과 두 번째 유대인 대표단의 도착을 통해 고난을 겪었다. 필론은 아마도 클라우디우스의 조서 이후에 알렉산드리아로 돌아왔을 것이다. 이런 ‘시민에 대한 걱정거리’의 소용돌이가 필론으로 하여금 변증 논문을 쓰게 만들었던 것이다.

『가설』. 필론의 작품으로 여겨지는 글들 중 가장 수수께끼 같은 작품은 『가설』이다. 에우세비오스는 해당 작품을 알고 있었고 그것을 필론의 것으로 받아들였지만, 몇몇 현대 학자들은 의혹을 제기했다. 이 작품의 애매모호한 지위는 표준 비평본 속에도 반영되어 있다. 즉, 컨(Cohn)과 웬드랜드(Wendland)는 이 단편들을 대편집본(*editio major*)에서 제외시켰지만 소편집본(*editio minor*)에는 포함시켰다. 비록 이 작품이 빈약하게

278-279

보존됐고 정상적이지 않은 특징들도 갖고 있지만 대부분의 학자들은 이것을 진짜 필론의 작품으로 받아들인다.

에우세비오스는 두 개의 단편을 보존했다. 그는 첫 번째 단편이 '가설'이라는 제목이 붙은 작품의 첫 번째 두루마리 책의 일부이며 "유대인의 편에 서서 고발자들을 반박"한 글이라고 설명한다(『복음의 예비』 8.10.19-8.11.18). 나중에 또한 그는 "유대인들을 위한 변증으로부터"라는 단편의 글귀를 인용한다(『복음의 예비』 8.10.19-8.11.18). 아마도 두 인용문 모두 같은 작품에서 나왔을 것이다. 에우세비오스는 두 번째 단편을 소개하면서 불명확한 제목인 '가설'을 버리지만, 다시금 그 작품을 변증적 저술로 설명한다. 이러한 입장은 그가 두 번째 단편의 서문에서 유대인들을 두 무리로 구분하는 모습에서 재확인된다. 즉, 다수는 율법의 문자적 의미를 따르지만(첫 번째 단편), 엣세네 공동체의 철학적인 일부는 더 고상한 형태의 묵상으로 나아간다(두 번째 단편)고 말한다(8.10.18-19). 하지만 에우세비오스가 『교회사』에서 필론의 작품들을 분류할 때, 『가설』을 언급하는 대신 단권짜리 작품인 『유대인에 관하여』를 포함시키면서 두 단편 사이의 관계는 더 복잡해졌다(『교회사』 2.18.6). 이 제목은 유대인들을 다루는 작품들의 제목으로 흔히 쓰였던 것이었으며, 아마도 부제였을 것이다. 물론 『유대인에 관하여』가 『가설』의 다른 제목일 가능성도 있다. 하지만 『유대인에 관하여』가 필론의 단권 작품 목록에 등장한다는 점, 그리고 에우세비오스의 『복음의 예비』는 『가설』을 적어도 두 권으로 구성된 작품으로 암시한다는 점을 고려하면, 두 작품을 동일시하기는 어렵다.

'가설'이라는 제목은 해당 작품을 이해하는 데 아무런 도움을 주지 않는다. 해당 제목은 그동안 다양한 의미로 해석됐다. 즉, 이 제목은 단편 1의 서문이 택하는 가정상의 접근(hypothetical approach)을 근거로 '가정'(suppositions)을 의미한다거나, 필론의 다른 작품들에서 쓰인 '휘포테케'(*hypothēkē*)의 용례를 근거로 '충고나 훈계'(counsels or admonitions)를 의미한다거나, 유대인들에 대한 거짓 의견이라는 뜻으로 '비방'(imputations)을 의미한다거나, 스토아 철학의 논리에서 쓰인 해당 용어의 용례를 근거로 '가정상의 명제'(hypothetical propositions)를 의미한다고 여겨졌다. 확신할 수는 없지만, 마지막 후보를 선택하면 해당 작품의 배경이 설명 가능해진다. 즉 이 작품은 아마도 필론이 스토아 철학의 영향을 받은 알렉산드리아의 적들, 특히 카이레몬과 벌일 토론을 준비하려는 목적에서 쓰였을 것이다(*CPJ* 153). 필론은 유대교의 근원에 대한 비판들을 반박하기 위해 스토아 철학의 논리를 이용했던 것이다.

본 작품은 출애굽기와 가나안 땅 정착(8.6.1-9), 법전(8.7.1-20), 엣세네 공동체(8.11.1-18)를 다룬다. 역사적인 문제들을 다루는 방식은 성서 전통에 따라 자유롭게 변화하는데, 이는 역사적인 증거가 아닌 논리적인 가능성들을 토대로 주장을 펼쳐 유대인들과 모세를 변호하는 데 목적이 있었기 때문이다. 율법에 대한 5중 개요(fivefold epitome)는 위-포퀼리데스와 요세푸스의 『아피온 반박』(2.145-219, 특히 190-219)에 실린 요약과 유사하다. 이 논문들의 관계에 대해 다양한 설명들이 존재하지만, 해당 작품들 전부가 공통의 전승 자료—아마도 유대인의 윤리 교육에 쓰였던 공통의 주제별 자료집 같은—에 의존했을 것이라는 설명이 가장 가능성이 크다. 엣세네 공동체에 대한 내용은 필론의 다른 작품들에 등장한 내용들과 비슷하지만 똑같지는 않다.

『사색적 삶에 관하여』. 필론은 『모든 선한 사람은 자유롭다는 사실에

279-280

관하여』 75-91에서 엣세네 공동체에 대하여 또 하나의 짧은 설명을 제공했었다. 또한 그는 치유파(*Therapeutae*) 공동체에 대한 한 논문의 서두에서, 오로지 엣세네 공동체만을 다룬 다른 논문에 대해 언급한다(『사색적 삶』 1). 해당 진술이 논문 하나를 통째로 전제하기 때문에, 『선한 사람』에 나오는 내용을 가리키는 것 같지는 않다. 만일 『복음의 예비』 8.11.1-18에 등장하는 엣세네 공동체에 대한 내용이 『가설』의 제2권에서 비롯된 것이라면, 이 언급은 『가설 2』를 가리키는 것일 수 있다. 가능한 다른 설명은 해당 언급이 유실된 작품을 가리킨다는 것이다.

필론은 엣세네 공동체와 치유파 공동체를 비슷하게 다룬다. 아리스토텔레스는 행복론적(eudaimonistic) 삶의 모델을 네 유형으로 구분한 바 있었는데, 그중 활동적(active) 삶과 관조적(contemplative) 삶이 가장 중요했다(『니코마코스 윤리학』 1.5.1-8). 스토아 철학자들은 디오게네스 라에르티오스 7.92를 받아들인 반면, 다른 이들은 세 번째 유형, 즉 '이성적(rational) 삶'을 추가했다(디오게네스 라에르티오스 7.130). 필론은 이 논쟁을 알고 있었고, 스토아 철학자들처럼 활동적 삶과 관조적 삶이 통합될 수 있다고 생각했다(『모세』 1.48). 그는 엣세네 공동체와 치유파 공동체를 다루면서 엣세네 공동체가 활동적 삶의 예이고 치유파 공동체는 관조적 삶의 본보기라고 했다.

필론은 이 두 부류의 유대인 철학자들을 '덕의 선수들'(athletes of virtue)로 부르며 외부 세계에 소개한다. 이러한 표현법은 카이레몬(포르퓌리오스, 『절제에 관하여』 4.6-8)이 이집트 제사장을, 아리아노스(『인도』 11.1-8)와 필로스트라토스(『아폴로니오스의 생애』 3.10-51)가 인도 현자를, 필로스트라토스(『아폴로니오스의 생애』 6.6)가 벌거벗은 이집트 현자를, 얌블리코스(『퓌타고라스의 생애』 96-100)가 신퓌타고라스주의자들을, 플리니우스(『자연사』 5.73)와 요세푸스(『유대 전쟁사』 2.120-61 및 『유대 고대사』 18.18-22)가 엣세네인들을 부른 방식과 동일하다. 필론이 치유파 공동체를 개인적으로 알았을 가능성도 있지만, 그들에 대한 설명은 외부의 다른 공동체들에 필적할 만한 유대인 공동체를 내세우는 데 관심이 있었다. 그는 그들의 이름의 의미(2-12)와 생활 방식(13-39)을 논의하고, 그들의 향연(symposium)을 그리스인들의 것과 비교했다(49-90).

이 작품은 집단학살의 여파가 계속됐던 시기에 저작됐을 가능성이 가장 크다. 필론은 로마 청중을 위해 이 논문을 쓴 것으로 보이며, 해당 작품을 카이레몬이 내세운 이집트 제사장들에 대한 반박으로 여겼을 가능성도 있다.

『덕목에 관하여』. 필론의 논문 『덕목에 관하여』(*On the Virtues*)의 배경은 해당 작품을 『덕목과 관련하여』(*Concerning the Virtues*)의 제4권으로 언급하는 대부분의 사본들이 붙인 부제가 암시해준다. 이 중 일부 사본들은 『가이우스 사절단에 관하여』를 『덕목과 관련하여』의 제1권으로 언급한다. 고대 자료들은 둘의 관계를 혼동하는 모습을 보여준다. 에우세비오스는 필론이 "가이우스 황제 시기에 유대인들이 겪은 일들을 다섯 권으로 설명했다"라고 말한다(『교회사』 2.5.1). 그는 계속해서 『사절단』(2.5.6)과 두 번째 책인 『덕목과 관련하여』를 언급하는데, 이때 다루고 있는 작품이 바뀌었다는 어떤 언급도 없이 진행한다(2.6.3). 하지만 에우세비오스는 필론의 작품 목록표를 제시하면서 다음과 같이 말한 바 있다. "필론은 가이우스 황제 때에 로마에 도착하고, 클라우디우스 황제 때에 전체 로마 원로원 앞에서 가이우스의 불경건함에 대해 쓴 글을 낭독했다고 전해진다. 이때 그는 재치 있는 아이러니를 발휘하여 그 글의 제목을

280-281

『덕목과 관련하여』로 지었다고 한다”(2.18.8).

에우세비오스와 사본들이 제공하는 정보를 재구성해 볼 수 있는 방법은 여러 가지가 있다. 만일 텍스트 자체의 진술들을 따라가면, 다음과 같은 상황을 합리적으로 가정해 볼 수 있다. 필론은 “세야누스 다음으로 유대인들을 해칠 음모를 꾸민 인물은 플라쿠스 아빌리우스였다”라는 문장으로 『플라쿠스 반박』을 시작한다(『플라쿠스』 1). 이로 미루어보아 필론은 더 이른 시기에 세야누스에 관한 논문도 썼던 것으로 보인다. 에우세비오스는 이 작품이 『덕목과 관련하여』의 두 번째 책이라고 말한다(『연대기』; 『교회사』 2.5.6-7). 만일 그의 말이 옳다면, 『플라쿠스』는 해당 시리즈의 세 번째 논문이 된다. 필론은 『철회』 또는 『취소』를 언급하면서 『사절단』을 마무리한다(『사절단』 373). 만일 『플라쿠스』와 『사절단』이 같은 시리즈에 속한 작품들이라면, 제1권과 제2권은 유실된 셈이고, 제3권은 『플라쿠스』이며, 제4권은 『사절단』이고, 제5권은 유실됐다고 결론지을 수 있다. 이 시리즈를 『사색적 삶에 관하여』와 연결 지으면 해당 논문의 사회적 배경을 올바르게 파악할 수 있게 되지만, 『덕목과 관련하여』와 연관 짓는 것은 오류로 보인다.

『플라쿠스 반박』, 『가이우스 사절단에 관하여』. 두 논문, 『플라쿠스 반박』과 『가이우스 사절단에 관하여』는 공통의 관점을 공유한다. 즉, 두 작품은 하나님이 어떻게 유대 민족을 위기의 때에 보호하셨고, 그들을 박해하는 자들의 운명을 어떻게 뒤바꾸셨는지를 보여준다. 두 작품의 구조부터 이 점을 분명하게 한다. 곧, 『플라쿠스』 1-96은 알렉산드리아에서 벌어진 집단학살을 서술하고, 97-191은 플라쿠스의 유배와 최종적인 처형에 대해 이야기한다. 『사절단』은 유대인들을 향한 가이우스의 광기어린 적대행위를 설명하고, 현재 유실된 『철회』는 그의 암살에 대해 이야기한다. 에우세비오스에 따르면 필론은 가이우스에 대한 그의 글을 로마 원로원 앞에서 낭독했다(『교회사』 2.18.8). 에우세비오스의 말처럼 실제로 그랬을 가능성은 낮지만, 해당 작품들은 의심의 여지없이 외부인에게는 유대인 박해의 어리석음을, 내부인에게는 하나님의 보호하심을 보여주는 데 목적이 있었다.

성과

필론을 체계적인 사상가로 증명해보이려는 숭고한 노력들이 있긴 했지만, 그는 그런 류의 사상가는 결코 아니었다. 그는 다른 무엇보다도 주해가(exegete) 또는 모세의 글을 설명하는 해석가(interpreter)였다. 그도 스스로를 '한 해석가'로 지칭했다(『동물』 7, 74; 또한 『창조』 5를 참조하라). 그에게 우주에 대한 포괄적인 이해가 없었다는 뜻이 아니다. 단지 이 문제와 관련하여 그가 체계적이고 종합적인 저술을 내놓은 적이 없다는 뜻이다. 그는 특정 문제들과 씨름하는 주석서와 작품을 썼다. 그는 평생 동안 유대교 성서를 그리스 철학의 렌즈를 통해 알레고리적으로 해석하는 작업에 매달렸다. 이런 면에서 그의 작업은, 스토아 철학을 통해 이집트 텍스트를 해석했던 카이레몬이나, 중기-플라톤주의 사상을 활용하여 이집트 신화를 알레고리적으로 해석했던 플루타르코스(『이시스와 오시리스』)나 플라톤주의를 통해 동방 전통(oriental traditions)을 설명했던 아파메이아스의 누메니오스의 작업(『선에 관하여』)과 비슷했다.

필론에게도 조상들의 글을 읽을 때 활용하는 특정한 렌즈가 있었다.

고대의 재치 있는 격언(*bon mot*) 하나가 이 렌즈를 잘 표현해준다. “플라톤이 필론화하고 있든지, 필론이 플라톤화하고 있든지 둘 중 하나다”(히에로니무스, 『유명인들에 관하여』 11). 필론은 모세 해석을 자신의 임무로 여겼을 수 있지만, 그가 읽어낸 모세는 플라톤적인 모세였다. 후대의 상당수 유대인들과 기독교인들은 ‘철학의 탈취’(theft of philosophy) 논리를 활용하여 헬레니즘 사상을 유대교 사상에 종속시키는 문화를 만들어갔지만 필론은 그들과 달랐다. 물론 필론도 ‘철학의 탈취’ 논리를 알고 있었고 간혹 그것을 언급하기도 했지만, 그는 근본적으로 모세와 플라톤을 같은 실재를 본 사람들로 생각했던 것 같다. 필론은 플라톤을 모세에게 주입해야 한다고 믿지 않았다. 그는 오히려, 모세로부터 플라톤을 자연스럽게 읽어낼 수 있다고 생각했다. 예를 들어, 필론은 모세가 성막을 짓기 전에 본 ‘장막의 모양’(pattern of the tent)이 플라톤적인 사상의 존재를 증명한다고 주장했다(『모세』 2.74, 76의 출 25:9, 40; 『출애굽기』 2.52의 출 25:9; 『출애굽기』 2.82의 출 25:40; 『출애굽기』 2.90의 출 26:30). 그는 바로 이런 관점으로 플라톤의 『티마이오스』를 자신의 논문들(특히, 『창조』 및 『알레고리 해석 1-3』)과 밀접하게 연결시킨다.

그렇다고 필론이 플라톤주의자였다는 것은 아니다. 필론이 남긴 어휘로 필론을 이해해보면, 그는 플라톤주의자가 아니었다는 사실을 알게 된다. 그는 자신의 철학적인 관점을 플라톤주의에 제한시키지도 않았다. 그는 결코 그러지 않았다. 대부분의 헬레니즘 시대의 사상가들처럼, 그도 선별적이었다. 당시의 사상가들(가령 아스칼로니오스의 안티오코스, 에우도로스, 아레이오스 디뒤모스 등)에게 서로 다른 사상 체계들의 존재는 실재를 이해하는 데 기여했다. 이 때문에 최고의 행동은 각 전통의 최고를 취하는 것이었다. 이때, 한 전통을 지배적인 세계관(*Weltanschauung*)으로

282-283

견지하고 있어도 상관없었다. 필론은 누가 봐도 이런 관점을 갖고 있던 인물이었다. 그는 자신의 논문들에 중기-플라톤주의적 관점뿐만 아니라 스토아 철학과 신퓌타고라스 학파의 관점도 수용한다. 스토아 철학은 당시 헬레니즘과 로마 세계에 널리 퍼져 있었다. 필론은 우주론적, 인간론적, 윤리적 견해를 포함하여 상당한 수의 스토아 철학적 개념에 의존했다. 섭리에 대한 그의 주장들은 대부분 스토아 철학 성격을 띤다. 이와 유사하게, 그는 신퓌타고라스 학파의 수리론(arithmology)을 받아들였다. 필론의 기본적인 사고의 틀은 플라톤적이었지만, 그렇다고 그가 배타적으로 그것에만 전념한 것은 아니었다.

필론의 공헌에 대한 평가는 극과 극으로 나뉜다. 울프슨(H. A. Wolfson)은 필론이 중세 시대의 철학과 신학의 기초가 되는 사상 체계를 계발했다고 생각했다. 이 철학과 신학은 스피노자의 등장으로 해체되기까지 중세 시대를 지배했다고 했다. 리처드 굴렛(Richard Goulet)은 정반대의 극단에 서서, 필론을 몹쓸 인간으로, 즉 오경 전체에 대해 더욱 훌륭해야 했을 알레고리적인 주석을 망쳐버린 인물로 여겼다. 세부 사항에 있어 학자들이 전원 동의하는 경우가 없긴 해도, 필론에 대한 평가와 관련하여 대부분의 학자들은 이 두 극단 사이 어딘가에 서 있다. 그래도 필론이 영속적인 공헌을 남긴 중요한 분야를 하나 꼽자면, 신론(theology proper)을 들 수 있다. 즉, 그는 하나님을 다른 모든 선한 것보다 존재론적으로 선재하시는 분으로 보았다. 필론은 출애굽기 3:14의 "스스로 있는 자"(*ho ōn*)를 플라톤주의의 '실재'(*to on*)와 동일시했고 신적 초월성을 강조했다(『더 악한 것』 160; 『이름』 11-15). 그는 다른 중기-플라톤주의자들처럼 한 중재자를 상정했다. 이 중재자는 우주(cosmos)가 바라볼 수 있는 하나님의 얼굴이자 인류가 하나님께 도달할 수 있는 통로였다. '로고스'(Logos)가 바로 그 중재자였다. 그는 창세기 1:27에 대한 해석에 근거하여 로고스가 하나님의 형상이라고 생각했다. 그는 하나님, 하나님의 형상(로고스), 하나님의 형상(로고스)의 형상으로 창조된 인간들이 존재한다고 생각했다(『창조』 24-25). 인류는 로고스를 통해 하나님께 도달(상승)할 수 있었다. 성서는 이러한 현실을 깨달을 수 있도록 해주는 열쇠였다. 그는 철학과 성서가 궁극적 원인(Ultimate Cause)에 대해 동일한 가르침을 준다고 이해했다(『덕목』 65). 철학은 지성적인 체계를 마련해줬지만, 그렇다고 신적인 실재들에 대하여 권위적인 목소리를 내는 모세의 율법을 대체하진 않았다.

필론에 대한 평가는 어떤 기준을 갖다 대느냐에 따라 다르다. 그의 작품들이 후대의 사상가들에게 남긴 영향력에 따라 평가하면, 우리는 이 유대인 작가를 '최초의 기독교 신학자'로 부를 수 있을 것이다. 하지만 그가 이룬 성취에 따라 평가하면, 우리는 그를 주전 3세기 말부터 기원후 2세기 초까지 알렉산드리아에서 풍성하게 꽃피웠던 유대교 주해 전통의 가장 중요한 대변자이자 정점으로 부를 수 있을 것이다.

참고 문헌

일반

1. 텍스트

Cohn, Leopold, Paul Wendland, Siegfried Reiter, and Hans Leisegang, eds. 1896–1930. *Philonis Alexandrini opera quae supersunt*. 7 vols. Berlin: Reimer (2d ed. 1962).

2. 역본

Arnaldez, Roger, Clement Mondéseret, and Jean Pouilloux. 1961–1992. *Les Œuvres de Philon d'Alexandrie*. 34 vols. Paris: Cerf.

Cohn, Leopold, Isaak Heinemann, Maximilian Adler, and Willy Theiler. 1909–1938. *Philo von Alexandria: Die Werke in deutscher Übersetzung*. 7 vols. Breslau: Marcus (2d ed. Berlin: de Gruyter, 1962–1964).

Colson, Francis H., George H. Whitaker, and Ralph Markus. 1929–1962. *Philo*. 10 vols. and 2 supp. vols. LCL. Cambridge: Harvard University Press.

3. 참고 서적

Radice, Roberto, and David T. Runia. 1988. *Philo of Alexandria: An Annotated Bibliography 1937–1986*. Leiden: Brill.

Runia, David T. 2000. *Philo of Alexandria: An Annotated Bibliography 1987–1996*. Leiden: Brill (updated each year in *Studia Philonica Annual*).

———. 2012. *Philo of Alexandria: An Annotated Bibliography 1997–2006*. Leiden: Brill.

4. 참조 작업

Borgen, Peder, Karl Fuglseth, and Roald Skarsten. 2000. *The Philo Index: A Complete Greek Word Index to the Writings of Philo of Alexandria*. Grand Rapids: Eerdmans; Leiden: Brill.

Runia, David T., and Gregory E. Sterling, eds. 1989-. *The Studia Philonica Annual*. Atlanta: Society of Biblical Literature.

Sterling, Gregory E., ed. 2001-. The Philo of Alexandria Commentary Series. Leiden: Brill.

5. 연구서

Borgen, Peder. 1997. *Philo of Alexandria: An Exegete for His Time*. Leiden: Brill.

Bréhier, Émile. 1950. *Les Idées philosophiques et religieuses de Philon d'Alexandrie*. Paris: Vrin.

Dillon, John M. 1996. *The Middle Platonists, 80 B.C. to A.D. 220*. Rev. ed. Ithaca: Cornell University Press.

Goodenough, Erwin R. 1935. *By Light, Light: The Mystic Gospel of Hellenistic Judaism*. New Haven: Yale University Press.

Goulet, Richard. 1987. *La philosophie de Moïse: Essai de reconstitution d'un commentaire philosophique préphilonien de pentateuque*. Paris: Vrin.

Hadas-Lebel, Mirielle. 2012. *Philo of Alexandria: A Thinker in the Jewish Diaspora*. Leiden: Brill.

Heinemann, Isaak. 1973. *Philons griechische und jüdische Bildung: Kulturvergleichende Untersuchungen zu Philons Darstellung der jüdischen Gesetze*. Hildesheim: Olms.

Kamesar, Adam, ed. 2009. *The Cambridge Companion to Philo*. Cambridge: Cambridge University Press.

Nikiprowetzky, Valentin. 1977. *Le commentaire de l'écriture chez Philon d'Alexandrie: Son caractère et sa portée; observations philologiques*. Leiden: Brill.

Runia, David T. 1986. *Philo of Alexandria and the Timaeus of Plato*. Leiden: Brill.

———. 1993. *Philo in Early Christian Literature: A Survey*. Assen: Van Gorcum; Minneapolis: Fortress.

Tobin, Thomas H. 1983. *The Creation of Man: Philo and the History of Interpretation*. Washington, D.C.: Catholic Biblical Association of America.

Winston, David. 1985. *Logos and Mystical Theology in Philo of Alexandria*. Cincinnati: Hebrew Union College Press; Hoboken, N.J.: KTAV.

Wolfson, Harry Austryn. 1948. *Philo: Foundations of Religious Philosophy in Judaism, Christianity, and Islam*. 2 vols. Cambridge: Harvard University Press.

Zeller, Dieter. 2011. *Studien zu Philo und Paulus*. Göttingen: V&R unipress.

창세기와 출애굽기 질의응답

1. 아르메니아어 텍스트와 라틴어 역본

Aucher, Johannes Baptista. 1826. *Philonis Judaei Paralipomena Armena: Libri Videlicet Quatuor in Genesim, Libri Duo in Exodum*. Venice: Typis Coenobii PP. Aremnorum in Insula S. Lazari.

2. 영어 역본

Marcus, Ralph. 1953. *Philo of Alexandria*. Suppl. vols. 1 and 2. LCL. Cambridge, Mass.: Harvard University Press.

3. 프랑스어 역본

Mercier, Charles, and Abraham Terian. 1979-1992, *Quaestiones in Genesim* and *Quaestiones in Exodum*. 2 vols. Les Œuvres de Philon d'Alexandrie. Paris: Cerf.

4. 그리스어 단편

Petit, Françoise. 1978. *Quaestiones Fragmenta Graeca*. Les Œuvres de Philon d'Alexandrie. Paris: Cerf.

Paramelle, Joseph. 1984. *Philon d'Alexandrie: Questions sur la Genèse II 1-7: Texte grec, version arménienne, parallèles latins*. Geneva: Patrick Cramer.

5. 고대 라틴어 역본

Petit, Françoise. 1973. *L'ancienne version latine des Questions sur la Genèse de Philon d'Alexandrie*. Berlin: Akademie Verlag.

6. 연구서

Royse, James R. 1976-1977. "The Original Structure of Philo's

Quaestiones." *Studia Philonica* 4: 41-78.

Hay, David M., ed. 1991. *Both Literal and Allegorical: Studies in Philo of Alexandria's Questions and Answers on Genesis and Exodus*. Atlanta: Scholars Press.

Lombardi, Sara Mancini. 2010. *Studies on the Armenian Version of Philo's Works*. Leiden: Brill

Sterling, Gregory E. 1991. "Philo's *Quaestiones:* Prolegomena or Afterthought?" In *Both Literal and Allegorical: Studies in Philo of Alexandria's Questions and Answers on Genesis and Exodus*. Ed. David M. Hay. Atlanta: Scholars Press, 99-123.

Terian, Abraham. 1991. "The Priority of the *Quaestiones* among Philo's Exegetical Commentaries." In *Both Literal and Allegorical: Studies in Philo of Alexandria's Questions and Answers on Genesis and Exodus*. Ed. David M. Hay. Atlanta: Scholars Press, 29-46.

알레고리 주석

Borgen, Peder. 1997. *Philo of Alexandria: An Exegete of His Time*. Leiden: Brill.

Dawson, David. 1992. *Allegorical Readers and Cultural Revision in Ancient Alexandria*. Berkeley: University of California Press, 73-126.

Long, A. A. 1992. "Stoic Readings of Homer." In *Homer's Ancient Readers*. Ed. Robert Lamberton and John J. Keaney. Princeton: Princeton University Press, 41-66.

286-287

Morris, Jenny. 1987. "The Jewish Philosopher Philo." In Emil Schürer, *The History of the Jewish People in the Age of Jesus Christ*. Rev. and ed. Geza Vermes and Fergus Millar. Edinburgh: Clark, 3.2.840-68.

Niehoff, Maren. 2011. *Jewish Exegesis and Homeric Scholarship in Alexandria*. Cambridge: Cambridge University Press.

Runia, David T. 1990. "The Structure of Philo's Allegorical Treatises." In idem, *Exegesis and Philosophy: Studies on Philo of Alexandria*. Aldershot: Variorum, 202-56.

Terian, Abraham. 1991. "The Priority of the Quaestiones among Philo's Exegetical Commentaries." In *Both Literal and Allegorical: Studies in Philo of Alexandria's Questions and Answers on Genesis and Exodus*. Ed. David M. Hay. Atlanta: Scholars Press, 29-46.

Tobin, Thomas H. 2000. "The Beginning of Philo's Legum Allegoriae." *SPhA* 12: 29-43.

Winston, David, and John Dillon. 1983. *Two Treatises of Philo of Alexandria: A Commentary on De Gigantibus and Quod Deus Sit Immutabilis*. Chico, Calif.: Scholars Press.

율법 강해

Borgen, Peder. 1997. *Philo of Alexandria: An Exegete for His Time*. Leiden: Brill, 65-77.

Goodenough, Erwin R. 1933. "Philo's Exposition of the Law and His De Vita Mosis." *HTR* 25: 109-251.

Loader, William R. G. 2011. *Philo, Josephus, and the Testaments on*

Sexuality: Attitudes towards Sexuality in the Writings of Philo, Josephus and in the Testaments of the Twelve Patriarchs. Grand Rapids: Eerdmans.

Morris, Jenny. 1987. "The Jewish Philosopher Philo." In Emil Schürer, *The History of the Jewish People in the Age of Jesus Christ*. Rev. and ed. Geza Vermes et al. Edinburgh: Clark, 3.1: 840–68.

Niehoff, Maren R. 2001. *Philo on Jewish Identity and Culture*. Tübingen: Mohr Siebeck.

Runia, David T. 2001. *Philo of Alexandria: On the Creation of the Cosmos according to Moses: Introduction, Translation and Commentary*. Leiden: Brill.

Wilson, Walter. 2011. *Philo, On Virtues: Introduction, Translation, and Commentary*.Leiden: Brill.

Winston, David. 1998. "Philo and the Rabbis on Sex and the Body." *Poetics Today* 19: 41–62.

Worthington, Jonathan D. 2011. *Creation in Paul and Philo: The Beginning and Before*. Tübingen: Mohr Siebeck.

철학 작품들

Anderson, Charles A. 2011. *Philo of Alexandria's Views of the Physical World*. Tübingen: Mohr Siebeck.

Arnaldez, Roger, and Jean Pouilloux. 1969. *Philon d'Alexandrie, De aeternitate mundi*. Paris: Cerf.

Baldassarri, Mariano. 1993. "Le opere filosofiche di Filone

287–288

Alessandrino." In *La filosofia antica*. Vol. 2. Como: Luca della Robbia, 173–202.

Dillon, John M. 1996. *The Middle Platonists, 80 B.C. to A.D. 220*. Rev. ed. Ithaca, N.Y.: Cornell University Press.

Frick, Peter. 1999. *Divine Providence in Philo of Alexandria*. Tübingen: Mohr Siebeck.

Hadas-Lebel, Mireille. 1973. *Philon d'Alexandrie, De providentia I et II*. Paris: Cerf.

Petit, Madeleine. 1974. *Philon d'Alexandrie, Quod omnis probus liber sit*. Paris: Cerf.

Reale, Giovanni. 1990. *A History of Ancient Philosophy*. Vol. 4. Albany: State University of New York Press.

Runia, David T. 1981. "Philo's De Aeternitate Mundi: The Problem of Its Interpretation." *Vigiliae Christianae* 35: 105–51.

———. 1996. "Philon von Alexandrien." In *Philosophie der Antike*. Vol. 2. Ed. Friedo Ricken. Stuttgart: Kohlhammer, 128–45.

Terian, Abraham. 1981. *Philonis Alexandrini, De Animalibus*. Chico, Calif.: Scholars Press.

Winston, David. 1996. "Hellenistic Jewish Philosophy." In *History of Jewish Philosophy*. Ed. Daniel H. Frank and Oliver Leaman. London: Routledge, 38–61.

변증 논문

1. 가설

Barclay, John M. G. 2007. *Against Apion*. Leiden: Brill, 353–61.

Niebuhr, Karl-Wilhelm. 1987. *Gesetz und Paränese: Katechismusartige Weisungsreihen in der frühjüdischen Literatur*. Tübingen: Mohr Siebeck, 6–72.

Sterling, Gregory E. 1990. "Philo and the Logic of Apologetics: An Analysis of the *Hypothetica*." *SBLSP*. Atlanta: Scholars Press, 412–30.

———. 2003. "Universalizing the Particular: Natural Law in Second Temple Jewish Ethics." *SPhA* 15: 61–76.

2. 사색적 삶에 관하여

Conybeare, Frederick C. 1895. *Philo about the Contemplative Life*. Oxford: Clarendon; rpt. New York: Garland, 1987.

Graffigna, Paola. 1992. *Filone d'Alexandria, De vita contemplative*. Genova: Melangelo.

Taylor, Joan E. 2003. *Jewish Women Philosophers of First Century Alexandria: Philo's Therapeutae Reconsidered*. Oxford: Oxford University Press.

3. 플라쿠스 반박

Box, Herbert. 1939. *Philonis Alexandrini In Flaccum*. Oxford: Oxford University Press.

van der Horst, Pieter W. 2003. *Philo's Flaccus: The First Pogrom*.

288–289

Leiden: Brill.

4. 가이우스 사절단에 관하여

Smallwood, E. Mary. *Philonis Alexandrini Legatio ad Gaium*. Leiden: Brill, 1961.

요세푸스

스티브 메이슨(Steve Mason)

제임스 S. 맥라렌(James S. McLaren)

존 M. G. 바클레이(John M. G. Barclay)

요세푸스는 로마에 대항한 첫 유대인 봉기의 일선 지휘관으로 참전했던 인물이며, 나중에 플라비우스 가문의 황제들의 후원 아래에 역사적, 자서전적, 변증적 작품들을 집필한 사람이었다. 그의 글들은 초기 로마 시대 유대교의 가장 중요한 자료일 뿐만 아니라, 성서 다음으로 가장 자세한 유대교 역사의 고대 서사를 제공한다.

요세푸스는 요셉 바르 맛티트야후라는 이름으로 기원후 37년 예루살렘에서 태어났다. 비록 그의 가문이 대제사장 계열에 속하진 못했어도, 예루살렘의 세습적인 귀족사회 내에서 높은 지위를 누렸던 것으로 보인다. 이렇게 가정해야만 요세푸스의 그리스식 교육, 26세의 나이에 로마 사절단으로 파견된 이력(기원후 63-64년), 로마와의 전쟁이 발발했을 당시(기원후 66년 말) 갈릴래아의 지역 지휘관으로 임명됐다는 사실, 예루살렘의 땅 소유, 도시 내 고위층 인사들과의 인맥이 설명된다. 기원후 67년 5월, 요세푸스는 진군하는 6만 명의 강력한 로마군을 상대로 갈릴래아 방어선을 이끌다가, 지휘관 임명 후 겨우 5-6개월 만에 요타파타의 요새화된 언덕까지 밀리고 만다. 그는 몇 주간의 포위 공격을 당한 끝에, 베스파시아누스와 그의 아들 티투스에게 항복한다(기원후 67년 7월 1-2일). 그는 전쟁 대부분의 기간 동안 포로 신세로 통역, 심문, 협상을 도맡으며 로마인들에게 협조했는데, 그는 특히 티투스의 군대가 기원후 70년 5월부터 8월까지 예루살렘을 포위했을 때 많은 역할을 했다. 요세푸스는 도시가 무너지고 난 후에 승리의 지휘관과 알렉산드리아에서 로마까지 동행했고(기원후 71년), 승리를 나누는 부자(父子) 황제들을 옆에서 지켜보았다.

전해지는 바에 따르면 요세푸스는 기원후 69년 베스파시아누스가 유대아를 떠나기 전에 포로 신세에서 풀려났다. 시간이 얼마 흐른 후에, 요세푸스는 로마 시민권과 함께 자신의 후견인들을 기리는 전통적인 3부 구성의 이름(three-part name), '티투스 플라비우스 요세푸스'(Titus Flavius Josephus)를 수여받았다. 요세푸스의 글들에서 '요셉(우스)'이라는 이름만이 사용되긴 하지만, 우리는 그의 두 번째 이름(*nomen*)이 '플라비우스'임을 후대의 작가들을 통해 알고 있다. 이는 티투스 플라비우스 베스파시아누스(베스파시아누스와 티투스가 공유하던 이름)에서 비롯된 이름이었고, 그렇게 만들어진 요세푸스의 이름은 로마 시민이라면 갖고 있었을 3부 구성의 이름과도 딱 맞아떨어진다. 황제가에서 베푸는 다른 혜택들은 현대 기준으로 보면 호화롭지 않을지도 모르지만, 이 유대인 피후견인은 적절히 대우받았다. 최소한 초기에는 로마 퀴리날리스 언덕(Quirinal hill)에 소재한 황제가의 개인 저택에서 숙박을 제공했고, 일종의 생활비를 소정 지급했으며, 전쟁과 약탈에 의해 황폐화된 본인 소유의 예루살렘 부동산을 대체할 만한 유대아의 해안 평야 일부를 수여했다.

290-291

우리가 아는 바에 따르면 요세푸스는 인생의 절반을 로마에서 살았다. 그는 은퇴한 정치인-군인의 전통을 따라(그의 나이가 비록 34세이긴 했지만), 작가의 길을 택해 상당한 분량의 작품 세 개(총 30권)를 남겼다. 곧, 7권짜리 『유대 전쟁사』(내용의 대부분은 기원후 69년에 썼지만, 완성은 81년에 됐음), 기원후 93/94년에 완성된 20권짜리 『유대 고대사』와 부록(『생애』), 그리고 후속작으로서 유대아 주민들의 고대 역사를 체계적으로 다룬 2권짜리 『아피온 반박』이 그것이다. 요세푸스의 사망 시기는 기원후 95/96년부터 2세기 초 사이인 듯하다. 9세기의 (콘스탄티노플) 총대주교 포티오스가 남긴 자료는 아그립파 2세의 죽음을 기원후 100년으로 얘기하는데, 요세푸스는 이 죽음을 자서전에서 언급한 바 있었다. 이 문제를 놓고 여전히 의견 차이가 존재하지만, 대부분의 학자들은 이 자료에 결정적인 무게를 부여해선 안 된다고 본다. 따라서 요세푸스는 그의 나중 작품들을 다 쓴 후 기원후 100년 전에 죽었을 가능성도 충분하다. 사실, 그의 정확한 사망 시기를 확정할 방법은 없다.

『생애』

요세푸스의 『생애』는 이야기에서 역사로 넘어가는 어려움을 가장 잘 보여주는 예시 중 하나일 것이다. 학계는 다음과 같은 이유로 이 작품이 요세푸스의 역사적인 이력(career)을 이해하는 데 핵심적인 역할을 한다고 본다. 『생애』 40뿐만 아니라 336-67의 부록을 보면, 요세푸스는 그와 반목하는 인물이었던 유스투스(높은 수준의 교육을 받은 티베리아스 출신의 고위관리, 나중에 아그립파 2세의 신하로 일함)에 대해 언급하면서, 유스투스가 유대인 반란에 대해 그만의 기록을 남겼다고 말한다. 그런데 거기서 유스투스는 갈릴래아에서 보인 요세푸스의 행동을 기록한 『유대 전쟁사』를 특히 문제 삼았다고 했다. 학자들은 이러한 관찰에 근거하여, 『생애』는 요세푸스를 분명히 불편하게 했을 유스투스의 문제 제기에 대한 반박으로 기록됐다고 주장하는 데까지 나아갔다. 이 주장이 특히나 신빙성 있어 보였던 이유는 요세푸스가 본인의 『유대 전쟁사』에서 기록했던 이야기를 『생애』에서 자주 뒤집기 때문이었다. 예를 들어, 『생애』는 갈릴래아의 평화 유지를 목적으로 그가 지휘관으로서 홀로 파견된 것이 아니라 그 외에도 두 명이 더 파견됐다고 기록한다. 또한 그와 경쟁 관계에 있던 기스갈라의 요한네스도 『유대 전쟁사』에서 허용했던 것보다 훨씬 더 수긍할 만한 동기들을 갖고 있는 인물로 그려진다. 요세푸스를 축출하기 위해 예루살렘에서 파견됐던 사절단도 『유대 전쟁사』 때보다 더 중요한 모습으로 묘사되고, 예루살렘과 더 긴밀한 관계를 갖고 있는 모습으로 등장한다. 학자들은 『생애』 전체를 유스투스에 대한 반박으로 이해하면, 역사적인 진실을 알아낼 수 있는 더 좋은 위치에 서게 된다고 결론을 내린다. 즉, 우리는 요세푸스의 편향적인 기록(『유대 전쟁사』)을 소유하고 있을 뿐만 아니라, 요세푸스가 내놓는 반응들의 '거울 읽기'(mirror-reading: 해당 글이 전제하고 있는 역사적 상황을 염두에 두고 글의 내용이 그 상황을 반영한다고 생각하며 읽는 것을 뜻함—역주)를 통해 유스투스의 주장들을 재구성할 수 있게 된다. 예를 들어, 만일 요세푸스가 뇌물을 거절하고 모든 여성의 명예를 지켰다고 주장한다면, 유스투스는 이런 문제들을 갖고 그를 고발했었다고 가정할 수 있다는 것이다. 그리고 이러한 혐의들은 요세푸스의 실제 역사적인 이력을 들여다볼 수 있는 관점을 제공한다.

그런데 이 주장의 근본적인 문제는 그것이 『생애』를 기록하게 된 이유에 대한 요세푸스 개인의 진술들을 무시한다는 데 있다. 그는 『유대 고대사』 말미에 자서전적 부록을 소개한다. 이 부록은 자신의 가문, 교육, 그리고 인생의 여러 사건까지 전부 포괄하여 본인의 자격을 치하하고자 했던 요세푸스의 욕망이 만들어낸 결과물이었다. 그는 이 자서전 이후에야 『유대 고대사』를 마무리 짓겠다고 이야기한다(『유대 고대사』 20.262-67). 이에 걸맞게 요세푸스는 『생애』(430)의 결말부에서, 인생의 사건들을 모두 개관하고 요세푸스라는 인물을 평가할 수 있는 자료들을 다 제공하고 나서 정말로 『유대 고대사』의 막을 내리겠노라고 선언한다. 이처럼 『생애』는 분명히 그의 대표작에 덧붙일 목적으로 기록된 자서전적인 부록이었다. 실제로 대부분의 현존하는 사본들은 둘을 붙여서 보존하고 있으며 에우세비오스도 『생애』를 더 큰 작품의 일부로서 이해했다(『교회사』 3.10.8-11). 『생애』는 『유대 고대사』와 구분된 저작 동기를 필요로 하지 않았다.

고대 사회에서 수사학적(rhetorical) 동기는 '자서전'을 기록하는 가장 중요한 이유였다. 즉, 본인의 고결함을 생생한 자료를 통해 증명하는 데 목적이 있던 것이었다. 그리고 정확히 이것이야말로 요세푸스의 저술이 주장하고 있는 바였다. 그는 그러한 실천이 포함해야 할 전형적인 범주들을 그대로 작품에 반영했다. 그는 가장 먼저 자신의 고결한 가문의 내력을 보여준 다음(1-6), 그가 받았던 뛰어난 교육(7-12), 공직 생활에서 이룬 놀라운 성취들과 그중에서도 특히 군사적인 업적들(13-412), 그리고 저명한 친구들로부터 받은 각종 혜택 및 본인이 아랫사람들에게 수여한 혜택들을 설명한다. 이것들이 『생애』를 구성하는 자료다. 그는 갈릴래아의 지휘관으로 임명받은 시점부터 포위 공격까지의 5개월의 기간에 집중하는데, 이는 그 기간만이 그의 군사적·정치적 성공을 보여줄 수 있는 유일한 기간이었기 때문이다.

고대 수사학에서 누군가의 훌륭한 인품을 드러내는 표준적인 기술은 간단했다. 먼저 비열하고 명예롭지 못하게 행동한 형편없는 인물을 하나 세우고 그와 극명하게 대조하는 방식을 사용하면 됐다. 요세푸스는 『생애』에서 그런 인물을 여러 명 등장시킨다. 아그립파의 사령관 바루스, 자신의 제사장 동료였던 기스갈라의 요한네스, 예루살렘에서 보낸 사절단, 그리고 당연히 티베리아스의 유스투스도 이 안에 포함됐다. 요세푸스는 작품의 거의 끝에 이를 때까지 유스투스를 공격 대상으로 삼지 않다가, 새로운 주제로 전환했다는 분명한 신호와 함께 이렇게 말한다: "이야기를 여기까지 진행했으니, 이제 나는 유스투스에 대해서 몇 가지 사실을 언급하고자 한다. 그도 이 일들과 관련하여 한 작품(*oeuvre*)을 남긴 사람이다." 요세푸스의 청중이 유스투스를 일일이 반박하는 그의 모습을 어떻게 이해했을지를 상상하는 일은 쉽지 않다. 여태껏 요세푸스는 논쟁해야 할 대상이 있으면 그를 논쟁 시작 전, 서두에 미리 소개하는 솜씨를 보여줬었다(『유대 고대사』 1.1-2; 『아피온 반박』 1.1-5).

요세푸스의 생애 연대표

기원후 연대(년)	사건
37	요셉 바르 맛티트야후라는 이름으로 예루살렘에서 출생
53	유대교의 삼대 분파(바리새파, 사두개파, 엣세네파)를 정리; 광야 수도자 반누스의 제자로 3년간 수행
56	예루살렘 복귀; 공적 생활 기간 동안 바리새파에 가입
63/64	감옥에 갇힌 유대교 제사장들의 사면을 확답받기 위해 네로 황제의 궁정으로 파견된 대표단을 인솔; 네로의 정부, 포파이아 사비나의 지원을 받음
66	첫 유대인 반란의 발발과 함께 혁명의회에 의해 갈릴래아의 유대인 병력을 지휘하도록 임명됨; 갈릴래아에서 기스갈라의 요한네스에게 반대를 받음

292-293

67	로마인들의 포위 공격으로부터 탈출한 후 요타파타에서 베스파시아누스의 병력에게 항복; 베스파시아누스가 황제 자리에 오를 것을 예언
67-69	로마 포로생활
70	예루살렘 포위 기간 동안 로마 진영의 중재자로 활동
71	로마 시민권과 티투스 플라비우스 요세푸스라는 이름을 수여받고 황제가의 후원 아래 로마에서 거주
약 73	『유대 전쟁사』의 아람어판 출간
75-79/81	『유대 전쟁사』의 그리스어판 출간
93/94	『유대 고대사』 및 『생애』 완성
93/94 이후	『아피온 반박』 출간(유대교 변증)
95/96 이후	죽음

다소 급하게 쓴 작품이긴 해도, 『생애』는 '저자에 대하여'라는 부록으로 자신의 주요 작품을 마무리하려고 했던 요세푸스의 노력의 결과물로 보인다. 그가 기록한 역사는 사실 자신의 지위를 확장시켜 놓은 것이었고, 이제 그는 당시에 받아들여졌던 기준을 따라 본인에 대하여 더 자세히 상술할 것이었다.

만일 『생애』에 대한 그런 접근 방식이 옳다면, (안타깝게도) 해당 작품은 다른 작품들보다 더 나은 역사적 지식을 제공해주지 못한다. 『생애』의 내용이 같은 내용을 다루는 『유대 전쟁사』와 갖는 관계는, 『유대 고대사』 제13-20권이 『유대 전쟁사』 제1-2권과 갖는 관계와 사실상 거의 똑같다. 두 경우 모두, 요세푸스는 이야기를 재서술함에 있어 분명한, 때로는 깜짝 놀랄 만한 자유를 보여준다. 그는 사건들의 순서를 바꾸기도 하고, 간혹 다른 주인공들(*dramatis personae*)이 서로 다른 관계하에 등장하도록 함으로써 색다른 도덕적 평가를 제공하기도 한다. 이런 모습이 『생애』에서 더 놀랍게 다가오는 이유는 해당 작품이 요세푸스 자신의 이력을 주제로 하기 때문이다. 이러한 자유가 역사 작업에 있어선 불안을 초래하긴 해도, 당시의 수사학 규정, 특히 같은 것을 반복하지 말라는 명령에는 맞는 것이었다. 요세푸스와 동시대인이었던 플루타르코스도 그처럼 자료를 다른 방식으로 재활용하는 모습을 보여준다(참조, 저자가 각각 다르긴 해도 이것은 복음서도 마찬가지임). 그럼에도 요세푸스가 독특하게 느껴지는 이유는 동일한 사건을 다르게 설명해놓은 문헌들 때문이다.

『생애』에 대한 이런 새로운 접근은 그의 서사를 총체적으로 다루려는 시도다. 따라서 이 접근은 우리가 작품의 형태와 구조를 고려한다는 사실을 암시한다. 대칭적 또는 '도미문적'(periodic: 병렬식 구조 후에 주어·술어가 말미에 등장하는 문장 형식—역주; 교차대구법적, 동심원적) 설계에 대한 선호를 보여준다는 점에서 『생애』의 구조는 그의 다른 작품들의 구조와 흡사하다. 즉, 서론부와 결론부가 짝을 이루고, 중심축(*fulcrum*)을 향하여 나아갔다가 물러서는 와중에 '서로 응답하는 형식'(antiphonal)으로 된 요소들이 등장하는 구조가 여기서도 발견된다. 『생애』에서 이 구조는 특히나 두드러지는데, 왜냐하면 요세푸스 가족의 생애에 관한 내용이 서론부와 결론부에만 등장하기 때문이다. 로마를 향한 여정, 황제의 부인으로부터 받은 혜택, 섭리적인 구조를 받은 사건도 서론부와 결론부에 등장한다(1-16, 414-29). 우리가 살펴봤다시피, 유스투스와 경쟁적인 그의 작품에 대한 언급은 서부와 결론부 부근에 나온다(40, 336). 1/4 지점과 3/4 지점에는 요세푸스가 티베리아스에 있을 당시 그의 리더십에 대항한 두 개의 반란이 기록되어 있다. 두 이야기는 놀라울 정도로 비슷한 특징들을 공유한다(85-103, 276-308). 가운데 부분에는 예루살렘에서 파견된 대표단에 관한 내용이 넓게 퍼져 있다(189-332). 모든 것의 중심에는 요세푸스의 임무에 신적 확증을 제공해줬던 『생애』의 유일한 꿈의 계

294

시 이야기가 위치해 있다. 해당 사건 앞(206-7)과 뒤(210-12)에 핵심 용어들이 역행하는 순서로 반복되면서 계시 이야기는 자체적으로 중심축임을 나타낸다.

물론 위의 본문들이 내러티브 속에서 동시에 다른 방식으로 작동할 수도 있었다. 이러한 구조를 관찰해낸다고 해서 그런 가능성이 무효화되는 것은 아니다. 극적인 구조—『생애』의 경우, 요세푸스와 사절단의 최종적인 조우라는 절정을 향해 치닫는 방식으로 구성된—는 자체의 논리를 갖고 작동한다. 그렇더라도 동심원적(혹은 원형적) 구조는 요세푸스 작품들의 주목할 만한 심미적 특징이라 할 수 있다.

『유대 전쟁사』

현존하는 요세푸스의 작품들 중 가장 먼저 기록된 『유대 전쟁사』는 예루살렘과 성전 파괴(기원후 70년)를 야기한 군사 분쟁에 대해 생생한 증언을 제공한다. 본 작품을 『유대 전쟁사』로 명명한 요세푸스의 결정(『유대 전쟁사』 1.1; 『유대 고대사』 1.203; 18.11; 20.258; 『생애』 412)은 그가 해당 주제를 로마인들의 관점에서 접근한다는 주장이 제기되는 데 일조했다. 제목과 관련된 선택은 요세푸스의 목표 청중이 로마 독자층이었을 가능성을 나타내긴 한다. 하지만 그 제목은 요세푸스가 견지한 입장을 나타낸다기보다 당시 로마에서 이 전쟁을 표현하기 위해 사용했던 일반적인 명칭을 반영한 결과일 가능성이 가장 크다. 요세푸스가 이 군사 분쟁에 대해 기록을 남긴 첫 사람도, 마지막 사람도 아니라는 사실은 분명하다(『유대 전쟁사』 1.1-2, 7-8; 『생애』 336-38, 360). 요세푸스에 따르면, 로마 제국 동쪽에 살고 있는 유대인들을 위해, 그의 모국어였던 아람어로 기록된 초판이 이른 시기에 존재했었다(『유대 전쟁사』 1.3, 6). 먼저 기록된 원본과 현존하는 그리스어판 사이의 관계가 본질적으로 정확히 어떤 것인지는 알아내기 불가능하다. 『유대 고대사』 제1-10권의 '번역' 부분이 성서 내러티브를 어느 정도까지 다시 쓰는지를 보면, 그리스어판을 이전 작품의 단순한 문자적인 번역 그 이상으로 볼 만한 충분한 이유가 있다. 요세푸스가 인정했듯이, 본래 텍스트를 그리스어로 전환하는 작업은 도움을 필요로 했다(『아피온 반박』 1.50). 『유대 전쟁사』가 이후에 나온 모든 작품들보다도 문체에 있어 세련미와 고상함을 보인다는 사실은 그 주장을 확증해주는 것으로 보인다.

저작 시기

이 글이 언제 기록됐는지를 알려주는 외적 증거는 없다. 일련의 내적 표지들은 제1-6권이 티투스 치하 동안에 기록되고 제7권은 도미티아누스 치하에 추가됐다고 제안한다. 베스파시아누스가 건축한 평화의 신전에 대한 언급(『유대 전쟁사』 7.158-62)은 연대 추정이 가능한 가장 늦은 시기의 사건으로, 그것은 기원후 75년에 봉헌됐다. 요세푸스는 역사적 사건들에 대한 기록이 정확하다고 확증하는 문맥에서, 『유대 전쟁사』의 몇 부를 티투스와 베스파시아누스에게 보여줬다고 주장한다(『아피온 반박』 1.50-51). 만일 이 주장이 정확하다면, 그가 아직 저술이 진행 중인 작품의 일부를 선별하여 보냈다고 이해하는 것이 최선이다. 그는 다른 책에서는 추천서를 받기 위해 자료들을 티투스와 아그립파 2세에게 보냈다고 말한다(『생애』 363-67). 요세푸스는 그의 저술에서 베스파시아누스보다 티투스를 훨씬 더 부각시킨다. 그는 서문에서 따로 구분하여 소개되고(『유대 전쟁사』 1.10) 예루살렘 포위 공격과 관련된 기사에서 지면을 온통 차지한다. 연대 추정에 있어서 카이키나 알리에누스에 대한 부정적인 언급은 무엇보다 중요하다(『유대 전쟁사』 4.634-44). 그러한 서술은 카이키나가 티투스에 대한 반란 모의 혐의로 처형당한 기원후 79년 이후에나 가능한 것이었다. 도미티아누스의 무용을 홍보하려는 노력(『유대 전쟁사』 7.85-88)과 해당 주제에 대한 이질적인 특징들은 제7권이 도미티아누스의 통치기간 중 한 시기에 추가됐을 가능성을 암시한다.

내용

『유대 전쟁사』를 7권으로 정리한 것은 요세푸스의 선택이었다(『유대 전쟁사』 1.30; 『유대 고대사』 18.11; 『생애』 412). 그는 이 작품을 다른 기록들과 경쟁하도록 의도했고, 의도적으로 고전들을 본떠서 구성했다(『유대 전쟁사』 1.1-2, 7-8). 자세하고 긴 서론은 전쟁에 대하여 권위 있는 증언을 제공한다는 자신의 주장을 뒷받침했다. 요세푸스는 본인이 참전자이자 목격자로서 독자들에게 실제 일어난 일의 진실을 전하는 일에 관심이 있다고 했다(『유대 전쟁사』 1.13-16, 22, 30). 전쟁의 배경은 제1-2권에 설명되어 있다. 요세푸스는 안티오코스 4세의 성전 공격을 시작점으로 잡는다(『유대 전쟁사』 1.31-35). 그는 그 후 하스몬 가문의 발흥과 뒤이은 통치를 개관한다(『유대 전쟁사』 1.36-170). 제1권의 상당한 분량은 헤롯의 생애와 이력을 소개한다(『유대 전쟁사』 1.171-673). 제2권의 초반부는 헤롯의 아들들의 행적, 아그립파 1세와 2세의 통치와 맞물린 두 번의 로마의 직접 통치에 대해 짧게 설명한다(『유대 전쟁사』 2.1-276). 제2권의 남은 분량은 전쟁이 언제, 어떻게 시작됐는지에 대해서와 주요 주인공들이 가장 먼저 보인 행동에 대해서 자세한 설명을 제공한다(『유대 전쟁사』 2.277-654). 요세푸스는 제3권에서 베스파시아누스의 갈릴래아 출정과 자신이 항복했던 장소인 요타파타 공격에 대해 설명한다. 이 부분은 서사의 주요 초점이 된다(『유대 전쟁사』 3.141-408). 제4권은 총 네 개의 영역에 관심을 보인다. 곧, 감라 정복(『유대 전쟁사』 4.2-83)이 중요한 요소가 되는 갈릴래아 출정 완료(『유대 전쟁사』 4.1-120), 유대인들의 내부 분열에 특히 강조를 둔 예루살렘의 상황(『유대 전쟁사』 4.121-409), 최종 공격 준비를 위한 예루살렘의 고립(『유대 전쟁사』 4.410-90), 베스파시아누스가 황제의 자리에 오르는 결과를 낳은 로마인들의 내부 갈등과 예루살렘 공격 지휘를 목적으로 결정된 티투스의 파견(『유대 전쟁사』 4.491-663)이 그것이다. 포위 공격을 위한 준비와 실제 예루살렘 공격에 대한 자세한 설명이 제5-6권의 내용을 구성한다. 성전의 정복과 파괴에 대한 내용이 서사의 대부분을 차지한다(『유대 전쟁사』 6.233-442). 제7권은 주제에 따른 선별적인 자료 모음집으로 보는 것이 적절하다. 티투스의 로마 복귀와 뒤이은 승리(『유대 전쟁사』 7.1-157)는 중간중간에 다른 반란들에 대한 설명(『유대 전쟁사』 7.75-95)과 함께 자세히 설명되는 주제다. 앞서 말한 평화의 신전에 대한 언급, 잔존하는 소규모 저항 세력들의 정복(『유대 전쟁사』 7.163-408), 가장 중요하게 다뤄지는 마사다 공격 사건(『유대 전쟁사』 7.252-406), 북아프리카의 저항 세력 진압에 대한 짧은 설명(『유대 전쟁사』 7.409-53)도 제7권에 등장하는 내용이다.

상황, 청중, 목적

요세푸스가 어떤 상황 속에서 『유대 전쟁사』를 집필하게 됐는지를 이해하는 것은 그의 글들을 해석하는 데 있어 가장 중요하다. 로마는 당시 몇 년 동안 상당한 격변을 겪었던 도시였다. 기원후 69년, 네로가 죽

296-297

은 후 로마인들은 권력을 차지하기 위해 다른 곳도 아닌 바로 이 도시에서 서로 전투를 벌였다. 이 와중에 상징적인 유피테르 신전마저 파괴됐다. 이 때문에 새로운 플라비우스 가문의 통치자 베스파시아누스에게 유대아의 반란은 정치 프로파간다의 굉장히 중요한 도구가 됐다. 권력을 장악한 그의 가문의 정당성을 확보하기 위하여, 대대적인 승전 행사가 열렸고, 기념 아치(arch)와 공공건물이 건축됐으며, 새로운 주화가 주조됐다. 물론 모든 비용은 전리품으로 충당했다. 티투스와 도미티아누스가 승리를 기념하는 주화를 계속 발행하기로 한 결정이나, 도미티아누스가 건설하여 지금도 서 있는 티투스의 아치(Arch of Titus)는 반란의 의의를 지속적으로 강조해줬다. 이처럼 해당 군사 분쟁에 대한 기록들이 시중에 유통됐고 실제 참전 경험이 있던 요세푸스가 그만의 기록을 쓰기로 마음먹었다는 것은 놀랄 만한 일이 아니다.

요세푸스는 자신의 작품의 그리스어판이 어떤 청중을 대상으로 하는지 밝히지 않는다. 그는 단지 일어났던 사실에 대해 정확한 기록을 제공하고(『유대 전쟁사』 1.6-8), 무기를 들고 로마인들에게 대항하려고 하는 사람들을 단념시키는 것—로마 군대에 대해 길게 설명하는 맥락에서—이 목적이라고 주장한다. 요세푸스가 청중을 유대인들 및 관심 있는 로마인들로 상정했을 가능성이 크다. 로마에 살고 있던 당시의 많은 유대인들은 정확히 무슨 일이 일어났는지에 대해 더 알고 싶어 했을 것이다. 공공 기념행사와 전쟁의 승리를 보여주는 전리품 전시가 벌어지고 있는 상황에서는 특히나 더 그랬을 것이다. 이와 동시에, 작품 안에 유대인들의 관습과 유다 마카비를 포함하여 중요한 역사적 인물들에 대해 수많은 보충 설명들이 있는 것으로 보아, 유대인 문화유산에 익숙치 않은 청중도 독자층으로 가정했던 것으로 보인다. 아그립파 2세, 베스파시아누스, 티투스에게 작품의 일부를 선별하여 보냈다는 것은 요세푸스가, 그 작품이 공공영역의 일부가 되길 원했다는 사실을 시사한다.

그간 요세푸스가 플라비우스 황제 가문의 정치적 선전을 위해 『유대 전쟁사』를 집필했다는 오래된 견해이자 잘못된 견해가 있어왔다. 성전 파괴와 관련하여 티투스의 책임을 면제해주는 설명들이나 성전으로 하여금 전장이 되게 하지 말라고 유대인들에게 요청하는 티투스의 수많은 연설들은 이 견해를 뒷받침하는 중요한 증거들로 여겨졌다(『유대 전쟁사』 1.28; 6.236-66). 그렇지만 이 본문들을 전체 작품과 함께 당대의 문학적·정치적 환경의 맥락 속에서 읽는 것이 중요하다. 당시에 비판은 적절하게 감추고 조심스럽게 표현되어야만 했다. 왜냐하면 이 시대에 대놓고 반대 의견을 제기할 수 있는 자유는 주어지지 않았기 때문이다. 이처럼 전쟁과 플라비우스 황제 가문이 담당했던 역할에 대한 요세푸스의 기록을 열린 자세로 읽는 것, 즉 그것의 미묘한 뉘앙스와 은은하게 깔려있는 아이러니를 파악하며 읽는 것이 중요하다. 그렇기에 본래 티투스의 아치에 쓰여 있던 명문은 티투스를 예루살렘의 첫 정복자로 선언하지만(*CIL* 6.944), 요세푸스가 성전 파괴를 제6권에서 설명한 후 곧바로 예루살렘 도시가 과거에도 여러 차례 정복당했었다는 사실을 독자들에게 알려준다는 점에 주목해야 한다(『유대 전쟁사』 6.435-42). 『유대 전쟁사』는 요세푸스와 그의 동료들이 전쟁에서 취했던 행동을 정당화하려는 노력과 전쟁 이후 로마인들의 치하에서 살아가고자 했던 유대인 공동체의 노력이 복잡하게 얽혀 있는 작품이다.

수용과 의의

요세푸스가 자신의 작품을 읽고 보존해 줄 독자층으로 누구를 원했는지와 상관없이, 전쟁에 대한 그의 기록의 중요성을 인정하고 가장 긍정적으로 환영했던 곳은 기독교 세계였다. 카이사레아의 에우세비오스는 예루살렘과 성전의 파괴가 신의 형벌에 따른 결과라는 주장을 내세우면서 예루살렘의 포위 공격과 관련된 『유대 전쟁사』의 많은 단락들을 인용했다(『교회사』 3.5.7; 3.7.1-9). 결과적으로 요세푸스는 해당 전쟁의 중요한 자료 출처로 여겨지게 됐다. 그의 글의 가치가 어느 정도인지에 대한 평가는 전통적으로 요세푸스라는 인물, 그리고 그가 자료를 활용한 방식에 대한 논의와 연결되어 있었다. 그가 스스로 시인했듯이, 요세푸스는 반란군의 지휘관이었다가(『유대 전쟁사』 2.569-71) 로마인들에게 항복한 인물이었고(『유대 전쟁사』 3.383-408), 그 후 예루살렘의 반란군에게 그들도 항복하도록 충고하고 자문을 제공했던 인물이었다(『유대 전쟁사』 6.96-110). 이런 그의 행동은 자주 강한 비판을 받았다. 동시에 요세푸스는 본인의 기록을 구성하면서 베스파시아누스와 티투스의 말에 지나치게 의존하고(『생애』 358; 『아피온 반박』 1.56), 다른 자료들(예, 다마스쿠스의 니콜라오스)을 무비판적으로 수용한다는 비판을 받았다.

그의 작품이 기원후 1세기 유대아와 로마 역사의 중요한 단면들—로마의 군사 운영에 대한 세부 정보(『유대 전쟁사』 3.70-107)부터 승전 행진에 대한 아주 자세한 설명(『유대 전쟁사』 7.123-57)까지—에 대해 풍부한 정보를 제공해준다는 점은 의심의 여지가 없다. 지형과 건축물에 대한 다양한 여담은 그 주제에 대한 요세푸스의 정확한 지식을 보여주며, 그가 설명한 장소들에서 진행된 많은 고고학적 발굴 사업은 그의 설명의 신빙성을 보여주었다. 그렇지만 해당 자료를 인용할 때 그것의 배경, 즉 본문의 맥락과 플라비우스 황제 가문 치하 로마의 정치적·문학적 배경을 고려하지 않으면 곤란하다. 서사의 중요한 단계마다 등장하는 주요 인물들의 연설은 굉장히 정교한 요소들을 포함하고 있는데, 이는 『유대 전쟁사』가 얼마나 기술적인 작품인지를 보여준다(예, 전쟁 초기 로마의 통치의 본질에 대한 아그립파 2세의 연설; 『유대 전쟁사』 2.345-404). 또한 해당 작품은 사건이 벌어지고 난 후, 즉 얼마간의 시간이 흐른 다음에 기록됐다는 사실을 기억하는 것이 중요하다. 전쟁 이전 유대아의 상황과 전쟁의 전개 양상은 회고적인 관점으로 재구성됐다. 『유대 전쟁사』는 기원후 70년의 끔찍한 사건들이 어떻게, 그리고 왜 일어났는지와 과연 유대인들을 기다리고 있는 미래는 어떤 것인지를 설명할 목적으로 집필됐다. 요세푸스는 여러 로마 총독들이 유대인들로 하여금 무기를 들도록 적극적으로 선동했다고 묘사하면서 전쟁의 책임을 로마인들에게 돌리기도 했다. 또한 그는 당시 일어났던 일들을 신적 행동의 결과로 해석했다. 유대인 공동체 내의 악한 요소 때문에 하나님은 형벌의 도구로 로마인들을 사용하셔서 유대인들을 처벌하셨다는 것이다. 로마가 어떤 승리를 주장했든지 간에, 요세푸스는 사건들이 어디로, 어떻게 전개되는지는 유대인들의 하나님에게 달려있다고 여겼다.

『유대 고대사』

요세푸스의 『유대 고대사』(또는 『유대아 고대사』)는 20권짜리 유대교 역사 및 문화 입문서다. 1-11권은 창조부터 바빌로니아 포로 귀환 때까지의 성서 분량을 편집·요약하여 제공한다. 12-20권은 로마에 대항한 유대인들의 첫 반란 전까지 페르시아, 헬레니즘, 초기 로마 시대 동안의 유대교 역사를 개관한다.

299-300

저작 상황과 시기

지금은 『유대 고대사』가 요세푸스의 대표작인 것으로 드러나 있지만, 그는 본래 이 작품을 별개의 작품으로 의도하지 않았던 것 같다. 그의 주장에 따르면, 원래 계획은 그가 이미 70년대에 집필하기 시작하여 티투스의 죽음(81년 9월) 전에 완성한 『유대 전쟁』(*Judean War*: 『유대 고대사』 1.6-7)에 고대 역사를 포함시키는 것이었다(『생애』 363). 하지만 그는 그러한 종합적인 역사 기록을 준비하면서 과거의 자료가 너무 방대하다는 사실을 깨닫고 『유대 고대사』를 별개의 균형 잡힌—서론과 결론이 짝을 이루는—연구서로 만들었다고 했다(『유대 고대사』 1.6-7). 아마도, 전쟁 이전의 역사—하스몬 가문과 헤롯을 포괄하는—를 다룬 제1권(『유대 전쟁사』 1)이 전쟁 이후의 사건들을 다룬 최종 권(『유대 전쟁사』 7)과 짝을 이룬다는 뜻일 것이다. 더 오래된 과거를 자세히 다루는 일을 후속 연구의 과제로 남겨두기로 한 결정은 (안타깝게도) 그를, 모든 작가들이 처하는 익숙한 곤경으로 몰아넣었다. 즉, 작업의 완성은 요원한 일로 보였던 것이다. 그는 에파프로디토스라는 이름(매우 흔한 이름이며 아직까지 이 친구의 정체가 만족스럽게 밝혀지지 않았음)의 부유한 친구가 작업을 완성하도록 꾸준하게 격려해 준 일을 언급하며 감사를 전한다(『유대 고대사』 1.8-9). 이 목표는 나중에서야 도미티아누스의 치하 중에(기원후 93/94년), 그의 나이 55세 때에 이뤄졌다(『유대 고대사』 20.267).

목적

요세푸스가 이렇듯 별개의 대작업을 통해 해내려고 했던 것은 정확히 무엇이었을까? 그는 대(大)**전쟁사**(super-*War*)의 집필 계획을 포기한 사실을 언급하면서, 그 작업을 통해 '처음부터 **유대아 주민들이 어떤 사람**

들이었는지, 그들이 어떤 운명들을 통과했고, 어떤 종류의 입법자를 만나 경건과 다른 덕목들의 실천을 위한 훈련을 받았는지', 그리고 최근의 군사 분쟁 전까지 '지난 오랜 세월 동안 얼마나 많은 전쟁들을 싸웠는지'를 밝히는 것이 목적이었다고 말해준다(『유대 고대사』 1.6; 전쟁에 대한 강조를 주목하라). 그렇다면 이것이야말로 그가 『유대 고대사』에서 이야기하고픈 내용이었을 것이다. 요세푸스는 유대 문화를 외국인들에게 보여줄 수 있는 모델에 대해 얘기하면서, 엘아자르 제사장으로 이야기를 시작한다. 알려진 바에 따르면, 엘아자르는 프톨레마이오스 2세의 요구에 따라 성서의 그리스어 번역을 승인했던 인물이었다(참조, 『아리스테아스의 편지』). '아름다운 것들을 욕심내며 축적하지 않는다'는 유대 전통을 따라 엘아자르가 왕에게 준 것은 '우리 율법과 제도의 체계'의 그리스어판이었다고 요세푸스는 말한다(『유대 고대사』 1.10-11). 그는 자신의 목표가 '엘아자르의 위대함을 흉내내면서도 한 걸음 더 나아가는 데'에 있다고 선언함으로써 이 모든 것을 정리한다. 즉, 율법뿐 아니라 유대인들의 모든 신성한 글들을 그리스어로 제시하고, '수많은 이상한 몰락, 전쟁의 운명, 지휘관들의 남자다운 성취, 그리고 제도의 전복'으로 가득한 역사를 보여주는 것이 자신의 목표라는 것이다(『유대 고대사』 1.13; 다시금 전쟁에 대한 강조를 주목하라). 그는 이러한 서사로부터 배울 수 있는 도덕적인 교훈을 강조한다. 곧, 이 고대의 규정을 따르는 자들은 자연법을 구현해내고 성공과 행복을 발견하지만, 그 규정에서 떠나는 자들은 재앙을 만난다는 것이다(『유대 고대사』 1.14-50, 20).

도입부의 이러한 강령(prospectus)은 몇 가지 이유로 놀랍다. 첫째, 이것은 요세푸스가 『유대 고대사』와 『유대 전쟁사』를 어떤 관계로 생각했는지를 강조해준다. 이는 자주 무시되는 부분이다. 그는 『유대 고대사』를 시작하면서 『유대 전쟁사』를 집필했던 이유들을 다시금 언급하고, 더 자세한 정보를 위해 자신의 초기작을 언급할 때마다 독자들도 이를 알고 있을 것으로 가정한다(『유대 고대사』 1.203; 13.173, 298; 19.11, 259). 이처럼 『유대 고대사』는 앞선 시대의 역사를 다루는 일종의 속편으로 제시된다. 가장 중요한 것은 두 작품의 주제와 어조 사이의 연속성이다. 『유대 전쟁사』는 기원후 70년의 재앙 이후에 쏟아질 것으로 예상 가능한 비방들로부터 유대인의 품성(character)을 보호하는 것이 목적이었다(『유대 전쟁사』 1.1-2, 6-8; 『유대 고대사』 1.3-4). 거기서 요세푸스는 유대인들의 덕목들, 즉 남자다운 용기, 강인함(toughness), 죽음을 하찮게 보는 태도 등을 전면에 내세웠다(이런 내용은 다른 곳에서 그렇게 크게 부각되지 않았다). 『유대 고대사』에 대한 위의 설명에서 눈에 띄는 것은 고대 유대 역사에서 각종 전쟁과 지휘관들, 그리고 남자다운 행동들이 담당하는 역할이다('미덕'을 뜻하는 그리스어와 라틴어 단어 모두가 가장 먼저 뜻하는 바는 '남자다움'이다). 마치 『유대 전쟁사』가 최근의 군사 분쟁으로부터 유대인들의 품성을 탐구하고자 했듯이, 『유대 고대사』는 '그들이 **처음부터** 어떤 사람들이었는지'를 보여주는 것이 목적이었다.

바로 이 부분에서 '제도'(constitution)의 언어가 역할을 하기 시작한다. 그리스 민족지학자(ethnographer)들은 땅에 정착하여 사는 수많은 사람들(*oikoumenē*)이 다양한 품성들을 갖고 있고, 그 품성들은 다양한 지리적 상황과 극적인(climactic) 상황에 적절히 대응할 수 있게 해주었으며, 그들의 다양한 정치적 제도, 법률, 관행은 그런 민족적인 품성을 반영한다는 가정을—적어도 요세푸스의 시대보다 오천 년 전부터—일반적으로 갖고 있었다. 이런 생각과 다소 긴장 관계에 있었던 또 하나의 일반적인 생각은 제도가 본질적으로 불안정하고, 진흥과 쇠퇴의 순환을 끊임없이 반복한다는 것이었다. 즉, 군주정은 독재로 쇠퇴하고, 민주정은 우민 정치(mob law)로, 귀족정은 과두제로 전환하여, 시간이 지나면 각각의 유형이 서로에게 자리를 내준다는 것이었다. 요세푸스는 두 견해 모두에 다리를 걸친 채, 서문에서는 변치 않는 것처럼 보이는 유대아의 제도의 우월성**과** 시간의 흐름에 따른 변천(vicissitude) **모두**를 강조했다.

목표 청중

『유대 고대사』의 서문에서 주목할 만한 마지막 특징은 '다가가려는 어조'(tone of outreach)이다. 자신의 민족을 비난하는 자들을 반박할 의무를 느낀다고 했던 『유대 전쟁사』 및 『아피온 반박』 때와는 다르게, 요세푸스는 『유대 고대사』가 그리스어 사용자들을 위한 선물이라고 말한다(『유대 고대사』 1.5). 이것은 다음과 같은 의문이 들게 한다. 요세푸스는 정말로 외부인들을 위해 글을 썼는가? 아니면 외부인들에게 말하는 척 하면서 '개종한 자들에게 설교'하는 변증가의 (유명한) 전략을 따르고 있는가? 비유대인들을 위해 글을 쓴다는 구상적 진술(『유대 고대사』 1.5, 9; 20.262)을 잠시 제쳐두더라도—이 말들은 수사적인 목적을 위해 쉽게 덧붙였을 가능성이 있으므로—서사는 가장 눈에 띄지 않는 부분들에서조차 목표 청중으로 비유대인을 상정하고 있다는 인상을 계속 준다. 요세푸스는 『유대 전쟁사』 때처럼, 독자들이 로마에 대한 참고적인 언급들을 이미 알고 있다고 가정하지만, 유대교 문화라면 안식일, 할례, 제사장 제도와 같이 가장 기본적인 요소조차도 다 설명해줘야 한다고 느낀다(『유대 고대사』 1.128-29; 3.317; 13.171, 297; 14.1-3, 186-87; 16.175; 17.254). 그는 가능하기만 하면 자신의 설명을 뒷받침하기 위해 비유대적인 증거들을 언급하고, 그리스 전통과 빈번한 비교를 보여주며, 유대식 법률이나 '제도'는 의무감을 갖고 굉장히 조심스럽게 소개한다(『유대 고대사』 3.90-92, 222-86; 4.194-319). 외부인들을 위해 글을 쓴다는 그의 자의식은 성서 본문의 순서를 재정렬했다고 시인할 때마다 가장 선명히 드러났던 것 같다. 그의 동포들 중 누구든 이런 표시를 봤다면 불평했을 것이다(4.197).

하지만 당시 로마에 유대 문화를 그토록 열렬히 배우고 싶어 하는 충분한 수의 이방인들이 있었는가? 요세푸스에게 얼른 작업을 완성하라고 보채는 것은 둘째 치고, 『유대 고대사』 전 20권을 읽는 내내 집중하며 귀를 기울였을 만한 사람들이 존재했는가? 요세푸스 당시 로마 제국의 수도에서 꽃피웠던 유대 문화에 대한 증거의 양은 적다. 그런데 그중 놀라울 정도로 많은 증거들은 유대교의 방식에 매료된 일부 사람들에 대해 이야기한다. 타키투스는 역겨워하는 말투로 고국, 가족, 조상들의 예전을 버리고 예루살렘을 지지하는 이방 관습으로 개종한 사람들에 대해 말한다(『역사』 5.5). 수에토니우스(『도미티아누스』 12.2)는 도미티아누스 통치의 주목할 만한 특징으로, 세금 지불 능력이 되는 70세 이상의 유대인들을 상대로 한 무자비한 세금 징수를 꼽는다. 유대교적 뿌리를 감추고 살았던 사람들이나 공개적인 고백 없이 은밀히 유대교 생활 방식을 고수하던 사람들도 전부 징수 대상에 포함됐다고 했다(아마도 동조자들이나 조용한 개종자들을 가리키는 듯하다). 카시우스 디오에 따르면, 도미티아누스의 조카(현역 집정관이었음)는 그가 받아들인 유대교의 방식이 은연중에 내포하는 '무신론'(atheism) 때문에—물론 다른 이유들도 있었지만—처형을 당했다(67.14.2). 카시우스는 후에 네르바 황제가 유대인의 생활 방식을 따르는 사람들을 상대로 한 고소를 더 이상 받지 않았다고 기록한다(68.1.2). 마지막으로 에픽테토스와 유베날리스는 어떤 도덕적 요점을 설명하기 위해 각각 유대교 관습으로 개종했다(아리아노스, 『에픽테토스의 논문』 2.9.20; 유베날리스 5.14.96-106). 이처럼, 유대교를 선호하는 이런 현상들은 일반인들이 알아차릴 수 있을 만큼 빈번했던 것으로 보인다. 유대인들에 대해 별다른 언급을 하지 않는 작가들에게서조차 지속적으로 발견되는 증거, 즉 외부인들이 유대교에 진지한 관심을 보였다는 증거는 동부 지역의 여러 그리스 도시에 대한 요세푸스의 부수적인 언급을 통해 다시 증명된다(『유대 전쟁사』 2.463, 560). 이때, 『유대 고대사』의 시작과 끝 부분에 개종 삽화들을 등장시킨 이유를 아는 것은 도움이 된다. 즉, 유일신교를 받아들이고 이집트인들을 개종하고자 했던 아브라함의 노력들(『유대 고대사』 1.154-68)은 1세기에 유대교 정체성을 품기로 한 아디아베네 왕가의 위험한 결정과 좋은 짝을 이뤘던 것이다(『유대 고대사』 20.17-96).

그렇다면 요세푸스는 『유대 고대사』를 유대교 율법, 역사, 문화에 대한 입문서로 의도했다고 볼 수 있다. 즉, 로마의 관심 있는 외부인들—에파프로디토스가 대표했던—을 위해 유대교의 신성한 문헌들을 갖고서 그리스어로 작업한 교재가 『유대 고대사』였던 것이다. 성서 문헌을 다시 쓴(paraphrase) 제1-11권의 본질은 『유대 고대사』 전문 연구가 수확할 것이 많은 금광으로 여겼던 주제다. 한편으로는, 생략, 재배열, 그리고 (간혹 있는) 대대적인 보충을 통해 성서를 눈에 띄게 변형한 부분들(한껏 자세해진 요셉과 보디발의 아내 이야기나 모세의 에티오피아 정벌기를 예로 들 수 있음)은 소설화 또는 헬레니즘화(Hellenizing) 경향 때문이라고들 얘기했다(그렇지만 후자의 경우, 요세푸스가 지중해 세계에서 통용되는 범주들을 얼마나 알고 있었는지, 의도적으로 자료를 변형하다보니 그렇게 된 것은 아닌지와 같은 의문이 제기된다). 다른 한편으로는, 자료에 대한 광범위한 재작업은 기본 성서 본문에 대한 평가를 크게 복잡하게 만들었다. 요세푸스는 처음부터 끝까지

—본인의 암시처럼—히브리어 본문을 사용했는가? (요세푸스가 사용하는 고유명사는 칠십인역의 것과 자주, 형태적으로 달랐다.) 그가 사용한 히브리어 텍스트는 우리의 마소라 텍스트와 많이 달랐는가? 만일 그랬다면 그러한 사실이 그의 이문들을 일부 설명해주는가? 히브리어 텍스트를 개인적으로 번역했던 초기의 절차는 점차 작업량에 치여 현존하는 그리스어 번역본들을 이용하는 것으로 대체됐는가? 만일 그가 당시의 그리스어 텍스트를 사용했다면, 그가 사용할 수 있는 것들은 어떤 것이었는가? 그는 아람어 텍스트나 타르굼처럼 편집된 텍스트의 영향을 받았는가? 그는 성서적 이야기를 재서술할 때 어느 정도까지 당시의 구전전통을 포함—의식적으로든 무의식적으로든—했는가? 그런 이야기의 얼마만큼을 요세푸스의 저작물로 여길 수 있는가? 이러한 문제들은 여전히 논의가 진행 중이다.

초기 역사에 할애할 수 있는 지면이 『유대 전쟁사』보다는 훨씬 많았기에, 요세푸스는 『유대 전쟁사』 제1권에서 압축적으로 기록한 내용을 『유대 고대사』 제18-20권에서 확장하여 다룬다. 또한 『유대 전쟁사』 제2권의 전반부에 나오는 삽화들은 자주 로마와 메소포타미아 자료로 보충된 새로운 모습으로 제18-20권에 등장한다.

서문이 신성한 문서들의 재서술만을 염두에 두고 있기 때문에, 학자들이 『유대 고대사』에 나오는 성서 후기(postbiblical) 자료들을 나중에 덧붙여진 것으로 여기고픈 유혹을 받는 것은 충분히 이해할 만하다. 하지만 『아피온 반박』 1.54는 그런 가능성을 제거해버리는 것처럼 보인다. 요세푸스는 『유대 고대사』 완성 이후에 그 글을 쓰면서, 『유대 고대사』는 유대교의 신성한 문헌의 그리스어판—그 이상도 그 이하도 아닌—으로만 계속 설명한다. 이처럼 이 점이 그에게 가장 중요했다는 것은 분명한 사실이다. 이후의 자료는 작품의 본줄기로부터 비롯된 주제들을 이어가거나 설명하는 역할만을 했다.

연구 현황

1988년까지만 해도, 요세푸스 연구에 대한 종합적인 개론서는 『유대 고대사』를 통일된 전체로 취급하면서 작품의 목적이나 구조를 분석하는 연구는 거의 전무하다고 보도했다. 실제로 『유대 고대사』는 저자가 사용한 자료들에 대한 집착 때문에, 정작 저자의 구성적인 관심사는 일반적으로 무시되어 버린 가장 대표적인 학문 사례다. 대부분의 초기 비평가들은 저자로서 요세푸스가 갖고 있던 목적 같은 것은 물어보지도 않았고, 『유대 고대사』를 큰 단위의 복합 자료들로 분해하기에 바빴다(예, 제1-13권이 한 단위). 이 자료들은 신원 미상의 작가들이 다른 목적을 위해 준비했다고—아마도 알렉산드리아에서—추정됐고, 이 신원미상의 작가들이야말로 우리의 요세푸스는 할 능력이 안 됐던 어려운 작업들을 해낸 이들이었다. 요세푸스는 이미 준비된 자료들을 오늘날 우리가 갖고 있는 형태로 이어 붙인 인물일 따름이었다. 이것이 학자들이 당시의 일반적인 가정에 맞춰 상상하던 요세푸스였다.

이런 극단적인 자료비평(source criticism)을 대체한 것은 20세기 초에 나온 리처드 라퀴에르(Richard Laqueur)와 헨리 세인트 존 텍커레이(Henry St. John Thackeray)의 연구들이었다. 그들은 하나의 전기(傳記)적인 접근을 제안했다. 즉 요세푸스는 플라비우스 황제가의 프로파간다를 위해 『유대 전쟁사』를 쓰고 난 후, 자신의 배신을 회개하고 그의 민족의 율법과 문화를 방어적·변증적 차원에서 설명하는 일로 돌아섰다는 것이다. 이를 위해 그는 황제 가문을 대체할 만한 새로운 후원자들이 필요했는데,

304

에파프로디토스의 등장이 바로 이 때문이었다(그리스인 후원자가 요세푸스의 『유대 전쟁사』 때 독자가 될 수 없었던 이유는 없었지만 말이다). 이 영향력 있는, 민족주의로의 회심 이론에는 어떤 방식으로든 느슨하게 연결된 하나의 보조 제안—1970년대부터 1990년대까지 지배적인 의견이었고 현재에도 종종 발견되는—이 존재했다. 곧, 요세푸스는 야브네에서 싹트기 시작했던 랍비 운동의 환심을 사기 위해서 『유대 고대사』를 집필—특히 바리새인들을 랍비들의 선조로 제시하면서—했다는 이론이었다.

이런 상황의 재구성에 필요한 모든 증거들은 최근 몇 년 동안 조목조목 반박당했다. 예컨대, 『유대 전쟁사』를 주의 깊게 읽어보면 그것이 로마의 프로파간다를 지지하지 않는다는 사실이 드러난다. 오히려 요세푸스는 그런 편파적인 작품들에 반대하려는 목적으로 글을 썼다고 주장한다. 요세푸스 자신은 두 주요 작품들이 갖고 있는 목적의 통일성을 강조하는데, 이때 『유대 전쟁사』에 대한 후회나 부끄러움은 일절 비치지 않는다. 또한 『유대 고대사』는 바리새인들을 굉장히 늦게 소개하며(13.171), 대부분 무시하는 태도로 대한다. 더군다나 요세푸스가 율법의 실천(할라카)에 대해 갖고 있는 이해는 랍비들의 규정과 일관된 연관성을 보이지 않는다. 마지막으로, 초기 랍비 운동에 대한 연구들을 보면, 2세기 말이나 심지어 3세기 이전 시대에 그 운동은 고립성과 제한된 영향력을 점점 더 강조하는 것을 특징으로 한다. 이처럼 이 분야는 『유대 고대사』와 같은 큰 작품의 전체적인 목적에 대해서 여전히 더 철저한 연구를 필요로 함을 알 수 있다.

종합적인 해석을 제시할 때 발생하는 문제점들 중 한 가지는 학문의 전문화 현상 때문에 비롯된다. 학자들의 관심사가 완성된 작품 자체가 아니라 요세푸스의 서사 밑에 깔려 있는 자료들에 의도적으로 집중되면서, 『유대 고대사』 제1-11권의 성서 편집(biblical paraphrase)을 다루는 이들은 여러 자격 요건들을 요구받기 시작했다. 그들은 문헌 비교 해석 기술을 갖춰야 했고, 히브리어, 아람어, 랍비 문학, 사해문서, '다시 쓴 성경' 전문가가 되어야 했다. 이 때문에 탁월하고 정갈한 성서 편집(biblical paraphrase) 연구들이 탄생하긴 했어도, 이런 결과물들은 『유대 고대사』를 통일된 전체로 보는 시각과는 무관했다. 이와 반대로, 한 로마 역사가는 『유대 고대사』 제19권에 대한 탁월한 번역과 주석서를 편찬할 수 있었다. 즉, 해당 이야기를 아우르는 전체 서사에는 전혀 관심을 주지 않으면서도, 가이우스 칼리굴라의 죽음과 클라우디우스의 승계까지의 역사는 탁월하게 다룰 수 있었다(Wiseman 1991). 20세기 초의 한 저명한 요세푸스 학자가 『유대 고대사』를 '조각 모음집'(patchwork)으로 선언하면서 이런 파편적인 접근이 정당화될 수 있는 것처럼 보였다. 요세푸스는 앞선 시대에 할리카르나수스의 디오뉘시오스가 쓴 『로마 고대사』에 필적하기 위해, 손에 잡히는 대로 자료를 모아 인위적으로 20권짜리 작품을 만들어 낸 것이라고 했다(Thackeray 1929: 56-59).

하지만 1세기의 실제 청중은 이 작품집을 보고 뭐라고 했을까? 그것이 단절됐다고 느꼈을까? 그들도 작품의 첫 절반을 이해하기 위해 히브리 성경, 칠십인역, 사해문서, 그리고 다른 자료들뿐만 아니라 현대 성서학자의 기술들을 필요로 했을까? 제12권에 이르렀을 때 나머지는 본인을 위한 것이 아니라며 마저 읽기를 거부했을까? 답은 명백히 '아니오'다. 요세푸스는 서문에서 선언한 주제들을 전체 서사가 진행되는 동안 발전시키려 애를 쓴다. 그는 그 과정에서 눈에 띄는 구조적인 표시들을 중간중간에 남겨놓음으로써 전체 서사의 일관성을 유지하고 관리 가능하게끔 만들었다.

구조

우리는 구조와 관련하여, 요세푸스가 심혈을 기울이며 『유대 전쟁사』를 구성한 모습뿐만 아니라 『유대 고대사』의 제1권과 제20권 사이의 주제적인 일치도 이미 살펴보았다. 즉, 둘 모두 메소포타미아 근방을 무대로 삼고 있고, 개종과 관련되어 있다. 이런 일치는 다른 예를 통해서 또 강화된다. 일례로, 요세푸스가 작품 말미에 노아의 방주를 다루면서 사용한 어휘는 제1권에서 노아의 방주를 언급했을 때에도 등장했던 것이었다(20.24-26; 1.90-92). 이러한 사실은 그의 다른 작품들이 보여주는 대칭적인 구성과 동일한 구성이 여기서도 쓰였음을 암시한다. 예를 들어, 『유대 고대사』의 명백한 전환점은 정확히 작품의 절반 지점, 즉 제10권 끝에 등장한다. 여기서는 제1성전의 파괴와 그것이 신의 섭리(*pronoia*)를 이해함에 있어 어떤 의미를 갖는지(이는 작품의 중요한 주제임)를 설명한다. 흥미롭게도 제20권은 제2성전의 파괴 전날까지를 언급하고, 독자들에게 이후의 일을 알기 원한다면 『유대 전쟁사』를 참조하라는 말로 끝맺는다(20.258). 제9-10권과 제11-12권은 솔로몬 성전의 파괴와 이후의 재건으로 이어지는 길을 닦는다. 그 과정 중에 짝을 이루며 등장하는 단락들이 우리의 관심을 요구한다. 곧, 제3권과 제4권에 등장하는, 비할 데 없는 유대인들의 제도는 제17-19권에 등장하는 유대인들과 로마인들의 제도적 위기—전제정(tyranny)과 왕위 계승의 화(woe)가 야기한—와 짝을 이룬다. 사울 왕(제6권)과 헤롯 대왕(제14-17권)의 이력은 놀라운 유사성—군주의 뛰어난 남자다운 덕목들이 군주의 치명적인 결점으로 인해 무효화된다는 점에서—을 보여준다. 따라서 전체적인 작품은 일관성 있는 체계를 반영한다. 이 체계는 흔하지만 선재적으로 불가능한 가정, 즉 요세푸스가 이 모든 것을 글을 써가면서 어찌어찌 만들어내다가 후반부의 책들은 잡다한 잡동사니로 채워 넣었다는 가정을 배제시킨다.

예시 주제: 유대인의 제도

통일성에 대한 의문은 작품의 주제들 간에 존재하는 일관성에 의해 확실히 해결된다. 서문에서부터 계속되는 주제들 중 위에서 소개된 '제도'의 예시라면 이를 증명하기에 충분할 것이다. 요세푸스는 나중에 쓴 한 요약문에서(『아피온 반박』 2.287) 본인이 유대인의 율법과 제도에 대한 자세한 설명을 제공하기 위해 『유대 고대사』를 집필했었노라고 회고한다. 실제로, 『유대 고대사』의 서문은 '제도'에 관한 주제를 근본적인 것으로 내세우고, 그 주제는 작품 내내 두드러진다. 심지어 요세푸스는 제20권의 말미에서 '폴리테이아'(*politeia*: 정체 또는 정치체제를 뜻함—역주)라는 단어를 반복적으로 사용하며 제도적인 변화에 대한 요약을 제공한다(20.229, 251, 261). 즉, 국가는 귀족정으로 시작했으나, 곧 (사사와 예언자들 아래서) 군주들에 의해 통치됐고, 이후 왕, 다시 제사장적 귀족들, 왕(나중에 하스몬 가문과 헤롯 가문으로 대체됨), 그리고 가장 최근에는 아르켈라오스의 제거(기원후 6년) 이후 제사장적 귀족들(여기에는 본인도 포함됨)에 의해 통치됐다고 했다. 서문과 이러한 결론부의 요약문들 사이에는 노골적인 여담들이 나오며 청중에게 해당 주제를 일깨워준다. 결국 드러난 사실은 이러했다. 정부의 형태가 시간의 흐름에 따라 변하긴 했어도 그것의 규범적인 형태는 (모세와 사무엘이 이미 주장했듯이[『유대 고대사』 4.223; 6.36, 84]) 세습적인 제사장 제도에 기초를 둔 귀족정이라는 것이었다(참조, 5.135; 6.267-68; 11.111; 14.91). 대제사장은 군주가 갖고 있는 많은 장점들을 수반하여 효과적인 리더십을 제공해준다고 했다. 하지만 그는 여전히 '프리무스 인테르 파레스'(*primus inter pares*: '평등한 이들 중 첫째'를 뜻함—역주)로서 그 역할을 담당할 뿐이었다. 이 체제는 왕정의 두 위험, 즉 반드시 전제정(tyranny)으로 치닫는 경향성(참조, 헤로도토스 3.80)과 유전적 승계의 문제를 제거해줬다(왕이 개인적으로 전제정의 유혹을 잘 피해갔다 하더라도, 그의 자녀들은 그들의 부모와 자주 달랐다[『유대 고대사』 6.33-34]). 협력 귀족정(collegial aristocracy)은 한 지도자의 우위권을 허용하지만 가족이라는 울타리 안에서 발생할 가능성이 있는 전제정이나 왕위 계승의 화(woe) 위험 없이 통일된 지도력의 이점들을 제공해줬다.

다윗과 솔로몬 같이 드물고 부분적인 예외 경우를 제외하면, 왕정은 시도될 때마다 사무엘이 경고했던 율법의 유린, 독재적인 행동(특히 귀족 살해와 약탈이 특징이었음), 국가의 몰락을 일으킴으로써, 결과적으로 왕정이 본질상 끔찍한 탈선에 이르게 됨을 보여주었다. 이 부분과 관련하여 『유대 전쟁사』의 중요한 뒷이야기가 있다. 요세푸스가 초기작(『유대 전쟁사』)에서, 제사장적 협력 귀족정에 대항하여 반란을 일으키고 예루살렘의 최근 몰락으로 이어진 시민 갈등을 조장한 전형적인 '독재자들'로 지목한 대상은 다름 아닌 개인들이었다(『유대 전쟁사』 1.9-10). 두 작품 모두에서 정부를 군주정으로 바꾼 인물은 하스몬 가문의 아리스토불로스였는데, 그의 행동은 민족 자치권에 재난적인 결과를 불러일으켰다(『유대 전쟁사』 1.70; 『유대 고대사』 13.401). 요세푸스는 『유대 고대사』에서 지나치게 많은 지면을 세계적으로 유명한 헤롯 왕에게 할애하는데, 이는 그의 통치가 왕정의 연구 사례를 만들어 줬기 때문이다. 이 통치 기간은 독재정으로 얼룩져 있었다. 아이러니하게도 헤롯은 현재의 절대 권력에 집착함에 따라 왕위 계승과 관련된 지속적인 불안에 시달렸고 이 때문에 오히려 정권의 기반이 약화됐다. 헤롯은 유언장을 끊임없이 수정해야 했으며, 수많은 아내들이 낳은 자손들 중 새로운 후계자를 매번 다시 키워내야 했다. 물론 본인을 대체하고 싶어 하는 기색을 보이면 무자비하게 처형해버렸다는 점도 이런 불안정한 상황의 작지 않은 원인으로 작용했다. 그가 행한 수많은 율법 위반 행위는 예상대로 섬뜩한 죽음을 불러일으켰다(17.164-92).

요세푸스는 한 걸음 더 나아가 동일한 일련의 주제와 언어를 그의 생애 초기에 다스렸던 로마 통치자들에게 적용했다(『유대 고대사』 18-19). 개인의 기분에 따라 그 누구보다도 많은 귀족들을 무자비하게 죽음으로 내몰았던 티베리우스는 독특한 왕위 계승 위기에 직면했다. 이 왕위 계승은 범죄자 가이우스 칼리굴라를 탄생시켰는데, 그도 원로원과 귀족 출생들을 괴롭힘으로써 번영한 인물이었다(19.2). 짧은 전제정 이후 소름끼치는 죽음을 맞은 그는 헤롯을 집어삼켰던 것과 동일한 신적 복수를 예증했다. 가장 놀라운 점은, 가이우스의 죽음 이후 귀족적/원로원적 자유를 회복시켜야 한다는 필요에 따라 열린 원로원의 논의가 지면을 온통 차지하고, 요세푸스는 서술자로서 다른 원로들과 함께 율리우스 카이사르 이후의 '모든' 통치자들을 독재자로 묘사했다는 점이다(19.169-74). 이런 모습은 당시의 로마 문학에 전례가 없었고, 세네카나 디오 크뤼소스토모스가 로마 황제의 모델로서 덕스러운 왕정을 옹호하며 사용했던 전략과도 상충했다. 당시 로마(와 유대인들의) 군주정에 대한 이런 분명한 도전이 어떻게 도미티아누스의 전제정 기간에, 그의 암살(기원후 96년)이 있기 불과 몇 년 전에 있을 수 있었는지는 흥미로운 질문이다.

그것은 우리로선 답을 알 수 없는 질문이다. 또한 그러한 정치적 주제들과 요세푸스의 로마 청중이 유대 문화에 대하여 갖고 있던 관심사

307-308

사이에 무슨 관계가 있는지에 대해서도 우리는 추측만 할 수 있을 뿐이다. 어쨌거나, 제도적인 주제는 『유대 고대사』의 서사적 통일성을 제공하는 풍성한 줄기 중 하나다. 이외에도 몇 개가 더 있는데, 성전과 예전 의식에 대한 관심, 완전한 묘사, 도덕적 평가, 그리고 유대 문화 전체와 그것의 대표자들(아브라함, 모세, 솔로몬, 다니엘, 그리고 철학 학파들)의 철학적인 특징 등을 들 수 있다. 우리의 '종교'에 상응할 만한 고대 범주가 없기 때문에 그런 철학적인 색채는 정치 분석의 기초를 형성하고 유대 방식의 수용을 가능하게 했다. 요세푸스는 서론(1.25)에서 『유대 고대사』의 열성적인 청중에게 다음과 같이 이야기했다. "[율법의] 각 내용의 이유를 진정으로 탐구하고 싶어 하는 이들에게 있어 본 연구는 풍성하고도 굉장히 철학적으로 느껴질 것이다."

『아피온 반박』

『아피온 반박』으로 알려진 논문은 현존하는 요세푸스의 작품들 중 가장 나중에 집필됐다. 본 작품은 『유대 고대사』의 속편이자 이전에 홍보했던 논문, 「관습과 이유」의 대체물이었다(『유대 고대사』 4.198; 20.268). 사실 우리에게 친숙한 제목인 『아피온 반박』은 전체 내용의 사분의 일만 대변한다. 알렉산드리아 학자이자 정치인인 아피온에 대한 요세푸스의 반박은 제2권의 전반부에 이르러서야 비로소 등장한다. 요세푸스는 이 작품에 이름을 붙인 적이 없었는데, 이 때문에 다양한 이름들이 제안됐었다. 일부 초기 독자들은 해당 논문의 주제들의 다양성 탓에 그것을 '유대인들의 고대성에 관하여'(오리게네스) 또는 '그리스인 반박'(포르피리우스)으로 부르거나, 다양한 주제들을 종합할 수 있는 표현을 사용하기도 했다(히에로니무스). 이 작품은 요세푸스의 인생 말미에 집필됐다. 저작 시기로 가능한 가장 이른 시기는 기원후 95/96년(기원후 93년에 『유대 고대사』를 완성한 직후)이지만, 기원후 90년대 후반이나 심지어는 100년대 초가 저작 시기일 가능성이 더 크다. 본문에서 당대 상황에 대한 분명한 언급이 등장하지 않고, 요세푸스가 죽은 날짜도 알지 못하기에 더 정확한 연대 설정은 불가능하다.

내용

본 작품은 『유대 고대사』에 대한 회의적인 반응에서부터 시작한다. 알려진 바에 따르면 일부 사람들은 유대 민족의 극단적인 고대성에 대한 요세푸스의 주장을 의심했다(『아피온 반박』 1.1-5를 보라). 따라서 요세푸스의 첫 번째 주요 작업(1.6-218)은 이 고대성을 증명하는 것이었다. 이를 위해 그는 일차적으로 비유대교 자료에서 유대인들의 존재(와 성취)를 증언해주는 '증인'들을 찾는 방식을 택했다. 첫 번째 서론은 역사 기술학(historiography)의 방법론과 자료 문제를 의논하는데, 당시에 상당한 칭송을 받던 그리스 역사가들의 결점도 집중적으로 다뤄진다. 유대인들에 대해 무지한 그들의 모습은 고대성을 주장하는 유대인들의 주장이 의심을 받도록 했기 때문이었다. 요세푸스는 모든 그리스 역사 기술에 대한 신뢰를 무너뜨리고 유대교 기록(특히 유대교의 성서문헌들)의 정확성을 찬미하는 방식으로 비평가들에 대항하여 형세를 뒤집는다(1.28-56). 그는 유대인들에 대한 그리스인들의 무지함을 간단하게 설명하고 난 후(1.60-68), 그의 주요 증인들, 이집트인, 페니키아인, 갈대아인, 심지어 그리스인을 집결시킨다(1.69-218). 마네토에게서 가져온 한 이집트 증거는 '힉소스인들'에 관한 것인데, 요세푸스는 이들의 폭력적인 통치를 인위적으로 요셉과 이스라엘의 이집트 체류에 관한 언급으로 이해한다(1.73-105). 디오스와 메난드로스에게서 가져온 한 페니키아인 증거는 솔로몬과 티레의 히람 사이의 전설적인 관계를 언급한다(1.106-27). 가장 중요한 갈대아인 증인은 베로수스인데, 그는 네부카드네자르(느부갓네살)에 대한 기록에서 지나가는 말로, 바빌로니아로 이송된 '시리아' 포로들에 대해 얘기한다. 마지막으로, 일곱 명의 작가들이 잡다한 그리스인 증인들 목록에 인용된다. 곧, 헤르미포스(유대 관습에 관심을 보였다는 퓌타고라스와 관련하여 인용됨), 테오프라스토스(고르반 맹세와 관련하여 인용됨), 헤로도토스(할례의 시리아적 사용과 관련하여 인용됨), 케오릴로스('솔리만 언덕'부터 시작된 용사들의 경주와 관련하여 인용됨), 클레아르코스(철학적인 유대인을 마주친 아리스토텔레스와 관련하여 인용됨), 헤카타이오스(초기 헬레니즘 시대의 예루살렘 및 유대인들과 관련하여 인용됨), 아가타르키데스(프톨레마이오스 1세의 예루살렘 정복과 관련하여 인용됨)가 그들이다. 요세푸스는 여러 군데에서 유대인들에 대한 언급을 찾기 위해 무리하게 증거를 사용했는데, '헤카타이오스'와 관련된 긴 인용문들은 진짜 그리스인 헤카타이오스가 아니라 그 이름을 차용한 유대인 작가가 쓴 글에서 나왔을 가능성이 있다(Bar-Kochva, 1996). 심지어 유대인들에 대한 진짜 증거들도 그다지 오랜 고대성을 보여주지는 않았다. 이 때문에 요세푸스는 얼른 그리스인들의 유대인 찬미에 대한 내용으로 넘어간다. 그럼에도 불구하고 요세푸스는 이렇게 모인 증거를 통해 유대 역사가 트로이 전쟁 이전 시기까지 거슬러 올라간다는 사실을 모든 합리적인 사람에게 만족스럽게 증명해 보였다고 여겼다.

요세푸스는 논문의 후반부(1.219-2.286)에서 다른 일에 착수한다. 즉 유대 민족을 향하여 다양한 자료들에서 제기된 많은 수의 '중상'(slander)을 반박하는 일에 나선 것이다. 첫 번째로, 그는 이집트에서 병든/오염된 사람들을 쫓아낸 사실을 언급하는 세 개의 '이집트' 기록을 모으고 비평한다. 이 자료들은 다양한 방식으로 유대 민족의 기원과 연관되어 왔었다. 그는 마네토의 전설—오염된 이집트인 무리가 아바리스로 추방됐으나 이집트에 침입하여 신성모독적인 약탈을 벌이던 '솔리만인들'(Solymites)의 지원을 받았다는(1.227-87)—을 먼저 인용하고 반박한다. 그의 철저한 비평(1.252-87)은 고대 문학비평의 한 모범이다. 요세푸스는 카이레몬(1.288-303)과 뤼시마코스(1.304-20)가 내놓은 평행 기록들을 해당 기록과 비교·대조하고 (요세푸스 본인이 각색한) 그 이야기들의 불일치나 불합리성을 지적한다.

제2권은 논문의 신랄한 어조를 한층 강화하여 알렉산드리아 학자 아피온이 유대인들에 대해 남긴 적대적인 언급들을 길게 논의한다(2.1-144). 요세푸스가 짧게 반박한 유대인들의 기원과 관련된 짓궂은 언급들 외에도(2.8-32), 아피온은 알렉산드로스 이후로 이집트에서 진행된 유대 역사에 대해서 긴 기록을 남겼다. 여기서 그는 유대인들을 이집트 사회의 불온한 요소로, 프톨레미인과 로마인 모두를 위험에 빠뜨리는 존재로 묘사했다. 요세푸스는 아피온의 역사 기록에 긴 응수를 내놓는다(2.33-78). 그 과정에서 그는 로마인들과의 관계에 대해 특별히 집중하는데, 그것은 기원후 38년 알렉산드리아 봉기 동안에—그리고 그 이후로도—중요한 인물이었던 아피온이 알렉산드리아 유대인들의 충성심과 법적/정치적 주장에 대해 분명한 비난들을 남겼기 때문이었다. 요세푸스가 내놓는 반박의 세 번째 부분은 유대 민족의 의식과 문화에 대한 아피온의 비방들을 다룬다(2.79-114). 그는 유대인들이 성전에서 당나귀

머리를 경배한다거나, 그들이 그리스인을 도살하는 연례 의식—식인 축제와 그리스인들을 향한 적대의 맹세를 동반한—을 지킨다거나, 그들의 비참한 역사는 그들의 무가치함과 종교적 불경건함을 보여준다거나, 음식법과 할례 의식이 그들의 '야만적' 특성을 증명해준다는 비방과 싸웠다. 여기서 요세푸스의 수사법의 수위는 최고조로 상승해 맞대응하여 욕하는 지경에까지 이르며, 아피온의 비참한 죽음에 만족하는 대목에서 정점을 찍는다(2.141-44). 그는 시종일관 아피온의 '이집트인' 민족성을 공격하는데, 그리스인과 로마인의 고정관념, 즉 이집트인들은 말도 안 되는 동물 의식에 집착하는 불안정한 민족이라는 고정관념을 철저하게 이용한다.

비방을 반박하는 일은 제2권의 나머지 부분에서 계속되지만 다른 형태를 띤다(2.145-286; 일부는 이 부분을 논문의 세 번째 독립된 부분으로 봄). 요세푸스는 유대 문화에 대한 아폴로니오스 몰론의 비판에서 시작하여, 모세의 법률과 제도가 갖고 있는 구조에 대해 긍정적인 평가—말과 행동의 일치, 모세가 제공하는 하나님의 본성, 통치, 섭리('신정론')에 대한 우월한 이해를 강조하며—를 제공한다(2.151-89). 그는 그 이후에 특정한 율법 조문들을 요약하는데, 성전, 성/가족과 관련된 법, 외부인에 대한 친절함에 초점을 맞춘다. 요세푸스는 다음으로 유대인들의 인내를 강조하여 논의를 확장한다(2.219-35). 이때, 그 유명한 스파르타인들의 불굴의 의지가 비교군으로 제시된다. 또한 그는 이 단락의 마지막 부분에서 유대교의 종교적, 사회적 분리주의에 대한 아폴로니오스의 비판에 답한다. 그는 그리스 신화에 대한 해학적인 공격(그리스 철학에 현저하게 의존했음)과 함께 유대교의 종교적 다양성을 옹호하면서도, 그리스 철학자들이 오랫동안 모세를 모방해 왔으며 일반인들도 꾸준하게 유대교의 관습들을 따라하고 있다는 긍정적인 평가로 말을 맺는다. 결론부의 장황한 연설은 이보다 더 위대한 제도는 상상되거나 계발될 수 없다는 지금까지의 작업과 주장을 종합한다(2.287-96).

장르

이 논문의 장르는 기본적으로 변증적이다. 유대교의 고대성에 관한 증거를 다루는 첫 부분조차, 천박한 비방과 적대적인 의심을 반박하는 더 큰 구도 속에서 제시되어 있다. 사실 이 작품은 지금까지 알려진 고대의 유일한 민족적 '변증' 문헌이며, 본래의 법률 장르에 명백하게 부합하는 형식으로 기록된 첫 유대교 문헌이다(Barclay 2007: xxx-xxxvi를 보라). 전체적인 구성 면에서나 제시된 수많은 개별 주장 면에서나, 본 작품의 수사법은 수준이 굉장히 높다. 곳곳에서 번뜩이는, 효과적인 비판, 흥겨운 인신공격, 고전적인 수사를 기발하게 비튼 언사는 생동감을 더해 준다. 다른 자료들에 일부 의존했다는 증거가 있긴 해도(예, 『유대 고대사』 2.145-286의 자료는 위-포퀼리데스와 필론적 단편 『가설』에 실린 것과 중복됨) 이러한 성공적인 수사적 연출의 대부분의 공은 요세푸스 본인에게 돌아가야 한다. 이 시기의 요세푸스는 그리스-로마의 수사 전통에 충분히 능숙해져서 그것을 개인의 목적을 위해 사용할 수 있을 정도였던 것이다.

상황, 청중, 목적

이 논문은 유대 문화에 대한 굉장히 다양한 의견들이 통용되고 있던 로마의 정황 속에서 집필됐다. 반유대적인 고정관념은 넘쳐났고(몇 년 후에 타키투스가 재활용하고 확장시킨 예들을 보라), 기원후 95년에 도미티아누스는 '유대 방식에 물들었다'는 죄로 고발당한 개인들을 상대로 정치적인 재판을 열었다(디오 67.14.1-2). 하지만 두 경우 모두에서 드러난 적대심은 반대로, 유대 문화가 일부 로마인들에게 갖고 있던 매력을 반증해준다. 이 논문은 유대 문화에 공감하는 비유대인들을 대상으로 한다고 자체적으로 선언하기도 하지만(1.1; 2.147, 296), 전제하고 있는 독자들의 지식, 가치, 관심사를 통해서도 유대교에 관심을 보이는 비유대인들—'그리스인'보다는 '로마인'으로 불릴 가능성이 더 높은—이 청중으로 상정됐음을 암시해준다. 요세푸스가 의도한 실제 청중이 누구였는지는 알아내기가 더 어려운 또 다른 문제다. 아마도 (유대인들에게 진정으로 적대적이지 않았던) 비유대인 동조자들과 로마에 거주하는 (로마화된) 유대인 지식인들 모두가 목표 청중이었을 것이다. 만일 『아피온 반박』이 이중 목표 청중을 갖고 있었다면, 그 목적은 아마도 두 가지였을 것이다. 즉, 유대인들에게는 그들이 그 어디에도 없는 탁월한 제도를 갖춘 튼튼한 문화적 기반 위에 서 있음을 가르치고, 격려하며, 확증해주고, 다른 한편으로는 비유대인 인구 중 실제적이거나 잠재적인 동조자들로부터 지원과 관심을 끌기 위한 것이었을 것이다(가능성을 완전히 배제할 수는 없지만 아마도 개종자들을 얻기 위한 목적은 없었을 것이다).

영향력과 의의

초기 기독교 변증가들로부터 에우세비오스까지는 이 논문에 관심을 보이고 그것의 가치를 인정했지만, 요세푸스의 전체 작품집에서 『아피온 반박』은 너무 주변부로 밀려나는 바람에 겨우겨우 전승됐다. 그것의 빈약한 사본 전통은 그리스어를 완전하게 보존하지 못했고, 작품의 거대한 누락(2.51-113)은 6세기 라틴어 번역으로만 채워져 있다. 하지만 현대에 와서는 이 문헌의 중요성이 여러 가지 면에서 증명됐다. 그것의 일부 인용문들(예, 마네토와 베로수스의 인용문)은 거의 살아남지 못한 고대 저자들의 글에 대한 매우 소중한 증거였고, 이는 이집트와 바빌로니아 역사 전문가들에게 굉장한 관심을 받았다. 더군다나, 요세푸스는 유대인들에게 적대적인 자료들을 수집해놓음으로써 유대인들을 향한 고대 시대의 적대감(간혹 '반-유대주의'[anti-semitisism]로 잘못 분류됨)을 설명하는 학자들의 여러 이론들이 근거할 수 있는 가장 풍성하고 다양한 자료들을 제공해준다. 요세푸스가 자신이 인용한 자료와 그것의 동기를 잘못 대변할 때가 많긴 하지만 말이다. 더 긍정적인 기여는, 유대교 문화를 위한 이 작품의 전면적인 '변증'이 유대인 변증가들의 고민과 기술에 대하여 가장 유익한 자료를 제공해준다는 점이다. 또한 요세푸스의 숙련된 그리스-로마 문화의 수사법 사용은 유대식 전용(Jewish accomodation)의 좋은 예를 보여준다. 이는 해당 내용이 탈식민주의 비평(postcolonial criticism)에서 사용하는 일종의 문화 분석에 일부분 이용될 수 있음을 시사한다. 특별한 관심은 유대인들의 제도에 대한 요세푸스의 소개에 집중됐다(2.145-286). 이 소개의 의제(agenda)는 철학적인 성격을 많이 띠었고, 플라톤의 『법률』과도 많은 접촉점을 갖고 있었다. 요세푸스는 중요한 용어인 '신정론'을 만들어낸 것으로 보이고(2.165), 특정한 율법들—성전과 제사장에 지속적인 강조를 두는(2.190-218)—을 모아놓은 그의 모음집은 성전 파괴 후 시대의 독특한 생산물로 여전히 남아 있다. 이 율법들을 고른 그의 선택과 그것들의 도덕적·문화적 중요성에 대한 그의 논평은, 그리스-로마 전통에 맞춰져 있는 이들에게 유대 문화를 이해할 만하고 매력적인 것으로 제시하려는 가장 인상적인 시도들 중 하나였다. 요세푸스는 우호적으로 모세의 제도를 아테네 및 스파르타의 체제와 비교함으로써, 유대 문화가 모든 경쟁 상대들을 어떻게 능가하는지,

또한 왜 그토록 철학자들과 일반 '군중'의 모방을 불러일으켰는지를 보여준다. 마지막으로, 그의 논문이 특히나 갖고 있는 로마적인 특징들은 유대교 전통의 부분적인 '로마화'(Romanization) 경향을 암시한다. 적어도 글솜씨가 뛰어나고 문화적 감수성이 풍부한 유대아 출신의 로마 시민이 꿈꾸던 모습을 발견할 수 있다.

요세푸스의 수용과 해석

고대 세계에서 사회상류층의 구성원들은 모든 장르의 글을 쓸 수 있도록 교육을 받았다. 그렇지만 그 모든 글들은 수사학(청중을 설득하는 예술이자 과학)의 전제와 원리를 따라야 했다. 역사는 정치인이 사용하는 가장 특별한 장르였다. 거기서 그는 자신의 도덕적 권위를 행사하여 존경받을 만한 것과 혐오스러운 것을 드러냈고, 다루기 어려운 문제와 해결책을 진술했으며, 미래에 회피해야 할 재앙들을 서술했다. 역사가가 가치 있게 여겨졌던 것은 그의 정확성이 어떤 독립적인 검증을 받았기 때문이 아니라(이는 일반적으로 불가능했음), 인간의 동기, 연약함, 덕목에 대해 설득력 있는 기록을 전달—개인적인 명망, 글쓰기의 질, 도덕적인 타당성을 모두 사용하여—하는 데 탁월했기 때문이었다.

도덕적 결정권자의 지위를 얻기 위한 그런 경쟁적인 정황에서는 자연스럽게 한 저자가 승리자로 떠올라 시대의 '권위자'가 되는 것이 전형적이었다. 우리는 요세푸스의 작품과 겹치는 역사를 기록한 여러 저자들을 알고 있다. 두 명은 이름까지 알고 있지만(다마스쿠스의 니콜라오스와 티베리아스의 유스투스), 그 외에도 이름이 알려지지 않은 수많은 그리스인들과 로마인들이 요세푸스 이전에 유대 전쟁을 다뤘었다(참조, 『유대 전쟁사』 1.1-8). 그런데 그들의 모든 작품들은 유실된 반면(니콜라오스의 144권짜리 방대한 역사서 중에서 요세푸스의 역사서와 중복되는 기간을 다룬 부분들은 예외), 요세푸스가 집필한 30권의 책은 온전하게 우리의 손으로 들어왔다. 언젠가부터 그는 헤롯 대왕 때부터 유대-로마 전쟁이 끝난 기원후 73년까지의 기간의 유대교 역사와 지형학에 대한 배타적인 권위자가 됐다. 포티오스 총대주교는 여전히 유스투스의 글들에 접근할 수 있었던 것으로 보이는데, 그는 유스투스보다 요세푸스를 더 선호했으며, 심지어 자신의 경쟁 상대를 일축했던 요세푸스를 흉내 내기까지 했다. 결과적으로 유스투스의 작품들은 더 이상 살아남지 못했다. 운명의 주사위는 이미 오래전에 던져졌던 것이다.

어째서 이런 상황이 벌어졌을까? 당시의 정권이 요세푸스의 『유대 전쟁사』를 지지하면서 초기에 힘을 얻었는데, 이 때문에 2-3세기의 기독교 작가들이 그를 주목하기 시작했던 것으로 보인다. 그들은 3세기의 오리게네스 때까지 점점 더 많은 강조를 두면서 요세푸스를 인용했다. 4세기의 영향력 있는 주교이자 궁정 찬사가(court panegyrist)였던 에우세비오스는 요세푸스의 유산과 관련하여 핵심적인 역할을 했다. 그는 요세푸스를 길게 인용했고, 본인부터 '교회사의 아버지'로서 갖는 무게감이 있었기 때문에 요세푸스의 글들은 기독교계에서 더욱 유명해졌다. 요세푸스를 가리켜 '히브리인들 중에서 가장 뛰어난 역사가'(『교회사』 1.5.3)라고 했던 에우세비오스의 선전은 당시의 일반적인 기독교계의 시각을 반영했다. "여기 기독교 편향성의 혐의를 받을 수 없는 한 외부인이 있다. 그럼에도 그는 예루살렘의 몰락(복음서가 증언해주듯이, 이는 예수가 예언하신 바가 이루어져 예수를 받아들이지 않은 유대인들에게 하나님의 신적 형벌이 임한 것이었음)을 소름끼칠 정도로 자세히 설명하고, 그 와중에 자기 민족의 실패를 신랄하게 비판했다." 예루살렘 포위 기간에 굶주리던 귀족 여성이 자기 어린 자녀를 요리해서 먹었다는 요세푸스의 비통한 이야기는 에우세비오스와 후대의 기독교 교사들에게 특히나 유용했다(『유대 전쟁사』 6.200-214). 그러한 타락한 행위를 행할 수 있는 자질이 농후했던 유대인들은 하나님께 정당하게 심판을 당했고 구원사 속에 준비됐던 유산에서 배제됐다는 것이었다. 요세푸스는 우연히 나사렛의 예수에 대해 언급하면서(『유대 고대사』 18.63-64 = 「플라비우스의 증언」) 그를 정중하게 다루는데(우리에게 남아 있는 판본은 사본 전통 속에서 적어도 약간 수정되긴 했지만), 이로 인해 이 이야기는 마리아의 식인행위(Maria's cannibalism)에 대한 이야기보다도 더 많이 인용됐다.

문제는 요세푸스 본인이 예루살렘의 몰락에 대해서, 예수와 그 이외에 언급된 수많은 개인들에 대해서 전혀 다른 말을 하고 싶었다는 것이다. 그가 하고자 했던 말은 투퀴디데스-폴뤼비오스적(Thucydidean-Polybian) 정치인이 정치적인 어리석음을 보고 한탄하는 내용에 가까웠다. 에우세비오스 같은 학자는 기독교 신앙과의 연관성이 없는 요세푸스를 활용—긴 인용문들을 기독교적 주장들과 적절히 뒤섞어 마치 두 입장이 섭리적으로 통일성을 이루는 것처럼 보여주는 방식으로—하여 오히려 수사적인 매력을 만들어냈던 반면, 동시대의 다른 작가들은 요세푸스의 사실적인 자료들을 '유대적 불신앙'으로부터 해방시켜야 한다고 느꼈다. 따라서 에우세비오스가 살았던 시대의 말기로 가면, 정체가 알려지지 않은 한 작가—우리가 위-헤게시포스라 부르는—는 그리스어판 『유대 전쟁사』를 라틴어로 재작업했다. 그는 기독교 독자들이 읽기에 안전한 예루살렘의 몰락 이야기를 생산해내기 위해, 원본에 『유대 고대사』의 글들을 일부 집어넣고 지나치게 유대적으로 보이는 것들은 제거해버렸다(빈자리는 풍부한 기독교 용어들이 대체했음). 수 세기 후에 케임브리지의 수학자 윌리엄 휘스턴(William Whiston)은 정반대의 방침을 따랐다. 그는 많은 찬사를 받은 1737년 요세푸스 번역판에서(이 판본은 오늘날에도 활발히 유통되고 있음) 요세푸스를 에비온파(Ebionite) 기독교인으로 이해했다.

고대 후기에서 중세 시대까지의 기간 동안 유대인들이 이 유명한 제사장의 글에 관심을 보였다는 증거는 없다. 이는 다음의 이유들로 설명할 수 있다. 첫째, 요세푸스가 로마인들에게 항복했던 정황은 배신과 비겁함을 드러내는 듯했고, 둘째, 그의 저술은 전쟁 이후의 유대아, 갈릴래아, 메소포타미아에 근거를 두고 성장 중이던 랍비 문학과 동떨어진 채 그리스어로 쓰여 있었으며, 셋째, 요세푸스의 승인이 없었음에도 불구하고, 그의 작품들은 기독교 변증가들에 의해 유대인들을 대항할 목적으로 활발하게 사용됐던 것이다. 다루는 역사의 길이가 광범위한 10세기의 연대기 『요십폰』은 이러한 상황에 아무런 변화를 주지 않는다. 왜냐하면 (얼핏 보아선 요세푸스를 가리키는 듯한 이 제목은) 실수에 의한 변형의 결과이기 때문이다. 이 작품이 다른 자료들과 더불어 요세푸스의 자료들을 사용했지만 독자들은 요세푸스가 아니라 전설들에 관심이 있었다. 유대인들의 세계에서 요세푸스의 유산은 현재까지도 의심을 받는 것들 중 하나다. 그렇지만 이런 상황도 놀라운 고고학적인 발견과 다른 이유들에 힘입어 지난 30년간 달라지기 시작했다. 요세푸스의 서사들은 고고학적 발견들에 대한 적절한 설명을 제공해줬고, 그의 생애와 도덕에 대한 선입견 없이 작품을 있는 그대로 읽으려는 새로운 시도들이 대두됐던 것이다.

19세기 중반부터 시작된 근대의 비평적인 요세푸스 연구는 흥미롭게도 위-헤게시포스 연구—요세푸스의 '사실적인 자료'를 그것의 서사 체계에서 구출해내려는 관심 면에서—와 유사했다. 그렇지만 이유는 달랐다. 간단히 말해, 이번에는 요세푸스를 연구할 만한 가치가 없는 작가로 여겼던 것이다. 이 초기 비평가들에게 중요했던 것은 그가 사용한 자료들이었다(대부분의 고대 문헌들도 이 비평가들에게 마찬가지의 대우를 받았다). 그 자료들이야말로 우리를 실제 일어났던 사건들에 한 발자국 더 가까이 데려다 줄 것으로 여겨졌었다. 요세푸스가 사용한 자료들을 구분하고 오려내는 일은 간단한 작업처럼 보였다. 먼저, 비평가는 뻔한 자기 과장과 도덕적인 평가의 층을 거둬내야 했다. 이것이야말로 요세푸스가 전달하려고 집필을 시작한 이유였는데도 말이다. 어쨌거나, 요세푸스의 도덕적인 세계는 기회주의자와 겁쟁이가 내뱉는 수사를 빼면 남는 것이 별로 없었다. 요세푸스는 『유대 전쟁사』에서 로마 주인들(masters)의 확성기 노릇을 하다가, 나중에서야 민족적인 전통을 따르기 위해 프로파간다 글쓰기를 포기한 인물이었다. 그렇지만 다른 사람들의 작업물을 가져다가 하나로 이어 붙이고선 자신의 작품이라고 이야기하는 것은 여전했다. 과거의 학문적 가정에 따르면, 이 유대인 제사장은 그리스 문학과 수사에 대한 깊은 지식을 가졌을 리가 없었기 때문에, 그는 자신의 이름으로 나온 글들의 대부분도 개인적으로 조사하거나 이해하거나 기록하지 않았을 것이었다. 반복, 같은 대상을 가리키는 어휘의 변화, 이중어, 분명한 관점의 변화, '하팍스 레고메나'(*hapax legomena*: 용례가 하나뿐인 용어를 가리킴—역주) 등에 근면 성실하게 주의를 기울이면 혹자는 '접합부'들을 찾아낼 수 있을 것으로 기대했다. 그들은 요세푸스가 편집 작업 중에 자료들을 이어 붙였던 흔적들을 찾고 그의 원자료들을 재구성

314-315

하여 보다 과학적인 결과물을 위해 사용하고자 했다.

새로운 접근들

지난 사반세기는 요세푸스 저작의 학문적 사용에 있어 대대적인 변화를 목도한 시기였다. 이러한 변화를 야기한 가장 중요한 촉매제는 1983년에 출간된 『완전한 색인 목록』(*Complete Concordance*)과 뒤이어 재빠르게 발전하여 요세푸스의 글을 비롯한 셀 수 없이 많은 고대 본문들을 포함한 전자 데이터베이스였다. 이런 근본적인 새로운 자원들은 저자로서 요세푸스가 갖고 있던 경향과 관심, 그리고 그의 자료 사용에 대한 어림짐작과 추측을 단번에 무력화했다. 이제 혹자는 자신의 주장을 증명해낼 수 있어야 했다. 이와 동시에 인문학의 전 분야에서 일어난 소위 '언어학적 전환'(언어는 절대 중립적이지 않고 항상 구성[construct]되며, 언어를 넘어 객관적인 진리에 도달하는 일은 심각한 어려움을 안고 있다는 통찰)에 영향을 받은 학자들은 요세푸스의 언어를 탐구할 수 있는 도구들을 손에 쥐게 됐다. 처음으로 그들은 그의 용어 선택, 표현법, 심지어 부수적인 흔적(분사, 고전 그리스어적인 형태, 신조어)까지에 대해서도 그의 문학적 정황과 비교하면서 일관된 분석을 실행할 수 있었다. 이런 면밀한 분석은 오랫동안 무시되어 온 특징들, 즉 현대 글쓰기를 통해 알게 된 구성적인 특징들(수사학적인 도구들, 역설, 다성법[polyphony], 아이러니 등)을 고려하는 접근법을 가능하게 했다. 이제 움트기 시작한 '요세푸스 연구' 분야에 생기를 불어넣는 이런 종류의 연구는 벌써부터 결과를 내놓고 있다. 곧, 요세푸스 작품집 전체에서는 언어의 일반적인 통일성이 발견되며, 철저히 연

315-316

구가 된 본문들은 놀라운 정교함을 갖고 있는 것으로 밝혀졌다. 한 가지 부정적인 결과로, 자료비평의 옛 기준들은 경험에 근거한 어림짐작에 불과한 것으로 드러나 그 자격을 상실했다. 밝혀진 바에 따르면, 요세푸스는 같은 대상을 가리키는 언어를 달리하는 경향이 있고, A-B-A 패턴, 반복, 이중어를 사용하며, 효과를 주기 위해 서사의 목소리나 관점을 바꾸고, 플루타르코스 이후로 유행이 된 새로운 형태의 단어들을 사용했다(따라서 그러한 단어들은 더 오래된 자료의 것으로 여길 수 없었음). 이러한 흔적들이 요세푸스의 자서전에서도 발견됨에 따라, 이것들은 빈약하게 이해한 자료들을 하나로 꿰기 위한 투박한 노력이 아닌 의도적인 것으로 이해되어야 했다. 요세푸스가 자신의 글의 대부분을 위해 자료를 사용했다는 것은 의심의 여지없이 사실이다. 왜냐하면 그가 모든 사건들을 개인적으로 알 수는 없었을 것이기 때문이다. 하지만 완성된 그의 작품에서 원자료를 추출해내는 일은 마치 다 구워진 케이크에서 계란들을 추출해내는 일만큼이나 어려운 일일 수 있었다. 어느 특정한 이상함이 어떤 자료의 흔적으로 설명될 수 있는 가능성은 얼마든지 남아 있었다. 하지만 우리의 첫 의무는 그것을 구성물의 일부로 이해해보는 것이었다. 우리는 그것이 도저히 맞지 않는 것처럼 보일 때만 자료(투박함, 문학적 도움들, 사본 필사 과정에서의 오류, 또는 후대의 수정을 가진 자료)를 통한 설명에 의존해야 했다. 요세푸스의 언어에 대한 연구는 또한 그의 초기 작품의 목적과 마지막 작품의 목적 사이에 존재한다는 급진적인 변화에 대한 가정들을 약화시킨다. 두 작품은 오히려 유대교의 율법, 관습, 특징을 인간 존재에 대한 기여로서 설명하고 변호하며 심지어 장려하려는 관심 면에서 상당한 연속성을 보여준다.

이런 새로운 접근은 두 개의 다른 영역에서 직접적인 의미를 갖는다. 첫 번째 영역은 역사 연구를 위한 요세푸스 작품들의 사용과 관련되고, 두 번째 영역은 역사적 인물에 대한 평가와 관련된다. 먼저 역사 연구와 관련하여 말하자면, 요세푸스 서사의 일부 조각들만이 단순히 중립적이거나 사실적이고, 그렇기 때문에 얼른 본문에서 떨어져 나와 역사책에 사실로 소개시켜 달라고 애원한다는 상상은 더 이상 가능하지 않다는 것을 알아야 한다. 이야기, 즉 단어와 구(phrase)가 상호 간의 연관성 때문에 선택된 곳에서 구성 요소들을 제거한다는 것은 서사적인 의미를 파괴한다는 뜻일 뿐이다. 그렇게 해서는 사실을 생산해낼 수 없다. 최근의 분석들은 우리로 하여금 요세푸스(와 다른 고대 작가들)의 역사적 서사를 예술작품으로 보게 한다. 그것은 오늘날 볼 수 있는 역사 영화와 크게 다르지 않다. 두 경우 모두에서, 예술은 의심의 여지없이 실제 사건과 생애로부터 비롯되지만, 그렇다고 완성된 연출에서 근저에 깔린 현실로 단순히 이동할 수는 없는 노릇이다.

요세푸스의 생애와 관련해서 말하자면, 요세푸스가 이전까지 그의 인생 이야기, 특히 요타파타에서의 '배신'에 대한 추정된 사실에 의해 이해됐던 것이 사실이다. 그는 자신의 항복을 길고 화려하게 묘사한다. 그는 그가 처음에 동의했던 살해-자살 약속에서의 기적적인 생존을 통해 자신이 하나님으로부터 메시지를 받았다는 강한 확신을 드러낸다. 이 이야기와 요타파타 사건 이전에 그가 보인 것으로 알려진 많은 행동들은 현대의 독자에게 불쾌한 위선 및 그가 보호해야 했던 사람들에 대한 배신을 암시했다. 학자들은 이런 사실에 근거하여 그의 저술들을 기회주의적인 것으로 일축해도 정당하다고 생각해왔다.

이와 다르게 새로운 접근은 우리가 그의 생애에 대해서 아는 것이라고는 그가 서사에 포함시키기로 결정한 것들밖에 없다고 강조한다.

그가 제공한 정보를 먼저 이해해보려고 시도하면, 우리는 배신과 회중 기만—요세푸스는 이 두 가지가 자신의 목적이라고 공개적으로 선언했는데(『생애』 17-22)—이 로마 제국 엘리트의 정치적 삶의 본질 중 하나란 사실을 빠르게 깨닫게 된다. 이곳에 존재하던 것은 지식인 중산층과 계몽주의적 가치를 갖춘 민주주의 사회가 아니었다. 요세푸스와 동료들은 상황에 따라 '군중'을 호도하고, 필요할 때는 대중의 요구에 동조하는 것처럼 보이고, 가능하면 대중의 위험한 충동을 종식시키는 것을 의무로 생각했다. 요세푸스는 청중에게서 비난이 아니라 존경을 기대하면서 자신의 교활한 행위와 속임수를 묘사했을 것이다. 그의 묘사는 화려한 문학적 창작물이기에, 어떤 경우든 그것을 우리의 도덕적인 기준에 따라 부정적으로 판단하고 역사적 요세푸스를 바라보는 관점의 근거로 삼아선 안 된다.

요세푸스의 문학 유산 '밑에' 무엇이 깔려 있을지를 추측하기를 잠시 미루고, 현존하는 서사들을 그것들의 문학적·역사적 맥락 안에서 탐구하는 일에 집중하면, 그가 로마에서 모을 수 있었던 청중—그들이 누구였든지 간에—에게 미친 그의 작품들의 영향이 무엇이었을지 궁금해진다. 그는 『유대 전쟁사』에서 최근의 전쟁을 의도치 않은 결과로 이어진, 전형적이고 작은 상황과 사건의 연속으로 설명했었다. 그는 그 과정에서 전쟁 이후에 유대 민족에 대한 표준 이미지를 바꾸려고 계속 노력했다. 약 15년이 흐른 후, 그는 『유대 고대사』와 『생애』에서 창조 때부터 자신의 시대까지 이어져 온 유대인들의 역사, 문화, 율법에 대한 자세한 설명을 제공한다. 이 과정에서 그는 성서적 서사로부터 하나의(single) 이야기를 탁월하게 추출해낸다. 다시 한번 그의 초점은 그런 고귀한 법이 남긴 풍성하고 오래된(ancient) 유산을 소유한 자기 민족의 품성에 맞춰져 있다. 그의 마지막 작품(『아피온 반박』)은 전작과 동일하게 동조적인 청중을 위해 계획된 것으로 보인다. 이 작품은 유대인들의 품성과 제도가 갖고 있는 요소들—다름 아닌 『유대 고대사』가 내세웠던—을 폄하한 작가들에게 가하는 강력하면서도 때로는 흥겨운 공격이었다.

전통적인 기독교와 학자들에 의한 사용(또는 오용)에도 불구하고, 요세푸스가 로마 시대의 유대 문화를 위한 주요하고도 활력적인 대변인이라는 사실은 점점 더 분명해지고 있다.

참고 문헌

일반

Bilde, Per. 1988. *Flavius Josephus between Jerusalem and Rome: His Life, His Works and Their Importance*. Sheffield: JSOT Press.

Cohen, Shaye J. D. 1979. *Josephus in Galilee and Rome: His Vita and Development as a Historian*. Leiden: Brill.

Edmondson, Jonathan, Steve Mason, and James Rives, eds. 2005. *Flavius Josephus and Flavian Rome*. Oxford: Oxford University Press

Feldman, Louis H., and Gohei Hata, eds. 1987. *Josephus, Judaism, and Christianity*. Detroit: Wayne State University Press.

———. 1989. *Josephus, the Bible, and History*. Detroit: Wayne State University Press

Hadas-Lebel, Mireille. 1993. *Flavius Josephus: Eyewitness to Rome's*

First-Century Conquest of Judea. New York: Macmillan.

Klawans, Jonathan. 2012. *Josephus and the Theologies of Ancient Judaism*. Oxford: Oxford University Press.

Laqueur, Richard. 1920. *Der Jüdische Historiker Flavius Josephus: Ein Biographischer Versuch auf Neuer Quellenkritischer Grundlage*. Gießen: Münchow [English trans. Caroline Disler at pace.cns.yorku.ca].

Mason, Steve, ed. 1998. *Understanding Josephus: Seven Perspectives*. Sheffield: Sheffield Academic Press.

———. 2001. *Flavius Josephus: Translation and Commentary*, vol. 9, *Life of Josephus*. Leiden: Brill.

———. 2003a. "Contradiction or Counterpoint? Josephus and Historical Method." *Review of Rabbinic Judaism* 6: 145–88.

———. 2003b. *Josephus and the New Testament*. 2d ed. Peabody, Mass.: Hendrickson.

McLaren, James S. 1998. *Turbulent Times? Josephus and Scholarship on Judaea in the First Century*. Sheffield: Sheffield Academic Press.

Neyrey, Jerome H. 1994. "Josephus' *Vita* and the Encomium: A Native Model of Personality." *JSJ* 25: 177–206.

Olson, Ryan S. 2010. *Tragedy, Authority, and Trickery: The Poetics of Embedded Letters in Josephus*. Cambridge, Mass: Center for Hellenic Studies, Harvard University Press.

Parente, Fausto, and Joseph Sievers, eds. 1994. *Josephus and the History of the Greco-Roman Period: Essays in Memory of Morton*

Smith. Leiden: Brill.

Pastor, Jack, Pnina Stern, and Menahem Mor, eds. 2010. *Flavius Josephus: Interpretation and History*. Leiden, Brill.

Pummer, Reinhard. 2009. *The Samaritans in Flavius Josephus*. Tübingen: Mohr Siebeck.

Rajak, Tessa. 2002. *Josephus: The Historian and His Society*. 2d ed. London: Duckworth.

Rodgers, Zuleika, ed. 2007. *Making History: Josephus and Historical Method*. Leiden: Brill.

Sievers, Joseph, and Gaia Lembi, eds. 2005. *Josephus and Jewish History in Flavian Rome and Beyond*. Leiden: Brill.

Thackeray, Henry St. J. 1929. *Josephus: The Man and the Historian*. New York: Jewish Institute of Religion.

유대 전쟁사

Brighton, Mark Andrew. 2009. *The Sicarii in Josephus's Judean War: Rhetorical Analysis and Historical Observations*. Atlanta: Society of Biblical Literature.

Cohen, Shaye J. D. 1982. "Masada: Literary Tradition, Archaeological Remains, and the Credibility of Josephus." *JJS* 33: 385–405.

Hata, Gohei. 1975–76. "Is the Greek Version of Josephus' *Jewish War* a Translation or a Rewriting of the First Version?" *JQR* N.S. 66: 89–108.

Linder, Helgo. 1972. *Die Geschichtsauffassung des Flavius Josephus im*

Bellum Iudaicum. Leiden: Brill.

Mason, Steve. 2008. *Flavius Josephus: Translation and Commentary: Jewish War 1–4*. Leiden: Brill.

McLaren, James S. 2005. "A Reluctant Provincial: Josephus and the Roman Empire in *Jewish War*." In *The Gospel of Matthew in Its Roman Imperial Context*. Ed. John Riches and David C. Sim. London: Clark, 34–48.

———. 2007. "Delving into the Dark Side: Josephus' Foresight as Hindsight." In *Making History: Josephus and Historical Method*. Ed. Zuleika Rodgers. Leiden: Brill, 49–67.

Parente, Fausto. 2005. "The Impotence of Titus, or Flavius Josephus's *Bellum Judaicum* as an Example of 'Pathetic' Historiography." In *Josephus and History in Flavian Rome and Beyond*. Ed. Joseph Sievers and Gaia Lembi. Leiden: Brill, 45–69.

Price, Jonathan J. 1992. *Jerusalem under Siege: The Collapse of the Jewish State, 66–70 CE*. Leiden: Brill.

———. 2005. "The Provincial Historian in Rome." In *Josephus and History in Flavian Rome and Beyond*. Ed. J. Sievers and G. Lembi. Leiden: Brill, 101–18.

Schwartz, Seth. 1986. "The Composition and Publication of Josephus' 'Bellum Judaicum' Book 7." *HTR* 79: 373–86.

Siggelkow-Berner, Birke. 2011. *Die jüdischen Feste im Bellum Judaicum des Flavius Josephus*. Tübingen: Mohr Siebeck.

Weber, Wilhelm. 1921. *Josephus und Vespasian: Untersuchungen zu*

319–320

dem jüdischen Krieg des Flavius Josephus. Hildesheim: Olms.

Yavetz, Zvi. 1975. "Reflections on Titus and Josephus." *Greek, Roman and Byzantine Studies* 16: 411-32.

유대 고대사

Attridge, Harold W. 1976. *The Interpretation of Biblical History in the Antiquitates Judaicae of Flavius Josephus*. Missoula, Mont.: Scholars Press.

Begg, Christopher T. 1993. *Josephus' Account of the Early Divided Monarchy (AJ 8,212-420): Rewriting the Bible*. Leuven: Leuven University Press.

———. 2000. *Josephus' Story of the Later Monarchy*. Leuven: Leuven University Press.

———. 2005. *Flavius Josephus: Translation and Commentary*, vol. 4, *Judean Antiquities 5-7*. Leiden: Brill.

Begg, Christopher T., and Paul Spilsbury. 2005. *Flavius Josephus: Translation and Commentary*, vol. 5, *Judean Antiquities 8-10*. Leiden: Brill.

Feldman, Louis H. 1988. "Use, Authority, and Exegesis of Mikra in the Writings of Josephus." In *Mikra: Text, Translation, Reading, and Interpretation of the Hebrew Bible in Ancient Judaism and Early Christianity*. Ed. Martin Jan Mulder and H. Sysling. Assen: van Gorcum, 455-518.

———. 1998a. *Studies in Josephus' Rewritten Bible*. Leiden: Brill.

———. 1998b. *Josephus's Interpretation of the Bible*. Berkeley: University of California Press.

———. 2000. *Flavius Josephus: Translation and Commentary*, vol. 3, *Judean Antiquities 1–4*. Leiden: Brill.

Franxman, Thomas W. 1979. *Genesis and the Jewish Antiquities of Flavius Josephus*. Rome: Biblical Institute Press.

Mason, Steve. 1991. *Flavius Josephus on the Pharisees: A Composition-Critical Study*. Leiden: Brill.

Nakman, David. 2004. "The Halakhah in the Writings of Josephus." Ph.D. dissertation, Bar Ilan University [in Hebr.; Eng. summary at pace.cns.yorku.ca].

Nodet, Étienne. 1990. *Flavius Josèphe: Les Antiquités Juives*. Paris: Cerf.

Schwartz, Seth. 1990. *Josephus and Judaean Politics*. Leiden: Brill.

Semenchenko, L. 2002. "Hellenistic Motifs in the *Jewish Antiquities* of Flavius Josephus." Ph.D. dissertation, Russian Academy of Sciences, Moscow [in Russian; English summary at pace.cns.yorku.ca].

Smith, Morton. 1956. "Palestinian Judaism in the First Century." In *Israel: Its Role in Civilization*. Ed. Moshe Davis. New York: Harper & Brothers, 67–81.

Spilsbury, Paul. 1998. *The Image of the Jew in Flavius Josephus' Paraphrase of the Bible*. Tübingen: Mohr Siebeck.

Sterling, Gregory E. 1992. *Historiography and Self-Definition: Josephos,*

Luke-Acts, and Apologetic Historiography. Leiden: Brill.

Wiseman, Timothy P. 1991. *Death of an Emperor: Flavius Josephus*. Exeter: University of Exeter Press.

아피온 반박

Barclay, John M. G. 2007. *Flavius Josephus: Translation and Commentary*, vol. 10, *Against Apion*. Leiden: Brill.

Bar-Kochva, Bezalel. 1996. *Pseudo-Hecataeus "On the Jews": Legitimizing the Jewish Diaspora*. Berkeley: University of California Press.

Feldman, Louis H., and John R. Levison, eds. 1996. *Josephus' Contra Apionem: Studies in Its Character and Context*. Leiden: Brill.

Gerber, Christine. 1997. *Ein Bild des Judentums für Nichtjuden von Flavius Josephus: Untersuchungen zu seiner Schrift Contra Apionem*. Leiden: Brill.

Goodman, Martin. 1999. "Josephus' Treatise *Against Apion*." In *Apologetics in the Roman Empire: Pagans, Jews and Christians*. Ed. Mark Edwards, Martin Goodman, and Simon Price. Oxford: Oxford University Press, 45–58.

Gruen, Erich S. 2005. "Greeks and Jews: Mutual Misperceptions in Josephus' *Contra Apionem*." In *Ancient Judaism in Its Hellenistic Context*. Ed. Carol Bakhos. Leiden: Brill, 31–51.

Kasher, Arych. 1997. *Flavius Josephus: Against Apion*. Jerusalem: Zalman Shazar Center (in Hebrew).

Labow, Dagmar. 2005. *Flavius Josephus Contra Apionem Buch I.* Stuttgart: Kohlhammer.

Schäfer, Peter. 1997. *Judeophobia: Attitudes towards the Jews in the Ancient World.* Cambridge: Harvard University Press.

Troiani, Lucio. 1977. *Commento storico al 'Contra Apione' di Giuseppe.* Pisa: Giardini.

고고학, 파피루스, 비문

위르겐 K. 창엔베르크(Jürgen K. Zangenberg)

물질문화의 유적은 문학 텍스트 다음으로 제2성전기의 유대인과 유대교를 이해하는 데 필수적인 자료다. 이 장에서는 팔레스타인과 디아스포라의 고고학과 비문/비명(碑銘), 파피루스학 자료들을 연대순으로 탐구한다. 대상을 '유대교'로 정의하고 그것을 우리의 논의에 포함시키기 위한 기준은 의도적으로 광범위하게 설정했다. 종교는 결정적인 역할을 하지 않는다. 물질문화가 특정한 사회에서 종교적인 기능을 할 수 있다는 것은 의심의 여지가 없지만, 많은 고고학자들이 인간이 남긴 유물들의 종교적인 성격을 지나치게 강조하지 말아야 한다고 경고하는 것은 옳다. 모든 유물이 종교적인 의미를 갖는 것은 아니었고, 제단이나 신전 같은 종교적 유물의 경우에도 종교만이 의미 있는 요소는 아니었다. 더욱이 문제는 어떤 대상을 '유대교적'으로 식별할 수 있느냐가 아니라 **어떤 유형의** 유대교를 반영하느냐는 것이었다.

고대 문화와 이 가운데 하나인 초기 유대교는 끊임없이 서로 접촉하고 있었다. 서로 '다른 것'에 대한 반응은 결코 획일적이지 않았고 지역적, 사회적 조건에 따라 복잡하고 다양했다. 경계들은 종종 무너졌다.

물질문화의 어떤 요소들은 특정 종교에 대한 소속을 반영하지 않는다. 나머지 요소들은 그들이 사용됐던 문화적 맥락에 따라 각기 다른 의미를 지니며, 또 다른 요소들 역시 동종 종교 집단이 다른 곳에 살았더라면 존재하지 않았을 지역적 현상들이다. 물질문화의 많은 부분은 명확하게 '해독'하기 어려운 곳, 바로 그 언저리에 자리 잡고 있다. 따라서 이 연구는—유대인들이 자신들의 종교를 위해 만들고 종교를 실천하기 위해 사용했던—초기 유대교를 반영하는 물질문화뿐 아니라, 이러한 문화적 구조들이 특별한 종교적 기능을 가지고 있지 않더라도, 유대인이 담당하거나 건설했던 물질문화의 요소들에 대해서도 논의하게 될 것이다. 또한 유대인 세계의 발전과 동향에 영향을 주었거나, 유대인의 물질문화가 발달된 환경을 보여주는 경우에는 유대교 이외의 물질문화에 대해서도 다루게 될 것이다.

헬레니즘 시대의 팔레스타인(기원전 약 320-164년)

페르시아 시대의 팔레스타인 및 디아스포라(특히 이집트)에서 나온 유대인과 유대교에 대한 중요한 물질적 증거가 남아 있지만, 알렉산드로스의 정복과 그 여파는 초기 유대교의 기록에 깊은 흔적을 남기지 않았다.

페르시아 말기의 팔레스타인 지역 상황은 갈릴래아와 유대아 등의 지역에서의 발굴과 조사를 통해 반영된다. 예루살렘에서의 발굴은 그 도시의 크기가 얼마나 작았는지를 보여주고, 인감(印鑑)들은 행정이 어떠했는지를 보여준다. 사마리아 유적 중에는 요새, 동전, 인감 등이 있

322-323

다. 그리심산에 대한 발굴조사를 통해 아크로폴리스 위의 거대한 성소의 시작점이 밝혀졌다. 파피루스는 기원전 4세기 후반의 사회적·법적 상황에 대한 흥미로운 세부 사항을 제공한다. 와디 에드-달리예에서는 약 38개의 문서와 97개의 읽기 쉬운 인감 단편들이 나왔다. 여리고에서는 동전과 도장이 찍힌 손잡이가, 이두매에서는 800여 개의 아람어 도편(질그릇 조각)이 발견됐다.

팔레스타인은 이집트와 소아시아를 잇는 가교로서 알렉산드로스 대왕에게 전략적으로 중요했지만, 그는 이 지역에 고고학적 흔적을 거의 남기지 않았다. 최초의 마케도니아인 지배자 안드로마코스는 사마리아인들에게 살해당했지만, 반란은 빠르게 진압되고 새로운 지배자가 배치됐다. 사마리아에서 발굴된 건축물 중에서 초기 마케도니아 주민들과 확실하게 연관될 수 있는 것은 거의 없지만(아크로폴리스의 둥근 탑 3개가 유력한 후보임) 와디 에드-달리예에서 출토된 유골과 문서는 일부 반란자들의 유해를 대표할 수도 있다.

알렉산드로스의 계승자들인 디아도코이(*Diadochoi*) 사이에서 전쟁이 벌어진 초기 100년 동안 팔레스타인은 프톨레마이오스 왕국에 속해 있었다. 요새가 가장 잘 알려진 구조물들이라는 것은 3세기 전반의 상황을 상징적으로 나타낸다. 가장 인상적인 것은 도르에 있지만 다른 것들은 프톨레마이스, 스트라톤 탑, 필로테리아, 가자, 세겜 등지에 위치해 있다. 프톨레마이오스의 통치는 관용적인 편이었고 지역 문제에는 간섭하지 않았다. 프톨레마이오스 관료 제논(기원전 260/59년)의 파피루스 서고는 팔레스타인의 경제적 착취 과정은 물론, 왕이 그 지역의 엘리트들을 이용하여 정기적인 과세를 거두어들인 방식이 어떠했는가를 보여준다.

기원전 3세기 후반부터 팔레스타인 해안 도시들과 더 넓은 그리스 세계 사이의 접촉의 증가와 요르단 동부 도시의 급속한 발전은 전통적으로 팔레스타인 중심부에 위치한 유대인 지역의 문화적 환경에 점점 더 영향을 주었다. 그때부터 유대아, 사마리아, 갈릴래아의 산간 지방은 헬레니즘의 영향을 깊게 받은 지역들 사이에 끼어 있게 됐다.

해안 평야

특히 중요한 것은 해안 평야의 개발이었다. 그 지역은 페니키아의 식민주의자들이 농업용 배후지에 좀 더 영구적으로 정착하게 된 시발점이 됐다. 남부에서 키르벳 엘-콤과 아데렛은 해안과 접촉했던 농촌 유적지의 좋은 사례다. 이런 배후지는 연안 도시에서 소비되거나 수출되는 농산물(대부분 와인과 기름)을 제공했다. 역으로, 배후지(무엇보다 사마리아 같은 도시)에 정착한 주민들은 해안 평야 항구를 통해 국내에 들어온 상품을 구입했다. 소량의 그리스 명품 도자기는 기원전 4세기 이후 이미 지역 엘리트들에게 제공됐다. 도장 찍힌 암포라(amphorae: 양 손잡이가 달린 목이 좁은 항아리—역주)는 당시 수입 상품에 대한 수요가 증가하고 있음을 나타낸다. 비록 가자, 아슈켈론, 아슈돗, 도르, 프톨레마이스와 같은 도시에 사는 유대인들은 아마도 극소수였지만, 해안 평야와 언덕지대 사이의 오래된 문화적 경계는 점차 줄어들었다.

트랜스요르단 고원

트랜스요르단 고원을 체계적인 도시로 재건하여 팔레스타인 중앙의 동부에 시장을 만들었는데, 이런 시장은 해안의 도시들에 의해 대량으로 만들어졌다. 기원전 3세기 전반기에 생긴 오래된 정착지가 새로이

324

헬레니즘화된 도시 중심지로 변모하게 된 정확한 상황이 무엇인지 분명하지는 않지만, 이것이 계속 늘어나는 문화적·경제적 요인을 형성해 놓았던 것은 사실이다. 가다라, 펠라, 게라사, 필라델피아, 스키토폴리스(벳 쉐안)와 같은 도시들은 후에 다른 도시들과 결합하여 도시 연맹(Decapolis)을 형성하면서 그리스 문화와 이교-셈족 지역 문화가 생동감 있게 혼합되어 발전했다.

예루살렘

이러한 중심적 도시들과는 대조적으로 유대아에서는 오직 예루살렘만이 도시라는 표지에 걸맞았다. 예루살렘의 수입과 지위의 유일한 원천은 성전이었다. 초기 헬레니즘 시대의 예루살렘은 상당히 작고(기본적으로 다윗 성에만 사람들이 거주하고 있었다) 가난했다. 소수의 제사장 귀족들만이 보통 정도의 부를 누렸으며, 그것도 주로 성전에서 얻은 수입과 지대 수익에 기반을 두었다. 대부분의 사람들은 지역에서 생산된 상품만을 접할 수 있었다. YHD("유대아"를 가리키는 아람어 '예후드'를 의미함—역주)라는 도장이 찍힌 저장 용기의 손잡이는 현물 과세를 나타내며, 아마도 공인 세무사가 관리하거나 (YRSLM["예루살렘"을 의미함—편주]과 별이 찍힌 도장의 경우에는) 제사장들이 관리했을 것이다. 이 직인들은 페르시아 시대에 처음 나타나 프톨레마이오스 시대에도 많이 사용됐다.

기원전 200년에 안티오코스 3세가 파네이온 전투에서 프톨레마이오스 5세 에피파네스를 격파하고, 셀레우코스 왕조가 이 지역을 장악하면서 산간 지방, 무엇보다도 예루살렘의 상황은 달라졌다. 셀레우코스 왕조는 자신들이 원하는 정치 사안에 맞게 성전을 후원했는데, 왕조의 정책이 실행되는 것을 감독했던 지역 엘리트들을 통하여 그렇게 했다.

예루살렘에서 발굴된 일련의 자료들의 범위는 이전 시기와 확연히 다르다. 로도스나 코스와 같은 그리스 섬에서 온 수많은 암포라 손잡이에 찍힌 도장들은 이제 암포라들이 에게해로부터 빈번히 수입되고 있음을 나타낸다. 이것들은 그리스 문화에 점점 끌리게 되고 명품을 획득할 수 있는 수단을 갖게 된 엘리트들의 요구를 충족시키기 위한 상품이었다. 하스몬 왕조 이전 시기의 현존하는 고고학적 유적은 거의 없다. 셀레우코스 시대 아크라 유적은 아직 분명하게 확인되지는 않았으며, 다윗의 도시와 성채 주변의 일부 성벽만이 하스몬 이전 시대로 거슬러 올라갈 수 있다. 기원전 2세기의 화살촉과 글씨가 새겨진 납 발사체는 성곽의 헬레니즘 층(Hellenistic layers)에서 발견됐는데, 이는 아마도 기원전 133/132년에 안티오코스 7세가 이곳을 함락했던 시기에 속할 것이다.

유대아에 있는 다른 모든 정착지들은 예루살렘보다 더 작았다. 베델은 큰 마을이었고 콸란디야는 포도주 생산을 전문으로 하는 큰 농장에 지나지 않았다. 요새는 계속 건설됐다(예, 펠라 근처의 마레샤, 사마리아, 벳-추르, 게벨 사르타바).

사마리아

사마리아 지역에서는 적어도 세 곳의 유적지를 도시라고 부를 수 있었다. 사마리아는 페르시아 총독이 거주했던 옛 터전이었고 후에 마케도니아 수비대가 주둔했던 도시로서, 예루살렘보다 더 중요했고 더 국제적이었던 것이 사실이다. 기원전 3세기부터 여러 차례 이 도시의 중요한 유적지들에 대한 발굴이 이루어져서, 벽토(壁土)로 그림을 그려 넣은 집과, 그리스어로 된 비문, 수입된 그리스 도자기가 출토됐다. 이

325-326

곳 거주민들은 대체로 이방인들이었던 것 같다.

두 번째, 틀림없이 그보다 더 작은 도시는 성서 시대 세겜(텔 발라타)이라는 옛터였는데, 이 터에는 기원전 4세기 말에 다시 사람들이 거주하기 시작했다. 사마리아인들이 신시가지에 거주하고 있었다고 보는 많은 학자들과는 달리, 발굴 결과는 그것과 반대 방향에 있는 거주지에 주목시켰다. 요세푸스가 옳다면(『유대 고대사』 11.344) 우리는 세겜이 시도니아 식민주의자들의 정착지였다고 추측할 수 있는데, 그들은 전략적으로 중요한 그리심산과 에발산 사이에 있는 계곡은 물론 비옥한 알-아스카르 평원을 가로지르는 교통을 통제하고자 했던 것이다. 헬레니즘화된 세겜의 물질문화는 사마리아보다 상당히 열악했다. 초기의 모든 구조물들은 층층이 쌓인 두꺼운 층으로 덮여 있었다. 청동기 시대의 도시 성벽은 새로운 방어 시설의 기초가 됐고, 내부는 규격에 맞게 지어진 민가로 채워졌다. 마카비2서 6:2은 그리심산에 있는 제우스 크세니오스에게 바쳐진 신전을 언급하고 있는데, 이는 아마도 세겜의 아크로폴리스 역할을 했던 그리심산 동쪽 정상인 텔 에르-라스에 있을 것이다.

늦어도 기원전 200년경에는 제3의 도시가 그리심산 정상에 존재하여 그 이전부터 존재한 성소를 둘러싸고 있었다. 성소는 가로세로 각각 약 90m의 넓은 마당으로 이루어져 있어 큰 계단을 통해 접근이 가능하고 복도와 방, 거대한 요새로 둘러싸여 있었다. 예루살렘의 상황과는 달리 신성한 경내에는 성전 건물이 아니라 천장 없는 거대한 제단이 있었던 것 같다. 제단의 잔해는 후대에 비잔틴 교회가 그곳에 건설될 때 소실됐다. 고고학자들은 신성한 구역 밖에서 큰 도시의 일부를 발굴했는데, 이곳과 성소는 넓은 성곽으로 보호되고 있었다. 집들은 모두 매우 잘 축조됐고, 대부분의 집들은 큰 뜰과 농산물을 가공할 수 있는 방을 가지고 있었다. 일부 주택의 그리스식 욕조는 높은 생활 수준을 보여준다. 최근 발간된 400여 단편 모음집에 나오는 많은 비문에는(대부분 기원전 3-2세기에 만들어진 것) 전형적인 헌정 문구와 함께 아람어와 고대-히브리어(Paleo-Hebrew)로 제의 담당자들의 이름과 직함이 적혀 있다. 비록 부수적 용도로만 발견되긴 했지만, 한때 신성한 구역 어딘가에 비문이 전시됐을 가능성이 있다. 비명(碑銘)의 증거에 의하면 이 도시가 사마리아인들의 주요 정착지였고, 성소가 희생과 순례를 포함하는 그들의 예배 중심지였다는 것은 의심의 여지가 없다. 강력한 요새(철기시대의 양식에 따라 방에는 문이 매우 많음)였지만 정상에는 천연적인 샘이 없어 도시를 방어하기가 쉽지 않았다. 도시와 성소는 모두 기원전 112/111년경 요한네스 휘르카노스에 의해 파괴됐다(『유대 고대사』 13.254-57). 기원후 2세기에서 4세기에 발견된 그리스 비문은 그곳 성전이 파괴된 지 오랜 후에도 사마리아인들은 그리심산 순례를 했다는 증거를 보여준다.

갈릴래아

갈릴래아에서 사람들이 정착하여 활동했을 가능성은 기원전 100년 이전에는 낮고 희박한 것으로 보이지만, 이러한 예상은 아마도 좀 더 치밀한 연구 결과가 나오면 바뀔 것이다. 기원전 3세기 중반 무렵 필로테리아와 엣-텔(벳세다), 감라에 퇴역군인 정착촌이 세워져 해안(특히 티레)과 동부 고원 사이를 잇는 교통의 동맥을 지켰다. 하맛 티베리아스에 있는 커다란 공공건물의 건립 연대는 셀레우코스 왕조 후기 시대로 거슬러 올라간다. 그것과는 별도로, 상부와 하부 갈릴래아 북쪽 언덕에 셈족 원주민이 거주했다는 물적 증거가 많아지고 있다. 그 물질문화의 특정 요소들은 페니키아인들에게 영향을 받은 것 같다. 다른 요소들은 철기 시대 후기의 전통을 따르고 있다. 단과 파네이온의 성소는 기원전 2세기에는 지역적 중요성을 가지고 있었다. 퀘데쉬의 행정 중심지와 미츠페 야밈의 산지, 텔 아나파의 큰 상점 등에는 페니키아인의 존재 자체가 뚜렷이 드러난다. 아마도 건립 연대가 기원전 2세기 후반쯤으로 거슬러 올라가는 세포리스의 아크로폴리스 요새는 프톨레마이스로부터 내륙으로 통하는 교통로를 지켰다. 이 요새는 지중해 항구와 시리아 서부 도시 사이의 지리적 연결고리로서 갈릴래아의 전략적 가치를 반영하고 있다.

페레아

페르시아 시대 이후, 유대인들은 요르단 동쪽 페레아에서 살았다. 프톨레마이오스 왕조는 이곳에서 페르시아 총독 '암몬 사람 토비아스'의 후손들을 그 땅의 소유자로 확정했다. 프톨레마이오스 3세는 토비아스의 아들 요셉을 프톨레마이오스 지방 전체에서 최고위 시민 관료(functionary)로 임명했다. 그는 암만에서 서쪽으로 17km 떨어진 곳에 있는 큰 저택 궁전인 아라크 엘-아미르에 거주했다. 이 토지의 기원은 제2철기시대 말로 거슬러 올라간다. 두 개의 동굴 입구에 새겨진 유명한 토비아스 비문의 연대는 기원전 5세기 말까지로 거슬러 올라가며, 그곳에 이르는 길은 기원전 3세기 말에 추가로 건설됐다. 기원전 2세기 초, 콰스르 엘-압드에 있는 유명한 궁전에는 단일 기둥과 창문 앞면, 사자 부조상이 건립됐다(『유대 고대사』 12.230-33). 그리스와 동양 양식이 잘 어우러져 있는 이 궁전의 규모와 화려한 장식은 땅을 소유한 유대 상류층의 많은 구성원들이 헬레니즘화되고 있는 경향을 잘 보여준다.

초기 헬레니즘 디아스포라

이집트와 메소포타미아의 유대인 공동체의 기원은 기원전 6세기로 거슬러 올라간다. 기원전 4세기 유대인 공동체는 키프로스의 키티온에서 그 존재가 입증된다. 페니키아 문자로 기록된 비명(碑銘)에는 YHWH로 구성된 이름이 언급되어 있다. 헬레니즘 왕국이 팽창되고 로마가 결국 광대한 영토와 이와 연결된 지역을 지배하면서 유대교는 소아시아와 그리스 섬, 이탈리아 본토, 흑해 주변 지역, 북아프리카, 스페인, 남부 가울까지 퍼졌다.

이러한 많은 디아스포라 공동체의 기원은 하스몬 왕조 이전 시대로 거슬러 올라가지만, 현존하는 자료 대부분은 기원전 2세기 후반의 것이다. 비문은 때때로 큰 다양성을 보이지만 매우 불규칙적으로 분포하는 경우가 많다. 유대인들은 일반적으로 통치자들의 보호를 받으며 살았지만, 개별 공동체는 매우 다른 문화적, 법적, 사회적 상황하에서 살았다. 그들은 공공생활에 참여했고 지역적으로 접근이 가능한 물질문화를 향유했다.

하스몬 시대의 팔레스타인(기원전 164-40년)

안티오코스 4세는 예루살렘의 강력한 친(親)헬레니즘계 엘리트들의 도움으로 기원전 167년경 팔레스타인을 강제로 안정시키려 했다. 이 불행한 시도는 결국 팔레스타인에서 셀레우코스 통치를 폭력적으로 전복시키고, 유대아의 시골 모데인 출신의 제사장 가족 하스몬 가문의 지휘하에 유대인 독립 국가를 세우는 결과를 낳았다. 사마리아, 페레아, 갈릴래아, 이두매 등에서 요한네스 휘르카노스(기원전 134-104년)가 대규모 점령을 하기까지, 하스몬 가문이 팔레스타인을 손에 넣는 데에는 2대에 걸친 상당히 오랜 기간이 소요됐다.

하스몬 가문의 유대아 회복은 헬레니즘화의 종말을 의미하지 않았다. 유대교가 동부 지역에서 헬레니즘 물질문화의 뚜렷한 변이를 일으킨 것은 하스몬 시대였다. 헬레니즘은 유대아-팔레스타인에서 토착화됐고, 이곳을 지배하는 왕조의 자기 정체성과 문화에 스며들었다. 이 과정에서 나타난 현상으로는 마카비 형제 시몬(대제사장과 민족의 영도자[ethnarch], 기원전 142-134년)이 그리스 건축 요소들을 통합하여 모데인(마카비1서 13:23-30; 『유대 고대사』 13.210-12)에 있는 자기 가족 무덤을 개조한 것을 들 수 있다.

기원전 2세기까지 일반적인 지리학적 고려 사항, 비문자적 고려 사항, 텍스트 정보를 제외하고는 유대인 유적지와 비유대적인 유적지를 구별할 수 있는 기준은 없다. 유대인과 비유대인 주민들 모두는 같은 종류의 물질문화를 누렸는데, 종교 패턴보다는 지역 패턴을 따르는 경우가 많았다.

예루살렘의 아크라에 있는 셀레우코스 수비대는 기원전 141년(마카비1서 1:49-52)에 시몬에 의해 점령됐다. 이후 시몬과 휘르카노스, 알렉산드로스 얀나이오스의 영토 확장은 유대인의 신앙 이념을 바탕으로 시행됐다. 이방인들은 욥바와 게제르와 같은 도시에서 추방되고 이곳에 유대인이 다시 정착했다. 벳-추르와 같은 요새들은 파괴되고 유대인들을 인근에 정착시킴으로써 중립적인 지역이 됐으며, 농촌의 배후지에는 언덕을 지키고 지역의 농업 자원을 착취하는 작은 정착촌들이 새로

이 세워졌다.

요한네스 휘르카노스 1세(기원전 134-104년)가 공격적인 영토 확장에 나서자 사마리아(게리짐, 사마리아, 세겜)와 갈릴래아 지역에서 특히 많은 파괴가 일어났다. 새로운 정착지는 주로 새로운 시장을 지향했기 때문에 이전에는 (게제르에서처럼) 자주 과잉 공급됐던 고급 도자기가 부족해졌다. 집에 '미크베'(*miqva'ot*: 정결 욕조)가 존재한다는 것은 게제르 및 세포리스의 아크로폴리스에서와 같이 종교적으로 새로운 관행이 시행됐음을 말해준다. 영토 확장을 마친 후 휘르카노스의 활동은 내부 통합으로 향했다. 거점은 마사다, 마케루스, 휘르카니아, 알렉산드리온에 세워졌다. 이러한 요새들은 순전히 군사적 목적을 위해서만 축조된 것은 아니었지만, 이들 가운데 후기 헤롯 시대의 특징인 매우 복잡한 궁전 구조물이 드물게 나타난다.

궁전 건축

궁전 건축은 여리고 궁전이 보여주는 것처럼 요새에 국한되지 않았다. 얀나이오스는 그곳의 주거 단지를 대규모의 사유지로 통합하고, 매우 효과적인 상수도 시스템을 구축했다. 궁전은 와디 퀠트가 내려다보이는 해자(垓子)에 요새화된 구역으로 구성됐는데, 여기에는 정원과 정자, 창고로 둘러싸인 몇 개의 거대한 수영장이 배치됐다. 석고와 벽화의 잔해들은 궁궐이 지어진 초기 단계에서부터 이미 화려한 장식이 존재했음을 보여준다. 그러나 도자기 사용 이력을 보면, 헤롯 시대 초기까지 외국산 수입품이 궁에 거의 들어오지 않았다고 판단된다. 지역 주민들은 주로 지역 용품을 사용했다. 초기 하스몬 궁전 건축의 또 다른 사례는 기원전 2세기로 진입하는 시기의 아라크 엘-아미르에 있는 콰스르

엘-압드 궁전에서 찾아볼 수 있다. 이곳은 요르단의 서쪽과는 달리, 기념비다운 규모의 조형 예술이 자유롭게 사용됐다.

농촌 건축

농촌의 건축은 지배 엘리트들의 궁전보다 훨씬 덜 사치스러웠고 어느 정도는 전통적 건축 양식을 따랐다. 헬레니즘 시대 팔레스타인의 집들은 두 종류의 유형으로 나뉘었다. (1) 불규칙한 거리로 인해 서로 분리되어 있는 다각형 뜰로 된 복합구조물 (2) '힙포다모스(Hippodamic) 양식'으로 고전 그리스에서 직사각형 뜰을 가진 집들이 모여 이웃들과 정방형을 이룬 형태가 그것이다. 소도시나 촌락은 대부분 세겜과 쉬크모나 베델에서처럼 전통적이고 불규칙한 계획을 따랐다. 기원전 2세기 말 새로운 형태의 농촌 정착지가 등장했는데, 그것은 요새화된 농장으로 보통 방과 사각형 뜰 주위의 한쪽 구석에 탑이 있는 시설로 구성됐다. 건축 형태는 소아시아와 흑해 지역의 헬레니즘 양식의 농장과 비슷했다. 이는 후기 헬레니즘과 초기 로마의 팔레스타인으로, 라마트 하-나디브와 같은 상류층 농경지에서 그 모습을 발견할 수 있다.

기원전 100년경부터 정착은 여러 지역으로 확산됐다. 사해에서는 한때 인구가 적었던 지역이 체계적으로 통합됐음을 보여주는 충분한 증거가 나왔다. 쿰란과 키르벳 마진, 콰스르 엣-투라베, 마사다, 마케루스의 정착촌은 이 지역에 대한 관심이 증가하고 있음을 나타낸다. 기원전 100년 이후 갈릴래아와 서부 골란에서도 정착 활동이 급격히 증가했다. 일부 부지(예, 아나파, 퀘데쉬)의 파괴와 유기, 새로운 정착지(예, 감라, 요데팟)의 건설로 인해 정착 패턴과 생활용품의 흐름이 달라졌다. 텔 아나파에는 스투코(stucco: 골재나 분말, 물 등을 섞어 건축물 벽면에 바르는 미장 재료

—편주)로 칠한 큰 건물이 파괴된 지 2년 후에 비슷한 크기의 정사각형 집들이 있는 작은 촌락이 세워졌다. 한때 엣-텔의 요새화됐던 부지는 현재 불규칙한 방향으로 세워진 큰 농가를 이루고 있다. 지역에 따른 새로운 형태의 도자기(예, 크파르 하나니아의 도자기)가 개발됐지만, 엣-텔에서 어촌의 유리 및 일부 수입 도자기가 보여주는 바와 같이, 이 지역이 외부의 영향을 전혀 받지 않은 것은 아니었다.

매장 관행

매장 관행은 유대교 문화가 주변 문화와 공생하는 데 얼마나 민감했는지를 잘 보여준다. 애도와 매장은 유대인과 비유대인 세계에서 모두 가족이 돌볼 일이었다. 두 세계의 공통적인 요소들 중에는 고인의 시신을 매장할 준비를 하고 통곡을 하며, 음악을 연주하고 행렬을 지어 행진하며, 순결 금기를 지키는 것도 있었다. 초기 헬레니즘 매장 문화는 대부분 후기 페르시아 전통을 따랐다. 때로는 단일 갱도로 된 무덤(예, 도르, 아틀릿)과 함께 석실 무덤(예, 밧-얌, 텔 엔-나스베, 엘-아자리예, 라키쉬)이 사용됐다. 때때로 묘지는 한 가지 유형만으로 이루어져 있었다. 건축 장식은 대체로 알 수 없으며, 무덤의 부장품은 거의 없거나 간단한 것이 매장됐다.

일반적인 상황은 기원전 2세기 전반기에 바뀌었다. 전통적인 실내 무덤(예, 기원전 200년경 마레샤)은 헬레니즘의 영향을 받았다. 매장 묘실 내부의 장례식용 벤치는 '로쿨리'(*loculi*) 또는 '코힘'(*kokhim*)이라고 불리는 바위에 맞게 재단된 시체 크기의 세로형 용기로 대체됐고, 내부 배치는 보다 규격화됐다. 때로는 무덤에 칠을 했고, 정면에는 기둥과 주두(柱頭), 벽에 붙은 기둥 등의 건축 장식이 사용됐다. 약 두 세대가 지나면서 새로운 양식이 예루살렘의 상류층 무덤에서 채택됐고, 이로부터 점점 더 많은 가족들이 이 양식을 넘겨받았다. 특히 예루살렘에서 가장 오래되고 정교한 상류층 무덤 중 하나인 야손의 무덤이 유명한데, 이것은 기원전 100년경에 축조됐다.

장례 문화는 전통적인 씨족 구조가 기원전 1세기에서 기원후 1세기로 넘어가는 동안 개인과 소가족 단위가 더 큰 역할을 획득하면서 세분화 과정을 거쳤다는 것을 보여준다. 납골당에서 시신을 무차별적으로 2차로 매장하는 철기시대의 오랜 전통 대신 기원전 1세기 말엽에는 납골묘로 알려진 작은 석회암 용기가 유행하게 되자, 가족들이 같은 무덤 안의 분리된 공간에 묻힐 수 있게 됐다. 이들 납골묘의 약 1/3은 그 속에 묻혀 있는 개인들의 이름이 새겨져 있으며, 때로는 고인의 출신지나 직업에 대한 정보를 보여주기도 한다. 고고학자들은 납골묘가 과연 육체의 부활과 같은 사후세계에 대한 특별한 믿음을 반영하는지를 놓고 논쟁하고 있다.

도자기

도자기는 유물이 가장 많이 발굴되는 유형이기 때문에 고고학적 분석에 매우 중요하다. 도자기가 어느 정도로 특정 주민의 민족성을 직접 규정하거나 확인할 수 있느냐 하는 문제는 특히 논란이 많다. 다른 사람들과 마찬가지로 유대인들은 주로 현지에서 생산되는 도자기를 사용했으며, 팔레스타인 등 유대인들이 주로 거주하는 지역에서는 유대인들이 직접 도자기를 생산했고, 이 생산품이 각 지역으로 유통됐다. 명시적으로 '유대인 도자기'라고 별도로 분류되는 것은 없다. 물론, 도자기의 형태는 시간이 지남에 따라 바뀌었다. 일부 초기 헬레니즘 유형은 페르시아 후기의 도자기 형태에서 발전했다. 조리용 항아리와 저장 용기의 경우가 그랬다. 다른 것들은 우묵한 그릇과 휴대용 술병들 제조에서 분명히 나타나듯이 헬레니즘의 형태를 적응시키고 더 발전시켰다. 해안 지역을 제외하면 기원전 2세기 후반까지 수입된 물품은 매우 드물었다. 그때 이후로부터 동양의 붉은색 줄무늬 토기(terra sigillata)와 페니키아산 불룩한 타입의 유리제품 등 더 많은 양의 수입품이 출시되어 현지 고객들에게 쉽게 침투됐다.

동전

물질문화에서 뚜렷하게 식별될 수 있는 첫 번째 유대교의 요소는 동전이다. 요한네스 휘르카노스 1세(기원전 134-104년)가 동전을 발행한 최초의 통치자라는 것은 일반적으로 받아들여진다. 그는 '예호하난'이라는 자신의 히브리 이름으로 동전을 발행했다. 하스몬 가문의 동전 주조는 기원전 120년경부터 시작됐는데, 이때 팔레스타인 부근의 자치 도시들도 그들만의 화폐를 발행하기 시작했다. 하스몬 동전은 청동으로만 엄청나게 많이 발행됐는데, 이는 하스몬 왕국의 독립은 물론, 이 왕국이 동부 지중해의 물질적·정치적 발전에 얼마나 확고히 기여했는지를 보여주는 중요한 표지다. 동전에 인간과 동물의 이미지를 새기는 것은 엄격히 금지됐다. 특히 알렉산드로스 얀나이오스(기원전 103-76년)와 맛타티아스 안티고노스(기원전 40-37년) 치세하에서 하스몬 동전(기원전 40-37년)은 '풍요의 뿔'(cornucopias: 동물 뿔 모양에 과일과 꽃을 가득 얹은 장식물—역주)과 석류, 별, 닻, 투구, 화환, 왕관 등 일반적으로 사용되는 번영과 합법적 통치를 상징하는 헬레니즘 문양을 사용했다. 많은 동전은 가장자리에만 장식되며 주로 통치자('제사장', '대제사장', '왕')와 피통치자('유대

332-333

인의 의회')의 칭호에 초점이 맞춰진다. 전설들은 대부분 고대-히브리어(Paleo-Hebrew)로 쓰여 있지만 아람어, 그리고 나중에는 그리스어까지도 사용됐다(예, 얀나이오스의 동전 중 하나가 알렉산드로스 왕의 그리스어 전설을 가지고 있다). 도상학(iconography)과 학술적 명명법의 한정된 변화로 인해, 정확한 연대기 및 특정 유형의 도상 형성에 대한 많은 의문점들은 여전히 존재한다.

회반죽을 칠한 계단식 욕조

유대인의 종교 행위와 분명한 연관성이 있는 유물 중에서 가장 이른 시기에 발견된 것은 회반죽을 칠한 계단식 욕조(浴槽)이다. 가장 초기의 예는 세포리스에서 발굴됐는데, 그러한 욕조가 이곳에서 기원전 1세기 전반 어느 시기에 과거의 물 저장고로 만들어졌고, 여리고의 궁전에서도 발굴됐다. 게제르에 새로 정착한 유대인 이주자들의 집들 또한 계단식 욕조를 가지고 있었는데, 이는 마사다 궁전의 여관, 예루살렘의 부유한 저택과 작은 집들, 초기 단계의 쿰란 정착지에서도 마찬가지였다. 사마리아에 있는 퀘두밈에서의 발굴은 사마리아인들도 1세기에 계단식 욕조를 만들었음을 보여준다. 이러한 시설들 중 다수가 종교 제의를 위한 정결 욕조(*miqva'ot*) 역할을 했지만, 회반죽 칠을 한 모든 계단식 욕조가 제의적 용도를 가지고 있거나 그 형태가 표준화됐는지는 확실하지 않다.

후기 헬레니즘 시대 디아스포라

기원전 2세기 및 1세기 동안 디아스포라에서 유대인의 삶을 보여주는 고고학적 증거는 제한적이다. 우리는 프톨레마이오스와 셀레우코스 시대 동부 지중해 지역에서 유대교가 상당히 확장됐다는 것을 기록된 수많은 자료들을 통해 알고 있지만, 건축물들은 없고 몇 개의 비문만 알려져 있다. 미크베와 돌그릇, 납골묘 같은 유대인임을 알려주는 '정체성 표식'은 사실상 디아스포라에서 발견되지 않는다.

알렉산드리아

이집트는 이런 디아스포라 조사지로 가장 중요하다. 디아스포라 유대교의 가장 영향력 있는 사건 중 하나는 기원전 321년 나일강 하구에 있는 알렉산드리아 디아스포라의 건설이었다. 유대인들은 얼마 되지 않아 그 도시 주민의 영향력 있는 집단이 됐고 경제적 기회와 광범위한 사회적 접촉, 그리스 학문의 유명한 중심지들을 향유했다. 고대 도시 지역의 대규모 발굴이 거의 이루어지지 않았고, 주변 공동묘지에서 나온 많은 오래된 발굴물들이 부실하게 출판되어 있기 때문에, 우리는 그 도시 유대인 공동체의 실제 생활의 상황에 대해 거의 알지 못한다. 알렉산드리아의 웅장한 회당은 1세기경의 문헌들에 나오는 글(필론, 『가이우스 사절단에 관하여』 134; 비교, 토세프타 숙카 4:6; 예루살렘 숙카 5:1 [55ab]; 바빌로니아 숙카 51b에 나오는 전설적인 묘사)에서만 알려져 있다. 이 회당의 건립 연대는 알 수 없지만 알렉산드리아 유대인들의 시민 중심지로서 그 중요성은 의심의 여지가 없다. 그것은 트라야누스 황제(기원후 116-117년) 치하의 반란 중에 파괴됐다.

333-334

알렉산드리아 유대인들에 관한 많은 사항들은 공동묘지 비문(그중 일부는 제자리에 있음)을 통해서나 자연 상태를 통해 증명된다. 그들만의 공동묘지는 사용되지 않았다. 다만 시체를 다루는 방법은 다소 달랐다. 유대인들은 이집트인들과 달리 방부처리를 하지 않았고 분묘에 부장품을 넣는 경우도 드물었다. 화려하게 장식된 납골묘는 산발적으로나마 나타나는 2차 매장 관습을 보여준다.

넓게 펴져나가는 문화적 상호작용과 이집트에 있는 유대인의 오랜 생활 전통을 볼 때, 가장 초기 시대에 존속했던 중요한 유대인 제도들에 대한 증거가 팔레스타인이 아닌 이집트에서 나온다는 것은 놀랄 만한 일이 아니다. 예컨대, 프톨레마이오스 3세 에우에르게테스(기원전 246-221년) 시대 알렉산드리아 교외 스케디아의 유대인들의 '기도의 집'(*proseuchē*) 헌당을 들 수 있다(CJI 1:440). 그 건물 자체는 발견되지 않았기 때문에(사실 이집트에서는 회당 건물이 전혀 발굴되지 않았다) 그것의 형태와 건축 상황에 대해서는 알려진 바가 없다. 다만 종합적으로 볼 때 15개의 비문과 기원전 3세기부터 1세기까지 다수의 파피루스가 회당을 언급한다(대부분 *proseuchē*라는 용어를 사용하며 *synagōgē*라는 용어로 나오는 경우는 드물다).

레온토폴리스

기원전 160년경, 프톨레마이오스 6세 필로메테르와 클레오파트라 2세는 유대인 제사장 오니아스 4세에게 나일강 남동쪽 삼각주 카이로에서 북동쪽으로 32km 떨어진 헬리오폴리스라는 속주의 부지에 성전과 소도시를 건설할 수 있도록 허락했다(『유대 고대사』 12.388; 13.63, 67, 285; 『유대 전쟁사』 1.31-33). 로마의 사령관(prefect) 루푸스(기원전 73/74-71년)가 베스파시아누스로부터 그것을 파괴하라는 지시를 받을 때까지(『유대 전쟁사』 7.421) 성전은 분명히 번창했다. 그 명령은 루푸스의 후계자인 파울리누스만이 따랐을 뿐이다(『유대 전쟁사』 7.433-35). 오니아스의 성전이 정말 텔 엘-예후디예(1887년, 1906년 발굴)에서 확인됐는지는 논쟁의 여지가 있지만, 많은 수의 무덤이 유대인에 의해 사용된 것으로 보인다. 알렉산드리아에서와 같이 무덤들은 대개 그 당시의 형태를 따른다. 그것들 모두는 지하실(hypogea)로서, 대부분 온 가족이 함께 사용하는 것으로 나타났다. 시신은 무덤의 안쪽 방을 향해 직사각형 모양을 한 바위에 들어가도록 자른 시체안치실이나 벽감(壁龕)에 안치됐다. 머리는 흙으로 만든 '쿠션' 위에 올려놓기도 하고, 몸에는 방부처리나 장식을 하지 않았다. 80개 이상의 그리스 묘비(본래의 자리에서 발견된 것은 극소수)는 유대인의 것일 수도 있지만 신원 확인은 늘 어렵다. 가장 오래된 비문은 기원전 117년으로 거슬러 올라가지만 대부분은 기원후 1세기에 속한다. 묘지의 크기와 무덤의 모양 모두로 보건대, 기원후 116-117년의 항쟁이 끝날 때까지 주민들은 그곳에 잘 정착했고 조직화됐을 것이다.

이집트의 다른 지역

비문과 도편, 파피루스, 매장품 등을 통해 나일강 삼각주(스케디아, 아트리비스, 니트리아이)의 많은 소도시와 마을, 그리고 이집트 중부와 파이윰(아르시노에, 알렉산드루 네소스, 옥시링쿠스, 헤르모폴리스 마그나, 퇴적지 엘-게벨)에서도 유대인 공동체가 있었다는 사실이 입증되고 있다.

그리스

그리스에서 나온 고고학적 증거는 기원전 2세기 이전의 것은 별로 없다. 델로스는 특히 중요한 역할을 하는데, 마카비1서 15:23은 기원전

334-335

140년에 그곳에서의 유대인 공동체의 존재를 말해준다. 기원전 2세기에 개인 주택으로 지어진 한 건물은 처음에는 기원전 2세기 후반에서 기원전 88년 사이에, 그 후 기원전 1세기에는 지방 의회당으로 다시 지어졌다. 이것을 회당이라고 식별할 수 있는 근거로는 테오스 휩시스토스(가장 높은 신)를 언급하는 대형 집회실과 5개의 헌당 비문, 그리고 인근에 기도(*proseuchē*)를 언급하는 또 다른 비문이 존재한다는 점이다. 근처에 있는 물 저장고는 정결 의식용 욕조로 사용됐을 수도 있고, 발견된 한 의자는 '모세의 자리'(마 23:2—역주)를 대표했을 수도 있다. 기원후 70년 이전의 팔레스타인 회당처럼 델로스의 의회당은 약간의 장식을 단 단순한 건축물이었다. 비문에 있는 '에피 프로세우케'(*epi proseuchē*)가 '기도의 집'으로 번역됐는지는 확실하지 않은데, 그것이 "기도/맹세의 (이행)"(*IJO* 1:227)을 의미할 수 있었기 때문이다. 이교도의 문양이 새겨진 몇 개의 등불도 집 안에서 발견됐다. 건물 자체는 다른 델로스 협회들(Delian associations)에 새겨진 패턴을 따랐는데, 그들의 구조물은 큰 기둥이 받치고 있는 지붕이 놓인 안마당과 대리석 의자를 가지고 있었다. 물질문화의 '혼합'에 관한 흔적으로 판단하면 이것은 유대인 공동체를 위한 회당(만일 그렇다면 이것은 디아스포라에서 발굴된 가장 이른 회당일 것임) 또는 이교도 협회의 집회장이었을 것인데, 현재 이 두 대안은 모두 동일한 가능성을 가지고 있는 것으로 보인다.

회당일 가능성이 있는 건물 근처, 아직 발굴되지 않은 건물에서 나온 두 개의 비문은 유대인 공동체만이 지중해 동부에 퍼진 것이 아니라는 것을 보여주는데, 사마리아인 공동체도 그렇게 확산됐다. 흥미롭게도 델로스에 존재했던 사마리아 공동체가 스스로를 '거룩한 성소 아르가리짐에 경의를 표하는 델로스의 이스라엘인'이라 칭했고, 그들은 자신들이 모이는 건물을 기도처(*proseuchē*)라고 불렀다. 기원전 88년 이전에 새겨진 비명(碑銘) 두 개가 델로스의 가라앉은 섬 레나이아에서 발견됐다. 각각은 한 여성의 폭력적인 죽음을 언급하고, '테오스 휩시스토스, 영혼들과 모든 육체의 주인'을 불러 '신의 천사'를 보내어 그 죄에 대한 복수를 해달라고 요청한다. 여기에 사용된 용어는 유대교적인 분위기를 보여주는 것 같다.

그리스의 다른 곳에서 발굴된 증거는 드물다. 기원전 2세기 아테네 출신 아나니아스의 아들 '심(므)온'(Sim[e]on)이라는 한 인물을 언급하는 비문의 연대 설정은 논쟁거리다(*IJO* 1:156-57). 특히 흥미로운 것은 기원전 163/162년과 158/157년에 각각 만들어진 델포이에 있는 아폴로 신전의 다각형 벽에 새겨진 두 개의 비문이다. 이 비문들에는 '유다이오스'(Ioudaios)라고 불리는 남자 노예와 안티고네라는 여자 노예의 해방이 기록되어 있다. 기원전 2세기부터 1세기까지 델포이의 또 다른 비문에서 핀다로스의 아들 유다이오스는 자신의 노예 아뮌타스를 해방(*IJO* 1:173-76)한다고 기록되어 있다. '유다이오스'('유대인' 또는 '유대아인')를 언급하는 가장 오래된 해방 비문은 오로포스의 암피아레이온이라는 신전에서 유래됐으며, 연대는 기원전 300년에서 250년까지로 거슬러 올라간다. 여기서 모스키온의 아들 모스코스는 암피아라오스와 휘기에이아라는 신들이 보낸 꿈에 복종하여, 그에게 무명의 주인으로부터 그의 해방을 기록한 비문을 세우라고 명령했다(*IJO* 1:177-80). 야소스의 비문에는 예루살렘 출신의 야손의 아들 니케타스라는 인물이 이름 모를 이교도의 축제를 위해 100드라크마를 함께 기부한 두 명의 메토이코이(*metoikoi*: 거주 중인 외국인) 가운데 한 명으로 적혀 있다. 니케타스가 정말 유대인이었다면, 기원전 150년 이후로 연대가 추정되는 이 비문은 유대인들이 공공

336

의 삶에 참여했다는 사실을 기록하는 셈이다. 기원전 1세기 초까지 거슬러 올라가는 야소스의 또 다른 이름 목록에는 유다와 야손의 이름이 언급되기 때문에 유대인도 포함될 수 있다(*IJO* 2:129-31). 기원후 123/24년으로 추정되는 스미르나의 후원자 목록에는 '옛 유대인 집단'이 1만 드라크마를 주기로 약속했다고 언급되어 있다. '당시의 유대인들'(*hoi pote Ioudaioi*)이라는 문구는 독특하고 수수께끼 같은 표현이다. 그것은 유대아에 살았거나 유대교의 배교자들이었던 스미르나의 주민들을 가리키는 것인가? '유다이오스'(*Ioudaios*)라는 용어는 출신 지역과 종교 집단 양자 모두를 표현할 수 있다. 또한 이 문구가 비문을 의뢰한 시 공무원(*IJO* 2:177-79)이 자기 이름을 표현한 것인지 아니면 스미르나에게 적용한 표지인지는 불명확하다.

소아시아

소아시아에서 성장하고 있었던 유대인 공동체에 관한 기록의 경우, 우리가 가진 자료는 기원후 2세기 이전의 문학적인 문서가 전부다. 지금 우리가 보존하고 있는 고고학 자료가 이만큼 파편적이라는 것은 무엇보다 아쉽다.

헤롯 시대의 팔레스타인(기원전 40년-기원후 39년)

하스몬 시대와 헤롯 시대를 분리하는 것은 상당히 인위적이며, 분리한다 해도 고고학적 범주보다는 역사적 범주를 따르게 된다. 여러 가지 측면에서 헤롯 시대의 물질문화는 이전 시대의 물질적 발전과 발명에

336-337

기초할 뿐만 아니라, 이것들을 강화시키고 차별화시킨다.

헤롯의 거대한 건축 사업은 그를 지중해 동쪽에 있는 동료 섭정자들 가운데 최고의 지위에 올려놓았다. 흔히 그의 건축은 3단계로 구별된다. 제1단계는 기원전 40년 그의 즉위부터 기원전 31년 악티움 전투에 이르기까지 계속됐으며, 요새(알렉산드리온과 마케루스, 마사다는 개축, 안토니아와 휘르카니아, 키프로스는 신축)와 궁전(여리고에서 첫 번째 궁전인 마사다의 서쪽 궁전, 그리고 아마도 칼리로에 궁전)을 구성했다.

2단계는 악티움 전투가 일어난 때부터 아우구스투스의 친구 마르쿠스 빕사니우스 아그립파가 기원전 15년에 유대아를 방문할 때까지 계속됐는데, 헤롯의 건축 프로젝트 중에서도 그 수가 가장 많고 규모가 컸다. 군사용 건축물은 줄어들었고, 점점 도시와 궁전, 오락과 이방인을 위한 건물을 통해서 왕국을 발전시키는 데 주력했다. 헤롯은 예루살렘에 극장과 원형극장을 건립한 후 세바스테와 헤로디움, 카이사레아 마리티마를 건설하고 파네아스에 성소를 짓고, 자신의 궁전을 예루살렘에 그리고 여리고의 제2의 궁전과 마사다의 북부 궁전을 건설하고 예루살렘 성전을 확장하기 시작했다.

헤롯의 건설 사업의 3단계는 아그립파가 방문하던 때부터 기원전 4년 헤롯이 사망할 때까지 이어졌다. 이 단계에서 새로운 강조점은 거의 나타나지 않는다. 2단계에서 시작된 많은 건설 사업이 계속됐다. 더 보완된 계획으로 예루살렘에 있는 다윗의 무덤을 장식하고 트라코니티스와 바타네아의 군사 식민지의 기반을 세웠고, 여리고에 제3의 궁전을 건설하고 마사다에 포대의 방어벽을 추가했다. 마므레와 헤브론의 은신처와 파사엘리스, 안티파트리스, 리비아스와 같은 도시를 세웠던 것이 2단계에 속하는지, 아니면 3단계에 속하는지 확실하지 않다. 헤롯은 팔레스타인에서 진취적인 사업을 벌였을 뿐만 아니라 이 지역을 열렬하게 후원했으며, 지중해 주변 여러 곳에 돈을 기부하거나 건물을 짓도록 위탁했다.

헤롯의 아들들은 비록 규모는 작지만 기꺼이 아버지의 건축 사업을 따랐다. 아르켈라오스는 남부 요르단 계곡에서 대추야자나무 숲을 더 잘 이용하기 위해 아르켈라이스를 설립했고, 갈릴래아에서는 안티파스가 세포리스를 재건했다. 이와 함께 그는 기원후 18년에 티베리아스를 자신이 거주하는 두 번째 도시로 건설했으며, 필립포스는 벳세다를 율리아스로 재건했다.

헤롯의 건축 양식

헤롯의 건축 양식은 그의 기민한 정치적 감성과 다민족이라는 자신의 왕국의 속성을 반영했다. 그는 유대인들이 주로 거주하던 지역에서 공적으로나 사적으로나 거의 어떤 경우에도 조형 미술의 사용을 피했다. 여기서 그는 하스몬 시대의 물질문화를 새로운 절정으로 끌어올렸다. 이 조형물 사용 제한과 함께 건축과 장식을 통한 대안적인 표현 양식을 개발하고 강화하는 것이 병행됐는데, 이는 이미 하스몬 시대에 시작됐다. 새로운 스타일은 이전과 같이 팔레스타인 밖에서 수입된 동시대의 건축과 장식 모델이 없다면 상상도 할 수 없다.

헤롯의 건축가들은 경마장(*hippodromes*)과 원형경기장, 로마식 목욕탕, 돔, 아치, 둥근 천장, 트리클리니아(*triclinia*: 삼면에 긴 의자가 있는 식당), 정원, 페리스타일 법정(열주로 둘러싸인 법정), 대형 양어지(물고기가 사는 연못) 등의 건축 유형과 모델을 개작했다. 마사다와 마케루스, 헤로디움에 있는 거대한 요새, 여리고와 예루살렘의 궁전, 세바스테와 카이사레아와 같은 도시들은 토대를 바깥쪽을 향해 대각선으로 배열한 피라미드 블록을 사용하는 등, 로마식 콘크리트(*opus reticulatum*)를 포함한 새로운 형태의 성벽 건축 양식을 보여준다. 다채색의 성상(聖像) 없는 모자이크와 사원의 건축 요소에서 나타나는 섬세한 기하학적 무늬는 기원전 1세기 헬레니즘과 로마식 장식무늬에 기초했지만, 단순히 이것들을 모방하지는 않았다. 헤롯 시대의 그림에서도 같은 경향이 뚜렷하게 나타나는 것 같다. 여기에는 이탈리아 출신 장인들이 그 벽의 일부를 그렸다는 증거가 있다. 예루살렘 상부 도시의 모자이크와 요데팟과 감라의 벽화에서와 같이 많은 새로운 스타일이 왕궁 밖에서도 출현했다.

헤롯이 지은 성전은 헬레니즘과 토착 전통이 복합적으로 혼합된 좋은 사례에 해당한다. 예루살렘 성전 경내의 일반적인 배치도는 헬리오폴리스(바알벡)와 다마스쿠스, 팔미라에 있는 동시대의 다른 성소들과 유사하다. 거대한 토대를 주변에 배치한 포르티코(porticoes: 기둥이 받치고 있는 현관 지붕—역주)와 주랑(柱廊)은 최고의 그리스 양식을 따랐으며, 구불구불하고 장미 모양의 리본을 단 꽃무늬가 있는 호화로운 클래식 장식을 채용했다. 그 안에 감추어진 성소는 수천 명의 순례자들과 수십 명의 종교 관료들을 위한 공간과 수많은 시설들을 제공했다. 성전 자체는 수세기 동안 동양적인 방식으로 지어졌지만, 성소 전체는 헤롯이 당대에 통용되던 문화를 활용하고 있음을 반영한다.

헤롯의 관점은 마므레와 헤브론, 파네이온에 있는 전통적인 셈족 제의 장소의 홍보와 그 건축 장식에서도 엿볼 수 있다. 마므레와 헤브론에서는 옛 제의 시설들이 기념비적인 벽으로 둘러싸여 있었는데, 이 벽은 예루살렘의 성전 기단과 같은 스타일로 만들어졌다. 파네이온에서는 전통적인 동굴 성소가 그 동굴 바로 앞의 신전 건물로 장식됐다.

338–339

정착 활동

헤롯 시대는 정착 활동이 강화되어 인구의 증가를 가능하게 했다. 갈릴래아 지역의 발굴조사를 통해 비잔틴 시대 이전의 가장 많은 주민의 정착이 불과 기원후 수십 년의 기간 동안에 진행됐음이 드러났다. 사해 주변 지역도 마찬가지라고 말할 수 있다. 여기에 낡은 구조물이 확장되고(쿰란) 새로운 구조물(에인 페쉬카)이 추가됐다. 완전히 새로운 정착지(예, 리비아스, 칼리로에)는 기반시설의 격차를 메웠다. 칼리로에와 여리고 등 가장 호화로운 궁전조차 고립된 건물로가 아니라 대규모 단지로 통합되어 있었다.

쿰란

가장 유명하고 논란이 되는 장소 중 하나는 키르벳 쿰란으로, 사해 서쪽 해안의 여리고에서 남쪽으로 약 15km 떨어진 곳에 위치해 있다. 1949년에서 1956년 사이에 롤랑 드 보(Roland de Vaux)에 의해 발굴된 이곳은 얼마 되지 않아 근처 동굴에서 이미 1946/47년에 발견된 두루마리들과 연관된 엣세네인들의 집단 정착지로 확인됐다. 그다음 10년 동안 더 많은 동굴과 두루마리가 발견됐다. 부지의 층위에 대한 상세한 보고와 발굴물이 완전하게는 제시되지 못했기 때문에, 건물의 역사와 사용 단계가 아직은 그렇게 명확하지는 않다. 하지만 많은 학자들은 다음과 같은 연대기에 동의한다. 기원전 약 630년에서 580년까지 지속된 제2철기시대에 정착한 초기 단계 이후, 기원전 100년경부터 시작되어 기원전 9/8년경까지 또는 그 직후까지 2단계로 정착하여 지속적으로 사용됐다(제1기). 그 후 잠시 사용하지 않다가, 기원전 4년경부터 기원후

68년 로마인들에 의해 파괴될 때까지 그 장소는 다시 정착지로 사용됐다(제2기). 그 후 소규모의 로마 수비대가 기원후 73년 또는 74년경까지 쿰란에 주둔했다(제3기).

더 논란이 되는 것은 제1기와 제2기 동안 이 정착지의 기능에 관한 것이다. 대부분의 학자들은 이러한 단계 동안 엣세네 소종파 공동체가 쿰란에 거주했다는 드 보의 견해를 어느 정도는 받아들이지만, 주요한 소수 학자들은 쿰란을 사해 지역의 경제 인프라 일부로 간주한다. 엣세네 가설을 옹호하는 사람들은 그것이 종교 공동체 중심지로서 사용됐다고 주장하는 근거로서 다음과 같은 사항을 지적한다. 부지의 몇 가지 특징으로, '미크베'(정결 욕조)로 보이는 많고도 큰 계단식 물 저장고, 두루마리와 다른 귀중품을 저장하는 데 사용된 것으로 보이는 독특한 모양의 원통형 항아리, 필사 활동을 나타내는 많은 수의 잉크통, 코셔 공동 식사를 암시하는 동물의 뼈 화석, 천 개 이상의 접시가 보관된 공동 식당, 의식적으로 정결한 도기 생산을 위한 가마가 놓여 있는 수많은 작업장, 공동체가 대대로 사용했다고 가정하지 않으면 설명하기 어려운 근처의 큰 공동묘지 등이다. 엣세네 가설을 지지하는 사람들도 두루마리를 가진 근처의 동굴을 지적하는데, 이 두루마리 몇 개는 플리니우스와 필론, 요세푸스가 묘사한 엣세네를 닮은 소종파 집단의 신념과 관습을 묘사하고 있다.

최근 몇 년 동안 학자들은 이 정착지가 어떤 용도로 사용됐는지에 관해 몇 가지 의견을 제시했는데, 군사 요새와 지방 별장, 상업용 화물 집산지, 요새화된 농장 또는 다양한 유대인 집단이 사용하는 정결 제의 중심지 등이다. 이런 제안을 하는 대부분의 사람들은 두루마리들과 이 정착지 사이에 어떤 관계가 있었는지 의심하고 있다. 그들 중 일부는 쿰란의 도자기 목록이 독특하지 않으며 정착지의 배치와 위치, 근처 묘지 등 모든 사항이 종교 공동체의 특성을 갖지도 나타내지도 않는다고 주장한다.

에인 페쉬카

쿰란에서 동쪽으로 불과 2km 떨어진 오아시스에 에인 페쉬카가 위치해 있다. 도기 자료에 의하면 이 정착지가 쿰란 제2기와 동시대였고, 그것과 마찬가지로 68년에 파괴됐다는 것을 알 수 있다. 에인 페쉬카는 농촌의 맥락에서 어떻게 전통적인 건축이 이어지고 있었는지를 보여주는 좋은 예다. 직사각형 안뜰은 사방이 방들로 둘러싸여 있었고, 가공 대추나 발삼을 위한 산업 시설이 바로 북쪽에 있었으며, 마구간은 남쪽으로 배치되어 있었다. 루임 엘-바르와 콰스르 엣-투라베, 키르벳 마진 등 다른 부지들은 쿰란 부근 정착지가 기원전 100년에서 기원후 68년 사이에 집중적으로 사용됐음을 보여준다.

회당

우리는 헤롯 시대에 팔레스타인에서 가장 오래된 회당들을 발견한다. 감라의 회당은 헤롯 시대보다 약간 앞서 있지만, 키르얏 세페르와 호르밧 에트리의 회당과 마사다와 헤로디움에 건립된 회당은 헤롯 시대 또는 그 이후의 회당이다. 여리고의 '회당'의 성격은 불확실하다. 이 건물 중 어느 것도 비문을 통해 회당이라고 명시적으로 식별되는 것은 없기 때문에, 그것들이 무엇인지 확정하는 것은 형태와 기능성에 근거한 추측의 문제다. 모든 구조물은 다양하게 공유된 건축적 특징을 가지고 있다. 긴 홀은 열주(列柱)로 나누어서 중앙의 회중석을 이루고 있는

데, 회중석은 주변의 통로와 네 벽을 따라 계단식 벤치를 가지고 있다. 유대아에 있는 회당에 대한 가장 초기 비문 자료는 오펠산과 연관된 맥락에서 발견된 그리스어로 된 건물 비문이다. 건물 자체의 유적은 아직 남아 있지 않지만, 연대가 기원후 1세기 첫 십 년으로 거슬러 올라가는 이 비문은 회당의 헌정자인 테오도토스라는 사람을 다음과 같이 명명한다.

> 베타노스의 아들 테오도토스는, 제사장이자 회당장(*archisynagōgos*)으로서, 회당장의 손자인 회당장으로서, 토라를 읽고 계명을 가르치기 위해 회당을 지었다. 또한 쉼터와 방, 궁핍하고 낯선 사람들을 머물게 하기 위한 수도 시설(water installation)을 위해 회당을 지었다. 이러한 행동의 기초는 그의 조상들, 장로들, 그리고 시모니데스에 의해 놓였다.

석기

미크베(*miqva'ot*)와 회당 외에 유대교 경건과 연관된 두 가지 다른 형태의 물건이 기원전 1세기 후반에 사용됐는데, 바로 석기와 납골 묘지들이 그것이다. 현재까지 고대 팔레스타인의 60개 이상의 유적지에서 석기들 나왔다고 알려져 있다. 이것들은 기원전 50년경에 예루살렘에서 처음 출현하여, 그 후 제1차 항쟁이 일어나기 직전까지 수십 년 동안 정점에 이르렀고, 바르 코흐바 항쟁이 일어나기 전까지 쇠퇴하면서 점점 더 다양한 형태로 시장에서 유통되다가 기원후 150년 이후에 사라졌다. 가장 널리 사용됐던 것은 손잡이가 달린 작은 항아리(때로는 뚜껑이 있는 경우도 있음)와 회전하는 선반 위에서 부드러운 석회암 덩어리를 돌려 만든 둥근 덩어리 같은 그릇이었다. 원재료를 특히 예루살렘 근처와 나사렛 부근에서 쉽게 찾을 수 있었기 때문에 이 두 곳은 그런 그릇 생산의 중심지 역할을 했다. 기원전에서 기원후로 바뀌는 시대에 예루살렘의 공방 목록에는 쟁반과 테이블 윗면, 장식 요소, 작은 기둥, 해시계 등 화려한 헬레니즘 대리석 기구를 모방한 대형 분화구 모양의 그릇들이 추가됐다. 기원전 1세기와 기원후 1세기경에 단순한 석기 그릇들이 급속하게 퍼져 있었다고 생각할 수 있다. 비록 유대아가 더 엄격한 정결 규정의 영향을 받기는 했으나, 그 당시 점점 증가하던 석기 제조 분야의 모든 생산물을 종교적 취향이나 관습과 연결시키는 것은 무리일 것이다. 대다수의 제품들이 단순히 유행을 따랐고 실용적이었으며, 시장의 수요에 걸맞는(시장의 수요를 충족시키는) 충분한 양이 유통될 수 있었다.

납골묘

납골묘는 석회 산업의 또 다른 산물이다. 그것들은 예루살렘을 시발점으로 하여 1세기 후반 수십 년 동안에만 사용되기 시작했는데, 유대인 1차 항쟁 직전에 정점에 달하다가 기원후 2세기에 점차 사라졌다. 예루살렘에서 발견된 납골묘들 대부분은 장식이 되어 있지 않지만, 여리고에서 발견된 납골묘들은 대부분 장식이 되어 있다. 후자는 건축과 기하학, 식물 문양으로 장식됐다. 가장 빈번하게 사용된 장식 유형은 두 직선 내에서 일련의 지그재그 선들을 새기거나 목각 작업으로 완성한 제품이다. 위에서 언급한 바와 같이 몇몇 납골묘에는 고인의 이름이 새겨져 있으며, 때로는 고인의 출신지나 직업에 대한 세부 사항이 덧붙여지기도 한다.

메노라

유대교 문화와 정체성의 가장 두드러진 상징 중 하나는 메노라, 즉 일곱 갈래의 촛대다. 원래 제2성전 내부 비치품의 일부였던 메노라는 다른 맥락에서도 사용됐다. 메노라 신전의 유일한 고고학적 증거는 로마의 티투스 아치(Arch of Titus)에 있는 유명한 부조다(기원후 81년). 여기서 제사용 빵을 올려놓는 테이블과 트럼펫을 포함한 전쟁의 전리품들과 함께 묘사된 촛대는 로마 군대의 승리의 업적으로 장식됐다. 그러나 메노라의 가장 오래된 묘사는 헤롯 시대 직전까지 거슬러 올라간다. 하스몬 가문의 마지막 왕이자 대제사장이었던 맛타티아스는 헤롯에 대항하여 투쟁하면서 그의 사제 혈통과 통치의 정당성을 강조하기 위해 가장 두드러진 제례용 물건으로 동전을 주조했는데, 뒷면에는 메노라를 앞면에는 제사용 빵을 올려놓는 테이블을 새겼다. 후에 메노라는 방의 벽(예루살렘에 있는 상부 도시의 집 벽에서 가장 유명한 것은 기원후 1세기의 것으로 추정)과 성전 근처에서 발견된 해시계의 벽(원래는 알 수 없지만 기원전/후 1세기로 추정), 무덤들(기원전 30년경에 유래한 야손의 무덤의 현관 동쪽 벽), 납골묘들(이 중 하나는 여리고에 있는 골리앗 가족 무덤에서 나온 것), 그리고 나할 미크마스의 피난 동굴에 있는 물 저장고의 벽에 새겨져 있다. 이러한 맥락에서 볼 때 특별히 제의적인 성격을 지닌 것은 없다. 분명히 메노라는 유대교의 보다 일반적인 상징이 되어가고 있었다. 기원후 2세기 후반 이전에 그려진 메노라의 수는 매우 적으며, 티투스 아치에 새겨진 것 말고는 기원후 3세기 이전의 디아스포라에서 묘사된 사례는 없다.

유리 제품

헤롯 시대 팔레스타인은 초기 왕국의 안정된 정치적 상황에 힘입어 전례 없는 경제 성장과 번영을 누렸다. 결과적으로 국내에서 생산되거나 수입된 소품들은 매우 다양하게 확대됐다. 레바논 해안에서 온 유리와 시리아와 키프로스, 이탈리아에서 온 고급 수입 세공품들이 팔레스타인으로 점점 유입되어, 지역에서 전통적으로 생산된 도자기를 보완했다. 기원전 2세기 이후부터 지속적으로 유리그릇들이 주조됐는데 후에는 원통형 그릇으로 대체되어 팔레스타인으로 수입됐다. 불어서 만든 유리그릇은 기원전 1세기 말이나 기원후 1세기 초 페니키아 연안 어딘가에서 발명된 후 빠르게 확산됐다. 이탈리아에서 수입된 제품은 기원후 1세기 중후반 동안에 사용 가능하게 됐다. 그 유리가 1세기 거의 어디서나 볼 수 있었다는 것은, 그것이 곧 사치품으로서의 지위를 잃었고 꽤 흔한 상품이 됐음을 보여준다. 헤롯 시대부터 팔레스타인은 그의 왕국 전역의 유리 시장에 확고히 통합됐고, 팔레스타인의 주민들은 예루살렘 상부 도시의 '엔니온'(*Ennion*: 뜨거운 유리 덩어리를 주형에 불어넣고 부풀려, 그 안에 새겨진 모양과 패턴을 적용하는 방식을 처음으로 도입한 고대 로마의 유명한 유리 세공인—편주)식 원통형 유리 그릇들과 쿰란에서 발견된 이탈리아산 수입 유리 제품들과 같은 최신 유행하는 그릇들을 확보하는 데 거리낌을 보이지 않았다. 일부 일반 가정용 유리는 기원후 70년 이전에 예루살렘 상부 도시 주민들의 작업장에서 생산되기도 했지만(부는 도구 포함), 기원후 4세기 이전 팔레스타인에서는 대규모 유리 공장이 알려져 있지 않다.

동전과 도량형

동전과 도량형은 헤롯의 행정에 대한 중요한 증거를 제공한다. 어떤 한 그룹(Year 3 coins)을 제외하고 헤롯의 동전의 연대기는 모두 미확정으

343-344

로 남는다. 동전의 주조는 처음에는 세바스테에서 했으며, 그다음에는 예루살렘에서 이뤄졌다. 로마의 동전을 부분적으로 모방하는 새로운 이미지가 등장했는데, 그중에는 카두세우스의 지팡이(the *caduceus*: 뱀 두 마리가 감싸고 있는 날개 달린 지팡이), 아우구르(*augur*: 점술을 전문으로 하는 로마 제사장)의 제의용 모자, 아프라스톤(*aphlaston*: 고대 범요선 후미에 부채처럼 생긴 장식물) 등이 있었다. 그러나 때때로 이러한 이미지들은 반대로 전통적인 이미지로 만들어진 것들에 의해 균형을 이루기도 했다. 어떤 동전은 심지어 독수리를 보여준다. 헤롯의 예루살렘 조폐(造幣)국은 성전이 완공된 후 티레의 은 세겔을 모방했을 가능성이 높다.

특히 중요한 것은 유대인 구역의 집들 중 하나에서 출토된 돌무더기에 새겨진 아람어 비문이다. 이것은 '바르 카트로스'(Bar Kathros)를 언급하는데, 미쉬나 페사흐(57:1)에 따르면 이것은 국민을 억압했던 4명의 대제사장 가족 중 한 사람의 이름인 것 같다.

비문 및 묘비명

공공 및 민간 부문에서 사용됐던 비문의 숫자는 헤롯 시대에 비약적으로 증가했다. 이 같은 상승세는 헤롯 자신, 특히 그의 건축 활동이 활발해진 데 기인하는 것이 분명하지만, 특히 매장과 관련된 민간 부문에서 두드러지는데, 유골 단지의 3분의 1에 비문이 새겨져 있다.

많은 비문들은 예루살렘 성전 예배의 면모를 보여주고 있다는 측면에서 특히 주목할 만하다. 그것들 중 한 개는 성전 산 위의 기단(基壇)에 세워져 있었고, 이스라엘 자손들에게만 허락된 성전 안뜰에 들어가려는 모든 이방인들은 죽을 것이라고 경고하고 있다. 요세푸스는 그러한 경고가 그리스어와 라틴어로 새겨져 있었다고 보고한다(『유대 전쟁사』 344-345

5.194; 『유대 고대사』 15.417). 그리스어로 된 비문의 표본은 1896년에 발견됐고, 1935년에 두 번째 조각이 발견됐다.

1968년 성전 산 남쪽의 물 저장소를 채운 잔해에서 또 다른 파편적인 비문이 발견됐다. 그것은 그리스어로 '로데스의 … 아케손의 아들 [스]파리스'([S]paris son of Akeson ... in Rhodes)라는 이름이 새겨져 있다. 그는 헤롯 제20년(기원전 18-17년)으로 추정되는 해에 액수를 알 수 없는 드라크마를 한 층을 짓는 건축비로 기부했다. 이 비문은 파편적인 상태지만 디아스포라 지역에서 개인의 기부가 성전을 건립하고 장식하는 데 어느 정도 기여했다는 사실과, 기부자들이 꼭 유대인이어야 할 필요는 없었다는 것을 보여준다.

발굴자 벤자민 마자르는 그 단편에서 불완전한 상태로 발견된 사각 문자로 쓰인 세 번째 비문을 '[안식일을 선]언하기 위해 나팔을 부는 장소'(*lby htqy'h lhk*)라고 판독한다. 또 다른 단편에는 히브리어로 된 '장로들'(*zqnym*)이라는 글자만 판독 가능하다. 그러나 또 다른 글자는 고대-히브리어 문자(*bn*이라는 단어만 판독할 수 있음)로 쓰인 것으로 옴미아드 왕조층(Umayyad floor: 옴미아드 왕조는 기원전 750-661년에 다마스쿠스를 통치함—역주) 아래의 복원 부분에서 발견됐다. 이것은 고대-히브리어가 여전히 예루살렘 제2성전에서 기념비적인 비문에 사용됐음을 나타낸다. 고대-히브리어의 사용이 특별한 정치적 혹은 이념적 의도를 반영하는지는 말할 수 없다. 두 경우 모두 비문의 재료는 그리스나 이탈리아에서 수입한 대리석이었다.

묘비명은 제2성전 시대 예루살렘 공동체에 대한 통찰력을 제공한다. 그들 중 많은 것은 필사체로 히브리어로 쓰여 있으며, 어떤 것은 아람어로 또 어떤 것은 네모 문자로 쓰여 있고, 또 다른 것은 고대-히브리어로 쓰여 있다. 성전 산 남쪽 아켈다마 매장지에서 발견된 여러 개의 유골들은 그리스어도 사용됐음을 증명한다. 무덤 정문에 기록된 기념비적 비문들은 지금도 드물지만, 일반적인 비문은 많고 교훈적이다. 그들 중 대다수가 고인의 직업이나 출신을 언급하고 있으며, 또한 많은 비문들은 디아스포라 유대인들이 예루살렘에 묻히기를 원했음을 증명하고 있다. 납골묘의 몇몇 이름들은 신약성경에서 알려진 예수의 형제 야고보(출처를 모르며 논쟁이 심함), 니코데모스, 카야파스로 확인됐다. 다른 이름들은 알려지지 않은 개인들로서 '성전 건축가 시몬'은 분명히 성전에서 일했던 장인 중 한 사람이었을 것이고, '정문을 만든 니카노르', 그리고 십자가에 달린 기브앗 하-미브타르 출신의 예호하난이다. 묘실에서 나온 가장 긴 비문은 예루살렘 근교의 하-미브타르 기브앗에서 나온 것이다. 이것은 무덤 입구 맞은편 벽에 세워져 있으며, 고대-히브리어 문자를 사용하여 아람어로 쓰여 있었다. 이 글은 매우 특별한데, 처음으로 여기에는 고인을 매장한 사람이 새겨져 있다.

> 나, 아론 대제사장의 아들 엘리아자[르]의 아들 압바, 예루살렘에서 태어나 압제받고 쫓기던 자로서 바빌로니아로 망명하여 (매장을 위해) 떠밀려온 나, 유드[아]의 아들 마타티[아] 압바는 법적으로 매입한 동굴에 그를 묻다.

초기 로마 시대의 디아스포라

팔레스타인에 비해 기원전 1세기부터 기원후 1세기까지 디아스포라에서의 유대인의 삶에 대한 고고학적 증거는 희박하다.

비문

기원전 1세기 아카이아와 이오니아에서는 디아스포라의 그리스어 비문의 수가 늘어났다. 기원전 37년에서 27년 사이에 아테네 사람들은 헤롯 왕(필로로마이오스[로마인의 친구]와 필로카이사르[카이사르의 친구])에게 은덕(*euegersia*)과 호의(*eunoia*)를 위해 적어도 두 개의 비문을 써서 그를 예우했다. 델포이의 아폴로 신전의 입구(*propylon*) 어디엔가 '아테네 민족과 그 섬들에 사는 사람들'이 '헤롯 왕의 아들 분봉왕 헤롯'(Tetrarch Herod Antipas)을 기리기 위해 비슷한 비문이 세워졌다. 분명히 헤롯 가문은 아폴로에게 특별한 호감을 보였다. 유스투스라는 티베리아스 출신의 안드로마케의 아들은 기원후 1세기나 그 이후 펠로폰네소스에 있는 타에나룸의 비문에 언급되어 있다.

유대인들은 디아스포라에서 팔레스타인 특히 예루살렘으로 이동할 뿐만 아니라 그 반대 방향으로도 이동했다. 제국 초기의 스미르나(서머나)의 그리스 비문에는 루시우스 롤리우스 유스투스라는 '스미르나 사람들의 학자'(*grammateus tou en Zmyrnē laou*)가 언급되어 있다. '라오스'(*laos*, "사람들") 라는 단어는 유대인을 지칭할 수도 있지만, 3음절로 이루어진 이름 유스투스로 미루어 볼 때 그는 로마 시민이었다. 기원후 1세기 동안 이집트에서 온 유대인들은 북아프리카에 자취를 남기기 시작했던 것 같다. 이에 대한 증거는 베레니케에서 온 유대인의 명예를 기리기 위한 키레나이카에 있는 두 개의 비문에서 나온다. 비록 문학적인 증언을 통해서 적어도 기원전 1세기 이후부터 유대인들이 로마에 살았다는 것은 의심할 여지가 없지만, 고고학적 증거는 드물다. 대부분의 카타콤 연대는 기원후 2세기에서 4세기까지 거슬러 올라간다.

회당

기원후 1세기 디아스포라 회당에 대한 고고학적 증거는 오스티아(이탈리아 중부, 로마 서남쪽에 있는 소도시—역주)로부터, 그것도 좀 더 후대의 건축에서만 나온다. 벽을 따라 벤치가 놓여 있는 큰 방이 있는, 기원후 1세기 또 다른 회당이 프리기아의 아크모니아에 존재했다는 사실이 이 건물의 비문에 의해 증명되고 있다. 이 회당의 사회-역사적 의미는 예루살렘에서 출토된 유명한 테오도토스 비문과 비교할 수 있다. 그 비문에는 다음과 같이 적혀 있다.

> 종신직 대회당장(*archisynagōgos*) 튀로니오스 클라도스와 루키우스의 아들 대회당장 로키우스와 집정관(*archōn*) 포필리우스 조티코스는 율리아 세베라가 지은 집을 신도들의 도움과 자신의 재산으로 복구했다. 그들은 도색된 벽과 천장, 복구된 창문의 안전장치와 다른 모든 장식을 설치했다. 신도들은(*synagogē*) 금박을 입힌 방패를 수여하여 그들에게 영예를 돌렸다(*IJO* 2:348-555).

초대 회당의 후원자인 율리아 세베라가 기원후 1세기 인물이기 때문에 원래의 회당도 이 시대에 속할 것이다. 이 회당의 보수 작업은 기원후 2세기 또는 3세기에 진행됐을지도 모른다. 그러나 율리아 세베라와 이 여인의 가족은 종종 아크모니아(Acmonia: 프리기아 지역의 도시—역주)의 황제 숭배와 연관되어 언급되고 있고, 또 율리아 자신은 사제 역할을 했기 때문에 유대인이었을 가능성은 낮다. 그들의 이름으로 미루어 볼 때, 두 회당장과 집정관은 로마 시민이었다. 귀한 방패로 은인을 기리는 것은 그리스 도시에서는 드문 일은 아니었지만, 회당과 관련하여 다른 곳에서는 찾아볼 수 없는 일이었다. 대부분의 디아스포라 회당들은 로마 시대 후기, 즉 기원후 2세기 후반이나 3세기 후반까지로 그 연대가 추정된다. 소아시아는 다시금 고고학적 자료에서는 대표할 만한 것이 없다.

제1차 봉기 이전의 팔레스타인(기원후 약 6-66년)

팔레스타인에 대한 로마의 직접 통치는 아르켈라오스가 자신의 민족 국가인 유대아에서 추방되고, 대신 기원후 6년에 기마부대장 정도의 지위를 갖고 있던 행정관이 통치하면서 시작됐다. 그때부터 카이사레아 마리티마는 당시 하위 행정관, 곧 유대아의 사령관(*praefectus Iudaeae*) 아래서, 현재 시리아에서 대부분 독립된 소단위였던 곳의 수도로 기능했다. 헤롯 대왕 왕국의 다른 지역들은 이곳의 통치자 안티파스와 필립포스가 죽은 후에야 로마의 직접 통치하에 들어왔지만, 유대아에 복속되지는 않았다. 기원후 41년에서 44년에 이르러서 유대인 왕 아그립파 1세 치세하에서야 비로소 이 모든 지역은 다시 통합됐다.

로마인의 것으로 확실히 귀속될 수 있는 유물과 유적은 거의 없으며, 그중 대부분은 비문이나 카이사레아 마리티마와 예루살렘의 수로와 같은 기반 시설과 관련된 건설 사업에 관한 것들이다. 카이사레아는 헤롯 대왕 이후로부터 제1차 항쟁 이전의 건축 활동을 관찰할 수 있는 유일한 도시다. 행정관은 아마 경마장(*Hippodrome*)에서 멀지 않은 헤롯의 곶(串)에 있는 궁전에 거주했을 것이다. 행정 건물이 세워지고 아치형

지붕으로 된 대규모 저장고가 무역을 위해 건설됐다. 특히 유명한 것은 1961년에 발견된 명문(銘文)으로, 티베리우스에게 바쳐진 건물(아마도 등대)을 재건하는 본디오 빌라도(폰티우스 필라투스)를 다음과 같이 언급하고 있다: *Tiberieum [Pon]tius Pilatus [Praef]ectus Iuda[eae]*(티베리움 [폰]티우스 필라투스 유대아의 [사령]관). 이전에 헤롯 가문에 속했던 큰 영지(領地)는 당시 대부분 자유인이었던 황제의 행정장관들(*procuratores*)에 의해 관리됐다. 마사다에는 소규모 수비대가 배치되어 있었다.

제1차 봉기(기원후 66-73/4년)

66년 유대인 봉기의 발발로 인해 팔레스타인 유대교 문화에서 대부분 나타나는 종합적인 경향은 차단됐다. 저항 세력의 활동과 이념에 대한 고고학적 증거는 매우 분명히 드러나고 다양하다. 동전은 저항 세력의 이념과 효과적인 행정부를 세우려는 그들의 노력을 보여주는 직접적인 증거 역할을 한다. 유대인 주민이 반란에 동원됐고 도시들, 특히 북쪽의 도시들이 요새화됐다. 이 요새들 중 많은 요새들이 요세푸스에 의해서 전해 내려오고 있는데, 고고학적 기록에서 나온 것은 몇 가지에 불과하다. 이타비리온(타보르산)을 둘러싼 성벽과는 별도로 학자들의 관심을 촉발시킨 것은 특히 헤로디움과 마사다를 점령한 젤롯인들이다. 그들의 거점과 보급품은 66년에 모두 로마인들에게 점령됐다. 헤로디움과 마사다에서는 3면이 안락의자로 된 식당(*triclinia*)의 배치를 변경하거나(마사다) 벽 주위에 벤치를 추가하여(헤로디움과 마사다) 회당으로 개조했다. 마사다의 현무암 벽은 작업장으로 세분화됐고, 서쪽 궁전에는 본부 군인과 그들의 가족을 위한 거처가 설치됐다. 발굴자들에 따르면, 수많은 계단식 정결 욕조(*miqva'ot*)의 건설과 특별한 형태의 도기(동물의 배설물과 진흙을 섞어 만든 '거름 그릇')의 사용은 주민들의 정결에 대한 관심을 입증해 준다. 항쟁이 끝나갈 무렵 많은 사람들이 유대아 사막의 동굴로 도망치거나 지하 은신처로 피신했다. NEPWNIA CPFW … EIPHNOPOLI("네로니아스-세포리스, 평화의 도시")라는 투박한 명칭이 붙은 세포리스에서 나온 동전은 항쟁에 동참하는 것을 거부했음을 보여주는 흔치 않은 표시다.

고고학은 또한 로마의 직업군인의 전술과 기술을 자세히 들여다볼 수 있게 해주는데, 요세푸스의 글에 자세히 설명되어 있다. 로마군 전장을 가장 잘 보존하고 있는 고고학적 유적으로는 갈라진 감라(Gamla) 성벽과 파괴된 중앙 탑이 있으며, 포위작전을 실행했던 흔적으로는 나르바타, 요데팟, 마케루스, 마사다 등을 거론할 수 있다. 감라와 마사다에서는 화살촉과 칼, 노포(弩砲: 돌을 발사하는 무기—역주) 등의 무기, Y자 모양의 투석기 등 군사장비 일부가 발견됐다.

쿰란은 더 작은 정착지가 파괴된 대표적인 사례다. 드물지만 유대인 수비대원들의 유해가 오늘날 발굴되고 있다. 예루살렘에서 화재로 '소실된 집'(The Burnt House)에서는 다윗의 도시에서 발굴된 두 개의 두개골과 같이, 한 여성의 정수리 부분과 절단된 팔이 발견됐다. 그러나 마사다에서 야딘이 발견한 유명한 해골은 항쟁 이후 수비대에 거주한 사람들의 것이었다.

예루살렘 구(舊)도시 발굴은 거대한 파괴가 일어났던 징후를 보여준다. 포위 공격과 로마군의 습격으로 성소가 훼손됐다. 성전은 불길에 휩싸였고, 건물의 거대한 조각들이 기단(基壇)에서 굴러떨어져 성소의 서

348-349

쪽과 남쪽의 포장 도로를 뒤덮었다. 모든 상점이 파괴됐는데, 많은 상점들이 불탔던 흔적을 보이고 도시의 주택가 전체가 파괴됐다. 하부 도시에 있는 '소실된 집'과 상부 도시의 대저택(Palatial Mansion) 주변은 대대적인 파괴를 증언해 주고 있다. 그때부터 로마10군단(*Legio X Fretensis*)은 이 지역에서 로마의 이익을 지켰다. 로마인들은 유명한 동전 IVDAA CAPTA("함락된 유대아")와 티투스 아치, 콜로세움 같은 기념물들을 헌납하고 비문을 세우면서 승리를 자축했는데, 그중 일부는 로마와 예루살렘에서 발굴된 것으로 알려져 있다.

제1차와 제2차 봉기 사이의 팔레스타인(기원후 73/74-132년)

기원후 73/74년 이후 로마의 영향에 대한 고고학적 증거는 지속적으로 증가하고 있다. 기원후 2세기경 욥바와 니코폴리스에 대해서는 연구가 거의 이뤄지지 않았다. 네아폴리스는 훨씬 더 잘 알려져 있는데, 극장과 경기장, 텔 에르-라스에 있는 제우스에게 헌정된 신전과 그곳의 공동묘지 일부가 발굴됐다. 카이사레아 마리티마는 행정관이 주재하고 상업 중심지로 번창하면서 로마인의 존재감이 더욱 두드러졌다. 군인들은 새로운 수로를 건설하고 낡은 수로를 수리했다. 묘비나 전역증서는 황제의 로마10군단과 함께 많은 보충대가 이 지역에 주둔하고 있었음을 증명하고 있으며, 인물 연구와 행정에 관한 정보를 제공한다. 예루살렘 정복 후 유대아의 첫 총독인 섹스투스 루실리우스 바수스는 71-73년의 총독이자 헤로디움의 정복자였는데, 야파에서 예루살렘으로 가는 로마의 도로 아부 고쉬 부근에서 발견된 파편적인 건물 비문에 언급되어 있다. 루실리우스 바수스는 옴미아드 궁전의 기둥 지지대로 재사용된 이정표에도 이름이 새겨진 것으로 보인다.

예루살렘에서는 헤롯이 만들었던 많은 유적들이 점차 제거됐다. 성전 유적은 기단부터 완전히 소실됐고, 성소(*temenos*, "성전 경내")의 벽 상당 부분이 무너져 내렸다. 현재 아르메니아 구역에 있는 도시 서쪽의 헤롯 궁전은 로마10군단 진영이 주둔하기 위한 공간을 마련하기 위해 완전히 파괴됐다. 오펠/다윗의 도시의 일부분은 폐기장과 채석장으로 사용됐다. 다른 지역, 특히 북서부와 북동부 지역에서는 로마인들이 서서히 도시를 재건하기 시작했다. 로마 시대 예루살렘 외곽의 도기(陶器) 공장에서는 군단 도장이 찍힌 타일 등, 군대를 위한 건축 자재를 대량 생산했다. 성전 산 남서쪽 모퉁이에 있는 옛 상점에 지어진 빵집은 군인들의 입맛을 돋웠다. 로마 군인들은 그 지역에 장례법으로 화장을 도입했다. 예루살렘의 주민들은 점차 이교도로 채워졌지만, 이 도시는 기원후 130/131년까지 '히에로솔뤼마'(*Hierosolyma*)라는 옛 이름을 그대로 간직하고 있었다. 이방인 제의들이 기원후 70년 이후 이 도시로 유입되어 하드리아누스 치하에 진행된 2세기 이교화의 토대가 마련됐다. 두 봉기가 일어난 사이 수십 년 동안 이곳에 유대인이 살았다는 고고학적 흔적은 거의 없다. 후기 헤롯 시대부터 등장한 경향과 자극이 종종 이어졌는데, 예를 들어 2세기 초엽에 등불에 올리는 메노라가 처음 나타났고, 포도와 과일, 그리고 다른 상징들도 나타났다. 또한 이와 비슷한 디자인이 공동묘지에 사용됐다.

제1차와 제2차 봉기 사이의 디아스포라

제1차 봉기는 디아스포라의 직접적인 지지를 거의 받지 않았으며, 기원후 115/116-117년 트라야누스 통치 기간 동안 이집트나 키프로스, 키레나이카, 메소포타미아에서 일어난 파괴적인 항쟁은 팔레스타인에 거의 영향을 미치지 않았다. 이러한 봉기에 대한 고고학적 증거는 극히 드물지만 파피루스가 어느 정도는 암시를 주고 있다. 기원후 116년 6월 19일로 추정되는 날짜는 전쟁에 참가했던 장군 아폴로니오스가 새로운 무기 구입 요청을 했다는 것을 암시한다(P.Gissenses 47). 또 다른 것은 9월 초 아폴로니오스의 아내 알리네가 남편의 안전을 깊이 염려하고 있었다는 것을 보여준다(*CPJ* 2:436). 비문 자료는 유대인들이 성전과 그리스 시민들이 생활하는 또 다른 중심지를 공격했다는 것을 암시한다. 키레네의 아폴로의 성지에서는 목욕탕과 인접한 다른 건물들이 화재로 인해 무너졌다. 헤카테의 신전 또한 카이사리움과 제우스 신전과 마찬가지로 파괴됐다. 이집트에서 나온 파피루스는 봉기가 이 왕국의 광대한 지역에 퍼졌고 초기에는 유대인들이 승리를 거두었다는 것을 보여준다. 하지만 결국, 그 폭동은 유대인들에게 전면적인 재앙을 가져왔다. 이집트에서 유대인의 재산은 로마 정부에 의해 몰수됐다(*CPJ* 2:445, 448; P.Berolensis inv. 7440; P.Berolensis inv. 8143). 이집트와 리비아, 키프로스에서 유대인이 살았던 증거는 기원후 117년 이후 거의 자취를 감춘다.

많은 명문(銘文)들이 기원후 1세기 말과 2세기 초 유대인들의 삶을 일부 보여주고 있다. 흑해의 판티카피온과 파나고리아, 고르비아에 있는 기원후 1세기부터 2세기까지의 노예해방 비문에는 이 노예 해방의 후원자 역할을 했던 '유대인의 공동체'(때로는 '하나님을 경배하는 자'라는 구

350-351

절이 추가되기도 함)가 언급되어 있다(*IJO* 1:268-86, 2951). 그런 점에서 '기도의 집'(*proseuchē*)은 이교도 사원처럼 기능했다.

바르 코흐바 항쟁(기원후 132-135년)

요세푸스가 매우 상세히 기록한 제1차 봉기와 달리 제2차 봉기의 역사는 잘 알려져 있지 않다. 기원후 130년 하드리아누스가 그 유명한 동방 여행을 떠나 유대아를 거쳐 이집트로 향하자(카시우스 디오, 『로마사』 69.11.1), 많은 지방의 귀족의회가 황제를 기리기 위해 도시의 이름을 바꾸고 공공건물을 위탁하는 등 충성을 과시하는 기회를 가졌다. ANDITVS AVGusti IVDAEAE("아우구스투스의 유대아 도착")를 선포한 동전과 비문이 세워졌다. 히에로솔뤼마(*Hierosolyma*)는 아엘리우스 하드리아누스와 카피톨리나 트리아스를 기리기 위해 아일리아 카피톨리나로 개명됐다. 이와 함께 신전 기단(基壇)에 말을 탄 장수의 기둥이 세워지고, 다른 성소의 터가 놓이거나 새로 단장되며, 공공건물이 세워지거나 위탁되는 등 잘 알려진 일련의 건설 사업이 시행됐다. 동전은 새로운 도시의 탄생을 이렇게 알렸다: COLonia AELia CAPITolina CONDita("아일리아 카피톨리나 식민지 설립"). 이러한 많은 건축 프로젝트들이 시행 중이거나 완성되기도 전인 132년에 제2차 항쟁이 일어났다.

제1차 봉기에서처럼 동전은 유대인 저항 세력의 이념을 가장 현저하게 입증한다. 모든 동전은 모욕적인 이미지 표시를 삼갔지만 종교적인 함축이 뚜렷한 전통적인 이미지를 의도적으로 사용했다. 사원의 정면과 포도, 환호용 4종 재료(축제용 꽃다발, 씨트론 열매, 버드나무, 은매화), 사원

그릇, 야자수, 악기(수금, 하프, 트럼펫) 등이 그것이다. 고전적으로 전례가 있었던 유일한 상징은 화환이다. 동전의 표장(標章, titulature)은 예루살렘의 해방과 성전 및 제의의 회복에 대한 희망을 표현했다. 항쟁의 지도자 시몬 바르 코시바(Shimon bar Kosiba: '바르 코흐바'[Bar Kokhba]라는 별명은 '별의 아들'이라는 뜻으로 민 24:17을 따름)는 '이스라엘의 왕자(*naśi'*)'로 표기되어 있다. 이전의 봉기에서와 마찬가지로 봉기의 시작부터 연도가 계산됐다('구원'의 1-4년). 이 동전들은 청동과 은으로 주조됐고 사각형 또는 고대-히브리어 문자로 새겨져 있었다. 종종 로마 동전은 과하게 패여 있었다. 피난민들은 집에서 가져오거나 약탈한 귀중품(문서와 열쇠, 직물, 바구니, 동전)을 사해동굴에 숨겨놓았다. 청동 주전자 중 일부는 훼손된 이교도의 형상을 가지고 있었다.

초기에는 로마의 대항은 조직적이지 않았고, 봉기는 팔레스타인 중부 여러 지역을 통해 확산됐다. 봉기의 지리적 범위를 재구성하기 위해서는 매우 다른 세 종류의 고고학적 출처를 사용할 수 있는데, 반군의 동전 유통과 특징적인 은신처의 분포, 반군이 작성한 문서에 언급된 장소 이름이 그것이다. 봉기의 중심지는 분명 유대아 광야를 비롯한 유대아와 동, 서, 남쪽에 있는 유대인 인구가 많은 언덕 지역과 에인 게디였다. 파피루스에 관한 새로운 학문적 증거는 예루살렘이 적어도 짧은 기간 동안 저항 세력의 지배를 받았음을 암시하지만, 이것은 아직 동전 발굴로는 입증되지 않았다. 서부 트랜스요르단의 유대인 사회도 영향을 받았다. 갈릴래아에서 나온 물적 증거로는 아직 그 지역에서 항쟁이 적극적으로 일어났는지 여부를 판별하기에 충분하지 않다. 예루살렘 서쪽의 베타르에서 벌어진 마지막 전투는 고고학적 유적(포위 작전과 군사 장비)에 기록되어 있다.

유대인들에게 제2차 봉기의 결과는 아마도 제1차 봉기의 결과보다 훨씬 더 파괴적이었을 것이다. 유대아는 반항적인 유대인들의 이름을 기억에서 지워버리기 위해 '시리아 팔레스티나'(Syria Palestina)로 개명됐다. 히에로솔뤼마를 아일리아 카피톨리나로 재건하려는 계획이 실행됐다. 도시 북쪽(다마스쿠스 문[Damascus Gate])에 커다란 아치가 세워졌고, 2세기 후반에는 도시의 민간과 군사 영역을 구분하기 위해 또 하나의 아치(Ecce Homo Arch)가 세워졌다. 1975년 스키토폴리스에서 남쪽으로 12km 떨어진 텔 샬렘 근처에서 하드리아누스에게 청동 갑옷을 입힌 몸통 조각상이 발견됐는데, 이어진 발굴 결과(더 많은 청동 단편과 소년의 청동 머리, 파편적인 비문)는 어떤 특별한 승리를 축하하는 대단히 흥미로운 암시를 준다. 동상이나 비문은 모두 승리의 아치에서 나왔는데, 이것은 136년 초 전투가 끝난 후 원로원과 로마의 대중이 하드리아누스의 반란 진압 노력을 기리고, 유대아가 시리아 팔레스타인으로 재편된 것을 기념하기 위해 세운 것이었다.

살아남은 유대아 주민들은 남쪽으로는 다롬, 북쪽으로는 갈릴래아로 이주했다. 그곳에서 유대교 문화를 따르는 생활은 회당에서 기도하는 것과 종교법을 연구하는 것을 포함하는 새로운 유대교 노선을 따라 점차로 복원됐다. 회복과 관련된 물질적 흔적은 제2차 봉기가 진압된 후 한두 세대가 되어서야 나타나기 시작하기에, 이 연구의 연대기적 범위를 벗어난다.

헬레니즘화가 유대교 재건기에 끝나지 않고 랍비 등 학자로 구성된 새로운 엘리트들에 의해 재개되고 오히려 강화되기까지 했었다는 것은 의미심장하다. 중요한 제도들은 (무엇보다 회당) 즉시 지속됐고, 돌그릇이나 석회 같은 물질문화의 다른 요소들은 점차 사라졌다. 헬레니즘 미술

352-353

과 건축의 요소들은 봉기 이전보다 훨씬 더 큰 역할을 했다. 후기 로마와 비잔틴 시대의 회당들은 좋은 사례다. 회당들은 복잡한 신학적 개념과 구원 역사의 핵심 장면을 표현하는 모자이크로 화려하게 장식됐지만, 동물과 인간 형상이 빈번히 사용되는 것은 기원후 70년 이전 대부분의 유대인들이 감내할 수 있다고 생각했던 한계를 훨씬 넘어선다.

팔레스타인의 문헌적 발견

파피루스와 가죽, 나무로 만든 왁스 판 등 부패하기 쉬운 물질 위에 기록된 문헌들이 대량으로 발견된 이집트와는 별개로, 1940년대 후반부터 이러한 문헌들의 주요한 출처가 유대아 사막, 특히 사해 서쪽에 있는 동굴이라는 것이 입증됐다. 일반적으로 사해두루마리로 잘 알려진 것들은 유대아 사막에서 나온 문서라고 보는 것이 더 적절하다. 이 문헌들은 여러 장소에서 발견됐고, 다른 시대에 나왔고 또한 다양한 범주로 분류된다.

쿰란

사해두루마리 중에서 가장 유명하고 널리 논의된 문헌은 의심할 여지없이 1946-1947년과 1956년 사이에 쿰란 근처의 11개의 동굴에서 발견된 것들이다. 위에서 지적한 바와 같이 대부분의 학자들은 그 문헌을 엣세네 종파와 연관된 도서관의 잔재로 여긴다. 발견된 것은 350여 점의 문학작품을 포함하는 약 800-900개의 필사본 10만여 단편으로, 기원전 3세기에서 기원후 약 50년 사이에 펜으로 쓰였다. 동굴마다 필사

353-354

본의 분포는 매우 불균등하다. 필사본의 70% 이상은 4번 동굴에서 발견됐고, 가장 완전한 것은 동굴 1과 11에서 나왔다. 그런가하면 동굴 2와 3, 5, 6, 8, 9, 10에서는 아주 소수의 글만이 나왔다. 동굴 7에서는 단지 그리스어 파피루스 단편만 발견됐다.

쿰란의 글들은 그 수와 종교적인 성격에 있어서 유대아 사막에서 나온 다른 모든 필사본들과 다르다. 비록 여기에 느헤미야와 에스더는 분명히 누락되어 있지만, 문헌집의 약 1/4분에 해당하는 220여 개의 필사본은 성서의 작품들을 여러 번 복사한 것이다. 성서 필사본은 성서 본문의 발전과 유대교 정경의 역사에 중요한 암시를 비춰줄 뿐만 아니라, 성서 필사본을 복사하고 전달하는 기술에 대한 새로운 통찰을 제공한다. 문헌집의 또 다른 1/4은 매우 다양한 종교 문서를 포함하는데, 이들 200여 개에 달하는 필사본 중 소수만이 이전에 알려졌고, 대부분은 지금까지 알려지지 않았다. 문헌집의 1/3을 조금 넘는 250여 개의 필사본은 대부분의 학자들에 의해 보통 엣세네파로 확인되는 특정 종파의 이념과 관행을 반영한 문서라고 인정되고 있다. 이 범주에는 『공동체 규율』(1QS)과 『회중 규율』(1QSa), 『축복 규율』(1QSb), 『감사찬양』(1QH), 『전쟁두루마리』(1QM), 페샤림(pesharim) 작품들(예, 1QpHab)을 포함하고 있다.

쿰란 문헌집에서 나온 대부분의 책들은 히브리어로 쓰였다. 그중 소수만이 그리스어로 기록됐는데, 그중 4번 동굴의 칠십인역(LXX) 복사본과 동굴 7의 몇몇 필사본이 있다. 아람어는 상당수의 문헌을 포함하고 있는데, 그중 성서의 전통을 재작업 및 확장하는 것(예, 『창세기 비록』; 『아람어 레위 문서』)과 종말론적 작품(대부분 『에녹서』의 '주기'에서 유래한 것)이 있다. 대부분의 글은 사용된 언어가 히브리어든 아람어든 모두 사각형 아람어 문자를 사용한다. 고대-히브리어는 소수의 오경 복사본(예, 4Q11;

4Q22)과 욥기(4Q101) 및 신학적 글들(4Q123)에만 등장한다. 일부 필사본에서는 신성사문자(Tetragrammaton)을 사용할 때만 고대-히브리어가 사용된다. 사각 문자와 고대-히브리어, 그리스어 외에도 소수의 글에서는 다른 곳에서는 고증된 적이 없는 세 종류의 '수수께끼' 히브리어 문자가 쓰여 있었다.

히브리어와 아람어, 그리스어, 나바테아어로 쓰인 4번 동굴에서 나온 17개 문서의 글은 아마도 원래 쿰란에서 나온 것은 아닐 것이다. 그러나 아람어 경제사항 목록 4Q355와 히브리어 문서의 글 6Q26-6Q29, 히브리어 도편 KhQ 1-3은 쿰란 발굴지와 연결되어 있다.

불확실한 내용의 낙서 7개와 최근 발견된 10개의 낙서 외에도, 몇 개의 낙서와 도편(히브리어와 아람어 50개, 그리스어 11개, 라틴어 3개)이 쿰란과 에인 페쉬카에서 발견됐다. 낙서에 사용된 용기는 다양한 출처를 가지고 있으며, 동굴뿐만 아니라 정착지와 사해 지역 사이의 연관성을 증언하고 있다.

와디 무랍바아트

쿰란 남쪽의 유대아 사막 동쪽 절벽에 자리 잡은 동굴에서 다른 성격의 많은 문헌들이 발견됐다. 금석병용 시대와 청동기, 철기 시대와 아랍 시대에 사람들이 거주했던 흔적 외에도 와디 무랍바아트(나할 다르가)에서 1952년에 조사된 네 개의 동굴에서 제2성전 시대 말부터 바르 코흐바 항쟁까지의 중요한 발굴 결과가 나왔다(도자기와 동전, 직물, 로마군 장비, 문서). 무랍바아트에서 가장 오래된 문서는 연대가 제2성전기로 추정되는 법정 판결 기록이다(Mur 72; 고문서적으로 기원전 125년에서 100년 사이에 기록됨). 몇 가지 사적인 법률 문서에는 제1차 봉기가 끝날 무렵 예루살렘 지역에서 피난 온 난민들이 이 지역으로 도망쳤다는 내용이 담겨 있다. 또 여기에는 부채 동의서(Mur 18)와 '6년'의 이혼을 허가하는 영장(Mur 19), 토지 매매 행위(Mur 21, 23, 25), 결혼 계약서(Mur 20) 등이 포함되어 있다.

그러나 대부분의 본문들은 바르 코흐바 시대로 거슬러 올라가는데, 이때 난민들은 파피루스(법률 문서뿐 아니라 편지)에 적힌 사문서와 두루마리에 적힌 종교 문서를 가지고 왔다. 사문서에는 결혼서약서와 재혼증명서, 영농계약서, 재정 및 행정 문서 등 광범위한 내용이 담겨 있다. 그리고 바르 코흐바가 예슈아 벤 갈굴라에게 직접 쓴 편지 두 통이 있다(Mur 43-44). Mur 29와 30은 예루살렘이 늦어도 기원전 135년 9-10월에 유대 국가의 권위를 인정했음을 나타내기 때문에 특히 중요하다.

나할 다비드

나할 다비드(와디 수데이르) 안과 주변 동굴에 있는 하스몬과 헤롯 시기의 여러 무덤과는 별개로 어떤 하나의 동굴은 금석병용 시대와 철기 시대, 특히 바르 코흐바 시대에 피난처로 사용됐다. 1952년과 1953년에 에인 게디 지역 동굴을 통과해 보물을 찾는 동안 베두인족은 물 저장고 동굴(와디 무랍바아트에 있는 제1동굴과 나할 하르두프에 있는 제40동굴에 있는 것들과 비슷한 대형 물 저장고 입구를 따른 명칭)에서 적어도 3개의 필사본을 찾았는데, 이것은 가죽에 새겨진 창세기 두루마리 단편과 파피루스에 적힌 2개의 재정 관련 문서의 유물이었다. 이 중 하나는 그리스어로 그리고 다른 하나는 아람어로 기록되어 있는데, 연대는 기원후 134년으로 추정된다. 1961/62년 요하난 아하로니와 나흐만 아비가드는 같은 동굴에서 도자기와 유리 그릇, 빗, 음식 잔해, 활과 화살촉을 발견했다.

나할 헤베르

1953년 요하난 아하로니가 나할 헤베르(와디 하브라)를 측량했을 때 10개의 동굴이 발견됐고, 이 중 3개를 1953년과 1955년에 조사했다. 1960년과 1961년에는 이가엘 야딘에 의해 집중적인 발굴이 이루어졌다. 동굴들은 바르 코흐바 시대에 주로 피난민들에 의해 피난처로 이용된 것으로 판명됐다. 와디 양쪽에 하나씩 있는 두 개의 로마군 진영은 로마인들이 동굴을 포위했음을 보여준다. 불행하게도 아하로니와 야딘이 도착한 때는 이미 그 필사본이 있는 동굴들을 베두인이 수색한 뒤였다. 나할 헤베르에 있는 세 개의 동굴은 특히 중요한 것으로 판명됐다.

야딘은 와디 북쪽 둑(5/6Ḥev: '문자의 동굴'이라 불림) 아래에 있는 두 개의 입구를 가진 큰 동굴에서 1960년에 묘실 하나를 발견했는데, 이 안에는 19명의 해골과 동전, 도자기, 히브리 시편 두루마리 한개(5/6Ḥev 1b), 청동 물체 몇 개 그리고 시몬 바르 코시바(Shimon Bar Kosiba)와 그의 동지들이 15개의 글자로 쓴 가죽으로 덮인 술병이 들어 있었다. 1년 후 야딘은 다시 더 많은 도자기와 유리 그릇, 금속 물체, 민수기 두루마리 조각(5/6Ḥev 1a), 그리고 수많은 파피루스 문서들을 발견했다. 전체적으로 5/6Ḥev(현재는 P.Yadin으로 명명함)에서 나온 파피루스들은 4개의 독립된 아카이브를 포함하고 있다.

1960년에 이 중 첫 번째로 발견된 바르 코흐바 아카이브는 특히 유명하다(P.Yadin 49-63). 이 편지들 대부분은 동굴로 피신한 에인 게디의 코시바 지휘관들 중에서 여호나탄 벤베아얀과 마사발라 두 명에게 보내진 것이었다(P.Yadin 49-56, 58-60). 이 문서들 중 오직 4개만이 히브리어로 쓰였고(P.Yadin 49, 51, 60, 61), 그리스어로는 2개(P.Yadin 52, 59), 나머지는 아람어로 기록되어 있다. 이 편지들은 바르 코흐바의 법적 권위와 그의 지휘의 사회경제적 의미를 알 수 있는 흥미로운 통찰을 제공한다.

두 번째 아카이브도 유명하기는 마찬가지다. 이것은 36건의 법률 문서로 구성되어 있는데, 아람어(P.Yadin 7-8, 10)와 그리스어(P.Yadin 5, 11-35), 나바테아어(P.Yadin 1-4, 6, 9; 또한 P.Yadin 36, 원래 XḤev/Se nab 1로 발행됨)로 기록되어 있고, 기록 연대는 기원후 94년 8월 11일부터 132년 8월 19일 사이로 추정된다. 이것들은 사해의 동쪽 해안에 있는 고향 마호즈 에글라타인에서 에인 게디 지역으로 도망친 '바바타'라는 유대인 여성의 것이었다.

에인 게디 출신의 농부 엘아자르 벤 사무엘이 소유했던 문서도 5건이 발견됐다. 여기에는 주로 바르 코흐바 시대의 임대료와 영수증 등이 포함되어 있는데(P.Yadin 42-43은 아람어, P.Yadin 44-46은 히브리어, P.Yadin 47a/b는 아람어), 동일한 아카이브에 속했을 것이다. 이 문헌들은 바르 코흐바가 관리했던 에인 게디의 토지 행정을 들여다볼 수 있는 중요한 통찰을 제공한다.

히브리어와 아람어, 그리스어로 쓰인 다른 문헌들은 네 번째 아카이브에서 나왔는데, 하나는 레위의 딸 살로메 코마이즈의 가족의 것이다. 여기서 P.Ḥever 12(아람어)는 날짜를 위한 영수증이고, P.Ḥever 60-64(그리스어)는 건물 소유권 증서이며, P.Ḥever 65(그리스어)는 결혼 계약서다. 나바테아 문서는 XḤev/Se nab. 1로 분류됐으며, 1954년 장 스타르키(Jean Starcky)에 의해 처음 출판되어 현재는 P.Yafin 36으로 불린다. 이것도 XḤev/Se의 나머지 나바테아 문서와 마찬가지로 이 아카이브에서 나왔을 수 있다. 살로메는 바바타와 같은 마을에서 왔다. 그녀의 아카이브에는 기원후 125년 1월 30일부터 131년 8월 7일까지의 판매와 선물,

청원, 토지 등록, 영수증, 담보 대출, 약속 어음, 결혼 계약 등의 행위에 관한 기록이 들어 있었다.

나바테아어로 기록된 파피루스 문서 6건(XḤev/Se nab. 1-6) 대부분이 베두인에 의해 발견됐다. 그리스어로 된 문서 1건은 아마도 살로메 코마이즈(P.Yadin 37)의 아카이브에 속할 것이다. 이들 파피루스도 '편지의 동굴'(Cave of Letters)에서 발견됐는데, 쿰란 문집에 속한 것으로 오인했다가 나할 헤베르(4Q347, 4Q359)의 문헌과 일치하는 것으로 인정된 단편이 두 개 있다. 바르 코흐바 주변에서 나온 문서와 개인 아카이브, 재산에 관한 문서 등, 이 모든 문헌들은 와디 무랍바아트와 와디 세이얄에서 발굴된 문헌과 매우 흡사하다.

남쪽 둑에 있는 두 번째 동굴은 8Ḥev로 표기됐고 '공포의 동굴'(Cave of Horror)로도 알려져 있는데, 1961년에 아하로니에 의해 발굴됐다. 여기에는 고인의 이름들과 히브리어 두루마리 단편(8Ḥev 2)을 가진 3개의 도편과 함께 40개 이상의 유골이 들어 있었다. 8Ḥev(8ḤevXIIgr)에서 발견된 그리스어 소예언서 두루마리에서 나온 9개의 조각들은 이미 1952년과 1953년에 베두인이 록펠러박물관에 넘겨준 조각들과 결합됐다. 그리스어와 아람어로 기록된 두 조각난 개인용 문서는 이 동굴에서 발견한 문헌의 내용을 보완한다.

베두인에 의해 발견된 또 다른 그룹의 문서들이 존재하는데, 이것들은 아마 와디 위쪽에 있는 동굴에서 나왔을 것이다. 그 문서들은 분명히 유대아 사막에 인접한 마을에서 온 난민들의 것으로 판단된다. 이 동굴은 1991년 하난 에셸(Hanan Eshel)과 데이비드 아미트(David Amit)가 발굴한 동굴이다(P.Ḥever 9, 69).

나할 미쉬마르

아마도 바르 코흐바 시대의 것으로 추정되는 아주 심하게 조각난 3개의 문서와 2개의 도편이, 1952년과 1953년에 나할 세엘림(와디 세이얄)에서 나왔다고 전해지는 문서들과 함께 골동품 시장에 나온 후, 1960년과 1961년에 이스라엘탐사협회는 유대아 사막 탐험대를 발족시켰다. 요하난 아하로니와 나흐만 아비가드 감독이 이끄는 원정대 B는 마사다에서 북쪽으로 약 4km 떨어진 나할 세엘림과 나할 하르두프(와디 아부 마라디프)의 여러 동굴에 몰두했다. 북쪽 둑에 있는 동굴 4개는, 하나는 나할 하르두프(저수지 동굴)에, 나머지 3개는 나할 세엘림(화살의 동굴과 두개골 동굴, 두루마리 동굴)에 있는데, 이들 모두에서 바르 코흐바 시대의 유적이 출토됐다. 또 이곳을 지킨 로마군 포병 4명도 확인됐다.

대부분의 동굴을 베두인이 약탈했지만 다행히 그들은 와디 북쪽 둑(제34동굴)에 있는 작은 동굴은 지나쳤다. 여기서 8개의 서면 문서(34Se 1-8)가 발견됐는데, 이 가운데 세베루스 시대(Severan period: 로마 제국이 기원후 193-235년에 지배한 세베루스 왕조 시대—역주)의 동전 한 점이 개인 물품 몇 점과 함께 발견됐다. 문헌들 중에는 출애굽기에서 나온 구절이 적혀있는 양피지(34Se1 frgs. A와 B) 위에 두 개의 성구함과 아람어로 된 법률 파피루스 단편, 그리고 그리스어로 적힌 파피루스 잔해 두 개가 있다. 인구 조사 목록(34Se 4)과 그리스어 계좌(34Se 5)를 담고 있는 단편은 세이얄에서 나온 수집물을 보완하여 *DJD* 제38권에 게재됐다.

다른 많은 동굴들에서는 제1차 및 제2차 봉기를 전후한 시기에 추가적인 문서들이 출토됐다. 이 문서들 중 많은 것들이 아직 출판되지 않았지만, 다른 문서들은 수집되어 *DJD* 제38권(그들 중 여리고에서 나온 파피루스 19개)으로 접근 가능하도록 제작됐다. 1993년 탐험이 진행되는 동안에 대형 동굴 단지(동굴 VIII/9)와 아비오르 동굴(동굴 VIII/10)을 발굴한 결과, 아람어 9건과 그리스어 6건, 히브리어 4건이 추가로 나왔다. 양피지와 파피루스에 적힌 아직 출판되지 않은 그리스어 및 셈어 문서 5건은 와디 엔-나르(기드론 계곡)에서 나온 것으로 PAM 아카이브(팔레스타인 고고학 박물관, 현재 록펠러 박물관)에 등재되어 있다.

마사다

사해 지역에서 서면 문서를 산출한 마지막 장소는 1963년부터 1965년 사이에 이가엘 야딘이 발굴한 마사다이다. 마사다 발굴의 성격과 구성은 이 요새가 건립된 기원전 2세기로부터 아르켈라오스가 퇴위하던 기원후 6년까지의 파란만장한 역사를 반영한다. 마사다는 제1차 봉기가 발발하기 전까지(기원전 4년/기원후 6-66년) 로마 수비대가 위치한 곳이었다. 이 요새는 제1차 봉기(기원후 66-73/74년) 당시 젤롯인들에게 마지막 피난처를 제공했고, 다시 73/74년부터 112/113년경까지 속주 유대아(Provincia Iudaea)의 동쪽 측면을 지키는 로마 수비대의 거처가 됐다. 수 세기 후 이곳은 작은 비잔틴 수도원의 거처로 사용됐다.

모든 라틴어 '티툴리 픽티'(*tituli picti*: 항아리에 잉크로 찍힌 상표; no. 795-850)와 라틴어 암포라 직인(no. 946-51)은 헤롯 시대에 속한다. 이 가운데 가장 오래된 것은 기원전 27년에서 14년 사이의 것이다. 직인과 상표는 대부분 이탈리아에서 수입된 와인과 사치품이 대량으로 출하됐음을 보여주며, 공식 명칭 REX IVDAICVS("유대 왕")와 함께 나타나는 헤롯의 궁정에서 소모된 것으로 주로 사과와 가룸(garum: 로마의 생선용 소스)과 같은 제품들이었다.

73/74년에 파괴와 정화가 광범위하게 일어났다는 특성과 그 어느

문서에도 이 군사 행동을 입증하는 날짜가 없다는 점을 감안할 때, 라틴어와 그리스어, 셈어 문서도 최초의 로마 수비대와 연관될 가능성은 거의 없다. 그러나 1세기 전반기에 로마 병사들(모두 예비군)과 지역 유대인들 사이의 평화로운 공존이 유지됐다고는 가정할 수 있다. 또 유대인들에 의해 기록됐고 물품의 배달을 언급하고 있는 그리스어 도편(nos. 772-77)과 그리스어 '티툴리 픽티'(nos. 854-914)는 만약 후자의 출토지 연대 측정이 헤롯 시대와 관련되지 않는 경우, 많은 것을 나타낼 수 있다. 포위작전 이전이나 포위작전 동안으로 연대가 추정되는 유일한 라틴어 문서는 P.Masada 722인데, 이는 군단 병사의 급여 기록으로서 지휘관이 출토지로 가져온 것이다.

벤 시라와 『창세기 비록』, 『여호수아 비록』, 『희년서』와 『안식일 희생제사 노래』 등 다른 종교 문헌의 단편처럼 창세기와 레위기, 신명기, 에스겔과 시편을 포함한 몇 개의 성경 두루마리들이 마사다에서 발견됐다. 이 문헌들은 로마군의 포위 작전으로 요새가 사실상 봉쇄되기 전에 피난민이 마사다로 가져왔을 것이다. 로마인들이 쓰레기 폐기장으로 사용한 것으로 보이는 포대 참호 1039호에서 7개의 단편이 발견됐다. (마사다에서 발견된 성경 관련) 14개의 문헌 모두가 히브리어로 쓰여 있는데(하나는 파피루스에 고대-히브리어로 쓰임), 분류되지 않은 채로 남아 있는 한 아람어 문헌은 하나의 예외이다.

마사다에서 나온 두 번째 등급의 발굴은 보통 시카리(*Sicarii*)파와 관련이 있는 도편으로 이루어져 있다. 그중에는 글자가 새겨진 단편과 유명한 '제비'(lots) 포함한 개인 이름, 사제들 몫의 목록 등이 있다. 이 도편들은 히브리어 또는 아람어 필기체로 기록되어 있고, 20개는 고대-히브리어 문자로 쓰여 있다. 그중 일부는 식량의 유통 등 시카리파가 관리한

359-360

요새의 내부 행정과 연관될 수 있고, 다른 일부는 항아리 가게 소유자의 이름을 언급하거나(O. Masada 462) 빵을 공급하라는 지시를 내린다(O. Masada 557-84). 또 다른 것들은 음식 쿠폰과 '주민 등록부'에 달린 표, 혹은 당직을 위한 품목으로 사용됐을 수도 있다. 마사다를 점령한 사람들에 대한 좀 더 암시적인 견해는 도편에 쓰인 사적인 편지에서 보이는데, 그중 하나는 숯으로 쓴 것이다. 다른 모든 문헌들은 잉크로 쓰여 있다.

포위 작전이 끝난 뒤에도 마사다에는 로마의 작은 수비대가 남아 있었다. 어떠한 그리스 문서의 연대도 73/74년 이후까지는 유효하지 않다. 로마10군단의 군인들이 쓴 라틴어 파피루스와 도편들은 공식적인 아카이브를 가지고 있지 않고, 로마 군인들의 삶과 의무를 들여다 볼 수 있는 임의의 수집품에 관한 정보를 담고 있다. 이 품목들 중에는 베르길리우스의 시 한 줄과 군단의 급료 잔액, 병원 용품 목록 등이 있다.

이집트의 유대인 파피루스

이집트에서 발견된 수만 개의 파피루스 중에는 유대인이 썼거나 유대인을 지칭하는 내용이 많다. 이 파피루스들은 이집트의 전역에서 나왔고 나일강을 따라 유대인이 존재하는 모든 국면과 지역, 측면을 기록한다. 가장 중요한 자료 중에는 기원전 495년에서 399년 사이에 기록된 엘레판티네 파피루스들(Elephantine Papyri)이 있다. 이 파피루스들은 엘레판티네 섬에 살았고 자신들만의 신전을 운영했던 유대인 군사 식민지의 구성원들이 쓴 것이다. 또한 중요한 것은 제논 아카이브의 파피루스다. 제논은 프톨레마이오스 관료로 기원전 260/59년에 팔레스타인을 여행했다. 그가 보관하고 있는 기록물에는 계좌, 명부, 영수증, 제안서 등이 담겨 있어 당시의 사회경제적 상황을 알려주는 귀중한 정보를 제공해 준다. 또한 알렉산드리아에서 나온 것으로 사적인 편지와 시 공무원에게 지시된 요청서, 유대인 대금업자들에 대한 이교도들의 경고, 클라우디우스가 알렉산드리아 시민들에게 이교도들과 유대인들의 평화와 일치를 요구하는 편지, 기원후 116-117년의 항쟁과 관련된 문서 등 사적이고 공적인 다양한 사안들을 반영하는 파피루스들이 많다.

이집트에서 나온 한 가지 독특한 문서는 나쉬 파피루스(Nash Papyrus)인데, 이 문서에는 십계명을 출애굽 본문과 신명기 본문 모두로부터 인용한 문구를 가진 히브리어 텍스트가 들어 있다. 이것은 골동품상에게서 취득하긴 했지만, 파이윰에서 왔을지도 모른다. 이것을 처음으로 편집한 사람들은 그 연대기를 기원후 1세기 또는 2세기로 추정했지만 최근의 연구자들은 2세기로 추정한다. 메소포타미아의 두라-에우로포스에서 발견된 식사 후에 드리는 파편적인 히브리 기도(P.Dura 10)는 나쉬 파피루스에 연결되어, 히브리어가 디아스포라에서 제의적인 언어로 사용됐던 희귀한 증거를 제공한다.

우리는 또한 기원전 143-132년으로 연대가 추정되는 헤라클레오폴리스의 유대인 자치체(*politeuma*: 공인된 민족 공동체 의회)에서 나온 파피루스를 가지고 있다. 헤라클레오폴리스의 유대인들은 알렉산드리아와 레온토폴리스의 동료들만큼 높은 수준의 자치권을 누린 것으로 보인다. 그들은 매년 그 시의 치안관(*politarchēs*)의 관할 아래 관료(*archontēs*)를 선출했고, 그들만의 내정을 운영할 수 있도록 허용됐다. 조상의 관습에 따라 살 수 있었던 특권의 많은 측면들이 이 파피루스에 언급되어 있는데, 여기에는 민법과 회당 법정, 선서, 안식일, 순례가 포함된다.

파피루스는 그리스인, 이집트인 및 다른 민족들과 함께 살았던 유대인들의 실제적이고 법적인 측면도 보여준다. 이집트의 유대교 파피루스에 기록된 많은 법률 관행은 유대아 사막에서 나온 파피루스의 사안과 해결 방식들을 연상시킨다.

도편

서면 문서의 특별한 경우로서 도편에 관한 몇 가지 설명이 필요하다. 도편은 도기 조각에 새겨지거나 먹으로 쓰인 텍스트다. 헬레니즘과 로마 시대 팔레스타인에서는 파피루스와 비문에서 사용됐던 것과 같은 언어가 도편에 나타난다. 일반적으로 간단하고 일상적인 문제에 국한되어 있지만, 도편에 관한 다양한 텍스트는 특히 광범위하다. 무엇보다 히브리어와 아람어 정방형 문자로 쓰인 글쓰기 연습이나 알파벳은 빈번하게 나타난다. 이들 중 몇몇은 쿰란과 와디 무랍바아트, 마사다 등 그 밖의 발굴터에서 나타난다. 소수의 도편은 그리스어와 라틴어로 병기되어 있다. 많은 경우에 도편은 파피루스를 대신하는 좋고 값싼 대안이었다. 도편에 새겨진 텍스트라고 해서 문법이나 맞춤법을 엄격하게 지키지 않았던 것은 아니며, 이는 또한 당시 글쓰기가 일반 대중들 사이에 널리 퍼져 있었고 또한 가장 세속적인 용도를 위해서도 도편이 사용됐음을 잘 보여준다.

종종 히브리어나 아람어로 된 개인 이름이 하나 혹은 목록으로 도편에 나타나기도 하며(Mur 74-77), 때로는 그리스어(Mur 165-76)나 라틴어(Mur 168)로도 나온다. 가장 초기의 예는 기원전 2세기경 게제르에서 나온 것이다. 이런 종류의 문헌집 중 가장 유명한 것은 마사다에서 발견된 것인데, 거기에는 700개가 넘는 단편들에 이름, 단일 문자 또는 문자의 조합이 적혀 있다.

1910년 벳파게의 한 무덤에서 발견된 납골묘의 뚜껑에 긁힌 목록은 분명히 경제적 용도로 사용됐다. 그 명단은 총액과 함께 23명의 이름을 제공한다. 그것은 분명히 납골묘 작업장 노동자들의 명단이며 그들의 하루 임금을 보여주는데, 히즈마의 대형 석회석 채석장에서 불과 1.5km 떨어진 곳에서 발견됐다.

다른 도편들은 파피루스 문서들과 유사하다. 가장 유명하고 논란이 되는 사례 중 하나는 KhQ 1로, 1996년 쿰란에 있는 롤랑 드 보(Roland de Vaux)의 발굴 폐기장 꼭대기에서 발견된 세 개의 도편 중에서 가장 큰 것이다. 이 히브리어 도편은 아마도 호니(Honi)라는 어떤 사람이 나흐마니의 아들 엘아자르에게 과수원을 팔았다는 증빙 서류의 초안일 것이다. 그 증서는 여리고에서 기록됐으며, '제2년'으로 날짜가 적혀 있는데, 이는 고문서학적으로 제1차 봉기(기원후 67년)를 가리킬 수밖에 없다. 불행히도 본문은 파편적이다. 처음 편집자들은 8행의 일부 단어를 '야하드'(*yaḥad*)로 읽고, 그 도편을 쿰란 정착지와 동굴에서 온 문자와 연결되는 또 다른 고리로 해석하면서 어느 정도 주목을 받았다. 그럼에도 불구하고 이 복원 작업이 몇몇 전문가들에 의해 거절당한 것은 당연하다. 기원전 176년 여름까지 거슬러 올라가는 마레샤에서 나온 이두매 도편 또한 사실상 문서로서, 지금까지 고대 팔레스타인에서 나온 도편에 기록된 문서들 중 유일한 결혼 계약서에 해당한다. 헬레니즘과 로마 시대의 도편에 새겨진 극히 몇 안 되는 '내러티브' 문헌의 예로는 '요하한'(Yohahan)이라는 사람의 활동을 묘사한 Mur 72가 있다. 불행히도 본문의 파편적인 특성은 서술 단락의 문맥과 목적에 대한 정보를 거의 제공하지 못한다.

참고 문헌

일반

Berlin, Andrea M. 2005. "Jewish Life before the Revolt: The Archaeological Evidence." *JSJ* 36: 417–70.

———, and J. Andrew Overman, eds. 2002. *The First Jewish Revolt: Archaeology, History, and Ideology*. London: Routledge.

Binder, Donald D. 1999. *Into the Temple Courts: The Place of the Synagogues in the Second Temple Period*. Atlanta: Scholars Press.

Chancey, Mark Alan, and Adam Lowry Porter. 2001. "The Archaeology of Roman Palestine." *Near Eastern Archaeology* 64, 4: 164–203.

Galor, Katharina, and Gideon Avni, eds. 2011. *Unearthing Jerusalem: 150 Years of Archaeological Research in the Holy City*. Winona Lake, Ind.: Eisenbrauns.

Hachlili, Rachel. 1988. *Ancient Jewish Art and Archaeology in the Land of Israel*. Leiden: Brill.

———. 1998. *Ancient Jewish Art and Archaeology in the Diaspora*. Leiden: Brill.

———. 2005. *Jewish Funerary Customs, Practices and Rites in the*

Second Temple Period. Leiden: Brill.

Hezser, Catherine, ed. 2010. *The Oxford Handbook of Jewish Daily Life in Roman Palestine*. Oxford: Oxford University Press.

Leibner, Uzi. 2009. *Settlement and History in Hellenistic, Roman and Byzantine Galilee: An Archaeological Survey of the Eastern Galilee*. Tübingen: Mohr Siebeck.

Levine, Lee I. 2000. *The Ancient Synagogue: The First Thousand Years*. New Haven: Yale University Press.

———. 2002. *Jerusalem: Portrait of the City in the Second Temple Period (538–70 C.E.)*. Philadelphia: Jewish Publication Society.

Magen, Yizhak, Haim Misgav, and Levana Tsfania. 2004–2008. *Mount Gerizim Excavations I: The Aramaic, Hebrew and Samaritan Inscriptions*, vol. 2, *A Temple City*. Jerusalem: Israel Antiquities Authority.

Magness, Jodi. 2011. *Stone and Dung, Oil and Spit: Jewish Daily Life in the Time of Jesus*. Grand Rapids: Eerdmans.

———. 2012. *The Archaeology of the Holy Land: From the Destruction of Solomon's Temple to the Muslim Conquest*. Cambridge: Cambridge University Press.

Mazar, Eilat. 2011. *The Temple Mount Excavations in Jerusalem 1968–1978 Directed by Benjamin Mazar, Final Reports Volume IV: The Tenth Legion in Aelia Capitolina*. Qedem 52. Jerusalem: Institute of Archaeology, the Hebrew University of Jerusalem.

Meyers, Eric M., and Mark A. Chancey. 2012. *Alexander to*

Constantine: The Archaeology of the Land of the Bible. Vol. 3. New Haven: Yale University Press.

Netzer, Ehud, with R. Laureys-Chachey. 2006. *The Architecture of Herod, the Great Builder*, Tübingen: Mohr Siebeck.

Ovadiah, Asher, and Yehudit Turnheim. 2011. *Roman Temples, Shrines and Temene in Israel*. Rome: Bretschneider.

Overman, J. Andrew, and Daniel N. Schowalter, eds. 2011. *The Roman Temple Complex at Horvat Omrit: An Interim Report*. Oxford: Oxford University Press.

Patrich, Joseph. 2011. *Studies in the Archaeology and History of Caesarea Maritima: Caput Judaeae, Metropolis Palaestinae*. Leiden: Brill.

Pucci Ben-Zeev, Miriam. 2005. *Diaspora Judaism in Turmoil, 116/117 CE: Ancient Sources and Modern Insights*. Leuven: Peeters.

Richardson, Peter. 2004. *Building Jewish in the Roman East*. Waco, Tex.: Baylor University Press.

Schäfer, Peter, ed. 2003. *The Bar Kokhba War Reconsidered: New Perspectives on the Second Jewish Revolt against Rome*. Tübingen: Mohr Siebeck.

이집트

Porten, Bezalel, and Ada Yardeni, eds. 1986-1999. *Textbook of Aramaic Documents from Ancient Egypt*, 4 vols. Jerusalem: Hebrew University (vol. 1 = *Letters*; vol. 2 = *Contracts*; vol. 3 = *Literature and Lists*; vol. 4 = *Ostraca and Assorted Inscriptions*).

마사다

Aviram, Joseph, Gideon Foerster, and Ehud Netzer, eds. 1989–2007. *Masada: The Yigael Yadin Excavations 1963–1965. Final Reports*. 8 volumes. Jerusalem: Israel Exploration Society and Hebrew University of Jerusalem.

쿰란

Frey, Jörg, Carsten Claußen, and Nadine Kessler, eds. 2011. *Qumran und die Archäologie: Texte und Kontexte*. Tübingen: Mohr Siebeck.

Galor, Katharina, Jean-Baptiste Humbert, and Jürgen Zangenberg, eds. 2006. *Qumran: The Site of the Dead Sea Scrolls: Archaeological Interpretations and Debates*. Leiden: Brill.

Hirschfeld, Yitzhar. 2004. *Qumran in Context: Reassessing the Archaeological Evidence*. Peabody, Mass.: Hendrickson.

Humbert, Jean-Baptiste, and A. Chambon, eds. 1994. *Fouílles de Khirbet Qumrân et de Aïn Feshkha I: Album de photographies, repertoire du fonds photographique, synthese des notes de Chantier du P. Roland de Vaux OP*. Fribourg: Editions Universitaires.

———. 2003. *The Excavations of Khirbet Qumran and Ain Feshkha: Synthesis of Roland de Vaux's Field Notes*. Trans. S. J. Pfann. Fribourg: Academic Press (Eng. trans., with corrections, of the French ed.).

364–365

———, and Jan Gunneweg, eds. 2003. *Khirbet Qumran et ʿAin Feshkha II: Studies of Anthropology, Physics and Chemistry*. Fribourg: Academic Press.

Magness, Jodi. 2002. *The Archaeology of Qumran and the Dead Sea Scrolls*. Grand Rapids: Eerdmans.

Vaux, Roland de. 1973. *Archaeology and the Dead Sea Scrolls*. Rev. ed. London: Oxford University Press.

동전

Ariel, Donald Zvi, and Jean-Philippe Fontanelle. 2012. *The Coins of Herod: A Modern Analysis and Die* [sic] *Classification*. Leiden: Brill.

Meshorer, Ya'akov. 1989. *The Coinage of Aelia Capitolina*. Jerusalem: Israel Museum.

———. 2001. *A Treasury of Jewish Coins from the Persian Period to Bar Kokhba*. New York: Amphora Books.

———, and Shraga Qedar. 1999. *Samarian Coinage*. Jerusalem: Israel Numismatic Society.

비문

Ameling, Walter. 2004. *Inscriptiones Judaicae Orientis*. Vol. 2. *Kleinasien*. Tübingen: Mohr Siebeck.

———, et al., eds. 2011. *Corpus Inscriptionum Iudaeae et Palaestinae, Volume 2: Caesarea and the Middle Coast: 1121–2160*. Berlin: de

Gruyter.

Boffo, Laura. 1994. *Iscrizioni Greche e Latine per lo Studio della Bibbia*. Brescia: Paideia Editrice.

Cotton, Hannah M., et al., eds. 2010. *Corpus Inscriptionum Iudaeae et Palaestinae, Volume 1: Jerusalem, Part 1: 1–704*. Berlin: de Gruyter.

———. 2012. *Corpus Inscriptionum Iudaeae et Palaestinae, Volume 1: Jerusalem, Part 2, 705–1120*. Berlin: de Gruyter.

Frey, Jean-Baptiste. 1936-1952. *Corpus Inscriptionum Judaicarum: Recueil des inscriptions juives qui vont du IIIe siècle avant Jésus-Christ au VIIe siècle de notre ére*. 2 vols. Rome: Pontificio istituto di archeologia Cristiana.

Horst, Pieter W. van der. 1991. *Ancient Jewish Epitaphs: An Introductory Survey of a Millennium of Jewish Funerary Epigraphy (300 BCE–700 CE)*. Kampen: Kok Pharos.

Lüderitz, Gert, with Joyce M. Reynolds. 1983. *Corpus jüdischer Zeugnisse aus der Cyrenaika*. Wiesbaden: Reichert.

Noy, David. 1993-1995. *Jewish Inscriptions of Western Europe*. 2 vols. Cambridge: Cambridge University Press.

———, and William Horbury. 1992. *Jewish Inscriptions of Greco-Roman Egypt*. Cambridge: Cambridge University Press.

———, Alexander Panayotov, and Hanswulf Bloedhorn. 2004. *Inscriptiones Judaicae Orientis*. Vol. 1. *Eastern Europe*. Tübingen: Mohr Siebeck.

———, and Hanswulf Bloedhorn. 2004. *Inscriptiones Judaicae*

Orientis. Vol. 3. *Syria and Cyprus*. Tübingen: Mohr Siebeck.

팔레스타인의 문헌적 발견

The manuscripts from Qumran Caves 1–11, Wadi Murabbaʿat, Jericho, and Wadi Seiyal, as well as many texts from Naḥal Ḥever, are presented in the series Discoveries in the Judean Desert (DJD), published by Oxford University Press. Another large part of the Naḥal Ḥever corpus is available in the series Judean Desert Studies (JDS).

팔레스타인의 파피루스

Cotton, Hannah M., and Ada Yardeni, eds. 1997. *Aramaic, Hebrew and Greek Documentary Texts from Naḥal Ḥever and Other Sites, with an Appendix Containing Alleged Qumran Texts*. DJD 27. Oxford: Clarendon.

Lewis, Naphtali, Yigael Yadin, and Jonas C. Greenfield, eds. 1989. *The Documents from the Bar Kokhba Period in the Cave of Letters: Greek Papyri, Aramaic and Nabatean Signatures and Subscriptions*. Jerusalem: Israel Exploration Society.

Yadin, Yigael. 1963. *The Finds from the Bar Kokhba Period in the Cave of Letters*. Jerusalem: Israel Exploration Society.

———, Jonas C. Greenfield, Ada Yardeni, and Baruch Levine, eds. 2002. *The Documents from the Bar Kokhba Period in the Cave of Letters: Hebrew, Aramaic and Nabatean-Aramaic Papyri*. Jerusalem:

Israel Exploration Society.

Yardeni, Ada. 2000. *Textbook of Aramaic, Hebrew and Nabataean Documentary Texts from the Judaean Desert and Related Material*. Jerusalem: Hebrew University.

디아스포라의 파피루스

Cowey, James M., and Klaus Maresch, eds. 2001. *Urkunden des Politeuma der Juden von Herakleopolis (144/3–133/2 v. Chr.) (P.Polit. Iud.): Papyri aus den Sammlungen von Heidelberg, Köln, München und Wien (Gebundene Ausgabe)*. Wiesbaden: Westdeutscher Verlag.

Porten, Bezalel, et al., eds. 1996. *The Elephantine Papyri in English*. Leiden: Brill.

Tcherikover, Victor, and Alexander Fuks, eds. 1957-1963. *Corpus Papyrorum Judaicarum*. 3 vols. Cambridge: Harvard University Press. (A fourth volume is in preparation by I. Fikhman.)

그리스인과 로마인 가운데 있었던 유대인

미리암 푸치 벤 제에브(Miriam Pucci Ben Zeev)

제2성전 시기에 유대인들이 그리스인들 및 로마인들과 가졌던 관계는 복잡했다. 한편으로는 비문과 파피루스, 요세푸스가 인용하는 공식적인 자료를 포함한 다양한 출처들은 유대인들이 철저하게 그리스 도시의 정치적·사회적·경제적 삶으로 통합됐다는 것을 보여준다. 이 자료들에서 유대인들은 그리스-로마 문화의 여러 측면을 포용했고 조상으로부터 전해내려온 관습과 율법 준수에 관한 특정 권리와 혜택을 누렸으며, 유대인이 아니지만 유대교에 공감하는 자들, 지지자들, 회심자들로부터 존경을 받았다. 다른 한편으로, 이 같은 자료들은 유대인들이 비유대인 이웃들로부터 경쟁과 분노, 심지어 노골적인 적의에 자주 직면했다는 것과 때로는 그리스 및 로마 군주들과 충돌했음을 보여준다. 문헌 증거들은 또한 유대인의 권리가 영구적이지도 않으며 본질적으로 안정적이지도 않았음을 드러내준다. 그리스와 로마의 군주들은 그러한 권리를 폐지하거나 단순히 그 권리들을 시행하지 않을 수도 있었다. 정부가 유대인을 지원하는 일에 개입했을 때 근원적인 문제들이 해결되지 않았던 경우가 많았다. 몇몇 경우에, 특히 통치자들이 유대인에 반대하고 그리스인들의 편을 들었을 때, 저들의 직접적 개입은 문제를 악화시켰다.

때론 긴장된 이러한 관계의 근원에는 유대인 자신들의 배타주의 또는 분리주의가 자리 잡고 있었다. 유대인들은 자신들의 공동체를 형성하여 어느 정도의 정치적 자율을 행사했지만, 그들은 그리스 도시들의 후견신들(*patron deities*)의 제의에 참여하기를 거부했다. 분명히 종교가 그리스-로마 세계에서 시민 정체성 형성에 필수적인 요소였기 때문에, 유대인들이 이방 제의에 참여하지 않는 것은 심각한 문제의 소지가 있었다. 유대인들의 유일신 사상과 우상숭배에 대한 반대로 인하여 이방인들은 무신론과 인간혐오(misanthropy)의 혐의로 유대인들을 고발했다. 결과적으로 그리스-로마 세계에서 유대적 삶은 번성했을지라도 어느 정도 위험성을 안고 있었다.

그리스의 통치 아래에 있는 유대인들

프톨레마이오스와 셀레우코스 왕조 아래에서의 유대인들의 법적 지위

페르시아의 통치 시기(기원전 538-332년)에 이미 토라는 유대아의 유대인들의 삶의 척도이자 공식적으로 사법 재판에서 판결을 내리는 근거로서 인정됐다(스 7:25-26). 아마도 동일한 원칙이 페르시아 제국의 다른 지방, 즉 이집트와 바빌로니아에 거주하는 유대인들에게 적용됐을 것이다. 이것은 페르시아인들이 유대인들의 필요에 대해 특별히 관심 있

367-368

었기 때문이 아니었다. 그들은 통치를 강화하기 위해서 피지배 민족의 법들을 법전으로 편찬하는 것이 유용하다고 생각했을 뿐이다. 예를 들어, 다리우스는 전에 유효했던 이집트의 법들을 기록하도록 명령했다. 아람어와 이집트 민중 문자로 쓰인 성문법은 이집트의 지역법으로 도입됐다. 알렉산드로스 대왕의 정복 이후에 같은 정책이 실행됐다. 요세푸스는 알렉산드로스가 '그들 나라의 법을 준수할' 권리를 유대아의 유대인들에게 부여했고(『유대 고대사』 11.338), 이러한 정책은 디아스포라 세계에 사는 유대인들에게도 법적으로(*de iure*) 또는 실제적으로 적용됐다.

기원전 3세기 이집트에서 토라의 그리스어 번역이 프톨레마이오스 2세가 만든 사법 체계에 통합되면서, 이 번역은 공식적인 것으로 인정됐다. 그리스어로 번역된 토라는 사건들이 왕의 법률로 다루어지지 않는 경우에, 왕의 포고령에 따라 프톨레마이오스 재판관들이 판결을 내리기 위한 법규(*nomos*)가 됐다. 다른 말로, 그리스어 토라는 프톨레마이오스 시대의 이집트의 사법 체계의 일부로서 정치법의 위치를 차지하게 됐고 '이집트의 유대인들에게 일종의 시민법'이 됐다. 그 응답으로 유대인들은 회당(*proseuchai*)을 왕, 그 아내, 그 자녀에게 헌정함으로써 정부에 대한 충성을 강조했다(*JIGRE* 9, 13). 프톨레마이오스의 통치 아래에 있는 모든 나라들—유대, 리비아, 키프로스, 이집트—에서 유대인들은 조상으로부터 전해 받은 율법에 따라서 자유롭게 살 수 있었다.

분명 기원전 2세기 초에 유대아가 셀레우코스 왕조의 통치 아래에 놓였을 때에는 큰 변화가 없었다. 요세푸스가 인용한 문서에서, 안티오코스 3세는 유대인들이 "자신들의 나라의 율법에 부합한 정부의 형태"를 가지는 것을 허용했다(『유대 고대사』 12.142). 그리고 소아시아에서도 역시 유대인들은 자신의 율법을 적용할 수 있는 권리를 가지고 있었던 것으로 보인다(『유대 고대사』 12.150). 그러나 구속력 있는 왕의 법령은 아마도 없었던 것 같으며, 따라서 유대인들의 권리는 어떤 이유로든, 어느 시기에든 폐지될 수 있었다. 안티오코스 4세 에피파네스 왕이 기원전 3세기 전반부에 유대아에서 발생했던 유대인의 내부 권력 투쟁을 셀레우코스 왕조에 반대하는 반란으로 해석하면서, 군사적 행동과 더불어서 유대인의 강제적 헬레니즘화를 촉발했다. 유대인들은 '그들의 조상들의 법을 떠나도록, 곧 하나님의 율법에 따라 사는 것을 중단하도록' 강요받았다. "게다가 예루살렘 성전은 오염되고 올림푸스의 제우스에게 봉헌하게 했다"(마카비2서 6:1-2). 이러한 강요된 헬레니즘화는 단지 몇 년간 지속됐지만, 유대인의 자유는 언제나 권력을 소유한 군주의 개인적 선의에 달려있음이 분명해졌다.

이집트에서 유대인들과 그리스인들 사이의 문화적 대립

기원전 3세기 초, 유대인들이 이집트에 정착하기 시작한 이래로, 유대인들은 대부분의 분야에서 경제적으로 활발하게 활동했다. 현존하는 파피루스들은 저들이 농부, 장인(*CPJ* 1:33-47), 징세권 보유자, 세리, 은행가, 곡식을 관리하는 관리(*CPJ* 1:48-124, 127, 132, 137), 프톨레마이오스 왕조의 군인, 심지어 장교였음을 보여준다(*CPJ* 1:18-32; 요세푸스, 『유대 전쟁사』 1.175, 190-92; 『유대 고대사』 14.99, 131-32; 『아피온 반박』 1.200-204; 2.64). 유대인들은 이집트의 경제 생활에서 강한 영향력을 가지고 있었으며, 아마도 그로 인해 유대인과 그리스-이집트 이웃들 사이에서 경쟁과 더불어 마찰이 일어났던 것으로 보인다. 유대인들은 자신들의 분리된 공동체를 형성하기를 고수하면서 그리스 도시의 종교적 활동에 참여하는 것을 거절했기 때문에 이러한 갈등은 더욱 큰 문제가 됐다. 그러한 종교적 활동

368-369

은 시민 사회의 경제적인 기반을 이루는 것이었기 때문에 그 문제는 특별했다. 즉, 신격화된 알렉산드로스 대왕과 프톨레마이오스 왕들에 대한 제의, 그리고 그리스 도시의 후견신들을 위한 제의의 경우와 같이, 한 도시의 신들과 자신들을 동일시하는 것은 시민 정체성의 근원적 요소였다.

기원전 3세기에 문화적 적대감은 또한 이집트에서 회람된 오경의 그리스어 번역으로 인해 더 커진 것 같다. 칠십인역으로 가장 잘 알려진 오경의 그리스어 번역은 강한 반-이집트 편향을 지닌 것으로서 출애굽 이야기가 널리 알려지게 했다. 어떠한 자료도 출애굽 이야기가 얼마나 널리 알려져 읽혔는지 알려주지 않지만, 출애굽에 대한 성경의 설명과 (프톨레마이오스의 필라델포스 궁정에서 영향력이 있었던) 그리스-이집트신 세라피스의 사제 마네토의 저작에 나타나는 출애굽 반대판(counter-version) 사이에는 많은 평행점이 존재한다. 요세푸스가 인용한 마네토의 두 단락 중 하나에는 이집트를 가혹하게 통치했던 외래 왕조인 힉소스의 전제적 통치와 유대인들을 연결한다. 500년의 통치 후에 그들은 "소유를 가지고 이집트를 떠나 사막을 넘어 시리아로 갔다. 거기서 지금은 유대아라고 불리는 땅에 도시를 건설하고 그 이름을 예루살렘이라고 했다"(『아피온 반박』 1.73-91).

요세푸스가 인용한 마네토의 다른 이야기에서는 대중적인 전설들을 인용하면서 모세와 동일시되는 오사르세프라는 사제가 이끄는 나병환자들(이스라엘 사람들을 지칭—편주)의 무리가 분리된 이야기를 들려준다. 그 이야기에서 모세는 사회적 분리를 옹호하며 이집트의 신들을 숭배하지 말고 오히려 이집트의 신성한 동물을 희생제사로 드리도록 가르쳤다. 결국 이집트의 왕은 나병환자들을 물리치고 이집트로부터 추방했으며 이들을 시리아 국경까지 추격했다(『아피온 반박』 1.228-52). 다른 세부 사항을 지닌 유사한 이야기들이 기원전 2세기에서 1세기 사이에 뤼시마코스, 카이레몬, 멘데스의 프톨레마이오스, 아피온과 같은 다른 그리스-이집트 작가들에 의해 전해졌다. 그리스어로 쓰인 이들 이야기들은 후대 타키투스의 로마 『역사』가 증언하듯이(5.3.1-5.4.2), 심지어 이집트 바깥 세계의 대중 견해에 영향을 주었다.

우리는 두 민족 사이의 대립에 관한 자료를 또 가지고 있다. 『마카비3서』는 유대인들과 이집트 군주 사이의 갈등의 기억—유대인들의 종교적 관습에 의해 촉발된 박해가 신적 개입으로 중단됨—을 반영하고 있다. 그 갈등은 아마도 후대의 역사적 기간을 반영하고 있겠지만 『마카비3서』 저자는 이를 프톨레마이오스 4세 필로파테르가 다스리던 기원전 3세기의 헬레니즘 시대에 올려놓았다(요세푸스는 프톨레마이오스 퓌스콘[에우에르게테스 2세]의 통치 시기인 기원전 2세기로 그 사건의 연대를 잡는다).

프톨레마이오스 시대 말엽에 왕들의 통치권은 왕조 내부의 일련의 분열로 인해 약화됐고 유대인들이 초기의 시기에 누리던 안전은 더 이상 당연하게 생각될 수 없었다. 1세기 전반부의 상업적 문제를 다루는 한 파피루스는 멤피스에서 "그들이 유대인들을 혐오한다"라고 경고한다(*CPJ* 1:141).

헬레니즘과 유대인들의 관계

기원전 4세기 말에 알렉산드로스 대왕의 정복은 정치적 차원뿐 아니라 문화적 영역에서도 진정한 혁명을 가져왔다. 근동의 방방곡곡에서 사람들은 그리스인들의 사상, 문화 가치, 제도와 밀접하게 접촉하게 됐다. 그중 특별한 역할이 김나지움에 의해서 수행됐다. 거기서 사람들은 육신을 연마하고, 서신 작성, 음악, 수사와 철학에 열중했다. 공통의 언어—그리스어의 헬레니즘적 형태이자 동부 지역에서 공용어가 곧 된 소위 코이네(*koine*) 그리스어—를 매개로 하여 그리스의 문화는 널리 퍼졌고, 헬레니즘 정권 아래에서 모든 나라들에 이르렀으며, 삶의 모든 측면에 영향을 끼쳤다. 헬레니즘 세계는 작은 세계—'당시 사람들이 생각하는 거주 가능한 세계'(*oikoumenē*)—였고, 거기에서 각 민족은 저마다의 전통적 관습과 신앙을 따랐으며, 동시에 새로운 공통의 초국가적 문화(supernational culture)에 참여했다. 그것은 출생이 아닌 교육에 근거한 것이었기 때문에 모든 사람들에게 열려 있었다.

유대인들도 역시 이 민족들과 사상들의 엄청난 운동에 참여했다. 그들은 이집트에서 그리스어로 말하고 쓰는 것을 배웠고, 필요할 때는 그리스 법정에 호소했으며, 자녀들에게는 그리스식 이름을 주었다. 파피루스 문헌에 나타나는 작명을 보면 유대인식 이름은 25% 이하로 나타난다. 이집트에서 유대인들이 저술한 문학 작품들은 그리스 문화와 전통적 유대인들 사이에서 상당히 융합된 모습을 내보이며, 이집트뿐 아니라 다른 디아스포라 공동체에서도 이와 유사한 발전을 이루었을 수 있다. 학자들은 저들이 헬레니즘적 주제, 장르, 형식, 양식을 유대적인 목적을 위해서 전유했다는 점을 강조한다. 유대인들은 성경 이야기를 재서술하고, 조상의 전통들을 각색하면서, 그리스 문화의 더 큰 세계 안에서 유대인의 구분된 정체성을 형성하기 위하여 헬레니즘을 전유했다. 이들은 헬라(Hellenic) 문화가 우세한 곳에서 유대(Judaic) 전통들을 드러내려 하면서 그리스인들의 매체를 통해 자신의 정체성을 표현했다. 내용은 유대적 관심과 특히 연관되어 있더라도 문학적 모델들과 수사적 장치들은 종종 그리스적이었다.

370–371

서사시 시인 테오도토스(기원전 1-2세기)와 같은 작가는 언어에 있어서 호메로스의 영향을 나타내는데 그가 다루는 주제들은 성경과 관련된다. 에스겔(기원전 2세기)이 저술한 비극은 성경의 출애굽 이야기에 근거하고 있지만 에우리피데스의 영향을 나타낸다. 기원전 2세기의 철학적 저술가이자 프톨레마이오스 6세의 스승으로 추정되는 아리스토불로스는 그리스 철학이 오경 안에서 발견된다고 주장하며 오경을 알레고리적으로 해석한다. 『아리스테아스의 편지』의 저자는 동일 선상의 사상을 따른다. 그는 헬레니즘 전통과 유대적 전통이 동일한 형이상학적 실체에 대한 두 개의 다른 표현일 뿐이라는 것을 입증하려고 애쓴다. 그는 또한 유대 율법을 설명하는 오경 본문을 그리스 사상의 원리에 따라 알레고리적으로 해석하며, 유대교와 헬레니즘을 서로 다른 이름으로 숭배되는 동일한 신적 실체에서 나오는 두 가지 다른 형태로 제시한다.

유대인들에 의해 저술된 역사적 저작들은 유대의 문화적·신학적 가치들을 중심으로 하고 있지만 그리스의 문학적 모델의 영향도 반영한다. 안티오코스 4세 에피파네스 시대에 유대아에서 일어난 유대 역사를 다루는 마카비2서에서 사건들의 원인은 정치 영역보다는 영적 영역에서 발견된다. 따라서 종교적 핍박은 유대인들이 범한 죄에 대한 처벌로 간주된다. 그리고 그 죄는 불가피하게 헬레니즘 시대의 일부분이 되기 위해 유대교의 배타성을 기꺼이 포기할 수 있었던 유대인들의 극단적인 헬레니즘화와 동일시된다. 이 책은 형식적·문학적으로는 철저하게 그리스적이지만, 신학적으로는 분명히 유대적이다.

그러나 일종의 문화적 적대감을 반영하는 초기 유대교 저작들도 있다. 그들 중 하나는 솔로몬의 지혜인데 여기에는 상당한 학식, 세련된 어휘, 발전된 수사학적 특징, 헬레니즘 철학의 영향을 가지고 유대교를

371–372

주변 환경과 융합하는 것이 아니라 동물숭배와 우상숭배에 초점을 두고 공격하고, 그것들은 어리석음의 극치와 부도덕의 뿌리로 묘사된다. 또 다른 예로는 이야기의 중심이 유대인과 이방인 사이의 적대감에 있는 『마카비3서』와 모든 비유대 종교에 격렬하게 반대하는 『요셉과 아스낫』이 있다.

유사한 특징이 『시뷜라의 신탁』의 제3권에 나타난다. 이 책에는 마카비 혁명의 여파로 부활한 유대의 민족주의 정서가 반영되어 있다. 그래서 거기에서는 그리스, 마케도니아, 로마의 불의한 통치에 반대하면서 재난과 우주적 재앙을 전망하며, 전 세계가 회개하고 열방이 하나님의 성전에서 예배하는 비전이 뒤를 잇는다.

실천적인 영역에서도 헬레니즘은 다양한 방식으로 유대인의 삶에 영향을 주었다. 최근 학계는 동화(사회 통합)와 문화 적응(언어적, 교육적, 이데올로기적 통합)을 구분한다. 저 스펙트럼 한쪽 끝에서 우리는 기원전 3세기 드리뮐로스의 아들 도시테오스와 기원후 1세기 티베리우스 율리우스 알렉산드로스의 경우에 의해 잘 설명됐듯이, 유대 문화의 독특성이 전적으로 잠식되는 것을 발견하게 된다. 이 두 사람은 모두 유대의 조상 대대로 내려오는 전통을 버리고 프톨레마이오스 왕조와 로마의 행정부에서 탁월한 경력을 쌓았다. 스펙트럼의 다른 쪽 끝에는 '치유파'(*Therapeutae*)가 있었다. 그들은 여성들을 포함하기는 하지만 엣세네파 사람들과 매우 비슷했다. 그들은 알렉산드리아 근처에 살면서 연구와 명상에 몰두하던 금욕적인 유대 공동체였다. 필론은 그들을 '하늘과 우주의 시민들'이라고 불렀다. 이러한 극단 사이의 중간에는 문화적 정체성을 잘 정의하면서도 유대인 관습을 고수하는 '주류' 유대인이 있었다. 또한 (스펙트럼이) 복합된 경우는 모스키온의 아들인 모스코스라는 사람

372–373

에게서 발견된다. 그는 그리스의 오로포스에 있는 암피아레이온 신전에 세워진 비문에서 언급이 된다(*CIJ* 1:82). 그는 스스로를 유대인이라고 칭하면서 암피아라오스와 휘기에이아 신들로부터 꿈에서 받은 가르침을 언급한다. 유대인들이 상당히 헬레니즘화된 환경에서 살면서 수 세대에 걸쳐 유대적 정체성을 유지하는 것은 분명히 어려운 일이었다.

로마의 통치 아래에서의 유대인들

종교적 자유

로마인들이 동부 지역을 점령했을 때 큰 변화는 일어나지 않았다. 로마 정부는 기존의 구조를 유지하려는 보수적인 성격을 지녔다. 아마도 유대아에서 율리우스 카이사르는 기원전 63년 예루살렘의 정복 이후에 폼페이우스가 반포했으나 지금은 보존되어 있지 않는 어떤 칙령을 승인했고, 그 칙령을 통해서 유대인들이 조상들의 법과 관습에 따라 사는 것을 허용했다(*JRRW* 1).

종교적 자유는 디아스포라 유대인들에게도 부여됐다. 요세푸스의 기록과 그가 인용하는 많은 기록물로부터 우리는 유대인들이 지중해 다른 지역에서 유대법을 따르면서 안식일과 절기에 모여서 의식을 거행하고 예루살렘 성전에 헌물을 보내는 것이 허용됐음을 알게 된다. 또한 그들은 자율적인 내부 행정과 사법권을 가지고서 종교적/세속적 건물을 건축하고 지역 시장에서 코셔 음식을 구할 수 있었다.

그러나 유대적 관습과 법을 따를 수 있는 권리는 결코 안정적이지도, 영속적이지도 않았다. 기원후 38년에 칼리굴라 황제는 모든 피지배민들이 자신을 숭배하게끔 하려는 욕망을 가지고서 유대아에 있는 야브네(얌니아)의 이방인들로 하여금 그를 위해 제단을 쌓도록 부추겼다. 유대인들은 이 제단을 신속하게 파괴했고, 칼리굴라는 이에 대한 대응으로 예루살렘 성전에 금으로 된 동상을 세우도록 명령했다. 그의 목적은 아마도 유대인들에 대한 자신의 권력을 강조하려는 것이었겠지만, 유대인들에게 그것은 종교의 자유에 대한 심각한 침해였다. 성전 내부의 동상은 성전을 오염시킬 것이고 따라서 제의도 자동적으로 중단될 것이었다. 로마의 지방 총독의 성공적인 지연 전술(delaying tactics)과 기원후 41년 초에 황제가 암살된 덕분에 동상은 세워지지 않았지만, 이러한 사건은 유대의 종교적 권리들이 본질적으로 불확실했다는 것을 보여준다.

로마의 유대인들

외국인 노동력은 로마의 경제에서 점차 필수적인 것이 됐지만, 로마 도시에서 외국인들을 특별히 반긴 것은 아니었다. 로마인들은 자신들의 것과 종종 크게 다른 외국의 습성, 관습, 제의가 사회에 부정적으로 영향을 미쳐서, 로마적인 가치와 조상의 전통, 소위 '모레스 마이오룸'(*mores maiorum*)을 오염시킬 것을 두려워했다. 기원전 2세기와 기원후 1세기 사이에 외국인들은 주기적으로 추방당했다. 유대인들은 기원전 2세기에 별에 대한 잘못된 해석으로 변덕스럽고 어리석은 마음을 혼란스럽게 한다고 고발된 점성술사들과 함께 쫓겨나면서, 그들의 제의로 로마의 관습을 오염시켰다고 비난받았다(발레리우스 막시무스, 『기념할 만한 공적과 격언』 1.3.3). 티베리우스 통치 초기에도 외국 종교에 대한 강한 반발이 일어났고 유대인들은 이집트의 이시스 제의의 신봉자들과 함께 추방을 당했다(요세푸스, 『유대 고대사』 18.81-84; 디오 카시우스, 『로마사』 57.18.5a).

라틴 문헌에 보존된 유대인들을 향한 태도는 특히 우호적이지 않다. 기원전 1세기 중반에 폼페이우스의 예루살렘 정복이 있은 지 몇 년 후, 유명한 로마의 정치인, 변호사, 관료였던 키케로는 유대인들이 폼페이우스의 군대에 저항했기에 유대인들을 적으로 여겨야 한다고 주장했다. 그는 로마인과 유대인들 사이에 존재하는 커다란 문화적 불일치를 강조했다. "예루살렘이 멸망하기 전, 유대인들이 우리와 평화로운 사이일 때에도 그들의 신성한 제의는 우리 제국의 영광, 우리 이름의 위엄, 우리 조상의 관습과 모순됐다"(『플라쿠스 변호』 28, 69). 티불루스, 호라티우스, 오비디우스와 같은 시인들은 정치적 문제에 보다 적은 관심을 가지고 있었다. 그들로 하여금 풍자와 조롱을 불러일으킨 것은 안식일 준수, 할례, 돼지고기에 대한 절제와 같은 유대 관습이었다. 유대인들의 과거 역사를 상당히 길게 다룬 첫 번째 역사가인 폼페이우스 트로구스는 상당히 객관적인 어조를 보여주지만 로마인의 의식에 스며들어 로마의 수도에서 더 널리 알려지게 된 반유대 이집트 자료를 인용했다.

기원후 1세기에 아마도 로마 사회에서 확산된 유대적 관습들과 유대아에서 일어난 격렬한 반란 운동의 결과로 로마의 상류층들의 태도는 더욱 경직되고 적대적이 됐다. 세네카는 로마에 존재했던 인기 있는 유대 관습에 분개했고, 특히 안식일의 준수, 안식일 등불을 밝히는 관습을 부정적으로 평가했는데, 이는 유대 관습 준수의 가시적이면서도 분명히 매력적인 특징이었다. 유베날리스의 작품에서도 유대인들에 대한 신랄한 언급들은 문화와 계층의 속물 근성과 결합하여 나타난다. 기원후 2세기 로마의 원로원 의원이자 역사가였던 타키투스는 유대인들에 대해 광범위하게 저술하면서 그들의 제의를 '상스럽고 혐오스럽다'고

374-375

언급했으며, 그들은 '계속해서 타락을 고집하고 … 유대인들은 서로에게 극도로 충성스럽다. … 그러나 다른 모든 사람들을 향해서는 적의와 증오만을 느낀다'고 말했다. 특히 타키투스는 유대인들이 회심자들에게 '신들을 경멸하며, 국가와 절연하고, 부모, 자녀, 형제를 중요하지 않게 여기라'고 가르친다고 생각했기에, 로마 사회에 미친 그들의 영향력을 한탄했다. 유대 관습에 대한 타키투스의 관심은 "유대인들의 삶의 방식은 비상식적이고 저열한 것이다"라는 평가로 끝난다(타키투스, 『역사』 5.5.1-5).

한편 로마의 유대인들과 공감대를 형성하고, 일반 시민 가운데서, 어떤 경우에는 사회의 고위층 가운데서 유대인들의 삶을 동경하는 자들과 모방하는 자들이 있었다는 사실을 기록한 문서도 현존한다. 우리는 유대인들을 지지했던 유명한 인물들에 대해 알고 있다. 그들 중에는 로마에 재판을 받기 위해 보내진 유대 제사장들을 위해서 후견권을 행사한 네로의 아내 포파이아 사비나가 있다.

우리는 로마 사회에서 유대인들의 사회적 융합에 관하여 알고 있는 바가 거의 없다. 그에 관한 기록물이 거의 남아 있지 않으며, 최근 연구들에서 제안되어 온 여러 설명들은 모두 사변적이다. 필론과 요세푸스는 로마의 수도에 있는 대부분의 유대인들이 기원전 63년 폼페이우스의 정복 후 로마로 보내져 노예로 팔린 유대 포로의 후손이라는 사실을 우리에게 말해준다. 다른 노예들은 뒤이은 여러 실패한 반란 이후에 도착했는데, 다수는 기원후 70년 유대 봉기 실패 후 로마에 도착했다. 그런 가운데 이윽고 많은 유대인들이 자유를 얻었다. 요세푸스만이 로마 시민권을 부여받은 유대인이 아니었다(요세푸스, 『생애』 423). 많은 유대인들이 옥수수 배급을 받을 수 있는 자격을 얻었으며(필론, 『가이우스 사절단에 관하여』 158), 노예에서 해방되면서 시민권을 얻을 수 있었다. 그러나 유대인들은 전체적으로 로마 사회에서 주도적 위치를 차지하지 못했던 것 같다. 필론은 아우구스투스 치하에 유대인들이 티베르강 강변의 우측에 주로 정착했다고 말하는데, 그 지역은 일반적으로 빈민 주거 지역이었고 로마의 중심에서 먼 곳으로서 일반적으로 비천한 삶의 상태를 암시하는 위치다. 유대인들이 사회적·경제적으로 중요한 위치에 있지 않았다는 사실은 왜 우리가 저들과 이웃 사이에서 발생한 긴장과 갈등에 대한 이야기를 듣지 못하는지 설명해준다. 그러나 지중해 동부에 있는 유대인들과 그들의 이웃 사이의 관계 양상은 사뭇 달랐다.

지중해 동부에서의 유대인들과 그리스인들

자료의 문제

동부 지중해 디아스포라에서 유대인들과 그리스인들의 관계에 관하여 우리는 훨씬 좋은 정보를 가지고 있다. 문제는 몇몇 파피루스, 비문, 그리스와 로마의 여러 문서에 인용된 단편과 문서 기록물로 구성된 자료들이 대체로 특정 시기와 장소에 집중적으로 분포하기에 역사 상황을 포괄적으로 알려주지 못한다는 데 있다. 더욱이 우리는 문헌 자료들—주로 필론과 요세푸스의 이야기—이 말하고 있는 만큼 생략하고 있는 부분도 상당하다는 인상을 받곤 한다. 그러므로 우리는 행간을 읽어야 한다. 우리가 가진 증거로부터 일반적인 결론을 도출하려고 할 때 큰 주의가 요구된다. 그럼에도 우리가 가진 모든 자료는 당대 사회에서 유대인의 융합 및 유대인/그리스인 사이의 갈등 모두를 분명히 나타낸다.

사회적, 경제적 융합

요세푸스는 키레네에 3,000명의 부유한 유대인들이 있었다고 알려준다(『유대 전쟁사』 7.445). 이는 분명히 과장된 수치지만 지위가 높은 유대인들의 존재는 행정부에서 가장 높은 위치를 차지하고 있었던 키레네의 시민 청년들(ephebes) 가운데 유대인이 있었음을 증명해주는 비문 자료로 확인된다(*CJZC* 6 [기원전 1세기 후반] 그리고 *CJZC* 7 [기원후 3-4세기]). 야손의 아들 엘아자르라는 이름을 가진 유대인은 '법의 후견인들'(*nomophylakes*)의 명단에서 발견되는데(*CJZC* 8 [기원후 60/61년]), 그 지위는 상당한 책임을 수반하며, 교육, 경험, 도시 지도자들의 신뢰를 요구한다. 테우케이라의 김나지움 벽에 새겨진 이름들 중 일부는 아마도 유대인의 이름일 것이며(*CJZC* 41), 한 비문은 유대인 개인들이 시민의 책임을 가지고 있었음을 입증해준다(*CJZC* 36). 요세푸스는 소아시아에 있던 부유한 유대인들이 제의적 의무를 수행할 것을 요구받았다고 언급하는데(『유대 고대사』 16.28), 이는 상당한 정도의 시민의 책임을 시사한다. 야소스에서 최소한 한 명, 아마도 여러 명이었을 유대 시민 청년들(ephebes)이 존재했다. 휘파이파에서 발견된 비문은 분명히 시민 청년들이었을 유대 청년들의 단체가 존재했음을 나타낸다. 그들은 유대적 정체성을 지닌 채 김나지움을 졸업했을 것이다(*CIJ* 755).

이집트의 유대인들은 알렉산드리아에서 도시의 경제 활동에 적극적으로 참여했다. 필론은 유대인 선주들(shipowners), 상인들, 대금업자들을 언급한다(『플라쿠스』 57). 필론의 동생인 알렉산드로스 알라바르크는 유대 사회의 가장 높은 지위에 속했으며, 아마도 나일강의 관세 징수와 관련된 중요한 행정직을 수행했을 것이다. 그는 예루살렘 성전에 은과 금으로 된 아홉 개의 거대한 문을 세워줄 정도로 부유했다(요세푸스, 『유대 전쟁사』 5.205). 필론 자신은 의심의 여지없이 김나지움에서 철저한 훈련을 받았으며, 극장과 운동 경기에 대한 익숙한 지식은 그가 알렉산드리아 시민들의 정규적인 오락거리를 즐겼다는 것을 암시한다.

유대교에 매료된 지역 주민들의 경우도 잘 증명된다. 요세푸스에 따르면 시리아의 각 도시에 "유대화하는 자들"이 있었다(『유대 전쟁사』 2.463). 다마스쿠스에서는 많은 여인들이 유대 종교를 따랐다(『유대 전쟁사』 2.559-61). 안티오키아의 유대인들은 지속적으로 자신들의 종교 관습들에 대해 "상당수의 그리스인들을 매료시켰는데, 이들에게 있어서 [그 종교적 관습들은] 어느 정도 자신의 일부가 됐다"(『유대 전쟁사』 7.45)라고 말했다. 유대교에 대한 매력은 일반적인 관심과 공감에서부터 유대 관습을 실제로 준수하는 것에 이르기까지 다양한 형태로 나타났다. 바리새인들이 '회심자 하나를 얻기 위하여 바다와 육지를 두루 다닌다'는 신약성경의 언급은 아마도 과장된 것이겠지만, 유대교의 위대한 인물들 중 일부가 개종자의 후손이라는 것을 자랑스럽게 이야기하는 후대의 유대 자료는 유대교의 개방/수용 정책을 암시한다.

그러나 우호적인 관계가 항상 어디에서나 증명되는 것은 아니다. 요세푸스는 지중해 여러 지역에서 유대인들과 그리스인 이웃들 사이에 심각한 논쟁과 분쟁이 있었다는 것을 보도한다. 우리는 이러한 보도로부터 오직 유대인들의 관점만을 알 수 있기 때문에, 이 사건들과 원인들을 재구성하기는 극도로 어렵다. 예를 들어, 요세푸스가 비유대 자료를 인용할 때조차도 자료 선택은 언제나 주관적이며 유대인들에 관해 우호적인 입장을 보여주는 본문들만을 인용한다.

유대인들과 그리스인들 사이의 논쟁들

메소포타미아

기원후 1세기 초, 유대인들은 [바빌로니아의 법이] 자신들의 법과 달랐기 때문에 바빌로니아인들과 언제나 '논쟁'을 했고, 거기서 떠난 후 셀레우키아에 도착했다(『유대 고대사』 18.371). 셀레우키아에서 그들은 시리아인들과 그리스인들 사이의 갈등에 휘말렸다. 유대인들을 향한 폭력으로 많은 수의 유대인들이 살해당했다(『유대 고대사』 18.372-76). 그 상황을 간신히 모면한 이들은 셀레우키아 근처의 그리스 도시인 크테시폰으로 피신을 했지만, 거기서도 그리스인들은 그들에게 우호적이지 않았다. 그래서 그들은 네아르다와 니시비스로 피해야 했다(『유대 고대사』 18.377-79).

시리아

요세푸스는 시리아에 있던 유대인들이 '셀레우코스 왕들의 보호'를 누렸고(『유대 전쟁사』 7.43), 그리스인들과 동등한 시민적 권리를 받았다고 주장하지만(『유대 전쟁사』 7.44), 이 진술을 액면 그대로 받아들이기는 어렵다. 어찌됐든 간에 유대인들의 반란이 유대아에서 시작되고 '유대인들을 향한 적의가 모든 곳에서 극에 달한' 기원후 66년에 그리스인들의 적대감 역시 최고조에 이르렀다(『유대 전쟁사』 7.47). 요세푸스는 안티오키아에서 안티오코스라는 이름을 가진 유대인이 그리스 행정관에게 접근해서 자신의 동료 유대인들이 도시 전체를 전소시키려는 계략을 꾸미고 있다고 고소한 이야기를 기록한다. 그러고 나서 정말로 화재가 일어났고, 시장 광장, 지방 관저, 기록물 보관소, 시청, 재판소 건물들(basilicas)이 불탔다. 그리스인들은 '자신들이 태어난 지역의 구원이 유대인들에 대한 신속한 징벌에 달려있다고 믿으면서, 유대인 군중에게로 달려갔다.' 안티오코스는 그리스인들의 방식에 따라 제의를 드리면서 자신의 개종과 유대 관습에 대한 혐오를 드러내려고 노력했다. 그는 다른 유대인들 역시도 그렇게 하도록 강제로 권했다. 결과적으로 안식일 준수가 안티오키아뿐 아니라 다른 지역에서도 금지됐다(『유대 전쟁사』 7.46-62). 아마 이러한 맥락에서 이방인의 것이 아닌 기름(non-Gentile oil)을 구할 수 있는 유대인들의 특권을 폐지하려는 노력이 행해졌을 것이다(『유대 고대사』 1.120).

요세푸스가 보도하는 또 다른 사건은 다마스쿠스에서 벌어진 일이다. 유대아에서 유대인들의 반란이 시작됐을 때 로마인들에게 생긴 재난을 알게 되면서, 그리스인들은 "그들 가운데 거주하던 유대인들을 죽이려는 결심으로 고무됐다. 그들은 유대인들을 장시간 김나지움에 감금했다. … 비무장 상태인 유대인들을 습격하여 아무렇지도 않게 한 시간 안에 학살했다. 그리고 그 수는 10,500명에 이르렀다"(『유대 전쟁사』 2.559-61). 그러고 나서 전쟁이 끝날 무렵 안티오키아의 그리스인들은 티투스에게 유대인들을 추방하거나 최소한 그들의 권리를 폐지해 달라고 요청했다(『유대 전쟁사』 7.100-111).

소아시아

소아시아에서 유대인들의 정착지는 지역 사회에서 분명히 눈에 띄는 요소였다. 유대인들은 기원전 3세기에 중요하고 영향력 있는 공동체를 형성했지만, 그리스인들은 여러 이유로 유대인들이 유대교의 전통적 관습을 준수하는 것을 막았다. 우리는 요세푸스가 부분적으로 인용한 수많은 문서를 통해 그런 사건들에 관해 알 수 있다. 그 문서들의 진정성은 현대 학계에서 종종 도전을 받는데, 요세푸스는 유대인들이 로마 제국에 의해 항상 크게 존중받았다는 것을 증명하기 위하여 문서를 위조했다는 혐의마저 받는다. 그러나 그런 견해는 타당하지 않다. 우리는 구조, 어법, 내용과의 평행점을 금석문과 파피루스에 보존된 동시대의 실제 그리스-로마 자료에서 쉽게 발견할 수 있다. 더군다나 이 문서들이 위조됐다면 그토록 많은 오류들이 포함되어 있지 않았을 것이다. 알려진 바에 따르면 위조자들은 애써서 표준 양식과 기존의 구조를 정확하게 모방한다. 역설적으로 문서의 손상과 사실 관계의 오류는 진정성에 대한 가장 강력한 논증을 구성하며, 아마도 원본이 요세푸스에게 도달하기 전에 여러 차례 필사됐을 가능성을 나타낸다.

기원전 1세기 후반으로 연대가 추정되는 이 문서들로부터 우리는 델로스에서 유대인들이 그리스 도시가 공포한 어떤 포고에 의하여 종교적 자유를 빼앗겼다는 것을 알게 된다(*JRRW* 7). 그리스 행정관들은 라오디게아에서 로마 총독에게 편지를 보내서 유대인들이 본토법에 따라 안식일과 제의를 준수하도록 하는 데 동의한다고 했지만, 트랄레스 주민들은 불만을 가지고 로마 정부의 그러한 허락에 쉽게 순응하지 않았다(*JRRW* 17). 밀레도에서 로마의 행정관은 "너희가 우리의 뜻과 달리 유대인을 공격하여 안식일을 지키지 못하게 하고, 본토의 제의를 행하는 것과 율법에 따라 농산물 관리하는 것을 금하고 있다"라며 분개했다(*JRRW* 18). 로마 정부는 할리카르나수스에서 유대인들이 그들의 관습을 따르도록 허용하는 포고를 강제로 공포하도록 압력을 가했다(*JRRW* 19). 우리는 유대인들의 안식일 준수가 벌금형에 해당한다는 사실을 이번에는 에페수스에서 공포된 또 다른 법령에서 알 수 있다. 에페수스에서 그리스인들은 또다시 로마의 압력하에 '어느 누구도 안식일을 지키지 못하게 하거나 또는 안식일을 지키는 것에 대해 벌금을 부과하지 않을 것'에 대해 동의했다(*JRRW* 21). 코셔 음식도 문제의 소지가 있었다. 사르디스에서는 "그들[유대인들]에게 적합한 음식을 반입하는 것"에 대해 특별한 허가가 필요했다(*JRRW* 20).

로마의 서신들과 포고령들이 아주 효과적이지 않았다는 것은 놀라운 일이 아니다. 몇 세대 뒤, 아우구스투스 황제가 통치하던 시기에도 동일한 문제 중 일부가 여전히 남아 있었다. 요세푸스는 이 사건을 직접 목격한 헤롯의 비서관인 다마스쿠스의 니콜라오스의 작품을 인용하면서 로마의 정치인 아그립파와 헤롯 대왕이 기원전 14년에 이오니아에 방문한 것에 관한 두 가지 기록을 제공한다. 첫 번째 기록에서(『유대 고대사』 12.125-27), 이오니아인들은 안티오코스 테오스가 부여한 시민권(*politeia*)이 자신들에게만 제한되어야 하며 이오니아의 신들을 숭배하기를 거부하는 유대인들은 포함되면 안 된다는 요청을 아그립파에게 했다고 한다. 이 언급은 의미심장하다. 곧, 유대인들은 그 도시의 신들을 인정하기를 거부했기 때문에 그리스인들과 동일한 권리를 가질 자격이 없다는 것이다. 종교가 시민의 애국심을 유지하는 데 중심적 역할을 했기 때문에 경제적 문제와 종교적 문제는 서로 뒤섞였다. 예를 들어, 세계적으로 유명한 성전이 있는 지역의 제의는 도시의 정체성과 경제에 대단히 중요했다.

두 번째 보고(『유대 고대사』 16.27-28)는 유대인들의 주장에 중점이 있다. 유대인들은 시민의 권리와 도시의 신들을 언급하지 않은 채 그리스 도시들로부터 부당한 대우를 받았다고 이야기한다. 그 도시들은 유대인들로 하여금 종교적 율법 준수를 금했고, 절기에 사법적 청문회를 참

379-380

석하도록 강요했으며, 예루살렘 성전으로 보내질 자금들을 빼앗았고, 군역에 종사하도록 압력을 가했으며, 수입을 저들이 원치 않는 시민의 의무에 사용하도록 강요했다. 물론 '로마인들은 언제나 유대인들로 하여금 율법에 따라 사는 것을 허용했기에 저들이 이러한 의무에서 면제됐지만' 말이다. 이러한 '원하지 않는 시민적 의무들'은 제의들(liturgies), 말하자면 공동체를 위해 강제된 의무로서 더욱 부유한 시민들에게 맡겨지거나 또는 다소 강요된 공공 제의였던 것 같다. 공화정 말기, 로마의 내전에 잇달아 직면하게 된 로마의 어려운 경제 상황에서 제의들은 동부에 위치한 그리스의 도시 생활 가운데 문제적 요소가 됐다. 이오니아의 유대인들은 로마 정부가 합법적으로 인정한 종교적 자유에 근거하여 이방 제의 의무를 이행하기를 거부했다. 그러나 그들은 어째서 종교적인 이유로 거부를 정당화하면서 아그립파가 그들에게 동의해 주기를 바랐는가? 유대인들의 호소는 문제의 제의들이 자신의 종교적 양심과 양립될 수 없는 경우에만 이해될 수 있다. 그러한 의무에는 이교의 제의 비용이나 지역 김나지움의 비용을 지원하는 일이 포함됐을 수 있다.

요세푸스가 보도한 이야기에서 이와 같은 문제가 제기됐던 것 같다. 거기서 유대인들은 그리스인들이 "자신들의 신성한 돈을 빼앗고 핍박하며 사적인 일에 해를 끼치고 있다"라며 불평했다(『유대 고대사』 16.160-61). 그리스인들은 어려운 시기에 자신들의 도시에 있는 파손된 신전들을 복구하는 일에 공헌하지 않는 것에 대해 분개했을 수 있다. 그렇게 그리스인들은 그것이 불의한 것이라고 생각했고, 이를 바로잡기 위해 조처를 취했으며, 공헌하지 않는 것을 시정하는 단계를 밟았다. 그래서 그들은 예루살렘 성전으로 보내기 위하여 유대인들이 모금한 자금을 몰수했다. 아우구스투스 황제가 유대인들의 성별된 자금 또는 성서를 가로채다가 붙잡힌 자들에게 특별 벌금을 물렸던 것을 볼 때, 상황이 엄중했던 것은 분명했다(*JRRW* 22).

리비아

우리는 세금 징수와 관련하여 리비아에서 유대인들과 그리스인들 사이에 불화가 있었다는 사실을 들을 수 있다. 요세푸스는 아우구스투스 황제의 최고 장군이자 사위인 아그립파가 키레네의 행정관에게 쓴 편지를 인용한다. 유대인들은 불평하기를, "유대인들은 어떤 고발자의 위협을 받아 실제로 납부할 필요가 없는 세금을 빌미로 (그들의 돈 보내는 일이) 막혔다"(『유대 고대사』 16.170). 학자들은 이 진술이 모든 비시민권자들이 지불해야 했던 '메토이키온'(*metoikion*)에 관한 것일 수 있다고 제안한다. 그렇다면 저 진술은 키레네의 유대인들 중 일부 또는 전체가 그리스 도시인 폴리스 구성원의 권리와 같은 (또는 동등한) 권리를 가지고 있기 때문에 이들은 비시민들이 납부해야 하는 세금을 낼 필요가 없다는 것을 의미할 수 있다. 그러나 다른 견해도 제안된다. 예를 들어, 여기서 세금은 같은 시기의 이오니아의 경우에서처럼 이방 제의와 연관된 것일 수도 있다. 어느 경우든, 세금 납입 회피 시도는 분명 당시의 일반적인 현상이었다. 아우구스투스 황제 치하의 그리스 도시들은 세금 징수와 제의적 의무의 면제를 주장한 로마 시민들에 반대하여 황제에게 호소했다(*SEG* 9, 8, section III). 더군다나 그리스의 도시들은 이웃 민족들과의 전쟁에 종종 개입됐기 때문에, 그에 따른 경제적 압력이 재정적 분쟁을 악화시켰을 수 있다.

이집트

악티움 해전 이후 기원전 31년, 옥타비아누스의 통치 아래에 이집트가 놓였을 때 이론적으로는 극적인 변화가 없었다. 아우구스투스가 된 옥타비아누스는 유대인들에 대한 프톨레마이오스 왕조의 전통적인 정책을 실행했으며 유대인들의 전통적인 권리를 인정했다. 요세푸스(『유대 전쟁사』 2.488; 『유대 고대사』 14.282)와 필론(『가이우스 사절단에 관하여』 159, 291; 『플라쿠스 반박』 50)의 증언들은 '신이신 아우구스투스의 시기'(*CPJ* 2:153)에 알렉산드리아의 유대인들이 누렸던 종교적 자유를 언급하는 그리스 파피루스에 의해 확인된다(*CPJ* 2:153).

그러나 다른 영역에서는 좋은 변화와 나쁜 변화가 모두 발생했다. 프톨레마이오스 왕조가 독점하던 전매권이 폐지되면서 지역 경제에 새로운 가능성이 열렸고, 그 결과 몇 세대 후 알렉산드리아에는 선주, 상인, 대금업자와 같은 부유한 유대인들이 존재하게 된다(필론, 『플라쿠스 반박』 57). 이러한 상황은 당연히 유대인들과 그리스 상류층 주민 사이에 존재하던 경쟁을 가속화시켰을 것이다.

하지만 모든 유대인들이 통치 변화의 혜택을 누린 것은 아니었다. 예를 들어, 프톨레마이오스 군대에서 복무하던 유대인들은 군대가 해산됐을 때, 자신들의 수입원을 상실했다. 행정부에서 일하던 유대인들은 로마 시대의 파피루스 기록에서 완전히 사라지는데, 학자들은 이제 그 혜택이 그리스인들에게로 돌아갔다고 여긴다.

양측의 좌절이 잠재된 경쟁을 악화시켰을 수 있다. 그리스인들은 아우구스투스 황제가 그들의 평의회(*boule*)를 폐지했을 때 정치적 자유를 상실한 것에 대해 분개했다. 그들은 이러한 행위를 특히 유대인들의 종교적 권리를 인정해준 것에 비추어 볼 때 불의한 것으로 여겼다. 유대인들은 다른 정책의 변화에 분개했는데, 개중에는 그리스의 도시들(*poleis*)에 특별한 지위를 부여하여 일종의 가상의 자유를 허용하는 것이 포함됐다. 예컨대, 알렉산드리아는 (분명히 실제적이지는 않지만) 독립적 지위를 암시하는 호칭인, '이집트에 의한'('이집트에 있는'이 아니라). 알렉산드리아(*Alexandria ad Aegyptum*)라고 불렸다. 더욱 중요한 것은 그리스 도시들이 인두세(*laographia*)로부터 면제되는 경제적인 특권을 받았다는 것이다. 모든 이집트인들은 원칙적으로 인두세를 피정복민들의 조공으로서 지불해야 했다. 다른 민족 간의 결혼에서 태어난 자손들은 세금을 경감된 세율로 지불해야 했다. 면제권을 얻기 위해서는 해당 국가의 그리스 도시 중 한 곳에 속한 시민권을 가지고 있다는 것을 입증해야 했다.

어떠한 법적 자료도 유대인들이 그리스인들이나 이집트인들로 간주됐는지에 대해 우리에게 말해주지 않지만, 로마 시대 최초기부터 유대인들은 불만을 제기하기 시작했다. 아우구스투스 황제 치하의 이집트 사령관(prefect)에게 보내진 청원에서, 트뤼폰의 아들 헬레노스라는 이름의 한 유대인은 정부의 재정 부서가 그에게 입힌 손해에 대해 불만을 제기한다(*CPJ* 2:151). 헬레노스는 분명히 인두세의 지불과 관련된 이의를 제기하면서, 자신의 아버지가 알렉산드리아의 시민이었고 자신도 항상 알렉산드리아에 살았으며 아버지의 수입이 허용하는 한 적절한 교육을 받았기 때문에 그에게 면세의 권리가 있음을 단언한다. 헬레노스는 자신을 알렉산드리아인이라고 명명하지만, 그에게 편지를 쓴 서기관은 이 단어를 제외하고 대신 그 자리에 '알렉산드리아 출신 유대인'이라고 썼다. '알렉산드리아인'은 해당 그리스 도시의 시민을 의미했고 '알렉산드리아 출신의 유대인'은 단순히 거류민으로 그 도시에 살고 있던 사람을 의미했기 때문에 이것은 극도로 중요한 변경 사항이었다.

서기관이 해당 명칭을 변경한 것 이면에는 법적 분쟁이 놓여 있었다.

한 세대 뒤에 필론은 유대인들이 "자치 도시의 시민들과 동등한 권리를 애타게 얻고 싶어 했으며, 그들이 원래의 거주민들과 거의 다르지 않았기 때문에 시민이 되는 것에 가까웠다"라고 관찰했다(필론, 『모세의 생애에 관하여』 1.34-35). 이는 그리스인들이 강하게 거부한 주장이다. 칼리굴라 시대에 난폭한 알렉산드리아의 지도자 중 하나인 이시도루스는 이집트인과 유대인들이 모두 인두세를 지불해야 했기 때문에 알렉산드리아의 유대인들을 이집트인들과 같은 성격을 가진 것으로 비난했다는 것을 우리는 그리스 파피루스로부터 알게 된다(*CPJ* 2:156c). 학자들은 이 권리들이 그리스 폴리스의 구성원 자격과 관련이 있는 것인지, 아니면 유대 공동체를 위한 부가적인 권리를 포함하고 있는 것인지를 놓고 논쟁해 왔다. 자료의 부족, 자료의 파편적 상태, 자료의 분명한 편향성은 분명한 결론에 도달하는 것을 극도로 어렵게 만든다. 그러나 모든 자료들로부터 한 가지 사실을 분명하게 알게 된다. 곧, 그리스 이웃들은 유대인들의 주장에 강하게 이의를 제기했다는 점 말이다.

이렇게 반대한 이유는 유대인들의 종교적 분리주의와 관련된 듯하다. 요세푸스는 기원후 1세기에 문화적·정치적 삶에서 두드러진 역할을 감당했던, 이집트 출신 문법학자이자 호메로스 학자인 아피온의 입을 통해서 중요한 질문 한 가지를 던진다. "그들[유대인들]이 시민이라면 어째서 그들은 알렉산드리아인들과 같은 신을 섬기지 않습니까?"(『아피온 반박』 2.65). 이것은 보다 실천적인 관심을 감추려는 수사적 질문일 수 있다. 최근 학자들은 그것이 유대인들의 다른 권리들을 제한하려는 책략을 나타낼 수 있다는 점을 강조한다. 종교적인 문제에 초점을 맞춤으로써, 그리스인들은 가장 민감한 현안을 가지고 유대인들에게 압력을 가했던 것으로 보인다. 유대인들이 자신들의 관습을 유지하기를 주장했다면(물론 그랬겠지만), 시 당국은 이를 유대인들이 시민의 책임을 선택하지 않는 것으로 간주하고, 이들을 도시의 봉사 의무와 혜택으로부터 제외했을 수 있다.

어느 경우든지, 유대인들이 도시의 신들에 대한 제의에 참여하기를 거절했던 일은 제의와 신화가 자유롭게 섞여 있는 혼합주의 세계에 살던 그리스인들에게는 이해하기 어려웠다. 더욱이 이러한 거부는 조각상이나 형상으로 표현되지 않는 유대교 신의 이름으로 이루어졌다. 이러한 비-성상주의(aniconism)로 인해 그리스인들의 눈에는 유대교의 신이 존재하지 않는 것처럼 보였다. 따라서 아폴로니오스의 저작에는 유대인들의 무신론에 대한 비난이 발견된다(요세푸스, 『아피온 반박』 2.148에서 인용된 아폴로니오스, 『유대인들에 관하여』). 그리스인들은 성소 내부에 형상이 없는 성전에서 행하는 제의를 이해할 수 없었다. 아피온은 유대인들이 성전에서 당나귀 머리를 숭배한다고 주장했다. 이 비난에서 아피온은, 이집트인들이 혐오하던 동물인 당나귀와 종종 동일시되던, 악과 혼돈과 혼잡의 신 '셋'과 유대인들이 연관됐다는 추측에 의존하고 있는 것 같다(『아피온 반박』 2.79-80).

기원전 3세기 헤카타이오스 시대부터 이집트에서 비난을 받은 유대교의 또 다른 특징은 사회적 분리주의였다. "그[모세]가 확립한 제의들은 다른 민족의 제의와 다르며 생활 양식도 다른데, 이는 이들이 이집트에서 추방당하면서 반사회적이고 비관용적인 삶의 양식을 도입했기 때문이다"(디오도로스, 『역사 총서』 60.3.4에서 인용한 헤카타이오스, 『이집트 역사』). 시간이 흐르면서 유대인들의 분리주의는 인간혐오로 해석됐다. 따라서 인간혐오와 제의적 살인에 대한 비난이 주어졌다. 이에 대한 첫 입장은

383-384

아피온의 저작에서 발견된다. 아피온은 유대인들이 "그리스 이방인을 납치해서 일 년 동안 살찌우고 그를 숲으로 데려가서 살해한 후 관습적으로 그 몸을 제사로 드렸다. 또한 그리스인들에 대한 적대감을 맹세하면서 그 육체를 먹었다"라고 주장한다(『아피온 반박』 2.91-95).

지성적 적대감은 칼리굴라 황제 시대에 구체화됐다. 아그립파 왕이 기원후 38년에 알렉산드리아에 방문했던 것은 필론이 『플라쿠스 반박』에서 상세하게 묘사한 바 대중 폭동의 계기가 됐다. 극단주의자 무리에 의해 동요된 알렉산드리아인들은 회당에 황제의 형상을 설치했고, 따라서 유대교 제의는 자동적으로 중단됐다. 유대인들은 '외국인과 이방인'으로 선언됐고(필론, 『플라쿠스 반박』 54) 도시의 1/4 정도 되는 구역에 갇히게 됐다. 식량의 부족으로 어쩔 수 없이 거기를 떠나 시장에 가야 했을 때 알렉산드리아인들은 저들을 뒤쫓아 가서 학살했다. 그들의 집들은 약탈당했고, 그들의 물건은 도둑을 맞거나 파괴됐다. 유대 공의회의 의원들은 극장에서 채찍질을 당했다. 유대인들의 전통적인 자치권은 공식적으로 폐지됐다. 유대 귀족들은 화해를 도모하기 위해 로마의 황제에게 사절을 보냈지만 목적을 이루지 못했다. 칼리굴라가 기원후 41년에 살해되자마자 알렉산드리아에 살던 유대인들은 무장 봉기를 일으켜 그리스인들에게 보복을 행했다. 요세푸스는 '가이우스[칼리굴라]의 통치하에 굴욕을 당하고 알렉산드리아인들에게 심히 학대받았던 유대인들은 가이우스가 죽자마자 다시 용기를 내어 즉시 무장했다'고 보도한다. 클라우디우스 황제는 이집트의 사령관에게 봉기를 진압하라고 명령했다(『유대 고대사』 19.278-79). 평화는 회복됐지만 분쟁은 해결되지 않았다. 유대인들과 그리스인들 사이에 계속적인 충돌이 있었고, 당국에 의한 각각의 진압은 양쪽 사이의 다툼을 더욱 악화시켰다(『유대 전쟁사』

2.489).

두 세대 뒤, 기원후 66년 유대아에서 첫 번째 유대 전쟁이 발발했던 시기에, 곧 반-유대적 태도가 만연했던 시기에 알렉산드리아의 극장에서 또 다른 분쟁 이야기가 발생한다(『유대 전쟁사』 2.487-98). 그리고 2년 뒤에 제1차 유대 전쟁의 여파로 알렉산드리아의 시민들이 티투스 황제에게 유대인들의 권리를 박탈해야 한다고 호소했다(『유대 고대사』 12.121-24).

우리는 그리스 파피루스들을 통해 알렉산드리아에서 트라야누스 황제의 통치 초반에 일어난 두 가지 부가적인 갈등 사건에 관해 알 수 있다. 그중 하나(*CPJ* 2:157)는 소위 『알렉산드리아인 행전』인데, 이는 역사적 사실을 허구의 틀에 넣은 뒤 강한 정치적 편향성에 따라 조작하여 역사적 사실이라고 하는 이야기를 뽑아낸 것이다. 역사적 세부 사항을 정확하게 재구성하는 것은 불가능하겠지만, 아마도 기원후 110년과 113년 사이의 어느 시점에 유대인들과 그리스인들 사이에 갈등이 일어난 것으로 보인다. 몇 년 뒤, 그리스인들과 유대인들 사이의 갈등과 관계된 또 다른 사건은 115년 10월에 쓰인 로마 공식 문서에 나타난다(*CPJ* 2:435). 유대인들은 자신들을 향하고 있는 불과 무기에 대해 불평하며, 로마 관리들, 아마도 로마의 사령관은 그리스인들을 향해서 비판적인 태도를 나타낸다. 그 도시의 극장에서 일어난 무질서한 항거가 불분명하게 언급되며 조사를 위해 황제가 보낸 판결자가 도착했다는 사실도 기록되어 있다. 다른 단편적 파피루스들은 무질서에 책임이 있는 자들이 마침내 기소됐다는 것을 암시하는 것 같다. 60명의 알렉산드리아인들이 추방당하고 그들의 노예들은 참수됐다(*CPJ* 2:158a, 158b).

몇 달 뒤인 기원후 116년 봄, 이집트뿐 아니라 리비아, 키프로스, 메소포타미아, 유대아에서 유대인들의 봉기가 있었다. 봉기의 촉매가 무엇이었는지는 안타깝게도 현존하는 자료에 남아 있지 않다. 유대인들은 리비아, 이집트, 키프로스에서 그리스와 로마 이웃들을 공격하고 신전들과 신상들과 그리스 시민 생활의 중심부를 파괴했다(*CJZC* 17-23). 이 공격은 (디오에 따르면) 안드레아스 혹은 (에우세비오스에 따르면) 루쿠아스가 이끌었다. 에우세비오스는 루쿠아스에게 왕의 칭호를 부여했는데, 이로 인해 몇몇 학자들은 이 봉기가 메시아 운동을 배경으로 하고 있다고 가정했다. 그러나 증거는 희박하다. 키프로스에서는 아르테미온이라는 사람이 유대인들을 이끌었으며(디오 카시우스, 『로마사』 68.32.2), 이때에도 우리는 큰 파괴가 있었다는 인상을 받는다. 지역 유대인들이 리비아의 유대인들과 협력하여 행동하던 이집트의 넓은 지역에서도 봉기가 일어났으며(『교회사』 4.2.3.), 유대인들이 한동안 우위를 점했다(*CPJ* 2:438). 그리스의 지휘관들(*stratēgoi*)—가장 잘 알려진 이는 아폴로니오스—이 이끄는 그리스군은 이집트 농부와 로마인의 도움을 받아 반격했다. 유대 봉기는 트라야누스가 대규모 개입을 결정했을 때에야 진압됐다. 117년 가을에 질서가 회복됐고(*CPJ* 2:443), 옥시링쿠스에서는 유대인에 대한 승리가 80여 년이 지난 후에도 여전히 축제로 기념됐다(*CPJ* 2:450).

평가

이렇게 장기간 계속된 분쟁은 유대 공동체가 해당 도시에서 중대한 영향력을 가지고 있는 경우에만 발생할 수 있었다. 예를 들어, 소아시아에서 작고 보잘 것 없는 공동체는 지방관들에 의해서 무시됐고 복종을 강요받았다. 그러나 현존하는 문서들과 요세푸스의 기록에서 유대인들

385-386

의 존재는 충분히 두드러진다. 유대인들이 안식일에 재판에 참석하지 않고 일을 하지 않는 것이 불쾌하지는 않더라도 심히 낯선 것으로 간주됐다는 것을 알 수 있다. 어떤 현대의 해석자들은 유대의 통합(integration)을 지배적인 현실로 보고 갈등을 사소한 이야기로 취급하는 한편, 다른 해석가들은 그것과는 반대로 제안한다. 그러나 사실상 이 현상을 동전의 양면으로, 곧 사회적·문화적·정치적 통합을 한 면으로, 적대감과 갈등을 다른 면으로 이해한다면 실제 모순은 존재하지 않는다.

유대인들, 그리스인들과 로마의 정책

로마인들은 자신의 통치 아래에 있던 지역에서 언제나 그들에게 완전한 통제권을 주면서도 주민들이 합리적으로 만족할 수 있는 정책을 추구하려 했다. 그래서 기존의 조직 구조는 일반적으로 보존됐고, 해당 지역의 법들도 인정됐다. 마찬가지로 유대인들의 당시 상태도 유지됐고 저들의 전통적인 권리도 인정됐다. 요세푸스가 인용하는 바 기원전 1세기 중반과 기원후 1세기 중반 사이에 로마 장군, 원로원, 행정관, 황제에 의해 공포된 법령과 포고령은 같은 방향을 지향한다. 그들은 모두 유대인들이 전통적인 율법과 관습들을 자유롭게 따를 수 있다고 선언한다. 곧, 모이고, 절기를 지키고, 공동 식사를 하고, 의식을 행하고, 내부 행정권과 관할권을 가지고, 종교적인/세속적인 건물을 짓고, 도시의 시장에서 코셔 음식을 먹는 일 말이다. 이는 자체로서 친-유대적 정책은 아니었다. 비문과 파피루스에 따르면 지역법을 지킬 수 있는 권리가 로마에 의해 정복된 민족들에게 일반적으로 주어졌다.

그러나 우리는 요세푸스가 인용한 동일한 문서에서 로마가 허락한 것이 어느 정도 이론적인 성격을 지님을 확인할 수 있다. 소아시아인들,

리비아인들, 알렉산드리아인들, 아마도 다른 그리스인들이 로마의 관례를 무시하고 유대인들이 그들의 전통적인 관습과 법을 따르지 못하도록 막았던 것에는 나름의 타당한 이유가 있었다. 유대인들은 로마의 지원을 요청했고, 우리가 요세푸스가 인용하는 증거로부터 판단하자면, 유대인들은 종종 지원을 받았다. 그러나 로마 정부가 공포한 새로운 문서와 법령에서 유대인들은 더 좋은 결과들을 얻을 수 없었고, 실천적인 성과들은 거의 없었다.

로마인들의 편에서 이러한 다소 냉담한 태도는 로마 정책의 일반적인 특성이기 때문에 놀라운 일이 아니다. 로마인들은 속주에서 일어나는 일에 큰 관심을 가지고 있지 않았던 것 같다. 그리고 어쩌면 그들의 결정이 실행될 것이라고 기대조차 하지 않았을지 모른다. 그렇기에 로마인들이 유대인들의 편을 들었다는 견해는 단지 이론적으로만 가능하며, 종교적 문제가 대두됐을 경우에만 강조되어야 한다.

다른 영역에서는 상황이 모호했다. 세금 징수 문제는 적절한 사례가 된다. 유대인들은 여러 차례 로마 관리들에게 호소하면서 자신들은 그리스 도시가 부과한 세금을 낼 필요가 없다는 점을 강변했다. 로마인들을 관대한 동료로 묘사하려는 유대인들의 열망에도 불구하고 로마인들은 그 문제 다루기를 삼갔던 것 같다. 아우구스투스 시대에 그리스 도시에 부과된 세금과 관련된 다툼이 소아시아에서 발생했다. 요세푸스는 황제가 유대인에게 '이전과 같이 세금 징수에 대한 평등권'을 부여했다고 말한다(『유대 고대사』 16.161). 그러나 요세푸스의 주장은 역사 자료에 나타난 포고령(*JRRW* 22)에서 확인되지 않는다. 이 포고령에서는 유대의 전통적 권리만 다루어지며, 세금 징수 문제는 전혀 언급되지 않는다. 그렇기에 요세푸스의 언급은 오해의 소지가 있다. 마찬가지로 리비아에서 아그립파가 키레네의 행정관과 주민들에게 보낸 편지(*JRRW* 25)에는 그리스 도시가 유대인들에게 부과한 세금을 납부할 필요가 없다는 유대인들의 주장이 나온다. 그러나 아그립파의 진술은 세금이 아니라 오직 유대인들의 성별된 자금하고만 관련되어 있다.

필론과 요세푸스는 로마인들이 유대인들의 편을 들었다고 믿게끔 하려는 듯 보이지만 이것이 언제나 참인 것은 아니다. 알렉산드리아인들이 도시의 유대 회당에 칼리굴라 황제의 동상을 세우려고 했을 때—이것은 유대인들의 종교적 제의를 종결시키는 것이며 그들의 전통적 권리를 공공연히 침해하는 것이다—로마의 사령관 플라쿠스는 이 동상을 치우도록 명령할 수도 있었겠지만, 아마도 로마에서 그 행위가 황제를 향한 적의로 해석될 수 있다는 두려움 때문에 그렇게 하지 않은 것 같다. 이유가 무엇이든 간에 플라쿠스는 그리스인들 편에 서서 유대인 지도자들을 붙잡아 극장에서 공개적으로 채찍질했고, 알렉산드리아의 유대인들을 '외국인들과 이방인들'이라고 선포하는 포고령을 내렸다(필론, 『플라쿠스 반박』 54). 현대의 학자들은 필론과 요세푸스의 관점 사이에서 균형을 맞추기 위해 플라쿠스의 행동을 설명하고 정당화하려고 노력해 왔다. 그러나 플라쿠스가 반-유대적 학살을 막으려는 의지가 없었거나 그럴 수 없었다는 것은 사실이다. 이것은 플라쿠스가 유죄 판결을 받고 추방되고 처형된 이유다(『플라쿠스 반박』 109-15, 121-26, 147-51, 169-70, 181, 185-91).

다음 황제가 즉위했을 때 알렉산드리아의 문제를 보다 안정적으로 해결해야 할 긴급한 필요가 존재했다. 다행히도 우리는 이 시기에 대한 신뢰할 만한 자료를 충분히 가지고 있다. 그리스어 파피루스(*CPJ* 2:153)로 보존된 이 편지는 클라우디우스 황제가 알렉산드리아인에게 보낸

387-388

편지로서 여기에는 요세푸스가 우리에게 믿게 하려는 것보다 상황이 유대인들에게 훨씬 호의적이지 않았다는 것을 보여준다. 다시 한번 (유대인들에 대한) 냉담한 태도가 나타난다. 클라우디우스 황제는 일어난 일을 '엄밀하게 조사하기'를 원치 않으며, 양측에 '평화를 지키라'고 명하는 데 그친다. "나는 알렉산드리아인들이 여러 해 동안 같은 도시에서 살고 있는 유대인들을 신사적이고 호의적으로 대하기를 명한다. … [그리고] … 유대인들이 그들의 방식을 유지하도록 허용한다." 반면 유대인들은 "자신의 것을 누리고 있으며, 자기 도시가 아닌 곳에서 모든 좋은 것을 풍성하게 소유하고 있기 때문에" 이전에 가졌던 것 이상을 가지려고 하지 말라고 명한다(*CPJ* 2:53). 이러한 언급은 놀랍다. 몇 해 전 사령관 플라쿠스에 의해 받아들여진 바 유대인들이 알렉산드리아에서 이방인이라는 알렉산드리아 그리스인들의 주장은 이제 로마 황제에 의해 처음으로 인정받게 된 것이다.

분명히 클라우디우스 황제의 정책은 내재된 갈등을 해소하는 것과 관련이 없다. 두 세대 뒤 알렉산드리아의 극장에서 폭력적인 충돌이 일어났을 때 필론의 조카이자 로마 정부에서 훌륭한 경력을 쌓던 변절자 유대인, 로마 사령관 티베리우스 율리우스 알렉산드로스는 냉혹하고 잔인하게 소요를 진압한 것으로 보인다(『유대 전쟁사』 2.487-97).

공공 질서가 위협받을 때 로마 정부는 통상 즉각적이고 가혹하게 반응했다. 이는 유대인들이 116년에서 117년경 트라야누스의 통치의 시기에 무장 봉기를 일으켰을 때에도 확인된다. 로마의 사령관 루틸리우스 루푸스는 전투에 참가했던 것으로 보이는데, 트라야누스는 유대인들의 소요를 진압하기 위해서 최고의 장군들(원정을 위하여 키프로스에는 가이우스 발레리우스를[*ILS* 3:9491] 병사들과 함께, 그리고 이집트에는 마르키우스 투르보를 기병대를 포함한 육상 병력과 해상 병력과 함께)을 보내는 중대한 조치를 취했다. 투르보는 "왕성하게 전쟁을 벌였고 많은 전투에서 상당한 시간 동안 키프로스에서뿐 아니라 이집트에서도 수천 명의 유대인들을 죽였다"(에우세비오스, 『교회사』, 4.2.3-4). 리비아에서는 유대인들과의 전쟁 중에, 아르테미도로스 달디아노스에 의해 언급된 적(아르테미도로스, 『꿈의 해석』 4.24)이 있는 로마의 군단 참모장(*praefectus castrorum*)이 죽임을 당했다. 이집트에서는 멤피스 근처에서 유대인들이 격파되는 사건이 일어나며(*CPJ* 2:439), 로마의 역사가 압피아노스는 자기 시대에 트라야누스가 이집트에서 유대 민족을 전멸시켰다고 언급한다(압피아노스, 『내전』 2.90). 언제나 그랬듯이 로마 정책의 주된 목표는 평화와 질서를 유지하는 것이었다.

참고 문헌

Barclay, John M. G. 1998. *Jews in the Mediterranean Diaspora: from Alexander to Trajan (323 BCE–117 CE)*. Edinburgh: Clark.

Bartlett, John R., ed. 2002. *Jews in the Hellenistic and Roman Cities*. London: Routledge.

Berthelot, Katell. 2003. *Philanthropia Judaica: Le debat autour de la "misanthropie" des lois juives dans L'antiquite*. Leiden: Brill.

Cappelletti, Silvia. 2006. *The Jewish Community of Rome: From the Second Century BCE to the Third Century BCE*. Leiden: Brill.

Collins, John J. 2005. *Jewish Cult and Hellenistic Culture: Essays on the*

Jewish Encounter with Hellenism and Roman Rule. Leiden: Brill.

Feldman, Louis H. 1993. *Jew and Gentile in the Ancient World*. Princeton: Princeton University Press.

Gambetti, Sandra. 2009. *The Alexandrian Riots of 38 C.E. and the Persecution of the Jews: A Historical Reconstruction*. Leiden: Brill.

Goodman, Martin. 1994. *Mission and Conversion: Proselytizing in the Religious History of the Roman Empire*. Oxford: Clarendon.

Gruen, Erich S. 2002. *Diaspora: Jews amidst Greeks and Romans*. Cambridge: Harvard University Press.

Horbury, William, and David Noy, eds. 1992. *Jewish Inscriptions of Graeco-Roman Egypt*. Cambridge: Harvard University Press.

Lüderitz, Gert, ed. 1983. *Corpus jüdischer Zeugnisse aus der Cyrenaika*. Wiesbaden: Reichert.

Modrzejewski, Joseph M. 1995. *The Jews of Egypt: From Rameses II to Emperor Hadrian*. Philadelphia: Jewish Publication Society.

Pucci Ben Zeev, Miriam. 1998. *Jewish Rights in the Roman World: The Greek and Roman Documents Quoted by Josephus Flavius*. Tübingen: Mohr Siebeck.

Rajak, Tessa. 2001. *The Jewish Dialogue with Greece and Rome: Studies in Cultural and Social Interaction*. Leiden: Brill.

Schäfer, Peter. 1997. *Judeophobia: Attitudes toward the Jews in the Ancient World*. Cambridge: Harvard University Press.

Smallwood, E. M. 1981. *The Jews under Roman Rule from Pompey to Diocletian*. Leiden: Brill.

389

Stern, Menahem. 1972–1984. *Greek and Latin Authors on Jews and Judaism*. 3 vols. Jerusalem: Israel Academy of Sciences and Humanities.

Tcherikover, Victor. 1979. *Hellenistic Civilization and the Jews*. New York: Atheneum.

Tcherikover, Victor, and Alexander Fuks, eds. 1957–1964. *Corpus Papyrorum Judaicarum*. 3 vols. Cambridge: Harvard University Press.

Trebilco, Paul. 1991. *Jewish Communities in Asia Minor*. Cambridge: Cambridge University Press.

Williams, Margaret H. 1998. *The Jews among Greeks and Romans: A Diasporan Sourcebook*. Baltimore: Johns Hopkins University Press.

초기 유대교와 초기 기독교

대니얼 C. 할로우(Daniel C. Harlow)

예수와 그의 첫 제자들이 당대 유대교의 특징을 두드러지게 보여준 유대인이었다는 견해는 요즘 널리 받아들여진다. 그러나 (역사를 보면) 이 견해가 늘 받아들여졌던 것은 아니다. 20세기에 이르러서도 신약학 연구는, 예수를 유대적 배경에서 분리시킨 것까지는 아니더라도, 최소한 예수를 유대교의 '율법주의'와 '의례주의'(ritualism)를 뛰어 넘은 인물로 보려는 경향이 있었다. 홀로코스트 이후에야 기독교인 학자들은 고대 유대교를 부정적으로 희화했던 잘못을 극복하고 예수가 유대인이었다는 사실(Jewishness)을 제대로 다루기 시작했다. 예수의 영향을 받아 생겨난 그룹은 제2성전기 유대교 내의 하나의 운동으로 시작했으므로, 기원후 1세기의 예수 운동을 지칭할 때 비유대적 종교라는 의미에서 '기독교'라는 단어를 사용하는 것은 적절하지 않다. '크리스티아니스모스'(*Christianismos*)라는 그리스어 단어는 기원후 2세기 초에 예수 숭배자들 내부에서 만들어졌고(이그나티우스, 『로마인들에게 보내는 편지』 3:3; 『마그네시아인들에게 보내는 편지』 10:3; 『필라델피아인들에게 보내는 편지』 6:1; 『폴뤼카르포스의 순교』 10:1), '크리스티아노스'(*Christianos*, "그리스도인")라는 단어는 그보다 몇십 년 전 외부인들이 만들었다(행 11:26; 벧전 4:16). 하지만 '그리스도인'이라는 용어조차 처음에는 비유대적인 그리스도 신앙을 가진 사람이 아니라, 유대인인 예수 그리스도의 열렬한 신봉자들을 가리켰다.

초기 예수 운동에 관한 주요 자료는 신약성경이다. 신약성경은 70여 년에 걸쳐 (즉, 대략 기원후 50년에서 120년 사이) 기록됐다. 이 문서들은 예수와 그를 직접 따랐던 제자들뿐만 아니라 그들이 살던 시기의 유대 세계에 관한 귀중한 역사적 증거다. 고대의 유대인 역사가인 플라비우스 요세푸스를 제외하면, 신약에서 가장 오래됐으며 신약성경 상당 부분을 차지하는 편지들을 저술한 사도 바울이 문학적 유산을 남긴 유일한 (전[former]) 바리새인이다. 공관복음서로 불리는 마태복음, 마가복음, 누가복음은 1세기 팔레스타인 지역 유대교에 관한 정보의 보고다. 공관복음서는 헤롯 대왕과 갈릴래아 지역의 분봉왕인 아들 안티파스 같은 인물을 언급하며, 다양한 유대인 그룹의 신앙과 행습을 기록했다. 성전과 회당, 손씻기와 음식 정결 규정 같은 유대 의례, 유월절을 비롯한 유대 축제일, 그리고 천사론, 종말론, 메시아사상 같은 유대 신학 개념들도 언급된다. 공관복음서는 경전을 해석하는 유대적 방식과 초기 유대교 주해 전통의 예도 담고 있다. 특히 누가복음과 사도행전은 유대 전통의 자세한 사항을 풍부하게 담고 있다. 여기에는 예루살렘 순례와 옛 이스라엘 땅에서 행해진 회당 예배에 관한 가장 이른 서사적 묘사도 들어 있다. 사도행전도 요세푸스와 랍비 문헌을 통해 알려진 가말리엘, 드다(테우다스), '이집트인들', 갈릴래아인 유다, 아그립파 1세를 언급한다. 사도행전은 쿰란 분파와 여러모로 유사한 예루살렘의 예수 따르미 공동체의 공동 생활에 대한 묘사도 남겼다. 사도행전은 바리새파와 사두개파를 천사와 부활에 관한 믿음을 기준으로 구분한다. 또한 유대 디아스포라 회당에 대한 정보를 담고 있으며, 이방인 중 '신을 경외하는 사람들'의 존재도 언급한다. 물론 이러한 자료는 비평적으로 평가되어야 하지만, 이 자료가 지닌 중요성은 여전히 인정된다.

초기 기독교와 초기 유대교의 관계를 논하려는 모든 시도는 두 개의 커다란 어려움에 직면할 수밖에 없다. 먼저, '초기 기독교'와 '초기 유대교'라는 용어는 엄청난 다양성을 아우른다. 너무 다양한 나머지 일부 학자들은 '유대교들'과 '기독교들'이라는 복수 표현을 선호한다. 기원후 몇 세기 동안 공식적(official) 유대교 또는 규범적(normative) 유대교라고 할 만한 것은 아예 존재하지 않았다. 아마도 4세기나 그 이후에서야 랍비 운동을 유대교의 주류적 형태라고 부를 수 있었다. 다른 점이 조금 있기는 하지만, 초기 기독교에 대해서도 마찬가지라고 말할 수 있다. 신약성경은 1세기 기독교를 특징짓는 광범위한 다양성을 완전히 담고 있지는 않지만, 그래도 상당한 정도의 다양성과 긴장이 있었음을 보여준다.

두 번째 어려움은 다음의 사실을 깨닫는 데 있다. '기독교'가 비유대인으로 압도적으로 구성된 후에도 '유대교'와 '기독교' 사이의 경계선이 어떤 상황에서는 희미했다는 것이다. 유대인과 그리스도인은 신학적 정체성에 있어서 겹치는 영역이 꽤 있었다. 그 이유는 이들이 공통적으로 유대인의 경전을 받아들였고, 그리스도인은 제2성전기 유대교의 현존 문헌 대부분을 보존하고 전승했기 때문이다. 유대인과 그리스도인이 고대 후기와 그 이후까지도 사회적으로, 그리고 심지어 예전적(liturgical) 맥락에서 상호 교류를 한 증거도 있다.

이런 어려움에도 불구하고 초기 유대교와 초기 기독교를 복수형(예, '기독교들')을 사용하지 않고 적절하게 말할 수 있다. 제2성전기 유대교의 다양성 속에서도 가장 신실한 유대인들의 경건함을 특징짓는 핵심적 믿음과 행습이 있었다. '보편적 유대교'(common Judaism)는 전적으로 한 분 하나님만을 향한 예배, 형상을 배격하는 예배, 언약 속에서 선택받았다는 사상, 토라에 대한 깊은 존중, 예루살렘 성전에 대한 사랑 등을 중심으로 두었다. '보편적 유대교'는 남성의 할례, 안식일, 축일 준수, 음식 규정 준수 같은 행위도 포함했다. 분명 쿰란의 엣세네파와 같은 무리는 하나님의 선택을 좁은 분파적 용어로 정의했고, 헬레니즘 시대 디아스포라 유대인들은 그들의 유대 정체성을 팔레스타인 지역의 유대인과는 다른 방식으로 조정해 나가야 했다. 일부 초기 묵시 문헌이 언약이나 토라를 유대 정체성의 핵심 요소로 보지 않았다는 것도 사실이다. 그러나 이렇게 조심스러운 경고들도 여전히 보편적 유대교(common Judaism)라는 현상이 있었다는 주장을 약화시키지 못한다. 고고학적 발굴과 함께 유대교와 유대인에 관해 그리스어와 라틴어로 기록을 남긴 저자들이 이러한 점을 확인해 준다. 이와 마찬가지로, 초기 기독교의 다양한 양상도 예수에 대한 경외라는 공통점을 가진다. 예수를 단순히 기적을 행했던 인물로 기억하거나 위대한 선생으로 존경하는 것에서부터 그를 인간이 된 하나님으로 예배하는 것까지 다양한 형식을 띠고 있었음에도 불구하고 말이다. 게다가 '유대교'와 '기독교'라는 범주 사이에 선이 분명히 그어진 것은 아니지만, 초창기에 유대적이었던 예수 운동은 결국에는 비유대적 종교가 됐다. 최소한, 토라를 준수하지 않은 이방인들이 주요 구성원이 됐다는 의미에서라도 말이다.

제2성전기 유대교와 초기 기독교 사이의 연속성과 불연속성을 볼 수 있는 주요 분야들을 조명하기 위해서는 예수를 그 당시의 유대적 맥락에서 살펴보고, 초기 예수 운동의 유대적 특징 및 바울과 유대교의 관계를 살펴보는 것이 유용할 것이다. 그로부터 시작해서, 신약성경 외의 자료에 나타난 유대인과 유대교에 대한 관점들을 논의하고, 유대교와 기독교의 '길을 갈라서기'(parting of the ways)에 대한 숙고로 이 글을 마무리 지을 것이다.

유대교 안에서의 예수

우리가 가진 주요 자료인 공관복음서(마태, 마가, 누가복음)를 비평적 도구로 면밀하게 살펴봐도, 예수는 전적으로 제2성전기의 유대인이다. 그는 하나님의 나라가 이 땅에 곧 도래한다고 선포하고, 하나님의 나라를 상징적으로 구현한 묵시적 예언자였다. 예언자적 역할의 측면에서, 그는 예슈아 벤 하나니아, 드다, 요세푸스가 언급한 1세기 팔레스타인의 다른 유명한 예언자들과 유사하다. 예수의 치유와 축귀에 대한 명성은 랍비 전승에 기록으로 남은 당시의 카리스마적 성인(聖人)이었던 하니나 벤 도사와 '원을 그리는 자'(the Circle Drawer) 호니와 뚜렷하게 유사한 점들이 있다. 예수가 정말 자기 자신을 '사람의 아들'(Son of Man, "인자")이라고 불렀는지, 그렇다면 그 의미는 무엇인지, 그리고 '메시아'나 '하나님의 아들'(후자의 경우 '왕적 메시아'[royal Messiah]의 의미)이라는 칭호를 스스로 받아들였는지에 대해 학자들의 논쟁이 있다. 하지만 예수가 스스로를 하나님이 이스라엘에 보낸 최종 특사(envoy)라고 생각했음은 거의 확실하다. 그는 자신의 동족인 유대인에게 그의 메시지를 받아들이라고 강권하며, 그중 일부에게는 자신을 따르라고 촉구했다. 예수의 예전 멘토였던 세례 요한, 그리고 (예수가 한때 몸 담았다가 떠난) 세례 요한과 관련

393-394

된 운동이 강한 묵시 종말론적 성격을 띠었다는 사실도 예수가 스스로를 묵시적 예언가로 바라봤다는 견해를 강력하게 지지한다. 일부 학자는 예수를 비-묵시적 현자(non-apocalyptic sage)이자 사회 개혁가로 해석했으나, 이런 이해는 몇 가지 이유로 받아들이기 어렵다(아래를 보라).

예수는 이스라엘의 열두 부족을 상징하고 대표하는 열두 명의 제자를 부름으로써 이스라엘의 종말론적 회복을 상징적으로 표현했다(막 1:16-20과 병행본문). 그는 성매매 여성, 세금 징수인, 그리고 그 외 다른 '죄인들'(즉, 토라를 명백하게 어기는 삶을 사는 사람들)을 포함해, 사회적으로 소외된 사람들과 같이 식사하면서 종말론적으로 뒤집어질 세상을 극적으로 표현했다. 그는 제자들과 자기 자신이 도래하는 하나님 나라에서 지도자가 될 것이라고 믿었고(막 10:29-31, 35-40, 마 19:28-29), 자신이 전한 메시지를 받아들이는 사람도 그 안에 포함될 것이라고 믿었다. 또한 예수는 성전의 파괴를 예언했다(막 13:1-2과 병행본문).

공관복음 속의 전승을 세심하게 분석하면 다음과 같은 내용을 알 수 있다. 예수는 토라의 중요한 면면을 모두 받아들인 신실한 유대인이었다. 그는 할례받았고, 안식일을 지켰으며, 회당에 참석하고, 토라의 내용을 가르쳤고, 예루살렘으로 순례를 갔으며, 유대 축일을 기념했고, 성전 제사의 속죄 효과를 인정했다(막 1:44과 병행본문; 마 5:23). 가장 중요한 계명이 무엇인지 질문받았을 때 예수는 쉐마(Shema)와 이웃 사랑의 의무를 혁신적으로 융합한 답을 냈다(막 12:28-34과 병행본문). 그는 모세나 율법을 부정하지 않았고, 유대 민족이 언약적 선택을 받았음을 부인하지 않았다. 공관복음서는 안식일에 치유를 하는 일, 금식, 십일조, 음식 정결과 식사 관습, 맹세, 이혼 등 할라카에 관한 문제를 두고 서기관들 및 바리새인들과 예수가 충돌하는 모습을 그린다. 예수는 죽은 자들의 부활에 관해 최소한 한 번 정도 일부 사두개인과 논쟁했다(막 12:18-27과 병행본문). 그러나 팔레스타인 지역의 유대인들은 서로 이런 문제들을 놓고 자주 논쟁했고, 어떤 사안에도 '공식적' 입장을 대표하는 그룹(파[派])이 없었으므로, 예수가 당시의 유대교 전체를 반대하며 맞섰다고 말할 수는 없다.

예수에 대한 구전 전승이 회자되기 시작하면서, 이러한 논쟁이 발생하게 된 원래의 맥락이 유감스럽게도 금세 잊혀졌다. 그래서 예수가 토라 중심의 경건 행위들에 어떤 입장을 가졌는지 충분히 알 수는 없다. 설령 공관복음서에 기록된 할라카 논쟁이 실제로 있었던 일이라고 하더라도, 복음서의 예수가 취한 입장은 받아들여질 만한 유대적 행습의 경계선 안에 있었다. 예를 들어, 안식일에 사람을 치유한 일은 기원후 70년 이전의 유대교에서 안식일 법을 어긴 것으로 간주되지 않았다(적어도 기원후 70년 이전에 기록된 모든 유대 문서가 이를 확인해 준다). 그리고 결혼과 이혼에 관한 예수의 입장(막 10:2-12과 병행본문)은 토라가 요구하는 것보다 더 엄격하다. 예수의 제자들이 안식일에 곡식 낟알을 뜯었던 일과 식사 전 손을 씻지 않은 것을 일부 바리새인들이 비판했다고 기록되어 있지만(막 2:23-28과 병행본문; 막 7:1-23; 마 15:1-20), 규율을 위반한 것으로 여겨진 이러한 일들은 상대적으로 크게 중요하지 않은 문제였을 것이다. "죽은 사람이 그들의 죽은 자를 묻으시오"(마 8:22; 눅 9:60)라는 예수의 말은 표면적으로는 토라의 가르침과 충돌하지만, 예수 사역의 종말론적 긴박함이 이러한 입장을 취하게 된 이유라는 것을 고려해야 한다. 유대 할라카를 어긴 중요한 사건은 단 한 번 있다. 그것은 바로 "그는 모든 음식을 깨끗하다고 선포하셨다"라는 마가복음에 있는 예수의 선언이다(막 7:19b). 그러나 이 구절은 복음서 저자의 견해를 반영한 언급으로, 아마

394-395

도 예수가 실제 견지했던 견해를 넘어선 것 같다. 마태복음 저자는 이 구절을 삭제했다(마 15:17-18).

그렇다면 충돌의 원인은 무엇인가? 바리새인과 사두개인이 가장 받아들이기 어려웠던 것은 아마도 토라에 대한 예수의 특정한 입장이라기보다는 예수가 자신의 입장을 표현한 방식이었던 것 같다. 예수는 1인칭으로 권위 있게 단언하며 자신의 견해를 제시했다. 이는 당시의 서기관이나 랍비들이 논쟁을 시작하는 방식과 달랐다. 존경받는 랍비 선생들의 견해를 인용하는 대신, 예수는 곧장 성경 본문을 다루었다. 이러한 모습은 산상수훈에 있는 일련의 반제(antitheses)에서 가장 극적으로 나타난다. 산상수훈에서 예수는 이렇게 말한다. "여러분은 옛 사람들에게 [성경이] 이렇게 말한 것을 들었습니다. … 그러나 나는 여러분에게 말합니다. …"(마 5:21-48). 이러한 대립 명제 일부는 격한 비난을 담았고 토라의 문자적 의미를 넘어서기도 하지만, 토라의 근본 의도에 천착하려고 하면서 사실상 토라 계명을 강화한다. '[성경이] 말한 것을 여러분은 들었습니다. … 그러나 나는 여러분에게 말합니다'는 표현은 토라를 거부하기는커녕, 깎아내리는 것도 아니다. 성경 구절들을 해석하는 특정 전통들에 도전하는 것이다. '여러분은 …를 알고 있습니다만 나는 (이렇게) 말합니다'와 유사한 문구는 쿰란의 할라카 문서에도 나온다(4QMMT). 때때로 예수는 사람들을 치유할 때 죄 용서를 선언했다(막 2:1-12과 병행본문). 그러나, '당신의 죄들이 용서받았습니다'라는 예수의 말에서 수동태 동사는 하나님이 죄를 용서하신 주체임을 암시한다. 예수의 이런 발언들은 분명 비난을 초래했지만, 그렇다고 그런 발언들을 예수 자신이 신적 지위를 주장한 것으로 간주해야 할 이유는 없다. 단지 예수의 권위는 제사장들의 특권을 상대화했고, 이러한 권위 주장 자체가 그를 매우 논쟁적인 인물로 만들었을 것이다.

예수가 **당대** 논쟁을 **불러일으켰던** 인물임은 분명하나 갈릴래아 사역 중에 했던 말이나 행동이 그의 죽음을 초래했을 가능성은 낮다. 복음서의 수난 이야기들에서, 바리새파 유대인이 아니라 예루살렘 성전 지도자들이 예수를 체포하고 빌라도에게 넘긴 사람들이었다는 것도 이러한 관점을 지지해준다. 예수의 비유 몇 개, 특히 포도원과 소작인의 비유(막 12:1-12과 병행본문)는 예루살렘 제사장 제도에 대한 암시적 비판을 담고 있다. 그러나 비유를 통한 비판은 쿰란 분파의 문헌에 있는 비판보다 심하지 않다. 빌라도가 예수의 하나님 나라 도래에 관한 선포를 관심 있게 살펴보았다면 그것을 정치적으로 전복을 꾀하는 행위로 간주했을 수도 있다. 로마 제국에 도전하는 의미를 띠기 때문이다. 하지만 대제사장들과 로마인들이 예수를 죽이려는 마음을 먹게 된 것은 예수가 예루살렘에 입성할 때 그를 환영한 수많은 군중의 메시아 대망과 성전에서 그가 일으킨 소동 때문이었다. 이 두 개의 사건은 공관복음서에 기록됐고, 요한복음에도 해석이 가미된 형태로 공관복음 전승과는 독립적으로 기록됐다(막 11:1-10과 병행본문 및 요 12:12-19; 막 11:15-17과 병행본문 및 요 2:13-25). 이는 실제 일어난 사건임이 거의 확실하다. 예수가 성전 상거래를 뒤엎는 소동을 일으킨 이유는 불분명하다. 아마도 헤롯의 성전 리모델링 기획에 예수가 화가 났기 때문일 수도 있다. 그 기획은 성전의 성스러운 공간인 외부 뜰을 상업용 장소로 바꾸는 것이었다. 반 세겔의 성전세를 내기 위한 동전의 모양도 예수의 분노를 자아냈을 수 있다. 가나안의 신 멜카르트의 이미지를 넣은 티레의 은화(Tyrian silver)가 발행됐기 때문이다. 이유가 무엇이든, 예수는 곧 닥칠 성전의 운명, 그리고 아마도 성전의 종말론적 대체를 상징화하는 표현을 의도했던 것 같다. 예수가 성전 파괴를 예언했다는 전승이 이러한 이해를 뒷받침해준다. 예수의 예언이 '사건 발생 후의 예언'(*ex-eventu* prophecy)으로 간주되어야 할 이유는 없다(막 13:1-2과 병행본문).

마가복음의 예수 재판 기사와 마태복음 병행본문은 거짓 증인들이 유대 공의회 앞에서 '예수가 직접 성전을 파괴하겠다고 위협했다'는 상충된 증언을 보도한다(막 14:57-58/마 26:60-61; 참조, 요 2:19이 보도한 예수의 상징적 위협). 기소는 유지되지 않았고 신성모독이라는 혐의로 바뀌었다(막 14:64). 역사적으로 볼 때, 대제사장 주재의 심문 절차가 왜 열렸는지 알 길은 없다. 마가복음은 예수가 메시아임을 인정하고 "여러분은 사람의 아들이 권능자의 오른쪽에 앉아 하늘의 구름들과 함께 오는 것을 볼 것이오"(막 14:62)라고 선언한 것에 대해 대제사장 가야바가 신성모독 죄목으로 정죄했다고 보도한다. 유대인 사회에서 메시아라고 주장하는 것 자체는 신성모독이 아니었다. 그러나 마가복음의 사람의 아들(인자)에 관한 말씀에서처럼, 예수가 하나님의 능력을 가지고 있다고 주장하면서 신의 지위에 있다고 주장한 것은 신성모독에 해당될 수 있었다. 예수가 그런 주장을 했다면 실제로 신성모독으로 간주됐을 것이다. 그러나 재차 말하지만 그가 실제 말한 내용은 알 수 없다.

예수가 로마인들에 의해 십자가 처형을 당한 이유는 빌라도가 예수의 십자가에 붙인 명패(*titulus*) "유대인의 왕"(막 15:26과 병행본문)에서 가장 분명히 드러난다. 조롱을 담은 이 명패는 아이러니하게도 정치적 소요를 일으켰다는 이유로 예수가 처형됐음을 보여준다. 이는 빌라도가 예수와 예수의 제자들을 로마 제국의 잠재적인 정치적 위협 요소로 간주했다는 의미가 아니다. 단지, 유월절은 타민족의 지배에서 해방된 것을 기념하는 유대 축일이므로, 유월절 기간 중 정치적 기운이 팽배한 예루살렘에서, 자칫 큰 소동으로 번질 수도 있는 예수의 도발적 행위를 진압하는 조치가 취해져야 했다. 대제사장들은 예수를 빌라도에게 넘길 때 예루살렘 도시 전체를 분명 위험에 처하게 할 만한 로마인들의 강력한 군사적 행동을 피하려고 노력했다. (요 11:48을 참고하라. "그를 이대로 내버려 두면 모두 그를 믿게 될 것이오. 그렇게 되면 로마인들이 와서 우리의 터전과 민족을 약탈할 것입니다." 나사로가 다시 살아난 일에 대해 대제사장이 한 것으로 전해진 이 말은, 사실 성전 사건과 연관지을 때 가장 역사적으로 적절하게 이해된다.) 대제사장들은 공공 질서를 유지하지 위해 빌라도와 협력하며, 빌라도의 승인 아래 예수를 체포했을 것이다.

초창기 예수 운동(들)

기원후 30년경 예수의 사후 몇 주 만에 그의 추종자 일부는 예수가 죽은 사람들로부터 일어나 자신들에게 나타났다며 대담하게 선포하기 시작했다. 이후 수개월에서 수년간 그들은 예수의 생애를 반추하고, 유대 경전을 공부하고, 그들 가운데 예수의 영적 현존을 경험하며, 그들의 핵심 선포를 명료하게 다음과 같이 가다듬었다. 곧, '하나님께서 온 인류를 구속하기 위해 예수를 보내셨다. 이 땅에 하나님의 통치를 들여 오기 위해 예수의 죽음이 필요했다. 그리고 구원을 주는 예수(이제 승귀하셔서 하나님의 오른편에 계신 분)의 죽음과 부활을 믿는 것은 예수를 받아들인 모든 사람으로 하여금 다가오는 심판을 대비하게 하며 도래하는 하나님 나라에서 영원히 사는 생명을 부여한다.'

자신들을 '그 길'(道, the Way) 또는 '에클레시아'(*ekklēsia*)라고 부른 초기 예수 운동은 외부인의 눈에는 그저 팔레스타인 유대교 내의 여러 메시아 운동 중 하나로 보였을 것이다. 사회 기관과 종교 관습의 측면에서 그들은 다른 유대교 그룹과 유사했다. 후대의 바리새적 하부로트(*havurot:* '교제'를 뜻하는 '하부라'[*havurah*]의 복수형—편주)처럼 그들은 식사 교제, 기도, 공부를 위해 서로의 집에서 모였다. 일부는 성전에서 드리는 예배를 지속했고 지역 회당 공동체의 삶에 계속 참여했다.

현존하는 자료의 양이 워낙 적고, 자료가 지닌 변증론적 성격 때문에, 팔레스타인 예수 운동 초기의 모습은 스케치로만 남아 있다. 사도행전은 초기 삼십 년간의 예수 운동 연구에 중요한 자료지만, 좁은 관심사와 실제 사건을 이상화시키려는 경향 때문에 연구자에게 어려움을 준다. 사도행전은 예루살렘을 예수 운동의 중심지로 그린다. 예루살렘 교회는 초기에 열두 사도, 특히 베드로와 예수의 형제 야고보를 주요 지도자로 두었다. 이러한 보도 자체는 신빙성이 있지만 사실 전체를 전부 말하는 것은 아닐 것이다. 많은 역사가들은 이러한 묘사가 사도행전 저자의 구원사(salvation history) 이해에 지나치게 잘 맞아 들어가는 것으로 본다. 여러 지역에 다른 예수 운동 그룹들이 존재했다는 사실 역시 사도행전 보도에 의문을 제기한다. 마가복음과 마태복음 각각의 독립된 전승과 요한복음의 에필로그는 부활한 예수가 갈릴래아에서 나타났다고 보도한다. 더구나 공관복음서의 몇몇 구절(예, 마 10:5-15)은 갈릴래아, 시리아, 데카폴리스 지역에서 방랑하며 활동했던 '기적을 행하는 선생들과 예언자' 그룹의 관심사와 생활 양식을 반영한 것으로 보인다(이들에 대해서는 1세기 후반의 『디다케』[=『열두 사도의 가르침』]라는 문서에 더 자세히 나와있다). 소도시나 시골 마을에 정착해 사는 사람들이 카리스마적 방랑자들의 떠돌이 생활과 탁발의 삶을 후원했고 그들의 지원에 의지해 카리스마적 방랑 선교자들은 사역을 수행했던 것 같다.

학자들 일부는 Q문서(마태복음 저자와 누가복음 저자가 변형을 가해 사용한 예수의 어록의 원출처일 것으로 추정되는 그리스어 문서)를 근거로 갈릴래아 공동체가 존재했다고 추정했다. 최근의 어떤 연구자들은 다음과 같이 갈릴래아 공동체를 역사적으로 재건한 가설을 제시했다. 곧, 갈릴래아 공동체는 예수의 죽음과 부활의 의미를 구원에 결부시키지 않고 예수를 당시 문화에 저항하는 지혜를 가르치는 현자로 경외했다. 하지만 사도행전이 역사를 너무 이상적으로 그리려는 것과 마찬가지로, 이러한 공동체의 가설적 재구성은 그 자체로 문제가 있다. Q문서를 여러 개의 층으로 분리하려는 시도는 (오래된 것으로 간주되는) 지혜 말씀들과 (후대의 것으로 추정되는) 묵시적 말씀들이 서로 양립할 수 없다는 미심쩍은 가정에 기반을 둔다. Q문서의 저자(들)와 그 공동체가 가졌던 예수 신앙에 관한 모든 것이 Q문서에 담겨있다는 생각 역시 의심스럽다. Q문서를 구성하는 이른바 여러 '층'(layer)이 'Q 공동체'가 겪은 역사의 단계와 상관관계가 있다는 주장은 가장 억지스럽다.

예수 운동은 다양한 사회 정황 안에서 여러 형태를 띠며 상당히 빠르게 여러 지역에 뿌리를 내렸다. 그러나 예수 운동 초기 몇십 년간 어떤 주목할 만한 공동체가 갈릴래아에 존재했다는 증거가 없다는 사실에는 변함이 없다. 예수의 죽음과 부활 이후 갈릴래아인 제자 중 주요 인물들은 갈릴래아에 계속 거주했거나 예수 운동의 실질적 중심지가 된 예루살렘으로 이주했다. 예루살렘이 지닌 그러한 입지는 바울의 편지를 통해서도 입증된다. 바울은 예루살렘 회중과 자주 긴장 관계에 있었지만, 그의 편지에는 팔레스타인 지역에 예루살렘 교회 말고도 다른 주요 공동체가 있었음을 보여주는 표지가 전혀 없다. 예수 운동의 현장

398-399

은 여럿 있었지만 진정한 중심지는 단 한 곳이었다.

수십 년 동안 예루살렘 공동체는 유대적 성격을 유지했다. 사도행전에 따르면, 예루살렘 공동체 구성원들은 성전에서 희생제사를 바치고, 쿰란 종파의 잘 조직된 삶과 유사하게 모든 것을 공동으로 소유하는 삶을 시도했다(행 2:44-45; 4:32-35; 참조, 1QS 6:19-20, 22). 또한 그들 중에는 제사장과 바리새인도 있었다. 삼십 년 후에도 여전히 이 유대인들은 "모두 율법에 열성"(행 21:20)을 가지고 있었다. 제1차 유대 봉기로 와해되기 전까지 예루살렘 공동체는 금식, 자선, 토라 연구, 축제일 준수와 같은 전통적 유대 종교 행습을 행했다.

초기 예수 운동이 보인 강력한 선교 열정은 예수 운동과 제2성전기 유대교를 뚜렷이 구분 짓는 것이 특징이다. 처음에는 이방인이 아니라 유대인에게 복음 선포를 했으나, 점차 팔레스타인 도시 지역과 인근 지역까지 반경을 넓히면서, 이방인과의 만남이 불가피해졌고 심지어 필요한 일이 됐다. 사도행전은 예루살렘 지경을 넘어서려는 추동력을 스데반의 죽음이 가져다 준 것으로 말하며, 사람이 예측할 수 없었으나 하나님의 계획 아래 진행된 것으로 그린다. 스데반은 그리스어를 말하고 성전에 대해 비판적 견해를 지닌 디아스포라 유대인으로 구성된 무리(Hellenist)의 지도자였다(행 6:8-8:1a). 그의 순교 이후 스데반의 동료인 헬라파 유대인들은 예루살렘 도시에서 쫓겨나면서, 예수에 관한 소식을 유대아, 사마리아, 페니키아는 물론 키프로스와 시리아 안티오키아까지 전파했다(행 8:1b-11:27). 예수 운동 초기의 복음 전파자와 사도 중에는 디아스포라 유대인이 여러 명 있었다. 빌립, 바나바(키프로스), 바울(다소), 브리스가와 그의 남편 아굴라(폰투스), 아볼로(알렉산드리아) 등이 사도행전에 기록되어 있다. 빌립을 제외한 이 모든 이름들이 바울의 편지에도 언급된다. 게다가 사도행전은 키프로스와 키레네 지역에서 온 이름을 알 수 없는 남자들을 안티오키아의 이방인들에게 복음을 전파한 최초의 인물들로 기록한다.

선교를 위한 노력은 지중해 연안 도시들의 디아스포라 유대 회당에 집중 투입됐다. 이미 유대 회당에 출석하던 이방인들과 회당을 후원하던 이방인들은 다양한 민족으로 구성된 새로운 종류의 유대교(예수 운동을 말한다—역주)를 받아들일 준비가 되어 있었다. 예수 운동은 디아스포라 회당에서 '개종'할 가능성이 있는 이방인들을 찾을 수 있었고, 종교적 자원과 공동체 조직의 모델을 얻어 왔다. 탄탄한 증거가 부족하긴 하지만, 기독교의 찬양과 기도는 아마도 회당의 의례에서 빌려 왔을 것이며, 가정 교회는 유대 회당 공동체의 특징인 사회적 친밀도, 국제적 관계망, 환대 관습 등을 모방했다. 디아스포라 유대 회당이 초기 기독교에 제공한 가장 중요한 것은 그리스어로 번역된 유대 경전과 '구약 위경'이라고 불리는 놀라울 정도로 폭넓은 장르의 수많은 글들(역사, 짧은 소설, 묵시록, 유언, 철학과 지혜, 드라마와 시)에 들어있는 엄청난 문학적·신학적 유산이다.

예수 운동 안에 비유대인의 수가 늘면서 이방인 신자와 유대인 신자 사이의 식사 교제가 첨예한 논쟁거리로 부각됐다. 이방인 개종자들이 유대 음식 규정을 받아들여야 하는지는 정말 급박한 문제였다. 초기 기독교 예배가 공동 식사 가운데 시행됐기 때문이다. 대다수의 유대인 신자에게, 그리고 많은 이방인 개종자에게 음식 규정 준수와 할례받는 것은 당연지사였을 것이다. 유대 경전이 그렇게 명령하며, 엄중한 전통으로 전해져 왔으며, 예수와 그 제자들도 그렇게 살았기 때문이다. 그러나 이에 동의하지 않는 사람들도 있었다. 그중 가장 유명하고 논쟁을 불러일으킨 인물이 사울(바울)이다. 그는 부활한 예수를 본 뒤 예수 운동을 핍박하던 일을 멈추고 '헬라파'에 합류한 디아스포라 유대인이었다. 사도행전과 갈라디아서는 안티오키아에서 이러한 이슈가 부각됐고, 예루살렘 사도들의 회의(기원후 49년경)에서 이 문제가 이방인 개종자에게 할례를 요구하지 않는 것으로 마무리됐다고 보도한다(행 15:1-35; 갈 2:1-10). 그러나 사도행전과 갈라디아서는 이러한 기본적 사실을 제외하면 세부적인 사항에서 불일치한다. 사도행전에 따르면 이방인들은 할례받을 필요는 없으나 '우상에게 바쳐진 고기, 성적 문란(아마도 근친 결혼도 포함), 숨 막혀 죽은 짐승의 고기와 피를 멀리할 것'이 요구됐다(행 15:20, 29). 하지만, 갈라디아서에서 바울은 어떤 의례적 준수 의무도 이방인에게 부과되지 않는다고 한다. 어찌됐든 이러한 합의와 순응(accommodation)은 언약 관계의 일원으로서의 유대 전통적 표시를 받아들이지 않고도 예수 운동에 이방인이 참여할 길을 열어주었다. 이 결정적 사건은 기독교가 결과적으로 유대교와 분리된 종교가 되는 데 중요한 영향을 끼쳤다.

바울

바울은 1세기 예수 운동에서 예수 다음으로 가장 중요한 인물이다. 몇몇 측면에서는 바울이 예수보다 훨씬 큰 논란을 불러일으켰다. 우리는 사도행전 후반부와 그가 남긴 편지들 덕분에 바울에 관해 꽤 많이 알고 있다. (소위 '바울서신' 중에 일곱 개의 편지는 의심의 여지 없이 바울 자신이 쓴 것이고, 나머지 여섯 개의 편지는 바울 사후 수십 년 뒤 그와 관련 있었던 인물이 그의 이름을 빌려 작성한 것으로 보인다.) 사도행전과 바울서신은 서로 완전히 상충하지는 않으나, 바울과 유대교와의 관련성에 관해서는 서로 다른 묘사를 보여준다. 사도행전은 바울을 예수 운동에 참여하고 난 뒤에도 유대율법을 따르고 유대 관습을 준수한 유대인으로 묘사한다. 사도행전에서 바울은 디모데에게 할례를 주고, 디아스포라 회당에 자주 출입했으며, 서원을 지키기 위해 머리카락을 잘랐고, 동족인 유대인을 위해 모금한 것을 전달하러 예루살렘에 갔고 희생제물을 바쳤으며, 성전에서 정결예식을 행하고, 서약한 네 명의 남성들의 정결례(Nazirite ceremony, "나실인을 위한 예식")를 위한 비용을 지불했으며, 산헤드린 앞에서 자신을 바리새인이라고 말했다. 누가복음 저자에 의하면 바울은 자신의 유대 신앙에 메시아에 대한 믿음을 더한 사람으로서 근본적으로 유대인이었다.

바울서신(사도행전에는 바울의 편지에 관한 언급이 없다)은 이러한 이력의 몇몇을 확증해 준다. 그의 편지에서 바울 자신은 태어난 지 8일째에 할례를 받은 히브리인 중의 히브리인이라고 말한다(빌 3:5). 또한, 자신을 이스라엘인이자 아브라함의 후손이라고 자랑스럽게 부른다(롬 11:1). 그는 토라를 준수한다면 할례가 가치있다고 인정한다(롬 2:25). 그는 유대인들을 '육체에 따르면 (나의) 동족'이라고 말하고 '그들에게 양자 됨, 영광, 언약들, 율법을 주심, 예배, 약속들이 속해 있다'고 단언한다. 유대인들은 선조들 덕분에 사랑을 받고, 메시아도 그들에게 속해 있다(롬 9:3-5; 11:28). 다음의 내용을 바울은 확고히 주장한다. 곧, 그리스도가 이방인을 구하기 위해 오셨지만, 하나님이 유대인을 버리시지 않았다. 사실 그들이 선택됐음은 "철회될 수 없고", "모든 이스라엘이 구원받을 것이다"(롬 11:26, 29). 그는 토라를 '거룩하고 정의롭고 선하다'고 말하며(롬 7:12), 믿음이 '율법을 폐기하는 것이 아니라 (굳게) 세운다'고 주장한다(롬 3:31). "율법을 듣는 자가 하나님 앞에서 의인이 아니라 율법을 행하는

401-402

자가 의롭다고 여겨질 것이다"라고 그는 로마의 그리스도인들에게 말했다(롬 2:13). "율법의 의로운 요구들"(토라의 도덕 명령)은 신자들 안에서 일하는 하나님의 영과 신자들이 협력하는 가운데 진정 성취될 것이다(롬 8:4).

그러나 유대 정체성에 대한 이러한 강한 긍정은 전체 모습의 일부만 보여준다. 긍정적으로 토라를 말하는 것은 대부분 단 하나의 편지, 즉 그의 가장 마지막 편지인 로마서에 집중적으로 나온다. 토라에 관한 긍정적 언급은 로마의 유대 신자들을 향한 존중과 임박한 바울의 예루살렘 방문을 염두에 둔 '전략적 후퇴'로 보인다. 갈라디아서는 토라에 관해 훨씬 부정적으로 말한다. 갈라디아서에서 바울은 '유대교에서의 이전 삶'을 현재의 그와 거리를 두는 방식으로 말한다(갈 1:13). 데살로니가전서는 유대인에 대해 매우 가혹한 언급을 담고 있어서 많은 사람들이 그 언급을 후대의 삽입(interpolation)으로 여길 정도다. 바울은 유대아의 유대인들에 관해 이렇게 말한다. "주 예수와 예언자들을 죽이고 우리를 쫓아냈으며, 하나님을 기쁘시게 하지 않고 모든 사람에게 대적이 되어, 우리가 이방인에게 말하여 구원받게 함을 방해하여 자기 죄를 항상 채워, 하나님의 진노가 마침내 그들에게 임했다!"(살전 2:15-16). 그는 할례가 궁극적으로는 아무것도 아니라고 한다(갈 5:6; 6:15; 고전 7:19). 게다가 이방인 개종자가 강요에 의해 할례받았다면 그들은 그리스도에게서 끊어질 것이라고 한다(갈 5:4). 유대성(Jewishness)이 '내면'(*en tō kryptō*)에 있는 사람이 유대인이고, 진정한 할례는 마음에 관한 것이며, 문자적인 것이 아니라 영적인 것이라고 말한다(롬 2:29; 빌 3:3). 토라는 부지불식 중에 죄(대문자로 시작하는 Sin으로, 우주적 세력/힘을 가리킨다)와 동맹이 되어 오직 죽음이라는 결과를 가져오는(롬 7:9-11) 정죄의 사역을 담당했다(고후 3:9).

토라는 “살리는 능력”이 없으므로(갈 3:21), 사라져가는 토라의 영광은 율법의 마침이자 목표(*telos*)인 그리스도 안에서(롬 10:4) 가치를 잃었다(고후 3:10-11). “아무도 율법의 행위들[즉, 토라의 제의적 계명의 준수]로 의롭다고 여겨지지 않고 예수 그리스도의 신실함으로 (의롭다고 여겨진다)”(갈 2:16). 율법의 행위들, 특히 할례에 의존하는 이는 누구나 저주 아래 있다(갈 3:10).

바울은 예수를 이스라엘의 메시아 그 이상으로 보았다. 예수는 우주의 구원자이자 주님이다. 바울은 예수를 ‘하나님’으로 절대 부르지 않았고, 바울의 기도는 예수에게 드려진 것이 아니라 예수를 통해 하나님에게 드려졌다. 그럼에도 불구하고 바울의 기독론은 초기 유대교의 중개자적 존재(other mediator figure) 숭배보다 훨씬 더 나아갔다. 쉐마를 원시적 ‘이위일체’(binitarian)의 모습으로 재서술하면서 바울은 한 분 하나님의 생명 안에 예수를 포함시켰고, 예수를 창조를 행한 신적 행위 주체와 동일시했다. “우리에게는 아버지 하나님 한 분이 계십니다. 모든 것은 그분에게서 났고, 우리는 그분을 위하여 있습니다. 그리고 한 분 주님이신 예수 그리스도가 계십니다. 만물이 그분으로 말미암았고, 우리도 그분으로 말미암아 존재합니다”(고전 8:6). 바울은 그리스도의 선재, 신성, 성육신 또한 암시적으로 언급한다. 그리스도는 하나님의 형상이었음에도 불구하고 자신을 비워 인간과 같은 모습으로 태어나셨다(빌 2:6-11). 쉐마에 대한 바울의 미드라쉬적 해석과 마찬가지로, (아마도 바울의 사역 이전에 만들어진) 이 찬가는 그리스도와 천상의 ‘지혜’(Wisdom)를 실질적으로 동일시한다. 여기에서 메시아 신앙이 유일신 신앙을 침범한다.

여기에서 중요한 사실은 바울서신이 유대인이나 유대인 신자가 아니가 아니라 자신이 전도한 이방인 개종자들을 대상으로 작성됐다는

402-403

것이다(로마 교회는 바울이 세우지 않았으나 유대인 멤버들이 있었던 것 같다). 그러므로, 바울은 어떤 편지에서도 유대교를 직접적으로 다루지 않는다. 심지어 그가 갈라디아서와 빌립보서에서 "개들, 악한 행위를 하는 자들, 거세한 이(mutilation: 할례라는 의미의 *peritomē*에 기반한 일종의 말장난으로 *katatomē*라고 부름)"(빌 3:2)라고 부르면서 공격하는 이방인 신자의 할례를 주장하는 이들도 유대인 신자가 아니라 이방인 신자였을 것이다. 그럼에도 불구하고, 언약적 선택과 구원이 오직 그리스도 안에서만 가능하다는 그의 주장은 분명 유대인과 이방인 모두에게 적용되는 것이다. 지난 수십 년 동안, 소수의 학자들은 바울이 구원으로 이르는 두 개의 길이 있다고 생각했음을 주장했다. 유대인에게는 토라, 이방인에게는 예수라는 구원의 길이 있다고 바울이 믿었다는 주장이다. 종교다원주의자에게는 이것이 사실이면 좋겠지만, 이러한 주장은 견실한 주해가 아니라 희망 사항에 불과하다. 고린도후서 3:13-18에서 바울은 시내산에서 모세가 걸친 너울(출 34:29-35)을 오래된 언약의 영광이 사라지는 표시라고 해석했다. 이스라엘인들의 마음이 '완고해졌다'고 그는 말한다. "사실 오늘날까지도 그들이 오래된 언약을 읽을 때 바로 그 너울이 그대로 있습니다. 그 너울은 그리스도 안에서 제거되기 때문입니다"(고후 3:14). 로마서 9-11장에서 바울은 대다수의 유대인이 예수를 거부한 것이 하나님이 완고하게 만드셨기 때문이라고 말한다. 아주 중요한 구절에서 그는 이렇게 주장한다.

> 형제들이여, 내 마음의 선한 즐거움과 그들을 위해 하나님께 드리는 내 간구는 그들의 구원을 위한 것입니다. 왜냐하면 나는 그들을 위해 다음과 같이 증언하기 때문입니다. 그들은 하나님에 대한 열심을 가지고 있

> 지만 (올바른) 지식에 따른 것이 아닙니다. 실상 그들은 하나님의 의로움을 알지 못하고 자신들의 의로움을 세우기를 추구하면서 하나님의 의로움에는 복종하지 않았습니다. 왜냐하면 율법의 끝마침/목표가 그리스도이고 믿고 있는 모든 이에게 의로움을 향한/이끄는 (목표가 되셨기 때문입니다). (롬 10:1-4)

로마서 11장 말미에 바울은 시온에서 오는 구속자의 '아포칼륍시스'(*apokalypsis*: 분명히 그리스도의 재림을 가리킨다, 11:26, 참조, 칠십인역 사 59:20-21)를 통해 '모든 이스라엘'의 종말론적 구원이 집단적으로 일어날 것을 기대한다. 이것이 바울 자신 역시 예수에게 오게 된 방식이기도 하다. 선교적 선포(참조, 갈 1:16)가 아니라 신적 계시 말이다. 그러므로 바울은 믿지 않는 유대인들이 예수를 메시아로 인정하게 될 것이라는 희망을 가지고 있다.

바울이 토라 준수 자체에 반대한 것 같지는 않다. 그는 분명히 유대인 신자들이 유대 율법과 관습을 지키는 것을 문제 있다고 생각하지 않았다. 가능성은 낮지만, 유대인처럼 사는 것을 언약과 구원에 속하기 위한 필요 조건으로 여기지 않는 한, 바울이 이방인 신자의 유대 율법과 관습 준수를 반대하지 않았을 것이라 생각할 수도 있다. 실용적 선교 방편으로 바울 자신은 유대인을 얻기 위해 토라 아래 사는 유대인으로 살 수 있었다(고전 9:19-21). 이 모든 입장에도 불구하고 그는 자신을 율법에서 자유하게 된 사람으로 간주했고, 그의 이방인 회중도 그와 같기를 바랐다.

이스라엘의 하나님을 예배하고 성경의 성 윤리를 받아들이는 것을 제외하면, 바울이 소아시아와 그리스 지역에 세우고 양육한 공동체들은 유대적 특징을 띠지 않았다. 물론 이방인을 향한 그의 선교의 신학적 동기는 전적으로 유대적이었다. 이는 마지막 날에 열방이 이스라엘의 하나님을 예배할 것이라는 유대 경전의 비전에 근거했다. 그러나 이스라엘의 종말론적 회복에 이방인도 포함될 것으로 기대한 히브리 예언자들의 말은 꽤 모호했다. 그들은 하나님을 예배하는 것 외에 어떤 조건도 언급하지 않았다(예, 사 60:8-12; 미 4:1-2). 바울은 예수 그리스도에 대한 믿음 외에 그 어떤 조건도 있어서는 안 된다고 결론 내렸다. 의미심장하게도, 그의 편지에는 이방인 신자들의 회중이 디아스포라 유대교 회당 공동체들과 사회적 접촉을 가졌다는 그 어떤 암시조차도 없다. 삼십 년에 걸친 그의 선교 활동 중에 그가 "사십 대 중에 한 대가 모자라는" 매질을 다섯 번이나 받을 정도로 회당에 자주 드나들었음에도 불구하고 말이다(고후 11:24). 그러므로 바울의 교회는 민족적 구성이나 공동체 특성에 있어 유대적이지 않았다.

E. P. 샌더스(E. P. Sanders)가 주장한 대로 1세기 유대교의 '종교 패턴'을 '언약적 율법주의'(covenantal nomism)로 특징지을 수 있다면, 바울의 종교 패턴에 관해서는 뭐라고 말할 수 있을까? 언약적 율법주의의 본질적 구성 요소는 다음과 같다.

시내산에서 하나님이 이스라엘을 은혜롭게 선택하심

↓

이스라엘이 토라 준수라는 감사의 반응을 함

↓

보상과 처벌을 주는 최종 심판

바울 종교의 기본 구조도 이와 상당히 유사하다.

그리스도 안에서 하나님께서 은혜로우신 행동을 하심

↓

(신자들이) 그리스도 안에서 '믿음의 순종'이라는 감사의 반응을 함

↓

보상과 처벌을 주는 최종 심판

샌더스가 주장한 것처럼, 바울신학은 유대교와 근본적으로 다른 종교 패턴을 보이지 않는다. 패턴은 동일하나, 단 한 가지 결정적 요소에 차이가 있다—토라가 아닌 그리스도. 그리스도는 아브라함의 유일하고 진정한 자손이며 하나님이 주신 약속들의 유일한 상속자이고, '그분 안에' 있는 사람들, 즉 예수의 죽음 안으로 침수례를 받아 그와 연합하고 영으로 말미암아 예수의 생명이 자신들 안에 형성된 사람들만이 이 약속들의 공동 상속자가 된다. 아브라함 언약과 메시아와의 연합이 시내산 언약과 토라로 말미암은 삶을 능가한다는 생각은 초기 유대교에서 전례를 찾을 수 없다. 메시아의 도래가 토라의 가치를 없애버리는 이유 역시 초기 유대교 사상을 통해 설명할 수 없다. (물론 바울은 그와 자신이 전도한 이방인 신자들이 토라의 진정한 의도에 부합하는 삶을 통해 토라를 따르는 삶을 산다고 항변했을 것이다. 그는 롬 3:31에서 이렇게 말한다. "그러면 우리가 믿음을 통해 율법을 폐합니까? 절대 아닙니다! 도리어 우리는 율법을 세웁니다.")

바울은 예수에 대한 믿음을 유대교의 성취로 간주한 유대인이었기 때문에, 그를 '반-유대적'(anti-Jewish)이라고 부르는 것은 옳지 않다. 또한 그를 '배교자'로 부르는 것도 옳지 않다. 자기가 이방인의 사도가 된 것

404-405

을 새로운 종교(시대착오적 단어를 사용하자면 '기독교'—역주)로 개종한 결과가 아니라 유대교 내의 예언자적 소명으로 간주했기 때문이다. 그러나 언약적 선택이라는 개념을 대단히 과격하게 재정의함으로써 바울은 대다수 유대인의 유대적 정체성의 중핵을 가격했다. 누가 선택됐는지 논쟁하는 것은 분명 제2성전기 유대인 사이에 있던 논쟁의 일부다. 유대인 분파가 작성한 사해문서만 봐도 이 점은 충분히 알 수 있다. 하지만 바울은 쿰란의 언약도들보다 한 걸음 더 나아갔다. 쿰란 공동체에 따르면, 모든 유대인이 선택받은 것은 아니었지만, 하나님의 선택을 받은 모든 사람은 유대인이었다. 그러나 바울의 생각은 다르다. 그리스도 안에 있는 사람만이 언약 안에 있고 선민이다. 새 창조를 위해 빚어진 새로운 인류에 대한 그의 비전에서 유대 정체성의 필수 요소인 민족성은 사라진다. 바울의 신학이 이스라엘을 전적으로 부인하거나 대체하는 것을 의미하지 않더라도, 그의 신학은 분명 '이스라엘'을 새롭게 정의하는 것을 함의하며, 생물학적 유전과 제의적 규정 준수를 통해 형성된 역사적 이스라엘의 공동체적-언약적 자기 이해의 자리를 없애는 것을 함의한다.

유대인과 유대교에 관한 다른 신약성서의 관점들

바울의 신학은 신약성서에서 가장 복잡하다. 그리고 율법이라는 주제에 관해서는 가장 난해하다. 바울의 편지를 제외한 나머지 신약성서 문서들은 유대인과 유대교에 대해 광범위한 입장을 보인다. 스펙트럼의 한쪽 끝에는, 유대인이나 예수를 믿지 않는 유대교를 헐뜯거나 심지어 직접 언급하지도 않고 유대 경전과 전통을 건설적이면서도 꽤 긍정적으로 전유하는 문서들이 있다. 다른 끝에는 유대 공동체와 경쟁 가운데 있던 신자들의 공동체에서 저술된 문서들이 있는데, 여기에는 다양한 정도의 비난, 분리, 대체가 반영되어 있다.

일반서신과 요한계시록

'일반서신' 혹은 '공동서신'으로 알려진 야고보서, 베드로전후서, 유다서, 히브리서는 스펙트럼에서 좀 더 온건한 쪽에 속하는 대표적 문서다. 사도행전과 갈라디아서가 야고보를 제의적(ritual) 토라 준수의 옹호자로 언급함에도 불구하고, 그의 이름을 빌어 작성된 위명 서신(pseudonymous epistle)인 야고보서는 토라의 윤리적 가르침만을 다룬다. 이 편지는 세련된 헬레니즘적 유대 지혜 문헌으로, 유대인 신자를 지칭하는 것이 분명한 명칭인 "디아스포라의 열두 부족"을 수신자로 한다(약 1:1). 편지의 본문은 일련의 짧은 경구와 권면으로 구성됐다. 경구와 권면의 주요 주제를 택해 설명을 한 짧은 에세이가 그 뒤에 나온다. 야고보서에는 기독론이라고 할 만한 내용은 없고, 예수에 대한 언급만 단 두 번 등장한다. 그러나 이마저도 예수의 가르침의 희미한 반향을 담고 있다. 야고보서는 '으뜸가는 법' 또는 '자유의 법'(1:25; 2:8, 12)을 토라와 구분된 가르침이 아니라, 예수의 가르침과 본보기를 통해 (최소한 암시적으로나마) 비준받은 토라의 이웃 사랑 계명으로 이해한다. 이 모든 것에 유대인이나 유대교에 대한 격렬한 비난은 전혀 들어있지 않다.

베드로와 유다의 이름을 빌어 작성된 편지들도 반-유대적 비난에 빠지지 않은 채 유대 전통을 자신들의 것으로 '가로챈다'. 유다서는 '예수 그리스도의 종이자 야고보의 형제인 유다'를 저자로, 위치가 구체적으로 명시되지 않은 신자들을 수신자로 한다. 저자의 자기 소개를 그대로 받아들인다면 팔레스타인 지역이 출처일 가능성이 있다. 야고보서와 마찬가지로, 많은 학자는 저자가 자신을 예수의 형제로 소개한 것을 위명으로 간주한다. 이 짧은 문서의 본문은 유대 경전에 나온 다양한 인물과 무리들을 하나님의 벌을 받아 마땅한 사악한 예로 들며 거짓 선생들을 정죄한다. 불경한 선생들이 "영광스러운 존재들을 비방"(8절)했다는 유다서의 비판은 천사 미가엘이 모세의 시체를 두고 사탄과 논쟁했다는 구약에 들어있지 않은 이야기를 언급한다(9절). 또한 유다서는 『에녹1서』를 경전으로 인용한다(14-15절, 『에녹1서』 1:9).

유다서 대부분의 내용은 베드로후서 내용에 포함됐다. 거의 모든 학자들이 베드로후서를 2세기의 위명 저작으로 본다. 유다서와 마찬가지로 베드로후서는 유대 전승을 다룰 때도 유대인이나 유대교에 관한 관심을 전혀 보이지 않는다. 베드로전서도 그렇다. 베드로전서는 로마('바벨론'으로 지칭됨, 5:13)에서 "디아스포라에 유배된 자들"(1:1)로 불린 소아시아의 이방인 신자들에게 보내진 회람 편지다. 1세기 후반 로마의 그리스도인이 작성한 것으로 보이는 이 문서는 이방인들의 비방과 배척에 직면한 청중들을 북돋우려는 도덕 권면(moral exhortation)의 편지다. 베드로전서 저자는 정체성을 형성하는 주요 방법으로 이스라엘에게 속한 제의와 관습의 특권을 이방인 독자에게 부여한다. 독자들은 "영적인 집"을 짓는 데 사용되는 "살아있는 돌"이다. 그 "집"에서 그들은 "거룩한 제사장"의 일원으로 봉사하고, "영적 제사"를 바친다(2:5). 이방인 신자들은 "선택받은 족속", "거룩한 민족", "하나님의 백성"이다(2:9; 참조, 칠십인역 출 19:6; 사 43:20; 호 2:25). 이 편지에도 기독교인이 아닌 유대인들에 대한 언급이 일절 없다.

406-407

유대인과 유대교에 대한 긍정적 전유(appropriation)에서 부정적 전유로 이어지는 스펙트럼에서 히브리서는 대략 위의 문서들과 비슷한 지점에 놓였다고 할 수 있다. '히브리인들에게 보내는 편지'(히브리서)라는 제목은 너무나 부적절하다. 편지의 특성은 이 문서의 마지막 몇 줄에만 나온다. 편지라기보다는 설교에 가깝다. 그리고 히브리인들이 아니라 그리스도인들에게 보내졌다(아마도 유대적 배경을 지닌 그리스도인들이었던 것 같으나 이방인이었던 사람들일 수도 있다). 수신지는 아마 로마였을 것이다. 수신자들은 핍박을 겪었다고 하나, 어떤 종류의 핍박인지, 누구에게 핍박받았는지 구체적으로 명시되지 않았다. 수신자들은 그리스도에 대한 헌신에 지쳐갔고 자칫 넘어질 위험에 처해 있었다. 전통적으로 많은 주석가들이 이 문서의 저자가 유대 그리스도인이 유대교로 되돌아가는 것을 말리려는 목적을 가졌다고 보았으나 그러한 견해를 지지해주는 분명한 근거를 히브리서 본문에서 찾을 수 없다. 이 설교의 시적인 프롤로그는 신약성경에서 가장 높은 기독론(highest christological, "최고기독론")적 언급을 담고 있다. 그리스도는 하나님의 아들로서 중재자, 상속자, 전 세계의 주님이다. 그리스도는 '하나님의 본체 그대로의 판박이'(the exact imprint of God's very being)이다. 이 표현은 초기 유대 전통에서 의인화된 하나님의 지혜(Wisdom)에 수여된 명예로운 칭호다(히 1:3; 솔로몬의 지혜 7:26). 히브리서는 세련된 수사학적 기술과 주해를 다양하게 사용하면서, 그리스도가 천사, 모세, 레위 계통 제사장들보다 우월하다고 단언한다(창 14:17-20; 렘 31:31-34; 시 2:7; 8:4-6; 95:7-11; 110:4). 특히 그리스도가 제사장들보다 우월하다는 논증에 상당한 공을 들인다. 예수를 멜기세덱 계열의 천상적이고 영원한 제사장으로 지칭하며, 예수의 속죄적 죽음이 하늘의 성전에서 비준된 새 언약을 세웠다는 기록은 히브리서 저자가 신약 기독론에 기여한 가장 중요한 공헌이다(7-10장). 하지만 놀랍게도 히브리서 저자는 당시 실제 존재한 유대교나 1세기의 예루살렘 성전 혹은 제사장직에 대해 별 관심을 보이지 않는다. 비교와 대조, 권면과 경고의 요점은 모세와 아론 시대에 새롭게 만들어진 레위 계통 제사장직과 사막에 있던 성막, 그리고 출애굽 세대의 이스라엘 백성이다. 저자는 제2성전기의 다양한 문헌을 통해 알려진 멜기세덱, 모세, 천사에 관한 해석 전통을 잘 알고 있으며, 그의 플라톤주의는 알렉산드리아의 필론의 사상과 유사하다. 그는 유형론적(typological), 미드라쉬적, 약속과 성취의 관점에서 성서를 해석한다. 히브리서 저자는 오로지 '책을 통해서'(태생적 유대인이 아니라는 말이다—역주) 유대 전통에 관한 지식을 얻은 것으로 보인다.

소위 일반서신이라 불리는 모든 편지들은 유대인과 1세기 유대교에 거의 관심이 없는데, 이 각 지역의 사회적 정황이 유대 공동체와 거리가 있기 때문이거나 각 저자의 저술 동기가 유대교와 유대인이라는 주제를 직접 다룰 필요가 없었기 때문일 것이다. 제2바울서신(Deutero-Pauline)이나 요한서신의 경우도 마찬가지다. 예를 들어, 에베소서는 그리스도 안에서 이방인이 어떻게 '이스라엘 공동체'와 '약속의 언약들'이 됐는지, 그리고 유대인과 이방인 사이를 '나누는 벽'이 어떻게 허물어졌는지에 대해 감동적인 선언을 한다. 그러나 유대인과 이방인이 새로운 한 인류로 연합하게 된 것은 '여러 가지 조문으로 된 계명의 율법'을 그리스도가 폐기하신 대가로 가능하게 됐다(엡 2:11-22; 참조, 골 2:16-19에서 유대 음식 관습을 폄하하는 언급을 보라). 이러한 일치는 유대인을 특징짓는 요소들을 사실상 없앤다. 그럼에도 불구하고 에베소서와 다른 서신들은 대체로 초기 유대 전승을 기독교인의 정체성을 구성하고 강화하는 자원으로 이용한다. 이 편지들의 저자들은 이스라엘의 거룩한 과거 역사와 연결시키는 고리를 만들기 위해, 그리고 그리스도인을 이스라엘의 역사에 편입시키기 위해 칠십인역을 샅샅이 뒤져 자기 정체성을 표현하는 언어를 찾았다. 이 편지들의 본문 자체만 보면, 여기에 반영된 기독교인은 유대인과 경쟁하는 사람들이라기보다는 유대인을 흉내 내고 그들의 유산을 상속하는 사람들에 더 가깝다.

몇몇 주목할 만한 예외를 제외하면, 요한계시록 역시 거의 비슷한 상황이다. 이 책은 요한이라는 이름의 유대인 예언자가 편지의 틀 안에 쓴 묵시록으로, 소아시아 도시들의 일곱 개 공동체에 보내진 글이다. 아마도 도미티아누스 황제 통치기(기원후 81-96년)에 작성된 것 같다(종종 아주 특이한 셈어적 특성이 드러나는 그리스어 표현이 나온다). 요한계시록은 소아시아의 기독교인들에게 로마 제국의 우상화된 정치, 경제, 종교 체제에 동화하지 말라고 촉구하고, 임박한 핍박을 대비해 그들을 준비시키며, 주변 문화와 과격하게 단절하라고 요청한다. 이 책에는 고기독론(high Christology)이 나타난다. 그리스도의 선재나 신성을 명백하게 단언하지는 않더라도, 하나님의 통치권을 전적으로 공유하는 예수의 모습을 담고 있다. 천사와는 달리(계 19:10; 22:8-9) 천상의 왕좌에 있는 공간에서 예수가 합당하게(legitimately) 예배를 받는 모습은 하나님이 예배를 받는 장면과 정확히 상응한다(4:1-5:14; 7:10; 11:15; 12:10-12; 19:6-8을 참조하라). 또한 예수는 "알파와 오메가"라는 호칭을 하나님과 공유하며(1:8과 22:13; 1:17과 21:6 참조), 기도를 드리는 대상이 된다(22:20). 요한계시록은 유대 경전을 직접 인용하지 않지만, 거의 모든 문장에 유대 경전의 언어가 깊이 배어 들어 있다. 그리고 최소한 한 곳 이상에서 하나님의 신실한 백성 전체를 이스라엘의 열두 부족이라는 표현으로 정의한다(7:4-8; 21:12). 4장에서

22장까지의 묵시적 환상에는 비기독교적 유대교에 대한 공격적 언급도 없고 유대인에 대한 언급도 나오지 않는다. 하지만 계시록의 도입부에 있는 '서머나 교회에 보낸 선포'에서, 승귀하신 그리스도가 "자칭 유대인(*Ioudaioi*)이라 하는 자들에게서 네가 비방(*blasphēmia*)을 당하고 있는 것도, 나는 알고 있다. 그러나 사실 그들은 유대인이 아니라 사탄의 회당(*synagōgē*)이다"라고 말씀했다고 요한은 기록한다(2:9). 여기에서 '유다이오이'(*Ioudaioi*)라는 단어는 부정적 추동력(negative thrust)을 지닌 긍정적 별칭(positive epithet)이다. 요한계시록의 유대인 저자는 이 단어의 가치를 높이 여겼고, 그 결과 자기 자신과 동료 유대인 신자들에게만 이 호칭이 독점적으로 적용된다고 말했을 가능성이 높다. 그가 볼 때, 예수를 거부한 유대인들은 이 호칭을 받을 권리를 포기했다. 로마인들이 유대 민족에게 수여한 법률적 특권과 면제의 혜택을 누리면서 말이다. 이러한 유대인들은 아마도 그리스도인들이 이 호칭을 사용하는 것에 대해 반대했을 것이다. 이들은 로마 권력자들에게 그리스도인을 고발하면서 그리스도인이 자신들의 특권을 누리지 못하도록 배제하는 조치를 취했을 수도 있다. 그러나 확실하지는 않다. 어쨌든 이런 종류의 비난은 쿰란 분파가 자신들의 적대자들을 '벨리알의 회중'으로 부른 것과 마찬가지로, 유대교 내의 충돌 상황에서 흔히 나타나는 것이었다.

복음서와 사도행전

복음서들과 사도행전은, 정도의 차이는 있지만, 유대인과 유대교에 대한 부정적 태도의 스펙트럼 안에 속한다. 마가복음과 누가-행전이 유대교에 대해 가장 덜 적대적이다. 마태복음과 요한복음은 가장 '유대적'이면서 동시에 '반-유대적'이다. 마가복음은 기원후 70년 예루살렘과

409

성전의 파괴 직전 혹은 직후(전자의 가능성이 더 높다)에 무명의 저자가 저술했다. 전통적으로 마가복음이 집필된 장소를 로마시로 보았으나, 그보다는 로마 동부의 어느 지역, 아마도 유대인들의 옛 땅과 가까운 지역에서 저술됐을 가능성이 높다. 마가복음 내에서 예수 운동이 유대교를 대체한다는 사상(supercessionism)과 가장 가까운 부분은 '포도원 소작인의 비유'(12:1-12)이다. 이 비유에서 마가복음 저자는 독자들로 하여금 대제사장, 서기관, 장로를 하나님의 '사랑하는 아들'인 예수를 잡아 죽인 하나님 소유의 포도원(이스라엘) 소작인들로 간주하도록 이끈다. 마가복음의 예수는 질문한다. '포도원의 주인이 어떻게 하겠는가?' '그가 와서 소작인들을 죽이고, 포도원을 다른 사람들에게 줄 것이다.' 마가복음 저자가 포도원(즉, 다가오는 하나님 나라에서 이스라엘이 받을 유산)을 물려받을 '다른 사람들'이라고 지칭한 사람들의 정체는 분명하지 않다. 예수가 원래 이 비유를 이야기할 때, '다른 사람들'은 아마도 세상의 새로운 지도자가 될 예수 자신과 열두 제자를 가리켰을 수 있다. 하지만 마가복음 저자는 자신이 속한 공동체와는 다른 이방인 중심 예수 공동체의 지도자들을 염두에 두고 이 말을 썼을 것이다. 이방인들이 예수를 받아들인 사건은 이스라엘이 거부당한 것 자체를 의미하지는 않았겠으나, 민족적 의미의 이스라엘 대부분을 배제하도록 만들었을 것이다.

누가복음과 사도행전은 기원후 80-90년경 마가복음, Q문서, 그리고 다른 자료를 사용해 작성됐다. 저작 장소는 알려져 있지 않다. 종종 고대 전승을 근거로 안티오키아가 저작 장소로 거론됐으나, 거의 모든 지중해 지역 주요 도시들도 가능성이 있다. 두 권으로 된 이 작품은 신약성서에서 가장 직접적이고 강력하게 이스라엘과 기독교 운동 사이의 구원사적 연속성을 강조한다. 복음서 저자들 중 누가복음 저자만이 성전에 대해 호의적인 입장을 보인다. 누가복음은 성전에서 시작해서 성전에서 마친다(눅 1:5-23; 24:52-53). 성전을 '정화'한 뒤에도 예수는 성전을 버리지 않고 그곳에서 가르친다(19:47; 20:1; 22:53). 사도행전에서 사도들은 성전 경내에서 계속 예배를 드리고 가르침을 전한다(행 3:1-8; 5:21, 25). 예루살렘에 대한 누가복음 저자의 입장은 모호한 편이다. 예루살렘은 이스라엘 백성과 하나님의 관계를 긍정적으로 상징화하는 장소이기도 하고, 예언자적 메시아(Prophet-Messiah: 예수를 말한다—역주)를 이스라엘이 거부한 장소이기도 하다. 요셉과 모세처럼 예수는 먼저 자신의 형제들에게 거부당했으나 결국 하나님이 (부활과 예수의 제자들에게 영을 부어주심으로) 옳다고 입증해 주셨다. 하나님께서 예수에게 힘을 불어넣어주셔서 예수를 거부한 바로 그 사람들을 구원하는 방식으로 말이다. 사도행전에서는 사도들이 이스라엘의 새로운 지도자들이지만, 그렇다고 해서 하나님이 유대 백성을 포기하신 것은 아니다. 이스라엘의 역사와 이야기는 예수의 사역과 예수를 통해 형성된 공동체를 통해서 지속되고 성취된다. 이 공동체는 엇나간 분파가 아니라 회복된 하나님의 백성의 진정한 모습이다. 누가복음 저자가 볼 때, 하나님의 백성에 속하는 것은 더 이상 태생적 유대인에게 국한되지 않고, "예수를 믿고 그의 이름으로 죄 사함 받음"을 통해 "각 민족 중에서 하나님을 경외하며 의를 행하는 모든 사람"에게 열리게 됐다(행 10:35, 43). 하나님의 '백성'(*laos*)의 일원이 되기 위해서 이방인들이 할례라는 유대 '관습'(*ethos*)을 따르며 유대 '민족'(*ethnos*)이 되어야 할 필요가 없다. 이방인이 회복된 하나님의 백성에 속하게 된 것은 이스라엘이 대체됐다는 의미가 아니라 이스라엘이 확장됐다는 의미다. 이방인 신자가 할례를 받지 않는 것은 토라의 가치를 부인하는 것이 아니라 '오래전부터 알려진' 토라의 참된 예언자적

410

의도의 성취를 의미한다.

누가-행전에서 유대인을 가장 부정적으로 묘사한 부분은 소아시아와 에게해 근방에서 이루어진 바울의 전도 여행 이야기에 나온다. 디아스포라 회당의 유대인들은 종종 바울을 스토킹하듯 따라다니며 공공연하게 그를 모욕하고 괴롭혔다. 바울이 예루살렘에 오자, 소아시아에서 온 수많은 유대인이 성전을 더럽혔다며 바울을 비난했고, 그가 로마의 관리 아래 유치되기 전 죽을 만큼 폭행했다(행 21:27-31). 그러고 나서 얼마 안 되어, 사십 명이 넘는 유대인이 그를 암살하겠다고 서원한다(23:12-15). 사도행전의 마지막 부분에서는, 로마의 유대 공동체 지도자들이 아무 일 없다는 듯 그를 맞이했으나 '어디에서나 반대하는 소리가 높은 이 종파(*hairesis*)'에 대해 바울에게서 듣기를 청했다(28:22). 예수에 관한 바울의 메시지에 대한 유대인들의 반응은 복합적이었다. 일부는 받아들였으나 대다수는 거부했다. 누가-행전을 전체적으로 보면, 이스라엘은 (복음 메시지에 대해) 분열된 상태로 있다. 누가-행전은 '반-유대적'인가? 이 질문은 바울의 경우에 비해 덜 모호하다. 누가-행전은 이스라엘을 이방인이 대체한다는 노골적 대체주의(supersessionism), 즉, 옛 이스라엘을 대체하는 '참된' 혹은 '새로운' 이스라엘을 말하지는 않는다. 하지만, 하나님의 언약적 선택이 민족으로서의 이스라엘에만 속한다는 믿음이 폐기된다는 내용은 있다.

마태복음은 누가-행전과 비슷한 시기에 작성됐고, 누가-행전과 마찬가지로 마가복음과 Q문서를 자료로 사용했다. 자신들을 모든 측면(민족적, 문화적, 종교적)에서 유대적이라고 생각했던 예수 신자들의 공동체 안에서, 이 공동체를 위해 작성됐다. 아마도 안티오키아나 카이사레아, 세포리스, 스키토폴리스 같은 도시에 위치했던 것으로 보이는 이 공동

410-411

체는 가까이 있는 유대 회당 공동체의 바리새파 유대교와 치열한 경쟁 관계에 있었다. 마태 공동체의 유대적 측면(Jewishness)은 미묘하지만 알아차릴 수 있는 방식으로 본문에 반영되어 있다. 예를 들어, 마가복음에서 유대 관습을 설명하는 부분이 마태복음에는 생략됐고, 예수께서 '모든 음식을 깨끗하다고 선언하셨다'는 마가복음 저자의 언급도 삭제됐다. 더욱 분명한 예로는 마태복음이 예수의 유대성을 묘사하는 부분을 들 수 있다. 예수의 족보는 아브라함까지 거슬러 올라가고(마 1:1-17), 모세와 예수 사이의 뚜렷한 유형론적 상응이 예수의 아기 시절 이야기와 산상수훈을 비롯한 여러 구절에 나타난다. 출애굽기와 신명기의 모세처럼, 예수는 자신의 백성을 결박에서 풀어주고 토라를 새롭게 해주기 위해 온 해방자다. 마태복음이 그리는 예수는 토라를 무효화하지 않는다. 예수는 토라의 참되고 최종적인 해석자다. 마태복음에만 있는 예수의 말씀 중에 하나를 인용한다.

> 내가 율법이나 예언자들의 말을 폐하러 왔다고 생각하지 마시오. 폐하러 온 것이 아니라 성취하러 왔습니다. 내가 진정으로 여러분에게 말합니다. 하늘과 땅이 사라지기 전에는 율법의 일점 일획도 율법에서 사라지지 않고 다 이루어질 것입니다. 그러므로 누구라도 이 계명들 중에 가장 작은 것 하나를 파괴하고 사람들을 그렇게 하라고 가르치는 사람은, 하늘 나라에서 가장 작은 사람이라고 불릴 것입니다. 그리고 누구라도 이를 행하며 가르치는 자는 천국에서 크다 일컬음을 받을 것입니다. 내가 여러분에게 말합니다. 여러분의 [토라에 기반한] 의로움이 서기관들과 바리새파 사람들의 의로움을 훨씬 능가하지 않으면, 여러분은 절대 하늘 나라에 들어가지 못할 것입니다. (마 5:17-20)

411

부정적인 측면을 보자면, 마태복음 저자는 자신의 공동체와 바리새파 유대교 사이의 구분은 물론 심지어 분리됐음을 강조한다. 바리새파 유대교를 '그들의 회당'이라고 부르고, 바리새인들과 논쟁할 때 마태복음의 예수는 '당신들의 율법'이라고 말한다. 또한, 마가복음이 예수의 갈릴래아 지역 사역 부분에서 묘사한 바리새파의 모습을 마태복음은 어둡게, 그리고 수난사화에서 예루살렘 지도자들의 면모 역시 어둡게 묘사한다. 그중에서도 가장 악명 높은 구절은, "온 백성"이 빌라도에게 "그의 피를 우리와 우리 자손에게!"라고 말하는 부분이다(27:25).

그렇다고 하더라도, 마태 공동체는 유대교의 한 종류에 해당한다. 공동체 구성원 대부분은 안식일을 계속 지키고(12:1-8; 24:20), 십일조를 드리며(23:23), 자선과 기도, 그리고 금식을 행했던(6:1-18) 유대인이었다. 그들은 도덕적 정결의 문제에 우선순위를 두었으나, '카슈루트'(*kashrut*: 유대교 식사 규율) 같은 제의적 정결을 완전히 무시할 준비가 되어있지는 않았다(15:17-18; 막 7:19b와 대조). 예수를 따랐던 사람들이 거부해야 할 것은 유대교가 아니라 바리새인의 위선과 부담스러운 할라카, 복잡한 궤변(casuistry), 드러내길 바라면서 하는 경건 행위, 지위를 좇는 것이다(마 23장). 그러나 마태 공동체 구성원들은 민족적 이스라엘이 더 이상 독점적인 선민 신분을 소유하지 않게 됐다는 사실을 알아야 할 필요가 있었다. 하나님의 구원 계획이 이제 이방인도 포함하기 때문이다. 마태 공동체와 바리새적 유대교 사이의 논박은 대체로 유대교 내부의 논쟁으로 볼 수 있지만, 마태복음에 반영된 공동체는 당시 보편적 유대교의 경계의 한계를 넘어서려는 모습을 보여준다.

요한복음은 가장 '유대적'이면서도 동시에 '반-유대적'(anti-Jewish)인 특징을 가졌다는 의미에서 마태복음과 어깨를 나란히 한다. 마태 공동체와 같이, 요한 공동체는 바래새파 유대교와 경쟁 관계에 있었다. 요한복음이 집필된 시기(대략 기원후 90-100년경 디아스포라 지역, 아마도 에페수스에서)에 요한 공동체는 회당과의 모든 교류를 끊고, 원래 뿌리였던 유대교에서 거의 완전히 분리되어 예수의(그리고 요한 공동체의) 적들을 '유대인들'이라고 부르게 됐다. '유대인들'이라는 용어는 모든 시대와 모든 세대의 유대인을 가리키는 것이 아니라, 복음서들이 시대착오적으로 바리새파로 지칭하는 유대 지도자들을 가리킨다. (몇몇 구절에서 '호이 유다이오이'[*hoi Ioudaioi*]라는 용어는 유대 지방의 거주민을 지칭하는 가치 중립적 표현으로 사용된다. 4:22에서 이 용어는 사마리아 여인에게 예수가 다음과 같이 한 말에서 긍정적으로 사용됐다. "구원은 유대인에게서 납니다.") 요한복음의 내러티브에서 유대인은 예수의 극적인 배경의 역할을 하는 상징적 용어로, 예수에 관한 무지, 불신앙, 거부를 보인 '이 세상'과 동일한 의미이다.

요한복음의 저자가 공관복음 전승을 일부 알고 있었고, 아마도 마태, 마가, 누가복음 중 하나 혹은 그 이상을 알고 있었던 것으로 보이지만, 요한복음은 (공관복음서의 영향을 받지 않고) 독립적으로 집필됐다. 공관복음서와 유사성을 보이는 부분이 수난사화에 주로 있고, 예수의 공생애 사역 이야기도 여섯 개 가량 공관복음서와 유사한 것들이 있지만, 내용과 문체 그리고 신학적 측면에서 요한복음은 전반적으로 고유한 특징이 있다. 토라, 성전, 안식일 준수, 축제일 같이 유대 정체성의 주요한 표지에 관한 한 요한복음은 분명히 유대적 특성(Jewishness)을 보인다. 그러나 요한복음이 그리는 예수는 이러한 유대교의 핵심 요소들을 성취하고 대체한다. 네 복음서 중에서 요한복음만 선재하는 그리스도, 그리스도의 신성, 그리고 성육신을 분명하게 말한다. 단지 요한복음의 프롤

412-413

로그("처음에 말씀이 있었고, 그 말씀은 하나님과 함께 있으며, 그 말씀은 하나님이었다. … 그리고 그 말씀은 육신이 되어 우리들 가운데 거주하셨다", 1:1, 14)에서만 아니라 요한복음 전체에서 예수 자신은 이렇게 말한다. "하늘에서 내려온 이 외에는 아무도 하늘로 올라간 이가 없다. … 아브라함이 있기 전에 내가 있다. … 아버지와 나는 하나다. … 누구든지 나를 본 이는 아버지를 보았다"(3:13; 8:58; 10:30; 14:9). 예수는 하나님과 영원한 생명에 이르는 단 하나의 길이다. "나는 길이고, 진리고, 생명이다. 나를 거치지 않고는 누구도 아버지에게 올 수 없다"(14:6).

비유와 경구로 가르치는 대신, 요한복음의 예수는 혼자 긴 이야기(연설)를 한다. 예수가 다루는 주제는 하나님의 나라가 아니라 계시와 구원을 위해 하늘에서 내려온 하나님의 독생자로서의 예수 자신의 정체성이다. 적대자들과의 대화는 자주 예수의 긴 독백으로 바뀌고, 논쟁의 주제는 유대 할라카가 아니라 예수의 정체성과 자신에 대한 주장이다. 금식, 십일조, 음식 정결 규정, 맹세, 이혼에 관한 논쟁은 요한복음에 없다. 대신, 안식일에 행한 예수의 치유 행위는 금세 그가 "하나님과 동등하다"는 주장을 했다는 비난을 가져온다(요 5:18; 참고. 10:33). 유대인들이 아브라함을 자신들의 조상이라고 주장하면서 예수의 아버지가 하나님임을 부인할 때, 예수는 "여러분은 여러분의 아버지인 악마에게서 났습니다"라고 응답한다(8:44). 예수가 아버지의 뜻에 순종하며 "아버지는 나보다 더 크시다"라고 선언할 때도(14:28), 하나님과 자신과의 하나 됨(unity)을 주저없이 말했다(예, 10:30, 38; 14:10-11; 17:21). 하지만 화자(narrator)의 관점에서 예수는 단순한 인간이 아니라 로고스(말씀)가 육화된 분이므로, 이러한 선언은 신성모독이 아니었다. 의심하던 도마도 예수 앞에 엎드려 "나의 주요 나의 하나님"이라고 불렀다(20:28).

회당에서 분리된 요한 공동체에 관해 가장 많은 점을 시사해주는 구절은 요한복음 9장에 나오는 시각 장애인 이야기다. 이 이야기는 공관복음서의 치유 이야기와 비슷하게 시작한다. 그러나 시각 장애인을 고친 후 예수는 요한복음 9장에 거의 등장하지 않으며, 결과적으로 이야기의 초점은 시력이 회복된 이 사람에게 맞춰진다. '유대인들'은 이 사람(예수로 인해 시력을 회복한 사람)을 두 번이나 끌고 와 심문한다. 유대인들이 예수를 죄인이라고 말하라고 이 사람을 더욱 압박할수록, 이 사람은 예수를 '예수라고 불리는 남자'라고 부르다가 '그는 예언자입니다'라고 하고, 이어 '그는 하나님께로부터 왔습니다'라고 말한다. 결국 그를 심문하던 바리새인들은 이 사람을 공동체에서 쫓아냈다. "예수를 그리스도로 고백하는 사람은 누구든지 회당에서 내쫓기로(*aposynagōgos*), 유대 사람들이 이미 합의했기 때문이다"(9:22; 참조, 12:42; 16:2). 예수가 나중에 이 사람을 찾아 '사람의 아들'(인자)로 믿는 믿음을 불러일으켰을 때, 이 사람은 "주님, 제가 믿습니다"라고 대답하고 "그분께 경배드렸다"(9:38). 이 놀라운 이야기는 요한 공동체와 회당 공동체 사이의 여러 해에 걸친 충돌을 압축해 표현했다. 두 공동체 사이의 충돌이 예수의 이야기 안에 새겨진 것이다. 예수가 메시아인지 아닌지에 관한 논쟁은 예수의 신적 지위에 관한 주장을 둘러싼 뜨거운 쟁론으로 비화됐는데, 역으로 충돌 자체에서 생겨난 불길을 통해 예수에 관한 주장이 버려졌다. 민족이라는 의미에서 볼 때, 요한복음은 반-셈족적이기는커녕 반-유대적이지도 않다. 하지만 요한복음에서 예수를 받아들이지 않는 유대교는 더 이상 하나님께 이르는 길이 아니다.

그리스도교와 유대교의 분리

기독교 운동은 분명 유대교 내의 메시아적 갱신 운동으로 시작했고, 수 세대에 걸쳐 유대적 특징을 유지했다. 그러나 유대교와 점차적으로 거리를 두고 결국 분리하게 된 씨앗은 이미 초기 예수 운동의 고기독론(high Christology)에 심겨 있었다. 고기독론은 유대교의 유일신론 신앙을 침해하는 방식으로 예수를 숭배하는 데로 나아갔고, 이방인에게로 향하면서 토라의 가치를 낮추고 태생이나 개종을 통해 언약적 선택에 속한다는 믿음을 파쇄했다. 이 두 가지 발전은 예수의 죽음과 부활 이후 몇 년 안에 생겨났다. 물론 모든 영역에서 이런 변화가 일어난 것은 아니지만 말이다.

지난 이십 년 동안 기독교가 유대교에서 분리된 역사적 사건을 표현하기 위해 가장 많이 사용된 은유는 '길을 갈라서기'(parting of the ways)다. 이 은유적 표현은 유대교를 폄하하지 않아 유익한 측면이 있으나, 서로 잘 지내던 형제 자매가 두 개의 완전히 분리된 종교로 갈라서는 이미지를 연상시키므로 문제가 있다. 언제, 그리고 왜 이러한 분열이 일어났는지, 그리고 어떤 식으로 분열이 생겼는지에 대해 여전히 논쟁 중이다. 일부 학자는 이미 예수의 공생애 사역 중에 이러한 분열의 씨앗이 생긴 것으로 본다. 다른 학자들은 제1차 유대 봉기(기원후 66-73년)나 바르 코흐바 봉기(기원후 132-135년)를 분열이 일어난 시기로 잡는다. 최근 어떤 학자들은 기원후 5세기나 심지어 6세기로 보기도 한다. 역사적으로 결정적인 순간들은 기원후 49년경 있었던 사도공의회(Apostolic Council), 기원후 60년 대 중반 예루살렘 교회가 트랜스요르단의 펠라 지역으로 '피난' 간 사건, 기원후 70년 발생한 예루살렘과 성전의 파괴, 기원후 90년경 야브네에서 있었던 랍비들의 회의와 (실제 있었는지 의문시되는) 비르카트 하-미님(*Birkat Ha-minim*: 예수를 믿는 사람들을 유대 회당에서 내쫓기 위해 고안된 저주 문구)의 제정, 또는 기원후 135년 바르 코흐바 봉기의 실패를 들 수 있다. 다른 학자들은 역사적 요인보다는 신학적 요인들에 초점을 맞춘다. 이방인을 끌어안은 예수의 사역, 바울과 그 외 헬라파 유대인 신자들이 율법과 상관없는 복음을 선포한 것, 그리고 몇몇 신약 문서에 있는 고기독론이 그러한 신학적 요인이라 할 수 있다.

역사적인 요인과 신학적 요인 둘 다를 유대교와 기독교의 분리를 설명하는 결정적 요소로 보기에는 어려움이 있다. 신학적 측면에서, 토라의 제의적 요소의 가치를 약화시키는 것은 디아스포라 유대교에서 선례를 찾을 수 있고, 고기독론은 초기 유대교의 로고스 신학과 지혜 신학, 그리고 야호엘(Yahoel)과 메타트론(Metatron) 같은 천사나 에녹이나 다른 승귀한 족장과 같은 '(하나님과 인간 사이를 매개하는) 중개자'(mediation) 개념과 유사점을 찾을 수 있다. 일부 역사학적 논증도 마찬가지로 증거가 약하다. 4세기 교부 에우세비오스가 펠라(Pella) 전승에 관한 최초의 언급을 하는데, 이를 전적으로 믿기는 어렵다. 마찬가지로, 야브네 회의와 '비르카트 하-미님'에 관한 전승은 탈무드 시대에 등장한다. 야브네 회의에서 랍비들은 기독교 운동을 주요 문제로 삼지 않았고, '비르카트 하-미님'은 기원후 1세기에 기독교인들을 겨냥한 형태로 사용되지 않았다. 사실상 3세기까지 비르카트 하-미님의 저주 문구들은 『아미다』나 『슈모네 에스레』(= 『18개의 축복문』)에 첨가되지 않았다. 또한 2세기에서 5세기까지 '유대교'와 '기독교' 사이에는 모호성, 접촉, 겹침의 흔적이 보인다. 몇몇 학자는 이러한 요소를 '(이방인에게) 유대인처럼 살라고 요구하는 것'(Judaizing)과 '유대적-기독교'(Jewish-Christianity)에서 분명히 볼 수 있다고 말한다. '유대인처럼 살다'(Judaize)라는 동사는 할례나 안식일 준수나 유대 음식 규율을 받아들인 이방인 신자를 언급하는 몇몇 기독교 자료에 등장한다(예, 갈 2:14, 이그나티우스, 『마그네시아인들에게 보내는 편지』 10:2-3). 하지만 교부 문헌에서 이러한 표현은 유대 관습을 따르는 것과 거의 상관이 없다. 어떤 교부들은 이러한 표현을 '낮은' 기독론(저기독론)을 견지하는 신자들을 비난할 때나, 구약을 비유가 아니라 문자 그대로 해석하는 사람들을 비난할 때 사용했다. '반-유대주의'(anti-Judaism)라는 현상과 마찬가지로 '유대인처럼 사는 것'(Judaizing)은 유대교와 유대인과의 직접적 접촉이나 영향받은 것을 암시하지 않는다. 그보다는 기독교 그룹 내부의 신학 논쟁을 반영하는 경우가 많고, 비-기독교인 유대인이 강권한 것으로 보이지는 않는다.

'유대적-기독교'(Jewish-Christianity)라는 범주 역시 모호해서 '길을 갈라섬'(parting of the ways)을 분명하게 설명하는 것이 아니라 복잡하게 만든다. 이 모호한 명칭은 근대의 산물로서, 예수를 믿는 인종적 유대인을 가리킬 수도 있고, 유대인이든 비유대인이든 상관없이 토라 준수를 받아들인 기독교인을 지칭할 수도 있다. 이러한 두 가지 의미는 신약성서와 초기 기독교 문헌에도 나온다. 일부 학자들이 '유대-기독교적'(Jewish-Christian)이라는 명칭을 유대 경전과 전통을 널리 사용한 기독교 문서들(각 문서의 배경이 유대 민족성과 행습을 실제 반영하는지 여부와는 상관없이)을 가리키는 것으로 느슨하게 사용하면서 사안을 더 복잡하게 만들었다. 다른 학자들은 이 명칭을 에비온파와 나사렛파에 국한시켜 사용했다. 에우세비오스나 에피파니오스 같은 교부들은 이 주변부 그룹들을 이단 종파로 간주했는데, 이러한 '이단 종파'의 멤버들은 당시 형성기에 있던 정통 기독교와 부상하는 랍비 유대교에 속한다고 볼 수 없었다.

초기 몇백 년 동안 유대교와 기독교를 나누는 경계선이 그 어느 곳에서도 뚜렷하게 존재하지 않았다는 것은 분명하다. 이 둘 사이의 분열은 복잡했으며 일관적 형태를 띠지 않았다. 테오도시우스 1세가 기독교를 로마 제국의 유일한 종교로 지정하기 전까지(기원후 380년) 유대 회당의 구성원인 유대인이면서 동시에 예수를 믿는 사람으로 사는 것이 최소한 이론적으로는 가능했다. 그럼에도 불구하고, 기독교는 이미 1세기에 상당한 정도로 유대적 모태에서 분리됐다. 초기 기독교가 꽤 다양한 모습을 가지고 있었으므로, '길을 갈라서기'에 관해 건설적으로 말하려면 인종-인구 통계적 요소, 사회-문화적 요소, 신학-종교적 요소 중에 어떤 것을 염두에 두고 있는지, 그리고 어떤 지역, 정황, 시대를 탐구하는지 정확하게 규정하는 것이 필요하다. 하지만 이러한 각 요소를 말할 때 어느 정도의 일반화는 불가피하며, 때론 필요하기도 하다.

(1) 인구 통계로 볼 때 예수 운동은 1세기 후반에 이르러 압도적으로 비유대적으로 됐고, 이러한 의미에서 대체로 이방인들의 종교였다. 민족적 혈통은 (개종한 이방인을 제외한) 초기 유대교의 근본적인 정체성을 나타내는 표시였으므로 이러한 통계는 의미심장하다.

(2) 사회적 정체성의 측면에서, 1세기 중후반 바울계 교회나 다른 교회들은 유대 회당 공동체와 분리됐다. 유대인과 기독교인 개인은 수 세기에 걸쳐 서로 접촉을 계속했으나, 1세기 중후반에 이미 사회적 그룹으로서의 유대인과 기독교인은 각자 다른 길을 갔고, 자신들만의 독특한 신앙과 행습을 중심으로 조직을 구성해 나갔다. 1세기의 마지막 몇십 년에 이르러서는, 네로의 박해(기원후 64년)와 제1차 유대 봉기 이후 부과된 유대인 세금(*fiscus Iudaicus*)에서 볼 수 있듯이, 로마인들이 기독교인(라틴어로 '크리스티아니'[*Christiani*])과 유대인을 구분하기 시작했던 것 같

다. 110년경 플리니우스와 트라야누스 황제 사이에 오간 편지들(플리니우스, 『편지』 10.96, 97)도 이러한 관찰을 지지해준다. 게다가 교부 시대에 유대인과 기독교인들 사이의 접촉은 거의 전적으로 글을 통한 것이었고, 그중 대부분의 기록은 기독교인 저자가 남긴 것이다. 물론 유스티노스, 오리게네스, 히에로니무스 같은 교부들은 학식 있는 유대인들과 학문적 교류를 나눴고, 몇몇 교부 문서는 흔쾌히 유대적 주해 기술과 학가다 전통을 받아들였다. 그러나 대체로 랍비들은 기독교에 무관심했다. 또한, 유대교가 고대 후기까지도 활력 있는 종교로 존재하면서 지속적으로 기독교인들의 관심을 끌었다는 것도 사실이다. 4세기 안티오키아에서 요하네스 크뤼소스토모스가 안티오키아 기독교인들이 랍비들에게 자문을 구하고, 회당 예배에 참석하고, 유대 축일에 참여하면서 '유대인처럼 살려고 한' 경향에 반박한 일련의 설교에서도 이러한 모습이 뚜렷이 나타난다. 그러나 이런 종류의 증거는 후기 고대에 많지 않고, 랍비 유대교에서 이에 상응하는 증거도 발견되지 않는다.

(3) 마지막으로, 초기 기독교와 유대 경전, 유대 신학, 유대 윤리를 분리시켜 생각할 수 없으나, 예수 운동이 아주 이른 시기부터 유대교에서 벗어났던 두 개의 결정적 영역이 있다. 언약으로 선택받았다는 사상과 유일신론이 그것이다. 이방인들이 유대 정체성의 주요 제의적 표시(특히 할례)를 요구받지 않고도 예수 운동에 받아들여지기 시작한 순간, 유대교의 언약적 선민 사상은 과격하게 영적으로 이해됐고, 토라 준수의 결정적 역할은 사실상 가치를 잃었다. 게다가, 예수가 한 분 하나님과 거의 동일한 분으로 여겨져서 기도와 예배의 대상이 된 순간, 기독교 메시아 운동은 유대교의 유일신론과 충돌했다. 이것은 고기독론이 초기 유대교 로고스 신학과 지혜 신학에 기반을 두지 않았다는 말이 아니

다(실제로 초기 유대 신학에 근거를 두었다). 승귀한 족장이나 중요한 천사들 같은 중개자(mediator) 숭배가 예수에 대한 예배를 받아들일 수 있는 기반을 제공했다는 것을 부인하는 것도 아니다. 십자가 처형을 당하고 부활한 예수(태곳적 인물이 아니라 그에 대한 기억이 생생하게 남은 실존 인물)를 선재한 신적 존재의 성육신으로 예배하는 것은 제2성전기 유대교의 그 어떤 모습에도 부합하지 않는, 엄청난 도약이다. 이러한 신학적 발전이나 사회학적 함의는 후대에 발생한 현상이 아니라, 바울 이전 전승인 빌립보서의 그리스도 찬가와 같은 30년대 혹은 40년대까지 거슬러 갈 수 있는 기독교 초기의 역사적 실체다. 리브가의 자녀들 사이의 결정적인 결별이 오랜 시간에 걸쳐 이루어진 것이라고 해도, 결별의 씨앗은 아주 이른 시기에 뿌려져 있었다.

참고 문헌

Barclay, John, and John Sweet, eds. 1996. *Early Christian Thought in Its Jewish Context*. Cambridge: Cambridge University Press.

Bauckham, Richard. 2008. *Jesus and the God of Israel*. Grand Rapids: Eerdmans.

Becker, Adam H., and Annette Yoshiko Reeds, eds. 2003. *The Ways that Never Parted: Jews and Christians in Late Antiquity and the Early Middle Ages*. Tübingen: Mohr Siebeck.

Bieringer, Reimund, and Didier Pollefeyt, eds. 2012. *Paul and Judaism: Crosscurrents in Pauline Exegesis and the Study of Jewish-*

Christian Relations. London: Clark.

Boyarin, Daniel. 1994. *A Radical Jew: Paul and the Politics of Identity*. Berkeley: University of California Press.

———. 2004. *Border Lines: The Partition of Judeo-Christianity*. Philadelphia: University of Pennsylvania Press.

———. 2012. *The Jewish Gospels: The Story of the Jewish Christ*. New York: New Press.

Brooke, George J. 2005. *The Dead Sea Scrolls and the New Testament*. Minneapolis: Fortress.

Cohen, Shaye J. D. 1999. *The Beginnings of Jewishness: Boundaries, Varieties, Uncertainties*. Berkeley: University of California Press.

Dunn, James D. G. 2003–2008. *Christianity in the Making*. 2 vols. Grand Rapids: Eerdmans. (A third volume is forthcoming.)

———. 2006. *The Parting of the Ways between Christianity and Judaism and Their Significance for the Character of Christianity*. 2d ed. London: SCM.

Eisenbaum, Pamela. 2009. *Paul Was Not a Christian: The Original Message of a Misunderstood Apostle*. New York: HarperOne.

Fredriksen, Paula. 1999. *Jesus of Nazareth, King of the Jews: A Jewish Life and the Emergence of Christianity*. New York: Knopf.

Hengel, Martin, with Anna Marie Schwemer. 2007. *Geschichte des Frühen Christentums I: Jesus und das Judentum*. Tübingen: Mohr Siebeck.

Hurtado, Larry. 1998. *One God, One Lord: Early Christian Devotion and Ancient Jewish Monotheism*. 2d ed. Edinburgh: Clark.

Jackson-McCabe, Matt, ed. 2007. *Jewish Christianity Reconsidered: Rethinking Ancient Groups and Texts*. Minneapolis: Fortress.

Jossa, Giorgio. 2006. *Jews or Christians? The Followers of Jesus in Search of Their Own Identity*. Tübingen: Mohr Siebeck.

Levine, Amy-Jill, and Marc Zvi Brettler, eds. 2011. *The Jewish Annotated New Testament*. Oxford and New York: Oxford University Press.

Lieu, Judith M. 2005. *Neither Jew nor Greek? Constructing Early Christianity*. Edinburgh: Clark.

Marcus, Joel. 2006. "Jewish Christianity." In *The Cambridge History of Christianity*, vol. 1, *Origins to Constantine*, ed. Margaret M. Mitchell and Frances M. Young, 87–102. Cambridge: Cambridge University Press.

McCready, Wayne O., and Adele Reinhartz, eds. 2008. *Common Judaism: Explorations in Second-Temple Judaism*. Minneapolis: Fortress.

Meier, John P. 1991–2009. *A Marginal Jew: Rethinking the Historical Jesus*. 4 vols. New Haven: Yale University Press.

Murray, Michelle. 2004. *Playing a Jewish Game: Gentile Christian Judaizing in the First and Second Centuries C.E.* Waterloo, Ont.: Wilfrid Laurier University Press.

Nickelsburg, George W. E. 2003. *Ancient Judaism and Christian Origins: Diversity, Continuity, and Transformation*. Minneapolis:

Fortress.

Sanders, E. P. 1977. *Paul and Palestinian Judaism*. London: SCM.

———. 1985. *Jesus and Judaism*. London: SCM.

———. 1990. *Jewish Law from Jesus to the Mishnah*. London: SCM.

———. 1992. *Judaism: Practice and Belief 66 BCE–66 CE*. London: SCM.

Sandmel, Samuel. 1978. *Anti-Semitism in the New Testament?* Philadelphia: Fortress.

Schiffman, Lawrence H. 1985. *Who Was a Jew? Rabbinic and Halakhic Perspectives on the Jewish-Christian Schism*. Hoboken, N.J.: Ktav.

Segal, Alan F. 1990. *Paul the Convert: The Apostolate and Apostasy of Saul the Pharisee*. New Haven: Yale University Press.

Setzer, Claudia. 1994. *Jewish Responses to Early Christians: History and Polemics, 30–150 C.E.* Minneapolis: Fortress.

Simon, Marcel. 1986. *Verus Israel: A Study of the Relations between Christians and Jews in the Roman Empire AD 135–425*. London: Littman Library of Jewish Civilization.

Taylor, Miriam S. 1994. *Anti-Judaism and Early Christian Identity*. Leiden: Brill.

Tomson, Peter J. 2001. *'If This Be from Heaven': Jesus and the New Testament Authors in Their Relationship to Judaism*. Sheffield: Sheffield Academic Press.

Udoh, Fabian E. et al., eds. 2008. *Redefining First-Century Jewish and Christian Identities: Essays in Honor of Ed Parish Sanders*. Notre

Dame: University of Notre Dame Press.

Vermes, Geza. 1993. *The Religion of Jesus the Jew*. Minneapolis: Fortress.

Wilson, Stephen G. 1995. *Related Strangers: Jews and Christians 70–170 C.E.* Minneapolis: Fortress.

Yarbro Collins, Adela, and John J. Collins. 2008. *King and Messiah as Son of God: Divine, Human, and Angelic Messianic Figures in Biblical and Related Literature*. Grand Rapids: Eerdmans.

초기 유대교와 랍비 유대교

로렌스 H. 쉬프만(Lawrence H. Schiffman)

유대교의 초기 역사를 시대별로 구분하는 문제는 유대교의 역사를 다룰 때 고려해야 하는 중심적인 문제들 중 하나다. 이 문제 뒤에는 훨씬 더 중요한 질문이 하나 도사리고 있다. 곧, 다수의 유대교 문헌과 그것들이 구현하는 종교적 사상들 간에 추적 가능한 연속성은 어느 정도인가? 히브리 성서의 마지막 책들에서 시작하여 제2성전기 문헌들을 거쳐 랍비 문학에 이르기까지, 이 시기 유대교의 발전을 연구해보면, 얼마만큼의 연속성과 어느 정도의 변화를 관찰할 수 있는가? 이 질문은 제2성전기 유대교가 갖고 있는 '다양성'이라는 특성 탓에 더 복잡해진다. 혹자는 제2성전기 유대교가 너무 다채롭다고 여겨, '유대교들'(Judaisms)이라는 명칭을 선호한다. 그렇다면 역사적 변화뿐 아니라, 다양한 시기 동안 경쟁하며 존재했던 '여러 형태'의 유대교도 고려의 대상이자 문제로 떠오른다. 우리가 가진 기록은 하스몬 시기에 있었던 이런 현상에 대해 가장 많은 정보와 이해를 제공하지만, 의심의 여지없이 다른 시기에도 이런 현상은 존재했었다. 이런 복잡한 상황 속에서 혹자는 외경,

위경, 필론, 요세푸스, 사해문서 속에 묘사된 제2성전기의 유대교와 미쉬나, 탈무드, 미드라쉬 같은 랍비 또는 탈무드 전통의 유대교는 어떤 관계인지 궁금할 수 있다. 무엇이 후대까지 이어졌고, 무엇이 달라졌는가? 낡은 것은 무엇이고, 새로운 것은 무엇인가?

이러한 질문은 이와 관련된 다른 문제 때문에 훨씬 더 복잡한 양상으로 나타난다. 히브리 성서 시대에서 제2성전 시대로 넘어가면서, 전자는 방대한 문학 전통, 즉 히브리 성경을 이후의 유대교 역사에 유산으로 물려주었다. 이 종교적·문학적·역사적 유산은 이후의 모든 유대교 발전에 있어 영구적이고 형성적인(formative) 요소로 기능했다. 그런데 제2성전기 유대교는 랍비 유대교에게 성서는 전달해줬지만, 본인들의 시기에 생산한 문헌 자료는 전혀 물려주지 않았다. 제2성전기 문헌 중 온전한 형태로 탈무드 랍비들의 손에 들어간 것은 벤 시라 하나밖에 없었다. 이것을 제외하면 랍비들은 사해문서나 현재의 외경과 위경을 구성하는 저술들이나 필론과 요세푸스의 작품들을 갖고 있지 않았다. 어쩌면 그들은 그것들을 읽고 싶어 하지 않았을 수도 있다. 어쨌거나 이런 문화의 공백은—사실 문학적인 관점에서 보면 하나의 심연이 생겨버린 것인데—대부분 제대로 설명되지 못한 채 남아 있다. 그렇다고 이런 공백이 유달리 독특한 것도 아니다. 무엇보다 히브리 성서에는 후대까지 살아남지 못한 약 22권의 책이 언급되어 있다. 그렇지만 제2성전기에서 탈무드 시대로 넘어간 자료가 사실상 하나도 없다는 사실은 과거에 방대한 양의 이스라엘 문학 자료가 제2성전기 유대교로 전승됐다는 사실과 강하게 대비된다.

두 시기 사이에 직접적인 문학적 연결고리가 없다면, 우리는 일반적인 종교 분위기에 의해 전승된 공통적인 사상과 접근법을 찾아보는 것

420–421

으로 만족해야 한다. 할라카와 신학 전통의 측면에서 랍비들은 바리새인들의 후손이기 때문에, 우리는 랍비 문학과 랍비 유대교가 기본적으로 바리새인들의 가르침에 의존했다고 여겨야 한다. 하지만 우리에게는 바리새인들이 남긴 제2성전기 문헌 자료가 하나도 없다. 요세푸스가 우리에게 알려주듯이, 구전 전통에 대한 바리새인들의 선호가 이런 상황을 초래한 것으로 보인다. 물론 유대교 내에서 구전 전통과 전승에 관한 이상적인 개념이 주장됐던 때는 사실상 탄나임 시대(tannaitic period) 뿐이긴 하지만 말이다. 어쨌거나, 이런 점과 함께 구전 전통이 바리새파 유대교를 지배하기 시작하면서, 안 그래도 얼마 안 되는 바리새인들의 글이 유명세를 상실했을 가능성도 고려해야 한다. 당연한 이야기이지만, 그런 글들이 쿰란 공동체의 '편향적인' 서고의 장서로 수집됐을 가능성은 없다. 왜냐하면 이 분파는 특히나 반(反)바리새파적이었기 때문이다. 어느 경우든, 바리새인들은 후대의 탈무드 세계가 사용할 만한 문학 자료는 전혀 물려주지 않았다. 상당한 구전 전통만 전승됐을 뿐이다. 바리새파 유대교가 제2성전기의 유일한 생존자로 떠오르면서, 다른 모든 책들이 '외부 문헌'(외서)이라는 범주 아래에 무시되거나 금기시됐을 가능성도 있다.

간접적인 영향과 연속성

랍비 문헌이 외서(apocryphal works)를 직접 언급하는 경우는 굉장히 드물다. 사실, 랍비 문헌들은 딱 두 작품만을 언급하는데, 그중 하나가 집회서다. 랍비들은 이 작품의 존재를 알았을 뿐만 아니라 때로 인용했던 것으로 보인다. 나머지 한 작품은 『세페르 벤 라하나』(*Sefer ben La'ana*) 인데(예루살렘 산헤드린 10a), 이 작품의 내용은 전혀 알려진 바가 없다. 랍비들은 분명하게 이런 책들의 독서를 금지했는데, 이 금지 명령의 의미와 관련해서는 일말의 불분명함이 존재한다. 한편으로 이 명령은 전면적인 금지 명령으로서 어떤 상황에서든지 저런 글들을 읽는 것을 금지했을 수 있다. 즉, 성서에 포함된 책들을 제외하면 그 어떤 책을 써서도, 따라 읽어서도 안 된다는 가정이 작동했을 수 있다. 다른 한편으로, 이 금지 명령은 이 책들을 성구집에 포함시켜 공적인 낭독 시간에 읽는 것만을 규제했을 가능성도 있다. 이런 경우라면 저 책들을 개인적으로 읽는 것은 허용됐을 것이다. 이런 식의 이해는 랍비들의 집회서 인용을 설명할 수 있도록 해준다.

제2성전기 책들이 랍비들에게 미친 간접적인 영향력은 다음의 흥미로운 사례에서 엿볼 수 있다. 랍비들은 『희년서』의 중심 주제에 대해 근본적인 의견 일치를 보였다. 즉, 족장들은 미래에 시내산에서 주어질 모든 율법들을 이미 지켰었다는 것이었다. 이러한 개념은 제2성전기 유대교가 남긴 공통 유산의 일부였던 것 같고, 일부 랍비들에 의해 계승된 것으로 보인다.

사실 랍비 문헌에는 많은 수의 분파들이 언급되어 있다. 그런데 문제는 이 분파들이 실천한 경건의 모습이 사해문서에 언급된 경건 형태와 유사함에도 불구하고, 제2성전기의 그 어떤 특정한 문학 작품과도 연결 짓기 어렵다는 점이다. 아무래도 후대의 랍비들이 기원후 70년 이전의 유대교의 전반적인 특성을 알고 있었다고 가정하는 것이 더 나아 보인다. 실제로 랍비들은 예루살렘과 성전의 파괴를 야기한 분열의 원인을 분파주의 현상에서 찾고 이를 비판했다. 하지만 그들이 보존한 내용 중 제2성전기 때 생산된 문헌과 직접적으로 연관 지을 수 있는 것은 없다. 결국 그들이 이 문헌들을 읽지 못했거나, 읽으려고 하지 않았다고 가정할 수밖에 없다.

랍비 문헌들은 엣세네 분파를 이름으로 언급하지 않는다. 엣세네 분파를 보에투스 분파(*baytôsîn* 또는 *baytûsîn*)와 동일시하려는 시도들은 이와 연관된 여러 문헌학적인 문제들 때문에 별다른 지지를 얻지 못했다. 엣세네 분파의 실제 일부 관행들이 랍비 문헌들 중 어딘가에 기술됐을 가능성이 있긴 하지만, 필론과 요세푸스가 설명한 엣세네 공동체는 랍비 문학이 적대적으로 반박하는 사두개파 유형의 할라카 전통을 공유했을 가능성이 더 높다.

랍비 문헌들의 내용 중 제2성전기 분파들과 비교해 볼 만한 유의미한 내용은 분파 입회 절차와 정결법 및 분파의 구성원 자격 사이의 밀접한 연관성을 설명하는 부분들이다. 이와 유사한 체계는 '하부라'(*havurah*)라고 불리는 작은 단체—철저하게 정결법을 지키고 제사장이 아닌 일반 개인들의 삶에도 성전 규정을 적용했던—안에서도 작동하고 있었다. 학자들은 이 단체를 바리새인들과 연관시키는 경향이 있다. 이런 이해가 적절할 가능성이 매우 높긴 해도, 문헌상의 증거들은 두 용어(하부라와 바리새인)를 분리하는 것처럼 보인다. 어쨌거나 하부라에 가입하는 것과 관련된 세부 규정들(미쉬나 데마이 2:3-4; 토세프타 데마이 2:2-3:4)은 요세푸스가 설명하는 엣세네 공동체의 입회 의식과 비슷하고 근본적인 원리들에 대한 이해도 동일하지만, 사실 쿰란 분파의 입회 의식과 더 유사하다(1QS 6:13-23).

쿰란 분파의 일부 특징적인 관습들이 이교(*derekh aḥeret*)에 반대하는 랍비들의 반박 속에 실제로 언급되어 있긴 하다. 하지만 언급된 관습의 수가 너무 적어서 쿰란 분파나 그곳의 관행이나 다른 분파들의 관행에 대한 실제적인 지식을 나타낸다고 하기는 어렵다.

홍미를 끄는 다른 분야는 달력 논쟁과 관련된다. 음력 월 구분(lunar month)과 양력 연 구분(solar year)을 따르는 바리새파-랍비 전통의 달력 외에도, 다른 분파들(가령 사해문서를 생산한 분파나 『에녹1서』와 『희년서』의 저자들)은 양력 월 구분(solar month)과 양력 연 구분(solar year)을 따르는 달력 사용을 주장했다. 제2성전기의 달력 사용과 관련된 연구가 수많은 문제들로 복잡하긴 해도, 랍비들이 이 시기의 달력 사용 논쟁에 대해서 알고 있었던 것만큼은 분명하다. 랍비 자료들은 일부 분파들, 사두개인들, 보에투스파 사람들이 특정한 달력을 따르면서, 칠칠절(Shavuot)은 일요일에 시작되고, 따라서 오메르(omer: 유월절과 칠칠절 사이의 49일 기간—역주)를 세는 시작점은 토요일 밤이 된다고 주장했다는 사실을 전해준다. 만일 이러한 랍비 문헌의 언급이 실제로 제2성전기 사해문서와 위경 문학이 전해주는 달력 논쟁을 가리키는 것이라면, 랍비들이 갖고 있던 지식은 파편적이었던 것으로 보인다. 아니면 그들이 전체 그림의 일부분만을 후대에 남겨주기로 결정했다고 해야 할 것이다. 랍비 자료만을 가지고선, 특정 분파의 달력이 양력 월 구분을 따르고 있고 기존 체계를 대체할 만한 완전히 다른 체계를 제안했다는 사실을 알지 못했을 것이다. 다만, 우리는 분파들 간에 수장절의 날짜를 두고 논쟁이 있었다는 사실만을 알 수 있었을 것이다.

제2성전기 문제들과 랍비 문헌

우리가 지금까지 이야기한 것만 갖고선, 제2성전기 유대교 문헌과 랍비 문학 사이에는 아주 적은 관련성만 있다고 여길 수 있다. 하지만 사해문서 분파와 그들이 보존한 문헌들에 나타난 유대교를 검토해보면, 랍비들의 글에 보존된 견해들과의 유사성 및 상호작용을 발견하게 된다. 더 나아가 외경과 위경에 보존된 근본적인 사상들은 랍비 전통에도 이어졌다. 설명되어야 할 것이 아직 많이 남아 있긴 해도, 랍비 문헌들은 요세푸스가 보존한 역사 자료—그가 직접 기록한 것과 그가 사용한 자료에 보존된 것 모두—에 대한 다양한 사색들도 담고 있다. 이후 지면에서 우리는 쿰란 문학에 보존된 자료들이 이야기하는 예들에 집중할 것이다. 여기에는 외경과 위경이 보존하고 있던 책들로부터 비롯된 예들도 포함됐다.

유대인의 법

쿰란 분파의 율법의 특징은 '드러난 법'—즉, 성문 토라(written Torah)—과 '숨겨진 법'(hidden law) 사이의 분명한 구분이다. '숨겨진 법'은 분파적 주해를 통해서만 접근할 수 있었고 오직 분파 내부의 사람들만 알 수 있었다. 이런 개념은 랍비들의 이중 토라 개념과는—즉 성문법과 구전 율법을 포함하는—분명히 다르다. 또한 쿰란 분파는 부차적인 토라(숨겨진 법)를 시내산에서의 신적 계시(divine revelation)와 연결 지으려고 노력하기보다, 분파의 생활 방식과 지도층의 신적 영감(divine inspiration)에 의해 등장한 것으로 여겼다. 그렇지만 쿰란 분파의 토라 체계와 바리새파-랍비의 이중 토라 개념은 모두, 약간씩 차이는 있지만, 성문 토라를 공동체의 삶에 적용할 때 발생하는 어려운 문제들을 해결한다는 점에서 근본적인 성문 토라를 보충한다. 게다가 두 진영 모두 부차적인 토라가 신적 영감을 받았다는 이해를 공유했다. 물론, 『성전 두루마리』가 매우 다른 접근 방식에 기반하고 있는 것처럼 보이는 것은 사실이다. 『성전 두루마리』는 오직 하나의 토라만이 시내산에서 계시됐다고 전제하고, 저자의 해석을 법 안에 둔다. 이런 단일 토라 체계는 랍비들의 체계와 심각하게 상충된다. 그렇지만 쿰란문헌의 더욱 일반적인, 드러난/숨겨진 법에 대한 접근 방식은 저들의 기본적인 개념 중 일부를 공유했던 것으로 보인다.

잘 알려진 것처럼, 탄나임 문학은 두 종류의 할라카 자료를 포함한다. 주제를 따라 정렬된 정언적 율법(apodictic laws) 모음집(미쉬나)과 성서를 따라 정렬된 율법 모음집(미드라쉬)이 그것이다. 쿰란의 율법 자료는 '원(原)랍비' 형태로 이 두 종류를 모두 보여준다. 안식일, 법원과 증언, 금지된 성관계 등과 관련된 법들은 자주 주제에 따라 정렬되고 적절한 제목을 붙인 채 하나의 '정언적 율법 모음'으로 등장한다. 법을 주제별로 모아놓은 이런 형태는 미쉬나의 단편(tractate) 구조와 흡사하고, 심지어 사용하는 제목들도 비슷하다. 또한, 『성전 두루마리』 같은 글이나 법률 문서의 일부 단편들은 몇몇 저자들이 성서의 문맥 안에서 자신들의 법적 견해를 표현했다는 사실을 보여준다. 물론 한 가지 결정적인 차이가 존재하긴 한다. 랍비 문헌에서 미드라쉬적 주해는 성서의 말씀과 랍비들의 설명의 말을 엄격하게 구분하는 데 반해, 『성전 두루마리』는 분파적 가정들에 맞춰 성서의 본문을 자유롭게 다시 쓴다. 이런 접근법은 랍비들의 격렬한 반대를 받았을 것이다. 또 다른 차이점은 쿰란문헌이 보존하고 있는 정언적 진술들 자체와 관련이 있다. 랍비 문헌에서 그런

424

진술들은 미쉬나적 히브리어로 쓰였기에 그것들이 의존하는 성서 본문과 언어적인 거리를 유지하는 반면, 쿰란 공동체의 많은 정언적 율법은 성서의 어휘를 그대로 사용한다. 이 때문에 쿰란문헌이 사용하는 용어들을 근거로 그것들의 성서적 미드라쉬의 토대를 알아낼 수 있을 정도이다.

법들의 실제적인 중심 주제와 관련되면 상황은 또다시 복잡해진다. 일부 법률과 그것들이 성서로부터 유래된 형태는 사실상 동일한 것처럼 보인다. 안식일이 금요일 해 질 녘에 시작한다는 진술이 대표적인 예일 것이다. 하지만 안식일에는 깨끗한 옷을 입어야 한다는 법처럼 일부 법들은 굉장히 유사했던 반면, 다른 법들은 훨씬 더 급격한 차이를 보였다. 가령 안식일의 경계를 두고 서로 다른 기준 두 개를 설정했던 것이나, 유대인들의 시민법과 관련된 문제들을 재판하기 위해 열 명으로 구성된 법정을 열었던 것 등의 예를 들 수 있다. 이러한 차이점들은 거의 항상 성서 해석의 차이에서 비롯됐다. 랍비들의 것과 특히 자주 상충하는 법과 해석을 내놓는 『성전 두루마리』의 경우가 여기에 해당한다.

그럼에도 불구하고 이런 차이들은 제2성전기 문서와 랍비들의 글 사이에 개념적인 연결고리를 형성한다. 많은 경우, 사해문서가 내놓는 대안적인 해석들이 없으면, 탈무드적 견해들을 촉발한 당시의 지성 세계를 이해할 수 없다. 이 분야는 아직 더 많은 연구를 필요로 한다. 여기서는 한 가지 예를 덧붙이는 것에 만족하는 것이 좋겠다. 곧, 제의적인 정결성 및 기도와 관련된 랍비들의 법이 『성전 두루마리』와 다른 쿰란 문헌에 보존된 성전 정결법과 밀접하게 연결되어 있다는 사실은 누가 봐도 분명하다. 이런 사실을 모르면, 해당 법들, 심지어는 바빌로니아 탈무드에 기록된 형태의 것들도 이해할 도리가 없다.

424-425

고대 유대교가 유대교 율법에 대하여 서로 다른 두 접근법을 갖고 있었다는 사실은 모두들 일반적으로 동의하는 바다. 곧, 사독 제사장 계열 전통이 대변하는 접근법 하나와 바리새인 및 랍비 전통이 대변하는 접근법 하나가 그것이다. 전자의 접근법은 쿰란 공동체뿐만 아니라 『희년서』와 『아람어 레위 문서』 같은 작품들에 드러난 법률이 표준이 된다. 이 흐름은 탈무드 문학에 보존된 바리새파-랍비 접근법의 반대를 받았다. 바리새파-랍비 전통은 전통 기록에 대한 그들의 비판적인 태도뿐만 아니라 보존과 관련된 여러 어려움 때문에, 후대 탈무드 전통의 랍비들이 쓴 글을 통해서만 나타난다. 그럼에도 해당 자료들의 초기 단계를 재구성하는 것과 그 과정 중에 사해문서의 저자들이—명시적으로든 암시적으로든—반대했던 바리새인들의 견해를 재구성하는 것은 가능하다. 사해문서를 통해 우리는 후대 랍비들의 작품에 등장하는 바, 할라카 시장(halakic market)에서 지배권을 두고 제사장적 접근법과 경쟁했던, 그동안 베일에 싸여 있던 역사의 초기 단계를 발견할 수 있다. 랍비 문학을 이해하는 데 있어서 이러한 관점이 갖는 중요성은 아무리 강조해도 지나치지 않는다.

랍비 문헌 자체가 사독 전통의 증거를 보존하고 있는 경우는 특히나 그렇다. 필경사들의 수정에 힘입어 사두개인들(*Ṣĕdûqîm*)에 대한 언급을 제거해버린 후에도, 이 대안적인 할라카 전통—즉 사해문서와 다른, 제2성전기 문서의 정보와 대체적으로 일치하는 전통—을 기술하는 것처럼 보이는 일련의 단락들이 남아 있다. 이런 방식으로, 제2성전기에 대해 언급하는 랍비 자료들의 일반적인 진위 여부(authenticity)도 점점 더 신빙성을 얻고 있다. 학자들은 이전 세대의 의심 어린 접근들을 하나둘씩 버리고 있다. 이런 상황을—아마도 가장 탁월하게—보여주는 예는

425–426

미쉬나 "야다임"에 포함된 바리새파-사두개파 논쟁 모음과 쿰란에서 발견된 할라카 문서, 즉 MMT(*Miqṣat Ma'aśê ha-Torah*)에 포함된 이와 유사한 모음집일 것이다. 여기서 놀라운 점은 두 곳 모두에서 여러 전통—물론 반대파의 관점에서 기술된 것이긴 하지만—의 존재가 확인된다는 것이다. 이 상황을 총체적으로 표현해보면, 랍비 문헌과 제2성전기 문서들은 흔히, 한 동전의 양면을 대변한다고 할 수 있다. 즉, 일련의 같은 문제들에 대해 두 개의 다른 접근법이 존재했던 것이다. 제2성전기 자료가 없었다면 우리는 이 같은 사실을 전혀 알지 못했을 것이다.

성구함, 양피지, '성경들'

필경사들의 관행은 할라카의 독특한 분야를 구성한다. 이때 대부분의 필경 기술(scribal art)이 분파적인 종교적 소속감을 초월한다는 것은 분명해 보인다. 이는 랍비 문헌과 후대의 유대교 전통의 필경법이 사해문서나 유대아 사막의 다른 성서 관련 글에서 발견되는 것과 어째서 그토록 비슷한지 설명해준다. 랍비 유대교는 앞선 시대의 유대교 공동체가 물려준 필경 전통을 이어받은 후, 보통 후대에 그대로 전달해주는 역할만 했다. 짐승 가죽의 준비와 생산부터 실제적인 기록과 두루마리의 보관까지, 랍비 유대교는 앞선 세대의 절차를 그대로 따랐다. 양피지(*mezusa*)와 성구함(phylactery)의 경우, 공통된 필경 기술과 다양한 해석 방식이라는 두 요소가 서로 교차되는 사례를 보여준다. 분파의 필경사들은 (주어진) 성구의 앞뒤 문맥의 내용도 포함하고 싶어 했던 것이 분명하다. 이는 그 어떤 추가적인 내용도 허용하지 않던 제한적인 바리새파-랍비 전통이 규정하는 범위를 넘어선 것이었다. 하지만 성구함의 준비와 제조 과정, 그리고 양피지를 사용하는 관행에서 발견되는 공통점들은, 이것들이 모두 같은 제2성전기 유대교로부터 상속된 요소라는 사실을 분명하게 보여준다. 물론 랍비 전통은 이 종교적인 물건들을 구전 율법과 밀접하게 연결시킨 반면, 쿰란 소속의 사람들과 다른 제사장 분파들은 그런 접근을 거부했다. 그럼에도 이 종교적인 물건들이 제2성전기라는 공통의 유산에서 비롯됐다는 것은 틀림없는 사실이다.

하지만 제2성전기의 성서 자료만큼은 해당 주제에 대한 랍비들의 진술과 극명하게 다르고, 마사다와 바르 코흐바 동굴들(Bar Kokhba caves)에 영향력을 행사했던 바리새파적 사상의 증거로 보이는 것과도 상충된다. 랍비 문학은 쿰란문헌과 사해문서가 재생산한 성서 자료보다 훨씬 고도로 표준화된 성서 문서를 상정한다. 그렇지만 칠십인역과 외경 및 위경에서 발견되는 성서 자료의 쓰임새는 (다양한 종류의 본문과 본문 유형이 공존했던) 쿰란의 느슨한 성서 문헌 개념을 자주 지지한다. 이 점은 랍비 문헌들 속에 보존된 성서 자료에 일부 이문(textual variant)이 존재함에도 불구하고 성서 문헌의 표준화를 전제하는 랍비 문헌의 입장과 상반된다. 어쨌거나 우리는 제2성전기의 바리새파 유대인이 미쉬나와 탈무드에 전제된 것처럼 표준적인 '성서들'을 갖고 있었다고 확신할 수 없다. 요세푸스는 마치 성서의 표준화가 기원후 1세기 말의 현상이었다는 듯이 이야기하지만, 초기 바리새인들의 경우에도 그랬는지는 확실치 않다.

성서 주해

직접적인 문학적 영향의 부재와 모든 근본적인 역사의 변화에도 불구하고, 성서 주해 분야에서는 제2성전기 유대교와 랍비 유대교 사이의 핵심적인 연속성을 발견할 수 있는 듯하다. 하지만 여기서도 문제는 복

426-427

잡하다.

성서 번역은 연속성이 발견되는 분야의 대표적인 예다. 논의의 대상이 되는 두 번역본은 그리스어 번역(칠십인역)과 아람어 번역(타르굼)이다. 그리스어에 관해서는 『아리스테아스의 편지』의 72명의 장로 이야기를 평행하게 다루는 탄나임판(tannaitic parallel)을 언급할 수 있다(바빌로니아 메길라 9b; 예루살렘 메길라 1:9). 여기서는 랍비들이 번역을 비극적인 헬레니즘화 과정의 한 단계로 보면서도 번역본 자체를 인정했음을 알 수 있다. 또한 논쟁적인 이유로 장로들이 수정한 것까지도 받아들인 것 같다. 하지만 두 판 사이의 차이에 대해 검토한 학자들은 랍비 문헌의 기록이 실제적으로는 칠십인역—그리스어로 된 다른 유대 작품들과 마찬가지로 유실되어 랍비 유대교 공동체의 수중에 없었던 것으로 보이는—과는 친숙해 보이지 않는다고 결론 내렸다. 칠십인역의 그리스어를 유대교의 표준이 된 마소라 본문에 더 가깝도록 추가적인 번역본들(테오도티온, 아퀼라, 쉼마쿠스)이 만들어지거나 개정됐음에도 불구하고 상황은 똑같았다. 요세푸스와/또는 그의 조력자들이 칠십인역을 사용하긴 했지만, 그리스어 성경은 기독교의 것으로 간주됐다. 그럼에도 랍비 문헌은 그리스어 및 성서 번역에 이 언어가 사용된 것에 특별한 지위를 부여했다. 이는 그리스어가 과거에 누렸던 지위를 분명히 반향하는 것이었다.

아람어 번역본은 상황이 더 복잡하다. 단편으로 남아 있는 쿰란의 레위기 타르굼이 후대의 레위기 타르굼 및 랍비들의 주석과 주해 차원에서 유사하지만, 쿰란의 실제 본문은 랍비들에 의해 계승되지 않았다. 더군다나 쿰란에서는 욥기 타르굼이 발견되지 않았다. 욥기 타르굼은 매우 문자적인 번역본으로서 랍비 공동체에 의해 보존된 욥기에 대한 타르굼과 같았다. 랍비 전통(토세프타 샵바트 13:2)에서 랍바 감리엘 1세와

2세는 번역이 구전 율법의 일부이기에 기록되어서는 안 된다는 믿음을 가지고 욥기 타르굼을 땅에 묻었다고 언급한다. 분파적 기원에 대한 언급은 등장하지 않는데, 사실 따지고 보면 (이전) 쿰란의 욥기 타르굼은 분파적이라고 할 만한 것이 전혀 없었다. 어쨌거나 두 욥기 타르굼 사이에는 아무런 문헌적 관련성이 없다. 제2성전기판 타르굼은 사람들에게 잊혔다가 후대에 더욱 최신 판본(아마도 비잔틴 제국 시기의 것으로 추정됨)으로 대체된 것 같다. 그 후로도 랍비 전통에서는 번역 활동을 지속했지만, 초기에는 번역본을 기록으로 남기기를 거부했다. 기원후 70년 이전의 타르굼들은 전부 유실됐고, 후대의 문서들—랍비들의 시대 이후에 작성되거나 적어도 받아 적는 형태로 기록된—은 구전 율법의 기록 금기를 완화하고 유실된 과거의 문서들을 대체했다.

언급되어야 할 성서 해석의 또 다른 유형은 '다시 쓴 성서'(rewritten Bible)라 불리게 된 문서다. 이 본문들이 갖고 있는 주해상의 일부 전제들은 랍비들의 '악가다'(*aggadah*: '학가다'로도 불리며 랍비들의 비율법적 주해를 뜻함—역주)의 것과 유사하다. 우리는 여기서 형식과 내용을 구분해야 한다. 제2성전기 문서는 위경과 수많은 사해문서가 그랬던 것처럼 저작자에게 실제 성서 본문을 자유로이 침해할 수 있도록 허용했다(『창세기 비록』, 『희년서』 및 『성전 두루마리』의 할라카를 예로 들 수 있다). 하지만 성문 전통과 구전 전통을 나누었던 랍비들에게 있어서 그러한 종류의 책들은 완전히 금기시됐던 것 같다.

랍비들은 이 구분을 엄격하게 지켰다. 구전 율법의 기록을 금지하는 명령이 점진적으로 폐지됐음에도 이 구분은 유지됐다. 이로써 초기 유대교 문헌과 랍비 문학 사이에 아무런 문헌적 연관성을 발견할 수 없게 됐다. 하지만 특정한 일련의 해석들과 이따금씩 실제 내용면에서도 유

427–428

사성들이 발견된다. 일반적으로 말하자면 제2성전기 문헌의 특정한 본문들은 랍비들이 사용한 것과 비슷한 주해 기술을 사용한다. 물론 랍비들의 해석과 꽤나 차이를 보일 때가 많다. 여기서 언급하려는 바는 이따금 공통적인 해석들이 발견된다는 것과 이것들은 의심의 여지없이 랍비들이 제2성전기로부터 여러 전통을 상속받은 결과라는 것이다. 그렇지만 랍비 전통이 앞선 시대의 책들에서 발견되는 해석들을 정면으로 반박하는 경우가 더 많다는 것 역시 사실이다.

사해문서의 주해 유형 중 랍비 문학에서 사실상 아무런 동조를 받지 못한 유형은 페쉐르(pesher)다. 본문을 동시대화하는 이런 형태의 주해는 예언과 성취의 두 단계 과정을 전제한다. 이 유형은 히브리 예언자들이 실제로는 자신들의 시대가 아닌 제2성전기 상황을 향해 예언했다는 신념 위에서 작동한다. 페쉐르와 랍비들의 주해 사이의 유사성은 일반적으로 페쉐르 형식 자체가 아니라 본문에 대한 기본적인 해석과만 연결된다. 또한 페쉐르 주해의 신학적 전제들은 예언에 대한 랍비들의 개념과 일치하지 않았으며, 랍비들은 일반적으로 묵시론적 경향을 축소하는 경향이 있었다.

분파 신학 vs. 랍비 신학

제2성전기 문헌과 랍비 문헌 모두 성서의 개별 책들이 갖고 있던 복잡하고도 자주 상충되는 신학적 견해들을 물려받은 공통의 상속자들이었다. 또한 두 문서 그룹 모두 기본적인 유대교 신학 사상(가령, 창조주 하나님에 대한 믿음, 토라의 계시, 다가오는 구원의 소망 등)을 공유했다. 여기서 중요한 질문은 제2성전기 문헌의 사상 중 성서 전통과 상당히 다른 사상들이 랍비 유대교에 의해 계승됐는지 여부이다. 사해문서 분파가 가르쳤던 극단적인 이원론과 결정론은 해당 요점과 관련해 흥미로운 사례를 제공한다. 그들은 하나님이 우주의 모든 진행 과정을 미리 계획하셨다고 믿었다. 이뿐만 아니라 두 부류로 나뉘어 영원히 반목하는 천상계 존재들처럼 두 부류로 나뉜 인간들의 운명도 하나님에 의해 미리 계획됐다고 가정했다. 이 체계에서는 선과 악을 행하는 개인의 행동은 자신의 힘을 넘어서는 것처럼 보이지만, 그럼에도 불구하고 개인은 심지어 사해문서 분파 내부에서만 알고 있는 규정들까지 적용되어 하나님의 율법을 어긴 대가로 처벌받는다. 히브리 성서에는 이런 사상을 뒷받침하는 근거가 전혀 존재하지 않는다. 많은 학자들은 이런 개념들이 어떤 방식으로든 페르시아 이원론에 의해 영향을 받은 것이라고 여긴다. 랍비 문학은 인간의 자유의지가 하나님의 의지에 의해 철회될 수 있다고 보면서 예정론은 수용하지 않는다. 또한 우주적인 이원론보다는 내부적인 영적 이원론, 즉 각 사람 안에 있는 선과 악을 향한 경향(*yeṣer*)에 관한 개념이 존재했다. 후에 이 개념은 헬레니즘적 개념들과 융합하게 되는데, 거기서 선과 악을 향한 두 성향(inclination)은 인류의 영적인 면과 육체적인 면에 각각 밀접하게 연결된다. 하지만 사람들을 판단하시는 하나님의 심판의 근거는 자유의지이며, 모든 사람은 개인의 행동에 대해 책임이 있다.

예언 혹은 계시 현상에 관한 개념은 사해문서뿐만 아니라 다른 제2성전기 문헌에서도 발견되지만 랍비 신학과는 상충하는 개념이었다. 제2성전기 문학은 예언이나 계시가 히브리 성서의 줄거리가 끝나는 지점(기원전 약 400년)에서 같이 끝나지 않고, 그리스-로마 시대 동안에도 계속된다고 여긴다. 이런 관점은 자주 제2성전기 문헌들의 밑바탕에 깔려 있지만, 랍비 문헌에서는 전혀 발견되지 않는다. 랍비들은 예언이 히브리 성서의 마지막 예언자들(학개, 스가랴, 말라기)과 함께 끝났음을 분명히 한다. 그들은 말라기의 결말도 정경으로서의 예언서(prophetic canon)의 완성을 강조하기 위해 추가된 것으로 이해했다. 남아 있는 유일한 예언 현상으로 여겨졌던 '바트 콜'(*bat qol*: 일종의 신적 음성의 반향)도 명백하게 무효(null and void)로 선언됐다. 이처럼 구전 토라 체계는 직접적인 신적 영감의 필요성을 제거했던 것으로 보인다. 아마도 가장 중요했던 것은 기독교의 발흥이었을 것이다. 기독교의 발흥은 성서 시대의 종말이 예언과 성서적 문헌 기록의 끝을 의미한다고 믿었던 랍비들의 믿음을 확증해줬던 것 같다.

종말론과 메시아 신앙에 관해서는 약간의 지면을 할애할 필요가 있다. 두 주제 모두 랍비 문학에서 매우 중요하며, 이와 관련된 상당한 양의 자료들이 존재한다. 그렇다고 이 말이 탈무드 후기 시대의 글들에 등장하는 묵시문학 형태의 메시아 자료나 쿰란의 『전쟁 두루마리』를 닮은 문헌들에 적용되는 것은 아니다. 여기서 우리는 두 개의 다른 문제, 즉 메시아로 거론됐던 인물 혹은 인물들의 본질과 메시아에 대한 기대(messianic expectation)의 본질을 구분해야 한다. 우리는 먼저 사람들이 얼마나 많은, 그리고 어떤 메시아들을 기대했는지 물어야 한다. 그 후에 어떤 사건들이 메시아 시대를 열 것으로 기대됐는지, 그리고 그 사건들의 본질은 무엇인지를 살펴보아야 한다.

제2성전기 문헌은 서로 다른 세 종류의 메시아 신앙을 포함하고 있다. 먼저 일부 본문은 어떠한 메시아에 대해서도 분명하게 언급하지 않는다. 그렇지만 그런 종류의 지도자가 전혀 기대되지 않았다고 확신할 수는 없다. 이는 단순히 문헌에 메시아 역할을 하는 인물이 등장하지 않는다는 것이다. 두 번째 종류의 메시아 신앙—아마도 가장 흔한 기대일

텐데—에서는 다윗 같은 메시아를 기다렸다. 세 번째 접근은 쿰란 분파의 일부 문헌과 『열두 족장의 유언』을 통해서 알려졌는데, 두 명의 메시아 개념(아론의 메시아 한 명과 이스라엘의 메시아 한 명)을 제시한다. 많은 학자들은 이스라엘의 메시아를 단순히 다윗 계열의 메시아로 취급하지만, 그렇지 않을 가능성도 있다. 이와 상관없이 랍비 유대교는 무조건 메시아가 존재해야 한다고 여긴다. 일부 랍비들은 메시아가 이미 왔다고 주장했음에도 불구하고 말이다. 랍비들의 기대 중 가장 지배적인 것은 한 명의 메시아, 즉 다윗의 자손에게 집중한다. 랍비 문헌 가운데 제사장적 메시아 개념에 진지하게 상응하는 예시를 제시해주는 문헌은 없다. 하지만 탈무드 전통은 요셉의 아들 메시아, 곧 두 번째 메시아에 대해서 언급한다. 이런 요셉 계열의 메시아(후대의 일부 묵시문학에서는 에브라임의 아들로 언급됨)에 대한 이야기는 한 비문에서도 발견됐다. 최근에 『가브리엘의 환상』으로 알려진 한 비문의 연구 결과가 출판됐는데, 기원후 1세기의 것으로 추정되는 이 비문은 메시아적인 배경에서 에브라임을 언급한다(A. Yardeni and B. Elizur in *Cathedra* 123 [2007]: 155-66). 하지만 이런 종류의 메시아는 그 어떤 제2성전기 문헌에서도 찾아 볼 수 없다. 이를 통해 우리는 다윗과 같은 메시아에 대한 기대가 제2성전 시대의 지배적인 개념이었으며 이후 랍비 전통까지 이어졌다고 결론 내릴 수 있다. 이 다윗 계열의 메시아가 구속을 가져오고 메시아 왕으로서 이스라엘을 다스릴 것으로 기대됐다. 이러한 기대에 상응하는 랍비 문헌의 예시는 상당수 있다. 하지만 경쟁 관계에 있던 다른 메시아에 대한 기대들은 결국 소멸한 채 제2성전기와 랍비 전통을 분리하는 문헌적 심연을 건너지 못한 것으로 보인다.

제2성전기 문헌들은 메시아 시대의 시작과 관련하여 상당한 의견

430-431

차이를 보인다. 이 의견 차이는 랍비 문헌으로 고스란히 넘어와 논쟁을 이어갔다. 유대교의 메시아 신앙을 살펴보면 언제나 두 개의 경향이 관찰된다. 첫 번째 경향은 '회복의 기대'를 특징으로 했는데, 여기서는 메시아 시대의 도래를 유대교의 위대한 과거 영광을 회복하는 것으로 이해했다. 두 번째 경향은 '대이변적인(catastrophic) 또는 유토피아적인 기대'를 특징으로 했다. 이는 메시아가 이제까지 한 번도 존재한 적이 없었던 완벽한 완성의 시대를 열고 그 안에서 모든 악과 고통이 제거될 것이라는 견해였다. 회복적 접근은 메시아 시대가 현 세상의 점진적 개선을 통해 탄생할 것이라고 여겼던 반면, 대이변적 접근은 대전쟁(자주 '여호와의 날'로 불림)이 발발하여 악한 자들의 완전한 파멸과 종말의 시작을 야기할 것이라고 주장했다. 제2성전기에는 두 견해 모두가 존재했지만, 사해문서는 특히 묵시적 신앙을 강조했다. 즉, 빛의 아들들과 어둠의 아들들 사이의 대전쟁이 분파 사람들을 제외한 모든 것을 파괴하고 메시아 시대를 열 것으로 기대했다. 이 두 경향 모두 랍비 문헌에 반영되어 있으며, 문학적인 틀 없이 랍비의 사상으로 넘어간 그리스-로마 시대의 보편적 유대교의 일면을 구성한다. 유대 항쟁(기원후 66-73년)과 바르 코흐바 항쟁(기원후 132-135년)의 여파 속에서 랍비들은 보다 정적주의적인(quietist: 인간의 능동성보다는 신적 개입에 의존하는 수동적인 사상을 뜻함—역주) 형태의 메시아 신앙을 선호하기 시작했다. 그러나 호전적인 묵시 개념은 아모라임 시대(amoraic times)에 재부상했으며, 비잔틴 제국 시대가 이슬람의 발흥 앞에 저물기 시작했을 때 더 거센 호응을 얻었다.

제2성전기에는 메시아 시대의 본질을 둘러싼 논쟁도 존재했다. 다윗과 같은 메시아를 기다렸던 유대인들은 그가 유대 민족의 자주권을 회복하고 성전을 재건해 줄 것으로 기대했다. 그렇지만 두 명의 메시아를 기대하면서 아론의 메시아가 이스라엘의 메시아보다 우위에 있을 것으로 믿었던 사람들은 성전의 온전한 회복, 즉 성전이 마땅히 그러해야 할 수준으로까지 거룩함과 신성함을 회복하는 일이 일어날 것으로 기대했다. 두 차례의 유대 봉기의 여파로, 랍비들은 과거 다윗의 영광의 회복, 안정적이고 독립적인 정치체(polity)의 회복을 염원하게 됐다. 그들의 견해에 따르면, 이러한 회복이 일어나면 성전의 온전한 재건이 보장될 것이었다. 그렇지만 그들은 성전 재건을 이 메시아적인 드라마의 정점으로 보지 않고 과정의 일부로만 여겼다. 이 때문에 랍비 문학에는 아론적 메시아에 상응할 만한 예가 나오지 않는다. 주화(coins)에서는 엘아자르 제사장이 바르 코흐바와 함께 '나씨'(*naśi'*, "왕자")와 '코헨'(*kōhēn*, "제사장")을 소환하는 모습이 각인됐지만 말이다.

기도와 시

제1성전 시대에 기도는 꽤 많은 이스라엘인들의 개인 경건에서 중요한 자리를 차지하는 요소였다. 개인 기도 때 이스라엘 사람들은 공동체에서 사용하기 위해 기록된 시를 함께 활용했다. 그러한 기도들은 제2성전기가 되면 의심의 여지없이 성전 찬송 전통(psalmody)의 한자리를 얻어냈던 것으로 보인다. 여러 제2성전기 문헌에는 개인 기도와 공동체 기도가 함께 등장하며 제2성전기 말미에는 기도가 점점 더 제도화되는 모습을 보여준다. 적어도 탄나임 시기의 증거에 따르면 그렇다. 쿰란에 보존된 일련의 전례 문헌을 보면, 율법으로 규정된 매일의 제의 의식은 분파 사람들의 생활의 일부가 됐던 것으로 보인다. 그들은 스스로를 성전으로부터 분리하고서 성전의 운영을 불결하고 부적절한 것으로서 규탄했던 사람들이었다. 제의 의식과 관련된 글들은 딱히 분파적인 기원

431-432

을 갖고 있는 것 같지 않다. 오히려 유대인 공동체의 일반적인 경향을 나타냈을 가능성이 있다. 또한 사해문서는 쉐마(Shema)의 1일 2회 낭독 관행과 양피지와 성구함의 사용(이들 중 일부는 바리새파-랍비 전통이 요구하는 것과 비슷한 방식으로 준비됐음)에 대한 증거들을 제공한다.

탄나임 시대의 일부 관행들은 쿰란의 전례 문헌이 증거하는 것으로부터 유래됐을 수 있다. 두 집단 모두 빛의 축도(benediction of lights)를 모든 아침 및 오후-저녁 예배에 포함시킬 것을 요구한다. 이 축도는 쿰란이 보존하고 있는 매일 기도(daily prayer) 관련 글들이 유일하게 요구하는 축도인 듯하다. 그러나 그것은 랍비들이 쉐마 전에 낭독할 것을 요구하는 두 개의 축복 중 하나와 동일한 것으로 보인다.

쿰란의 전례 문헌에는 후대 랍비들의 화해의 기도(propitiatory prayers)와 비슷한 탄원문도 포함되어 있다. (쿰란의) 절기 기도(festival prayers)도 이와 유사한 모티프를 공유하는 것으로 보인다. 그렇지만 사해문서에 보존된 기도문 중 단 한 개도 랍비들의 기도서에 포함되지 않았으며, 랍비들의 기도문 중 그 분파의 작품집에서 발견된 것은 단 하나도 없다. 다시 말하지만, 실제적인 실천에서 발견되는 유사성은 제2성전기의 보편적 유대교에서 비롯된 것이지, 어떤 문학적인 연결고리나 다른 직접적인 연결고리가 원인이 아니다.

제2성전기 문학은 '피유트'(*piyyut*)로 알려진 유대 종교의 시문학 발전에 핵심적인 역할을 한 것으로 보인다. 사해문서 발견 이전에는 성서 후기 시대에 발견되는 히브리 시문학의 증거가 무시됐다. 예를 들어, 마카비1서나 심지어는 신약성서에 등장하는 시들—랍비 문헌에 보존됐거나 후기 기도문에서 재구성됐을 만한 초기 유대교 기도서는 말할 것도 없고—은 대체로 무시됐다. 성서의 시편 전통(psalmody)은 막다른 길에 이른 전통으로서, 사실상 무에서(*ex nihilo*) 발흥한 새로운 형태의 히브리 전례 시가 나중에서야 계속된 전통이라고 가정됐다.

사해문서의 첫 두루마리들이 발견됐을 때, 『호다요트』는 시편 시의 하등한 형태로 생각됐다. 그 누구도 우리가 히브리 시문학 역사의 다음 단계를 마주하고 있다는 사실을 깨닫지 못한 것처럼 보였다. 실제로 쿰란의 종교적인 시문학의 여러 요소는 후대의 '피유트'의 문체—내용은 아니더라도—를 다방면으로 가리키고 있다. 이런 사실은 성서 후기 시대에 시를 짓는 데 성서 자료를 재활용하는 모습 또는 이전까지 알려진 적 없는 문법 형태를 만들어내는 경향에서 특히 분명하게 드러난다. 하지만 '피유트'는 랍비 문학과 밀접하게 관련된 자료로서 랍비의 전례 달력과 그 내용을 시작점으로 삼으며, (랍비의) 미드라쉬 자료와 법적 판결로 가득하다. 그중 일부는 랍비들의 법률 문서에서 표준으로 삼는 것과 다르긴 하지만 말이다.

결론

여기서 드러난 모순적인 논평들을 어떻게 설명할 수 있는가? 한편으로 우리는 히브리 성경 자체를 넘어서 초기 유대교에서 랍비 유대교로 이어지는 문학적인 연결고리가 없다는 점을 크게 강조했다. 다른 한편으로는 제2성전기 문헌을 물려준 이들과 탄나임의 영적인 조상으로 보이는 이들, 즉 바리새인들 사이에 존재했던 풍부한 유사성과 분명한 지성적 상호작용을 지적했다. 이 문제에 대해서는 '보편적 유대교'의 존재가 어떤 해답을 제시해줄 수 있는 것으로 보인다.

432–433

우리가 살펴보았다시피, 바리새파-랍비 유대교는 제2성전 시대나 성전 파괴 이후에도 분파적이고 묵시적인 풍조와 상충했다. 그렇다면 초기 유대교와 랍비 유대교 사이의 관계는 의존이 아닌 대화, 논쟁, 때로는 적대를 특징으로 한다고 볼 수 있다. 바리새파 입장을 들여다볼 수 있는 충분한 기록 자료는 랍비 문학에 기초하여 재구성하는 것 외에 존재하지 않는다. 하지만 그러한 재구성은 제2성전기 문헌, 특히 사해문서의 반(反)바리새파적 비판 속에서 드러난다. 그 문헌들은 오고 가는 비판으로 가득 찬 격렬한 논쟁의 존재를 암시해준다. 이러한 논쟁은 성전 파괴 여파 속에서 바리새파-랍비 전통의 접근이 점차 대세로 떠오르자 크게 잠잠해진 것으로 보인다. 이때부터 랍비들 간의 논쟁적인 분위기 속에서 제2성전 시대의 보편적 유대교의 다양한 측면들이 랍비 운동과 문학에 보존됐다. 랍비들이 제2성전기 문헌을 읽지 않았음에도 온갖 종류의 사상들이 문헌적 심연을 건너왔다. 이 사상들이 제2성전기 문학과 사해문서가 랍비들에게 물려준 유산이었다. 그렇지만 이 유산은, 비(非)기록 전통 형식으로 전승되어 랍비 유대교의 진정한 근간 역할을 했던 바리새파적 유산에, 양적인 면에서든 영향력 면에서든, 압도됐다.

참고 문헌

Cohen, Shaye J. D. 2006. *From the Maccabees to the Mishnah*. 2d ed. Philadelphia Westminster John Knox.

Collins, John J. 2010. *The Scepter and the Star: The Messiahs of the Dead Sea Scrolls in Context*. 2nd ed. Grand Rapids: Eerdmans.

Edrei, Aryeh, and Doron Mendels. 2007-2008. "A Split Jewish Diaspora: Its Dramatic Consequences." *Journal for the Study of the Pseudepigrapha*, vol. 16, no. 2: 91-137; vol. 17, no. 3: 163-87.

Jaffee, Martin S. 2001. *Torah in the Mouth: Writing and Oral Tradition in Palestinian Judaism 200 BCE–400 CE*. Oxford: Oxford University Press.

Neusner, Jacob. 1994. *Introduction to Rabbinic Literature*. New York: Doubleday.

Nickelsburg, George W. E., and Robert A. Kraft, eds. 1986. *Early Judaism and Its Modern Interpreters*. Atlanta: Scholars Press.

Reif, Stefan C. 1993. *Judaism and Hebrew Prayer: New Perspectives on Jewish Liturgical History*. Cambridge: Cambridge University Press.

Sarason, Richard S. 2001. "The 'Intersections' of Qumran and Rabbinic Judaism: The Case of Prayer Texts and Liturgies." *DSD* 8: 169-81.

Schiffman, Lawrence H. 1989. *From Text to Tradition: A History of Judaism in Second Temple and Rabbinic Times*. Hoboken, N.J.: Ktav.

———. 1994. *Reclaiming the Dead Sea Scrolls*. Philadelphia: Jewish Publication Society.

———. 1998. *Texts and Traditions: A Source Reader for the Study of Second Temple and Rabbinic Judaism*. Hoboken, N.J.: Ktav.

Shanks, Hershel S., ed. 1992. *Christianity and Rabbinic Judaism: A Parallel History of Their Origins and Early Development*.

Washington, D.C.: Biblical Archaeology Society.

Shemesh, Aharon. 2009. *Halakhah in the Making: The Development of Jewish Law from Qumran to the Rabbis*. Berkeley: University of California Press.

Urbach, Ephraim E. 1987. *The Sages: Their Concepts and Beliefs*. Cambridge: Harvard University Press.

VanderKam, James C., and Peter W. Flint, eds. 1998–1999. *The Dead Sea Scrolls after Fifty Years: A Comprehensive Assessment*. 2 vols. Leiden: Brill.

| 기고자들 |

- 존 M. G. 바클레이(John M. G. Barclay): J. B. Lightfoot Professor of Divinity, University of Durham, England
- 미리암 푸치 벤 제에브(Miriam Pucci Ben Zeev): Professor of Jewish History, Ben Gurion University, Beersheba, Israel
- 카텔 베르텔로(Katell Berthelot): Chargée de recherche au Centre National pour la Recherche Scientifique, Aix-en-Provence, France; Centre de Recherche Français de Jérusalem, Israel
- 존 J. 콜린스(John J. Collins): Holmes Professor of Old Testament Criticism and Interpretation, Yale Divinity School, New Haven, Connecticut
- 에리히 S. 그륀(Erich S. Gruen): Gladys Rehard Wood Professor of History and Classics, Emeritus, University of California, Berkeley
- 대니얼 C. 할로우(Daniel C. Harlow): Professor of New Testament and Early Judaism, Calvin College, Grand Rapids, Michigan
- 제임스 L. 쿠겔(James L. Kugel): Professor of Bible and Director, Institute for the History of the Jewish Bible, Bar-Ilan University, Ramat-Gan, Israel
- 애덤 콜만 마샥(Adam Kolman Marshak): Lecturer in Classical Studies, Gann Academy, Waltham, Massachusetts
- 스티브 메이슨(Steve Mason): Kirby Laing Professor of New Testament Exegesis, School of Divinity, History and Philosophy, University of Aberdeen, Scotland
- 제임스 S. 맥라렌(James S. McLaren): Senior Lecturer in Theology,

Australian Catholic University, Fitzroy, Victoria

- 마른 R. 니호프(Maren R. Niehoff): Associate Professor in Jewish Thought, Hebrew University of Jerusalem, Israel
- 데이비드 T. 루니아(David T. Runia): Master of Queen's College and Professorial Fellow, University of Melbourne, Australia
- 로렌스 H. 쉬프만(Lawrence H. Schiffman): Vice Provost for Undergraduate Education, Yeshiva University, New York, New York
- 크리스 시먼(Chris Seeman): Assistant Professor of Theology, Walsh University, North Canton, Ohio
- 그레고리 E. 스털링(Gregory E. Sterling): The Reverend Henry L. Slack Dean of the Divinity School, Yale University, New Haven, Connecticut
- 로렌 T. 슈투켄브룩(Loren T. Stuckenbruck): Chair in New Testament and Early Judaism, Ludwig-Maximilian-Universität, Munich, Germany
- 아이버트 티첼라르(Eibert Tigchelaar): Research Professor, Faculty of Theology, Katholieke Universiteit, Leuven, Belgium
- 유진 울리히(Eugene Ulrich): John A. O'Brien Professor of Hebrew Scriptures, University of Notre Dame, Indiana
- 안네위스 반 덴 후크(Annewies van den Hoek): Lecturer in Hellenistic Greek, Harvard Divinity School, Cambridge, Massachusetts
- 제임스 C. 밴더캠(James C. VanderKam): John A. O'Brien Professor of Hebrew Bible, University of Notre Dame, Indiana
- 위르겐 K. 창엔베르크(Jürgen K. Zangenberg): Professor of New Testament Exegesis and Early Christian Literature, Leiden University, The Netherlands

| 저자 색인 |

| 주제 색인 |

| 고대 문헌 색인 |

히브리성경/구약성경 HEBREW BIBLE/OLD TESTAMENT

창세기Genesis

출애굽기Exodus

레위기Leviticus

신약성경
NEW TESTAMENT

헬레니즘 유대교 저자
HELLENISTIC JEWISH AUTHORS